# AQUACULTURE

# AQUACULTURE

*Vocabulaire anglais-français*
*français-anglais*

*English-French*
*French-English Vocabulary*

 éditions
d'acadie

 CRLA

Cet ouvrage a été réalisé grâce au soutien financier du ministère des Affaires intergouvernementales et autochtones du Nouveau-Brunswick en vertu de l'Entente-cadre Canada - Nouveau-Brunswick sur la promotion des langues officielles, et du ministère de l'Agriculture, des Pêcheries et de l'Alimentation du Québec.

This vocabulary was made possible thanks to the financial support of the New Brunswick Department of Intergovernmental and Aboriginal Affairs, through the Canada - New Brunswick General Agreement on the Promotion of Official Languages, and that of the ministère de l'Agriculture, des Pêcheries et de l'Alimentation du Québec.

**Données de catalogage avant publication (Canada)**

Vedette principale au titre:

Aquaculture : vocabulaire anglais-français, français-anglais = Aquaculture : English-French, French-English vocabulary

Comprend des références bibliographiques.
Texte en français et en anglais.
ISBN 2-7600-0352-3

1. Aquaculture–Dictionnaires français. 2. Aquaculture–Dictionnaires anglais. 3. Français (Langue)–Dictionnaires anglais. 4. Anglais (Langue)–Dictionnaires français. I. Université de Moncton. Centre de recherche en linguistique appliquée. II. Titre: Aquaculture.

SH20.3.A68 1997     639.8'03     C97-901208-2F

**Canadian Cataloguing in Publication Data**

Main entry under title:

Aquaculture : vocabulaire anglais-français, français-anglais = Aquaculture : English-French, French-English vocabulary

Includes bibliographical references.
Text in French and English.
ISBN 2-7600-0352-3

1. Aquaculture–Dictionaries–French. 2. Aquaculture–Dictionaries. 3. French language–Dictionaries–English. 4. English language–Dictionaries–French. I. Université de Moncton. Centre de recherche en linguistique appliquée. II. Title: Aquaculture.

SH20.3.A68 1997     639.8'03     C97-901208-2E

Conception de la couverture : Claude Guy Gallant
Illustration de la couverture : Angela Chartier et Philip Woods, Catfish Moon - Works in Clay
Mise en pages : Charlette Robichaud

Cover Design: Claude Guy Gallant
Cover Illustration: Angela Chartier and Philip Woods, Catfish Moon - Works in Clay
Layout: Charlette Robichaud

ISBN 2-7600-0352-3

© Les Éditions d'Acadie, 1997
C.P. 885
Moncton, N.-B.
E1C 8N8
Canada

ISBN 2-7600-0352-3

© Centre de recherche en linguistique appliquée, 1997
Université de Moncton
Moncton, N.-B.
E1A 3E9
Canada

# Table des matières

# Table of Contents

# Équipe et collaborateurs

# Project Team and Collaborators

Ce vocabulaire a été préparé par Claire LeBlanc, terminologue, sous la direction de Catherine Phlipponneau, directrice du Centre de recherche en linguistique appliquée (1990-1996), et de Lise Dubois, codirectrice du Centre de recherche en linguistique appliquée, Université de Moncton (1996 à ce jour), avec la collaboration d'une équipe composée de :

This vocabulary was prepared by Claire LeBlanc, Terminologist, under the direction of Catherine Phlipponneau, Director, Centre de recherche en linguistique appliquée (1990-1996), and Lise Dubois, Co-director, Centre de recherche en linguistique appliquée (since 1996), of the Université de Moncton, in collaboration with:

**Terminologie**
Nicole Paquet
Terminologue

**Terminology**
Nicole Paquet
Terminologist

**Informatique-éditique**
Thérèse Léveillée

**Data Processing/Desktop Publishing**
Thérèse Léveillée

**Révision**
Julie-Hélène Roy
Assistante de recherche

Diane Lizotte
Traductrice agréée

Pierre Bériault
Traducteur agréé

**Revision**
Julie-Hélène Roy
Research Assistant

Diane Lizotte
Certified Translator

Pierre Bériault
Certified Translator

**Spécialistes de l'aquaculture**
Yves Bastien
Conseiller en mariculture
Direction de l'innovation et des technologies
Ministère de l'Agriculture, des Pêcheries et de l'Alimentation du Québec
Gaspé (Québec)

Jean-André Blanchard
Biologiste marin
École des Pêches
Caraquet (Nouveau-Brunswick)

**Aquaculture Specialists**
Yves Bastien
Mariculture Consultant
Direction de l'innovation et des technologies
Ministère de l'Agriculture, des Pêcheries et de l'Alimentation du Québec
Gaspé, Québec

Jean-André Blanchard
Marine Biologist
École des Pêches
Caraquet, New Brunswick

Sharon McGladdery
Spécialiste en pathologie des mollusques
Pêches et Océans Canada
Moncton (Nouveau-Brunswick)

Jim Watkins
Instructeur, Programme d'aquaculture
Collège communautaire du Nouveau-Brunswick
St. Andrews (Nouveau-Brunswick)

**Membres du Comité de normalisation de la terminologie des pêches commerciales du Bureau de normalisation du Québec**
Gérald Boutin
Direction des normes et des programmes à la qualité des aliments et à la santé animale
Ministère de l'Agriculture, des Pêcheries et de l'Alimentation du Québec
Québec (Québec)

Denise Campillo
Traductrice, Service Sciences et Technologies
Services de traduction
Travaux publics et Services gouvernementaux Canada
Montréal (Québec)

Roger Gélinas (à la retraite)
Direction de l'inspection
Pêches et Océans Canada
Québec (Québec)

Jacqueline Lanteigne
Traductrice, Spécialiste en ichtyologie
Services de traduction
Travaux publics et Services gouvernementaux Canada
Ottawa (Ontario)

Sharon McGladdery
Mollusc Pathologist
Fisheries and Oceans Canada
Moncton, New Brunswick

Jim Watkins
Instructor, Aquaculture Program
New Brunswick Community College
St. Andrews, New Brunswick

**Members - Comité de normalisation de la terminologie des pêches commerciales, Bureau de normalisation du Québec**
Gérald Boutin
Direction des normes et des programmes à la qualité des aliments et à la santé animale
Ministère de l'Agriculture, des Pêcheries et de l'Alimentation du Québec
Québec, Québec

Denise Campillo
Translator, Science and Technology Service
Translation Services
Public Works and Government Services Canada
Montréal, Québec

Roger Gélinas (retired)
Inspection Branch
Fisheries and Oceans Canada
Québec, Québec

Jacqueline Lanteigne
Translator, Ichthyology Specialist
Translation Services
Public Works and Government Services Canada
Ottawa, Ontario

# Présentation

Ce vocabulaire bilingue est le deuxième ouvrage de ce genre que réalise le Centre de recherche en linguistique appliquée (CRLA) de l'Université de Moncton dans le cadre de ses activités terminologiques.

D'abord outil destiné aux langagiers, il vise à fournir non seulement des données terminologiques, mais aussi des données sur les notions principales de ce grand domaine qu'est l'aquaculture. En outre, cet ouvrage n'est pas sans intérêt pour les spécialistes et les entrepreneurs du domaine. Enfin, il peut servir d'outil pédagogique dans les programmes et cours en aquaculture qui voient de plus en plus le jour.

En effet, depuis un peu plus d'une décennie, on assiste à l'intensification des activités aquacoles partout au monde, qu'elles soient liées aux poissons, aux crustacés, aux mollusques ou aux plantes marines. La croissance du secteur de l'aquaculture a entraîné non seulement l'augmentation des besoins en recherche et en formation, mais aussi l'accroissement des échanges internationaux de produits d'aquaculture. Le développement d'une activité économique étant invariablement accompagné d'un foisonnement terminologique, il est important qu'un vocabulaire spécialisé fasse état des réalités du nouveau domaine, en l'occurrence l'aquaculture, et en répertorie les multiples termes utilisés.

La nomenclature et les définitions de ce vocabulaire ont été établies en étroite collaboration

# Introduction

This is the second bilingual vocabulary that the Centre de recherche en linguistique appliquée (CRLA) of the Université de Moncton has published as part of its terminological activities.

Primarily meant as a tool for language professionals, it aims at providing not only terminological data but also information on the main concepts found in the vast field that is aquaculture. Specialists and those involved in the business of aquaculture will certainly find this vocabulary useful. It can also be used as an educational tool in the courses and programs that are increasingly making their appearance in aquaculture.

Over the last decade or so, we have witnessed a worldwide intensification of aquacultural activities, be they related to fish, crustaceans, molluscs or marine plants. The worldwide growth of the aquaculture sector has led to an increase not only in research and training needs, but also in international trade of aquaculture products. Since the development of an economic activity is invariably accompanied by new terminology, it is important that a vocabulary be developed to reflect its new realities and multiple terms in use.

The vocabulary's nomenclature and definitions were established through a close collaboration between the CRLA and, on the one hand, specialists from various branches of the aquaculture sector and, on the other, the *Comité de normalisation de la terminologie des pêches commerciales du Bureau du Québec* whose

entre le CRLA et, d'une part, des spécialistes des diverses branches de l'aquaculture et, d'autre part, le Comité de normalisation du Québec, comité qui regroupe des représentants de l'administration canadienne et de l'administration québécoise. Ces collaborateurs ont évalué la nomenclature, révisé les définitions et fait de nombreuses recommandations.

Nous exprimons notre gratitude à Denise Campillo, traductrice du Service Sciences et Technologies (Services de traduction, Travaux publics et Services gouvernementaux Canada, Montréal) d'avoir si généreusement donné de son temps et partagé ses connaissances du domaine. Nous tenons également à remercier Yves Bastien, conseiller en mariculture (MAPAQ, Gaspé), qui a su rallier l'appui autour de ce projet.

Nous tenons également à exprimer notre reconnaissance à tous ceux et celles, tant spécialistes du domaine que langagiers, qui ont répondu à nos questions et qui nous ont conseillées.

Claire LeBlanc, terminologue
Lise Dubois, codirectrice du CRLA

membership includes representatives from the Canadian and Quebec governments. These collaborators have assessed the nomenclature, revised the definitions and made numerous recommendations.

We would like to extend our thanks to Denise Campillo, Translator with the Science and Technology Service (Translation Services, Public Works and Government Services Canada, Montréal) for having so generously given her time and shared her knowledge. We also wish to thank Yves Bastien, Mariculture Consultant (MAPAQ - Gaspé), for having secured support around this project.

Finally, we wish to express our appreciation to all those, be they aquaculture specialists or language professionals, who answered our questions and gave us advice.

Claire LeBlanc, Terminologist
Lise Dubois, Co-director, CRLA

# Abréviations, symboles et guide d'utilisation
# Abbreviations, Symbols and User's Guide

| Liste des abréviations et des symboles | | List of abbreviations and symbols | |
|---|---|---|---|
| Abrév. | abréviation | Abbr. | abbreviation |
| adj. | adjectif | adj. | adjective |
| [CA] | Canada | [CA] | Canada |
| f. | féminin | colloq. | term used in informal conversation |
| cour. | terme appartenant à la langue courante | e.g. | for example |
| [FR] | France | gen. | generic term |
| gén. | terme générique | i.e. | that is |
| ISO | Organisation internationale de normalisation | ISO | International Organization for Standardization |
| italique | terme latin | italics | latin term |
| m. | masculin | n. | noun |
| n. | nom | OBS | observation |
| OBS | observation | obsolete | term no longer in use |
| OLF | Office de la langue française | pl. | plural |
| p. ex. | par exemple | rare | term seldom used |
| pl. | pluriel | spec. | specific term |
| [QC] | Québec | Symb. | symbol |
| rare | terme peu fréquent | [UK] | United Kingdom |
| spéc. | terme spécifique | [US] | United States |
| Symb. | symbole | v. | verb |
| v. | verbe | V. s. | variant spelling |
| vieilli | mot encore compréhensible de nos jours, mais qui tend à sortir de l'usage | * | note on the meaning or use of a term |
| V. o. | variante orthographique | 1, 2, ... | numbers identifying a term with different meanings |
| * | remarque sur le sens ou l'emploi d'un terme | ◊ | reference |
| 1, 2, ... | numéros identifiant les différentes acceptions d'un terme | | |
| ◊ | source | | |

# Notes liminaires

## 1. L'article du vocabulaire

a) La nomenclature de ce vocabulaire est présentée dans l'ordre alphabétique discontinu.

b) Chaque article comprend l'entrée principale avec éventuellement une ou plusieurs sous-entrées. Suivent la mention des sous-domaines auxquels appartient l'entrée, et la définition. L'article comprend aussi, le cas échéant, une ou plusieurs notes précisant l'emploi ou l'orthodoxie linguistique des termes suivis d'un astérisque (*) et une ou plusieurs observations apportant une précision sur la notion en question. La mention « Voir aussi » renvoie à une notion connexe susceptible d'apporter des renseignements supplémentaires. L'article se termine avec une mention bibliographique des contextes ayant servi à la rédaction de la définition.

L'article regroupant les termes de la langue de départ et celui comprenant les équivalents en langue d'arrivée ont été placés en vis-à-vis.

c) L'entrée principale est généralement le terme privilégié par rapport à certains autres de ses synonymes ou de ses variantes orthographiques. La généralisation de l'emploi du terme a été mise en évidence par nos recherches et confirmée par nos collaborateurs.

d) Chaque sous-entrée (abréviation, variante orthographique ou synonyme) est reprise

# Preliminary Notes

## 1. Vocabulary Article

a) The vocabulary's nomenclature is presented in discontinuous alphabetical order (word by word).

b) Each article includes the main entry and eventually one or more sub-entries. These are followed by the sub-fields to which the entry belongs, and the definition. The article also includes, if appropriate, one or more notes clarifying the use or linguistic correctness of the terms followed by an asterisk (*), along with one or more observations on the concept in question. The indication "*See also*" refers to a related concept that may provide additional information. The article ends with a bibliographic reference of the contexts used to write the definition.

The article which groups together the source language terms and that which includes the target language equivalents are placed side by side.

c) The main entry is generally the preferred term over some other synonyms or variant spellings. The term's generalized use has been supported by our research and confirmed by our collaborators.

d) Each sub-entry (abbreviation, variant spelling, or synonym) is repeated in the nomenclature. The word "*See*" that accompanies these cross-reference entries indicates the main entry to refer to.

dans la nomenclature. La mention « voir » qui accompagne ces entrées-renvois indique l'entrée principale à laquelle on doit se reporter.

e) Les entrées, autres que les abréviations et les entrées-renvois, sont suivies d'un ou de plusieurs indicatifs de grammaire. Les entrées peuvent également être accompagnées d'une marque d'usage qui vise à circonscrire l'emploi du mot dans le temps (vieilli) ou dans l'espace ([Ca] ; [FR] ; [QC] ; [UK] ; [US]), ou bien encore qui précise son niveau stylistique (cour.) ou sa fréquence (rare).

f) Les titres, fonctions et appellations de personnes qui n'appartiennent pas à la catégorie des épicènes (termes dont la forme ne varie pas selon le genre) apparaissent sous deux formes : au masculin et au féminin.

g) Les homonymes font l'objet d'une entrée distincte et sont accompagnés d'un indice numérique (1 ; 2 ; 3) identifiant les différentes acceptions du terme.

## 2. L'arbre du domaine

Compte tenu de l'envergure du domaine de l'aquaculture, l'arbre du domaine est présenté à la page qui se trouve au milieu de l'ouvrage. L'arbre du domaine permet de schématiser la structure hiérarchique du domaine et de replacer chaque terme dans cet ensemble structuré. Chaque terme est par conséquent classé selon les catégories qui ont été établies en vue de l'élaboration de l'arbre, lesquelles apparaissent dans l'article entre parenthèses immédiatement après l'entrée et les sous-entrées, le cas échéant.

e) With the exception of abbreviations and cross-references, entries are followed by one or more grammatical indicators. Entries may also be accompanied by usage indicators restricting a word's use in time (*obsolete*) or in space ([CA]; [FR]; [QC]; [UK]; [US]), or clarifying its stylistic level (*colloq.*) or frequency (*rare*).

f) Homonyms are classified as separate entries and are accompanied by numerical indicators (1; 2; 3) identifying the various acceptations of the term.

## 2. Field Tree

Given aquaculture's scope, the field tree is presented on the centre page of the vocabulary. The field tree allows one to sketch the hierarchical structure of the field and to replace each term in this structured environment. Each term is therefore classified according to the categories that were established for the development of the tree and which appear in parentheses immediately after the entry and sub-entries, if appropriate.

## 3. References and Bibliography

a) The publication(s) from which the definition was taken are indicated as a code, which refers to the full bibliographic entry found in the bibliography. The source code is made up of the following:

*In the case of a work that includes more than one volume or of a periodical that includes more than one issue:*

code of the work or periodical, followed by an asterisk (*); year of publication, followed by an asterisk (*); volume number, followed by two asterisks (**); page number (with multiple pages separated by a comma).

### 3. Les sources et la bibliographie

a) La ou les publications d'où est tirée la définition sont indiquées dans l'article sous forme de code, lequel renvoie à la notice bibliographique complète dans la bibliographie. Le code de la source est constitué des éléments suivants :

*dans le cas d'un ouvrage comportant plus d'un volume ou d'un périodique comportant plus d'un numéro :*

code de l'ouvrage ou du périodique, suivi d'un astérisque (*) ; année de publication, suivie d'un astérisque (*) ; numéro du volume, suivi de deux astérisques (**) ; numéro de page (les pages multiples sont séparées par une virgule) ;

*dans le cas d'un ouvrage ne comportant qu'un volume :*

code de l'ouvrage, suivi d'un astérisque (*) ; année de publication, suivie de trois astérisques (***) ; numéro de page (les pages multiples sont séparées par une virgule).

À noter que l'ordre des pages correspond à l'importance des contextes ayant servi à élaborer la définition.

b) Le vocabulaire proprement dit est suivi d'une bibliographie spécialisée qui réunit les références des ouvrages et des périodiques utilisés dans la recherche et le traitement des données terminologiques.

*In the case of a work that includes only one volume:*

code of the work, followed by an asterisk (*); year of publication, followed by three asterisks (***); page number (with multiple pages separated by a comma).

Note that the page order corresponds to the importance of the contexts used to write the definition.

b) The vocabulary itself is followed by a specialized bibliography listing the works and periodicals used in researching and processing the terminological data.

**abalone \***

*(Mollusc Culture - Aquaculture Species)*

A gastropod mollusc of the genus *Haliotis* that clings to rocks tenaciously with a broad muscular foot and that has a nacre-lined shell of a flattened, oval, slightly spiral form perforated with a row of apertures for the escape of the water from the gills and covering the animal.

\* Recommended term in Canada.

◊ WEBIN\*1986\*\*\*2, NQ8070\*1995\*\*\*65

**ablation of eyestalk**
see eyestalk ablation

***Abramis brama***
see bream

**Acanthocephala**
see acanthocephalids

**acanthocephalans**
see acanthocephalids

**acanthocephalid worms**
see acanthocephalids

**acanthocephalids**                    n. pl.
　　acanthocephalans            n. pl.
　　acanthocephalid worms      n. pl.
　　Acanthocephala               n. pl.

*(Pathology and Predators)*

A group of spiny-headed worms that, as adults, are intestinal parasites of vertebrates such as mullet and salmon.

◊ LASTE\*1989\*\*\*9, IVAQU\*1992\*\*\*268

**acid rain**
　　acidic rain

*(Water - Culture Medium)*

Rain containing strong acids resulting in pH values of 3 to 4.

◊ LANAQ\*1992\*\*\*26

**acid water**
see acidic water

**ormeau \***                                          n. m.

*(Conchyliculture - Espèces aquacoles)*

Mollusque gastéropode du genre *Haliotis*, muni d'un muscle de pied très développé lui permettant de vivre appliqué contre les rochers et d'une coquille aplatie, en forme d'oreille nacrée intérieurement, possédant une rangée de perforations servant d'orifices de sortie à l'eau.

\* Terme normalisé au Canada.

◊ LAROG\*1982\*5\*\*5125, CILFO\*1989\*\*\*352, ROBER\*1986\*5\*\*87, NQ8070\*1995\*\*\*65

**acanthocéphales**                         n. m. pl.
　　V. o. Acanthocéphales          n. m. pl.

*(Pathologie et prédateurs)*

Groupe de vers accœlomates à trompe protractile hérissée de crochets, parasites de l'intestin des vertébrés tels que le mulet et le saumon.

◊ LAROG\*1982\*1\*\*47

**pluie acide**                                     n. f.

*(Eau - Milieu de culture)*

Eau dont le pH est inférieur à 5 et qui tombe de l'atmosphère sous forme de gouttes de pluie.

◊ PARSE\*1990\*\*\*460

**acidic rain**
see acid rain

**acidic water**
acid water

*(Water)*

Water containing carbon dioxide that is caused by the decay of organic matter or the absorption from the air and ground of rain water as it falls and then passes through the ground to the water table.

◊ BCME-1*1982***319

**eau acide**                                        n. f.

*(Eau)*

Eau contenant du dioxyde de carbone.

◊ BAMI*1991***62

*Acipenser fulvescens*
see lake sturgeon

*Acipenser oxyrhynchus*
see Atlantic sturgeon

*Acipenser transmontanus*
see white sturgeon

**Acipenseridae**                          n. pl.

*(Fish Farming - Biology)*

A family of actinopterygian fishes in the order Acipenseriformes that includes most sturgeons (e.g. *Acipenser, Huso*).

◊ LASTE*1989***20, LANAQ*1992***382

**acipenséridés**                          n. m. pl.
V. o. Acipenséridés                       n. m. pl.

*(Pisciculture - Biologie)*

Famille de poissons actinoptérygiens comprenant le seul type esturgeon (p. ex. *Acipenser, Huso*).

◊ ROBER*1986*1**88, AQUAC*1986*2**714

**acriflavine**

*(Pathology and Predators)*

A yellow acridine dye obtained from proflavine by methylation in the form of red crystals; used as an antiseptic in solution.

◊ LASTE*1989***24, LANAQ*1992***116, PIPFI*1986***469

**acriflavine**                            n. f.

*(Pathologie et prédateurs)*

Matière colorante jaune, dérivée de l'acridine, douée d'un pouvoir antiseptique.

◊ LAROG*1982*1**87, PATH*1985***295

**activated carbon**
activated charcoal
active carbon

*(Water - Treatment and Filtration)*

Specially processed carbon characterized by high adsorptivity for gases, vapours and colloidal solids, used in water purification.

See also **carbon filter**

◊ WEBIN*1986***22

**charbon actif**                          n. m.
charbon activé                            n. m.

*(Eau - Traitement et filtration)*

Charbon aux propriétés absorbantes, utilisé pour l'adsorption des matières communiquant à l'eau un goût, une odeur ou une couleur.

Voir aussi **filtre à charbon**

◊ PARSE*1990***106, OLFEB*1981***79

**activated charcoal**
see activated carbon

**active carbon**
see activated carbon

**adductor muscle**

*(Mollusc Culture - Anatomy and Physiology)*

A muscle that draws the two valves of a mollusc shell together.

◊ INZOO*1974***974

**adenosine diphosphate**
Abbr. ADP

*(Growth and Nutrition)*

A coenzyme composed of adenosine and two molecules of phosphoric acid that is important in intermediate cellular metabolism.

◊ LASTE*1989***33

**adenosine triphosphate**
Abbr. ATP

*(Growth and Nutrition)*

A complex organic compound composed of adenosine and three phosphates, which serves in short-term energy storage and conversion in all organisms.

◊ SUBIO*1988***413, LANAQ*1992***133

**adhering eggs**
see adhesive eggs

| **adhesive eggs** | n. pl. |
| adhering eggs | n. pl. |
| sticky eggs | n. pl. |

*(Fish Farming - Reproduction and Genetics)*

Eggs that adhere easily to things or to one another.

See also **nonadhesive eggs**

◊ LAICH*1977***273, 487, PILLA*1990***293, 342

| **muscle adducteur** | n. m. |

*(Conchyliculture - Anatomie et physiologie)*

Muscle qui rapproche les deux valves de la coquille d'un mollusque bivalve.

◊ GPP*1985***G1, LAROG*1982*1**109

| **adénosine diphosphate** | n. f. |
| V. o. adénosine-diphosphate | n. f. |
| acide adénosine-diphosphorique | n. m. |
| Abrév. ADP | |

*(Croissance et nutrition)*

Dinucléotide constitué par l'association d'adénosine et de deux molécules d'acide phosphorique, qui joue un rôle important en métabolisme cellulaire intermédiaire.

◊ LAROG*1982*1**112

| **adénosine triphosphate** | n. f. |
| V. o. adénosine-triphosphate | n. f. |
| acide adénosine-triphosphorique | n. m. |
| Abrév. ATP | |

*(Croissance et nutrition)*

Ribonucléotide de l'adénine comportant trois liaisons phosphates associées et servant de principal composé énergétique à la cellule.

◊ CILFG-32*1991***13

| **œufs adhésifs** | n. m. pl. |
| œufs adhérents | n. m. pl. |
| œufs collants | n. m. pl. |

*(Pisciculture - Reproduction et génétique)*

Œufs qui adhèrent facilement aux choses ou qui se lient entre eux.

Voir aussi **œufs non-adhésifs**

◊ FAOTB-19*1981***13, HUET*1970***202, BAMI*1991***51

**adipose clipping**
see adipose-fin clipping

**adipose fin**

*(Fish Farming - Anatomy and Physiology)*

A soft fleshy rayless modification of the posterior dorsal fin found in certain fish (as salmonids).

◊ WEBIN*1986***26

**nageoire adipeuse**　　　n. f.

*(Pisciculture - Anatomie et physiologie)*

Petite nageoire dorsale arrondie et charnue, dépourvue de rayons et d'épines, présente chez certains poissons devant leur nageoire caudale (p. ex. les salmonidés).

◊ GPP*1985***G4

**adipose-fin clipping**
adipose clipping

*(Fish Farming - Techniques and Methods)*

The removal of the adipose fin in fish which serves as a marking method.

**OBS**

The clipping of the adipose fin is the most common marking method.

See also **fin clipping**

◊ PILLA*1990***168

**ablation de la nageoire adipeuse**　　n. f.

*(Pisciculture - Techniques et méthodes)*

Méthode de marquage des poissons, surtout des salmonidés, par l'enlèvement de la nageoire adipeuse.

**OBS**

L'ablation de la nageoire adipeuse est la méthode de marquage la plus répandue.

Voir aussi **ablation de la nageoire**

◊ ENSEM*1991***175

**adjuvant**

*(Pathology and Predators)*

Material added to a vaccine to enhance the immunological response.

◊ FISFA*1988***387

**adjuvant**　　　n. m.

*(Pathologie et prédateurs)*

Substance introduite dans la composition d'un vaccin, conduisant à une augmentation de l'action immunitaire.

◊ INDUS*1986***12, PATH*1985***43, 310

**ADP**
see adenosine diphosphate

**adsorption**

*(Water - Treatment and Filtration)*

The surface retention of solid, liquid, or gas molecules, atoms, or ions by a solid or liquid.

◊ LASTE*1989***37

**adsorption**　　　n. f.

*(Eau - Traitement et filtration)*

Rétention à la surface d'un solide ou d'un liquide des molécules d'un gaz ou d'une substance en solution ou en suspension.

◊ ROBER*1986*1**131

**adult**

*(Biology - Growth and Nutrition)*

A fully-grown species (e.g. adult mussel, adult trout).

See also **adult animal, adult fish, adult stage**

◊ GACAN*1983***17, LANAQ*1992***351

**adulte**　　　n. m.

*(Biologie - Croissance et nutrition)*

Espèce parvenue au terme de sa croissance (p. ex. moule adulte, truite adulte).

Voir aussi **animal adulte, poisson adulte, stade adulte**

◊ PARSE*1990***11, CAPQ-2*1992***21, CUPER*1992***330

**adult animal**

*(Biology - Growth and Nutrition)*

A fully-grown animal.

◊ GACAN*1983***17, LANAQ*1992***343

**adult fish**

*(Fish Farming - Growth and Nutrition)*

A fish with adult characteristics (sexual maturity, length, weight, etc.).

◊ LANAQ*1992***214

**adult stage**

*(Growth and Nutrition - Biology)*

Period in which a species is developing into an adult.

◊ PILLA*1990***113, 157, LAICH*1977***303

**Aequipecten irradians**
see bay scallop

**aeration**

*(Water - Treatment and Filtration)*

The addition of oxygen or air to water; used in aquaculture to intensify production by maintaining good water quality.

◊ IVAQU*1992***268

**aerator**

*(Facilities - Water)*

A device which adds air or oxygen to water.

◊ LAFRE*1984***509

**aerobic**                                    adj.

*(Biology)*

Referring to an environment which contains free oxygen, or an organism which requires such an environment.

See also **anaerobic**

◊ LAFRE*1984***509

**animal adulte**                        n. m.

*(Biologie - Croissance et nutrition)*

Animal parvenu au terme de sa croissance.

◊ PARSE*1990***11

**poisson adulte**                      n. m.

*(Pisciculture - Croissance et nutrition)*

Poisson qui possède les caractéristiques d'un spécimen adulte (maturité sexuelle, taille, poids, etc.).

◊ PARSE*1990***590

**stade adulte**                          n. m.
  phase adulte                          n. f.

*(Croissance et nutrition - Biologie)*

Période pendant laquelle une espèce devient adulte.

◊ AQUAC*1986*1**204, 249, SOMOL*1992***111

**aération**                              n. f.

*(Eau - Traitement et filtration)*

Introduction d'air dans une eau pour en améliorer les qualités ou en faciliter le traitement.

◊ ROBER*1986*1**136

**aérateur**                              n. m.

*(Installations - Eau)*

Appareil servant à accroître l'oxygénation de l'eau.
◊ LAROG*1982*1**129

**aérobie**                                adj.

*(Biologie)*

Se dit des microorganismes qui ne peuvent vivre qu'en présence d'oxygène libre ou dissous et, par extension, se rapporte aux états caractérisés par la présence d'oxygène libre dans l'eau.

Voir aussi **anaérobie**

◊ CILFO*1989***7

**agar**
  agar-agar

*(Algal Culture)*

Any of various colloidal extractives of certain red algae as of the genera *Gelidium*, *Gracilaria*, and *Eucheuma* that have the ability to swell in cold water and to dissolve in hot water.

◊ WEBIN*1986***39

**agar-agar**
  see agar

**agitator**

*(Facilities - Water)*

A mechanical apparatus for mixing or aerating water, commonly used to provide emergency aeration in hatchery ponds.

◊ IWATE*1981***6, FISFA*1988***275

**agricultural lime**

*(Water - Treatment and Filtration)*

A hydrated lime used to neutralize water acidity in ponds.

◊ LASTE*1989***49, LANAQ*1992***29

**agricultural wastes**

*(General Terminology)*

Liquid or solid wastes that result from agricultural practices such as cattle manure, crop residue (e.g. corn stalks), pesticides and fertilizers.

◊ LASTE*1989***46, LANAQ*1992***252

**air bladder**
  see swim bladder

**air diffusion aeration**
  see diffused air aeration

**air-lift pump**
  see airlift pump

**agar**                              n. m.
  agar-agar                          n. m.

*(Algoculture)*

Substance mucilagineuse de nature glucidique synthétisée par des algues rouges (p. ex. *Gelidium*, *Gracilaria* et *Eucheuma*) ; insoluble dans l'eau froide, mais soluble dans l'eau très chaude, elle donne en refroidissant des gels colloïdaux.

◊ CILFO*1989***10

**agitateur**                        n. m.

*(Installations - Eau)*

Appareil destiné à assurer le mélange et l'aération de l'eau, soit par moyen mécanique, soit par insufflation d'air.

◊ OLFEB*1981***11

**chaux agricole**                   n. f.

*(Eau - Traitement et filtration)*

Chaux hydratée utilisée pour neutraliser l'acidité de l'eau des étangs.

**déchets agricoles**               n. m. pl.

*(Terminologie générale)*

Composés organiques résultant de l'exploitation agricole tels que fumier, lisier et résidus de récolte.

◊ LAROG*1982*3**2993

airlift pump
  V. s. air-lift pump
*(Facilities - Water)*

A pump which functions by making a water-air mixture that is lighter than the water and that will float out the pump tube through an exit above the surface of the water.

◊ LANAQ*1992***84

**pompe à émulsion d'air**  n. f.

*(Installations - Eau)*

Pompe dans laquelle de l'air sous pression est injecté dans l'eau sous forme de très petites bulles qui se mélangent à l'eau et réduisent la densité apparente du mélange air-eau. L'eau environnante fait monter ce mélange air-eau dans le tuyau de refoulement vers la sortie.

◊ INDUS*1986***302

aldrin
  V. s. Aldrin *
*(Culture Medium - General Terminology)*

A water-insoluble, white, crystalline compound used as a pesticide.

* Registered Trademark
◊ LASTE*1989***58

**aldrine**  n. f.

*(Milieu de culture - Terminologie générale)*

Produit de synthèse organochloré, très toxique et à forte rémanence, principalement utilisé comme insecticide.

◊ PARSE*1990***21

Aldrin
  see aldrin

alevin
  see sac-fry

alevin stage
  sac fry stage
*(Fish Farming - Growth and Nutrition)*

Stage of fish from hatching to end of dependence on yolk sac as primary source of nutrition.

◊ MILAT*1991***10, PILLA*1990***189

**stade alevin vésiculé**  n. m.
  stade d'alevin vésiculé  n. m.
*(Pisciculture - Croissance et nutrition)*

Stade de croissance du poisson allant de l'éclosion jusqu'à la fin de sa dépendance des réserves alimentaires de son sac vitellin.

◊ GESPI*1985***206

alfalfa pellet
  lucerne pellet          [UK]
*(Growth and Nutrition)*

A pellet made with alfalfa, a leguminous forage plant.

◊ WEBIN*1986***52, ELSAQ*1991***10

**granulé de luzerne**  n. m.

*(Croissance et nutrition)*

Granulé composé de luzerne, une légumineuse largement cultivée pour la qualité de son fourrage.

◊ LAROG*1982*6**6466, ELSAQ*1991***10

**alga** *

*(Algal Culture)*

One of a large group of aquatic plants which have a relatively simple body construction varying from a single cell to a multicellular ribbon-like thallus.

* Plural: algae

See also **macroalga, microalga**

◊ ALENV*1983***16, GACAN*1983***28

**algae bloom**

see algal bloom

**algal bloom**

V. s. algae bloom
bloom

*(Growth and Nutrition - Culture Medium)*

A sudden proliferation of algae in natural or artificial water bodies stimulated by changes in water temperature, lighting or nutrient concentration.

◊ ALENV*1983***17, PILLA*1990***216

**algal culture**

*(Aquaculture Types)*

The culture of algae for nutritional or industrial purposes in a natural or artificial medium.

OBS

Algae cultured in an artificial medium are used to feed the first larval stages of species cultivated in hatcheries.

See also **macroalgae culture, microalgae culture**

◊ PILLA*1990***108, LANAQ*1992***162

**algue**                                         n. f.

*(Algoculture)*

Végétal aquatique de l'embranchement des thallophytes, de forme unicellulaire ou pluricellulaire.

Voir aussi **macroalgue, microalgue**

◊ CILFO*1989***15, LAROG*1982*1**295

**efflorescence algale**                          n. f.
efflorescence planctonique            n. f.
prolifération algale                  n. f.
prolifération d'algues                n. f.
bloom algal                           n. m.
bloom phytoplanctonique               n. m.
bloom de phytoplancton                n. m.
poussée planctonique                  n. f.

*(Croissance et nutrition - Milieu de culture)*

Forte élévation de la densité du plancton végétal qui se produit dans un milieu artificiel ou naturel, après modification de certains facteurs comme la température, l'éclairement ou la concentration en sels nutritifs.

◊ CILFO*1989***394, CAPQ-11*1992***25

**algoculture**                                   n. f.
culture d'algues                      n. f.
culture des algues                    n. f.

*(Types d'aquaculture)*

Production contrôlée d'algues à des fins alimentaires ou industrielles, soit en milieu naturel, soit en milieu artificiel.

OBS

Les algues produites en milieu artificiel sont utilisées pour nourrir les espèces animales en stade larvaire élevées en écloserie.

Voir aussi **culture de macroalgues, phytoculture**

◊ CILFO*1989***14, GIRAQ*1991***32, 44

**algal culturist**

*(Algal Culture)*

A person who propagates algae for various purposes.

See also **algal culture**

**algoculteur**  n. m.
  algocultrice  n. f.

*(Algoculture)*

Celui ou celle qui cultive des algues à des fins diverses.

Voir aussi **algoculture**

◊ CUPER*1992***112, 201, 418

**algin**

*(Algal Culture)*

Any of various colloidal substances such as alginic acid (purified algin) or alginates (especially sodium alginate) that are extracted from marine brown algae, especially giant kelp.

**OBS**
Sodium salt is obtained in the form of a white to brown powder by extraction from kelp with a soda solution and is used chiefly as a stabilizing, emulsifying, thickening, coating, or water-holding agent in foods, pharmaceuticals, cosmetics, and cold-water paints, in sizing textiles, in creaming rubber latex, and as a base for dental-impression materials.

See also **alginic acid**

◊ WEBIN*1986***52

**algine**  n. f.

*(Algoculture)*

Substance glaireuse et incolore extraite de certaines algues brunes (surtout les laminaires) et composée d'acide alginique (algine purifiée) ou d'alginates, principalement d'alginate de sodium.

**OBS**
Après broyage et traitement au carbonate de sodium, on obtient un phycocolloïde commercialisé sous forme de poudre. Le produit est utilisé pour ses propriétés gélifiantes et épaississantes en agro-alimentaire (laitages, gelées alimentaires), en cosmétique (crèmes et comprimés), en dentisterie (empreintes) et en pharmaceutique.

Voir aussi **acide alginique**

◊ LAROG*1982*1**294, CILFO*1989***14

**alginate**

*(Algal Culture)*

A salt of alginic acid.

◊ WEBIN*1986***52

**alginate**  n. m.

*(Algoculture)*

Sel de l'acide alginique.

◊ LAROG*1982*1**294

**alginic acid**

*(Algal Culture)*

An acid that in the form of salts (alginates) is a constituent of the cell walls of marine brown algae.

**OBS**
Most authors consider algin as a synonym for alginic acid; however, algin is a generic term that can designate not only alginic acid (purified acid), but also its derivatives such as sodium alginate.

See also **algin**

◊ WEBIN*1986***52

**acide alginique**  n. m.

*(Algoculture)*

Acide dont le sel (alginate) se trouve dans les algues brunes marines.

Voir aussi **algine**

◊ ROBER*1986*1**247

**algologist**
    phycologist

*(Algal Culture)*

One that studies algology.

See also **algology**

◊ WEBIN*1986***52

**algology**
    phycology

*(Algal Culture)*

The study or science of algae.

◊ WEBIN*1986***52

**alkalinity \***

*(Water - Culture Medium)*

The capacity of water to neutralize excess hydrogen ions (acidity).

\* Term standardized by ISO.

◊ LAFRE*1984***509, WICRU*1992***368

**allele**
    allelic gene
    allelic variant
    allelomorph          obsolete

*(Reproduction and Genetics)*

One of a pair, or series, of genes that are alternative to each other in heredity and are situated at the same site (locus) in homologous chromosomes.

◊ INZOO*1974***974, LANAQ*1992***131

**allelic gene**
    see allele

**allelic variant**
    see allele

**allelomorph**
    see allele

**algologue**         n.
    phycologue         n.

*(Algoculture)*

Spécialiste de l'algologie.

Voir aussi **algologie**

◊ CILFO*1989***14, LAROG*1982*1**294

**algologie**         n. f.
    phycologie         n. f.

*(Algoculture)*

Science qui a pour objet l'étude des algues.

◊ PARSE*1990***22

**alcalinité \***         n. f.

*(Eau - Milieu de culture)*

Capacité d'un milieu aqueux à réagir quantitativement avec des ions hydrogène.

\* Terme normalisé par l'ISO.

◊ INDUS*1986***22

**allèle**         n. m.
    gène allèle         n. m.
    allélomorphe         n. m., vieilli

*(Reproduction et génétique)*

Nom donné à deux gènes d'une paire de chromosomes, formant paire eux-mêmes, ayant des emplacements (loci) identiques sur chacun de ces deux chromosomes et possédant tous deux la même fonction, mais chacun l'exerçant d'une manière différente.

◊ GAMED*1992***41, CAPQ-2*1992***58

allis shad *
>   European shad
>   *Alosa alosa*

>   **(Fish Farming - Aquaculture Species)**

>   An anadromous fish of the family Clupeidae cultured along the European Atlantic coast and sometimes reaching a length of 70 cm and weighing up to 3 kg.

>   * Recommended term in Canada.

>   ◊ PILLA*1990***381, WEBIN*1986***56, NQ8070*1995***6

*Alosa alosa*
>   see allis shad

*Alosa sapidissima*
>   see American shad

17-alpha methyltestosterone
>   see methyltestosterone

alternate crossing
>   see crisscross breeding

amanore
>   see laver

amanori
>   see laver

ameba
>   see amoeba

American eel *
>   *Anguilla rostrata*

>   **(Fish Farming - Aquaculture Species)**

>   A North-American fish of the family Anguillidae that lives in the freshwater of the Atlantic and spawns in the saltwater of the Sargasso Sea.

>   * Recommended term in Canada.

>   **OBS**
>   Developmental stages of the eel are: leptocephalus larva, glass eel, elver, yellow eel and silver eel.

>   See also **European eel**

>   ◊ FRESH*1992***21, NQ8070*1995***7

alose 1 *                        n. f.
>   alose vraie                  n. f. [FR]
>   *Alosa alosa*

>   **(Pisciculture - Espèces aquacoles)**

>   Poisson anadrome de la famille des clupéidés, cultivé le long de la côte atlantique d'Europe, qui peut atteindre 70 cm de long et peser jusqu'à 3 kg.

>   * Terme normalisé au Canada.

>   ◊ LAROG*1982*1**348, NQ8070*1995***6, Q2721*1993***72

anguille américaine              n. f.
>   anguille *                   n. f.
>   *Anguilla rostrata*

>   **(Pisciculture - Espèces aquacoles)**

>   Poisson d'Amérique du Nord, de la famille des anguillidés, qui vit dans l'eau douce de l'Atlantique et se reproduit dans les eaux salées de la mer des Sargasses.

>   * Terme normalisé au Canada.

>   **OBS**
>   Les stades de développement de l'anguille sont les suivants : larve leptocéphale, civelle cristalline, civelle pigmentée, anguille jaune et anguille argentée.

>   Voir aussi **anguille d'Europe**

>   ◊ LAROG*1982*1**487, AQUAC*1986*2**740, 743, NQ8070*1995***7

**American lobster**
see lobster

**American oyster**
see Atlantic oyster

**American shad \***
*Alosa sapidissima*

*(Fish Farming - Aquaculture Species)*

An anadromous fish of the family Clupeidae of the Atlantic and Pacific coasts that is silvery with several dark spots behind the opercle.

\* Recommended term in Canada.

◊ WEBIN\*1986\*\*\*2083, NQ8070\*1995\*\*\*6

**amino acid**

*(Growth and Nutrition)*

Any of the organic compounds that contain one or more basic amino groups and one or more acidic carboxyl groups and that are polymerized to form peptides and proteins.

◊ LASTE\*1989\*\*\*74

**amnesiac shellfish poisoning**
Abbr. ASP

*(Mollusc Culture - General Terminology)*

Food poisoning by molluscs that carry the toxin identified as domoic acid produced by a phytoplankton diatom called *Nitzschia pungens*.

See also **domoic acid**

◊ DOSHE\*1991\*\*\*36

**amnesiac shellfish poisoning toxin**
ASP toxin

*(Mollusc Culture - Pathology and Predators)*

A toxin causing amnesiac shellfish poisoning.

See also **amnesiac shellfish poisoning**

---

**alose savoureuse \***     n. f.
*Alosa sapidissima*

*(Pisciculture - Espèces aquacoles)*

Poisson anadrome de la famille des clupéidés, des côtes atlantique et pacifique de l'Amérique du Nord, qui est caractérisé par des taches noires derrière un opercule strié.

\* Terme normalisé au Canada.

◊ GPP\*1985\*\*\*3:3, NQ8070\*1995\*\*\*6

**acide aminé**     n. m.
  amino-acide     n. m.
  V. o. aminoacide     n. m.

*(Croissance et nutrition)*

Nom générique des composés renfermant une ou plusieurs fonctions amines et une ou plusieurs fonctions acides, qui constituent les matériaux essentiels de la matière vivante, tels les peptides et les protéines.

◊ LAROG\*1982\*1\*\*409, PARSE\*1990\*\*\*6, CAPQ-5\*1992\*\*\*17

**intoxication amnestique**     n. f.
  intoxication amnestique par les
    phycotoxines     n. f.
  intoxication amnestique par les
    mollusques     n. f., vieilli
  Abrév. IAM

*(Conchyliculture - Terminologie générale)*

Empoisonnement alimentaire causé par l'ingestion de coquillages contaminés par l'acide domoïque produit par la diatomée du phytoplancton *Nitzschia pungens*.

Voir aussi **acide domoïque**

**phycotoxine amnestique**     n. f.
  toxine amnestique     n. f.

*(Conchyliculture - Pathologie et prédateurs)*

Toxine causant une intoxication amnestique chez les humains.

Voir aussi **intoxication amnestique**

**amoeba**
V. s. ameba

*(Pathology and Predators)*

Any of a genus (*Amoeba*) of protozoans found in water or moist soil or living as parasites especially in animals; they move by forming temporary footlike projections which are constantly changing.

◊ GACAN*1983***38, LANAQ*1992***119

**amibe** n. f.

*(Pathologie et prédateurs)*

Protozoaire dont le corps est formé d'un protoplasme plus ou moins granuleux et transparent ; cette petite masse émet des prolongements ou pseudopodes rétractiles et change continuellement de forme.

**OBS**
Certaines amibes sont des parasites, surtout d'animaux.
◊ QUENC*1977*1**230

**amphibiotic** adj.

*(Biology)*

Terrestrial in the adult stage but aquatic as a larva.

See also **chironomid larva, amphidromous fish**
◊ WEBIN*1986***73

**amphibiotique** adj.

*(Biologie)*

Se dit des insectes dont les larves sont aquatiques.

Voir aussi **larve de chironome, poisson amphibiotique**
◊ LAROG*1982*1**422

**amphidromous fish**

*(Fish Farming - Biology)*

A fish that migrates from fresh to salt water or from salt to fresh water at some stage of the life cycle (e.g. salmon, eel).

See also **anadromous fish, catadromous fish**
◊ WEBIN*1986***73

**poisson amphibiotique** n. m.

*(Pisciculture - Biologie)*

Poisson qui migre de la mer en eaux douces ou qui passe des eaux douces à la mer au cours de son cycle vital (p. ex. le saumon, l'anguille).

Voir aussi **poisson anadrome, poisson catadrome**
◊ PARSE*1990***30

**Amphineura** n. pl.

*(Mollusc Culture - Biology)*

A class of bilaterally symmetrical marine molluscs such as the chitons, having two lateral and two ventral nerve cords.

◊ WEBIN*1986***73, LASTE*1989***80,
LANAQ*1992***165

**amphineures** n. m. pl.
V. o. Amphineures n. m. pl.

*(Conchyliculture - Biologie)*

Classe de mollusques marins comprenant les chitons, dont le corps, sans tentacules ni yeux, est en général protégé par une coquille formée de plaques articulées.
◊ ROBER*1986*1**333

**amphineuran**

*(Mollusc Culture - Biology)*

A mollusc of the class Amphineura.

See also **Amphineura**
◊ LANAQ*1992***165

**amphineure** n. m.

*(Conchyliculture - Biologie)*

Mollusque de la classe des amphineures.

Voir aussi **amphineures**
◊ LAROG*1982*1**424

**amylase**
    diastase

*(Growth and Nutrition)*

An enzyme that accelerates the hydrolysis of starch to dextrin, then maltose.

◊ PILLA*1990***92, ALENV*1983***24

**amylase**                 n. f.

*(Croissance et nutrition)*

Enzyme qui permet l'hydrolyse de l'amidon en dextrine, puis en maltose.

◊ PARSE*1990***31, CAPQ-5*1992***13

*Anadara granosa*
    see blood clam

*Anadora granosa*
    see blood clam

**anadromous fish**

*(Fish Farming - Biology)*

A fish that leaves the sea and migrates up freshwater rivers to spawn at some stage of the life cycle (e.g. salmon, shad).

See also **amphidromous fish, catadromous fish**

◊ PIPFI*1986***471, LAFRE*1984***509

**poisson anadrome**        n. m.
    poisson potamotoque    n. m. [FR]

*(Pisciculture - Biologie)*

Poisson migrateur qui, au cours de son cycle vital, remonte de la mer vers les eaux dessalées ou douces pour se reproduire (p. ex. le saumon, l'esturgeon).

Voir aussi **poisson amphibiotique, poisson catadrome**

◊ CILFO*1989***19, LAROG*1982*1**433

**anadromy**

*(Fish Farming - Reproduction and Genetics)*

The migration of some fish from the sea into freshwater for breeding.

See also **catadromy**

◊ ALENV*1983***25

**anadromie**             n. f.

*(Pisciculture - Reproduction et génétique)*

Migration des poissons qui remontent de la mer vers les eaux dessalées ou douces pour se reproduire.

Voir aussi **catadromie**

◊ ARECO*1976***244-245

**anaemia**
    see anemia

**anaerobic**             adj.

*(Biology)*

Referring to a process or organism not requiring oxygen. In ponds, an indication of undesirable substrate conditions.

See also **aerobic**

◊ PIPFI*1986***471, WICRU*1992***368

**anaérobie**             adj.

*(Biologie)*

Se dit des microorganismes qui se développent en l'absence d'air ou d'oxygène et, par extension, se rapporte aux conditions caractérisées par l'absence d'oxygène libre dans l'environnement aquatique.

Voir aussi **aérobie**

◊ CILFO*1989***19

**anaerobic decomposition**

*(Biology)*

Organic breakdown of organic matter in the absence of oxygen.

◊ ALENV*1983***25, PILLA*1990***126

**anal fin**

*(Fish Farming - Anatomy and Physiology)*

A median unpaired fin on the lower posterior part of the body of fishes, behind the vent and sometimes confluent with the caudal fin.

◊ WEBIN*1986***76, PIPFI*1986***471

**anchor worm disease**
    see lernaeosis

**androgen**
    androgenic hormone

*(Fish Farming - Reproduction and Genetics)*

1. A class of male sex hormones produced in the testis and adrenal cortex and characterized by its ability to stimulate the development of male sex characteristics.
2. A synthetic compound (as methyltestosterone) used for masculinization of individuals.

◊ LASTE*1989***87, WEBIN*1986***81

**androgenesis**
    male parthenogenesis

*(Reproduction and Genetics)*

Development in which the embryo contains only paternal chromosomes due to failure of the egg nucleus to participate in fertilization.

See also **gynogenesis**

◊ WEBIN*1986***81, SCITF*1988***34, PILLA*1990***344

**androgenic hormone**
    see androgen

---

**décomposition anaérobie**     n. f.

*(Biologie)*

Décomposition et dégradation des matières organiques dans un milieu ne contenant pas d'oxygène dissous.

◊ OLFEB*1981***137

**nageoire anale**     n. f.

*(Pisciculture - Anatomie et physiologie)*

Nageoire impaire ventrale des poissons, située en arrière de l'anus ; elle peut être simple ou double, comporter ou non des rayons antérieurs épineux.

◊ LAROG*1982*1**434

**hormone androgène**      n. f.
    hormone androgénique     n. f.

*(Pisciculture - Reproduction et génétique)*

1. Ensemble des hormones sexuelles mâles d'origine testiculaire et cortico-surrénalienne qui provoquent l'apparition de caractères sexuels masculins.
2. Substance de synthèse (telle que la méthyltestostérone) qui provoque la masculinisation d'un individu.

◊ PARSE*1990***34, CILFG-32*1991***27, LENBI*1994***37

**androgenèse**     n. f.
    V. o. androgénèse     n. f.
    parthénogenèse mâle     n. f.
    V. o. parthénogénèse mâle     n. f.

*(Reproduction et génétique)*

Développement d'un embryon sous l'influence des seuls chromosomes paternels.

Voir aussi **gynogenèse**

◊ ROBER*1986***360, CILFG-32*1991***27

**anemia**
    V. s. anaemia          [UK]

*(Pathology and Predators)*

A condition marked by significant decreases in hemoglobin concentration and in the number of circulating red blood cells.

◊ LASTE*1989***88, PILLA*1990***175

**anémie**                  n. f.

*(Pathologie et prédateurs)*

Diminution du nombre de globules rouges du sang et de leur teneur en hémoglobine.

◊ PEROB*1995***81, PATH*1985***54, 206

**angling**

*(General Terminology)*

Fishing with hook and line.

See also **sport fishing**

◊ LAFRE*1984***509

**pêche à la ligne**    n. f.
    pêche à l'hameçon    n. f.

*(Terminologie générale)*

Pêche de poissons avec ligne et hameçon.

Voir aussi **pêche sportive**

◊ CAPQ-11*1992***12

*Anguilla anguilla*
    see European eel

*Anguilla rostrata*
    see American eel

**animal husbandry**
    see husbandry

**Annelida**
    see annelids

**annelids**              n. pl.
    Annelida          n. pl.

*(Pathology and Predators)*

A phylum of worms including the earthworms and leeches, with a body made up of joined segments or rings.

◊ WEBIN*1986***87, LAFRE*1984***87

**annélides**          n. m. pl.
    V. o. Annélides    n. m. pl.

*(Pathologie et prédateurs)*

Embranchement important du règne animal comprenant les vers annelés.

◊ CILFO*1989***22, PATH*1985***142, 170

**anoxia**

*(Pathology and Predators)*

A total lack of oxygen or reduced supply of oxygen to the tissues causing mortality among aquatic animals.

◊ DOMED*1994***89, PILLA*1990***308

**anoxie**                n. f.

*(Pathologie et prédateurs)*

Diminution ou suppression de l'oxygène délivré au niveau des tissus, entraînant la mort des animaux aquatiques.

◊ LAROG*1982*1**513

**anoxic**      adj.

*(Pathology and Predators)*

Pertaining to or characterized by anoxia.

◊ DOMED*1994***89

**antheridium**

*(Algal Culture - Reproduction and Genetics)*

The sex organ that produces male gametes in algae.

◊ LASTE*1989***100

**anti-seep collar**
     see antiseep collar

**antibiotic**

*(Pathology and Predators)*

A chemical substance produced by microorganisms and synthetically, that has the capacity in dilute solutions to inhibit the growth of, and even to destroy, bacteria and other microorganisms.

◊ LASTE*1989***101

**antibiotic therapy**
     see antibiotic treatment

**antibiotic treatment**
     antibiotic therapy

*(Pathology and Predators)*

Use of antibiotics for therapeutic purposes.

See also **antibiotic**

◊ PILLA*1990***180

**antibody**
     immune body      obsolete

*(Pathology and Predators)*

A protein found principally in blood serum (immuno-globin) originating either normally or in response to an antigen and characterized by a specific reactivity with its complementary antigen.

◊ LASTE*1989***101, PILLA*1990***188

**anoxique**      adj.

*(Pathologie et prédateurs)*

Se dit de ce qui est caractérisé par l'anoxie ou de ce qui s'y rapporte.

◊ LAROG*1982*1**513

**anthéridie**      n. f.

*(Algoculture - Reproduction et génétique)*

Organe des algues où se forment les gamètes mâles.

◊ LAROG*1982*1**520

**antibiotique**      n. m.

*(Pathologie et prédateurs)*

Substance naturelle ou synthétique ayant la propriété d'inhiber la croissance des bactéries et autres micro-organismes (action bactériostatique) et même de les détruire (action bactéricide).

◊ LAROG*1982*1**527-528, CAPQ-5*1992***26

**antibiothérapie**      n. f.
     traitement aux antibiotiques      n. m.

*(Pathologie et prédateurs)*

Emploi thérapeutique de substances antibiotiques.

Voir aussi **antibiotique**

◊ GAMED*1992***69, BT-197*1990***22, PATH*1985***300

**anticorps**      n. m.

*(Pathologie et prédateurs)*

Protéine du sérum (immunoglobine) sécrétée par certains lymphocytes après l'introduction d'un antigène dans l'organisme.

◊ LAROG*1982*1**532, PATH*1985***25, 268

## antigen

*(Pathology and Predators)*

A substance which reacts with the products of specific humoral or cellular immunity, even those induced by related heterologous immunogens.

◊ LASTE*1989***103, LANAQ*1992***319

## antiseep collar
    V. s. anti-seep collar

*(Facilities - Water)*

A collar made of metal, fibreglass or plastic used around drainpipes to reduce the risk of leaks from some ponds.

◊ WICRU*1992***170

## antiseptic

*(Pathology and Predators)*

A substance that kills or inhibits microorganisms, especially those infecting living tissues.

◊ PIPFI*1982***471

## aquacultural    adj.
    aquicultural    adj.

*(General Terminology)*

Of, or relating to, or involving the methods and products of aquaculture.

◊ WEBIN*1986***108

## aquaculture

*(General Terminology)*

The husbandry or rearing of aquatic animals and plants for various purposes.

◊ LANAQ*1992***3, COLD*1995***xi, xii

## antigène    n. m.

*(Pathologie et prédateurs)*

Substance qui, introduite dans un organisme, est capable d'y provoquer la stimulation des cellules immunocompétentes responsables de la production d'anticorps ou d'une réaction immunitaire à médiation cellulaire.

◊ LAROG*1982*1**535, PATH*1985***248

## collier étanche    n. m.

*(Installations - Eau)*

Collier en métal, plastique ou fibre de verre utilisé pour empêcher les fuites d'eau au niveau des tuyaux de drainage des étangs.

◊ ELSAQ*1991***18

## antiseptique    n. m.

*(Pathologie et prédateurs)*

Produit permettant d'éliminer ou de tuer les microorganismes et d'inactiver les virus dans les tissus vivants.

◊ INDUS*1986***42

## aquacole *    adj.
    aquicole    adj.

*(Terminologie générale)*

Se dit des techniques et des produits de l'aquaculture.

* Ce terme est plus répandu que *aquicole*.

◊ CILFO*1989***25

## aquaculture    n. f.
    V. o. aquiculture    n. f. [QC]

*(Terminologie générale)*

Ensemble des activités de culture ou d'élevage d'espèces animales et végétales en milieu aquatique à des fins diverses.

**OBS**
Le terme *aquaculture* est plus répandu que le terme *aquiculture*.

◊ CILFO*1989***25-26, ROBHI*1992*1**98, GIRAQ*1991***9

**aquaculture candidate**
    candidate species

*(General Terminology)*

A species that has potential for culture.

◊ LANAQ*1992***373, PILLA*1990***36, 360

**aquaculture facility**

*(General Terminology)*

A physical installation (as a farm) used for the culture of aquatic species.

◊ LANAQ*1992***248, 292, PILLA*1990***157

**aquaculture farm**
    farm
    aquafarm

*(Facilities - Farming/Culture)*

The facilities (ponds, raceways, tanks, hatcheries, nurseries, etc.) used for the practice of aquaculture and in which the products are either sold or used to stock the farm.

See also **fish farm**

◊ PILLA*1990***49, 150, LANAQ*1992***292

**aquaculture farmer**
    see farmer 2

**aquaculture feed**
    see feed

**aquaculture lease**
    see lease

**aquaculture production**
    see production

**aquaculture site**
    site

*(Facilities)*

A location chosen by the aquaculturist for the culture of aquatic plants or animals.

◊ AQEX-E*1989***14

---

**candidat aquacole**    n. m.
    candidat    n. m.

*(Terminologie générale)*

Espèce susceptible d'être élevée.

◊ GIRAQ*1991***114, AQUAC*1986*2**856

**installation aquacole**    n. f.
    V. o. installation aquicole    n. f.
    installation d'aquaculture    n. f.

*(Terminologie générale)*

Ensemble des dispositifs et des bâtiments installés en vue de faire un élevage aquacole.

◊ AQUAC*1986*1**38, AQUAC*1986*2**798, 799, 828, GIRAQ*1991***90

**ferme d'aquaculture**    n. f.
    ferme    n. f.
    ferme aquacole    n. f.
    station aquacole    n. f.

*(Installations - Élevage/culture)*

Ensemble d'installations à terre ou en mer (étangs, bassins, écloseries, nourriceries, etc.), où se pratique l'aquaculture et dont les produits sont destinés soit à la vente, soit au peuplement des eaux.

Voir aussi **pisciculture 1**

◊ CILFO*1989***204, GIRAQ*1991***120, CAPQ-2*1992***21, AQUAC*1986*1**41, 91, 498, 504, AQUAC*1986*2**840

**site aquacole**    n. m.
    site    n. m.

*(Installations)*

Emplacement choisi par l'aquaculteur ou l'aquacultrice pour faire l'élevage d'animaux ou de plantes aquatiques.

◊ AQEX-F*1989***15

**aquaculture species**
see cultured species

**aquaculture stock**
see stock 1

**aquaculturist**
farmer 1
culturist

| | |
|---|---|
| **aquaculteur** | n. m. |
| V. o. aquiculteur | n. m. |
| aquacultrice | n. f. |
| V. o. aquicultrice | n. f. |
| éleveur | n. m. |
| éleveuse | n. f. |

*(General Terminology)*

A person who practices aquaculture.

*(Terminologie générale)*

Celui ou celle qui pratique l'aquaculture.

**OBS**
Les termes *aquaculteur* et *aquacultrice* sont plus répandus que les termes *aquiculteur* et *aquicultrice*.

See also **aquaculture**

◊ WEBIN*1986***57a, LANAQ*1992***8, 210, PILLA*1990***109

Voir aussi **aquaculture**

◊ GIRAQ*1991***13, CILFO*1989***25

**aquafarm**
see aquaculture farm

**aquarium**

*(Facilities)*

A glass tank or bowl in which living aquatic animals or plants are kept.

◊ WEBIN*1986***108

**aquarium**  n. m.

*(Installations)*

Petit réservoir, à parois transparentes, rempli d'eau salée ou douce, dans lequel sont conservés et nourris des plantes et des animaux aquatiques.

◊ LAROG*1982*1**594, CILFO*1989***26

**aquatic**  adj.

*(Biology)*

Living or growing in, on, or near water, having a water habitat.

◊ LASTE*1989***114

**aquatique**  adj.

*(Biologie)*

Se dit d'un être vivant qui croît et vit dans l'eau ou sur les bords d'une étendue d'eau.

◊ LAROG*1982*1**594

**aquatic plant**

*(Biology)*

A plant that grows in water whether rooted in the mud or floating without anchorage.

◊ WEBIN*1986***108

**plante aquatique**  n. f.

*(Biologie)*

Plante qui croît et qui vit dans l'eau ou sur les bords d'une étendue d'eau.

◊ LAROG*1982*1**594, GIRAQ*1991***60

**aquicultural**
see aquacultural

**aquifer ***

*(Water)*

Water-bearing formation (bed or stratum) or permeable rock, sand, or gravel capable of yielding significant quantities of water.

* Term standardized by ISO.

◊ LANAQ*1992***25

**archegonium**

*(Algal Culture - Reproduction and Genetics)*

The flask-shaped female sex organ in certain algae.

◊ WEBIN*1986***112

**Arctic char ***
  *Salvelinus alpinus*

*(Fish Farming - Aquaculture Species)*

A char of the family Salmonidae of arctic North America.

* Recommended term in Canada.

◊ WEBIN*1986***113, NQ8070*1995***29

*Argopecten irradians*
  see bay scallop

*Aristichthys nobilis*
  see bighead

*Artemia*
  see brine shrimp

*Artemia* **nauplii**
  see brine shrimp nauplii

**artesian well**

*(Water)*

A well bored into a confined aquifer which overflows the well-head, i.e. the piezometric level of the aquifer is above the level of the well-head.

◊ ALENV*1983***40

**aquifère ***                    n. m.
  formation aquifère              n. f.

*(Eau)*

Formation géologique suffisamment perméable et conductrice pour emmagasiner et fournir une quantité significative d'eau.

* Terme normalisé par l'ISO.

◊ PARSE*1990***45

**archégone**                     n. m.

*(Algoculture - Reproduction et génétique)*

Organe microscopique femelle en forme de bouteille contenant l'oosphère ou gamète femelle chez certaines algues.

◊ LAROG*1982*1**631, GAYR*1975***8

**omble chevalier ***             n. m.
  *Salvelinus alpinus*

*(Pisciculture - Espèces aquacoles)*

Omble de la famille des salmonidés, de l'Arctique et du nord-ouest de la côte atlantique.

* Terme normalisé au Canada.

◊ NQ8070*1995***29

**puits artésien ***              n. m.

*(Eau)*

Puits alimenté par une nappe captive sous pression, sous une couche de terrains imperméables, où le niveau hydrostatique peut être supérieur au niveau du sol.

* Terme normalisé par l'OLF.

◊ OLFEB*1981***373

**arthropod**

*(Biology)*

An animal belonging to the phylum Arthropoda.

See also **Arthropoda**

◊ WEBIN*1986***123

**Arthropoda**                    n. pl.

*(Biology)*

A phylum of articulate invertebrate animals with
jointed limbs, the body divided into metameric
segments, the brain dorsal to the alimentary canal
and connected with a ventral chain of ganglia, and
the body generally covered with a chitinous shell that
is molted at intervals and including the crustaceans,
insects, etc.

**OBS**

Arthropods make up about three quarters of all the
known species of animals on earth.

◊ GACAN*1983***63, WEBIN*1986***123

**artificial diet**
    prepared diet

*(Growth and Nutrition)*

A diet consisting of artificial feed.

See also **artificial feed, natural diet**

◊ PILLA*1990***95, LANAQ*1992***140, 142

**artificial feed**

*(Growth and Nutrition)*

A manufactured feed mixture which consists of pellets
or moist feed.

See also **natural feed**

◊ LANAQ*1992***142, WAST*1979***356

**artificial feeding**

*(Growth and Nutrition)*

The provision of artificial feeds to cultured organisms.

See also **artificial feed, natural feeding**

◊ PILLA*1990***30, 291

**arthropode**                    n. m.

*(Biologie)*

Animal de l'embranchement des arthropodes.

Voir aussi **arthropodes**

◊ LAROG*1982*1**709

**arthropodes**                   n. m. pl.
    V. o. Arthropodes             n. m. pl.

*(Biologie)*

Embranchement d'animaux, généralement libres, à
téguments chitineux, dont le corps est composé d'anneaux qui portent des organes locomoteurs articulés
pouvant se transformer notamment en organes respiratoires ou en organes préhenseurs, et dont le développement implique des mues et souvent des
métamorphoses.

**OBS**

Cet embranchement du règne animal comprend la
majorité des espèces animales de la faune actuelle,
tant marines (crustacés) que terrestres (insectes, etc.).

◊ LAROG*1982*1**709

**régime artificiel**             n. m.

*(Croissance et nutrition)*

Régime composé d'aliments artificiels.

Voir aussi **aliment artificiel, régime naturel**

◊ CAPQ-5*1992***10, AQUAC*1986*1**354

**aliment artificiel**            n. m.
    nourriture artificielle       n. f.

*(Croissance et nutrition)*

Aliment sous forme de pâtées ou granulés fabriqués
industriellement.

Voir aussi **aliment naturel**

◊ AQUAC*1986*1**254, AQUAC*1986*2**590, 747,
    BOUGOC*1976***213

**alimentation artificielle**     n. f.

*(Croissance et nutrition)*

Apport de nourriture artificielle aux organismes
d'élevage.

Voir aussi **aliment artificiel, alimentation naturelle**

◊ SITMO*1995***31, AQUAC*1986*2**932,
    PISET*1980***185

**artificial fertilisation**
see artificial fertilization

**artificial fertilization**
V. s. artificial fertilisation    [UK]

*(Reproduction and Genetics - Techniques and Methods)*

Technique in which the eggs are fertilized by other than natural means.

**OBS**
For example, fish farmers strip the sex products from the females and males in order to artificially fertilize them.

◊ PILLA*1990***162, LANAQ*1992***228

**fécondation artificielle**    n. f.

*(Reproduction et génétique - Techniques et méthodes)*

Technique qui consiste à féconder l'ovule en dehors des conditions naturelles, quel que soit le mode d'intervention utilisé.

**OBS**
Par exemple, les pisciculteurs obtiennent des alevins de divers poissons en arrosant avec la laitance d'un mâle des œufs évacués par pression de l'abdomen d'une femelle mûre.

◊ LAROG*1982*4**4178, GIRAQ*1991***8, Q2721*1993***112

**artificial nest**

*(Fish Farming - Reproduction and Genetics)*

A shelter or substrate alteration made by an aquaculturist to enhance spawning.

◊ LANAQ*1992***218

**nid artificiel**    n. m.

*(Pisciculture - Reproduction et génétique)*

Abri que l'aquaculteur aménage à même le substrat dans le but de favoriser la ponte.

◊ HUET*1970***220

**artificial sea water**
see artificial seawater

**artificial seawater**
V. s. artificial sea water

*(Water)*

Water containing a solution of salts, resembling to a greater or lesser extent that of natural seawater, used as a culture medium.

◊ WICRU*1992***368, PILLA*1990***116

**eau de mer artificielle**    n. f.

*(Eau)*

Eau contenant les principaux sels de l'eau de mer naturelle et utilisée comme milieu de culture.

◊ CILFO*1989***173

**artificial spawning**
controlled spawning

*(Reproduction and Genetics - Techniques and Methods)*

Spawning brought about through manipulation of the environment or treatment of the animal by the farmer.

See also **natural spawning**

◊ PILLA*1990***418, LANAQ*1992***224

**ponte artificielle**    n. f.

*(Reproduction et génétique - Techniques et méthodes)*

Ponte provoquée par le contrôle des facteurs de l'environnement ou le contrôle physiologique de l'animal.

Voir aussi **ponte naturelle**

◊ HUET*1970***70, 160, AQUAC*1986*2**1028

**artificial substrate**

*(Facilities - Techniques and Methods)*

Any substrate used to enhance capture, growth and survival of an aquaculture species.

◊ PILLA*1990***157

**substrat artificiel**     n. m.
    substrat de fixation *     n. m.

*(Installations - Techniques et méthodes)*

Substrat que l'éleveur place dans le milieu de culture pour favoriser la capture, la croissance et la survie d'une espèce aquacole.

* Dans le cas des mollusques, le français précise la fonction du substrat.

◊ BOUGOC*1976***218, CUPER*1992***107, GESPI*1985***170

**ascorbic acid**
    vitamin C

*(Growth and Nutrition)*

A white, crystalline, water-soluble vitamin found in many plant materials, especially citrus fruit.

**OBS**
Vitamin C is used as an antioxidant for the production of connective tissue; deficiencies cause spinal abnormalities and reduce wound-healing capabilities.

◊ LASTE*1989***130, PIPFI*1986***472

**acide ascorbique**     n. m.
    vitamine C     n. f.

*(Croissance et nutrition)*

Cristaux incolores, solubles dans l'eau et très répandus dans la nature, surtout dans les végétaux à chlorophylle et à pigments.

**OBS**
La vitamine C est utilisée comme antioxidant dans la formation des tissus conjonctifs ; une déficience peut entraîner une scoliose et diminuer la capacité de cicatrisation des plaies.

◊ CAPQ-5*1992***19, MED-F*1993***1038

**asexual reproduction**

*(Reproduction and Genetics)*

A process of reproduction that does not involve or directly follow the union of individuals or germ cells of two different sexes.

◊ WEBIN*1986***127

**reproduction asexuée**     n. f.

*(Reproduction et génétique)*

Mode de reproduction assurant l'obtention d'un individu génétiquement identique sans intervention de gamètes.

◊ CILFG-32*1991***233, LAROG*1982*7**7181, GAYR*1975***31, GPP*1985***1:20

**Asian prawn**
    see giant freshwater prawn

**ASP**
    see amnesiac shellfish poisoning

**ASP toxin**
    see amnesiac shellfish poisoning toxin

**astacology**
    crayfish studies

*(Biology)*

A branch of zoology dealing with crayfish.

◊ CILF-6*1983***27

**astacologie**     n. f.

*(Biologie)*

Étude scientifique des écrevisses.

astaxanthin

*(Salmonid Farming - Growth and Nutrition)*

A carotenoid pigment found in certain crustacean shells.

**OBS**

Astaxanthin is added to the salmon's diet because it adds a pinkish colour to the muscle tissue.

◊ LANAQ*1992***138

astaxanthine      n. f.

*(Salmoniculture - Croissance et nutrition)*

Pigment caroténoïde trouvé dans la carapace de certains crustacés.

**OBS**

L'astaxanthine est ajoutée au régime des salmonidés pour donner une couleur rosâtre aux tissus musculaires.

◊ BIOGAL*1988***446, CAPQ-5*1992***22

asymptomatic carrier

*(Pathology and Predators)*

An individual that shows no signs of a disease but harbors and transmits it to others.

See also **carrier**

◊ PIPFI*1986***472, PILLA*1990***190, 198

porteur asymptomatique      n. m.

*(Pathologie et prédateurs)*

Individu porteur d'une maladie, qui ne présente aucun symptôme clinique, mais qui la transmet aux autres.

Voir aussi **sujet porteur**

◊ PATH*1985***42, LAROG*1982*1**777

Atlantic cod
    see cod

Atlantic halibut *
    halibut
    *Hippoglossus hippoglossus*

*(Fish Farming - Aquaculture Species)*

The largest North Atlantic flatfish of the family Pleuronectidae, sometimes reaching a length of two metres and a mass of over 300 kilograms.

* Recommended term in Canada.

◊ GACAN*1983***528, NQ8070*1995***16

flétan *      n. m.
    flétan blanc      n. m.
    flétan de l'Atlantique      n. m.
    *Hippoglossus hippoglossus*

*(Pisciculture - Espèces aquacoles)*

Le plus grand des poissons plats de la famille des pleuronectidés de l'Atlantique nord ; il peut atteindre deux mètres de longueur et peser jusqu'à 300 kilogrammes.

* Terme normalisé au Canada.

◊ CILFO*1989***209, BELNO*1979***393, NQ8070*1995***16

Atlantic oyster *
    oyster *
    American oyster
    eastern oyster
    Virginian oyster
    V. s. Virginia oyster
    *Crassostrea virginica* **

*(Oyster Culture - Aquaculture Species)*

A bivalve mollusc of the family Ostreidae of the Atlantic coast of North America.

* Recommended term in Canada.

** Formerly known as *Ostrea virginica*.

◊ COLD*1995***191, WEBIN*1986***2555, NQ8070*1995***62

huître de l'Atlantique      n. f.
    huître *      n. f.
    huître américaine      n. f.
    *Crassostrea virginica* **

*(Ostréiculture - Espèces aquacoles)*

Mollusque bivalve de la famille des ostréidés, de la côte atlantique de l'Amérique du Nord.

* Terme normalisé au Canada.

** Anciennement connu sous le nom de *Ostrea virginica*.

◊ GPP*1985***3:56, NQ8070*1995***62

**Atlantic salmon ***
*Salmo salar*

**saumon atlantique ***    n. m.
   saumon de l'Atlantique    n. m.
   *Salmo salar*

**(Salmonid Farming - Aquaculture Species)**

An anadromous fish of the family Salmonidae that is found along the Atlantic coasts of North America and Europe and is extremely variable in appearance especially at different ages and under different conditions of life.

* Recommended term in Canada.

◊ WEBIN*1986***2004, NQ8070*1995***36

**(Salmoniculture - Espèces aquacoles)**

Poisson anadrome de la famille des salmonidés, trouvé le long de la côte atlantique de l'Amérique du Nord et de l'Europe, qui change d'apparence selon son âge et ses différents stades de développement.

* Terme normalisé au Canada.

◊ LAROG*1982*9**9356, NQ8070*1995***36

**Atlantic sturgeon ***
*Acipenser oxyrhynchus*

**esturgeon noir ***    n. m.
*Acipenser oxyrhynchus*

**(Fish Farming - Aquaculture Species)**

An anadromous fish of the family Acipenseridae characterized by rows of body scutes and an underslung, sucker mouth.

* Recommended term in Canada.

◊ FRESH*1992***17, NQ8070*1995***16

**(Pisciculture - Espèces aquacoles)**

Poisson anadrome de la famille des acipenséridés, caractérisé par un corps squaliforme recouvert de rangées longitudinales de plaques osseuses et un museau de forme allongé.

* Terme normalisé au Canada.

◊ GPP*1985***3:43, NQ8070*1995***16

**ATP**
   see adenosine triphosphate

**attachment**
   see settlement

**automatic feed dispenser**
   see automatic feeder

**automatic feed distributor**
   see automatic feeder

**automatic feeder**
   automatic feed distributor
   automatic feed dispenser

**nourrisseur automatique**    n. m.
   distributeur automatique    n. m.
   distributeur automatique
    d'aliments    n. m.
   distributeur automatique
    de nourriture    n. m.

**(Facilities - Growth and Nutrition)**

A device that dispenses a fixed weight of dry feed at regular intervals.

◊ FISFA*1988***387, LANAQ*1992***234

**(Installations - Croissance et nutrition)**

Appareil conçu pour permettre l'alimentation automatique en distribuant un poids fixe d'aliments secs à des intervalles réguliers.

◊ LAROG*1982*7**7461, CAPQ-5*1992***33, AQUAC*1986*2**653, 691

**automatic tide gage**
see tide gauge 2

**automatic tide gauge**
see tide gauge 2

**ayu**
sweetfish
*Plecoglossus altivelis*

*(Fish Farming - Aquaculture Species)*

An anadromous fish of the family Plecoglossidae found in Japan, China, Korea and Taiwan that is highly esteemed as food fish.

◊ WEBIN*1986***154, ENSCI*1991*11**441

**ayu**                                      n. m.
*Plecoglossus altivelis*

*(Pisciculture - Espèces aquacoles)*

Poisson anadrome de la famille des plécoglossidés, trouvé au Japon, en Chine, en Corée et en Formose, et très estimé pour sa chair.

◊ LAROG*1982*1**919

**B cell**
B lymphocyte
V. s. B-lymphocyte

*(Reproduction and Genetics)*

A lymphocyte that matures within a microenvironment of the bone marrow in mammals.

**OBS**
After contact with antigen, B cells proliferate and differentiate into antibody-secreting plasma cells.

◊ KIGEN*1985***225, LANAQ*1992***319

**B lymphocyte**
see B cell

**B-lymphocyte**
see B cell

**lymphocyte B**                             n. m.

*(Reproduction et génétique)*

Lymphocyte se différenciant dans les tissus lymphoïdes périphériques et la moëlle osseuse.

**OBS**
Les lymphocytes B fabriquent des anticorps ; ils sont donc responsables de la réponse immunitaire à médiation humorale.

◊ CILFG-32*1991***176, PATH*1985***32

**Bacillariophyceae**          n. pl.
diatoms                        n. pl.

*(Growth and Nutrition - Culture Medium)*

Any of numerous algae whose cell walls consist of two valves and which contain silica; diatoms are among the most important components of many aquatic food webs.

◊ LAFRE*1984***512, ENSCI*1991*13**250

**bacillariophycées**              n. f. pl.
V. o. Bacillariophycées          n. f. pl.
diatomées                        n. f. pl.

*(Croissance et nutrition - Milieu de culture)*

Classe d'algues unicellulaires de couleur brune, à squelette externe siliceux, appelé frustule, formé de deux valves emboîtées ; les diatomées constituent l'élément principal du phytoplancton.

◊ CILFO*1989***161, ROBER*1986*3**515

**bacillus ***

*(Pathology and Predators)*

Any member of the genus *Bacillus*; broadly, any straight rod-shaped bacterium.

* Plural: bacilli

◊ WEBIN*1986***157, LANAQ*1992***119

**backwashing ***

*(Water - Treatment and Filtration)*

The operation of cleaning a filter with water, or with air and water, by reversing the direction of flow.

* Term standardized by ISO.

◊ LANAQ*1992***87-88

**bacteria bed**
see biological filter

**bacteria filter**
see biological filter

**bacterial disease**

*(Pathology and Predators)*

A disease resulting from a bacterial infection.

See also **bacterial infection**

**bacterial gill disease**
Abbr. BGD

*(Fish Farming - Pathology and Predators)*

An infection of the gills of fish caused by one or more species of filamentous bacteria, including *Flavobacterium* species, and which is usually associated with unfavorable environmental conditions.

◊ PILLA*1990***197, ROTSA*1986***107

**bacterial haemorrhagic septicaemia**
V. s. bacterial hemorrhagic septicemia

*(Fish Farming - Pathology and Predators)*

A disease caused by bacteria (usually of the genera *Aeromonas* or *Pseudomonas*) that invades all tissues and blood of fish.

◊ PIPFI*1986***472, ROTSA*1986***76, 110, AUBA*1987***171

**bacille**                                              n. m.

*(Pathologie et prédateurs)*

Nom donné à toutes les bactéries qui ont la forme d'un bâtonnet, soit isolé, soit articulé avec d'autres.

◊ LAROG*1982*1**960, PATH*1985***104, 105, 259

**lavage d'un filtre**                                    n. m.
   lavage à contre-courant *                            n. m.

*(Eau - Traitement et filtration)*

Opération de lavage d'un filtre avec de l'eau, ou de l'air et de l'eau, qui consiste à inverser le sens du courant.

* Terme normalisé par l'ISO.

◊ AQUAC*1986*1**92

**maladie bactérienne**                                   n. f.

*(Pathologie et prédateurs)*

Maladie résultant d'une infection bactérienne.

Voir aussi **infection bactérienne**

**maladie branchiale**                                    n. f.

*(Pisciculture - Pathologie et prédateurs)*

Chez les poissons, infection des branchies provoquée par des bactéries de différentes espèces (p. ex. des souches apparentées au genre *Flavobacterium*) et qui semble être conditionnée par des facteurs d'environnement assez importants.

◊ PATH*1985***103, 97, 107

**septicémie bactérienne**                                n. f.
   septicémie hémorragique
      bactérienne                                        n. f.

*(Pisciculture - Pathologie et prédateurs)*

Chez les poissons, maladie causée par des bactéries (surtout des genres *Aeromonas* ou *Pseudomonas*), affectant tous les tissus et le sang.

◊ PATH*1985***Planche VIII, 5, PATH*1985***207, 212

**bacterial hemorrhagic septicemia**
see bacterial haemorrhagic septicaemia

**bacterial infection**

*(Pathology and Predators)*

Establishment of an infective bacterial agent in or on the body of a host.

See also **bacterial disease**

◊ LASTE*1989***170

**bacterial kidney disease**
Abbr. BKD
corynebacterial kidney disease
Dee's disease
kidney disease

*(Salmonid Farming - Pathology and Predators)*

A disease of salmonids caused by *Renibacterium salmoninarum* which causes mortality and manifests itself as a chronic systemic condition with characteristic granulomatous foci in the kidney.

◊ PIPFI*1986***472, JOUAQ*1991*3**23

**bacteriophage**
phage

*(Reproduction and Genetics)*

Any virus whose host is a bacterium.

◊ KIGEN*1985***37, LANAQ*1992***118

**bacterium ***

*(Pathology and Predators)*

Any of the unicellular prokaryotic microorganisms that commonly multiply by cell division (fission) and whose cell is typically contained within a cell wall.

* Plural: bacteria

◊ DOMED*1994***174

**bag**
shell bag

*(Mollusc Culture - Facilities)*

A container of flexible material in which shelled molluscs are placed on a table for growout.

◊ FAQUA*1989***72, COLD*1995***209, 218

**infection bactérienne**          n. f.

*(Pathologie et prédateurs)*

Installation dans l'organisme d'une colonie de bactéries pathogènes.

Voir aussi **maladie bactérienne**

◊ MED-F*1993***547

**maladie bactérienne du rein**    n. f.
corynébactériose                    n. f.

*(Salmoniculture - Pathologie et prédateurs)*

Chez les salmonidés, maladie causée par *Renibacterium salmoninarum*, provoquant la mortalité et se manifestant par une altération prononcée du rein, caractérisée par des lésions granuleuses.

◊ PATH*1985***107

**bactériophage**                   n. m.
phage                               n. m.

*(Reproduction et génétique)*

Toute espèce de virus dont l'hôte est une bactérie.

**OBS**
Le terme *bactériophage* tend à être remplacé par *phage*.

◊ BT-200*1990***17, LAROG*1982*1**964

**bactérie**                        n. f.

*(Pathologie et prédateurs)*

Nom donné à un groupe de microorganismes unicellulaires procaryotes se reproduisant par scissiparité et n'ayant pas de membrane nucléaire.

◊ LAROG*1982*1**962, GAMED*1992***109

**poche**                           n. f.

*(Conchyliculture - Installations)*

Sac dans lequel on place des coquillages sur une table pour le grossissement.

◊ AQUAC*1986*2**876

**bait fish**

*(Growth and Nutrition)*

A small fish cultured for use as live bait and food for cultured animals.

◊ FISFA*1988***388

**bamboo pole**
  bamboo stake

*(Facilities)*

A stake made from bamboo.

See also **stake**

◊ LANAQ*1992***176, PILLA*1990***513

**bamboo stake**
  see bamboo pole

**bandang**
  see milkfish

**bandeng**
  see milkfish

**bangus**
  see milkfish

**bar clam**
  see surf clam

**barrage pond**

*(Facilities - Farming/Culture)*

A pond constructed in a flat or gently sloping valley, or in an abandoned river bed, by putting a low dam at a suitable site.

◊ PILLA*1990***50

**basal metabolism**

*(Anatomy and Physiology)*

The minimum energy required by organisms at rest for vital functions, e.g. cellular exchanges, respiration, circulation, maintenance of osmotic pressure.

◊ AQUAC-E*1994***252

**poisson d'appât**                     n. m.
  V. o. poisson appât                    n. m.

*(Croissance et nutrition)*

Petit poisson d'élevage qui sert d'appât vivant et de nourriture.

◊ LAROG*1982*1**578, CILFO*1989***25

**pieu de bambou**                      n. m.
  bouchot de bambou                      n. m.
  piquet de bambou                       n. m.

*(Installations)*

Pieu fait de bois de bambou.

Voir aussi **bouchot 1**

◊ AGEP*1991***138, BOUGOC*1976***218

**étang de barrage**                    n. m.
  étang-barrage                          n. m.

*(Installations - Élevage/culture)*

Plan d'eau peu profond où le renouvellement de l'eau est rapide, comportant des risques permanents de crues et de pollution. L'aménagement d'une digue et d'un trop-plein doit être prévu pour absorber les plus fortes crues.

◊ BAMI*1991***40

**métabolisme basal**                   n. m.

*(Anatomie et physiologie)*

Énergie minimale dépensée par un organisme au repos pour assurer ses fonctions vitales, p. ex. la respiration et les échanges ioniques.

basket

*(Facilities - Farming/Culture)*

A receptacle used to contain things (e.g. food for elvers) or for the growout of shellfish such as oysters.

◊ LANAQ*1992***245

panier     n. m.
    panier d'élevage     n. m.
    panier de culture     n. m.

*(Installations - Élevage/culture)*

Réceptacle servant à contenir des choses (p. ex. la nourriture des civelles) ou au grossissement des coquillages, tels que les huîtres.

◊ AQUAC*1986*2**913, 1003

bastard sole
    see sole

batch culture 1
    batch culture technique

*(Algal Culture - Techniques and Methods)*

A method of algal production in which the medium is inoculated with algal cells, and the culture is harvested all at once after a certain amount of cell reproduction has taken place.

See also **continuous culture 1**

◊ SCITF*1988***80, LANAQ*1992***330, PILLA*1990***482

culture discontinue     n. f.
    culture en batch     n. f.

*(Algoculture - Techniques et méthodes)*

Système de culture d'algues selon lequel se produit l'inoculation du milieu avec des cellules algales et dont la récolte se fait en une seule fois après une certaine reproduction des cellules.

Voir aussi **culture continue**

◊ CUPER*1992***385

batch culture 2

*(Crustacean Farming - Techniques and Methods)*

Method of harvest in which crustaceans (e.g. prawns) are stocked and grown without grading until they attain marketable size, after which the whole stock is harvested and the pond is drained.

See also **continuous culture 2**

◊ LANAQ*1992***207, PILLA*1990***454, WICRU*1992***369

récolte par vidange     n. f.

*(Crustaciculture - Techniques et méthodes)*

Méthode qui consiste à recueillir l'ensemble des crustacés (p. ex. les chevrettes) en évacuant le bassin et en répartissant les crustacés dans les bassins de grossissement.

Voir aussi **récolte sélective**

◊ AQUAC*1986*1**512

batch culture technique
    see batch culture 1

bay scallop *
    *Aequipecten irradians* *
    *Argopecten irradians*

*(Mollusc Culture - Aquaculture Species)*

A scallop of the family Pectinidae found along the north-western Atlantic coast.

* Recommended term in Canada.

◊ NQ8070*1995***66, COLD*1995***299

pétoncle de baie *     n. m.
    peigne baie de l'Atlantique     n. m.
    *Aequipecten irradians* *
    *Argopecten irradians*

*(Conchyliculture - Espèces aquacoles)*

Pétoncle de la famille des pectinidés trouvé sur la partie nord-ouest de la côte atlantique.

* Terme normalisé au Canada.

◊ NQ8070*1995***66

**bed 1**
- natural bed
- shellfish bed

*(Mollusc Culture)*

A portion of the sea bottom supporting a heavy growth of a particular kind of organism (e.g. oysters, mussels).

See also **bed 2, oyster bed 1, mussel bed**

◊ WEBIN*1986***195, PILLA*1990***502, LANAQ*1992***186

**bed 2**

*(Mollusc Culture)*

A place where a particular kind of organism (oysters, mussels, etc.) is cultivated.

See also **bed 1, oyster bed 2**

◊ WEBIN*1986***195, LANAQ*1992***167

**Belon oyster**
- see European oyster

**benthic**                                    adj.

*(Biology)*

Of, pertaining to, or living on the bottom or at the greatest depths of a large body of water.

See also **pelagic**
◊ LASTE*1989***204

**benthic organism**

*(Biology)*

An aquatic organism that lives on or in the bottom of a body of water.

◊ LANAQ*1992***247, PILLA*1990***218, 285

**benthos**

*(Growth and Nutrition - Culture Medium)*

Organisms, plants and animals that live on or in the sediments in aquatic environments.

See also **plankton, nekton, pelagos**
◊ WAST*1979***348, PILLA*1990***92

**gisement**                                    n. m.
- gisement naturel                              n. m.
- gisement coquillier                           n. m.
- banc                                          n. m.
- banc naturel                                  n. m.

*(Conchyliculture)*

Portion du fond de la mer où vivent des coquillages (huîtres, moules) en nombre suffisant pour permettre une exploitation coquillère.

Voir aussi **parc, gisement d'huîtres, moulière**

◊ ROBER*1986*3**920, BOUGOC*1976***231, AQUAC*1986*1**322, 346

**parc**                                         n. m.

*(Conchyliculture)*

Bassin ou portion du littoral où sont engraissés les coquillages (huîtres, moules, etc.).

Voir aussi **gisement, parc à huîtres**

◊ ROBER*1986*7**84, BOUGOC*1976***239

**benthique**                                    adj.

*(Biologie)*

Se dit du milieu constitué par le fond des océans, des mers et des lacs. Se dit également des espèces animales et végétales qui vivent sur ce fond et des processus s'y déroulant.

Voir aussi **pélagique**
◊ LAROG*1982*2**1176

**organisme benthique**                          n. m.

*(Biologie)*

Organisme aquatique qui vit en relation étroite avec le fond.

◊ ROBER*1986*1**935, CILFO*1989***58

**benthos**                                      n. m.

*(Croissance et nutrition - Milieu de culture)*

Ensemble des organismes aquatiques, animaux ou végétaux, vivant directement sur le fond des océans, des mers, des lacs, ou dans le substrat.

Voir aussi **plancton, necton, pelagos**
◊ ROBER*1986*1**935, CILFO*1985***58

**bentonite**
    taylorite                obsolete

*(Water - Culture Medium)*

A clay formed from volcanic ash decomposition and largely composed of montmorillonite and beidellite.

◊ LASTE*1989***204

**berried female**
    egg-bearing female

*(Crustacean Farming - Reproduction and Genetics)*

A female crustacean carrying eggs under her abdomen during a period of incubation.

◊ WICRU*1992***369, PILLA*1990***432

**beta carotene**
    see beta-carotene

**beta-carotene**
    V. s. beta carotene
    V. s. ß-carotene

*(Algal Culture)*

A carotenoid hydrocarbon pigment found in certain microalgae.

**OBS**

Beta-carotene is used as a food coloring and as a vitamin supplement.

◊ LASTE*1989***208, LANAQ*1992***337

**ß-carotene**
    see beta-carotene

**BGD**
    see bacterial gill disease

**big head**
    see bighead

**big-head carp**
    see bighead

---

**bentonite**          n. f.
    taylorite        n. f., vieilli

*(Eau - Milieu de culture)*

Argile smectique de la famille des montmorillonites et provenant généralement de l'altération de cendres volcaniques.

◊ LAROG*1982*2**1176

**femelle grainée**    n. f.
    raveuse        n. f.
    femelle œuvée    n. f.
    femelle ovigère    n. f.

*(Crustaciculture - Reproduction et génétique)*

Crustacé femelle portant des œufs en incubation, sous la queue.

◊ AQUAC*1986*1**498, LAROG*1982*7**7545

**bêta-carotène**    n. m.
    V. o. ß-carotène    n. m.

*(Algoculture)*

Pigment caroténoïde extrait de certaines microalgues.

**OBS**

Le bêta-carotène est utilisé comme colorant alimentaire et comme supplément vitaminique.

◊ LAROG*1982*2**1809

**bighead**
V. s. big head
bighead carp
V. s. big-head carp
*Aristichthys nobilis*

**(Fish Farming - Aquaculture Species)**

A Chinese carp often reared with other fish because it consumes the macroplankton.

See also **Chinese carps**

◊ LANAQ*1992***223, PILLA*1990***286

**bighead carp**
see bighead

**bioaccumulation ***
biological accumulation

**(Biology)**

The process of accumulation of a substance in living tissues of an organism.

* Term standardized by ISO.

**bioassay ***
biological assay
bioassay test

**(Biology - Water)**

A technique for evaluating the biological effect, either qualitatively or quantitatively, of various substances in water by means of changes in a specified biological activity.

* Term standardized by ISO.

◊ ALENV*1983***62

**bioassay test**
see bioassay

**biochemical oxygen demand**
biological oxygen demand
Abbr. BOD

**(Biology - Water)**

The amount of dissolved oxygen required to meet the metabolic needs of an aerobic microorganism in water rich in organic matter.

**carpe à grosse tête**                 n. f.
*Aristichthys nobilis*

**(Pisciculture - Espèces aquacoles)**

Carpe chinoise souvent élevée avec d'autres poissons parce qu'elle consomme le macroplancton.

Voir aussi **carpes chinoises**

◊ FAOTB-19*1981***3, AQUAC*1986*2**946

**bioaccumulation ***           n. f.
V. o. bio-accumulation        n. f.
accumulation biologique       n. f.

**(Biologie)**

Processus d'accumulation d'une substance dans les tissus d'un organisme.

* Terme normalisé par l'ISO.

◊ CIFG-6*1983***42

**épreuve biologique**          n. f.
essai biologique *             n. m.
bioessai                       n. m.
V. o. bio-essai                n. m.

**(Biologie - Eau)**

Technique d'évaluation de l'effet biologique qualitatif ou quantitatif de différentes substances contenues dans l'eau, par l'observation des modifications d'une activité biologique définie.

* Terme normalisé par l'ISO.

◊ PARSE*1990***74

**demande biochimique en oxygène** n. f.
demande biologique en oxygène   n. f.
Abrév. DBO

**(Biologie - Eau)**

Quantité d'oxygène dissous consommée par les microorganismes pour dégrader les polluants organiques introduits dans un cours d'eau.

**OBS**

The oxygen consumed is measured in mg/l over a specified time and at a specified temperature, usually 5 days at 20°C. This measurement is used to detect insufficient oxygen in a body of water.

◊ LASTE*1989***215

**biofilter**
　　see biological filter

**biofiltration**
　　see biological filtration

**biofouling**
　　see fouling

**biological accumulation**
　　see bioaccumulation

**biological assay**
　　see bioassay

**biological filter ***
　　biofilter
　　trickling filter *
　　trickling biofilter
　　percolating filter *
　　bacteria bed *
　　bacteria filter

*(Facilities - Water)*

Filter consisting of a bed of fragments of inert material through which water is caused to percolate for the purpose of purification by means of an active biological film on the inert material.

* Term standardized by ISO.

◊ LANAQ*1992***91

**biological filtration**
　　biofiltration

*(Water - Treatment and Filtration)*

The process of passing a liquid through a biological filter.

◊ IWATE*1981***37

**biological oxygen demand**
　　see biochemical oxygen demand

**OBS**

La DBO s'exprime en mg/l pendant un temps donné, à une température constante, habituellement après une incubation de 5 jours à 20 °C. Cette mesure est utilisée pour détecter un manque d'oxygène dans le milieu de culture.

◊ LAROG*1982*3**3080, CILFO*1989***154

**biofiltre** n. m.
　　filtre biologique * n. m., vieilli
　　lit bactérien * n. m.
　　filtre bactérien n. m.
　　lit percolateur * n. m., vieilli
　　filtre percolateur n. m., vieilli

*(Installations - Eau)*

Lit de matériaux inertes à travers lequel une eau percole pour être purifiée par un film biologique actif qui recouvre la matière inerte.

* Terme normalisé par l'ISO.

◊ INDUS*1986***355

**biofiltration** n. f.

*(Eau - Traitement et filtration)*

Procédé de biodégradation de la matière organique contenue dans l'eau, par filtration de cette eau à travers un filtre biologique.

◊ PARSE*1990***74

**biomass**

*(General Terminology)*

The total weight of living organisms present in a species population and expressed in terms of a given area or volume of the habitat.

◊ LAFRE*1984***510, LASTE*1989***217

**biotoxin**

*(Mollusc Culture - Pathology and Predators)*

Poison produced by small algal organisms consumed by the shellfish.

See also **phycotoxin**

◊ DOSHE*1991***35

**biphasic**                    adj.

*(Algal Culture)*

Said of algae having both a sporophytic and a gametophytic phase in the life cycle.

◊ WEBIN*1986***219, PILLA*1990***513

**bivalve**
    lamellibranch
    pelecypod

*(Mollusc Culture - Biology)*

A mollusc of the class Bivalvia.

See also **Bivalvia**

◊ WEBIN*1986***224, LANAQ*1992***165

**bivalve mollusc**
    V. s. bivalve mollusk

*(Mollusc Culture - Biology)*

A mollusc with a two-valved shell.

◊ WEBIN*1986***224

**bivalve mollusk**
    see bivalve mollusc

**biomasse**                    n. f.

*(Terminologie générale)*

Masse totale de matières vivantes présente à un moment donné, soit dans la totalité du milieu, soit dans une unité de volume ou de surface du milieu.

◊ CILFO*1989***62

**biotoxine**                    n. f.

*(Conchyliculture - Pathologie et prédateurs)*

Substance toxique provenant de certaines microalgues et contaminant les coquillages.

Voir aussi **phycotoxine**

◊ AQUAC*1986*1**35

**biphasique**                    adj.

*(Algoculture)*

Se dit d'une algue qui présente deux phases dans son cycle vital, l'une sporophytique et l'autre gamétophytique.

**bivalve**                    n. m.
    lamellibranche                n. m.
    acéphale                n. m., vieilli
    pélécypode                n. m., vieilli

*(Conchyliculture - Biologie)*

Mollusque de la classe des bivalves.

Voir aussi **bivalves**

◊ LAROG*1982*2**1275

**mollusque bivalve**                    n. m.

*(Conchyliculture - Biologie)*

Mollusque revêtu d'une coquille à deux valves.

◊ ROBER*1986*2**12, SOMOL*1992***22, GIRAQ*1991***62

| Bivalvia | n. pl. | bivalves | n. m. pl. |
|---|---|---|---|
| Lamellibranchia | n. pl. | V. o. Bivalves | n. m. pl. |
| Pelecypoda | n. pl. | lamellibranches | n. m. pl. |
| | | V. o. Lamellibranches | n. m. pl. |
| | | acéphales | n. m. pl., vieilli |
| | | V. o. Acéphales | n. m. pl., vieilli |
| | | pélécypodes | n. m. pl., vieilli |
| | | V. o. Pélécypodes | n. m. pl., vieilli |

*(Mollusc Culture - Biology)*

A class of Mollusca having gills for respiration and a shell consisting of two hinged sections called valves (clams, oysters, mussels, etc.).

◊ GACAN*1983***117, WEBIN*1986***1266

*(Conchyliculture - Biologie)*

Classe de mollusques à coquille calcaire, à deux valves et à branchies en lamelles couvertes de cils vibratiles (moules, huîtres, myes, etc.).

◊ GPP*1985***G4, ROBER*1986*2**12, LAROG*1982*8**7945

**BKD**
  see bacterial kidney disease

| black crappie * | | marigane noire * | n. f. |
|---|---|---|---|
| calico | colloq. | perche argentée | n. f. |
| calico bass | colloq. | *Pomoxis nigromaculatus* | |
| *Pomoxis nigromaculatus* | | | |

*(Fish Farming - Aquaculture Species)*

A fish of the family Centrarchidae found in almost every part of temperate North America.

\* Recommended term in Canada.

◊ FRESH*1992***71, NQ8070*1995***24

*(Pisciculture - Espèces aquacoles)*

Poisson de la famille des centrarchidés, trouvé presque partout dans les eaux tempérées de l'Amérique du Nord.

\* Terme normalisé au Canada.

◊ GPP*1985***3:70, NQ8070*1995***24

| black salmon | [CA] | saumon noir | n. m. |
|---|---|---|---|
| kelt | | charognard | n. m. |

*(Salmonid Farming)*

A salmon that is weak and emaciated after spawning in fresh water.

◊ WEBIN*1986***1236, LANAQ*1992***266

*(Salmoniculture)*

Saumon amaigri après s'être reproduit en eau douce.

◊ LAROG*1982*2**2054

**black tiger prawn**
  see tiger shrimp

**black tiger shrimp**
  see tiger shrimp

| blade | | lame | n. f. |
|---|---|---|---|

*(Algal Culture)*

Flattened, elongate thallus found in some red, brown and green algae.

◊ PHYT*1978***495

*(Algoculture)*

Thalle mince et allongé de certaines algues rouges, brunes et vertes.

◊ GAYR*1975***13, ROBER*1986*5**928

**blood clam**
blood cockle
*Anadara granosa*
V. s. *Anadora granosa*

*(Mollusc Culture - Aquaculture Species)*

A clam of the family Arcidae cultivated in several countries of Asia.

◊ WEBIN*1986***237, PILLA*1990***501, 502

**blood cockle**
see blood clam

**blood meal**

*(Growth and Nutrition)*

The ground dried blood of animals, characterized by a high protein content and used for feeding.

◊ WEBIN*1986***237, LANAQ*1992***326

**bloom**
see algal bloom

**blue algae**    n. pl.
blue-green algae    n. pl.
Cyanophyceae    n. pl.

*(Algal Culture)*

Algae blue-green in color and distinguished by their algalike biology and bacteriumlike cell organization.

◊ LASTE*1989***423, LANAQ*1992***329

**blue mussel ***
edible mussel
*Mytilus edulis*

*(Mussel Culture - Aquaculture Species)*

A marine bivalve mollusc bluish-black in color, from the family Mytilidae that lives in temperate waters of both sides of the Pacific and Atlantic oceans.

* Recommended term in Canada.

◊ LANAQ*1992***166, NQ8070*1995***64

**arche**    n. f.
arche granuleuse    n. f.
arche grenue    n. f.
*Anadara granosa*
V. o. *Anadora granosa*

*(Conchyliculture - Espèces aquacoles)*

Mollusque bivalve de la famille des arcidés, cultivé dans divers pays d'Asie.

◊ LAROG*1982*1**631, BOUGOC*1976***233

**farine de sang**    n. f.

*(Croissance et nutrition)*

Produit obtenu par dessèchement du sang frais récupéré dans les abattoirs, utilisé dans l'alimentation pour sa richesse en matières azotées digestibles.

◊ LAROG*1982*9**9307, CAPQ-5*1992***25

**algues bleues**    n. f. pl.
cyanophycées    n. f. pl.

*(Algoculture)*

Algues de couleur bleu-vert, dont les cellules n'ont pas de noyau morphologiquement défini, qui se rapprochent des bactéries.

◊ OLFEB*1981***127, GPP*1985***G2

**moule bleue ***    n. f.
moule commune    n. f. [FR]
*Mytilus edulis*

*(Mytiliculture - Espèces aquacoles)*

Mollusque bivalve de couleur noir bleuâtre, de la famille des mytilidés, qui vit dans les eaux tempérées des côtes atlantique et pacifique.

* Terme normalisé au Canada.

◊ GPP*1985***3:78, FONS*1992***70, NQ8070*1995***64

**blue tilapia**
*Tilapea aurea*

*(Fish Farming - Aquaculture Species)*

A fish of the family Cichlidae that turns blue with a red margin on the caudal and dorsal fins as it approaches breeding age.

◊ LANAQ*1992***247

**blue-green algae**
see blue algae

**blue-sac disease**

*(Fish Farming - Pathology and Predators)*

A form of dropsy in which the yolk sac is visible as a blue-grey coloration caused by exposure of developing eggs or fry to waters containing too much nitrogen gas (which can be due to pump malfunction).

◊ AQEX-E*1989***38-39, ROTSA*1986***98

**blueback**
see sockeye salmon

**blueback salmon**
see sockeye salmon

**BOD**
see biochemical oxygen demand

**body cell**
see somatic cell

**borer**
see shipworm

**bottom culture**

*(Mollusc Culture - Techniques and Methods)*

A cultivation method in which a protected area of sea bed is used for the growout of molluscs (e.g. oysters, mussels).

See also **suspended culture**

◊ LANAQ*1992***167, 178, PILLA*1990***237

**tilapia bleu**          n. m.
*Tilapia aurea*

*(Pisciculture - Espèces aquacoles)*

Poisson de la famille des cichlidés, qui devient bleu avec une bande rouge sur ses nageoires caudale et dorsale lorsqu'il approche l'âge de reproduction.

◊ LAROG*1982*10**10236, ELSAQ*1991***34

**maladie du sac bleu**          n. f.

*(Pisciculture - Pathologie et prédateurs)*

Forme d'hydropsie qui se caractérise par la coloration bleu-gris du sac vitellin due au contact des œufs ou des alevins avec des eaux contenant un excès d'azote gazeux (pouvant être attribuable à un mauvais fonctionnement des pompes).

◊ AQEX-F*1989***42

**culture sur le fond**          n. f.
  culture de fond          n. f.
  culture à plat          n. f. [FR]
  élevage à plat          n. m. [FR]
  élevage sur le fond          n. m.

*(Conchyliculture - Techniques et méthodes)*

Méthode de culture des coquillages (p. ex. huîtres, moules) qui se pratique sur des zones protégées du fond de la mer.

Voir aussi **culture en suspension**

◊ AQUAC*1986*1**347, 447, 371, 377, AQUAC*1986*2**975, 916

**bottom fish**
  V. s. bottomfish
  demersal fish
  ground fish
  V. s. groundfish

*(Fish Farming - Biology)*

A fish that lives at or near the bottom of the sea, such as cod or plaice.
  ◊ GACAN*1983***517, LANAQ*1992***274

**bottomfish**
  see bottom fish

**bouchot 1**
  see stake

**bouchot 2**
  stockade

*(Mollusc Culture - Facilities)*

One of a series of rows of wooden poles used for mussel culture.

See also **bouchot culture**
  ◊ PILLA*1990***491

**bouchot culture**
  bouchot mussel culture

*(Mussel Culture - Techniques and Methods)*

A culture system used mainly in France in which rows of wooden poles are wrapped with ropes supporting spat in a spiral fashion, and driven into the sediment of intertidal zones for the growout of mussels.
  ◊ LANAQ*1992***168-169, PILLA*1990***491

**bouchot mussel culture**
  see bouchot culture

**bouchot-cultured mussel**

*(Mussel Culture - Techniques and Methods)*

A mussel produced by a culture method on bouchots.

See also **bouchot culture**

---

**poisson de fond**     n. m.
  poisson démersal     n. m.

*(Pisciculture - Biologie)*

Poisson que l'on trouve normalement sur ou près des fonds marins, tel que la morue et la plie.
  ◊ OECD*1990***417, SITMO*1995***2

**bouchot 2**     n. m.

*(Conchyliculture - Installations)*

Ligne de pieux servant à la culture des moules.

Voir aussi **culture sur bouchots**
  ◊ CILFO*1989***67

**culture sur bouchots**     n. f.
  élevage sur bouchots     n. m.
  mytiliculture sur bouchots     n. f.

*(Mytiliculture - Techniques et méthodes)*

Système de culture utilisé principalement en France, selon lequel une série de pieux en bois munis de cordes enroulées en spirales sont plantés côte à côte dans la zone des marées pour faire l'élevage des moules.
  ◊ CLIFO*1989***67, AQUAC*1986*1**299, 301, 303

**moule de bouchot**     n. f.

*(Mytiliculture - Techniques et méthodes)*

Moule obtenue par la technique d'élevage sur bouchots.

Voir aussi **culture sur bouchots**
  ◊ AQUAC*1986*1**338

**brackish water**

*(Water)*

Water having a salinity between that of fresh and sea water.

◊ LAFRE*1984***510

**brackish-water aquaculture**

*(Aquaculture Types)*

Aquaculture in water having a salinity between that of fresh and sea water.

**brackish-water species**

*(Biology)*

A species that lives in brackish water.

◊ MEINV*1992***462

**branchiomycosis**
  gill rot

*(Fish Farming - Pathology and Predators)*

A fungal infection of the gills caused by fungi of the genus *Branchiomyces*.

◊ PILLA*1990***202-203, PIPFI*1986***474

**branchionephritis**

*(Fish Farming - Pathology and Predators)*

An eel disease of which the cause has not yet been determined that affects the gill lamella and the kidneys.

◊ PILLA*1990***357, ELFI*1985***316

**Brazilian shrimp**
  see brown shrimp

**eau saumâtre**              n. f.

*(Eau)*

Eau dont la teneur en sels se situe entre celle de l'eau douce et celle de l'eau de mer.

◊ PARSE*1990***515

**aquaculture en eau saumâtre**   n. f.
  V. o. aquaculture en eaux
      saumâtres              n. f.
  aquaculture d'eau saumâtre   n. f.
  V. o. aquaculture d'eaux
      saumâtres              n. f.

*(Types d'aquaculture)*

Aquaculture dans une eau issue d'un mélange d'eau douce et d'eau de mer.

◊ GIRAQ*1991***175, 176

**espèce d'eau saumâtre**        n. f.

*(Biologie)*

Espèce qui vit dans les eaux saumâtres.

**branchiomycose**            n. f.
  nécrose des branchies        n. f.
  nécrose branchiale           n. f.

*(Pisciculture - Pathologie et prédateurs)*

Infection fongique des branchies causée par des espèces du genre *Branchiomyces*.

◊ PATH*1985***119, 120, 220

**branchionéphrite**          n. f.
  V. o. branchio-néphrite      n. f.

*(Pisciculture - Pathologie et prédateurs)*

Chez l'anguille, maladie dont la cause n'a pas encore été identifiée et qui attaque la lamelle branchiale et les reins.

◊ PATH*1985***79, 187, AQUAC*1986*2**833

**bream**
   *Abramis brama*

**(Fish Farming - Aquaculture Species)**

A European freshwater fish from the family Cyprinidae with a narrow deep body and arched back.

◊ WEBIN*1986***273

**breeding**

**(Reproduction and Genetics)**

The application of genetic principles in order to improve individuals of a certain species.

◊ LASTE*1989***254

**breeding ground**
   breeding site

**(Reproduction and Genetics)**

The site where reproduction of aquatic animals takes place.

◊ PILLA*1990***156, 211

**breeding pond**
   see spawning pond

**breeding season**
   see reproductive season

**breeding site**
   see breeding ground

**brine field**
   see salt works

**brine shrimp**
   *Artemia*

**(Growth and Nutrition)**

A branchiopod crustacean found in salt lakes.

**OBS**

Brine shrimps lay drought resistant cysts that can be stored for several years and will hatch when placed in seawater to produce nutritious nauplius larvae – an ideal food for larval fish and crustaceans.

◊ WEBIN*1986***123, LANAQ*1992***341,
   WICRU*1992***368

**brème**                                    n. f.
   *Abramis brama*

**(Pisciculture - Espèces aquacoles)**

Poisson d'eau douce d'Europe, de la famille des cyprinidés, au corps long et plat.

◊ ROBER*1986*2**169

**amélioration génétique**                   n. f.

**(Reproduction et génétique)**

Ensemble des techniques qui consistent à améliorer le potentiel héréditaire des individus d'une population.

◊ PARSE*1990***27, CAPQ-2*1992***16

**aire de reproduction**                     n. f.
   lieu de reproduction                      n. m.
   site de reproduction                      n. m.
   zone de reproduction                      n. f.

**(Reproduction et génétique)**

Aire où les animaux aquatiques se rassemblent au moment de la reproduction.

◊ AQUAC*1986*2**741, 629, AMEN*1980***124,
   PISET*1980***23

**artémie**                                  n. f.
   artémia                                   n. f.
   crevette des salines                      n. f.
   *Artemia*

**(Croissance et nutrition)**

Petit crustacé branchiopode qui vit dans les étangs salés.

**OBS**

Les artémies pondent des cystes résistants qui peuvent être conservés pendant quelques années. L'éclosion des cystes en larves nauplius se fait lorsqu'ils sont placés dans l'eau de mer. Ces larves servent de nourriture aux larves de poissons et de crustacés.

◊ CILFO*1989***142, ROBER*1986*1**572,
   BOUGOC*1976***263

brine shrimp nauplii     n. pl.
    *Artemia* nauplii     n. pl.

*(Growth and Nutrition)*

Larvae of brine shrimps.

See also **brine shrimp, naupliar stage**

◊ LANAQ*1992***206, 261, 343

nauplii d'*Artemia*     n. m. pl.
    larves nauplius d'*Artemia*     n. f. pl.

*(Croissance et nutrition)*

Larves des artémies.

Voir aussi **artémie, nauplius**

◊ BIOGAL*1988***177, GIRAQ*1991***127, AQUAC*1986*2**1011

---

**broadcast seeding**

*(Oyster Culture - Techniques and Methods)*

A culture method which consists of placing substrates (e.g. shells, logs) on a hard bottom of the sea bed to allow the settlement of oysters.

◊ LANAQ*1992***176-177

**semis à la volée**     n. m.

*(Ostréiculture - Techniques et méthodes)*

Méthode de culture qui consiste à placer des substrats, p. ex. des coquillages ou des rondins, sur un fond dur d'une portion de la mer pour faciliter la fixation des huîtres.

---

**brood animal**
    bood fish
    V. s. broodfish
    brooder     [US]
    spawner

*(Reproduction and Genetics - Farming/Culture)*

An individual selected and conditioned for breeding (e.g. brood male, brood female, brood turbot, brood shrimp, etc.).

◊ PILLA*1990***298, LANAQ*1992***216, LASTE*1989***260, LANAQ*1990***200

**géniteur**     n. m.
    reproducteur     n. m.

*(Reproduction et génétique - Élevage/culture)*

Individu servant à la reproduction (p. ex. géniteur mâle, géniteur femelle, etc.).

◊ ROBER*1986*4**879, AQUAC*1986*2**557-558, CILFG-32*1991***232, ROBER*1986*8**258

---

**brood fish**
    see brood animal

**brood pond**
    see broodstock pond

**brood stock**
    see broodstock

**brooder**
    see brood animal

**brooder pond**
    see broodstock pond

**broodfish**
    see brood animal

**broodstock**

    V. s. brood stock

*(Reproduction and Genetics - Farming/Culture)*

1. Populations of mature and breeding animals.
2. Individuals selected for breeding.

◊ WICRU*1992***369, PILLA*1990***298, LANAQ*1992***164, 192

**broodstock pond**

    brood pond
    brooder pond            [US]

*(Facilities - Farming/Culture)*

A pond used for stocking broodstock and in which the sexes are sometimes separated.

◊ LANAQ*1992***223, PILLA*1990***291

**brook char**

    see brook trout

**brook trout ***

    brook char
    speckled char
    speckled trout
    squaretail
    V. s. square-tail
    *Salvelinus fontinalis*

*(Salmonid Farming - Aquaculture Species)*

A freshwater fish originally of North America that varies in color from olive green to dark brown and that has a long narrow body, a large head, and a square tail.

* Recommended term in Canada.

◊ GACAN*1983***146, NQ8070*1995***30

**brown algae**           n. pl.

    Phaeophyceae     n. pl.
    kelp 1

*(Algal Culture - Aquaculture Species)*

Algae containing chlorophylls *a* and *c* as well as fucoxanthin, which provides the distinctive brown to brownish green color, of the order Fucales or Laminariales.

---

**géniteurs**          n. m. pl.

    reproducteurs        n. m. pl.
    stock de géniteurs    n. m.
    stock de reproducteurs  n. m.
    cheptel reproducteur   n. m.

*(Reproduction et génétique - Élevage/culture)*

1. Dans une population, individus adultes en cours de maturation sexuelle qui participent à la reproduction.
2. Individus sélectionnés pour la reproduction.

◊ CILFO*1989***225, SITMO*1995***2, AQUAC*1986*2**577

**étang à géniteurs**     n. m.

    étang à reproducteurs   n. m.

*(Installations - Élevage/culture)*

Étang dans lequel les géniteurs sont stockés, les mâles et les femelles étant parfois séparés.

◊ AQUAC*1986*2**579, 580, 582

**omble de fontaine ***    n. m.

    truite mouchetée    n. f.
    truite de ruisseau   n. f.
    *Salvelinus fontinalis*

*(Salmoniculture - Espèces aquacoles)*

Poisson d'eau douce originaire de l'Amérique du Nord, de couleur brunâtre à verdâtre, à corps très allongé, à bouche largement fendue et à queue presque carrée.

* Terme normalisé au Canada.

◊ PENC*1993*8**696, NQ*8070*1995***30

**algues brunes**     n. f. pl.

    phéophycées     n. f. pl.
    V. o. phaéophycées  n. f. pl.

*(Algoculture - Espèces aquacoles)*

Algues de l'ordre des fucales ou des laminariales, qui contiennent les chlorophylles *a* et *c*, ainsi que la fucoxanthine qui leur donne leur couleur caractéristique brune ou vert olive.

**OBS**

Microscopic forms to large kelp more than 70 metres long can be found.

◊ ENSCI*1991*13**251, PILLA*1990***512, PHYT*1978***189

## brown shrimp
Brazilian shrimp
Gulf coast brown shrimp
red shrimp
*Penaeus aztecus*

*(Crustacean Farming - Aquaculture Species)*

A large reddish brown shrimp common in the Gulf of Mexico.

◊ WEBIN*1986***270, WICRU*1992***32, CRUH*1985***134

## brown trout
*Salmo trutta*

*(Salmonid Farming - Aquaculture Species)*

A common trout native to European streams but found in many parts of the world, that is dark olive to purplish black above with yellow or brown sides speckled with various colors and pale white, gray, yellow, or pinkish below.

◊ WEBIN*1986***285, LANAQ*1992***227, PILLA*1990***314

## brushing

*(Mollusc Culture - Techniques and Methods)*

A technique in which racks are installed on a bed of clams to increase turbulence, thus facilitating the settling of larvae on the bottom.

◊ COLD*1995***201

## buccal cavity

*(Anatomy and Physiology)*

The cavity of the mouth.

◊ MARLI*1976***45

---

**OBS**

On trouve des formes microscopiques et des formes géantes d'algues marines telles les laminaires pouvant atteindre 70 m de long.

◊ LAROG*1982*1**251, 295, FONS*1992***7

## crevette brune    n. f.
crevette café    n. f.
*Penaeus aztecus*

*(Crustaciculture - Espèces aquacoles)*

Crevette de grande taille des eaux tempérées chaudes et tropicales du golfe du Mexique.

◊ CILFO*1989***141

## truite brune    n. f.
truite commune    n. f.
*Salmo trutta*

*(Salmoniculture - Espèces aquacoles)*

Poisson originaire d'Europe mais que l'on trouve dans plusieurs parties du monde et dont les côtés sont jaunâtres ou brunâtres avec des points noirs et, habituellement, quelques points rouges ou orange. Les taches sont souvent entourées d'un halo blanchâtre ou bleuâtre.

◊ PENC*1993*1**8, AMEN*1980***69-70

## clayonnage    n. m.

*(Conchyliculture - Techniques et méthodes)*

Technique qui consiste à installer des claies sur un gisement de myes pour accroître la turbulence, ce qui favorise la fixation des larves sur le fond.

## cavité buccale    n. f.

*(Anatomie et physiologie)*

Cavité de la bouche.

◊ BIOGAL*1988***140, PATH*1985***24

**buoy**

*(Facilities - Farming/Culture)*

A floating object moored to the bottom to mark a structure lying under the water.

◊ WEBCO*1987***188

**bouée**      n. f.

*(Installations - Élevage/culture)*

Flotteur destiné à signaler l'emplacement d'une structure immergée.

◊ LAROG*1982*2**1389

**burnt lime**
    see quicklime

**burrow, to**      v.

*(Biology)*

To progress through the mud or sand by means of digging movements.

◊ WEBIN*1986***300, LANAQ*1992***358, PILLA*1990***357

**fouir**      v.

*(Biologie)*

Creuser le sable ou la vase en parlant d'un animal qui veut s'y cacher, s'y abriter ou même y circuler.

◊ LAROG*1982*5**4428

**burrowing species**

*(Biology)*

A species that lives in and progresses through the mud or sand to protect itself.

◊ INZOO*1974***250

**espèce fouisseuse**      n. f.

*(Biologie)*

Espèce qui vit et se déplace dans les sédiments pour s'y protéger ou même y circuler.

◊ AQUAC*1986*1**30, 467-468, CILFO*1989***215

**byssal threads**      n. pl.
    byssus threads      n. pl.
    byssus

*(Mollusc Culture - Anatomy and Physiology)*

A tuft of long tough filaments secreted by a gland in a groove of the foot of certain bivalve molluscs, issuing from between the valves, and serving as the means whereby the mollusc attaches to a substrate.

◊ WEBIN*1986***307, LANAQ*1992***167-168, PILLA*1990***491

**byssus**      n. m.

*(Conchyliculture - Anatomie et physiologie)*

Faisceau de filaments soyeux, sécrétés par une glande située dans le pied de certains mollusques bivalves, leur permettant de se fixer à un support.

◊ ROBER*1986*2**237, LAROG*1982*2**1595, GPP*1985***G1

**byssus**
    see byssal threads

**byssus threads**
    see byssal threads

**cage**
    sea cage

*(Fish Farming - Facilities)*

An enclosure of wire or netting for animals with both the top and bottom covered; may be floating or standing on the substrate.

See also **floating cage, pen**

◊ FAO-255*1984***1, IVAQU*1992***269, WAST*1979***348, COLD*1995***59

**cage culture**
    see cage farming

**cage farm**

*(Fish Farming - Facilities)*

A farm that rears animals by using cages.

See also **cage**

◊ PILLA*1990***71, 72, 319, 364

**cage farming**
    cage culture

*(Fish Farming - Techniques and Methods)*

The rearing of fish in cages placed in open waters.

See also **cage, pen culture**

◊ FAO-255*1984***1, LANAQ*1992***41, 220, PILLA*1990***33, COLD*1995***38, 40

**calico**
    see black crappie

**calico bass**
    see black crappie

**camaron langostino**
    see white leg shrimp

**candidate species**
    see aquaculture candidate

**cage**                                    n. f.
    cage d'élevage                          n. f.

*(Pisciculture - Installations)*

Enclos limité par une structure maillée, rigide ou souple, flottant ou immergé et destiné à l'élevage des poissons.

Voir aussi **cage flottante, enclos**

◊ LAROG*1982*2**1645, AQUAC*1986*2**807

**ferme d'élevage en cages**                n. f.

*(Pisciculture - Installations)*

Ferme où se pratique l'élevage des animaux dans des cages.

Voir aussi **cage**

◊ GIRAQ*1991***23

**élevage en cages**                        n. m.

*(Pisciculture - Techniques et méthodes)*

Élevage de poissons dans des cages placées en pleine mer.

Voir aussi **cage, élevage en enclos**

◊ AQUAC*1986*2**1039, 928, 657, BAMI*1991***76

**capelin**

   V. s. caplin
   *Mallotus villosus*

**(Salmonid Farming - Growth and Nutrition)**

A small marine fish found in North Atlantic and Pacific coastal waters, used for salmon and trout feeding.

   ◊ GACAN*1983***171, PILLA*1990***329

**caplin**

   see capelin

**capture**             n.

**(Farming/Culture - Techniques and Methods)**

The act of capturing.

**capture, to**           v.

**(Farming/Culture - Techniques and Methods)**

To take captive (fish, fry, juveniles, etc.) for rearing purposes.

   ◊ LANAQ*1992***257, WEBIN*1986***334

**carangid**

**(Fish Farming - Biology)**

A fish of the family Carangidae.

See also **Carangidae**

   ◊ WEBIN*1986***335

**Carangidae**           n. pl.

**(Fish Farming - Biology)**

A large family of marine percoid fishes containing the pompanos, amberfishes, scads, jacks, and a number of other narrow-bodied food fishes with a widely forked tail, found in warm and tropical regions.

   ◊ WEBIN*1986***335, ENSCI*1991*2***841-842

**capelan**           n. m.

   V. o. caplan           n. m.
   *Mallotus villosus*

**(Salmoniculture - Croissance et nutrition)**

Petit poisson marin pélagique vivant dans les eaux tempérées froides de l'Atlantique et du Pacifique nord, utilisé pour nourrir les salmonidés.

   ◊ LAROG*1982*2**1750, OECD*1990***42, GPP*1985***3:18

**capture**           n. f.

**(Élevage/culture - Techniques et méthodes)**

Action de capturer.

   ◊ PISET*1980***146, AQUAC*1986*2**567, HUET*1970***299

**capturer**           v.

**(Élevage/culture - Techniques et méthodes)**

S'emparer d'organismes marins (poissons, alevins, juvéniles, etc.) dans le but d'en faire l'élevage.

   ◊ AQUAC*1986*1**11, PATH*1985***20, LAROG*1982*2**1766

**carangidé**           n. m.

**(Pisciculture - Biologie)**

Poisson de la famille des carangidés.

Voir aussi **carangidés**

   ◊ LAROG*1982*2**1774

**carangidés**           n. m. pl.
   V. o. Carangidés        n. m. pl.

**(Pisciculture - Biologie)**

Famille de poissons téléostéens des mers tropicales et tempérées, aux écailles cycloïdes, à la caudale fourchue, au corps souvent élevé et comprimé, pélagique ou littoral (p. ex. les chinchards, la sériole, les carangues, etc.).

   ◊ LAROG*1982*2**1774

**carapace**

*(Crustacean Farming - Anatomy and Physiology)*

A bony or chitinous case or shield covering the back or part of the back of an animal (as the upper shell of a turtle, or the shell of a crustacean).

◊ WEBIN*1986***335, LANAQ*1992***187

*Carassius carassius*
see crucian carp

**carbohydrate**

*(Growth and Nutrition)*

Any of the various neutral compounds of carbon, hydrogen and oxygen such as sugars, starches and celluloses, most of which can be utilized as an energy source by animals.

◊ WEBIN*1986***335, PILLA*1990***95

**carbon dioxide**
  carbonic acid gas            rare
  carbonic anhydride           rare

*(Biology - Water)*

A colorless, odorless gas produced by the oxidation of carbon. It acts as an acid in water, so as it is removed during photosynthesis, acidity declines and pH rises.

See also **photosynthesis**

◊ LASTE*1989***294, WICRU*1992***215

**carbon filter**

*(Facilities - Water)*

A filter using a layer of granulated activated carbon to adsorb certain gases.

See also **activated carbon**

◊ LANAQ*1992**97-98

**carbonate alkalinity**

*(Water - Culture Medium)*

The amount of acid that the carbonate and bicarbonate ions in the water can react with.

◊ LANAQ*1992***29

**carapace**                                n. f.

*(Crustaciculture - Anatomie et physiologie)*

Enveloppe tégumentaire rigide qui protège le corps de certains animaux marins, p. ex. les crustacés, les tortues.

◊ CILFO*1989***91, GPP*1985***G2

**glucide**                                 n. m.
  hydrate de carbone                       n. m.
  saccharide                               n. m., vieilli

*(Croissance et nutrition)*

Groupe de substances composées de carbone, d'hydrogène et d'oxygène, apportant aux animaux l'une des principales sources d'énergie.

◊ MED-F*1993***513, ROBER*1986*4**944, CAPQ-5*1992***13

**dioxyde de carbone**                      n. m.
  anhydride carbonique                     n. m.
  gaz carbonique                           n. m.
  bioxyde de carbone                       n. m.

*(Biologie - Eau)*

Gaz lié à la consommation d'oxygène et émis par la respiration de la flore et de la faune.

Voir aussi **photosynthèse**

◊ BAMI*1991***33, AQUAC*1986*1**64

**filtre à charbon**                        n. m.

*(Installations - Eau)*

Filtre contenant une couche de charbon actif granulé qui adsorbe certains gaz.

Voir aussi **charbon actif**

**alcalinité carbonatée**                   n. f.

*(Eau - Milieu de culture)*

Alcalinité causée par les ions carbonates et bicarbonates.

◊ OLFEB*1981***13

**carbonic acid gas**
    see carbon dioxide

**carbonic anhydride**
    see carbon dioxide

**carboxymethyl cellulose**
    V. s. carboxymethylcellulose
    CM cellulose
    Abbr. CMC

*(Growth and Nutrition)*

An acid ether derivative of cellulose best known in the form of its sodium salt.

◊ WEBIN*1986***336, LANAQ*1992***325

**carboxymethylcellulose**
    see carboxymethyl cellulose

**carnivorous species**

*(Biology)*

A flesh-eating animal.

◊ WEBIN*1986***340, PILLA*1990***36

**carp ***
    common carp
    *Cyprinus carpio*

*(Fish Farming - Aquaculture Species)*

A freshwater fish of the family Cyprinidae having large scales, a long dorsal fin, and two barbels on each side of the upper jaw.

* Recommended term in Canada.

◊ GACAN*1983***176, LANAQ*1992***222, PILLA*1990***283

**carp culture**
    see carp farming

**carp farmer**

*(Fish Farming)*

A person who practices carp culture.

See also **carp farming**

◊ LANAQ*1992***224, PILLA*1990***286

---

**carboxyméthylcellulose**    n. f.
    V. o. carboxyméthyl-cellulose    n. f.
    CM cellulose    n. f.
    Abrév. CMC

*(Croissance et nutrition)*

Nom générique de dérivés de la cellulose qui sont le plus souvent employés sous la forme de leurs sels de sodium.

◊ LAROG*1982*2**1782

**espèce carnivore**    n. f.

*(Biologie)*

Animal qui se nourrit de chair.

◊ LAROG*1982*2**1802, SOMOL*1992***114

**carpe ***     n. f.
    carpe commune    n. f.
    *Cyprinus carpio*

*(Pisciculture - Espèces aquacoles)*

Poisson d'eau douce, de la famille des cyprinidés, à nageoire dorsale longue et à deux paires de barbillons.

* Terme normalisé au Canada.

◊ ROBER*1986*2**371, GIRAQ*1991***60, 61

**carpiculteur**    n. m.
    carpicultrice    n. f.

*(Pisciculture)*

Celui ou celle qui pratique la carpiculture.

Voir aussi **carpiculture**

◊ ROBER*1986*2**371

**carp farming**
   carp culture

*(Fish Farming)*

The rearing of carp.

◊ PILLA*1990***290, 308, LANAQ*1992***4

**carpogonium**

*(Algal Culture - Reproduction and Genetics)*

The flask-shaped egg-bearing portion of the female reproductive branch in red algae in which fertilization occurs and which usually terminates in an elongate receptive trichogyne.

◊ WEBIN*1986***342, LANAQ*1992***150

**carpospore**

*(Algal Culture - Reproduction and Genetics)*

Reproductive cell of red algae produced in the carpogonium sometime after sexual reproduction.

◊ PHYT*1978***496, PILLA*1990***513, LANAQ*1992***150

**carrageen**
   see Irish moss

**carrageenan**
   see Irish moss extractive

**carrageenin**
   see Irish moss extractive

**carragheen**
   see Irish moss

**carragheenin**
   see Irish moss extractive

**carrier**

*(Pathology and Predators)*

A host that harbors a disease from which it has recovered or to which it is immune and that may therefore transmit it to others.

See also **asymptomatic carrier**

◊ WEBIN*1986***343, PILLA*1990***175

**carpiculture**　　　　　n. f.

*(Pisciculture)*

Élevage de la carpe.

◊ LAROG*1982*2**1813, ROBER*1986*2**371

**carpogone**　　　　　n. m.

*(Algoculture - Reproduction et génétique)*

Cellule femelle du gamétophyte des algues rouges, remarquable par le trichogyne qui la surmonte, et se développant en carposporophyte.

◊ LAROG*1982*2**1813, CUPER*1992***191, GAYR*1975***35

**carpospore**　　　　　n. f.

*(Algoculture - Reproduction et génétique)*

Nom donné à la spore issue du carposporophyte des algues rouges.

◊ LAROG*1982*2**1813

**sujet porteur**　　　　　n. m.
   porteur d'agents pathogènes　　　n. m.

*(Pathologie et prédateurs)*

Hôte atteint d'une infection apparente ou latente, qui porte les agents pathogènes de la maladie et peut les transmettre aux autres.

Voir aussi **porteur asymptomatique**

◊ PATH*1985***85, 115, LAROG*1982*8**8359

**carrying capacity**

*(Farming/Culture)*

The population of a given species (biomass) that an aquaculture facility will support without effect on the growth rate.

See also **holding capacity**

◊ WICRU*1992***370, COLD*1995***471

**casein**

*(Growth and Nutrition)*

Any of various phosphoproteins characteristic of the milk of mammals, used in crayfish diets.

◊ WEBIN*1986***346, LANAQ*1992***328

**cast net**
casting net

*(Facilities)*

A circular or conical weighted net designed to be cast mouth downward by hand and withdrawn by lines attached to its margin.

◊ WEBIN*1986***349, LANAQ*1992***263, PILLA*1990***234

**casting net**
see cast net

**catadromous fish**

*(Fish Farming - Biology)*

A fish which lives in fresh water but goes into the ocean to spawn (e.g. eel, mullet).

See also **amphidromous fish, anadromous fish**

◊ LAFRE*1984***510

**catadromy**

*(Fish Farming - Reproduction and Genetics)*

The migration of some fish from freshwater to the sea for spawning.

See also **anadromy**

**capacité de charge**     n. f.

*(Élevage/culture)*

Nombre total d'individus d'une espèce ou d'une population animale (biomasse) pouvant habiter une installation aquacole sans effet sur leur croissance.

Voir aussi **capacité de stabulation**

◊ PARSE*1990***96

**caséine**     n. f.

*(Croissance et nutrition)*

Substance protéique, formée d'un mélange de protéines phosphorées et soufrées, constituant la majeure partie des matières azotées du lait des mammifères et utilisée dans le régime des écrevisses.

◊ LAROG*1982*2**1839

**épervier**     n. m.

*(Installations)*

Filet conique, garni de plombs sur son pourtour, que l'on lance à la main pour capturer le poisson.

◊ LAROG*1982*3**3813, CILFO*1989***191

**poisson catadrome**     n. m.

*(Pisciculture - Biologie)*

Poisson qui vit en eau douce et qui va se reproduire en mer (p. ex. l'anguille, le mulet).

Voir aussi **poisson amphibiotique, poisson anadrome**

◊ GPP*1985***G2, GIRAQ*1991***9, 24, 73

**catadromie**     n. f.

*(Pisciculture - Reproduction et génétique)*

Migration des poissons qui vivent en rivières et fraient en mer.

Voir aussi **anadromie**

◊ ARECO*1976***244-245

catfish 1

*(Fish Farming - Aquaculture Species)*

Any of an order (Siluriformes) of mostly freshwater fishes, being mostly stout-bodied, large-headed, and voracious with long, whiskerlike barbels about the mouth.

◊ GACAN*1983***183

catfish 2
see channel catfish

caudal fin
tail fin
*(Fish Farming - Anatomy and Physiology)*

An enlarged fin at the posterior end of a fish.

◊ SUBIO*1988***414, LANAQ*1992***210, 212

cauliflower disease
stomatopapilloma
*(Fish Farming - Pathology and Predators)*

A disease which occurs in eels and results in a tumor overgrowing the mouth and parts of the head, eventually leading to loss of weight and death.

◊ LANAQ*1992***118

causal agent
causative agent
etiologic agent
pathogenic agent
disease agent
*(Pathology and Predators)*

A physical, chemical or biological factor that causes disease.

◊ PIPFI*1986***478, PILLA*1990***185

causative agent
see causal agent

cDNA
see complementary deoxyribonucleic acid

poisson-chat 1          n. m.
silure          n. m.
siluroïde          n. m.
*(Pisciculture - Espèces aquacoles)*

Poisson de l'ordre des siluriformes, surtout dulcicole, possédant un appareil de Weber, toujours pourvu de barbillons péribuccaux riches en terminaisons tactiles et en bourgeons du goût.

◊ LAROG*1982*9**9596

nageoire caudale          n. f.

*(Pisciculture - Anatomie et physiologie)*

Nageoire impaire d'un poisson, orientée verticalement à l'extrémité de la queue.

◊ LAROG*1982*7**7254, GPP*1985***G5

maladie du chou-fleur          n. f.
stomatopapillome          n. f.
*(Pisciculture - Pathologie et prédateurs)*

Chez les anguilles, maladie provoquant l'apparition d'une tumeur dans la cavité buccale et d'autres parties de la tête et causant une perte de poids et, à la longue, la mort.

◊ PATH*1985***84, 85

agent causal          n. m.
agent pathogène          n. m.
agent étiologique          n. m.
agent responsable          n. m.

*(Pathologie et prédateurs)*

Agent physique, chimique ou biologique pouvant causer une maladie.

◊ PEROB*1996***42, 1608, PATH*1985***111, 114, 157

## cellulose

*(Growth and Nutrition)*

A polysaccharide of glucose units that constitutes the chief part of the cell walls of plants.

◊ WEBCO*1987***220, PILLA*1990***92

## cellulose — n. f.

*(Croissance et nutrition)*

Matière constitutive essentielle de la paroi pectocellulosique (ou membrane squelettique) des végétaux, polymère du glucose.

◊ ROBER*1986*2**429

## centrarchid

*(Fish Farming - Biology)*

A fish of the family Centrarchidae.

See also **Centrarchidae**

◊ WEBIN*1986***363

## centrarchidé — n. m.

*(Pisciculture - Biologie)*

Poisson de la famille des centrarchidés.

Voir aussi **centrarchidés**

◊ LAROG*1982*2**1923

## Centrarchidae — n. pl.

*(Fish Farming - Biology)*

A family of North American carnivorous percoid freshwater fishes containing the sunfishes, crappies, black basses, and others valuable as food and game.

◊ WEBIN*1986***363

## centrarchidés — n. m. pl.
V. o. Centrarchidés — n. m. pl.

*(Pisciculture - Biologie)*

Famille de poissons carnivores d'eau douce d'Amérique du Nord comprenant les perches-soleils, les achigans, etc.

◊ LAROG*1982*1**1923

## centrifugal pump

*(Facilities - Water)*

A pump in which the pressure is imparted to the fluid by centrifugal force produced by a rotating impeller.

◊ LANAQ*1992***75

## pompe centrifuge — n. f.

*(Installations - Eau)*

Pompe consistant en un impulseur fixé sur un arbre tournant et enfermé dans un bâti ; l'impulseur, en tournant, crée une pression dans le liquide grâce à la vitesse provenant de la force centrifuge.

◊ OLFEB*1981***352

## cephalopod

*(Mollusc Culture - Biology)*

A mollusc of the class Cephalopoda.

See also **Cephalopoda**

◊ WEBIN*1986***364

## céphalopode — n. m.

*(Conchyliculture - Biologie)*

Mollusque de la classe des céphalopodes.

Voir aussi **céphalopodes**

◊ LAROG*1982*2**1930

## Cephalopoda — n. pl.

*(Mollusc Culture - Biology)*

The highest class of Mollusca containing the squids, cuttlefishes, octopuses, nautiluses, ammonites, and related forms, all having around the front of the head a group of elongated muscular arms usually furnished with prehensile suckers or hooks, a highly developed head with large well-organized eyes, and a pair of powerful horny jaws shaped like a parrot's beak.

◊ WEBIN*1986***364

## céphalopodes — n. m. pl.
V. o. Céphalopodes — n. m. pl.

*(Conchyliculture - Biologie)*

Classe de mollusques supérieurs tels que le nautile, la pieuvre, la seiche et le calmar, caractérisée par un pied à tentacules munis de ventouses, que porte la tête ; par une bouche précédée d'un bec corné ; par des yeux perfectionnés ; par une tête distincte contenant un véritable cerveau ; par un système complexe de locomotion et par la réduction ou l'absence de coquille.

◊ ROBER*1986*2**443, LAROG*1982*2**1930

**cephalothorax**

*(Crustacean Farming - Anatomy and Physiology)*

The united head and thorax of higher crustaceans.

◊ WEBIN*1986***364, LANAQ*1992***202

**cereal**

see cereal grains

**cereal grains**      n. pl.
     cereal

*(Growth and Nutrition)*

A plant yielding farinaceous grain, (e.g. corn, wheat, and sorghum) which is used in animal feeds.

◊ PILLA*1990***134, WEBCO*1987***222

**chain pickerel**
     *Esox niger*

*(Fish Farming - Aquaculture Species)*

A large greenish black pickerel of the family Esocidae with dark chainlike markings along the sides that is common in quiet waters of eastern North America.

◊ WEBIN*1986***370, LANAQ*1992***380

**channel cat**

see channel catfish

**channel catfish \***
     channel cat
     catfish 2 \*
     *Ictalurus punctatus*

*(Fish Farming - Aquaculture Species)*

A large fish of the family Ictaluridae of deep fresh waters of interior North America.

\* Recommended term in Canada.

◊ WEBIN*1986***375, NQ8070*1995***8

**Chanos chanos**

see milkfish

**chase jar**

see MacDonald jar

**céphalothorax**      n. m.

*(Crustaciculture - Anatomie et physiologie)*

Partie antérieure du corps des crustacés protégée par une carapace résultant de la fusion de la tête et du thorax.

◊ CILFO*1989***99, GPP*1985***G2

**grains de céréale**      n. m. pl.
     céréale      n. f.

*(Croissance et nutrition)*

Plante, telle que le blé, le maïs et le sorgho, dont les grains sont ajoutés à l'alimentation des animaux aquatiques.

◊ AQUAC*1986*2**600, PEROB*1995***331

**brochet maillé**      n. m.
     *Esox niger*

*(Pisciculture - Espèces aquacoles)*

Poisson de la famille des ésocidés qui porte sur les côtés, colorés en vert, des dessins noirs en forme de grosses mailles et qui préfère les eaux tranquilles de l'Amérique du Nord.

◊ PENC*1993*1**83

**barbue de rivière \***      n. f.
     poisson-chat 2 \*      n. m.
     poisson-chat tacheté      n. m.
     *Ictalurus punctatus*

*(Pisciculture - Espèces aquacoles)*

Poisson de grande taille, de la famille des ictaluridés, des eaux douces intérieures profondes de l'Amérique du Nord.

\* Terme normalisé au Canada.

◊ GPP*1985***3:10, NQ8070*1995***8

cheating

*(Oyster Culture - Techniques and Methods)*

Last operation in oyster culture before expedition to market in which oysters are submitted to a series of immersions and emersions in a tank to help them keep their shell closed and to hold their water content during transport.

chemical oxygen demand *
    Abbr. COD **

*(Biology - Water)*

The amount of oxygen required for the chemical oxidation of organic matter in the water.

* Term standardized by ISO.

** Abbreviation standardized by ISO.

See also **biochemical oxygen demand**

chemostat

*(Algal Culture - Facilities)*

An apparatus using some sort of overflow device in which fresh medium enters the algal culture and displaces some of the old medium containing the algal cells. The chemostat has a pump that adds new medium at a continuous, fixed rate.

See also **turbidostat**

◊ LANAQ*1992***333

chemotherapy

*(Pathology and Predators)*

Treatment of diseases by administration of chemicals which have a damaging effect on the metabolism of microbes.

◊ STFAR*1987***230

Chinese carps    n. pl.

*(Fish Farming - Aquaculture Species)*

A group of carps that has become important in aquaculture and that consists of five species: grass carp (Ctenopharyngodon idella), silver carp (Hypophthalmichthys molitrix), bighead carp (Aristichthys nobilis), black carp (Mylopharyngodon piceus) and mud carp (Cirrhina molitorella).

◊ PILLA*1990***286

---

trompage    n. m.

*(Ostréiculture - Techniques et méthodes)*

Dernier stade de l'ostréiculture, avant l'expédition vers les marchés, au cours duquel, en bassin, on soumet les huîtres à une alternance d'immersions et d'émersions pour les entraîner à tenir la coquille fermée et garder leur eau durant le transport.

demande chimique en oxygène *  n. f.
    demande chimique d'oxygène    n. f.
    Abrév. DCO **
    Abrév. D.C.O.

*(Biologie - Eau)*

Quantité d'oxygène nécessaire à la dégradation chimique de la matière organique contenue dans l'eau.

* Terme normalisé par l'ISO.

** Abréviation normalisée par l'ISO.

Voir aussi **demande biochimique en oxygène**

◊ PARSE*1990**149

chémostat    n. m.

*(Algoculture - Installations)*

Appareil servant à la culture continue d'algues par stabilisation de la croissance de la population, en renouvelant en permanence le milieu dans lequel un élément limitant joue un rôle de régulation.

Voir aussi **turbidostat**

◊ CILFO*1989***107

chimiothérapie    n. f.

*(Pathologie et prédateurs)*

Méthode de traitement des maladies par l'administration de substances chimiques.

◊ LAROG*1982*2**2147

carpes chinoises    n. f. pl.

*(Pisciculture - Espèces aquacoles)*

Groupe de carpes, aujourd'hui important en aquaculture, composé de cinq espèces : l'amour blanc (Ctenopharyngodon idella), l'amour argenté (Hypophthalmichthys molitrix), la carpe à grosse tête (Aristichthys nobilis), la carpe noire (Mylopharyngodon piceus) et la carpe de vase (Cirrhina molitorella).

◊ PISET*1980***269

**chinook**
see chinook salmon

**chinook salmon ***
chinook
king salmon
quimnut salmon
spring salmon
*Oncorhynchus tschawytscha*
V. s. *Oncorhynchus tshawytscha*

*(Salmonid Farming - Aquaculture Species)*

An anadromous fish of the family Salmonidae characterized by small dark spots on the back, dorsal fin and tail, black gums at the base of the teeth, and red, pink or white flesh.

* Recommended term in Canada.

**OBS**
Chinook salmon is the largest of the six main species of Pacific salmon.

◊ PILLA*1990***324, FRESH*1992***27, NQ8070*1995***37

**saumon quinnat ***    n. m.
quinnat    n. m
saumon royal *    n. m.
*Oncorhynchus tschawytscha*
V. o. *Oncorhynchus tshawytscha*

*(Salmoniculture - Espèces aquacoles)*

Poisson anadrome de la famille des salmonidés qui se distingue par de nombreuses petites taches noires sur le haut du corps, le dos et les deux lobes de la queue, des dents implantées dans des gencives noires et une chair rouge, rose ou blanche.

* Terme normalisé au Canada.

**OBS**
Le saumon quinnat est la plus grande des six espèces de saumons du Pacifique.

◊ PENC*1993*8**697, NQ8070*1995***37

**chironomid larva**

*(Growth and Nutrition)*

The larva of a small two-winged insect, which is aquatic and serves as food for certain species of fish, such as carp.

See also **amphibiotic**

◊ PILLA*1990***225, WEBIN*1986***392

**larve de chironome**    n. f.
larve de chironomide    n. f.

*(Croissance et nutrition)*

Larve d'un insecte ressemblant à un moustique. Elle est aquatique et sert de nourriture à certaines espèces de poissons, telles que la carpe.

Voir aussi **amphibiotique, poisson amphibiotique**

◊ LAROG*1982*2**574, AQUAC*1986*2**574

**chitin**

*(Crustacean Farming - Anatomy and Physiology)*

A constituent of arthropod cuticle that forms part of the hard outer integument of arthropods (crustaceans).

◊ WEBIN*1986***393, INZOO*1974***976

**chitine**    n. f.

*(Crustaciculture - Anatomie et physiologie)*

Substance de soutien de la cuticule des arthropodes (crustacés), qui lui donne sa dureté et sa solidité, ainsi que sa forte imperméabilité.

◊ LAROG*1982*2**2183, GPP*1985***G2

*Chlamys farreri*
see Jicon scallop

*Chlamys nobilis*
see Huagui scallop

chloramines *      n. pl.

*(Water - Treatment and Filtration)*

Chlorine ammoniacal compounds with a slower disinfection effect.

* Term standardized by ISO.

◊ LANAQ*1992***104

chloramphenicol

*(Pathology and Predators)*

An antibiotic that is produced synthetically and from cultures of *Streptomyces venezuelae* and is used as an antibacterial agent.

◊ WEBCO*1987***235, PILLA*1990***201

chlorination *

*(Water - Treatment and Filtration)*

The application of chlorine to water for the purpose of disinfection.

* Term standardized by ISO.

See also **disinfection**

◊ LASTE*1989***342, WEBIN*1986***401

chlorine
    chlorine gas
    Symb. Cl

*(Water - Treatment and Filtration)*

A poisonous, greenish-yellow, irritating chemical element that is a gas at normal temperatures.

**OBS**
Chlorine is used for disinfection in the culture medium.

◊ GACAN*1983***203

chlorine demand

*(Water - Treatment and Filtration)*

The amount of chlorine needed to react with all organic and inorganic dissolved compounds, plus all the microbes in the water.

◊ LANAQ*1992***103

chlorine gas
    see chlorine

---

chloramines *      n. f. pl.

*(Eau - Traitement et filtration)*

Composés ammoniacaux du chlore ayant un effet stérilisant lent.

* Terme normalisé par l'ISO.

◊ OLFEB*1981***87

chloramphénicol      n. m.

*(Pathologie et prédateurs)*

Antibiotique préparé synthétiquement ou par le champignon *Streptomyces venezuelae* et utilisé dans le traitement d'infections bactériennes.

◊ MED-F*1993***225, PATH*1985***302

chloration *      n. f.

*(Eau - Traitement et filtration)*

Traitement de l'eau par le chlore dans le but de la désinfecter.

* Terme normalisé par l'ISO.

Voir aussi **désinfection**

◊ PARSE*1990***111

chlore      n. m.
    Symb. Cl

*(Eau - Traitement et filtration)*

Gaz toxique jaune verdâtre, plus lourd que l'air, dont la solubilité varie avec la température et qui est corrosif dans les conditions normales d'utilisation.

**OBS**
Le chlore est un puissant agent de désinfection utilisé dans le milieu de culture.

◊ OLFEB*1981***88

demande en chlore      n. f.
    demande de chlore      n. f.

*(Eau - Traitement et filtration)*

Quantité de chlore pouvant être absorbée par l'eau pour sa désinfection et pour la destruction des matières organiques ou inorganiques qu'elle contient.

◊ OLFEB*1981***141

chlorinity

*(Water - Treatment and Filtration)*

The weight of chlorine in grams contained in 1 kg of seawater after the bromides and iodides have been replaced by chloride.

◊ WAST*1979***348

Chlorophyceae

    see green algae

*Chondrus crispus*

    see Irish moss

chromatophore

*(Anatomy and Physiology)*

A pigment-bearing cell in the integument of various animals capable of changing the apparent pigmentation of the skin by expanding or contracting.

**OBS**

The chromatophores of crustaceans are under the control of peptide hormones, both stimulatory and inhibitory, that are produced in the eyestalk.

◊ LANAQ*1992***188, WEBIN*1986***401

chromosome

*(Reproduction and Genetics)*

Any of the structures of genes situated in the cell nucleus and responsible for the carriage of genetic information.

◊ FISFA*1988***388, STFAR*1987***231

chromosome complement

*(Reproduction and Genetics)*

The entire group of chromosomes in a nucleus.

◊ WEBIN*1986***402, BT-200*1991***37

chum

    see chum salmon

chlorinité         n. f.

*(Eau - Traitement et filtration)*

Masse, en grammes, des halogènes contenus dans un kilogramme d'eau de mer, les bromures et iodures étant remplacés par leurs équivalents en chlorures.

◊ CILFO*1989***109

chromatophore         n. m.

*(Anatomie et physiologie)*

Cellule du derme de certains animaux, riche en pigment, qui peut se dilater ou se rétracter et qui permet aux animaux de changer de couleur.

**OBS**

Chez les crustacés, les chromatophores sont sous l'influence hormonale de la glande de sinus située dans les pédoncules oculaires.

◊ ROBER*1986*2**598, LAROG*1982*3**2213

chromosome         n. m.

*(Reproduction et génétique)*

Une des structures de gènes située dans le noyau de la cellule et contenant l'information génétique.

◊ CAPQ-5*1992***10, 58

stock chromosomique         n. m.
    complément chromosomique         n. m.
    complément de chromosomes         n. m.
    garniture chromosomique         n. f.

*(Reproduction et génétique)*

Ensemble des chromosomes présents dans le noyau d'une cellule eucaryote.

◊ CILFG-32*1991***132-133, BT-200*1990***37

**chum salmon ***
   chum
   dog salmon
   keta
   *Oncorhynchus keta*

*(Salmonid Farming - Aquaculture Species)*

A species of Pacific salmon belonging to the family Salmonidae that is known for its overgrown canine teeth.

* Recommended term in Canada.

◊ FRESH*1992***25, NQ8070*1995***37

**saumon kéta ***        n. m.
   kéta             n. m.
   *Oncorhynchus keta*

*(Salmoniculture - Espèces aquacoles)*

Une des espèces de saumons du Pacifique appartenant à la famille des salmonidés et caractérisée par une grande bouche à dents très développées.

* Terme normalisé au Canada.

◊ GPP*1985***3:101, NQ8070*1995***37

**cichlid**

*(Fish Farming - Biology)*

A fish of the family Cichlidae.

See also **Cichlidae**

◊ WEBIN*1986***406

**cichlidé**        n. m.

*(Pisciculture - Biologie)*

Poisson de la famille des cichlidés.

Voir aussi **cichlidés**

◊ LAROG*1982*3**2230

**Cichlidae**        n. pl.

*(Fish Farming - Biology)*

A large family of chiefly tropical freshwater percoid fishes including the tilapias and a number of popular aquarium fishes.

◊ LAFRE*1984***511, WEBIN*1986***406

**cichlidés**        n. m. pl.
   V. o. Cichlidés     n. m. pl.

*(Pisciculture - Biologie)*

Famille de poissons téléostéens des eaux douces tropicales qui comprend les tilapias et d'autres espèces qui sont des poissons d'aquarium.

◊ LAROG*1982*3**2230

**circular tank**

*(Facilities - Farming/Culture)*

A round-shaped tank used for rearing aquatic animals.

◊ FISFA*1988***388

**bassin circulaire**        n. m.

*(Installations - Élevage/culture)*

Récipient de forme circulaire utilisé pour faire l'élevage des animaux aquatiques.

◊ HUET*1970***148, 154, 168

**Cl**
   see chlorine

**Cladocera**        n. pl.
   cladocerans      n. pl.

*(Crustacean Farming - Growth and Nutrition)*

An order of branchiopod crustaceans with a folded upper shell covering the body. The most common cladocerans cultured as food for fish are *Daphnia* species.

◊ LAFRE*1984***511, PILLA*1990***119

**cladocères**        n. m. pl.
   V. o. Cladocères    n. m. pl.

*(Crustaciculture - Croissance et nutrition)*

Ordre de crustacés inférieurs faisant partie des branchiopodes, généralement pourvus d'une carapace bivalve enveloppant le corps et qui laisse toujours la tête libre. Les cladocères qui font le plus souvent l'objet d'un élevage pour l'alimentation des poissons sont les daphnies.

◊ CILFO*1989***112

cladoceran

*(Crustacean Farming - Growth and Nutrition)*

A crustacean of the order Cladocera.

See also **Cladocera**

cladocerans
see Cladocera

claire

*(Oyster Culture - Facilities)*

A small shallow coastal pond for rearing oysters in order to increase their weight and develop the green coloration.

◊ WEBIN*1986***414, PILLA*1990***237

clam

*(Mollusc Culture - Biology)*

Any of numerous edible marine bivalve molluscs living in sand or mud.

class

*(Biology)*

A taxonomic category ranking above the order and below the phylum or division.

See also **phylum, division**

◊ LASTE*1989***360

clay

*(Water - Culture Medium)*

A natural, earthy, fine-grained material which develops plasticity when mixed with a limited amount of water and which is composed of particles less than 0.002 mm in diameter.

◊ LASTE*1989***362

cladocère                                      n. m.

*(Crustaciculture - Croissance et nutrition)*

Crustacé de l'ordre des cladocères.

Voir aussi **cladocères**

claire                                          n. f.

*(Ostréiculture - Installations)*

Bassin peu profond dans lequel se fait l'affinage des huîtres et où elles se nourrissent des organismes microscopiques en suspension dans l'eau, notamment la navicule bleue qui donne à leur manteau la couleur verte.

◊ ROBER*1986*2**637

bivalve fouisseur                              n. m.
   coquillage fouisseur        n. m.
   coquillage 1 *               n. m., cour.

*(Conchyliculture - Biologie)*

Mollusque marin, revêtu d'une coquille, vivant dans le sable ou la vase, p. ex. la mye, la palourde, la coque, le couteau, etc.

* Ce terme, très général, suffit parfois pour rendre le terme anglais **clam**.

classe                                          n. f.

*(Biologie)*

Chacune des grandes divisions d'un embranchement d'êtres vivants, subdivisée elle-même en ordres.

Voir aussi **embranchement 1, embranchement 2**

◊ GPP*1985***G2

argile                                          n. f.

*(Eau - Milieu de culture)*

Matériau fin plus ou moins plastique possédant, à l'état humide, des propriétés colloïdales et composé de particules inférieures à 0,002 mm de diamètre.

◊ OLFEB*1981***24

**clay soil**

*(Water - Culture Medium)*

A soil that contains a high percentage of fine particles and colloidal substance and that becomes sticky when wet.

◊ WEBIN*1986***418

**cleansing**

*(Mollusc Culture)*

The process in which bivalve molluscs, e.g. clams, eliminate sand and silt within their shell.

◊ QUAY*1988***191

**clogging**

*(Water - Treatment and Filtration)*

The effect occurring when fine particles fill the voids of a sand filter or biological bed or when growths form surface mats that retard the normal passage of liquid through the filter.

◊ IWATE*1981***126

**closed system**
  closed-culture system
  recirculation system

*(Facilities - Water)*

A water system in which little or no water is exchanged and the water is subject to extensive treatment.

See also **open system**

◊ LANAQ*1992***58, 59, 352

**closed thelycum species**
  grooved shrimp

*(Crustacean Farming - Biology)*

A female shrimp (e.g. *Penaeus japonicus*) with lateral plates that lead to a pouch, where the spermatophores can be inserted by the male; mating occurs soon after the female has moulted.

See also **open thelycum species**

◊ PILLA*1990***435, LANAQ*1992***189

**closed-culture system**
  see closed system

---

**sol argileux**　　　　n. m.

*(Eau - Milieu de culture)*

Sol composé de particules inférieures à 2 microns, plus ou moins plastique, et possédant des propriétés colloïdales à l'état humide.

◊ ROBER*1986*1**532

**dessablage**　　　　n. m.

*(Conchyliculture)*

Processus qui permet aux coquillages, p. ex. les myes, d'éliminer en les régurgitant les sédiments et le sable contenus dans leur coquille.

**colmatage**　　　　n. m.

*(Eau - Traitement et filtration)*

Obturation progressive des filtres produite par les dépôts de particules solides ou liquides qui les traversent.

◊ LAROG*1982*3**2378

**circuit fermé**　　　　n. m.
  système fermé　　　　n. m.

*(Installations - Eau)*

Système dans lequel l'élevage est pratiqué dans des bassins ou plans d'eau ne recevant pas d'eau de l'extérieur ou très peu, l'eau étant sujette à un traitement extensif.

Voir aussi **circuit ouvert**

◊ AQUAC*1986*2**499, 606, 864, CAPQ-9*1993***18

**espèce à thélycum fermé**　　　　n. f.

*(Crustaciculture - Biologie)*

Crevette femelle (p. ex. *Penaeus japonicus*) à poche thélycale où le mâle dépose les spermatophores ; l'accouplement a lieu dans les heures qui suivent une mue.

Voir aussi **espèce à thélycum ouvert**

◊ AQUAC*1986*1**465, 468

clump

*(Mussel Culture)*

A dense mass of mussels.

See also **declump (to), declumping**

◊ LANAQ*1992***167

grappe                                          n. f.

*(Mytiliculture)*

Masse de moules.

Voir aussi **dégrappage, dégrapper**

CM cellulose

see carboxymethyl cellulose

CMC

see carboxymethyl cellulose

coastal area

see shoreline

cod *
    Atlantic cod
    *Gadus morhua*
    V. s. *Gadus morrhua*

*(Fish Farming - Aquaculture Species)*

A soft-finned fish of the family Gadidae of the colder parts of the North Atlantic, having soft fins, a barbel on the chin and a small, square tail.

* Recommended term in Canada.

◊ GACAN*1983***224, NQ8070*1995***27

morue *                                         n. f.
    cabillaud                                   n. m. [FR]
    *Gadus morhua*
    V. o. *Gadus morrhua*

*(Pisciculture - Espèces aquacoles)*

Poisson de la famille des gadidés qui vit dans les eaux froides de l'Atlantique nord et qui est caractérisé par une ligne latérale claire et une nageoire caudale presque carrée.

* Terme normalisé au Canada.

◊ ROBER*1986*6**589, GPP*1985***3:77, NQ8070*1995***27

COD

see chemical oxygen demand

cod liver oil
    V. s. cod-liver oil

*(Growth and Nutrition)*

Oil extracted from livers of cod and sometimes other suitable gadoids such as haddock.

◊ OECD*1990***57

huile de foie de morue                          n. f.

*(Croissance et nutrition)*

Huile extraite des foies de morue et parfois de certains autres gadidés tels que l'églefin.

◊ OECD*1990***57, CAPQ-5*1992***25

cod-liver oil

see cod liver oil

coded-wire tag
    micro-wire tag

*(Facilities - Farming/Culture)*

A small length of magnetized steel wire, etched with a binary code and injected into the nasal cartilage of salmonids or the muscle tissue of crustaceans.

◊ WICRU*1992***376

micromarque codée                               n. f.

*(Installations - Élevage/culture)*

Petite marque métallique portant un code, implantée dans le cartilage nasal des salmonidés ou le tissu musculaire des crustacés.

**coefficient of condition**
see condition factor

**coelom**
see coelomic cavity

**coelomic cavity**
coelom

*(Anatomy and Physiology)*

The secondary body cavity of animals, which is from its inception surrounded and separated from the primary body cavity by mesoderm.

◊ SCITF*1988***172, PIPFI*1986***476

**cavité cœlomique**                    n. f.
cœlome                                        n. m.

*(Anatomie et physiologie)*

Cavité formée aux dépens du mésoderme et participant à la constitution d'un certain nombre d'organes internes.

◊ LAROG*1982*3**2344, GPP*1985***G2

**coelomic injection**

*(Techniques and Methods)*

An injection made into the coelomic cavity.

See also **coelomic cavity**

◊ PILLA*1990***299

**injection intra-cœlomique**        n. f.

*(Techniques et méthodes)*

Injection faite dans la cavité cœlomique.

Voir aussi **cavité cœlomique**

◊ SOMOL*1992***100

**coho**
see coho salmon

**coho salmon \***
coho
silver salmon
*Oncorhynchus kisutch*

*(Salmonid Farming - Aquaculture Species)*

A species of Pacific salmon belonging to the family Salmonidae that is dark blue-black above shading to the color of burnished metal on its glittering sides.

\* Recommended term in Canada.

◊ FRESH*1992***26, NQ8070*1995***37

**saumon coho \***                        n. m.
coho                                            n. m.
*Oncorhynchus kisutch*

*(Salmoniculture - Espèces aquacoles)*

Une des espèces de saumons du Pacifique, de la famille des salmonidés, qui est caractérisée par un corps presque entièrement argenté et un dos de couleur bleu métallique.

\* Terme normalisé au Canada.

◊ GPP*1985***3:99, NQ8070*1995***37

**cold water species**
see cold-water species

**cold-blooded animal**
see poikilotherm

**cold-water disease**
    peduncle disease

***(Fish Farming - Pathology and Predators)***

A chronic, necrotic disease of the fins, primarily the caudal fin, caused by a myxobacteria (commonly *Cytophaga psychrophila*) into fin and caudal peduncle tissue of an unhealthy fish.

◊ PIPFI*1986***491, ROTSA*1986***80

**cold-water species**
    V. s. coldwater species
    V. s. cold water species

***(Biology)***

A species that lives in cold water, e.g. salmonids.

See also **warm-water species**

◊ PILLA*1990***100

**cold-water vibriosis**
    see Hitra disease

**coldwater species**
    see cold-water species

**collection of spat**
    see spat collection

**collector**

***(Facilities - Farming/Culture)***

An artificial substrate used for the attachment of spat or the spawning of fish eggs.

See also **egg collector, cultch**

◊ PILLA*1990***342, LANAQ*1992***173, 176

**colloid**

***(Water - Treatment and Filtration)***

A substance so finely divided that it stays in suspension in water.

◊ PIPFI*1986***476

**columnaris disease**
    saddleback disease

***(Fish Farming - Pathology and Predators)***

An infection of fish, usually of the skin and gills, caused by the myxobacterium *Flexibacter columnaris*.

◊ PIPFI*1986***476, PILLA*1990***195

---

**maladie de l'eau froide**      n. f.
    maladie du pédoncule      n. f.

***(Pisciculture - Pathologie et prédateurs)***

Maladie causée par une myxobactérie *(Cytophaga psychrophila)* et caractérisée par des altérations de la nageoire adipeuse et du pédoncule caudal.

◊ PATH*1985***22, 116

**espèce d'eau froide**      n. f.

***(Biologie)***

Espèce qui vit en eau froide, p. ex. les salmonidés.

Voir aussi **espèce d'eau chaude**

◊ PISET*1980***109, PATH*1985***177

**collecteur 1**      n. m.

***(Installations - Élevage/culture)***

Substrat artificiel utilisé pour la fixation du naissain ou la ponte d'œufs de poissons.

Voir aussi **collecteur de naissain, collecteur d'œufs**

◊ ROBER*1986*2**702, AQUAC*1986*2**901, 904, 1047

**colloïde**      n. m.

***(Eau - Traitement et filtration)***

Particules de très petites dimensions qui restent en suspension dans l'eau.

◊ PARSE*1990***119

**myxobactériose à**
***Flexibacter columnaris***      n. f.

***(Pisciculture - Pathologie et prédateurs)***

Infection causée par la myxobactérie *Flexibacter columnaris*, atteignant la peau et les branchies des poissons.

◊ PATH*1985***22, 108

**combined selection**
    index selection

*(Reproduction and Genetics)*

Selection which is based on a combination of selection methods.

◊ PILLA*1990***169

**sélection combinée**    n. f.

*(Reproduction et génétique)*

Méthode de sélection utilisant plusieurs types d'information pour aboutir à un choix quant à une évaluation génétique unique, ou index, pour chaque candidat.

◊ CILFG-32*1991***242, CAPQ-2*1992***27

**commercial aquaculture**

*(General Terminology)*

Aquaculture practiced with the intent to make a profit.

See also **subsistence aquaculture**

◊ LANAQ*1992***293, PILLA*1990***122

**aquaculture commerciale**    n. f.
    aquaculture de profit    n. f.

*(Terminologie générale)*

Aquaculture dont l'objectif est de faire des profits.

Voir aussi **aquaculture de subsistance**

◊ AGEP*1991***100-101, AQUAC*1986*2**1018

**commercial culturist**
    see commercial farmer

**commercial farmer**
    commercial culturist

*(General Terminology)*

A person that practices commercial aquaculture.

See also **aquaculturist, commercial aquaculture**

◊ LANAQ*1992***216

**éleveur commercial**    n. m.
    éleveuse commerciale    n. f.

*(Terminologie générale)*

Celui ou celle qui pratique l'aquaculture commerciale.

Voir aussi **aquaculteur, aquaculture commerciale**

◊ CAPQ-2*1992***46

**common carp**
    see carp

**common gray mullet**
    see striped mullet

**common grey mullet**
    see striped mullet

**common mullet**
    see striped mullet

**common shrimp**
    Gulf coast white shrimp
    lake shrimp
    northern white shrimp
    white shrimp
    *Penaeus setiferus*

*(Crustacean Farming - Aquaculture Species)*

A shrimp of the family Penaeidae found in the Gulf of Mexico.

◊ BIOBL*1982*10**17-18, WEBIN*1986***1265, CRUH*1985***134

**crevette blanche**    n. f.
    crevette américaine    n. f.
    *Penaeus setiferus*

*(Crustaciculture - Espèces aquacoles)*

Crevette de la famille des pénéidés du golfe du Mexique.

◊ FAOTB-19*1981***6, 54

**common sole**
see sole

**complementary deoxyribonucleic acid**
V. s. complementary DNA
copy DNA
Abbr. cDNA

*(Reproduction and Genetics)*

Synthetic DNA transcribed from a specific RNA through the reaction of the enzyme reverse transcriptase.

See also **reverse transcriptase**

◊ DOMED*1994***500, LANAQ*1992***323

**ADN complémentaire** n. m.
ADN copie n. m.
Abrév. ADN-c

*(Reproduction et génétique)*

Séquence d'ADN synthétisée *in vitro* par l'enzyme transcriptase inverse.

Voir aussi **transcriptase inverse**

◊ BT-200*1990***24

**complementary DNA**
see complementary deoxyribonucleic acid

**compost**

*(Water - Treatment and Filtration)*

Fertilizer produced by the more or less controlled decomposition of natural organic materials.

◊ LAFRE*1984***511, PILLA*1990***124

**compost** n. m.

*(Eau - Traitement et filtration)*

Engrais formé par le mélange fermenté de débris organiques avec des matières minérales.

◊ PEROB*1995***425

**conchocelis phase**
conchocelis stage

*(Algal Culture - Reproduction and Genetics)*

A microscopic filamentous phase in the reproductive cycle of *Porphyra* in which filaments burrow and grow beneath the surface of the shell substrate and which corresponds to the sporophyte.

◊ LANAQ*1992***150, PILLA*1990***513, 515

**phase Conchocelis** n. f.
stade Conchocelis n. m.

*(Algoculture - Reproduction et génétique)*

Stade microscopique filamenteux du cycle de reproduction de *Porphyra* où se produit la perforation des coquilles de mollusques qui servent de substrat. Ce stade correspond à la phase sporophytique.

◊ CUPER*1992***370, GAYR*1975***57

**conchocelis stage**
see conchocelis phase

**condition factor**
coefficient of condition

*(General Terminology)*

The ratio of fish weight to the length cubed.

◊ PIPFI*1982***60

**facteur de condition** n. m.
coefficient de condition n. m.

*(Terminologie générale)*

Rapport entre le poids et la longueur de l'animal, élevé au cube.

**contagious disease**

*(Pathology and Predators)*

A disease that can be transmitted between hosts.

◊ PIPFI*1986***485

**maladie contagieuse** n. f.

*(Pathologie et prédateurs)*

Maladie transmissible entre hôtes.

**container**

*(Facilities)*

An insulated and sealed receptacle used for the transport of fish eggs.

◊ LANAQ*1992***225

**contenant**                                          n. m.

*(Installations)*

Récipient étanche et isolé destiné au transport d'œufs de poissons.

◊ CAPQ-9*1993***10, 12

**continuous culture 1**

*(Algal Culture - Techniques and Methods)*

A method of algal production (microalgae) in which cells are constantly being removed and replaced with fresh media.

**OBS**

Continuous culture is usually carried out by using devices called chemostats and turbidostats.

See also **batch culture 1, chemostat, turbidostat**

◊ LANAQ*1992***330, 333

**culture continue**                                n. f.

*(Algoculture - Techniques et méthodes)*

Système de culture d'algues microscopiques qui consiste à effectuer un renouvellement automatique du milieu de sorte que la vitesse de croissance des organismes est maintenue constante.

**OBS**

La culture continue d'algues fonctionne selon deux principes : le chémostat et le turbidostat.

Voir aussi **culture discontinue, chémostat, turbidostat**

◊ CILFO*1989***144

**continuous culture 2**

*(Crustacean Farming - Techniques and Methods)*

On-growing method used for farming crustaceans such as *Macrobrachium rosenbergii* in which the fastest growing animals are selectively harvested from the main population at intervals and replaced with new juveniles.

See also **batch culture 2**

◊ WICRU*1992***370, PILLA*1990***454, LANAQ*1992***208

**récolte sélective**                               n. f.

*(Crustaciculture - Techniques et méthodes)*

Méthode d'élevage de crustacés (p. ex. l'espèce *Macrobrachium rosenbergii*) qui consiste à récolter les plus gros crustacés à intervalles réguliers afin d'éviter l'inhibition de croissance exercée sur les plus petits.

Voir aussi **récolte par vidange**

◊ AQUAC*1986*1**517, 512

**controlled breeding**
     see controlled reproduction

**controlled reproduction**
     controlled breeding

*(Reproduction and Genetics - Techniques and Methods)*

Reproduction which involves the control of the reproductive cycle of the species under cultivation.

See also **natural reproduction**

◊ PILLA*1990***156, LANAQ*1992***379, FISFA*1988***103

**reproduction artificielle**              n. f.
     reproduction contrôlée                n. f.

*(Reproduction et génétique - Techniques et méthodes)*

Technique qui consiste à contrôler le cycle de reproduction de l'espèce cultivée.

Voir aussi **reproduction naturelle**

◊ GESPI*1985***248, AQUAC*1986*2**878, GIRAQ*1991***199

**controlled spawning**
     see artificial spawning

**conversion rate**
     see feed conversion ratio

**conversion ratio**
see feed conversion ratio

**cool-water species**
V. s. coolwater species

*(Biology)*

A species that lives in cool waters (e.g. bass).

**espèce d'eau tempérée**          n. f.

*(Biologie)*

Espèce qui vit en eau tempérée, p. ex. l'achigan.

**coolwater species**
see cool-water species

**copepod**

*(Growth and Nutrition - Pathology and Predators)*

A crustacean of the subclass Copepoda.

See also **Copepoda**

◊ WEBIN*1986***502

**copépode**          n. m.

*(Croissance et nutrition - Pathologie et prédateurs)*

Crustacé de la sous-classe des copépodes.

Voir aussi **copépodes**

◊ LAROG*1982*3**2605

**Copepoda**          n. pl.
copepods          n. pl.

*(Growth and Nutrition - Pathology and Predators)*

A subclass of Crustacea comprising minute aquatic forms abundant in both fresh and salt waters; some are free-living and important as fish food and others are parasitic on the skin and gills of fish.

◊ WEBIN*1986***502

**copépodes**          n. m. pl.
V. o. Copépodes          n. m. pl.

*(Croissance et nutrition - Pathologie et prédateurs)*

Sous-classe de petits crustacés marins ou d'eau douce constituant un des éléments essentiels du zooplancton ; certains sont parasites des poissons.

◊ CILFO*1989***129, LAROG*1982*2**2605

**copepods**
see Copepoda

**copper sulfate**
V. s. copper sulphate

*(Pathology and Predators)*

An antibacterial agent with antiseptic properties used in the prevention and control of fungal infections, external bacterial diseases and protozoan parasites.

◊ PIPFI*1986***477, LANAQ*1992***116,
PILLA*1990***197, 202

**sulfate de cuivre**          n. m.

*(Pathologie et prédateurs)*

Antibactérien d'usage externe à propriétés antiseptiques, employé contre les champignons ainsi que les maladies bactériennes et les protozoaires parasites externes.

◊ PATH*1985***199, 308

**copper sulphate**
see copper sulfate

**copulation**
 mating

*(Crustacean Farming - Reproduction and Genetics)*

The sexual union of two individuals resulting in insemination or deposition of the male gametes in close proximity to the female gametes.

◊ LASTE*1989***434, LANAQ*1992***202, KIGEN*1985***231

**accouplement** n. m.
 copulation n. f.

*(Crustaciculture - Reproduction et génétique)*

Rapprochement intime des organes sexuels du mâle et de la femelle, destiné à permettre l'introduction des spermatozoïdes dans les organes génitaux de la femelle.

◊ AQUAC*1986*1**465, HADIC*1990***112, CILFG-32*1991***10

**copy DNA**
 see complementary deoxyribonucleic acid

**corn meal**
 V. s. cornmeal

*(Growth and Nutrition)*

Meal made from white or yellow corn.

◊ WEBIN*1986***508, PILLA*1990***136

**semoule de maïs** n. f.

*(Croissance et nutrition)*

Farine obtenue par le concassage de grains de maïs de couleur jaune ou blanchâtre.

◊ ROBER*1986*6**163, ROBER*1986*8**693

**cornmeal**
 see corn meal

**corticosteroid**

*(Fish Farming - Reproduction and Genetics)*

Hormone produced by the adrenal cortex or its synthetic derivatives.

◊ WEBIN*1986***513, PILLA*1990***194

**corticostéroïde** n. m.

*(Pisciculture - Reproduction et génétique)*

Hormone produite par le cortex de la glande surrénale ou ses dérivés synthétiques.

◊ ROBER*1986*2**956, PATH*1985***32, 33

**corynebacterial kidney disease**
 see bacterial kidney disease

**cotton cake**
 see cottonseed cake

**cottonseed cake**
 cotton cake

*(Growth and Nutrition)*

The solid mass rich in protein obtained after the oil has been expressed from the cottonseeds.

◊ WEBIN*1986***516, PILLA*1990***371

**tourteau de graines de coton** n. m.
 tourteau de coton n. m.

*(Croissance et nutrition)*

Résidu solide riche en protéines, obtenu après l'extraction de l'huile des graines de coton.

◊ LAROG*1982*10**10328, AQUAC*1986*2**552

**cottonseed meal**

*(Growth and Nutrition)*

A meal high in protein obtained in the production of cottonseed oil usually by grinding cottonseed cake.

◊ WEBIN*1986***516, LANAQ*1992***327

**cottonseed oil**

*(Growth and Nutrition)*

A semidrying fatty oil obtained from the extraction of cottonseeds.

◊ WEBIN*1986***516, LANAQ*1992***339

**crab**

*(Crustacean Farming - Aquaculture Species)*

Any decapod crustacean having a short abdomen that is carried tucked up under a short, broad shell and having the first pair of legs modified into pincers.

◊ GACAN*1983***274

**crab culture**
see crab farming

**crab farmer**

*(Crustacean Farming)*

A person who practices crab farming.

See also **crab farming**

**crab farming**
crab culture

*(Crustacean Farming)*

The rearing of crab.

See also **crustacean farming**

*Crassostrea gigas*
see Pacific oyster

*Crassostrea iredalei*
see slipper oyster

**farine de graines de coton**   n. f.

*(Croissance et nutrition)*

Farine riche en protéines, obtenue en concassant le tourteau de coton qui reste après l'extraction de l'huile des graines de coton.

◊ LAROG*1982*10**10328

**huile de graines de coton**   n. f.
huile de coton   n. f.

*(Croissance et nutrition)*

Huile grasse extraite des graines de coton.

◊ LAROG*1982*10**10328

**crabe**   n. m.

*(Crustaciculture - Espèces aquacoles)*

Crustacé décapode brachyoure pourvu de pinces et d'un abdomen réduit replié sous le céphalothorax.

◊ CILFO*1989***140

**carcinoculteur**   n. m.
carcinocultrice   n. f.

*(Crustaciculture)*

Celui ou celle qui pratique la carcinoculture.

Voir aussi **carcinoculture**

**carcinoculture** *   n. f.

*(Crustaciculture)*

Élevage du crabe.

* Certains ouvrages étendent le sens de ce terme pour englober l'élevage des crustacés en général. Il est généralement admis cependant que le préfixe *carcino* désigne uniquement le crabe, sauf dans le terme *carcinologie*, lequel désigne l'étude des crustacés.

Voir aussi **crustaciculture**

*Crassostrea virginica*
see Atlantic oyster

**crawdad**
see crayfish

**crawfish**
see crayfish

**crawfish culture**
see crayfish farming

**crawfish farmer**
see crayfish farmer

**crawfish farming**
see crayfish farming

| **crayfish \*** | | **écrevisse \*** | n. f. |
|---|---|---|---|
| crawfish | [US] | | |
| crawdad | [US] | | |

*(Crustacean Farming - Aquaculture Species)*

Any of numerous freshwater crustaceans of the family Astacidae resembling small lobsters, having a segmented body with a long abdomen ending in a fan-like part, and having one pair of pincers and two pairs of feelers.

\* Recommended term in Canada.

**OBS**
Crayfish often move backwards.

◊ WEBIN\*1986\*\*\*531, LANAQ\*1992\*\*\*18

*(Crustaciculture - Espèces aquacoles)*

Crustacé d'eau douce de la famille des astacidés, caractérisé par une paire de fortes pinces se terminant par des doigts allongés et une grande queue (abdomen) bien développée.

\* Terme normalisé au Canada.

**OBS**
Les écrevisses marchent vers l'avant, mais ne peuvent nager que par de brusques « coups de queue » vers l'arrière.

◊ LAROG\*1982\*4\*\*3546, GPP\*1985\*\*\*3:37

**crayfish culture**
see crayfish farming

| **crayfish farmer** | **astaciculteur** | n. m. |
|---|---|---|
| crawfish farmer | astacicultrice | n. f. |

*(Crustacean Farming)*

A person who practices crayfish farming.

See also **crayfish farming**

*(Crustaciculture)*

Celui ou celle qui pratique l'astaciculture.

Voir aussi **astaciculture**

◊ LAROG\*1982\*1\*\*765

**crayfish farming**
    crayfish culture
    crawfish farming
    crawfish culture

*(Crustacean Farming)*

The rearing of crayfish.

◊ LANAQ*1992***197, 198

**crayfish studies**
    see astacology

**crisscross breeding**
    alternate crossing
    crisscrossing

*(Reproduction and Genetics)*

A system of breeding animals involving the use of purebred sires of two breeds alternately or crossbred females of the same breeds in such an order that the females are always bred to the males with which they have least blood in common.

◊ WEBIN*1986***538, PILLA*1990***170

**crisscrossing**
    see crisscross breeding

**cross**
    crossing

*(Reproduction and Genetics)*

1. The bringing together of genetic material from different individuals (genotypes) in order to achieve genetic recombination.

2. A crossbred individual: a product of crossing.

◊ BT-200*1990***60, WEBIN*1986***540

**crossbreeding**
    hybridization
    V. s. hybridisation    [UK]
    outbreeding

*(Reproduction and Genetics)*

The mating of individuals belonging to genetically disparate populations or to different species.

See also **inbreeding, interspecific hybridization, intraspecific hybridization**

◊ KIGEN*1985***189, PILLA*1990***169, 171

---

**astaciculture**    n. f.

*(Crustaciculture)*

Élevage de l'écrevisse.

◊ LAROG*1982*1**765, GIRAQ*1991***9, 24

**croisement alternatif**    n. m.

*(Reproduction et génétique)*

Technique de croisement faisant alternativement intervenir à chaque génération des reproducteurs de l'une des deux races initiales sur les femelles croisées de la génération précédente.

◊ CILFG-32*1991***82, LAROG*1982*3**2792

**croisement**    n. m.

*(Reproduction et génétique)*

1. Mise en présence de matériels génétiques différents en vue d'une éventuelle recombinaison génétique.

2. Par extension, désigne à tort le produit d'un croisement.

◊ CILFG-32*1991***82

**hybridation**    n. f.

*(Reproduction et génétique)*

Croisement entre deux individus génétiquement différents. Lorsque les individus appartiennent à la même espèce, on parle d'hybridation intraspécifique, sinon on parle d'hybridation interspécifique.

Voir aussi **consanguinité, hybridation interspécifique et intraspécifique**

◊ CILFG-32*1991***156, CAPQ-2*1992***38

**crossing**
  see cross

**crowding**
  see overcrowding

**crucian carp**
  *Carassius carassius*

*(Fish Farming - Aquaculture Species)*

A European fish of the family Cyprinidae that resembles the carp but has no barbels.

◊ ENSCI*1991*2**890

**crumble feed**
  crumbles                    n. pl.

*(Growth and Nutrition)*

Feed crushed in small fragments.

◊ WEBIN*1986***546, PILLA*1990***140

**crumbles**
  see crumble feed

**Crustacea**                    n. pl.

*(Crustacean Farming - Biology)*

A large class of Arthropoda comprising the majority of the marine or freshwater arthropods (as lobsters, shrimps, crabs) all having a body that is divided into segments of head, thorax, and abdomen of which the first two often consolidate into a cephalothorax and that is enclosed in a chitinous integument often hardened with calcareous matter into a firm exoskeleton, having a pair of appendages which are variously differentiated into mouthparts, walking legs, and swimmerets associated with each segment, and having two pairs of antennae.

◊ WEBIN*1986***547

**crustacean**

*(Crustacean Farming - Biology)*

An animal of the class Crustacea.

**OBS**

In some regions, the term *shellfish* is used to designate crustaceans.

See also **Crustacea, shellfish, mollusc**

◊ WEBIN*1986***547

---

**carassin**                    n. m.
  V. o. carrassin              n. m.
  *Carassius carassius*

*(Pisciculture - Espèces aquacoles)*

Poisson d'Europe, de la famille des cyprinidés, voisin de la carpe mais sans barbillons.

◊ LAROG*1982*2**1774

**aliment en miettes**          n. m.
  miettes                      n. f. pl.

*(Croissance et nutrition)*

Aliment désagrégé en petits fragments.

◊ CAPQ-5*1992***31, LAROG*1982*7**6935, AQUAC*1986*2**553

**crustacés**                   n. m. pl.
  V. o. Crustacés              n. m. pl.

*(Crustaciculture - Biologie)*

Classe d'arthropodes en général aquatiques, qui respirent par des branchies ; le corps est divisé en trois parties : la tête, le thorax (parfois soudés en un céphalothorax) et l'abdomen. Les crustacés portent deux paires d'antennes et ont des yeux composés. Leur squelette contient de la chitine, plus ou moins imprégnée de sels calcaires. Les crustacés supérieurs (langoustes, homards, langoustines, crevettes, crabes) font l'objet d'essais d'élevage.

◊ CILFO*1989***143-144

**crustacé**                    n. m.

*(Crustaciculture - Biologie)*

Animal de la classe des crustacés.

Voir aussi **crustacés, invertébré, mollusque**

◊ LAROG*1982*3**2809

**crustacean farmer**

*(Crustacean Farming)*

A person who practices crustacean farming.

See also **crustacean farming**

**crustacean farming**

*(Aquaculture Types)*

The rearing of crustaceans.

**crustecdysone**
   20-hydroxyecdysone

*(Crustacean Farming - Reproduction and Genetics)*

A molting hormone produced by the Y-organ in crustaceans.

**OBS**

The molt is initiated by the secretion of the hormone ecdysone from an endocrine gland called the Y-organ; ecdysone is rapidly converted to a more active compound, 20-hydroxyecdysone (crustecdysone) which is responsible for the molting events.

◊ LANAQ*1992***187, LASTE*1989***459, PILLA*1990***159

**cryopreservation**

*(Fish Farming - Reproduction and Genetics)*

A technique of preservation which consists of cooling and storing fish gametes at subzero temperatures of liquid nitrogen (–196˚C), using dimethyl sulphoxide, glycerine, ethyl glycol or other cryoprotectants and diluents.

◊ PILLA*1990***163, WICRU*1992***371

*Ctenopharyngodon idella*
   see grass carp

**crustaciculteur**                    n. m.
   crustacicultrice                    n. f.

*(Crustaciculture)*

Celui ou celle qui pratique la crustaciculture.

Voir aussi **crustaciculture**

**crustaciculture ***                   n. f.
   élevage des crustacés               n. m.

*(Types d'aquaculture)*

Ensemble des techniques utilisées pour l'élevage des crustacés.

* Terme recommandé par le Comité de normalisation de la terminologie des pêches commerciales du Bureau de normalisation du Québec.

◊ AQEX-F*1989***18

**crustecdysone**                      n. f.
   20-hydroxyecdysone                  n. f.

*(Crustaciculture - Reproduction et génétique)*

Hormone de mue sécrétée par l'organe Y d'un crustacé.

**OBS**

L'ecdysone qui est sécrétée par l'organe Y (ou glande de mue) est transformée au niveau des tissus en une molécule plus active : la 20-hydroxyecdysone (ou crustecdysone).

◊ BIOGAL*1988***147-149

**cryoconservation**                   n. f.
   cryopréservation                    n. f.

*(Pisciculture - Reproduction et génétique)*

Technique de conservation de gamètes de poissons, à très basse température, qui utilise habituellement l'azote liquide (–196 ˚C) et qui permet une conservation à long terme des ressources génétiques.

◊ CILFG-32*1991***86

**cultch**
    spat collector

*(Mollusc Culture - Facilities)*

An artificial substrate (e.g. oyster shells, ceramic tiles) placed in the water for the attachment of spat.

See also **collector**

◊ LANAQ*1992***173, 186, 92, 177, PILLA*1990***473, WEBIN*1986***552

**cultivate, to**
    see culture, to

**cultivated**
    see cultured

**cultivated alga**
    see cultured alga

**cultivated mussel**
    see cultured mussel

**cultivated oyster**
    see cultured oyster

**cultivated species**
    see cultured species

**culture**
    farming

*(General Terminology)*

Techniques used to rear aquatic animals or plants by monitoring their growth, supplying optimal growth conditions, and controlling their reproduction.

**OBS**

The term *culture* is commonly used for the culture of algae (seaweed culture) and molluscs (oyster culture, scallop culture, mussel culture).

◊ LANAQ*1992***216, WEBIN*1986***552

**collecteur de naissain**    n. m.
    collecteur 2    n. m.

*(Conchyliculture - Installations)*

Substrat artificiel (p. ex. coquilles, tuiles) immergé dans l'eau, sur lequel se fixent des jeunes larves de bivalves (huîtres, moules, pétoncles).

Voir aussi **collecteur 1**

◊ AQUAC*1986*2**901, 904, 1047, ROBER*1986*2**702

**élevage 1**    n. m.
    culture    n. f.

*(Terminologie générale)*

Ensemble des techniques utilisées pour élever des animaux ou plantes aquatiques en les faisant se reproduire et/ou croître dans des conditions propices et en contrôlant leur entretien et leur reproduction.

**OBS**

Le terme *culture* est couramment utilisé dans les domaines de l'algoculture et de la conchyliculture (ostréiculture, mytiliculture, etc.), alors que le terme *élevage* est couramment utilisé dans les domaines de la pisciculture et de la carcinoculture.

◊ AQUAC*1986*1**2, ROBER*1986*2**852, CILFO*1989***144

**culture facility**

*(Facilities)*

A facility where the culture of aquatic plants or animals takes place.

See also **aquaculture facility**

◊ LANAQ*1992***259, 354

**culture medium**
medium
*(General Terminology)*

The environment in which aquatic plants and animals are cultured.

◊ PILLA*1990***109-110, LANAQ*1992***334

**culture system**
system of culture
*(General Terminology)*

The infrastructure used to culture aquatic plants or animals (e.g. cages, long lines, tanks).

◊ PILLA*1990***290, 308, AQEX-E*1989***17

**culture tank**
see rearing tank

**culture technique**

*(General Terminology)*

A method used in the production of a cultured organism.

◊ PILLA*1990***5, WEBCO*1987***1211

**culture, to**                    v.
farm, to                        v.
rear, to                        v.
cultivate, to *                 v.
*(Farming/Culture)*

To raise or reproduce aquatic plants or animals.

* This term is mostly used in mollusc or algal culture.

◊ WICRU*1992***371, IVAQU*1992***275

**station d'élevage**              n. f.
installation d'élevage          n. f.
installation de culture         n. f.
*(Installations)*

Installation aménagée pour l'élevage de plantes ou d'animaux aquatiques.

Voir aussi **installation aquacole**

◊ CAPQ-11*1992***13, AQUAC*1986*2**675, 866, PATH*1985***304

**milieu de culture**             n. m.
milieu d'élevage                n. m.
*(Terminologie générale)*

Environnement dans lequel est pratiqué l'élevage des animaux et plantes aquatiques.

◊ AQUAC*1986*1**6, 16, AQUAC*1986*2**650, 794, 1047, BOUGOC*1976***280, CUPER*1992***118

**système d'élevage**             n. m.
système de culture              n. m.
*(Terminologie générale)*

Ensemble des installations ou type d'aménagement utilisé pour obtenir des plantes ou des animaux aquatiques (p. ex. bassins, filières, cages).

◊ AQUAC*1986*1**252, 449, AQUAC*1986*2**789, 866, 919, BOUGOC*1976***228

**technique d'élevage**           n. f.
technique de culture            n. f.
*(Terminologie générale)*

Méthode utilisée dans la production d'un organisme d'élevage.

◊ AQUAC*1986*1**9, 279, 346, AQUAC*1986*2**900, 610, 924, BOUGOC*1976***237, 269

**élever**                         v.
cultiver *                       v.
*(Élevage/culture)*

Faire croître ou reproduire des animaux ou plantes aquatiques.

* Ce terme est surtout utilisé pour la culture des algues ou des coquillages.

◊ AQUAC*1986*1**349, PATH*1985***34, AQUAC*1986*2**852, 879

**cultured**     adj.
    farmed     adj.
    cultivated *     adj.
    reared     adj.

*(Farming/Culture)*

Relating to an organism that is raised.

* This term is mostly used in mollusc or algal culture.

See also **culture, to**
◊ LANAQ*1992***149, 257

**élevé**     adj.
    cultivé *     adj.

*(Élevage/culture)*

Se dit d'un organisme qu'on élève.

* Ce terme est surtout utilisé pour la culture des algues ou des coquillages.

Voir aussi **élever**

**cultured alga**
    cultivated alga

*(Algal Culture)*

An alga produced using human intervention and/or technology at some stage of its life cycle.

See also **wild alga**

**algue de culture**     n. f.

*(Algoculture)*

Algue obtenue par intervention humaine sur une partie du cycle vital.

Voir aussi **algue sauvage**
◊ CUPER*1992***162, AQUAC*1986*2**893

**cultured fish**
    farmed fish

*(Fish Farming)*

A fish produced using human intervention and/or technology at some stage of its life cycle.

See also **wild fish**
◊ LANAQ*1992***257

**poisson d'élevage**     n. m.
    poisson d'aquaculture     n. m.

*(Pisciculture)*

Poisson obtenu par intervention humaine sur une partie du cycle vital.

Voir aussi **poisson sauvage**
◊ SITMO*1995***44, Q2721*1993***78

**cultured mussel**
    cultivated mussel

*(Mussel Culture)*

A mussel produced using human intervention and/or technology at some stage of its life cycle.

See also **wild mussel**

**moule cultivée**     n. f.
    moule d'élevage     n. f.
    moule de culture     n. f.
    moule d'aquaculture     n. f.

*(Mytiliculture)*

Moule obtenue par intervention humaine sur une partie du cycle vital.

Voir aussi **moule sauvage**
◊ AQUAC*1986*1**337

**cultured oyster**
    cultivated oyster

*(Oyster Culture)*

An oyster produced using human intervention and/or technology at some stage of its life cycle.

See also **wild oyster**

**huître cultivée**     n. f.
    huître de culture     n. f.
    huître d'élevage     n. f.
    huître d'aquaculture     n. f.

*(Ostréiculture)*

Huître obtenue par intervention humaine sur une partie du cycle vital.

Voir aussi **huître sauvage**
◊ AQUAC*1986*2**901, 1008

**cultured species**
    farmed species
    cultivated species
    aquaculture species

*(Farming/Culture)*

A species produced using human intervention and/or technology at some stage of the life cycle.

See also **wild species**

**espèce d'élevage**      n. f.
    espèce cultivée      n. f.
    espèce d'aquaculture      n. f.
    espèce aquacole      n. f.

*(Élevage/culture)*

Espèce obtenue par intervention humaine sur une partie du cycle vital.

Voir aussi **espèce sauvage**

◊ AQUAC*1986*1**362, AQUAC*1986*2**1027, PATH*1985***274

**culturist**
    see aquaculturist

**cupped oyster**

*(Oyster Culture)*

Oyster belonging to the genus *Crassostrea*.

**huître creuse**      n. f.

*(Ostréiculture)*

Huître appartenant au genre *Crassostrea*.

**Cyanophyceae**
    see blue algae

**cyprinid**

*(Fish Farming - Biology)*

A fish of the family Cyprinidae.

See also **Cyprinidae**

◊ LAFRE*1984***511

**cyprinidé**      n. m.

*(Pisciculture - Biologie)*

Poisson de la famille des cyprinidés.

Voir aussi **cyprinidés**

◊ LAROG*1982*3**2872

**Cyprinidae**      n. pl.

*(Fish Farming - Biology)*

A large family of freshwater fishes (as the carps, barbels, tenches, breams, goldfishes, chubs, dace, shiners, and most of the freshwater minnows) that have a single dorsal fin, a somewhat protractile mouth destitute of teeth except for a few on the pharyngeal bones, the body nearly always covered with cycloid scales, and the air bladder large and divided into two parts.

◊ WEBIN*1986***566

**cyprinidés**      n. m. pl.
    V. o. Cyprinidés      n. m. pl.

*(Pisciculture - Biologie)*

Famille de poissons physostomes vivant surtout en eau douce (ablette, barbeau, bouvière, brême, carassin, carpe, cyprin, gardon, goujon, ide, tanche, vairon, vandoise).

◊ ROBER*1986*3**131

*Cyprinus carpio*
    see carp

## cyst

*(Growth and Nutrition)*

Drought-resistant egg-like stage in the life of the brine shrimp *Artemia*. *Artemia* cysts can be dried and kept for several years.

See also **brine shrimp**

◊ WICRU*1992***371, LANAQ*1992***341

| cyste | n. m. |
| kyste | n. m. |

*(Croissance et nutrition)*

Stade de l'artémie à l'état d'œuf. Les cystes d'*Artemia* peuvent être séchés et conservés pour plusieurs années.

**OBS**

L'appelation « œufs d'*Artemia* » est considérée fautive.

Voir aussi **artémie**

◊ BOUGOC*1976***263, BIOGAL*1988***176-177, GIRAQ*1991***15

# d

## " D " stage
straight-hinge stage
V. s. straight hinge stage

*(Mollusc Culture - Growth and Nutrition)*

Stage in which the veliger of a bivalve mollusc develops with one of the shell sides straightened.

◊ LANAQ*1992***165

**larve « D »**  n. f.

*(Conchyliculture - Croissance et nutrition)*

Stade pendant lequel la véligère d'un mollusque bivalve est caractérisée par une coquille redressée d'un côté.

## dactylogyrosis
see gill fluke

## dam

*(Facilities)*

A barrier preventing the flow of water as a bank of earth, a wall of masonry or wood built across a watercourse, to confine and keep back flowing water.

See also **dike**

◊ WEBIN*1986***571

**barrage**  n. m.

*(Installations)*

Obstacle artificiel édifié en travers d'un cours d'eau dans le but de créer une retenue d'eau.

Voir aussi **digue**

◊ PARSE*1990***66

## dead egg

*(Fish Farming - Reproduction and Genetics)*

An underdeveloped and infertile fish egg that is distinguished by its whitish color.

◊ LANAQ*1992***267, PILLA*1990***321

**œuf mort**  n. m.

*(Pisciculture - Reproduction et génétique)*

Œuf de poisson, immature et infertile, qui se distingue par sa couleur d'un blanc opaque.

◊ AQUAC*1986*2**562, 588, HUET*1970***137

## debysser
see debyssing machine

**debyssing machine**
  debysser

*(Mollusc Culture - Facilities)*

A device that separates the byssal threads of molluscs from the shell.

**décapod**

*(Crustacean Farming - Biology)*

A crustacean of the order Decapoda.

See also **Decapoda**

◊ WEBIN*1986***583

**Decapoda**                               n. pl.

*(Crustacean Farming - Biology)*

An order of Crustaceans including the most highly organized crustaceans (as shrimps, lobsters, crabs) having five pairs of thoracic appendages, one or more of which are modified into pincers, a pair of movable stalked eyes, mouthparts consisting of a pair of mandibles, two pairs of maxillae, and three pairs of maxillipeds, and the head and thorax fused into a cephalothorax and covered by a carapace that encloses a gill chamber on each side.

◊ WEBIN*1986***583

**decapsulated cyst**

*(Growth and Nutrition)*

An *Artemia* cyst in which the outer shell has been removed by decapsulation.

See also **decapsulation**

◊ LANAQ*1992***342, WICRU*1992***371

**decapsulation**

*(Growth and Nutrition - Techniques and Methods)*

Removal of the outer shell of *Artemia* cysts by short exposure to a hypochlorite solution.

◊ WICRU*1992***371, PILLA*1990***116,
  LANAQ*1992***342

**débysseuse**                             n. f.

*(Conchyliculture - Installations)*

Appareil qui sépare le byssus de la coquille d'un coquillage.

**décapode**                              n. m.

*(Crustaciculture - Biologie)*

Crustacé de l'ordre des décapodes.

Voir aussi **décapodes**

◊ LAROG*1982*3**2986

**décapodes**                             n. m. pl.
  V. o. Décapodes                         n. m. pl.

*(Crustaciculture - Biologie)*

Ordre de crustacés malacostracés, caractérisés par trois paires de pattes-mâchoires et cinq paires de pattes ambulatoires ; les anneaux de l'abdomen portent en outre deux fausses paires de pattes. Principaux types de décapodes : crabe, crevette, écrevisse, homard, langouste.

◊ ROBER*1986*3**192

**cyste décapsulé**                        n. m.
  kyste décapsulé                         n. m.

*(Croissance et nutrition)*

Cyste d'*Artemia* dont la coquille a été séparée par décapsulation.

Voir aussi **décapsulation**

◊ AQUAC*1986*1**240, 244

**décapsulation**                          n. f.

*(Croissance et nutrition - Techniques et méthodes)*

Séparation des coquilles de cystes d'*Artemia* par une exposition de courte durée à une solution d'hypochlorite.

◊ AQUAC*1986*1**244

**dechlorination \***

*(Water - Treatment and Filtration)*

The partial or complete removal of residual chlorine from water by any chemical or physical process.

\* Term standardized by ISO.

◊ PIPFI\*1982\*\*\*477

**déchloration \*** n. f.

*(Eau - Traitement et filtration)*

Réduction partielle ou totale du chlore résiduel d'une eau à l'aide d'un procédé physique ou chimique.

\* Terme normalisé par l'ISO.

◊ OLFEB\*1981\*\*\*135

**declump, to** v.

*(Mussel Culture - Techniques and Methods)*

To separate clumps of mussels.

**dégrapper** v.

*(Mytiliculture - Techniques et méthodes)*

Briser les grappes de moules.

**declumper-grader**

*(Mussel Culture - Facilities)*

A machine that separates clumps of mussels and grades them according to their size.

**dégrappeuse-trieuse** n. f.

*(Mytiliculture - Installations)*

Machine utilisée pour briser les grappes de moules et trier les individus en fonction de leur taille.

◊ AQUAC\*1986\*1\*\*327

**declumping**

*(Mussel Culture - Techniques and Methods)*

The separation of clumps of mussels.

See also **clump**

◊ LANAQ\*1992\*\*\*167

**dégrappage** n. m.

*(Mytiliculture - Techniques et méthodes)*

Action de briser les grappes de moules pour séparer les individus.

Voir aussi **grappe**

◊ BOUGOC\*1976\*\*\*245, AQUAC\*1986\*1\*\*326-327

**Dee's disease**
  see bacterial kidney disease

**deep well pump**
  see deep-well pump

**deep-sea scallop**
  see sea scallop

**deep-well pump**
  V. s. deep well pump

*(Facilities - Water)*

A pump used for lifting water from deep wells. The pumping mechanism is usually installed within the well at a considerable distance below the surface.

◊ IWATE\*1981\*\*\*93

**pompe pour puits profond** n. f.
  pompe de grande profondeur n. f.

*(Installations - Eau)*

Pompe servant à élever l'eau des puits profonds. Le mécanisme de pompage est ordinairement installé à l'intérieur du puits, à une grande profondeur.

◊ OLFEB\*1981\*\*\*354

**degasser**

*(Facilities)*

A vessel in which dissolved gases are removed from water.

◊ LANAQ\*1992\*\*\*110, 111

**dégazeur** n. m.

*(Installations)*

Dispositif servant à extraire les gaz dissous dans une eau.

◊ OLFEB\*1981\*\*\*138

**degassing**

*(Water - Treatment and Filtration)*

The rapid removal of excess dissolved gases from water, usually by a physical process.

See also **aeration**

◊ PIPFI*1986***470

**degree day**
V. s. degree-day

*(Fish Farming - Reproduction and Genetics)*

The number of days after fertilization multiplied by the average water temperature over a determined period (e.g. 24 hours).

**OBS**

This measure allows assessment of development times for processes at different temperatures (e.g. 50 degree-days is 5 days at 10°C or 10 days at 5°C).

◊ FISFA*1988***389, LANAQ*1992***230

**degree-day**
see degree day

**demand feeder**
pendulum feeder
self feeder

*(Facilities - Growth and Nutrition)*

A feeder that dispenses small amounts of dry feed when activated by the culture animals.

◊ WAST*1979***349, LANAQ*1992***234, PILLA*1990***151-152

**demersal egg**

*(Fish Farming - Reproduction and Genetics)*

A fish egg with a specific gravity greater than that of water, that sinks to the bottom.

See also **pelagic egg**

◊ LAICH*1977***273

**demersal fish**
see bottom fish

**dégazage ***     n. m.

*(Eau - Traitement et filtration)*

Élimination rapide des gaz dissous en excès dans l'eau par des méthodes mécaniques ou chimiques.

* Terme normalisé par l'ISO.

Voir aussi **aération**

◊ OLFEB*1981***138

**degré-jour**     n. m.
V. o. degré jour     n. m.

*(Pisciculture - Reproduction et génétique)*

Nombre de jours après la fécondation multiplié par la température moyenne de l'eau pendant une période déterminée (p. ex. 24 heures).

**OBS**

Cette unité permet de prévoir la durée du développement d'une phase à des températures différentes (p. ex. 5 jours à 10 °C ou 10 jours à 5 °C donne 50 degrés-jours).

◊ HUET*1970***136, GESPI*1985***179, PISET*1980***182-183

**distributeur à la demande**     n. m.
nourrisseur à la demande     n. m.
nourrisseur à libre-service     n. m. [FR]
distributeur libre-service     n. m. [FR]

*(Installations - Croissance et nutrition)*

Nourrisseur qui distribue de petites quantités d'aliments secs lorsqu'il est déclenché par les animaux d'élevage.

◊ CAPQ-5*1992***33, PATH*1985***284-285, AQUAC*1986*2**154

**œuf démersal**     n. m.

*(Pisciculture - Reproduction et génétique)*

Œuf de poisson à densité supérieure à celle de l'eau, qui tombe vers le fond.

Voir aussi **œuf pélagique**

◊ LAROG*1982*3**3084

**denitrification** *

*(Biology - Water)*

The reduction of nitrate or nitrite to liberate nitrogen or nitrous oxide, usually by the action of bacteria.

\* Term standardized by ISO.

See also **nitrification**

◊ LANAQ*1992***95

**deoxyribonucleic acid**
   Abbr. DNA

*(Reproduction and Genetics)*

Any of various nucleic acids that yield deoxyribose as one product of hydrolysis, are found in cell nuclei and especially genes, and are associated with the transmission of genetic information.

◊ WEBIN*1986***604, LANAQ*1992***129

**deposit feeder**
   limivorous animal

*(Mollusc Culture - Biology)*

An animal (e.g. clam) which engulfs masses of sediments and processes them through its digestive tract for the organic matter it contains.

See also **filter feeder**

◊ SUBIO*1988***415

**depuration**

*(Mollusc Culture - General Terminology)*

A cleaning process of bivalves that consists in placing the bivalves in sanitized water to eliminate sand, grit, and some bacteria, viruses and toxins to ensure the safety of the product for the consumer.

◊ LANAQ*1992***185, PILLA*1990***213, 240

**dénitrification** *              n. f.

*(Biologie - Eau)*

Réduction des nitrates et des nitrites libérant de l'azote ou de l'oxyde nitreux, généralement sous l'action des bactéries.

\* Terme normalisé par l'ISO.

Voir aussi **nitrification**

◊ INDUS*1986***239

**acide désoxyribonucléique**         n. m.
   Abrév. ADN
   Abrév. DNA
   Abrév. D.N.A. *

*(Reproduction et génétique)*

Macromolécule formée de désoxyribonucléotides qui constituent le matériel génétique de toutes les cellules eucaryotes (noyau, mitochondries, chloroplastes), des cellules procaryotes (bactéries) et de certains virus ; elle est donc le support essentiel de l'hérédité.

\* Dénomination internationale.

◊ CILFG-32*1991***11, PARSE*1990***6

**animal limivore**              n. m.
   V. o. animal limnivore         n. m.
   limivore                       n. m.
   V. o. limnivore                n. m.

*(Conchyliculture - Biologie)*

Animal (p. ex. la palourde) qui se nourrit de divers éléments organiques contenus dans la vase, ce qui l'oblige à ingérer de grandes quantités de vase qu'il rejette ensuite.

Voir aussi **animal filtreur**

◊ LAROG*1982*6**6307, ROBER*1986*6**5

**dépuration**              n. f.
   épuration               n. f.

*(Conchyliculture - Terminologie générale)*

Méthode d'élimination, dans un environnement contrôlé, des microorganismes de coquillages vivants qui peuvent compromettre la santé des humains.

**derris powder**

*(Pathology and Predators)*

An insecticide powder that is extracted from the roots of derris, a tropical legume shrub, and that is used to eradicate predators.

◊ BT-197*1990***158, PILLA*1990***226

**desilting**

*(Mollusc Culture - Techniques and Methods)*

The removal of silt to expose the cultch.

◊ WEBIN*1986***612, COLD*1995***216

**detoxification**

*(Pathology and Predators)*

A process used for the removal of toxins from an organism.

◊ FAQUA*1989***244, WEBCO*1987***346

**detritivore**
see detritus feeder

**detritus feeder**
detritivore

*(Biology)*

An animal that feeds primarily on organic debris (detritus).

◊ LASTE*1989***519, LANAQ*1992***359, 385

**developmental stage**

*(Growth and Nutrition - Biology)*

One of several periods in the development of an organism.

◊ WEBIN*1986***2219, LANAQ*1992***191-192

**di-n-butyl tin oxide**
dibutylin oxide

*(Fish Farming - Pathology and Predators)*

A chemical product given orally to fish to eliminate tapeworms, nematodes and acanthocephalids in the gut.

◊ ROTSA*1986***198, LANAQ*1992***117

**poudre de derris** n. f.

*(Pathologie et prédateurs)*

Poudre insecticide extraite des racines d'une légumineuse tropicale et utilisée pour supprimer les prédateurs.

◊ BT-197*1990***158, PATH*1985***308

**dévasement** n. m.

*(Conchyliculture - Techniques et méthodes)*

Action de retirer les vases qui obstruent le lit d'un cours d'eau pour exposer le substrat.

◊ LAROG*1982*3**3192

**détoxification** n. f.
détoxication n. f.

*(Pathologie et prédateurs)*

Processus au cours duquel un organisme se débarrasse des toxines accumulées.

**espèce détritivore** n. f.

*(Biologie)*

Espèce qui se nourrit de débris animaux et végétaux (détritus).

◊ LAROG*1982*3**3185, AQUAC*1986*2**939

**stade de développement** n. m.

*(Croissance et nutrition - Biologie)*

Une des étapes de développement ou de l'évolution d'un organisme.

◊ PARSE*1990***543, AQUAC*1986*1**469, CAPQ-9*1993***12

**di-n-butyl-laurate d'étain** n. m.
oxyde de dibutylétain n. m.

*(Pisciculture - Pathologie et prédateurs)*

Produit chimique distribué dans l'alimentation des poissons pour éliminer les cestodes, les nématodes et les acanthocéphalides.

◊ PATH*1985***303, 307, ELSAQ*1991***69

**diallel crossing**

*(Reproduction and Genetics)*

The crossing of each of several individuals with two or more others in order to determine the relative genetic contribution of each parent to specific characters in the offspring.

◊ WEBCO*1987***350, PILLA*1990***168-169

**croisement diallèle**　　　　n. m.

*(Reproduction et génétique)*

Plan de croisement consistant à effectuer tous les croisements possibles entre plusieurs races, chacune étant utilisée comme parent mâle et comme parent femelle.

◊ LAROG*1982*3**2792

**diarrhetic shellfish poisoning**
　　Abbr. DSP

*(Mollusc Culture - General Terminology)*

Food poisoning by molluscs that carry toxins from the dinoflagellates of the genus *Dinophysis*.

See also **okadaic acid**
◊ LANAQ*1992***18

**intoxication diarrhéique**　　　　n. f.
　　intoxication diarrhéique par les
　　　　phycotoxines　　　　n. f.
　　intoxication diarrhéique par les
　　　　mollusques　　　　n. f., vieilli
　　Abrév. IDM

*(Conchyliculture - Terminologie générale)*

Empoisonnement alimentaire causé par l'ingestion de coquillages contaminés par des toxines de dinoflagellés du genre *Dinophysis*.

Voir aussi **acide okadaïque**
◊ AQUAC*1986*1**34, 35

**diarrhetic shellfish poisoning toxin**
　　DSP toxin

*(Mollusc Culture - Pathology and Predators)*

A toxin causing diarrhetic shellfish poisoning.

See also **diarrhetic shellfish poisoning**
◊ DOSHE*1991***38

**phycotoxine diarrhéique**　　　　n. f.
　　toxine diarrhéique　　　　n. f.

*(Conchyliculture - Pathologie et prédateurs)*

Toxine causant une intoxication diarrhéique chez les humains.

Voir aussi **intoxication diarrhéique**
◊ AQUAC*1986*1**35

**diastase**
　　see amylase

**diatomaceous earth filter**
　　see diatomaceous-earth filter

**diatomaceous-earth filter**
　　V. s. diatomaceous earth filter
　　diatomite filter

*(Facilities - Water)*

A filter in which a built-up layer of diatomaceous earth serves as the filtering medium, used for the removal of very small particles and bacteria.

◊ LANAQ*1992***88

**filtre à diatomées**　　　　n. m.
　　filtre à diatomite　　　　n. m.

*(Installations - Eau)*

Filtre consistant en un support qui soutient une couche de diatomées à travers laquelle passe l'eau.

◊ OLFEB*1981***225

**diatomite filter**
　　see diatomaceous-earth filter

**diatoms**
> see Bacillariophyceae

**dibutylin oxide**
> see di-n-butyl tin oxide

**diet**

*(Growth and Nutrition)*

Food provided by the culturist and consumed by aquaculture species.

◊ PIPFI*1986***478

**diet formulation**
> feed formulation

*(Growth and Nutrition)*

A process in which ingredients and their respective quantities are selected and which takes into account the desired feed, its taste, its nutritional value, its cost-effectiveness, as well as its storage and manipulation qualities.

◊ PILLA*1990***132, BEVCA*1987***172

**differential manometer**
> differential-pressure gauge
> V. s. differential pressure gauge

*(Facilities - Water)*

A pressure-measuring device that relates the difference in the pressure before and after the restriction (e.g. pump, filter).

◊ LANAQ*1992***81

**differential pressure gauge**
> see differential manometer

**differential-pressure gauge**
> see differential manometer

**diffused air aeration**
> air diffusion aeration

*(Water - Treatment and Filtration)*

Aeration produced in a liquid by air passed through a diffuser.

◊ IWATE*1981***102

---

**régime**                                n. m.
> régime alimentaire                      n. m.

*(Croissance et nutrition)*

Alimentation fournie par l'éleveur et consommée par les espèces aquacoles.

◊ AQUAC*1986*2**544, 718, BOUGOC*1976***210, 270

**formulation d'un régime**               n. f.
> formulation d'aliments                  n. f.

*(Croissance et nutrition)*

Processus selon lequel les ingrédients et leurs quantités respectives sont choisis afin de créer un mélange en fonction du type d'aliment désiré, du goût, de sa valeur nutritive, de son coût et de sa facilité d'entreposage et de manipulation.

◊ CAPQ-5*1992***26, GIRAQ*1991***146

**manomètre différentiel**               n. m.

*(Installations - Eau)*

Manomètre permettant de mesurer deux pressions (p. ex. l'accroissement de la perte de charge à travers les filtres).

◊ INDUS*1986***227

**aération par diffusion d'air**          n. f.

*(Eau - Traitement et filtration)*

Introduction d'air dans une eau, à l'aide d'un diffuseur, dans le but de l'oxygéner.

◊ OLFEB*1981***8

**diffuser**

*(Facilities - Water)*

A porous plate, tube, or other device through which air or gas is forced and divided into minute bubbles for diffusion in liquids.

◊ IWATE*1981***92

**diffuseur**　　　　n. m.

*(Installations - Eau)*

Plaque ou tube poreux à travers lequel les gaz introduits sous pression sont divisés en fines bulles pour mieux se diffuser dans l'eau.

◊ OLFEB*1981***155

**diffusion**

*(General Terminology)*

The transfer of substances along a gradient from regions of higher concentrations to regions of lower concentrations.

◊ SUBIO*1984***371

**diffusion**　　　　n. f.

*(Terminologie générale)*

Phénomène par lequel deux fluides se répandent l'un dans l'autre à travers leur surface de séparation.

◊ OLFEB*1981***156

**digestive gland**
　　see hepatopancreas

**digestive tract**

*(Anatomy and Physiology)*

The alimentary canal.

◊ LASTE*1989***539, PILLA*1990***176

**tube digestif**　　　　n. m.

*(Anatomie et physiologie)*

Canal qui sert à la digestion.

◊ LAROG*1982*10**10450, CAPQ-5*1992***12, AQUAC*1986*1**297, AQUAC*1986*2**685

**dike**
　　V. s. dyke

*(Facilities - Water)*

A bank usually of earth constructed to control or confine water (sometimes with a lining of bricks, riprap, wood, etc.).

See also **dam**

◊ WEBIN*1986***632, PILLA*1990***52

**digue**　　　　n. f.

*(Installations - Eau)*

Construction de maçonnerie, de charpente, de terre, de fascines ou d'autres matières, destinée à retenir les eaux.

Voir aussi **barrage**

◊ OLFEB*1981***157

**Dinoflagellata**
　　see dinoflagellates

**dinoflagellates**　　　　n. pl.
　　Dinoflagellata　　　　n. pl.

**dinoflagellés**　　　　n. m. pl.
　　V. o. Dinoflagellés　　　　n. m. pl.
　　péridiniens　　　　n. m. pl.
　　V. o. Péridiniens　　　　n. m. pl.
　　dinophycées　　　　n. f. pl.
　　V. o. Dinophycées　　　　n. f. pl.

*(Pathology and Predators)*

An order of microscopic organisms possessing two locomotory flagellae.

*(Pathologie et prédateurs)*

Classe d'algues microscopiques libres dotées de deux flagelles.

**OBS**

A bloom of dinoflagellates can cause severe problems in aquatic and animal cultures.

See also **red tide, discolored waters**

◊ NYMBA*1982***412, IVAQU*1992***270, LANAQ*1992***330

**dinophysistoxin**

*(Mollusc Culture - Pathology and Predators)*

A toxin in molluscs composed of okadaic acid plus several other chemicals (especially the dinoflagellate *Dinophysis*), that causes gastrointestinal upset when contaminated shellfish are consumed by humans.

**dip**

dip bath

*(Fish Farming - Pathology and Predators)*

Brief immersion of fish into a concentrated solution of a treatment, usually for one minute or less.

◊ PILLA*1990***184, PIPFI*1986***478, LANAQ*1992***320

**dip bath**

see dip

**dip net**

*(Facilities)*

A small bag net with a rigid support about the mouth and a long handle used to scoop small fishes and other aquatic life from the water.

◊ WEBIN*1986***639, PILLA*1990***384, LANAQ*1992***238

**diploid**                    adj.

*(Reproduction and Genetics)*

Having two sets of chromosomes, i.e. the number usually carried by all body cells.

See also **haploid, polyploid, triploid**

◊ FISFA*1988***389, PILLA*1990***171

**OBS**

Une prolifération de dinoflagellés peut avoir une incidence grave sur l'élevage d'animaux et la culture de plantes aquatiques.

Voir aussi **eaux rouges, eaux colorées**

◊ CILFO*1989***162, ROBER*1986*7**274

**dinophysistoxine**          n. f.

*(Conchyliculture - Pathologie et prédateurs)*

Toxine composée d'acide okadaïque ainsi que d'autres substances chimiques (provenant surtout du dinoflagellé *Dinophysis*), qui cause des troubles gastro-intestinaux chez les humains après l'ingestion de mollusques contaminés.

**bain-éclair**               n. m.

*(Pisciculture - Pathologie et prédateurs)*

Trempage des poissons dans une solution thérapeutique concentrée pour une très courte durée, habituellement moins d'une minute.

◊ PATH*1985***281

**épuisette**                 n. f.

*(Installations)*

Petit filet en forme de poche, fixé à l'extrémité d'un long manche et servant à sortir de l'eau les poissons pris à la ligne.

◊ LAROG*1982*4**3835, AQUAC*1986*2**645

**diploïde**                  adj.

*(Reproduction et génétique)*

Se dit d'un noyau ou d'un organisme comportant deux ensembles de chromosomes.

Voir aussi **haploïde, polyploïde, triploïde**

◊ PARSE*1990***162, CAPQ-2*1992***58

**diploid cell**

*(Reproduction and Genetics)*

A cell having two sets of chromosomes, i.e. a fertilized egg or zygote.

See also **haploid cell, diploid**

◊ LANAQ*1992***130-131

**cellule diploïde**　　　　　n. f.

*(Reproduction et génétique)*

Cellule comportant deux ensembles de chromosomes, p. ex. un œuf fécondé ou un zygote.

Voir aussi **cellule haploïde, diploïde**

◊ CAPQ-2*1992***10

**direct development**

*(Biology - Growth and Nutrition)*

Development in which an individual has eliminated the larval stages completely and emerges into the environment as a small juvenile.

◊ LANAQ*1992***166, WEBIN*1986***640

**développement direct**　　　　　n. m.

*(Biologie - Croissance et nutrition)*

Phase pendant laquelle un individu de la nouvelle génération est, au moment où il commence à mener une vie libre, identique à ses géniteurs, sauf en ce qui a trait à la taille.

◊ PRECO*1976***180

**discolored waters**
V. s. discoloured waters

*(Pathology and Predators - Water)*

Seawater, often in coastal regions, discolored by the presence of large numbers of microorganisms.

See also **red tide, dinoflagellates**

◊ LANAQ*1992***124, WEBIN*1986***1905, COLD*1995***16

**eaux colorées**　　　　　n. f. pl.

*(Pathologie et prédateurs - Eau)*

Eaux de surface, le plus souvent dans les régions côtières, colorées par une forte concentration de certains microorganismes.

Voir aussi **eaux rouges, dinoflagellés**

◊ OLFEB*1981***297, BIOGAL*1988***126

**discoloured waters**
see discolored waters

**disease agent**
see causal agent

**disease resistance**

*(Pathology and Predators)*

The ability of an organism to ward off disease.

◊ PIPFI*1986***494, IVAQU*1992***215

**résistance à la maladie**　　　　　n. f.

*(Pathologie et prédateurs)*

Capacité pour un organisme d'empêcher la manifestation d'une maladie.

◊ CAPQ-2*1992***22, PATH*1985***273

**disinfection**

*(Water - Treatment and Filtration)*

The killing of most of the small and microscopic organisms that may be entering the culture facility with the water. Ultraviolet radiation, ozone, and chlorination are the best agents for the disinfection of culture water.

**désinfection**　　　　　n. f.

*(Eau - Traitement et filtration)*

Inactivation des microorganismes pathogènes se trouvant dans les eaux d'élevage aquacole à l'aide des ultraviolets, de l'ozone ou du chlore.

**OBS**

Disinfection is not equal to sterilization, which is the elimination of all life in the water and is neither practical nor necessary.

See also **sterilization 2**

◊ LANAQ*1992***100

## dissolved oxygen
Abbr. DO

*(Water)*

The amount of oxygen, in parts per million by weight, dissolved in water, now generally expressed in mg/l.

◊ PIPFI*1986***478

## division

*(Biology)*

A taxonomic category of classification used for plants that is equivalent to the term phylum for animals.

See also **phylum, class, order, family, genus, species**

◊ SUBIO*1988***415, WEBIN*1986***664

## DNA
see deoxyribonucleic acid

## DO
see dissolved oxygen

## dog salmon
see chum salmon

## domestic strain

*(Reproduction and Genetics)*

A strain of organisms with genetic characteristics influenced by breeding.

See also **wild strain**

## domestication

*(Reproduction and Genetics)*

The adaptation of an organism for life in intimate association with man. Purposeful selection away from the wild type is implied.

◊ WICRU*1992***371

**OBS**

La désinfection s'oppose à la stérilisation qui est la destruction de tous les microorganismes, pathogènes ou non, susceptibles de contaminer une espèce que l'on cherche à conserver.

Voir aussi **stérilisation 2**

◊ OLFEB*1981***147, AQUAC*1986*1**125

## oxygène dissous   n. m.
Abrév. O.D.

*(Eau)*

Quantité d'oxygène dissous dans l'eau à une température donnée, généralement exprimée en milligrammes par litre ou en pourcentage de saturation.

◊ OLFEB*1981***324

## embranchement 1   n. m.

*(Biologie)*

Une des grandes divisions du monde vivant végétal qui se subdivise à son tour en classes, ordres, familles, genres et espèces.

Voir aussi **embranchement 2, classe, ordre, famille, genre, espèce**

◊ GPP*1985***G3

## souche domestique   n. f.

*(Reproduction et génétique)*

Souche d'un organisme dont les caractéristiques génétiques ont été fortement influencées par la sélection.

Voir aussi **souche sauvage**

◊ ENSEM*1991***175

## domestication   n. f.

*(Reproduction et génétique)*

Transformation génétique des formes sauvages en formes adaptées aux exigences de l'homme.

◊ CILFG-32*1991***101, ENSEM*1991***175

**dominant allele**

*(Reproduction and Genetics)*

An allele (gene) which is capable of expression when carried by only one of a pair of homologous chromosomes.

See also **recessive allele**

◊ LANAQ*1992***131, DOMED*1994***502

**allèle dominant**          n. m.

*(Reproduction et génétique)*

Allèle (gène) dont l'effet se manifeste lorsqu'il est présent sur un seul des deux chromosomes de la paire (état hétérozygote).

Voir aussi **allèle récessif**

◊ PARSE*1990***166, LAROG*1982*4**3345-3346

**domoic acid**

*(Mollusc Culture - Pathology and Predators)*

A toxin produced by a phytoplankton diatom called *Nitzschia pungens*, causing amnesiac shellfish poisoning.

See also **amnesiac shellfish poisoning**

◊ DOSHE*1991***36

**acide domoïque**          n. m.

*(Conchyliculture - Pathologie et prédateurs)*

Toxine produite par la diatomée du phytoplancton *Nitzschia pungens*, causant une intoxication amnestique.

Voir aussi **intoxication amnestique**

**dorsal fin**

*(Fish Farming - Anatomy and Physiology)*

One or more median longitudinal vertical fins on the back of a fish.

◊ WEBIN*1986***675, LAFRE*1984***512

**nageoire dorsale**          n. f.

*(Pisciculture - Anatomie et physiologie)*

Une ou plusieurs nageoires situées sur la ligne médiane du dos d'un poisson.

◊ GPP*1985***G5, ROBER*1986*3**639

**Dover sole**
     see sole

**downstream**

*(Water)*

The direction of the current of a stream.

See also **upstream**

◊ WEBIN*1986***682

**aval**          n. m.

*(Eau)*

Partie d'un cours d'eau vers laquelle descend le courant.

Voir aussi **amont**

◊ PARSE*1990***59

**downstream migration**

*(Fish Farming)*

The migration of certain fish, e.g. eels, from fresh water to salt water to spawn.

See also **run 1**

◊ AQEX-E-*1989***34

**avalaison**          n. f.

*(Pisciculture)*

Migration par laquelle certaines espèces de poissons, p. ex. l'anguille, quittent l'eau douce pour atteindre l'eau salée où elles pourront se reproduire.

Voir aussi **montaison**

◊ LAROG*1982*1**886, CILFO*1989***37, AQEX-F*1989***37

**dredge**

*(Mollusc Culture - Facilities)*

An apparatus composed of a metallic frame and a bag net used to dig into the sea bed to harvest shellfish such as mussels, scallops or oysters.

◊ SCALHA*1991***20, WEBCO*1987***382

**dredging**

*(Mollusc Culture - Techniques and Methods)*

Digging into the sea bed by means of a dredge to harvest shellfish (e.g. mussels, scallops).

See also **dredge**

◊ PILLA*1990***237

**dress-out percentage**
V. s. dressout percentage
dressed-out percentage

*(Fish Farming - General Terminology)*

Weight of fish after evisceration, divided by the live weight of the fish.

◊ LANAQ*1992***219

**dressed-out percentage**
see dress-out percentage

**dressout percentage**
see dress-out percentage

**dry feed**
dry food

*(Growth and Nutrition)*

Feed with most of the water removed from the ingredients to improve storage qualities.

◊ LAFRE*1984***512, LANAQ*1992***221

**dry fertilisation**
see dry fertilization

**drague**                          n. f.

*(Conchyliculture - Installations)*

Instrument composé d'une armature métallique et d'une poche réceptrice servant à racler le fond de la mer pour récolter des coquillages tels que les moules, les pétoncles ou les huîtres.

◊ AQUAC*1986*1**431, BOUGOC*1976***17, 18, 232

**dragage**                         n. m.

*(Conchyliculture - Techniques et méthodes)*

Opération qui consiste à racler le fond de la mer au moyen d'une drague pour récolter des coquillages (p. ex. moules, pétoncles).

Voir aussi **drague**

◊ AQUAC*1986*2**914, BOUGOC*1976***17-18, AQUAC*1986*1**428, 431, LAROG*1982*4**3390

**pourcentage après éviscération**     n. m.

*(Pisciculture - Terminologie générale)*

Poids du poisson vidé et préparé pour le marché, divisé par le poids du poisson vivant.

**aliment sec**                      n. m.

*(Croissance et nutrition)*

Aliment déshydraté, séché par suite d'un traitement approprié en vue de la conservation.

◊ ROBER*1986*8**654, CAPQ-5*1992***21

**dry fertilization**
   V. s. dry fertilisation          [UK]
   dry method (of fertilization)

*(Fish Farming - Reproduction and Genetics)*

A method of artificial fertilization in which the stripped eggs of female fish are collected in a dry bowl and covered by the stripped milt of males, and then mixed well and covered with water.

See also **wet fertilization**

◊ PILLA*1990***320, LANAQ*1992***367, 380

**dry food**
   see dry feed

**dry method (of fertilization)**
   see dry fertilization

**dry pellet**

*(Growth and Nutrition)*

A pellet processed by extracting its water content.

See also **semi-moist pellet, moist pellet**

◊ PILLA*1990***330

**drying**

*(General Terminology)*

A procedure in which the water is completely drained from the pond to improve the fertility by enabling air to penetrate the sediments and by assisting in the breakdown and mineralization of organic matter which produces inorganic nutrients (nitrate, phosphate, carbonate).

◊ WICRU*1992***221

**DSP**
   see diarrhetic shellfish poisoning

**DSP toxin**
   see diarrhetic shellfish poisoning toxin

**dyke**
   see dike

**fécondation par méthode sèche**     n. f.
   fécondation par voie sèche          n. f.
   méthode sèche                       n. f.

*(Pisciculture - Reproduction et génétique)*

Méthode de fécondation artificielle qui consiste à récolter les ovules des femelles dans un récipient bien sec, à les recouvrir de laitance, à mélanger le tout et à y ajouter de l'eau.

Voir aussi **fécondation par méthode humide**

◊ AQUAC*1986*2**561, HUET*1970***116

**granulé sec**                       n. m.

*(Croissance et nutrition)*

Granulé préparé en éliminant le contenu d'eau.

Voir aussi **granulé semi-humide, granulé humide**

◊ CAPQ-5*1992***26, 28

**assec**                             n. m.
   mise à sec                         n. f.
   mise en assec                      n. f.

*(Terminologie générale)*

Méthode consistant à vider l'étang, afin de minéraliser les matières organiques, de supprimer certains bioagresseurs et de contrôler la végétation qui améliore la production primaire.

◊ BAMI*1991***161, PATH*1985***277

**EAA**
see essential amino acid

**ear hanging method**
ear hanging technique

*(Mollusc Culture - Techniques and Methods)*

A growout method for scallops which consists of drilling small holes through their shell and attaching them to long lines.

◊ PILLA*1990***503-504, SCALHA*1991***66, 68

**ear hanging technique**
see ear hanging method

**earth pond**
earthen pond

*(Facilities - Farming/Culture)*

Elongated pond made by simple excavation.

◊ FISFA*1988***389

**earthen pond**
see earth pond

**eastern oyster**
see Atlantic oyster

**ecdysis**
see molt

**ecdysone**
ecdysterone

*(Crustacean Farming - Reproduction and Genetics)*

A steroid hormone produced by the Y-organ of crustaceans, which stimulates growth and moulting.

◊ HENBI*1989***152, LANAQ*1992***187, 360

**ecdysterone**
see ecdysone

**technique à boucles d'oreilles**   n. f.
méthode à boucles d'oreilles   n. f.

*(Conchyliculture - Techniques et méthodes)*

Technique de grossissement des pétoncles qui consiste à perforer les coquilles et à les fixer sur des filières.

◊ AQUAC*1986*2**915

**bassin de terre**   n. m.
bassin en terre   n. m.

*(Installations - Élevage/culture)*

Bassin, beaucoup plus long que large, construit par excavation.

◊ BAMI*1991***98

**ecdysone**   n. f.

*(Crustaciculture - Reproduction et génétique)*

Hormone stéroïde sécrétée par la glande de mue (organe Y) des crustacés et déterminant les mues.

◊ LAROG*1982*4**3504

## ecological niche

### (Culture Medium)

The status of an organism in a community with reference to its responses and behavior patterns.

◊ INZOO*1974***977, LANAQ*1992***128, 386

## ecology

### (Culture Medium - General Terminology)

The science that deals with the relationships among living organisms as well as their relation to non-living components of the environment.

◊ LAFRE*1984***512

## edible mussel

see blue mussel

## edwardsiellosis

### (Fish Farming - Pathology and Predators)

A disease caused by the pathogenic agent *Edwardsiella tarda* which causes gas-filled lesions in the muscle tissues of certain freshwater fish.

◊ PILLA*1990***198

## eel culture

see eel farming

## eel farmer

### (Fish Farming)

A person who practices eel farming.

See also **eel farming**

## eel farming

eel culture

### (Fish Farming)

The rearing of eels.

◊ PILLA*1990***351, LANAQ*1992***244

## EFA

see essential fatty acid


## niche écologique　　　　n. f.

### (Milieu de culture)

Place occupée par un organisme dans un écosystème en fonction de ses relations avec son environnement.

◊ AQUAC*1986*2**848, 947

## écologie　　　　n. f.

### (Milieu de culture - Terminologie générale)

Science qui étudie les milieux où vivent et se reproduisent les êtres vivants ainsi que les rapports de ces êtres avec le milieu.

◊ ROBER*1986*3**762

## edwardsiellose　　　　n. f.

### (Pisciculture - Pathologie et prédateurs)

Maladie causée par l'agent pathogène *Edwardsiella tarda* qui est responsable de lésions gazeuses dans les tissus musculaires chez certains poissons d'eau douce.

◊ PATH*1985***43

## anguilliculteur　　　　n. m.
anguillicultrice　　　　n. f.
éleveur d'anguilles　　　　n. m.
éleveuse d'anguilles　　　　n. f.

### (Pisciculture)

Celui ou celle qui pratique l'anguilliculture.

Voir aussi **anguilliculture**

## anguilliculture　　　　n. f.

### (Pisciculture)

Élevage de l'anguille.

◊ GIRAQ*1991***146

**effluent \***

*(Water)*

Water which is discharged from a hatchery, farm or other industrial unit.

\* Term standardized by ISO.

◊ WICRU\*1992\*\*\*371

**egg**
    ovum \*

*(Reproduction and Genetics)*

A mature egg that has undergone reduction, is ready for fertilization, and takes the form of a relatively large inactive gamete providing a comparatively great amount of reserve material and contributing most of the cytoplasm of the zygote.

\* Plural: ova

◊ WEBIN\*1986\*\*\*1612

**egg adhesiveness**
    egg stickiness

*(Fish Farming - Reproduction and Genetics)*

The state of eggs being sticky caused by the aspiration of the ambiant water.

◊ LAICH\*1977\*\*\*273

**egg collector**

*(Fish Farming - Facilities)*

1. An artificial substrate used for the spawning of fish eggs in certain species such as carp.
2. An apparatus used to recuperate recently hatched eggs from fish or crustaceans.

◊ 1. PILLA\*1990\*\*\*294, 342
   2. LANAQ\*1992\*\*\*193

**egg incubation**
    incubation
    incubation of eggs

*(Reproduction and Genetics)*

The maintenance of eggs under conditions favourable for hatching.

◊ LANAQ\*1992\*\*\*381, PILLA\*1990\*\*\*168

---

**effluent \***    n. m.

*(Eau)*

Liquide sortant d'un bassin, d'un réservoir ou d'un émissaire.

\* Terme normalisé par l'ISO.

◊ OLFEB\*1981\*\*\*193

**œuf**    n. m.
    ovule    n. m.

*(Reproduction et génétique)*

Corps produit par la femelle et destiné, après fécondation, à la reproduction de l'espèce ; la forme sphérique de l'œuf est la plus répandue, mais l'élément reproducteur et ses réserves peuvent être protégés par une forte coque au dessin caractéristique de l'espèce ou bien enfermés isolément ou en nombre dans une petite outre.

◊ CILFO\*1989\*\*\*345

**adhésivité des œufs**    n. f.
    agglutination des œufs    n. f.
    collage des œufs    n. m.
    viscosité des œufs    n. f.

*(Pisciculture - Reproduction et génétique)*

État des œufs qui sont collants, causé par l'aspiration de l'eau environnante.

◊ AQUAC\*1986\*2\*\*586, PISET\*1980\*\*\*175

**collecteur d'œufs**    n. m.

*(Pisciculture - Installations)*

1. Substrat artificiel utilisé pour la ponte d'œufs chez certaines espèces de poissons, telles que la carpe.
2. Appareil destiné à récupérer la ponte récente de poissons ou de crustacés.

◊ AQUAC\*1986\*2\*\*677, 679

**incubation**    n. f.
    incubation des œufs    n. f.

*(Reproduction et génétique)*

Action de couver des œufs et développement de l'embryon lequel résulte de la formation d'un organisme viable.

◊ GPP\*1985\*\*\*G4, ROBER\*1986\*5\*\*500

**egg laying**
see spawning 2

**egg stickiness**
see egg adhesiveness

**egg-bearing female**
see berried female

**egg-laying** adj.
oviparous adj.

*(Reproduction and Genetics)*

Producing eggs that develop and hatch outside the maternal body.

◊ WEBCO*1987***843, LANAQ*1992***372

**ovipare** adj.

*(Reproduction et génétique)*

Se dit des animaux qui se reproduisent par des œufs et dont l'embryon ne se développe pas aux dépens des tissus maternels, mais d'une réserve nutritive contenue dans une enveloppe (l'ensemble constituant l'œuf).

◊ ROBER*1986*6**1041, BOUGOC*1976***234

**Egtved disease**
see viral haemorrhagic septicaemia

**electric fishing**
electrofishing

*(Fish Farming - Techniques and Methods)*

Fishing by means of passing an electrical field through the water so that fish are stunned.

◊ LAFRE*1984***512, LANAQ*1992***271, PILLA*1990***444

**pêche électrique** n. f.
pêche à l'électricité n. f.

*(Pisciculture - Techniques et méthodes)*

Technique de pêche consistant à capturer le poisson après l'avoir commotionné par le passage d'un courant électrique.

◊ LAROG*1982*8**7928, Q2721*1993***37

**electrofishing**
see electric fishing

**elver**
glass eel

*(Fish Farming - Growth and Nutrition)*

A small cylindrical young eel that is just past the larval stage and that is found chiefly along shores or about estuaries.

◊ WEBIN*1986***738, LANAQ*1992***244

**civelle** n. f.
pibale n. f. [FR]
V. o. piballe n. f. [FR]

*(Pisciculture - Croissance et nutrition)*

Jeune anguille qui vient de se métamorphoser et qui envahit en grand nombre les estuaires en vue de la montée vers les eaux douces.

◊ LAROG*1982*3**2275, CILFO*1989***112, 22, Q2721*1993***78

**embryo**

*(Reproduction and Genetics)*

An animal organism in the early stages of development and differentiation that are characterized by cleavage, the laying down of fundamental tissues, and the formation of primitive organs and organ systems, and that are terminated prior to birth or hatching.

◊ WEBIN*1986***740, MARLI*1976***110, LANAQ*1992***214, 364

**embryogenesis**
embryonic development

*(Reproduction and Genetics)*

The processes leading to the formation of the embryo.

◊ SCITF*1988***299, PILLA*1990***209

**embryonic development**
see embryogenesis

**enhancement 1**

*(General Terminology)*

Actions taken by a public authority for restocking fish (mostly salmon) or for improving the productivity of a pond by modifying their environment.

◊ AQEX-E*1989***12

**enhancement 2**

*(General Terminology)*

Actions taken to improve the quality of a product, to increase its production and market potential.

◊ WICRU*1992***372, 380

**ensilage**

*(Growth and Nutrition)*

The process of preserving fodder such as minced fish by adding organic and inorganic acids and placing the mixture in silos.

See also **fish silage**

◊ BEVCA*1987***175, WEBCO*1987***414, PILLA*1990***131, 132

**embryon** n. m.

*(Reproduction et génétique)*

Organisme en développement des animaux ; œuf à partir de la segmentation et, spécialement, quand apparaissent des structures reconnaissables, pendant la différenciation des tissus et leur mise en place, jusqu'à la séparation des membranes enveloppantes (éclosion ou naissance).

◊ ROBER*1986*3**889, SOMOL*1992***21

**développement embryonnaire** n. m.
embryogenèse n. f.
V. o. embryogénèse n. f.

*(Reproduction et génétique)*

Série de transformations successives par lesquelles passent l'œuf et l'embryon jusqu'à l'éclosion.

◊ LAROG*1982*4**3683, AQUAC*1986*1**208, 466

**mise en valeur** n. f.

*(Terminologie générale)*

Ensemble des activités menées par les pouvoirs publics pour élever des poissons (généralement des salmonidés) en vue du repeuplement ou pour améliorer leur habitat de façon à augmenter la productivité d'un bassin versant.

◊ AQUAC*1986*2**963, AQEX-F*1989***13

**valorisation** n. f.

*(Terminologie générale)*

Ensemble des activités visant à améliorer la qualité d'un produit, à en accroître la production et à en stimuler la commercialisation.

**ensilage** n. m.

*(Croissance et nutrition)*

Méthode de conservation des produits aquacoles, tels que les résidus de poissons, par l'ajout d'acides organiques ou inorganiques et l'entreposage dans des silos.

Voir aussi **poisson ensilé**

◊ CAPQ-5*1992***25

**enteric red-mouth disease**
see enteric redmouth disease

**enteric redmouth**
see enteric redmouth disease

**enteric redmouth disease**
V. s. enteric red-mouth disease
enteric redmouth
Abbr. ERM
Hagerman redmouth disease
Abbr. HRM

*(Salmonid Farming - Pathology and Predators)*

A bacterial disease caused by the pathogenic agent *Yersinia ruckeri* and characterized by hemorrhages in the buccal region of salmonids.

◊ PILLA*1990***198, PIPFI*1986***479

**yersiniose**　　　　　　　　n. f.
entérosepticémie à *Yersinia ruckeri*　n. f.

*(Salmoniculture - Pathologie et prédateurs)*

Chez les salmonidés, maladie bactérienne provoquée par l'agent pathogène *Yersinia ruckeri* et caractérisée par des hémorragies dans la région buccale.

◊ PATH*1985***95, 106

**enzyme**

*(Biology)*

An organic catalyst which accelerates the rate of a chemical reaction.

◊ STFAR*1987***231, PILLA*1990***176

**enzyme**　　　　　　　　n. f. ou m.

*(Biologie)*

Catalyseur qui facilite ou accroît une réaction biochimique.

◊ LAROG*1982*4**3803, ROBER*1986*4**35

**epibiont**

*(Biology - Pathology and Predators)*

An organism that lives on the body surface of another.

◊ WEBIN*1986***761, PILLA*1990***443

**épibionte**　　　　　　　　n. m.

*(Biologie - Pathologie et prédateurs)*

Organisme qui vit fixé sur un support ou un autre organisme.

◊ CILFO*1989***191

**epidermis**

*(Anatomy and Physiology)*

The outer layer of the skin, situated externally to the dermis.

◊ STFAR*1987***231, LANAQ*1992***188

**épiderme**　　　　　　　　n. m.

*(Anatomie et physiologie)*

Couche superficielle de la peau, qui recouvre le derme.

◊ ROBER*1986*4**57, PATH*1985***31

**epithelium**

*(Anatomy and Physiology)*

The cells, occurring in one or more layers, that cover the body and organs.

◊ SCITF*1988***310

**épithélium**　　　　　　　　n. m.

*(Anatomie et physiologie)*

Tissu formé d'une ou de plusieurs couches de cellules et recouvrant le corps, les cavités internes et les organes.

◊ GPP*1985***G3, AQUAC*1986*1**332

**epizootic**

*(Pathology and Predators)*

Outbreak of disease affecting many individuals of a species at one time; epidemic.

◊ LAFRE*1984***512

**ERM**
see enteric redmouth disease

**erosion**

*(Water)*

Detachment and movement of soil from the land surface by wind or water.

◊ LANAQ*1992***54

**escapee** adj. or n.

*(Fish Farming)*

Said of a cultured fish that has escaped from the aquaculture facility where it was confined.

**escapement**

*(Salmonid Farming)*

Part of the salmon run that spawns successfully after having escaped capture and predators.

*Esox niger*
see chain pickerel

**essential amino acid**
Abbr. EAA

*(Growth and Nutrition)*

An amino acid that must be supplied by the diet and cannot be synthesized within the body.

See also **non-essential amino acid**

◊ PIPFI*1986***480, LANAQ*1992***138, 142

**essential fatty acid**
Abbr. EFA

*(Growth and Nutrition)*

A fatty acid that must be supplied by the diet and cannot be synthesized within the body.

See also **non-essential fatty acid**

◊ FISFA*1988***389, PIPFI*1986***480

**épizootie** n. f.

*(Pathologie et prédateurs)*

Maladie, épidémie, atteignant un grand nombre d'animaux.

◊ LAROG*1982*4**3830, GIRAQ*1991***35

**érosion** n. f.

*(Eau)*

Désagrégation des roches ou du sol par l'eau, les eaux de ruissellement ou le vent.

◊ OLFEB*1981***210

**évadé** adj. ou n. m.

*(Pisciculture)*

Se dit d'un poisson d'élevage qui s'échappe d'une installation aquacole où il était confiné.

**échappée** n. f.

*(Salmoniculture)*

Portion de la remonte de saumons qui réussit à frayer après avoir échappé à la pêche et aux prédateurs.

**acide aminé essentiel** n. m.
amino-acide essentiel n. m.
V. o. aminoacide essentiel n. m.

*(Croissance et nutrition)*

Acide aminé non synthétisé par le corps ; il doit être fourni par l'alimentation.

Voir aussi **acide aminé non essentiel**

◊ CAPQ-5*1992***17

**acide gras essentiel** n. m.

*(Croissance et nutrition)*

Acide gras non synthétisé par le corps ; il doit être fourni par l'alimentation.

Voir aussi **acide gras non essentiel**

◊ CAPQ-5*1992***17

**estrogen**
V. s. oestrogen [UK]

*(Fish Farming - Reproduction and Genetics)*

Any of a group of vertebrate steroid hormones, the principal female sex hormones.

◊ HENBI*1989***358

**hormone œstrogène** n. f.
œstrogène n. m.

*(Pisciculture - Reproduction et génétique)*

Hormone stéroïde des vertébrés, la principale hormone sexuelle femelle.

◊ HADIC*1990***303

**estuary**

*(Water)*

The area of the mouth of a river or bay in which there is appreciable mixing of fresh water and seawater.

◊ SUBIO*1988***416

**estuaire** n. m.

*(Eau)*

Zone de transition entre l'eau douce d'un cours d'eau et l'eau de mer.

◊ CILFO*1989***194

**etiologic agent**
see causal agent

**European eel**
European freshwater eel
*Anguilla anguilla*

*(Fish Farming - Aquaculture Species)*

A European eel of the family Anguillidae that lives in freshwater and spawns in the saltwater of the Sargasso Sea.

See also **American eel**

◊ LANAQ*1992***244

**anguille d'Europe** n. f.
anguille européenne n. f.
*Anguilla anguilla*

*(Pisciculture - Espèces aquacoles)*

Anguille d'Europe, de la famille des anguillidés, qui vit en eau douce et se reproduit dans les eaux salées de la mer des Sargasses.

Voir aussi **anguille américaine**

◊ POISEU*1979***60, LAROG*1982*1**487

**European flat oyster**
see European oyster

**European freshwater eel**
see European eel

**European oyster**
Belon oyster
European flat oyster *
native oyster ** [UK]
*Ostrea edulis*

*(Oyster Culture - Aquaculture Species)*

The common edible oyster of northern and western Europe.

* Recommended term in Canada.

** Trade name in the United Kingdom for *Ostrea edulis*.

◊ WEBIN*1986***785, COLD*1995***228, NQ8070*1995***62

**huître plate européenne *** n. f.
belon ** n. f.
*Ostrea edulis*

*(Ostréiculture - Espèces aquacoles)*

Huître comestible, originaire du nord et de l'ouest de l'Europe.

* Terme normalisé au Canada.

** Nom commercial de l'huître plate à chaire blanche.

◊ LAROG*1982*2**1161, CILFO*1989***247, NQ8070*1995***62

**European scallop**
   see great scallop

**European shad**
   see allis shad

| | |
|---|---|
| **euryhaline species** | **espèce euryhaline**     n. f. |
| *(Biology)* | *(Biologie)* |

A species that is able to live in waters of a wide range of salinity.

See also **stenohaline species**

◊ WEBIN*1986***785, LANAQ*1992***31

Espèce qui supporte des variations de salinité importantes du milieu aquatique où elle vit.

Voir aussi **espèce sténohaline**

◊ LAROG*1982*4**4027, CILFO*1989***197

**exoskeleton**     **exosquelette**     n. m.

*(Anatomy and Physiology)*     *(Anatomie et physiologie)*

A skeleton that lies outside the body tissues of an animal and that protects and supports the internal organs and may provide attachment for muscles.

**OBS**

Examples are the strenghtened cuticle of arthropods and the shell of molluscs.

◊ MARLI*1976***124, LANAQ*1992***196

Nom général donné aux formations squelettiques animales externes dont la face interne sert de surface d'attache aux muscles.

**OBS**

La coquille des mollusques et la carapace des arthropodes en sont des exemples.

◊ LAROG*1982*4**4061

**expanded pellet**
   extruded pellet
   floating pellet
   water-stable pellet

*(Growth and Nutrition)*

A pellet made under conditions of high pressure and temperature which give it a low density and allow it to float at the water surface.

◊ LANAQ*1992***140, 142, PILLA*1990***337, 239, 441, BROFI*1980***220, 221, BEVCA*1987***173, WAST*1979***351, 350

**granulé expansé**     n. m.
   granulé extrudé     n. m.
   granulé flottant     n. m.

*(Croissance et nutrition)*

Granulé obtenu par une technique de cuisson à pression et à température élevées, lui conférant une aptitude à la réhydratation et à la flottabilité dans l'eau.

◊ AQUAC*1986*2**1005, 674, 686, 954, CAPQ-5*1992***24, 30

**extensive aquaculture**     **aquaculture extensive**     n. f.

*(Aquaculture Types)*     *(Types d'aquaculture)*

Aquaculture practiced in an extensive culture system.

See also **extensive culture, extensive system**

Aquaculture pratiquée à l'intérieur d'un système de culture extensive.

Voir aussi **culture extensive, système d'élevage extensif**

◊ AQUAC*1986*2**1046, GIRAQ*1991***75

**extensive culture**
    extensive farming

*(Fish Farming - Techniques and Methods)*

Low density rearing of organisms practiced in ponds or natural bodies of water and controlled to a limited extent by the culturist.

OBS

Extensive culture relies solely on naturally available foods and results in low yield per unit area. Ocean ranching and salmon ranching are examples of extensive culture.

See also **intensive culture, semi-intensive culture, ocean ranching**

◊ WAST*1979***350, PIPFI*1986***480, ENSCI*1987*2**1

**extensive farming**
    see extensive culture

**extensive system**

*(General Terminology)*

A system in which extensive culture is practiced.

See also **extensive culture**

◊ PILLA*1990***11, LANAQ*1992***195-196

**extruded pellet**
    see expanded pellet

**exuvia ***

*(Crustacean Farming - Anatomy and Physiology)*

The layers of the integument (as the carapace in decapod crustaceans) cast off in ecdysis of Arthropods.

* Plural: exuviae

◊ SCITF*1988***325, HENBI*1988***178

**eye stalk**
    see eyestalk

**eye-stalk**
    see eyestalk

**eye-stalk ablation**
    see eyestalk ablation

---

**culture extensive**      n. f.
    élevage extensif      n. m.

*(Pisciculture - Techniques et méthodes)*

Méthode d'élevage d'organismes à faible densité selon laquelle l'éleveur intervient très peu et qui se pratique dans des étangs ou des cours d'eau naturels, tels que la mer.

OBS

La culture extensive repose entièrement sur la nourriture naturelle disséminée dans le milieu aquatique et donne un rendement faible par unité de surface. Le pacage marin du saumon est un exemple de culture extensive.

Voir aussi **culture intensive, culture semi-intensive, pacage marin**

◊ AQUAC*1986*1**9, 46, 249

**système d'élevage extensif**      n. m.

*(Terminologie générale)*

Système dans lequel la culture extensive est pratiquée.

Voir aussi **culture extensive**

◊ AQUAC*1986*1**9

**exuvie**      n. f.
    mue 1      n. f.

*(Crustaciculture - Anatomie et physiologie)*

Ensemble des parties articulaires (carapace chez les crustacés décapodes) rejetées comme une dépouille au moment de la mue des arthropodes.

◊ CILFO*1989***199

**eyed egg**
    eyed ovum *

*(Fish Farming - Reproduction and Genetics)*

An egg in which two black spots, which are the retina of the developing embryo, can be seen.

* Plural: eyed ova

◊ STFAR*1987***231, PILLA*1990***318-319

**eyed ovum**
    see eyed egg

**eyed stage**

*(Fish Farming - Reproduction and Genetics)*

Stage following fertilization of fish eggs in which the eyes (two black spots) can be seen through the egg shell.

◊ PILLA*1990***321, LANAQ*1992***233

**eyestalk**
    V. s. eye-stalk
    V. s. eye stalk

*(Crustacean Farming - Anatomy and Physiology)*

One of the two movable stalks bearing an eye arising close to the median line on the dorsal surface of the head of many crustaceans.

◊ SCITF*1988***326, WEBCO*1987***442

**eyestalk ablation**
    V. s. eye-stalk ablation
    ablation of eyestalk

*(Crustacean Farming - Reproduction and Genetics)*

The removal of one or both eyestalks of crustaceans to accelerate sexual maturation and to improve spawning rates.

◊ WICRU*1992***368, LANAQ*1992***188, PILLA*1990***159

**œuf embryonné**      n. m.
    œuf œillé      n. m.

*(Pisciculture - Reproduction et génétique)*

Œuf dans lequel l'embryon est bien visible : on aperçoit surtout très nettement ses yeux sous l'aspect de deux points noirs.

◊ ROBER*1986*3**889, CAPQ-9*1993***12, PATH*1985***294

**stade embryonné**      n. m.
    stade œillé      n. m.

*(Pisciculture - Reproduction et génétique)*

Stade suivant la fécondation des œufs de poisson, caractérisé par la présence d'yeux (deux points noirs) dans l'œuf.

◊ CAPQ-9*1993***12, PISET*1980***177, AQUAC*1986*2**541, 561

**pédoncule oculaire**      n. m.

*(Crustaciculture - Anatomie et physiologie)*

Une des deux tiges munies d'un œil qui se trouvent sur la surface dorsale de la tête d'un grand nombre de crustacés.

◊ BIOGAL*1988***146

**ablation du pédoncule oculaire**      n. f.
    épédonculation      n. f.

*(Crustaciculture - Reproduction et génétique)*

Enlèvement d'un ou des deux pédoncules oculaires des crustacés pour accélérer la maturation sexuelle et améliorer le taux de ponte.

◊ AQUAC*1986*1**472, BIOGAL*1988***146

# f

**F**
>see inbreeding coefficient

**fallow**

*(General Terminology)*

A culture method where a bed or an aquaculture medium is not exploited for a certain period.

**jachère** n. f.

*(Terminologie générale)*

Méthode de culture qui consiste à ne pas exploiter un gisement ou un milieu aquacole pendant un certain temps.

**family**

*(Biology)*

A group of similar genera of taxonomic rank below order and above genus.

See also **phylum, division**
◊ SCITF*1988***330

**famille** n. f.

*(Biologie)*

Division systématique de l'ordre ou du sous-ordre, qui renferme les genres, réunis en raison de leurs nombreux caractères communs.

Voir aussi **embranchement 1, embranchement 2**
◊ LAROG*1982*4**4141

**family selection**

*(Reproduction and Genetics)*

A selection which is based on the merits of collateral relatives, such as full sibs or half-sibs, and which is used mainly as an aid to individual selection.

See also **mass selection**
◊ ENSCI*1991*19**121, PILLA*1990***168

**sélection familiale** n. f.

*(Reproduction et génétique)*

Mode de sélection reposant sur l'évaluation génétique des candidats-reproducteurs à partir soit de groupes d'apparentés de même type (père et mère, collatéraux, descendants), soit d'une combinaison des informations en provenance de ces différents groupes.

Voir aussi **sélection individuelle**
◊ CILFG-32*1991***244, CAPQ-2*1992***22

**farm**
>see aquaculture farm

**farm, to**
>see culture, to

**farmed**
>see cultured

**farmed fish**
>see cultured fish

**farmed species**
>see cultured species

**farmer 1**
>see aquaculturist

**farmer 2**
    aquaculture farmer

*(General Terminology)*

A person that operates an aquaculture farm.

| **fermier** | n. m. |
|---|---|
| fermière | n. f. |
| exploitant | n. m. |
| exploitante | n. f. |

*(Terminologie générale)*

Celui ou celle qui exploite une ferme d'aquaculture.

◊ AQUAC*1986*1**519, AQUAC*1986*2**983, CUPER*1992***139, 352, BAMI*1991***5

**farming**
    see culture

**fat-soluble vitamin**

*(Growth and Nutrition)*

A vitamin that is absorbed with fats and includes vitamins A, D, E and K.

See also **water-soluble vitamin**

◊ MED-E*1992***1059, PIPFI*1986***227

**vitamine liposoluble**    n. f.

*(Croissance et nutrition)*

Vitamine soluble dans les graisses. Il s'agit des vitamines A, D, E et K.

Voir aussi **vitamine hydrosoluble**

◊ MED-F*1983***1036, AQUAC*1986*2**545

**fattening (of oysters)**
    see growout (of oysters)

**fatty acid**

*(Growth and Nutrition)*

A saturated or unsaturated non-carboxylic acid that occurs naturally in the form of glycerides in fats and fatty oils and which is required in the diet of most animals.

◊ WEBIN*1986***829, LANAQ*1992***136

**acide gras**    n. m.

*(Croissance et nutrition)*

Acide organique, saturé ou non, qui joue un rôle essentiel dans le métabolisme animal.

◊ CILFO*1989***5, CAPQ-5*1992***13

**FB**
    see fluidized bed

**FCR**
    see feed conversion ratio

**fecundity**

*(Reproduction and Genetics)*

The number of eggs produced per female fish, or per unit body weight of female fish.

◊ LAFRE*1984***513, WICRU*1992***372

**fécondité**    n. f.

*(Reproduction et génétique)*

Nombre d'ovules produit par femelle ou par kilogramme de femelles.

◊ AQUAC*1986*2**558, AQUAC*1986*1**358, BOUGOC*1976***266

**feed**
    aquaculture feed

*(Growth and Nutrition)*

A mixture or preparation for feeding aquaculture animals.

◊ WEBCO*1987***454, LANAQ*1992***133, PILLA*1990***5

**aliment**     n. m.
    nourriture     n. f.

*(Croissance et nutrition)*

Mélange ou préparation servant à la nutrition des espèces aquacoles.

◊ AQUAC*1986*2**843, 674, 530

---

**feed conversion ratio**
    food conversion ratio
    food conversion rate
    Abbr. FCR
    conversion ratio
    conversion rate
    food conversion

*(Growth and Nutrition)*

Ratio of dry weight of food fed to wet weight of animal gain.

◊ FISFA*1988***390

**taux de conversion**     n. m.
    taux de conversion alimentaire     n. m.
    indice de conversion     n. m.
    Abrév. IC
    indice de conversion alimentaire     n. m.
    Abrév. ICA
    taux de transformation     n. m.
    indice de transformation
        (de l'aliment)     n. m.
    coefficient de transformation
        (de l'aliment)     n. m.

*(Croissance et nutrition)*

Indice de transformation d'un aliment par un animal (poids sec de l'aliment distribué/poids humide produit).

◊ PARSE*1990***564, AQUAC*1986*2**655

---

**feed formulation**
    see diet formulation

**feed intake**
    see food intake

**feed pellet**
    see pellet

**feed rate**
    see feeding rate

---

**feeder**

*(Facilities - Growth and Nutrition)*

A device or apparatus for supplying food to animals.

◊ WEBIN*1986***834, LANAQ*1992***254

**nourrisseur**     n. m.
    distributeur d'aliments     n. m.
    distributeur de nourriture     n. m.

*(Installations - Croissance et nutrition)*

Appareil conçu pour permettre l'alimentation des animaux.

◊ LAROG*1982*7**7461, AQUAC*1986*2**1053

**feeding**

*(Growth and Nutrition)*

The act of giving feed to aquaculture species to fulfill their nutritional requirements.

◊ PILLA*1990***36

**feeding rate**
feed rate

*(Growth and Nutrition)*

The amount of feed offered to culture animals over a unit time, usually given as percent of body weight per day.

◊ PIPFI*1986***480, PILLA*1990***147

**feminisation**
see feminization

**feminization**
V. s. feminisation          [UK]

*(Fish Farming - Reproduction and Genetics)*

The modification of gender of a male fish (at hatching) by hormonal or genetic means.

**OBS**
For example, the administration of estrogens produces fish with ovaries and female sex characters.

See also **masculinization**

◊ FISFA*1988***137, 389, PILLA*1990***171, 366

**fertilisation**
see fertilization 1

**fertilisation rate**
see fertilization rate

**fertilise, to**
see fertilize, to 1

**fertilised egg**
see fertilized egg

**alimentation (en nourriture)**          n. f.
nourrissage          n. m.

*(Croissance et nutrition)*

Apport de nourriture aux espèces aquacoles en vue de combler leurs besoins nutritionnels.

◊ CAPQ-5*1992***13

**taux de nourrissage**          n. m.
taux d'alimentation          n. m.

*(Croissance et nutrition)*

Quantité d'aliments distribuée aux animaux d'élevage dans une période déterminée, habituellement donnée en fonction du pourcentage du poids de l'animal par jour.

◊ AQUAC*1986*2**655, 538, 539

**féminisation**          n. f.

*(Pisciculture - Reproduction et génétique)*

Modification du sexe d'un poisson mâle (à l'éclosion) par des hormones ou des moyens génétiques.

**OBS**
Par exemple, l'administration d'œstrogènes provoque le développement d'ovaires et de caractères sexuels femelles.

Voir aussi **masculinisation**

**fertilization 1**
    V. s. fertilisation        [UK]

*(Reproduction and Genetics)*

The union of two gametes to produce a zygote.

◊ KIGEN*1985***139

**fertilization 2**

*(Water - Culture Medium)*

Addition of a fertilizer to the culture medium to increase natural productivity.

◊ PIPFI*1986***480, LANAQ*1992***47

**fertilization rate**
    V. s. fertilisation rate    [UK]

*(Reproduction and Genetics)*

Percentage of eggs that were fertilized.

◊ LANAQ*1992***262

**fertilize, to 1**        v.
    V. s. fertilise, to     v. [UK]

*(Reproduction and Genetics)*

To unite a male reproductive cell, or sperm, with an egg cell.

◊ GACAN*1983***437

**fertilize, to 2**        v.

*(Water - Culture Medium)*

The act of applying a fertilizer to a culture medium in order to increase natural productivity.

See also **fertilizer, fertilization 2**

◊ LANAQ*1992***272, WEBIN*1986***840

**fertilized egg**
    V. s. fertilised egg      [UK]

*(Reproduction and Genetics)*

An egg that has been fertilized by a male gamete.

See also **unfertilized egg**

◊ PILLA*1990***387, FISFA*1988***136

**fécondation**        n. f.

*(Reproduction et génétique)*

Fusion de deux gamètes aboutissant à la formation d'un zygote.

◊ CILFG-32*1991***125, CAPQ-2*1992***48, GPP*1985***G3

**fertilisation**        n. f.

*(Eau - Milieu de culture)*

Opération consistant à enrichir le milieu aquatique par l'apport de fertilisants.

◊ ARECO*1976***300, OLFEB*1981***223, AQUAC*1986*2**727, AQUAC*1986*1**442

**taux de fécondation**        n. m.

*(Reproduction et génétique)*

Pourcentage des œufs qui ont été fécondés.

◊ AQUAC*1986*2*677, GIRAQ*1991***127

**féconder**        v.

*(Reproduction et génétique)*

Transformer un œuf en embryon, commencer le processus de la fécondation.

◊ LAROG*1982*4**4178

**fertiliser**        v.

*(Eau - Milieu de culture)*

Enrichir le milieu de culture par l'apport de fertilisants pour améliorer la production naturelle.

Voir aussi **fertilisant, fertilisation**

◊ ROBER*1986*4**474

**œuf fécondé**        n. m.

*(Reproduction et génétique)*

Œuf qui a été fécondé par un gamète mâle.

Voir aussi **œuf non fécondé**

◊ AQUAC*1986*2**876, CAPQ-2*1992***48

**fertilizer**

*(Growth and Nutrition - Culture Medium)*

A natural or chemical material added to water or soil to increase natural productivity.

◊ WICRU*1992***372

**filamentous alga**

*(Biology)*

A species of algae in which individual cells are connected in long, hair-like filaments.

◊ LAFRE*1984***513

**filter feeder**
    filter-feeding animal
    filter-feeding organism

*(Mollusc Culture - Biology)*

An animal (e.g. oyster, mussel) that obtains its food by filtering organic matter or minute organisms suspended in water.

See also **deposit feeder**

◊ WEBIN*1986***850, LANAQ*1992***44, 47, 329, 184

**filter-feeding animal**
    see filter feeder

**filter-feeding organism**
    see filter feeder

**filtration**

*(Water - Treatment and Filtration)*

A procedure for removing both particulates and dissolved materials from the water, including unwanted nutrients, pollutants, living organisms, and debris.

◊ LANAQ*1992***85

**fin and tail rot**
    see fin rot

**fin clipping**

*(Fish Farming - Techniques and Methods)*

The removal of a fin, e.g. adipose fin or dorsal fin, which serves as a marking method of fish.

See also **adipose-fin clipping**

**fertilisant**    n. m.

*(Croissance et nutrition - Milieu de culture)*

Substance organique ou chimique permettant d'améliorer la productivité naturelle du milieu de culture.

◊ PARSE*1990***212, AQUAC*1986*1**46, PATH*1985***58

**algue filamenteuse**    n. f.

*(Biologie)*

Espèce d'algue composée de cellules formant de longs filaments.

◊ AQUAC*1986*2**970, 977, SOMOL*1992***75

**animal filtreur**    n. m.
    filtreur    n. m.

*(Conchyliculture - Biologie)*

Animal (p. ex. l'huître, la moule) qui filtre sélectivement l'eau de mer pour en extraire le phytoplancton végétal ou les particules en suspension dont il se nourrit.

Voir aussi **animal limivore**

◊ AQUAC*1986*1**7, 287, 443, SOMOL*1992***32

**filtration**    n. f.

*(Eau - Traitement et filtration)*

Opération consistant à séparer, à l'aide d'un filtre, les matières solides contenues dans un liquide.

◊ PARSE*1990***215

**ablation de la nageoire**    n. f.

*(Pisciculture - Techniques et méthodes)*

Méthode de marquage des poissons par l'enlèvement d'une nageoire, p. ex. la nageoire adipeuse ou dorsale.

Voir aussi **ablation de la nageoire adipeuse**

**fin erosion**
    see fin rot

**fin rot**
    fin and tail rot
    fin rot disease
    fin erosion

*(Fish Farming - Pathology and Predators)*

A disease of fish caused by a bacterial infection and in which the fin tissues become eroded and necrotic.

◊ WEBIN*1986***854, IVAQU*1992***271, PILLA*1990***201

**fin rot disease**
    see fin rot

**finfish**
    see fish

**finfish culture**
    see fish farming

**finfish farm**
    see fish farm

**finfish farmer**
    see fish farmer

**finfish farming**
    see fish farming

**fingerling**
    underyearling
    V. s. under-yearling

*(Salmonid Farming - Growth and Nutrition)*

A fish larger than a fry, usually less than one year old.

◊ WAST*1979***351, WEBIN*1986***853

---

**nécrose bactérienne des nageoires** n. f.
    nécrose des nageoires    n. f.
    érosion des nageoires    n. f.
    pourriture des nageoires    n. f., vieilli
    pourriture des nageoires et de
       la queue    n. f., vieilli

*(Pisciculture - Pathologie et prédateurs)*

Chez les poissons, maladie causée par une infection bactérienne, se traduisant par des lésions nécrotiques des nageoires due à une érosion épidermique.

◊ PATH*1985***106, 148

**juvénile 1**    n. m.
    truitelle *    n. f., spéc.

*(Salmoniculture - Croissance et nutrition)*

Jeune poisson qui a résorbé son sac vitellin, habituellement âgé de moins d'un an.

* Terme désignant une jeune truite âgée de moins d'un an.

**fingerling stage**
  underyearling stage
  V. s. under-yearling stage

*(Fish Farming - Growth and Nutrition)*

Stage of fish which has absorbed its yolk sac but has not yet reached marketable size.

◊ PILLA*1990***49, 190, 304

**first-feeding fry**
  see swim-up fry

**first-sea-winter salmon**
  see grilse

**first-sea-year salmon**
  see grilse

**fish**
  finfish

*(Fish Farming)*

An aquatic vertebrate possessing fins and usually scales.

**OBS**
The term *finfish* is mostly used in opposition to *shellfish*.

See also **shellfish**

◊ IVAQU*1992***271

**fish culture**
  see fish farming

**fish culturist**
  see fish farmer

**fish egg**

*(Fish Farming - Reproduction and Genetics)*

An egg composed of a tough outer shell, an embryo and a yolk store for the nutrition of the developing fish.

◊ SWIFA*1985***32

**fish elevator**
  see fish lift

**stade juvénile 1**          n. m.

*(Pisciculture - Croissance et nutrition)*

Stade d'un poisson qui a résorbé son sac vitellin, mais qui n'a pas encore atteint la taille marchande.

**poisson**          n. m.

*(Pisciculture)*

Vertébré aquatique, respirant toute sa vie au moyen de branchies et pourvu de nageoires.

Voir aussi **invertébré**
◊ LAROG*1982*8**8250

**œuf de poisson**          n. m.

*(Pisciculture - Reproduction et génétique)*

Œuf composé d'une coque épaisse, d'un embryon et d'un vitellus sur lequel le poisson dépend pour ses réserves alimentaires.

◊ LAROG*1982*8**8251, Q2721*1993***81

**fish farm**
    finfish farm

*(Fish Farming - Facilities)*

An enterprise where fish are raised for the market or used for restocking.

See also **aquaculture farm**

◊ GACAN*1983***446, ROTSA*1986***34

**fish farmer**
    fish culturist
    finfish farmer

*(Fish Farming)*

A person who practices fish farming.

See also **fish farming**

◊ WEBIN*1986***1723

**fish farming**
    fish culture
    finfish farming
    finfish culture

*(Aquaculture Types)*

The rearing of fish.

◊ WEBIN*1986***858, ACKE*1994***6

**fish grading**
    grading of fish

*(Farming/Culture - Techniques and Methods)*

The grading of fish according to size and weight.

See also **grading**

◊ PIPFI*1986***483, PILLA*1990***238

**fish ladder**

*(Fish Farming - Facilities)*

A contrivance, which could be likened to an escalator, that enables river-migrating fishes to get around dams and other obstructions.

See also **fish-pass**

◊ IWATE*1981***145

**pisciculture 1**     n. f.
    station piscicole     n. f.

*(Pisciculture - Installations)*

Exploitation où se pratique l'élevage des poissons et dont les produits sont destinés soit à la vente, soit au peuplement des eaux.

Voir aussi **ferme d'aquaculture**

◊ CILFO*1989***204, GIRAQ*1991***89, 91, Q2721*1993***26-27

**pisciculteur**     n. m.
    piscicultrice     n. f.

*(Pisciculture)*

Celui ou celle qui pratique la pisciculture.

Voir aussi **pisciculture 2**

◊ CAPQ-5*1992***14, LAROG*1982*8**8162

**pisciculture 2**     n. f.

*(Types d'aquaculture)*

Élevage du poisson.

◊ CILFO*1989***379

**tri des poissons**     n. m.
    triage des poissons     n. m.
    classement des poissons     n. m.
    calibrage des poissons     n. m.

*(Élevage/culture - Techniques et méthodes)*

Répartition des poissons en des classes de tailles et de poids comparables.

Voir aussi **tri**

◊ AQUAC*1986*2**764

**échelle à poissons**     n. f.
    échelle     n. f.

*(Pisciculture - Installations)*

Passe à poissons constituée par une suite de bassins que les poissons traversent en passant par des ouvertures ménagées dans les parois qui séparent les bassins ou en sautant par-dessus ces parois.

Voir aussi **passe à poissons**

◊ OLFEB*1981***185

**fish larva**
    larval fish

*(Fish Farming - Growth and Nutrition)*

Fish in its larval stage.

◊ SETRO*1985***40, PILLA*1990***119,
    LANAQ*1992***260

**larve de poisson**             n. f.

*(Pisciculture - Croissance et nutrition)*

Poisson à l'état de larve.

◊ AQUAC*1986*1**202, 204


**fish lift**
    fish elevator

*(Fish Farming - Facilities)*

An arrangement lifting the fish over a hydraulic barrier.



◊ IWATE*1981***145

**ascenseur à poissons**         n. m.
    ascenseur                    n. m.
    élévateur à poissons         n. m. [CA]

*(Pisciculture - Installations)*

Dispositif permettant aux poissons de franchir un barrage et consistant en un bac ou une cage élevés mécaniquement du niveau inférieur au niveau supérieur.

◊ ARECO*1976***314


**fish louse \***

*(Fish Farming - Pathology and Predators)*

A branchiuran crustacean of the genus *Argulus* that
causes an external infection in several species of fish.

\* Plural: fish lice

◊ PILLA*1990***208, LANAQ*1992***125

**argule**                       n. m.

*(Pisciculture - Pathologie et prédateurs)*

Crustacé branchioure du genre *Argulus* causant une
infection externe chez plusieurs espèces de poissons.



◊ PATH*1985***145, 163


**fish meal**
    V. s. fishmeal
    fish protein concentrate
    Abbr. FPC

*(Growth and Nutrition)*

A protein-rich, dried food produced from fishes and
inedible portions of fishes by dry or wet rendering.



◊ WAST*1979***351, FISFA*1988***390

**farine de poisson**            n. f.




*(Croissance et nutrition)*

Produit pulvérulent obtenu à partir de poissons et de
déchets de poissons séchés après cuisson, essorés (poisson gras) et broyés en un produit sec, facile à stocker,
destiné à la nourriture des animaux.

◊ CAPQ-5*1992***25


**fish pass**
    see fish-pass


**fish pathology**
    ichthyopathology

*(Fish Farming - Pathology and Predators)*

The study of fish diseases, their essential nature, causes, and development, and the structural and functional changes produced by them.

◊ PIPFI*1986***491, WEBIN*1986***1655

**ichtyopathologie**             n. f.
    V. o. ichthyopathologie      n. f.

*(Pisciculture - Pathologie et prédateurs)*

Science des causes, des symptômes et de l'évolution
des maladies des poissons.


◊ LAROG*1982*5**5447, PATH*1985***20, 110, 116

**fish pituitary extract**
>see pituitary extract

**fish pond**
>see pond

**fish protein concentrate**
>see fish meal

**fish pump**

*(Facilities - Water)*

A mechanical device which is used to transport fish around farms through wide-bore tubes; causes less physical damage than netting.

◊ FISFA*1988***390

**fish silage**

*(Growth and Nutrition)*

A mixture of minced fish offal and acids that can be stored in silos for several months.

See also **ensilage**

◊ PILLA*1990***131-132, BEVCA*1987***175

**fish way**
>see fish-pass

**fish-culture**
>see fish-farming

| **fish-farming** | adj. |
| fish-culture | adj. |

*(Fish Farming - General Terminology)*

Relating to the culture of fish.

See also **fish farming**

**fish-pass**
>V. s. fish pass
>fishway     [US]
>V. s. fish way     [US]

*(Fish Farming - Facilities)*

A device constructed in connection with a dam and usually consisting of a series of pools one above the other with low falls between, and allowing fish to pass upstream and downstream over the dam.

See also **fish ladder**

◊ IWATE*1981***145

| **pompe à poisson** | n. f. |
| V. o. pompe à poissons | n. f. |

*(Installations - Eau)*

Pompe servant au transfert ou au déchargement du poisson.

| **poisson ensilé** | n. m. |
| pâtée de poisson fermentée | n. f. |

*(Croissance et nutrition)*

Mélange de résidus de poissons hachés et d'acides qui se conserve quelques mois dans des silos.

Voir aussi **ensilage**

◊ CAPQ-5*1992***25, ROBER*1986*3**1024

| **piscicole** | adj. |

*(Pisciculture - Terminologie générale)*

Qui relève de la pisciculture.

Voir aussi **pisciculture 2**

| **passe à poissons** | n. f. |
| passe | n. f. |
| passe migratoire | n. f. [CA] |

*(Pisciculture - Installations)*

Ouvrage annexe d'un barrage, destiné à faciliter la migration des poissons.

Voir aussi **échelle à poissons**

◊ OLFEB*1981***327

**fishmeal**
see fish meal

**fishpond**
see pond

**fishway**
see fish-pass

**Flagellata**
see flagellates

**flagellates** n. pl.
Flagellata n. pl.

*(Growth and Nutrition)*

Single-celled organisms (protozoan, alga) which swim by means of a whip-like flagellum.

◊ WEBIN*1986***862, WICRU*1992***373

**flagellum \***

*(Biology)*

A whip-like organ of locomotion of flagellated protozoans and many algae, bacteria and zoospores.

\* Plural: flagella.

◊ INZOO*1974***978, WEBIN*1986***862

**flask**

*(Facilities - Farming/Culture)*

A small bottle often somewhat narrowed toward the outlet and fitted with a closure.

◊ WEBCO*1987***470, LANAQ*1992***355, PILLA*1990***117

**flat oyster**

*(Oyster Culture)*

Oyster belonging to the genus *Ostrea*.

**float**

*(Facilities - Farming/Culture)*

Anything that stays up or holds up something else in water.

◊ GACAN*1983***453, LANAQ*1992***42

**flagellés** n. m. pl.

*(Croissance et nutrition)*

Organismes unicellulaires (protozoaire, algue) pourvus d'une ou de plusieurs flagelles qui assurent la locomotion.

◊ CILFO*1989***209, ROBER*1986*3**541

**flagelle \*** n. f.

*(Biologie)*

Organe spécialisé, en forme de fouet, dont sont dotées certaines cellules animales ou végétales et qui sert à leur locomotion.

\* Terme souvent utilisé au pluriel.

◊ CILFO*1989***209

**flacon** n. m.

*(Installations - Élevage/culture)*

Petite bouteille de forme variable, généralement fermée par un bouchon.

◊ AQUAC*1986*2**584

**huître plate** n. f.

*(Ostréiculture)*

Huître appartenant au genre *Ostrea*.

**flotteur** n. m.

*(Installations - Élevage/culture)*

Objet capable de rester à la surface ou de maintenir d'autres objets dans une position contrôlée par rapport à la surface ou au fond.

◊ CILFO*1989***211

**floating cage**

*(Fish Farming - Facilities)*

A cage for the culture of fish with a frame in various shapes (quadrangular, circular, octagonal) which floats in open water.

◊ SWIFA*1985***54, 96, PILLA*1990***395

**floating egg**
see pelagic egg

**floating pellet**
see expanded pellet

**floating plant**

*(Biology)*

A plant supported on the surface of the water, usually but not always by its leaves, with the roots not in contact with the bottom.

◊ LAFRE*1984***513

**flounder**

*(Fish Farming - Aquaculture Species)*

Any of a number of flatfishes.

**flow rate**
rate of flow

*(Water)*

The volume of water moving past a given point in a unit of time.

◊ PIPFI*1986***481

**flow-through system**
see open system

**fluidized bed ***
Abbr. FB

*(Water - Treatment and Filtration)*

A bed of small particles freely suspended by an upward flow of liquid, gas or combined liquid and gas.

* Term standardized by ISO.


**cage flottante**                    n. f.

*(Pisciculture - Installations)*

Cage à armature flottante de formes variées (quadrangulaire, circulaire, octogonale) destinée à l'élevage de poissons en mer libre.

◊ CILFO*1989***81, GIRAQ*1991***22, AQUAC*1986*2**944, BOUGOC*1976***284, 288, GESPI*1985***261


**plante flottante**                  n. f.
plante nageante                       n. f.

*(Biologie)*

Plante étalée à la surface des eaux calmes avec une face immergée et l'autre à l'air libre.

◊ LAROG*1982*7**7254, BAMI*1991***5

**plie 1**                            n. f.

*(Pisciculture - Espèces aquacoles)*

Nom commun des petits poissons plats.

**débit**                             n. m.

*(Eau)*

Volume d'eau s'écoulant dans un cours d'eau, une conduite, etc., par unité de temps.

◊ PARSE*1990***142


**lit fluidisé ***                    n. m.

*(Eau - Traitement et filtration)*

Lit de petites particules maintenues en suspension par un courant ascendant de liquide, de gaz ou de liquide et de gaz.

* Terme normalisé par l'ISO.

**flukes**
see trematodes

**foam fractionation**

*(Water - Treatment and Filtration)*

A water treatment method for the removal of dissolved and colloidal organic material and bacteria from water, usually accomplished by inducing a counter current of water (downwards) and fine air bubbles (upwards) in a vertical cylinder.

◊ WICRU*1992***373

**écumage** n. m.

*(Eau - Traitement et filtration)*

Méthode utilisée dans le traitement des eaux d'une station d'élevage, consistant à fabriquer des mousses par bullage, puis à les évacuer.

◊ AQUAC*1986*1**125

**follicle-stimulating hormone**
Abbr. FSH

*(Fish Farming - Reproduction and Genetics)*

A glycoprotein hormone that stimulates the growth of ovarian follicles and that is produced by the adenohypophysis of vertebrates.

◊ KIGEN*1985***144, LANAQ*1992***213

**folliculostimuline** n. f.
V. o. folliculo-stimuline n. f.
hormone folliculostimulante n. f.
Abrév. FSH

*(Pisciculture - Reproduction et génétique)*

Hormone glycoprotéique sécrétée par l'hypophyse antérieure sous l'influence d'un neurosécrétat diencéphalique et qui provoque la maturation des follicules ovariens.

◊ LAROG*1982*4**4360, BIOGAL*1988***160

**food chain**

*(Growth and Nutrition)*

The scheme of feeding relationships by trophic levels which unites the member species of a biological community.

◊ LASTE*1989***747

**chaîne alimentaire** n. f.

*(Croissance et nutrition)*

Suite de maillons reliés par des liens trophiques, dans laquelle les populations constituant un maillon consomment le maillon précédent et servent de nourriture au maillon suivant.

◊ CILFO*1989***100, GIRAQ*1991***9

**food conversion**
see feed conversion ratio

**food conversion rate**
see feed conversion ratio

**food conversion ratio**
see feed conversion ratio

**food intake**
feed intake

*(Growth and Nutrition)*

Quantity of food ingested by an aquaculture species.

◊ PILLA*1990***96, PIPFI*1986***225

**prise alimentaire** n. f.
prise de nourriture n. f.
ingestion alimentaire n. f.

*(Croissance et nutrition)*

Quantité d'aliments ingérés par une espèce aquacole.

◊ AQUAC*1986*1**40, 67, CAPQ-5*1992***14, BT-197*1990***219

**food web**

*(Growth and Nutrition - General Terminology)*

The totality of interacting chains in an ecological community.

◊ WEBIN*1986***884, LANAQ*1992***128

**réseau trophique**          n. m.

*(Croissance et nutrition - Terminologie générale)*

Ensemble des relations trophiques et des chaînes alimentaires interconnectées qui existent dans un groupe multispécifique d'êtres vivants.

◊ CILFO*1989***415

**foot**

*(Mollusc Culture - Anatomy and Physiology)*

The ventral muscular surface or a ventral muscular process of a mollusc used for locomotion.

◊ WEBIN*1986***885, LANAQ*1992***165

**pied**          n. m.

*(Conchyliculture - Anatomie et physiologie)*

Expansion ventrale des mollusques servant aux déplacements.

◊ LAROG*1982*8**8123, GPP*1985***G5

**fork length**

*(Fish Farming)*

Length of fish measured from the tip of snout to the fork of the caudal fin.

◊ PIPFI*1986***481

**longueur à la fourche**          n. f.

*(Pisciculture)*

Distance entre le bout du museau et l'extrémité du rayon central de la nageoire caudale.

◊ AMEN*1980***178

**formaldehyde**
    see formalin

**formaldehyde solution**
    see formalin

**formalin**
    formaldehyde
    formaldehyde solution
    Formalin *
    Formol *
    Morbicid *

*(Fish Farming - Pathology and Predators)*

An aqueous solution of formic aldehyde used to control external parasites and fungal infections on fish and eggs.

* Trademark.

OBS
Formalin is also used as a tissue fixative.

◊ PIPFI*1986***481, WEBIN*1986***893, DISEA*1989***151

**formol**          n. m.
    formaldéhyde          n. m.
    Formalin *          n. m.
    Formaline *          n. f.

*(Pisciculture - Pathologie et prédateurs)*

Solution aqueuse de l'aldéhyde formique, utilisée dans le traitement des parasitoses externes et des infections fongiques chez les poissons et les œufs.

* Marque de commerce.

OBS
Le formol est aussi utilisé dans les solutions de conservation des tissus vivants.

◊ PATH*1985***307, ROBER*1986*4**624, 635

**Formalin**
    see formalin

**Formol**
    see formalin

**formulated feed**

*(Growth and Nutrition)*

A combination of ingredients that provides specific amounts of nutrients in the diet.

◊ PIPFI*1986***234, 481, PILLA*1990***438

**fouling**
biofouling

*(General Terminology)*

The deleterious accumulation of dissolved and particulate material (on cages, nets, filters, etc.) in a body of water or pond bottom.

◊ WICRU*1992***373

**fouling organisms**

*(General Terminology)*

Various aquatic organisms that attach to and grow on underwater objects.

**FPC**
see fish meal

**free-swimming fry**
see swim-up fry

**free-swimming larva**
swimming larva

*(Biology - Growth and Nutrition)*

Larva of an aquatic animal that is not attached and is able to swim about (e.g. the veliger larva of a mollusc).

◊ WEBIN*1986***907, MEINV*1991***245

**freeboard**

*(Water)*

The vertical distance between the normal maximum level of the surface of the water and the top of a tank, pond or dam, which is provided so that waves and other movements of the water will not overflow the confining structure.

◊ IWATE*1981***158

---

**aliment formulé**          n. m.
mélange alimentaire spécial     n. m.

*(Croissance et nutrition)*

Combinaison d'ingrédients répondant à un besoin spécifique en nutriments.

◊ AQUAC*1986*2**1012, ELSAQ*1991***103

**encrassage**          n. m.
encrassement          n. m.

*(Terminologie générale)*

Formation de dépôts solides nuisibles sur les parois d'une conduite, les filtres, etc., résultant de l'activité biologique des organismes présents dans l'eau.

◊ OLFEB*1981***201, INDUS*1986***305

**salissures**          n. f. pl.

*(Terminologie générale)*

Ensemble des dépôts minéraux et des organismes vivants qui se développent sur tout objet immergé ou atteint par les vagues.

◊ CILFO*1989***428

**larve nageuse**          n. f.

*(Biologie - Croissance et nutrition)*

Larve d'un animal aquatique, capable de nager (p. ex. larve véligère d'un mollusque).

◊ AQUAC*1986*1**297, BOUGOC*1976***257

**revanche**          n. f.

*(Eau)*

Différence de niveau entre la retenue normale de l'eau et la crête d'un barrage ou d'un réservoir.

◊ OLFEB*1981***398

**fresh water ***            **eau douce ***       n. f.
     V. s. freshwater 1
     V. s. fresh-water

*(Water)*                       *(Eau)*

Water containing only small quantities of salts, such as in ponds, lakes, streams or rivers.

Eau contenant une faible concentration en sels (p. ex. l'eau des étangs, des lacs, des ruisseaux ou des rivières).

* Term standardized by ISO.

◊ LANAQ*1992***25, LASTE*1989***765

* Terme normalisé par l'ISO.

◊ CILFO*1989***173

**fresh-water**
     see fresh water

**freshwater 1**
     see fresh water

**freshwater 2**       adj.      **dulcicole**       adj.
                                      dulçaquicole       adj.

*(Biology)*                   *(Biologie)*

Of a species, that lives in freshwater.

Qui vit en eau douce.

◊ LAROG*1982*4**3438

**freshwater algal bloom**      **fleur d'eau**       n. f.

*(Growth and Nutrition - Culture Medium)*    *(Croissance et nutrition - Milieu de culture)*

An algal bloom that proliferates in fresh water.

See also **algal bloom**

Efflorescence algale en eau douce.

Voir aussi **efflorescence algale**

◊ GESPI*1985***39, 48, 54, BAMI*1991***22

**freshwater culture**      **potamoculture**       n. f.
     freshwater farming                   élevage en eau douce       n. m.

*(Aquaculture Types)*             *(Types d'aquaculture)*

Culture or farming of organisms in fresh water.

See also **mariculture**

Culture ou élevage d'organismes en eau douce.

Voir aussi **mariculture**

◊ BOUGOC*1976***208, AQUAC*1986*2**619

**freshwater farming**
     see freshwater culture

**freshwater species**      **espèce d'eau douce**       n. f.
                                      espèce dulçaquicole       n. f.
                                      espèce dulcicole       n. f.

*(Biology)*                   *(Biologie)*

A species that lives in fresh water, e.g. bass and white sturgeon.

See also **marine species**

Espèce qui vit en eau douce, p. ex. l'achigan et l'esturgeon blanc.

Voir aussi **espèce marine**

◊ ROBER*1986*3**689, PATH*1985***177, AQUAC*1986*2**1002

**frog farmer**

*(General Terminology)*
A person who practices frog farming.
See also **frog farming**

**frog farming**
*(Aquaculture Types)*
The rearing of frogs.

**frog-farming**                    adj.
*(General Terminology)*
Relating to the culture of frogs.
See also **frog farming**

**frond**
*(Algal Culture)*
A leaflike part of a seaweed.
◊ GACAN*1983***474

**fry**

*(Fish Farming - Growth and Nutrition)*
1. Young or recently hatched fishes.
2. Young fishes which have mostly absorbed their yolk sac.
◊ WEBIN*1986***917

**fry stage**

*(Fish Farming - Growth and Nutrition)*
Stage of fish following the absorption of the yolk sac before becoming fingerlings.
◊ PILLA*1990***49

**FSH**
see follicle-stimulating hormone

**furuncle**
*(Fish Farming - Pathology and Predators)*
A bacterial infection of the skin or subcutaneous tissue which develops a solitary abscess.
◊ PIPFI*1986***482

**raniculteur**                    n. m.
  ranicultrice                    n. f.
*(Terminologie générale)*
Celui ou celle qui pratique la raniculture.
Voir aussi **raniculture**

**raniculture**                    n. f.
*(Types d'aquaculture)*
Élevage des grenouilles.

**ranicole**                    adj.
*(Terminologie générale)*
Qui relève de la raniculture.
Voir aussi **raniculture**

**fronde**                    n. f.
*(Algoculture)*
Feuille d'une algue marine.
◊ LAROG*1982*5**4566

**alevin**                    n. m.
  fretin                    n. m., cour.
*(Pisciculture - Croissance et nutrition)*
1. Jeune poisson n'ayant pas encore acquis les formes de l'adulte.
2. Jeune poisson dont le sac vitellin est résorbé.
◊ CILFO*1989***14, LAROG*1982*1**273

**stade alevin**                    n. m.
  V. o. stade d'alevin                    n. m.
*(Pisciculture - Croissance et nutrition)*
Stade du poisson suivant la résorption de son sac vitellin.

◊ HUET*1970***86

**furoncle**                    n. m.
*(Pisciculture - Pathologie et prédateurs)*
Inflammation cutanée avec pus.

◊ MED-F*1993***452, VET*1991***314

**furunculosis**

*(Fish Farming - Pathology and Predators)*

A bacterial disease of fish caused by *Aeromonas salmonicida* and characterized by boils and skin abscesses.

◊ PIPFI*1986***482, IVAQU*1992***271

**furonculose** n. f.

*(Pisciculture - Pathologie et prédateurs)*

Maladie bactérienne chez le poisson causée par *Aeromonas salmonicida* et caractérisée par des lésions vésiculaires rougeâtres.

◊ PATH*1985***106, AQUAC*1986*2**565

**GABA**
see gamma-aminobutyric acid

*Gadus morhua*
see cod

*Gadus morrhua*
see cod

**gamete**
germ cell
sex cell
sexual cell

*(Reproduction and Genetics)*

A mature germ cell (as a sperm or egg) capable of initiating formation of a zygote by fusion with another gamete of the opposite sex.

◊ WEBIN*1986***933

**gamète** n. m.
cellule sexuelle n. f.

*(Reproduction et génétique)*

Cellule reproductrice mature, telle qu'un œuf ou un spermatozoïde, capable de fusionner avec une cellule d'origine semblable, mais du sexe opposé, pour produire un zygote.

◊ LAROG*1982*5**4657, CAPQ-2*1992***58, SOMOL*1992***22

**gamete preservation**

*(Reproduction and Genetics)*

The act of preserving gametes *in vitro* by using cryoprotectants and diluents for example.

◊ PILLA*1990***163

**conservation des gamètes** n. f.

*(Reproduction et génétique)*

Action de conserver les gamètes *in vitro* en utilisant notamment des cryoprotecteurs et diluers.

◊ AQUAC*1986*2**560

**gametogenesis**

*(Reproduction and Genetics)*

The series of transformations that result in the formation of mature gametes.

**gamétogenèse** n. f.
V. o. gamétogénèse n. f.

*(Reproduction et génétique)*

Mécanisme de formation des gamètes.

**OBS**

Gametogenesis in the testes is called spermatogenesis and in the ovary it is called oogenesis.

See also **spermatogenesis, oogenesis**

◊ INZOO*1974***726, LANAQ*1992***171

**OBS**

La gamétogenèse correspond à la spermatogenèse chez le mâle et à l'oogenèse chez la femelle.

Voir aussi **spermatogenèse, oogenèse**

◊ LAROG*1982*5**4657, SOMOL*1992***22, CAPQ-2*1992***38

**gametophyte**

*(Algal Culture - Reproduction and Genetics)*

The haploid phase (of the life cycle of plants undergoing an alternation of generations) during which gametes are produced by mitosis.

See also **sporophyte**

◊ KIGEN*1985***150, LANAQ*1992***148

**gamétophyte**　　　　　　　　　n. m.

*(Algoculture - Reproduction et génétique)*

Dans le cycle de développement des végétaux (où il existe une alternance des générations), organisme en haplophase dans lequel se différencient les gamètes.

Voir aussi **sporophyte**

◊ CILFG-32*1991***132, CUPER*1992***93

**gamma-aminobutyric acid**
　　Abbr. GABA

*(Anatomy and Physiology)*

Crystals which are either leaflets or needles, thought to be a central nervous system postsynaptic inhibitory transmitter.

**OBS**

Gamma-aminobutyric acid can be used, for instance, to induce the settlement of abalones.

◊ LASTE*1989***74, LANAQ*1992***183

**acide gamma-aminobutyrique**　　n. m.
　　Abrév. GABA

*(Anatomie et physiologie)*

Acide aminé présent dans le système nerveux central des vertébrés, où il exerce le rôle de neuromédiateur inhibiteur.

**OBS**

L'acide gamma-aminobutyrique peut être utilisé, notamment pour induire la fixation des ormeaux.

◊ LAROG*1982*5**4658

**gas bladder**
　　see swim bladder

**gas bubble disease**
　　V. s. gas-bubble disease

*(Pathology and Predators)*

The formation of bubbles in the blood and tissue of fish and shellfish resulting from supersaturation of gas in the culture medium.

◊ LANAQ*1992***109, 110, PIPFI*1986***482, IVAQU*1992***271

**embolie gazeuse**　　　　　　　　n. f.
　　maladie des bulles de gaz　　　n. f.
　　emphysème cutané　　　　　　　n. m.

*(Pathologie et prédateurs)*

Formation de bulles gazeuses dans le sang et les tissus des poissons et crustacés à la suite d'une sursaturation gazeuse dans le milieu de culture.

◊ PATH*1985***52, AQUAC*1986*1**84

**gas gland**

*(Fish Farming - Anatomy and Physiology)*

A glandular structure in the wall of the air (swim) bladder in certain species of fish.

◊ SCITF*1988***380, LANAQ*1992***210

**glande à gaz**　　　　　　　　　　n. f.

*(Pisciculture - Anatomie et physiologie)*

Glande de la paroi de la vessie natatoire chez certaines espèces de poissons.

**gas-bubble disease**
see gas bubble disease

**gastric mill**

*(Crustacean Farming - Anatomy and Physiology)*

In decapod crustaceans, foregut grinding chambers which grind food and consist of one to several plates equipped with bristles or teeth.

◊ MEINV*1991***450, LANAQ*1992***188

**gastropod**

*(Mollusc Culture - Biology)*

A mollusc of the class Gastropoda.

See also **Gastropoda**

◊ WEBIN*1986***939,LANAQ*1992***165

**Gastropoda**                     n. pl.

*(Mollusc Culture - Biology)*

A large and varied class of molluscs (e.g. snails, abalones) often with a twisting shell or a shell that is greatly reduced or absent, and most of which move by means of a single, broad, disklike foot attached to the undersurface of their bodies.

◊ WEBIN*1986***939, LANAQ*1992***165

**gene**

*(Reproduction and Genetics)*

The part of the chromosome concerned with the development of hereditary characters.

◊ STFAR*1987***232

**moulin gastrique**              n. m.
  moulinet gastrique              n. m.

*(Crustaciculture - Anatomie et physiologie)*

Partie de l'appareil digestif des crustacés décapodes qui s'occupe du broyage des aliments et qui est composée d'un gésier comprenant des dents calcifiées et des plaques calcaires.

◊ GPP*1985***1:9, AQUAC*1986*1**496, 461

**gastéropode**                    n. m.
  gastropode                      n. m.

*(Conchyliculture - Biologie)*

Mollusque de la classe des gastéropodes.

Voir aussi **gastéropodes**

◊ LAROG*1982*5**4690

**gastéropodes**                   n. m. pl.
  V. o. Gastéropodes              n. m. pl.
  gastropodes                     n. m. pl.
  V. o. Gastropodes               n. m. pl.

*(Conchyliculture - Biologie)*

Classe de mollusques (p. ex. escargots, haliotides) qui rampent sur un pied élargi et musclé et qui possèdent souvent une coquille univalve spiralée.

◊ GPP*1985***G3, CILFO*1989***224

**gène**                           n. m.

*(Reproduction et génétique)*

Unité définie localisée sur un chromosome et responsable de la production des caractères héréditaires.

◊ ROBER*1986*4**866, CAPQ-2*1992***58, 10

**gene pool**

| | |
|---|---|
| **pool génétique** | n. m. |
| patrimoine génétique | n. m. |
| effectif génétique | n. m. |
| fond génétique | n. m. |
| ensemble génétique | n. m. |
| fond génétique commun | n. m. |
| pool de gènes | n. m. |
| V. o. pool des gènes | n. m. |
| effectif des gènes | n. m. |
| ensemble des gènes | n. m. |

*(Reproduction and Genetics)*

The genetic diversity available in an interbreeding population.

See also **inbreeding**

◊ HENBI*1989***200, INZOO*1974***831

*(Reproduction et génétique)*

Tous les gènes et leurs allèles existant chez les individus d'une population capable de se reproduire.

Voir aussi **consanguinité**

◊ AQUAC*1986*2**746, BOUGOQ*1976***242, BT-200*1990***104


**genetic engineering**

*(Reproduction and Genetics)*

The experimental or industrial technologies used to alter the genome of a living cell so that it can produce more or different chemicals or perform new functions.

◊ KIGEN*1985***155, LANAQ*1992***133

**génie génétique**  n. m.

*(Reproduction et génétique)*

Ensemble des concepts, méthodes et techniques permettant de modifier le matériel génétique d'une cellule ou d'un organisme.

◊ CILFG-32*1991***138


**genetic gain**

*(Reproduction and Genetics)*

An improvement in the main genotypic value of a selected character.

◊ PILLA*1990***166

| | |
|---|---|
| **gain génétique** | n. m. |
| progrès génétique | n. m. |

*(Reproduction et génétique)*

Amélioration de la valeur génotypique d'un caractère sélectionné.

◊ PARSE*1990***233, CAPQ-2*1992***18


**genetic marker**
marker

*(Reproduction and Genetics)*

A gene, whose phenotypic expression is usually easily discerned, used to identify an individual or a cell that carries it, or as a probe to mark a nucleus, chromosome, or locus.

◊ KIGEN*1985***155

| | |
|---|---|
| **marqueur génétique** | n. m. |
| marqueur | n. m. |

*(Reproduction et génétique)*

Caractère phénotypique facilement détectable et à déterminisme génétique simple.

◊ CILFG-32*1991***180


**genetic probe**
see probe


**genetic selection**
see selection

**genetic strain**
see strain

**genetic variability**

*(Reproduction and Genetics)*

The quality or attribute of a population or group of individuals that causes them to exhibit genetic variation.

See also **genetic variation**

◊ PILLA*1990***167, 170

**variabilité génétique**                     n. f.

*(Reproduction et génétique)*

Aptitude que présente une population ou un groupe d'individus à subir des variations d'origine génétique.

Voir aussi **variation**

◊ CAPQ-2*1992***34, 35, 38, PARSE*1990***600

**genetic variation**
variation

*(Reproduction and Genetics)*

Measure of the variation between individuals of a population due to differences between their genotypes.

◊ SCITF*1988***385, PILLA*1990***167

**variation**                                  n. f.
variation génétique                            n. f.

*(Reproduction et génétique)*

Ensemble des différences d'origine génétique que présentent les individus d'une population.

◊ PARSE*1990***601

**genetics**

*(Reproduction and Genetics)*

A branch of biology that deals with the heredity and variation of organisms and with the mechanisms by which these are effected.

◊ WEBIN*1986***946, LANAQ*1992***129

**génétique**                                  n. f.

*(Reproduction et génétique)*

Science de l'hérédité et de la variation chez les êtres vivants. Par extension, application de ses lois et étude de ses résultats.

◊ CILFG-32*1991***137, GIRAQ*1991***200

**genital opening**
genital pore

*(Reproduction and Genetics - Anatomy and Physiology)*

An orifice through which something may pass and that is related to the reproduction of certain aquatic animals.

◊ LANAQ*1992***217, PILLA*1900***325

**orifice génital**                            n. m.

*(Reproduction et génétique - Anatomie et physiologie)*

Ouverture reliée à la reproduction de certains animaux aquatiques et faisant communiquer une cavité avec l'extérieur.

◊ PATH*1985***24, HUET*1970***312, AQUAC*1986*1***495

**genital papilla**

*(Reproduction and Genetics - Anatomy and Physiology)*

A small nipplelike projection on certain fish and molluscs.

◊ LANAQ*1992***217, 250, INZOO*1974***981

**papille génitale**                           n. f.

*(Reproduction et génétique - Anatomie et physiologie)*

Petite saillie en forme de mamelon chez certains poissons et mollusques.

◊ AQUAC*1986*1**295, AQUAC*1986*2**714

**genital pore**
see genital opening

**genom**
see genome

**genome**
    V. s. genom

*(Reproduction and Genetics)*

One haploid set of chromosomes with the genes they contain.

◊ WEBIN*1986***947

**genotype**

*(Reproduction and Genetics)*

The genetic constitution of an organism, usually in respect to one gene or a few genes relevant in a particular context.

◊ LASTE*1989***799, PILLA*1990***170

**genotypic**      adj.

*(Reproduction and Genetics)*

Of, or relating to, the genotype.

**genus \***

*(Biology)*

A unit of scientific classification that includes one or several closely related species.

\* Plural: genera

See also **phylum, division**

◊ PIPFI*1986***482

**germ cell**
    see gamete

**GH**
    see growth hormone

**giant clam**
    *Tridacna gigas*

*(Mollusc Culture - Aquaculture Species)*

A very large clam found on the coral reefs of the Indian and Pacific oceans.

◊ WEBIN*1986***955, LANAQ*1992***347

---

**génome**      n. m.

*(Reproduction et génétique)*

Lot haploïde des chromosomes propres à l'espèce, ou encore ensemble des gènes de l'espèce.

◊ LAROG*1982*5**4743

**génotype**      n. m.

*(Reproduction et génétique)*

Constitution héréditaire d'un organisme, formée par la totalité du stock chromosomique caractéristique de l'espèce.

◊ LAROG*1982*5**4743

**génotypique**      adj.

*(Reproduction et génétique)*

Relatif au génotype.

◊ PARSE*1990***238

**genre**      n. m.

*(Biologie)*

Chacune des grandes divisions d'une famille d'êtres vivants, subdivisée elle-même en espèces.

Voir aussi **embranchement 1, embranchement 2**

◊ GPP*1985***G3

**tridacne géant**      n. m.
    tridacne gigantesque      n. m.
    grand bénitier      n. m.
    *Tridacna gigas*

*(Conchyliculture - Espèces aquacoles)*

Mollusque bivalve remarquable par sa forte taille et ses coquilles profondes, indentées de larges côtes, présent dans les eaux chaudes des océans Indien et Pacifique.

◊ CILFO*1989***58, ROBER*1986*9**491, ROBER*1986*1**934, 935

**giant freshwater prawn**
giant river prawn
Asian prawn
Malaysian prawn
*Macrobrachium rosenbergii*

*(Crustacean Farming - Aquaculture Species)*

A freshwater tropical shrimp.

◊ WICRU*1992***158, BIOBL*1982*10**288

**giant Pacific oyster**
see Pacific oyster

**giant river prawn**
see giant freshwater prawn

**giant scallop**
see sea scallop

**giant tiger prawn**
see tiger shrimp

**GIH**
see gonad-inhibiting hormone

**gill**

*(Anatomy and Physiology)*

An organ of aquatic animals that enables them to obtain oxygen from the water, as one of the highly vascular lamellar or filamentous processes of the pharynx of fishes or any of various functionally comparable but structurally dissimilar organs of invertebrates (as the ctenidia within the mantle cavity of a bivalve mollusc, or the flat plates of many crustaceans through which blood circulates).

◊ WEBIN*1986***957, MEINV*1991***451

**gill cover**
see operculum 1

**gill fluke**
dactylogyrosis

*(Fish Farming - Pathology and Predators)*

A disease caused by species of the genus *Dactylogyrus* which affects the gill filaments of certain freshwater fish.

◊ PILLA*1990***210, LANAQ*1992***125

**chevrette**                                    n. f.
crevette géante d'eau douce       n. f.
écrevisse tropicale                     n. f.
bouquet géant                           n. m.
*Macrobrachium rosenbergii*

*(Crustaciculture - Espèces aquacoles)*

Crevette tropicale d'eau douce.

◊ FAOTB-19*1981***24

**branchie**                                     n. f.

*(Anatomie et physiologie)*

Organe de respiration des animaux aquatiques, constitué de touffes ou de lamelles du tégument (mollusques, crustacés) ou de fentes du pharynx (poissons, têtards).

◊ ROBER*1986*2**155, CILFO*1989***71

**dactylogyrose**                             n. f.

*(Pisciculture - Pathologie et prédateurs)*

Maladie causée par les espèces du genre *Dactylogyrus* et affectant les branchies de divers poissons d'eau douce.

◊ PATH*1985***132, LAROG*1982*3**2914,
ELSAQ*1991***64

**gill lamella**
see lamella 1

**gill net**

*(Facilities)*

A flat net suspended vertically in the water with meshes that allow the head of a fish to pass but entangle its gill covers as it seeks to withdraw.

◊ WEBIN*1986***957, LANAQ*1992***263

**gill rot**
see branchiomycosis

**gilthead bream**
see gilthead seabream

**gilthead sea bream**
see gilthead seabream

**gilthead seabream ***
V. s. gilthead sea bream
gilthead bream
*Sparus aurata*

*(Fish Farming - Aquaculture Types)*

A valuable sparid food fish of the family Sparidae common in the Mediterranean.

* Recommended term in Canada.

◊ WEBIN*1986***957, LANAQ*1992***373, PILLA*1990***398, NQ8070*1995***14

**gland extract**
see pituitary extract

**glass eel**
see elver

**glochidium ***
glochidium larva

*(Mollusc Culture - Growth and Nutrition)*

A larval freshwater mussel of the family Unionidae that hatches in the gill cavity of the parent mussel, is subsequently discharged into the water, and attaches itself to the gills or other parts of fish.

* Plural: glochidia

◊ WEBIN*1986***966, LANAQ*1992***351

**filet maillant**    n. m.
  filet droit    n. m.

*(Installations)*

Muraille verticale en filet, dont la largeur des mailles dépend de la grosseur de la tête du poisson pêché.

◊ LAROG*1982*4**4268, AQUAC*1986*2**787

**dorade royale ***    n. f.
*Sparus aurata*

*(Pisciculture - Espèces aquacoles)*

Poisson de la famille des sparidés, commun en Méditerranée et très estimé pour sa chair.

* Terme normalisé au Canada.

◊ LAROG*1982*4**3363, NQ8070*1995***14

**glochidie**    n. f.
  glochidium    n. m.

*(Conchyliculture - Croissance et nutrition)*

Larve des mollusques bivalves du genre *Unio*, qui vit pendant deux ou trois mois fixée sur les branchies ou d'autres parties du corps des poissons.

◊ LAROG*1982*5**4825

**glochidium larva**
see glochidium

**GnRH**
see luteinizing hormone-releasing hormone

**gonad**

*(Reproduction and Genetics)*

A primary sex gland: an ovary (female) or a testis (male).

◊ LASTE*1989***818, FISFA*1988***390

**gonad maturation**
see gonadal maturation

**gonad ripening**
see gonadal maturation

**gonad-inhibiting hormone**
Abbr. GIH

*(Crustacean Farming - Reproduction and Genetics)*

A hormone found in the eyestalk of certain crustaceans and which inhibits ripening of the gonads.

◊ SWIFA*1985***37, LANAQ*1992***188,
PILLA*1990***159

**gonadal maturation**
gonad maturation
ripening of gonads
gonad ripening

*(Reproduction and Genetics)*

Phase in which the gonads are in the process of maturing.

◊ LANAQ*1992***350, 366, PILLA*1990***404,
COLD*1995***46

**gonadal maturity**

*(Reproduction and Genetics)*

The state of mature gonads.

See also **gonad**

**gonadotrophic hormone**
see gonadotropin

**gonadotrophin**
see gonadotropin

**gonade** n. f.

*(Reproduction et génétique)*

Organe reproducteur des animaux : testicule chez le mâle, ovaire chez la femelle.

◊ GPP*1985***G4, MAMEA*1992***176

**hormone inhibitrice de la gonade** n. f.

*(Crustaciculture - Reproduction et génétique)*

Hormone contenue dans le pédoncule oculaire de certains crustacés et qui inhibe le développement de la gonade.

◊ AQUAC*1986*1**472

**maturation des gonades** n. f.
développement des gonades n. m.

*(Reproduction et génétique)*

Phase pendant laquelle les gonades se transforment pour devenir matures.

◊ AQUAC*1986*1**473, SOMOL*1992***83

**maturité des gonades** n. f.
*(Reproduction et génétique)*
État des gonades matures.
Voir aussi **gonade**

**gonadotrophin-releasing hormone**
   see luteinizing hormone-releasing hormone

**gonadotropic hormone**
   see gonadotropin

**gonadotropin**
   V. s. gonadotrophin
   gonadotropic hormone
   V. s. gonadotrophic hormone

*(Fish Farming - Reproduction and Genetics)*

A pituitary hormone which controls the production by the gonads (testis and ovary) of sperm and eggs.

◊ FISFA*1988***390, PILLA*1990***158, PIPFI*1986***483

| | |
|---|---|
| **gonadotropine** | n. f. |
| V. o. gonadotrophine | n. f. |
| hormone gonadotrope | n. f. |

*(Pisciculture - Reproduction et génétique)*

Hormone qui intervient dans le développement et le fonctionnement des gonades (ovaires ou testicules) des deux sexes.

◊ LENBI*1994***296, BIOGAL*1988***159, 160, AQUAC*1986*1**255, AQUAC*1986*2**1003

**gonadotropin-releasing hormone**
   see luteinizing hormone-releasing hormone

**gonopod**

*(Crustacean Farming - Reproduction and Genetics)*

An appendage in many Arthropods (e.g. decapod crustaceans) modified to serve as a copulatory organ.

◊ WEBIN*1986***977, LANAQ*1992***198

**gonopode**                                    n. m.

*(Crustaciculture - Reproduction et génétique)*

Appendice modifié en organe copulateur chez certains arthropodes (p. ex. les crustacés décapodes).

◊ LAROG*1982*5**4858

**gonopore**

*(Reproduction and Genetics - Anatomy and Physiology)*

The gonadal opening from which the eggs or sperm are released.

◊ SCITF*1988***395

**gonopore**                                    n. m.

*(Reproduction et génétique - Anatomie et physiologie)*

Orifice externe du conduit génital chez de nombreux invertébrés.

◊ PATH*1985***336

**grader**
   grading device
   mechanical grader

*(Facilities - Farming/Culture)*

A device for the mechanical separation of different-sized fish or other aquatic animals.

**OBS**

Some graders have adjustable bars in which only smaller fish can pass, others are made of revolving rollers or screens.

See also **grading**

◊ LAFRE*1984***514, PILLA*1990***238, LANAQ*1992***296

**trieur**                                    n. m.

*(Installations - Élevage/culture)*

Appareil servant à répartir les poissons ou autres animaux aquatiques en des classes de tailles comparables.

**OBS**

Certains trieurs sont munis de barres qui permettent le passage des poissons de petite taille seulement, d'autres sont munis de grilles perforées ou de rouleaux.

Voir aussi **tri**

◊ AQUAC*1986*2**765, PATH*1985***278

**grading**

*(Farming/Culture - Techniques and Methods)*

The separation of different-sized fish or shellfish into groups or grades of similar weight and size.

See also **grader**

◊ FISFA*1988***390

**grading device**
see grader

**grading of fish**
see fish grading

**grass carp**
*Ctenopharyngodon idella*

*(Fish Farming - Aquaculture Species)*

A large carp of the genus *Ctenopharyngodon* of Asia inland waters that is used to control algal bloom in culture situations.

◊ OXFO*1989*6**771

**gravel bed**
*(Fish Farming - Reproduction and Genetics)*

A gravel area at the bottom of a body of water (e.g. river) that may be used by certain fish for spawning.

See also **spawning area, redd**
◊ LANAQ*1992***240, WEBCO*1987***139

**gravid female**
*(Reproduction and Genetics)*

A female with eggs.
◊ WICRU*1992***373, LANAQ*1992***340, 384

**gravitational filter**
gravity filter
*(Facilities - Water)*

Filter in which culture water and suspended particles that are denser than the water are separated by gravity.
◊ LANAQ*1992***89

| | |
|---|---|
| **tri** | n. m. |
| triage | n. m. |
| classement | n. m. |
| calibrage | n. m. |

*(Élevage/culture - Techniques et méthodes)*

Répartition de poissons et de crustacés en des classes de poids et de tailles comparables.

Voir aussi **trieur**

◊ AQUAC*1986*2**764

| | |
|---|---|
| **amour blanc** | n. m. |
| carpe de roseau | n. f. |
| carpe herbivore | n. f. |
| *Ctenopharyngodon idella* | |

*(Pisciculture - Espèces aquacoles)*

Poisson du genre *Ctenopharyngodon*, originaire d'Asie, utilisé pour contrôler l'efflorescence algale dans les installations aquacoles parce qu'il se nourrit de végétaux supérieurs.

◊ MNC-46*1990***59, PISET*1980***269

**lit de gravier** n. m.
*(Pisciculture - Reproduction et génétique)*

Portion du fond d'un plan d'eau (p. ex. une rivière) couverte de gravier et susceptible d'être utilisée par certains poissons pour frayer.

Voir aussi **frayère, nid (de salmonidés)**
◊ GESPI*1985***178, Q2721*1993***113

**femelle gravide** n. f.
*(Reproduction et génétique)*

Femelle qui porte des œufs.
◊ AQUAC*1986*1**471-472, LAROG*1982*5**4948

**filtre à gravité** n. m.

*(Installations - Eau)*

Filtre ouvert où le passage de l'eau s'effectue sous la seule influence de la gravité.
◊ OLFEB*1981***227

**gravity filter**
see gravitational filter

**gray mullet**
see grey mullet

**gray trout**
see lake trout

**grayling**

*(Salmonid Farming - Aquaculture Species)*

Any of several salmonoid fishes of the genus *Thymallus* related to the trouts but having a broad high dorsal fin, and inhabiting cold swift streams of northern America, Europe, and Asia.

◊ WEBIN*1986***993, GACAN*1983***512

**great scallop \***
European scallop
*Pecten maximus*
*Pecten jacobaeus*

*(Mollusc Culture - Aquaculture Species)*

A large scallop of the family Pectinidae found in the Mediterranean and the Atlantic coast of Europe.

\* Recommended term in Canada.

**OBS**
*Pecten maximus* is found in the Atlantic region while *Pecten jacobaeus* is found in the Mediterranean.

◊ NQ8070*1995***60, 69, SCALHA*1991***9

**green algae** n. pl.
Chlorophyceae n. pl.

*(Algal Culture - Aquaculture Species)*

Algae distinguished chiefly by having a clear green color, their chlorophyll being masked or altered little or not at all by other pigments.

**green eggs** n. pl.

*(Salmonid Farming - Reproduction and Genetics)*

A stage of development of salmonid eggs during which the eggs may be moved, usually from fertilization to 24 hours after.

See also **eyed egg**

◊ FISFA*1988***55, EDSA*1978***39

**ombre** n. m.

*(Salmoniculture - Espèces aquacoles)*

Poisson du genre *Thymallus*, de la famille des salmonidés, facile à reconnaître grâce à sa nageoire dorsale très développée présentant l'apparence d'une voile et qui habite les eaux froides de l'Amérique du Nord, de l'Europe et de l'Asie.

◊ PENC*1993*1**7

**coquille Saint-Jacques 1 \*** n. f.
pétoncle d'Europe n. m. [CA]
*Pecten maximus*
*Pecten jacobaeus*

*(Conchyliculture - Espèces aquacoles)*

Gros mollusque bivalve de la famille des pectinidés, trouvé en Méditerranée et le long de la côte atlantique d'Europe.

\* Terme normalisé au Canada.

**OBS**
L'espèce *Pecten maximus* vient de la région atlantique, tandis que l'espèce *Pecten jacobaeus* vient de la Méditerranée.

◊ NQ8070*1995***60, 69, CILFO*1989***129, BOUGOC*1976***251

**algues vertes** n. f. pl.
chlorophycées n. f. pl.

*(Algoculture - Espèces aquacoles)*

Algues ne possédant comme pigment que de la chlorophylle et caractérisées par leur couleur verte non masquée par d'autres pigments.

**œufs verts** n. m. pl.

*(Salmoniculture - Reproduction et génétique)*

Œufs de salmonidés capables d'être transportés, habituellement pendant les 24 heures qui suivent la fécondation.

Voir aussi **œuf embryonné**

◊ CAPQ-9*1993***12

**green manure**

*(Growth and Nutrition - Culture Medium)*

Fresh plant material used as a fertilizer.

◊ LAFRE*1984***514

**green water**

*(Water - Growth and Nutrition)*

Water containing a variety of unicellular algae used in aquaculture for feeding larvae or juveniles.

◊ LANAQ*1992***206, PILLA*1990***406

**greened oyster**

*(Oyster Culture)*

An oyster grown in a claire.

See also **claire, greening of oysters**

◊ PILLA*1990***237, OXFO*1989*6**811

**greening of oysters**

*(Oyster Culture - Techniques and Methods)*

A method used in France in which oysters are reared in small, shallow coastal ponds rich in certain algae such as the bluish-green diatoms (*Navicula*) that impart a green colour to the meat.

◊ PILLA*1990***237, 484, OXFO*1989*6**814, 811

**grey mullet**
    V. s. gray mullet
    mullet

*(Fish Farming - Aquaculture Species)*

A fish of the family Mugilidae found in tropical and temperate regions.

◊ GACAN*1983***750

**grey trout**
    see lake trout

**engrais vert**      n. m.

*(Croissance et nutrition - Milieu de culture)*

Engrais organique obtenu en semant une légumineuse fourragère ou une plante d'une autre famille.

◊ LAROG*1982*4**3760

**eau verte**      n. f.

*(Eau - Croissance et nutrition)*

Eau enrichie naturellement ou artificiellement en nutriments, riche en algues unicellulaires et que l'on utilise en aquaculture pour nourrir les larves ou les juvéniles.

◊ CILFO*1989***175

**fine de claire**      n. f.

*(Ostréiculture)*

Huître affinée en claire.

Voir aussi **claire, verdissement (des huîtres)**

◊ AQUAC*1986*1**379, BOUGOC*1976***241

**verdissement (des huîtres)**      n. m.

*(Ostréiculture - Techniques et méthodes)*

Opération pratiquée en France qui consiste à placer les huîtres dans de petits étangs salés (claires) où l'abondance de certaines algues (p. ex. les diatomées du genre *Navicula*) leur confère une couleur verte et un goût apprécié.

◊ AQUAC*1986*1**346, BOUGOC*1976***241, 210

**mulet ***      n. m.
    muge      n. m.
    mulet gris      n. m.

*(Pisciculture - Espèces aquacoles)*

Poisson des mers tempérées et chaudes de la famille des mugilidés.

* Terme normalisé au Canada.

◊ ROBER*1986*6**633, GPP*1985***3:80

**grilse**
>one-sea-winter salmon
>V. s. 1-sea-winter salmon
>first-sea-year salmon
>V. s. 1-sea-year salmon
>1-sea-year winter salmon
>first-sea-winter salmon
>jack *

*(Salmonid Farming - Growth and Nutrition)*

A salmon that is mature after one winter at sea.

* Term used for a one-sea winter Pacific salmon.

◊ FISFA*1988***390, LANAQ*1992***265-266

| **madeleineau *** | n. m. |
|---|---|
| unibermarin | n. m. |
| saumon unibermarin | n. m. |
| castillon | n. m. [FR] |

*(Salmoniculture - Croissance et nutrition)*

Saumon mature qui a passé un hiver en mer.

* Terme utilisé pour le saumon atlantique.

◊ AQUAC*1986*2**621, LAROG*1982*9**9356

**grooved shrimp**
>see closed thelycum species

**ground fish**
>see bottom fish

**ground water ***
>V. s. groundwater
>V. s. ground-water

*(Water)*

Water in the zone of saturation where all openings in rocks and soil are filled, that supplies wells and springs.

* Term standardized by ISO.

◊ WEBIN*1986***1004

| **eau souterraine *** | n. f. |
|---|---|
| nappe d'eau souterraine | n. f. |
| nappe souterraine | n. f. |
| eaux souterraines | n. f. pl. |

*(Eau)*

Eau contenue dans les fissures et les pores du sol, s'écoulant dans la zone de saturation et servant à l'alimentation des sources et des puits.

* Terme normalisé par l'ISO.

◊ OLFEB*1981***182

**ground-water**
>see ground water

**ground-water recharge**
>see recharge

**groundfish**
>see bottom fish

**groundwater**
>see ground water

**grouper**

*(Fish Farming - Aquaculture Species)*

A fish of the family Serranidae of the genera *Epinephelus* found in warm seas.

◊ WEBIN*1986***1004, GACAN*1983***517

**mérou**    n. m.

*(Pisciculture - Espèces aquacoles)*

Poisson de la famille des serranidés du genre *Epinephelus* des eaux tropicales et tempérées chaudes.

◊ CILFO*1989***309

**grow-out**
    V. s. growout
    on-growing          [UK]

*(Growth and Nutrition - Biology)*

Operation in which the cultured organism, having its adult form, gains weight.
  ◊ WICRU*1992***373, 376, LANAQ*1992***152, PILLA*1990***483, 168

**grow-out feed**
    see grower feed

**grow-out (of oysters)**
    see growout (of oysters)

**grow-out pond**
    see growout pond

**grow-out tank**
    see growout tank

**grower feed**
    grow-out feed
    V. s. growout feed

*(Growth and Nutrition)*

Feed that fulfills the nutritional requirements of aquatic animals during grow-out.

See also **grow-out, starter feed**
  ◊ LANAQ*1992***236, 237, PILLA*1990***130

**growing season**
    growout season

*(Growth and Nutrition - Biology)*

Period in which young animals are growing (sometimes till they reach harvest size).
  ◊ LANAQ*1992***293, 298

**growout**
    see grow-out

**growout feed**
    see grower feed

---

**engraissement**        n. m.
    grossissement       n. m.

*(Croissance et nutrition - Biologie)*

Opération au cours de laquelle l'organisme en élevage, qui a déjà sa forme adulte, gagne du poids.
  ◊ BOUGOC*1976***231, 264, AQUAC*1986*2**697, 730, AQUAC*1986*1**8, 202

**aliment de croissance**    n. m.
    aliment de grossissement    n. m.

*(Croissance et nutrition)*

Aliment répondant aux besoins nutritionnels des animaux aquatiques dans la phase d'engraissement.

Voir aussi **engraissement, aliment de départ**
  ◊ CAPQ-5*1992***28, AQUAC*1986*2**1005

**période de croissance**    n. f.
    période de grossissement    n. f.
    saison de croissance    n. f.

*(Croissance et nutrition - Biologie)*

Période pendant laquelle les jeunes animaux grossissent (parfois jusqu'à la taille marchande).
  ◊ AQUAC*1986*1**249, 464, HUET*1970***179, 248, CUPER*1992***134

**growout (of oysters)**
V. s. grow-out (of oysters)
fattening (of oysters)

*(Oyster Culture - Techniques and Methods)*

The final growth of oysters in special ponds called claires where they are greened for the market.

See also **greening of oysters, claire**
◊ PILLA*1990***484, LANAQ*1992***173

**affinage**                    n. m.

*(Ostréiculture - Techniques et méthodes)*

Opération par laquelle les huîtres sont engraissées dans des claires dans le but de les faire verdir avant leur mise en marché.

Voir aussi **verdissement (des huîtres), claire**
◊ AQUAC*1986*1**379, BOUGOC*1976***210

**growout pond**
V. s. grow-out pond
ongrowing pond

*(Facilities - Farming/Culture)*

A pond used during the grow-out period of aquatic animals.

See also **grow-out**
◊ AQUAC-E*1994***343

**étang d'engraissement**          n. m.
étang de grossissement           n. m.

*(Installations - Élevage/culture)*

Étang utilisé pendant la phase d'engraissement des animaux aquatiques.

Voir aussi **engraissement**

**growout season**
see growing season

**growout tank**
V. s. grow-out tank
ongrowing tank

*(Facilities - Farming/Culture)*

A tank used during the grow-out period of aquatic animals.

See also **grow-out**
◊ AQEX-E*1989***54

**bassin de grossissement**        n. m.
bassin d'engraissement           n. m.

*(Installations - Élevage/culture)*

Bassin utilisé pendant la phase d'engraissement des animaux aquatiques.

Voir aussi **engraissement**

**growth**

*(Biology - Growth and Nutrition)*

An increase in weight and length of an organism.
◊ PIPFI*1986***238

**croissance**                  n. f.

*(Biologie - Croissance et nutrition)*

Augmentation du poids et de la taille d'un organisme.
◊ PISET*1980***223, BOUGOC*1976***125

**growth hormone**
Abbr. GH
somatotropin
V. s. somatotrophin
somatotropic hormone
V. s. somatotrophic hormone
Abbr. STH

*(Reproduction and Genetics - Growth and Nutrition)*

A polypeptide hormone that is secreted by the anterior lobe of the pituitary and that regulates growth.
◊ WEBIN*1986***1005, INZOO*1974***707

**hormone de croissance**          n. f.
somatotrophine                n. f.
V. o. somatotropine             n. f.
hormone somatotrope             n. f.
Abrév. STH

*(Reproduction et génétique - Croissance et nutrition)*

Hormone polypeptidique du lobe antérieur de l'hypophyse agissant sur la croissance.
◊ LAROG*1982*9**9685, LENBI*1994***329

**growth rate**
    rate of growth

*(Growth and Nutrition)*

An increase in the growth of an organism in a given period of time.

◊ LANAQ*1992***196, PILLA*1990***117

**taux de croissance**     n. m.
    vitesse de croissance     n. f.

*(Croissance et nutrition)*

Augmentation de la croissance d'un organisme pendant une période donnée.

◊ AQUAC*1986*2**873, GIRAQ*1991***125, SOMOL*1992***8, 68

**Gulf coast brown shrimp**
    see brown shrimp

**Gulf coast white shrimp**
    see common shrimp

**gynogenesis**

*(Reproduction and Genetics)*

The stimulation, by a genetically inactive spermatozoan, of the parthenogenetic development of an egg.

See also **androgenesis**

◊ GAGUA*1983***288, PILLA*1990***171

**gynogenèse**     n. f.
    V. o. gynogénèse     n. f.

*(Reproduction et génétique)*

Développement parthénogénétique d'un œuf activé par la pénétration d'un spermatozoïde, mais non fécondé.

Voir aussi **androgenèse**

◊ LAROG*1982*5**5078

# h

**$H_2O_2$**
    see hydrogen peroxide

**ha**
    see hectare

**haemolymph**
    see hemolymph

**Hagerman redmouth disease**
    see enteric redmouth disease

**halibut**
    see Atlantic halibut

**hand feeding**
V. s. hand-feeding

**(Growth and Nutrition)**
Feeding the culture animals by hand.

◊ LANAQ*1992***234, FISFA*1988***390

**hand stripping**
see stripping

**hand-feeding**
see hand feeding

**haploid**                    adj.
**(Reproduction and Genetics)**
Having only one member of each pair of homologous chromosomes.
See also **diploid, polyploid, triploid**
◊ PILLA*1990***171

**haploid cell**
**(Reproduction and Genetics)**
A cell containing only one of each type of chromosome characteristic of its species.
See also **diploid cell, haploid**
◊ SUBIO*1988***417, LANAQ*1992***130, 131

**hard clam**
see quahaug

**hard water**
**(Water)**
Water containing certain salts, such as those of calcium and magnesium.
◊ LASTE*1989***857

**hardening (of eggs)**
**(Fish Farming - Reproduction and Genetics)**
A process used to harden the envelope of eggs to make them more resistant.
**OBS**
Several methods may be used: baths, treatments with tannic acid, etc.
◊ LANAQ*1992***379

**alimentation manuelle**          n. f.
distribution manuelle de
    nourriture                     n. f.
distribution manuelle d'aliments   n. f.
distribution manuelle              n. f.
**(Croissance et nutrition)**
Alimentation des animaux d'élevage qui consiste à distribuer les aliments à la main.
◊ AQUAC*1986*2**551, 810, 930, 658, PATH*1985***284

**haploïde**                    adj.
**(Reproduction et génétique)**
Se dit des cellules dont le noyau ne contient qu'un seul chromosome de chaque paire.
Voir aussi **diploïde, polyploïde, triploïde**
◊ LAROG*1982*5**5149, CAPQ-2*1992***58

**cellule haploïde**            n. f.
**(Reproduction et génétique)**
Cellule dont le nombre de chromosomes est réduit à un élément de chaque paire.
Voir aussi **cellule diploïde, haploïde**
◊ ROBER*1986***5**98, CAPQ-2*1992***10

**eau dure**                    n. f.
**(Eau)**
Eau contenant des sels de calcium et de magnésium.

◊ CILFG-6*1983***106

**durcissement (des œufs)**      n. m.
**(Pisciculture - Reproduction et génétique)**
Technique utilisée pour durcir l'enveloppe des œufs afin de les rendre plus résistants.
**OBS**
Différentes méthodes peuvent être utilisées : bains, traitements au tanin, etc.
◊ CAPQ-2*1992***48, AQUAC*1986*2**564

**hardiness**
   robustness

*(Biology)*

The capacity for a species to survive and grow in different and variable physico-chemical conditions, and to survive handling operations (grading, treatments) and various changes in rearing conditions.

◊ AQUAC-E*1994***242, 243

**hardness**
   hardness of water
   water hardness
   total hardness

*(Water)*

Total concentration of calcium and magnesium ions present in water.

◊ FISFA*1988***391

**hardness of water**
   see hardness

**hardshell clam**
   see quahaug

**harvest**
   harvesting

*(Farming/Culture - Techniques and Methods)*

The process of gathering cultured plants or animals for a future use (e.g. before they are marketed).

◊ LANAQ*1992***149, PILLA*1990***230

**harvest, to**                          v.
*(Farming/Culture - Techniques and Methods)*

To gather aquatic plants or animals for a future use (e.g. before they are marketed).

◊ LANAQ*1992***149, 176, PILLA*1990***118

**harvesting**
   see harvest

**rusticité**                          n. f.

*(Biologie)*

Capacité d'une espèce de survivre et de croître dans des conditions physico-chimiques variables, de supporter des opérations de manipulation (tri et traitements), ainsi que des changements dans les conditions d'élevage.

◊ BAMI*1994***46

**dureté de l'eau**                    n. f.
   dureté                              n. f.

*(Eau)*

Propriété de l'eau, attribuable principalement à sa teneur globale en sels de calcium et de magnésium.

◊ PARSE*1990***169

**récolte**                            n. m.

*(Élevage/culture - Techniques et méthodes)*

Action de recueillir les plantes ou animaux aquatiques pour en faire un usage éventuel (p. ex. la vente au marché).

◊ ROBER*1986*8**102, AQUAC*1986*1**266, 309, 312, GESPI*1985***219

**récolter**                           v.
*(Élevage/culture - Techniques et méthodes)*

Recueillir des plantes ou animaux aquatiques dans le but d'en faire un usage éventuel (p. ex. la vente au marché).

◊ SOMOL*1992***142, AQUAC*1986*1**346, 452

**hatch, to** v.

*(Reproduction and Genetics)*

To produce young from an egg.

◊ WEBIN*1986***1037

**éclore** v.

*(Reproduction et génétique)*

S'ouvrir, de manière à laisser sortir l'animal, en parlant de l'œuf.

◊ LAROG*1982*4**3526

**hatchery**

*(Facilities - Farming/Culture)*

A facility used for the maintenance and conditioning of broodstock (fish and shellfish) and for the culture of their larvae.

**OBS**

Hatcheries provide seed for the culture and grow-out of organisms.

◊ WICRU*1992***374, LANAQ*1992***173

**écloserie** n. f.

*(Installations - Élevage/culture)*

Installation destinée à la reproduction des géniteurs et à l'obtention des larves d'invertébrés et de poissons.

**OBS**

L'écloserie fournit des larves aux entreprises de grossissement et d'élevage.

◊ GIRAQ*1991***21, 25, LAROG*1982*4**3526, CILFG-6*1983***108, CILFO*1989***179

**hatchery jar**
see hatching jar

**hatchery trough**
see trough

**hatchery-nursery**

*(Facilities - Farming/Culture)*

A facility in which larvae are produced and grown to the juvenile stage.

See also **hatchery, nursery**

◊ COLD*1995***319

**écloserie-nourricerie** n. f.
écloserie-nurserie n. f.

*(Installations - Élevage/culture)*

Installation dans laquelle les larves sont produites et élevées jusqu'au stade juvénile.

Voir aussi **écloserie, nurserie**

**hatcheryperson**

*(General Terminology)*

A person that operates a hatchery.

See also **hatchery**

◊ WEBIN*1986***1037

**écloseur** n. m.
écloseuse n. f.

*(Terminologie générale)*

Celui ou celle qui exploite une écloserie.

Voir aussi **écloserie**

◊ SOMOL*1992***127

**hatching**

*(Reproduction and Genetics)*

The emergence of young from an egg.

◊ WEBIN*1986***1038

**éclosion** n. f.

*(Reproduction et génétique)*

Fait de sortir de l'œuf en parlant d'un animal.

◊ LAROG*1982*4**3526

**hatching efficiency**
see hatching rate

**h**

**hatching jar**
hatchery jar

*(Fish Farming - Facilities)*

A bottlelike container used to incubate fish eggs, in which an ascending flow of water is supplied to maintain the dissolved oxygen level and reduce fungal infections.

◊ LANAQ*1992***384, 272, 382, PILLA*1990***296, WAST*1979***352

**bouteille d'incubation**     n. f.
jarre d'incubation     n. f.

*(Pisciculture - Installations)*

Récipient destiné à l'incubation des œufs de poissons, dans lequel se fait une circulation ascendante d'eau qui fournit l'oxygène dissous nécessaire et diminue le risque d'infections fongiques.

◊ GESPI*1985***249, SOMOL*1992***8

**hatching rate**
hatching efficiency

*(Reproduction and Genetics)*

Percentage of eggs that have hatched.

◊ PILLA*1990***114, LANAQ*1992***393, 342

**taux d'éclosion**     n. m.

*(Reproduction et génétique)*

Pourcentage des œufs qui ont éclos.

◊ BOUGOC*1976***279, AQUAC*1986*1**471

**hatchling**
see sac-fry

**hCG**
see human chorionic gonadotropin

**HCG**
see human chorionic gonadotropin

**head (mollusc)**

*(Mollusc Culture - Anatomy and Physiology)*

The anterior portion of a mollusc containing the sense organs and the mouth.

◊ LANAQ*1992***165

**tête (mollusque)**     n. f.

*(Conchyliculture - Anatomie et physiologie)*

Partie antérieure d'un mollusque qui contient les organes sensoriels et la bouche.

◊ LAROG*1982*10**10162

**heat exchanger**

*(Facilities - Water)*

A device for the transfer of heat from one fluid to another, used to recover waste heat or to boost the temperature of incoming water.

◊ WICRU*1992***374

**échangeur de chaleur**     n. m.

*(Installations - Eau)*

Appareil assurant l'échange de chaleur entre deux fluides.

◊ OLFEB*1981***184

**heat pump**

*(Facilities - Water)*

Electrically driven device used to transfer heat from one area or body of water to another.

◊ WICRU*1992***374

**pompe à chaleur**     n. f.

*(Installations - Eau)*

Dispositif formé d'un ou de plusieurs échangeurs, capable d'emprunter de l'énergie thermique à un milieu extérieur et de la transporter au moyen d'un fluide (air, eau) vers l'enceinte à chauffer.

◊ ROBER*1986*7**584

**heat shock**
temperature shock

*(Reproduction and Genetics - Techniques and Methods)*

1. Treatment of eggs with low and high temperatures after fertilization to change the number of chromosomes in the cells.
2. The application of heat to stimulate the release of gametes (eggs and sperm) in bivalves.

See also **pressure shock, triploid**

◊ 1. PILLA*1990***171
2. PILLA*1990***481

**hectare**
Abbr. ha

*(Facilities - General Terminology)*

A metric unit of area equal to 100 ares or 10,000 square meters (approximately 2.5 acres).

◊ WEBIN*1986***1048, LANAQ*1992***226

**hemolymph**
V. s. haemolymph

*(Anatomy and Physiology)*

The circulatory fluid of various invertebrate animals (crustaceans, molluscs) that is functionally comparable to the blood and lymph of vertebrates.

◊ WEBIN*1986***1055, LANAQ*1992***187, 188

**hepatopancreas**
digestive gland
mid-gut gland

*(Anatomy and Physiology)*

The major digestive gland in molluscs and crustaceans believed to carry out the functions proper to the liver and pancreas.

◊ WICRU*1992***374, SCITF*1988***424, MEINV*1991***246, 247

**herbivorous species**

*(Biology)*

A species which eats plants.

◊ LAFRE*1984***514, PILLA*1990***96

**choc thermique 1**     n. m.

*(Reproduction et génétique - Techniques et méthodes)*

1. Hausse ou baisse de température que l'on fait subir aux œufs fécondés pour changer le nombre de chromosomes contenus dans les cellules.
2. Hausse de température pour provoquer l'émission des produits génitaux (ovules et spermatozoïdes) chez les bivalves.

Voir aussi **choc de pression, triploïde**

◊ 1. CAPQ-2*1992***48, 49
2. AQUAC*1986*2**910, BOUGOC*1976***255

**hectare**     n. m.
Abrév. ha

*(Installations - Terminologie générale)*

Mesure de superficie égale à cent ares, à un hectomètre carré ou à dix mille mètres carrés (équivalent à environ 2,5 acres).

◊ LAROG*1982*5**5193, CAPQ-11*1992***13

**hémolymphe**     n. f.

*(Anatomie et physiologie)*

Liquide physiologique présent dans le système circulatoire non clos de certains invertébrés : crustacés ou mollusques.

**OBS**
L'hémolymphe contient des cellules sanguines et, en solution, diverses protéines et des sels.

◊ CILFO*1989***243, BIOGAL*1988***146

**hépatopancréas**     n. m.
V. o. hépato-pancréas     n. m.
V. o. hépato pancréas     n. m.

*(Anatomie et physiologie)*

Important organe digestif des mollusques et des crustacés, jouant simultanément le rôle du foie et celui du pancréas.

◊ LAROG*1982*5**5229, GPP*1985***1:15, BIOGAL*1988***145

**espèce herbivore**     n. f.

*(Biologie)*

Espèce qui se nourrit de végétaux.

◊ LAROG*1982*5**5237, GIRAQ*1991***212

## heritability

### (Reproduction and Genetics)

The degree to which a trait is transmitted from parents to offspring (i.e. breeding value), and which is expressed as the ratio of the additive genetic variance to the total phenotypic variance.

◊ KIGEN*1985***175

## hermaphrodite
hermaphroditic individual

### (Biology)

An individual that has both male and female reproductive organs and that is capable of forming gametes of both sexes.

◊ WAST*1979***352, SCITF*1988***425, PILLA*1990***507

## hermaphroditic individual
see hermaphrodite

## heterosis
see hybrid vigor

## heterozygosity

### (Reproduction and Genetics)

The condition of having one or more pairs of dissimilar alleles.

See also **homozygosity**

◊ KIGEN*1985***178, PILLA*1990***171

## heterozygous                     adj.

### (Reproduction and Genetics)

Having one or more pairs of dissimilar alleles.

See also **homozygous**

◊ LANAQ*1992***131, KIGEN*1985***178

## hinge

### (Mollusc Culture - Anatomy and Physiology)

A flexible ligamentous joint that holds the valves of a bivalve mollusc shell together and causes them to gape ventrally.

◊ WEBIN*1986***1071, INZOO*1974***261

## Hippoglossus hippoglossus
see Atlantic halibut

## héritabilité                     n. f.

### (Reproduction et génétique)

Aptitude plus ou moins marquée d'un caractère génétique à se transmettre aux générations suivantes, qui s'exprime par le rapport de la variance génétique additive à la variance phénotypique totale.

◊ CILFG-32*1991***148, CAPQ-2*1992***58

## hermaphrodite                    n. m.
individu hermaphrodite             n. m.

### (Biologie)

Individu possédant des organes génitaux mâles et femelles et pouvant produire les gamètes des deux sexes.

◊ LAROG*1982*5**5243, MUS*1981***434, AQUAC*1986*2**542

## hétérozygotie                    n. f.

### (Reproduction et génétique)

État d'une cellule ou d'un individu dont les allèles à un locus donné sont différents.

Voir aussi **homozygotie**

◊ CILFG-32*1991***152

## hétérozygote                     adj.

### (Reproduction et génétique)

Qui a deux allèles différents à un locus donné.

Voir aussi **homozygote**

◊ CAPQ-5*1992***58

## charnière                        n. f.

### (Conchyliculture - Anatomie et physiologie)

Partie de la coquille composée d'un ligament élastique et de dents articulées servant à l'articulation des deux valves chez les mollusques bivalves.

◊ LAROG*1982*2**2053

**Hitra disease**
  cold-water vibriosis

*(Fish Farming - Pathology and Predators)*

A bacterial disease of marine fish caused by *Vibrio salmonicida* which is most likely to strike during winter-spring and in which the fish become anaemic with ragged fins, scale and skin ulcers.

◊ ROTSA*1986***148, COLD*1995***52-53, 62-63

**hold, to**                               v.
*(Farming/Culture - Techniques and Methods)*

To store aquatic animals in tanks for a future use.

**holding**

*(Farming/Culture - Techniques and Methods)*

The storage of fish or other aquatic animals in tanks for a future use (e.g. artificial reproduction).

◊ LANAQ*1992***239

**holding capacity**

*(Farming/Culture)*

The population of a given species (biomass) that a culture chamber (e.g. tank, pound, etc.) will support without negative effect on the animal population or the culture medium.

See also **carrying capacity**

◊ AQUAC-E-*1994***351

**holding tank**
*(Facilities - Farming/Culture)*

A tank in which aquatic animals are stored for a future use (e.g. artificial reproduction).

◊ LANAQ*1992***239

***Homarus americanus***
  see lobster

**vibriose en eau froide**              n. f.
  maladie d'Hitra                       n. f.

*(Pisciculture - Pathologie et prédateurs)*

Chez les poissons marins, maladie bactérienne causée par *Vibrio salmonicida* qui se manifeste souvent en hiver et au printemps et qui provoque l'anémie, l'érosion des branchies, ainsi que des ulcères.

◊ AQEX-F*1989***81

**stabuler**                            v.
*(Élevage/culture - Techniques et méthodes)*

Entreposer des animaux aquatiques dans des bassins dans le but d'en faire un usage éventuel.

◊ BAMI*1991***15

**stabulation**                         n. f.
  parcage                               n. m.
*(Élevage/culture - Techniques et méthodes)*

Entreposage de poissons ou d'autres animaux aquatiques dans des bassins dans le but d'en faire un usage éventuel (p. ex. la reproduction artificielle).

◊ LAROG*1982*9**9780, ARECO*1976***306

**capacité de stabulation**             n. f.
  capacité de parcage                   n. f.
*(Élevage/culture)*

Nombre total d'individus d'une espèce ou d'une population animale (biomasse) qu'un récipient (p. ex. un bassin, un vivier, etc.) peut contenir sans que les animaux ou le milieu de culture ne subissent de détérioration.

Voir aussi **capacité de charge**

**bassin de stabulation**               n. m.
*(Installations - Élevage/culture)*

Bassin dans lequel on entrepose les animaux aquatiques dans le but d'en faire un usage éventuel (p. ex. la reproduction artificielle).

◊ ARECO*1976***306

**homing**

*(Fish Farming - Biology)*

Return of fish to their stream or lake of origin to spawn.

**OBS**

Salmonids which have grown to full size in the sea return to their river of origin by recognizing its smell.

◊ AQUAC-E*1994**346, PIPFI*1986***484

**homing instinct**

*(Fish Farming - Biology)*

The faculty possessed by fish of returning to their stream or lake of origin to spawn.

◊ AQEX-E*1989***61

**homozygosity**

*(Reproduction and Genetics)*

The condition of having identical alleles at one or more loci in homologous chromosome segments.

See also **heterozygosity**

◊ KIGEN*1985***185, PILLA*1990***169

**homozygous**                    adj.

*(Reproduction and Genetics)*

Having identical rather than different alleles in the corresponding loci of homologous chromosomes.

See also **heterozygous**

◊ KIGEN*1985***185, LANAQ*1992***131

**hormonal injection**
   V. s. hormone injection

*(Fish Farming - Reproduction and Genetics)*

Injection of a hormone with a syringe (e.g. human chorionic gonadotropin) to induce breeding in certain species such as carp.

◊ PILLA*1990***298, LANAQ*1992***224

**hormone injection**
   see hormonal injection

**retour (aux frayères natales)**          n. m.

*(Pisciculture - Biologie)*

Phase du cycle de migration d'un poisson au cours de laquelle il revient au fleuve ou au cours d'eau d'origine pour se reproduire.

**OBS**

Les salmonidés, lâchés dans les fleuves, migrent en mer où ils s'engraissent ; puis, guidés par leur mémoire olfactive, retournent vers le fleuve pour s'y reproduire.

◊ GESPI*1985***118, AQEX-F*1989***66, AQUAC*1986*1**9, CILFO*1989***431

**instinct de retour**          n. m.

*(Pisciculture - Biologie)*

Chez les poissons, comportement héréditaire qui les fait retourner à leur frayère natale pour s'y reproduire.

**homozygotie**          n. f.

*(Reproduction et génétique)*

État d'une cellule ou d'un individu dont les allèles à un locus donné sont identiques.

Voir aussi **hétérozygotie**

◊ CILFG-32*1991***155, CAPQ-2*1992***32

**homozygote**          adj.

*(Reproduction et génétique)*

Qui a deux allèles identiques à un locus donné.

Voir aussi **hétérozygote**

◊ CAPQ-5*1992***58

**injection d'hormone**          n. f.
   V. o. injection hormonale          n. f.

*(Pisciculture - Reproduction et génétique)*

Injection par seringue d'une hormone (p. ex. gonadotrophine chorionique humaine) pour induire la ponte chez certaines espèces comme la carpe.

◊ AQUAC*1986*2**580, 646, PISET*1980***293, 170

**host**

*(Pathology and Predators)*

An organism on or in which a parasite lives.

◊ LASTE*1989***906, FISFA*1988***391

**HRM**
    see enteric redmouth disease

**Huagui scallop**
    noble scallop
    old scallop
    *Chlamys nobilis*

*(Mollusc Culture - Aquaculture Species)*

A scallop of southern China Seas.

◊ SHUSCA*1991***811, 527

**human chorionic gonadotrophin**
    see human chorionic gonadotropin

**human chorionic gonadotropin**
    V. s. human chorionic gonadotrophin
    Abbr. hCG
    Abbr. HCG

*(Fish Farming - Reproduction and Genetics)*

A placental hormone which is used to induce ovulation and spermiation.

◊ FISFA*1988***390, LANAQ*1992***214

**humpback salmon**
    see pink salmon

**husbandry**
    animal husbandry

*(Farming/Culture)*

A branch of agriculture concerned with the production and care of domestic animals; specifically, the scientific study of the problems of animal production (as breeding and feeding).

◊ WEBIN*1986***85

**hôte**    n. m.

*(Pathologie et prédateurs)*

Être vivant qui héberge un parasite.

◊ LAROG*1982*5**5353

**peigne noble**    n. m.
    peigne sénateur    n. m.
    *Chlamys nobilis*

*(Conchyliculture - Espèces aquacoles)*

Peigne du sud de la Chine, à coquille fortement striée de côtes et aux valves égales.

**gonadotrophine chorionique**
**humaine**    n. f.
    V. o. gonadotropine chorionique
        humaine    n. f.
    Abrév. GCH
    Abrév. HCG
    Abrév. GCh

*(Pisciculture - Reproduction et génétique)*

Hormone placentaire utilisée pour induire l'ovulation et la spermiation.

◊ BOUGOC*1976***277, AQUAC*1986*2**1003

**élevage 2**    n. m.
    zootechnie    n. f.

*(Élevage/culture)*

Science dont l'objet est l'étude des conditions et des méthodes d'élevage et de reproduction des animaux en vue de satisfaire les besoins de l'homme.

◊ LAROG*1982*10**11029, BT-197*1990***20

## hybrid

*(Reproduction and Genetics)*

An organism produced by crossing parents of different species or varieties; or an organism produced by crossing parents of different genotypes.

◊ ALENV*1983***257, LANAQ*1992***129, 131, PILLA*1990***164

## hybrid vigor

V. s. hybrid vigour
heterosis

*(Reproduction and Genetics)*

A greater vigor in terms of growth, survival and fertility of hybrids, usually from crosses between highly inbred lines.

◊ KIGEN*1985***178, LANAQ*1992***132

## hybrid vigour

see hybrid vigor

## hybridisation

see crossbreeding

## hybridization

see crossbreeding

## hydrated lime

see slaked lime

## hydrogen peroxide

Symb. $H_2O_2$

*(Reproduction and Genetics)*

A colorless, syrupy, heavy liquid that is used chiefly in dilute form.

**OBS**

Used, for instance, to induce spawning of abalones.

◊ WEBIN*1986***1108, LANAQ*1992***108, PILLA*1990***508

## 20-hydroxyecdysone

see crustecdysone

---

## hybride                    n. m.

*(Reproduction et génétique)*

Chez les animaux, se dit du produit de l'accouplement de reproducteurs appartenant à deux espèces différentes. Par extension, le terme est appliqué aux produits de reproducteurs appartenant à des lignées fortement consanguines distinctes à l'intérieur d'une même espèce.

◊ CILFG-32*1991***157, CAPQ-2*1992***58

## hétérosis                    n. f.

vigueur hybride                    n. f.

*(Reproduction et génétique)*

Accroissement de vigueur générale (croissance, survie, fertilité) observé chez les individus issus d'un croisement.

◊ LAROG*1982*5**5257, CILFG-32*1991***151, CAPQ-2*1992***40, 41

## peroxyde d'hydrogène                    n. m.

Symb. $H_2O_2$

*(Reproduction et génétique)*

Espèce chimique qui se présente sous la forme d'un liquide sirupeux dense et qui est souvent mélangée avec de l'eau (eau oxygénée).

**OBS**

Utilisé notamment pour induire la ponte des ormeaux.

◊ AQUAC*1986*2**918, AQUAC*1986*1**132

**hypergonadism**

*(Pathology and Predators)*

A condition caused by excessive secretion of gonadal hormones.

◊ DOMED*1994***794

**hyperplasia**

*(Pathology and Predators)*

Enlargement of an organ or tissue due to an increase in the number of its constituent cells.

◊ MED-E*1992***553

**hypervitaminosis**

*(Pathology and Predators)*

A disorder resulting from an excess of one or more vitamins.

◊ LAFRE*1984***514

**hypogonadism**

*(Pathology and Predators)*

A condition resulting from or characterized by abnormally decreased gonadal function, with retardation of growth and sexual development.

◊ DOMED*1994***807

**hypolimnion ***

*(Water - Culture Medium)*

The lowermost layer of water in a lake, characterized by an essentially uniform temperature generally colder than elsewhere in the lake, and by relatively stagnant or oxygen-poor water.

* Term standardized by ISO.

◊ WEBIN*1986***1115, WAST*1979***353

*Hypophthalmichthys molitrix*
see silver carp

**hypophysation**

*(Fish Farming - Reproduction and Genetics)*

The practice of injecting fish with substances derived from the pituitary gland for the purpose of inducing reproduction (such as ovulation) when conditions are not favourable for successful natural spawning in ponds.

See also **pituitary extract**

◊ LAFRE*1984***517, FISFA*1988***391, PILLA*1990***296

**hypergonadisme**  n. m.

*(Pathologie et prédateurs)*

Développement exagéré des caractères sexuels secondaires, dû à une sécrétion excessive d'hormones sexuelles.

◊ ROBER*1986*5**310

**hyperplasie**  n. f.

*(Pathologie et prédateurs)*

Augmentation du volume d'un tissu ou d'un organe due à une multiplication cellulaire.

◊ LAROG*1982*5**5416

**hypervitaminose**  n. f.

*(Pathologie et prédateurs)*

Troubles provoqués par un excès de vitamines dans l'organisme.

◊ LAROG*1982*5**5419, ROBER*1986*5**316

**hypogonadisme**  n. m.

*(Pathologie et prédateurs)*

Insuffisance du fonctionnement des gonades ou glandes sexuelles.

◊ LAROG*1982*5**5422

**hypolimnion ***  n. m.

*(Eau - Milieu de culture)*

Couche profonde et épaisse de l'eau des lacs, pauvre en oxygène en été et marquée par une température inférieure à celle de l'eau de surface.

* Terme normalisé par l'ISO.

◊ PARSE*1990***275

**hypophysation**  n. f.

*(Pisciculture - Reproduction et génétique)*

Technique d'induction de ponte qui consiste en un apport exogène d'hormone gonadotrope par injection d'hypophyses pour provoquer le déroulement de phases du cycle sexuel (p. ex. l'ovulation) qui ne se produisent pas naturellement.

Voir aussi **extrait hypophysaire**

◊ BAMI*1991***71

**hypophysis**
  see pituitary gland

**hypothalamus**

*(Fish Farming - Anatomy and Physiology)*

In fish, part of the brain that regulates the reproductive functions of the pituitary gland and produces releasing hormones.

◊ FISFA*1988***391, LANAQ*1992***213, PILLA*1990***158

**hypothalamus**                                  n. m.

*(Pisciculture - Anatomie et physiologie)*

Chez les poissons, partie du cerveau responsable des comportements reproducteurs de l'hypophyse et de la sécrétion des hormones de libération.

◊ HADIC*1990***222, LANAQ*1992***213, PILLA*1990***158

**hypovitaminosis**

*(Pathology and Predators)*

A condition due to a deficiency of one or more vitamins.

◊ LASTE*1989***931, LANAQ*1992***137

**hypovitaminose**                                n. f.

*(Pathologie et prédateurs)*

Carence d'une ou plusieurs vitamines associées.

◊ ROBER*1986*5**328

---

# i

**I-line**
  see pure line

**ich**
  see ichthyophthiriasis

**ichthyology**

*(Fish Farming - General Terminology)*

A branch of zoology that deals with fishes.

◊ WEBIN*1986***1121

**ichtyologie**                                   n. f.

*(Pisciculture - Terminologie générale)*

Étude scientifique des poissons.

◊ Q2721*1993***111

**ichthyopathology**
  see fish pathology

**ichthyophthiriasis**
  ich
  V. s. ick
  white spot disease
  white spot

*(Fish Farming - Pathology and Predators)*

An infection of freshwater fish by the ciliate protistan *(Ichthyophthirius multifiliis)* which can become severe and even fatal under confined holding conditions.

**ichtyophtiriose**                               n. f.
  maladie des taches blanches                     n. f.

*(Pisciculture - Pathologie et prédateurs)*

Infection des poissons d'eau douce due à un protiste cilié *(Ichthyophthirius multifiliis)*, qui peut être grave, voire fatale, dans des conditions de stabulation non optimales.

**OBS**

L'ichtyophtiriose peut provoquer des pertes considérables dans les bassins d'élevage.

◊ PATH*1985***Planche XI, n° 2, AQUAC*1986*2**832, BAMI*1991***85-86

◊ PIPFI*1986***484, ROTSA*1986***50, PILLA*1990***204

**ick**
> see ichthyophthiriasis

**ICSH**
> see luteinizing hormone

***Ictalurus punctatus***
> see channel catfish

**IHN**
> see infectious hematopoietic necrosis

**immune body**
> see antibody

**immunization**

*(Pathology and Predators)*

The process or procedure by which an individual is made resistant to disease, specifically infectious disease.

◊ PIPFI*1986***485

**immunisation**     n. f.

*(Pathologie et prédateurs)*

Processus par lequel un individu acquiert une immunité spécifique, c'est-à-dire devient résistant à un agent pathogène, à une maladie infectieuse.

◊ ROBER*1986*5**397, LAROG*1982*5**5486

**in-stream incubator**

*(Fish Farming - Facilities)*

A cascade arrangement of trays with mesh bottom that permits flow-through of water in a stream and is used for the incubation of eggs.

See also **stream-side incubator**

**incubateur en eau vive**     n. m.

*(Pisciculture - Installations)*

Auge équipée de plateaux à fonds maillés permettant une circulation d'eau dans un ruisseau et utilisée pour l'incubation des œufs.

Voir aussi **incubateur au fil de l'eau**

**inanition**
> see starvation

**inbred line**
> see pure line

**inbreeding**

*(Reproduction and Genetics)*

The mating of individuals that are more closely related to each other than individuals mating at random within a population.

See also **crossbreeding**

◊ GAGUA*1983***216

**consanguinité**     n. f.

*(Reproduction et génétique)*

État de deux ou plusieurs individus issus d'un croisement ou d'une série de croisements entre individus apparentés et survenus dans des générations relativement récentes.

Voir aussi **hybridation**

◊ LAROG*1982*3**2526, CAPQ-2*1992***32

**inbreeding coefficient**
    Symb. F

*(Reproduction and Genetics)*

The probability that two alleles at any locus are identical and descended from a common ancestor.

**OBS**

Since the inbreeding coefficient is a probability, it can assume only the values within the range of zero to 1 (0% to 100%). Inbreeding coefficients express the amount of inbreeding that has accumulated starting from a specific point in the ancestry of the population.

◊ GAGUA*1983***216

**inbreeding depression**

*(Reproduction and Genetics)*

Decreased vigor in terms of growth, survival or fertility following one or more generations of inbreeding.

◊ KIGEN*1985***198, PILLA*1990***169, 334

**incubation**
    see egg incubation

**incubation of eggs**
    see egg incubation

**incubation period**

*(Reproduction and Genetics)*

The period required to bring an egg to hatching.

◊ LASTE*1989***949, LANAQ*1992***228,
    PILLA*1990***158, 175, 177

**incubator**

*(Fish Farming - Facilities)*

An apparatus (e.g. a trough or jar) in which the artificial rearing of fertilized fish eggs and newly-hatched fry takes place.

**OBS**

Incubators provide a regulated flow of water of the required temperature for the development and hatching of fertilized eggs and prevention of infections.

◊ WEBIN*1986***1146, PILLA*1990***83,
    PIPFI*1986***485

**coefficient de consanguinité**    n. m.
    Symb. F

*(Reproduction et génétique)*

Probabilité que deux allèles, à un locus donné, soient identiques et issus d'un ancêtre commun.

**OBS**

Le coefficient de consanguinité est une mesure de l'augmentation du degré d'homozygotie, résultant de la consanguinité. Il varie de 0 à 1 (0 % à 100 %).

◊ CAPQ-2*1992***32

**dépression de consanguinité**    n. f.

*(Reproduction et génétique)*

Diminution de la moyenne phénotypique des caractères de reproduction ou d'efficacité physiologique (p. ex. croissance, survie, fertilité), consécutive à un mode de reproduction consanguin.

◊ CILFG-32*1991***77

**période d'incubation**    n. f.

*(Reproduction et génétique)*

Période de développement de l'œuf, s'étendant de la fécondation à l'éclosion.

◊ AQUAC*1986*1**241, AQUAC*1986*2**562, 576,
    BOUGOC*1976***278

**incubateur**    n. m.

*(Pisciculture - Installations)*

Enceinte (p. ex. auge, bouteille) dans laquelle s'effectue le développement de l'œuf et de l'alevin, depuis sa fécondation jusqu'à la résorption de la vésicule vitelline.

**OBS**

Les incubateurs sont aménagés de façon à profiter d'une circulation d'eau à température réglée pour assurer le développement et l'éclosion d'œufs fertilisés et pour diminuer le risque d'infection.

◊ CILFO*1989***256, ARECO*1976***301,
    LAROG*1982*5**5519

**index selection**
see combined selection

**individual selection**
see mass selection

**induce spawning, to**                    v.

*(Fish Farming - Reproduction and Genetics)*

To bring about spawning by hormone administration and environmental manipulation.

◊ FISFA*1988***111

**induce, to**                    v.

*(Reproduction and Genetics - Techniques and Methods)*

To bring on or bring about by the use of hormones or other means (e.g. induce spawning, ovulation, sterility, etc.).

◊ WEBIN*1986***1154, PILLA*1990***171, LANAQ*1992***257, 262

**induced breeding**
induced reproduction

*(Reproduction and Genetics - Techniques and Methods)*

Breeding brought about through manipulation of the environment or treatment of the animal by the culturist.

◊ LAFRE*1984***514, PILLA*1990***292, 298

**induced reproduction**
see induced breeding

**induced spawning**

*(Reproduction and Genetics - Techniques and Methods)*

Spawning which is brought about by hormone administration and/or environmental manipulation, such as changes in water temperature.

◊ FISFA*1988***107

**infectious haematopoietic necrosis**
see infectious hematopoietic necrosis

**induire la ponte**                    v.

*(Pisciculture - Reproduction et génétique)*

Provoquer la ponte par l'administration d'hormones et le contrôle des facteurs de l'environnement.

◊ BOUGOC*1976***276, AQUAC*1986*1**3

**induire**                    v.

*(Reproduction et génétique - Techniques et méthodes)*

Agir pour qu'un phénomène se passe au moment voulu soit par l'utilisation d'hormones, soit par d'autres moyens (p. ex. induire la ponte, l'ovulation, la maturité sexuelle, etc.).

◊ AQUAC*1986*2**721, AQUAC*1986*1**395

**induction de la reproduction**        n. f.
   reproduction induite              n. f.
   reproduction provoquée            n. f.

*(Reproduction et génétique - Techniques et méthodes)*

Reproduction provoquée par le contrôle des facteurs de l'environnement ou le contrôle physiologique de l'animal.

◊ BOUGOC*1976***275-276, AQUAC*1986*2**692, PISET*1980***163-164

**induction de la ponte**              n. f.
   ponte induite                     n. f.

*(Reproduction et génétique - Techniques et méthodes)*

Ponte qui est provoquée par l'administration d'hormones et le contrôle des facteurs de l'environnement.

◊ AQUAC*1986*2**646, AQUAC*1986*1**395

**infectious hematopoietic necrosis**
   V. s. infectious haematopoietic necrosis
   Abbr. IHN
   Oregon sockeye disease
   Abbr. OSD
   Sacramento River chinook disease
   Abbr. SRCD

*(Salmonid Farming - Pathology and Predators)*

An acute viral disease in salmonids caused by a virus of the *Rhabdovirus* group that affects the kidney, spleen and pancreatic tissue.

◊ PIPFI*1986***485, ROTSA*1986***82, 116

**infectious pancreatic necrosis**
   Abbr. IPN

*(Salmonid Farming - Pathology and Predators)*

A viral infection of salmonids that attacks the cells of the digestive system so that both the gut lining and the pancreas are destroyed.

◊ PILLA*1990***188, ROTSA*1986***104,
   COLD*1995***469

**inlet**
   water inlet

*(Facilities - Water)*

An opening for the supply of water in a tank, pipe, etc.

◊ PILLA*1990***57, 184, 205

**inorganic fertilizer**

*(Growth and Nutrition - Culture Medium)*

A chemical material added to the water in ponds for increasing natural productivity.

◊ WICRU*1992***372

**instar**
   see intermoult

**intensive aquaculture**
   *(Aquaculture Types)*

Aquaculture practiced in an intensive culture system.

See also **intensive culture, intensive system**

◊ GAGUA*1983***97


**nécrose hématopoïétique
infectieuse**          n. f.
   Abrév. NHI

*(Salmoniculture - Pathologie et prédateurs)*

Chez les salmonidés, maladie virale aiguë causée par un virus de la famille des *Rhabdoviridae* affectant le rein, la rate et le tissu pancréatique.

◊ PATH*1985***70, 80, AQUAC*1986*2**564

**nécrose pancréatique infectieuse**   n. f.
   Abrév. NPI
   Abrév. IPN

*(Salmoniculture - Pathologie et prédateurs)*

Chez les salmonidés, infection virale qui se propage dans les cellules du système digestif, détruisant ainsi la paroi abdominale et le pancréas.

◊ PATH*1985***80, 66, AQUAC*1986*2**845

**entrée d'eau**          n. f.
   arrivée d'eau          n. f.

*(Installations - Eau)*

Endroit par lequel l'eau entre dans un bassin, une conduite, etc.

◊ OLFEB*1981***5

**engrais minéral**          n. m.
   fertilisant minéral          n. m.

*(Croissance et nutrition - Milieu de culture)*

Substance chimique ajoutée à l'eau des étangs dans le but d'accroître la productivité naturelle.

◊ BAMI*1991***162

**aquaculture intensive**          n. f.
   *(Types d'aquaculture)*

Aquaculture pratiquée à l'intérieur d'un système de culture intensive.

Voir aussi **culture intensive,
          système d'élevage intensif**

◊ AQUAC*1986*2**1047

**intensive culture**
    intensive farming

*(Fish Farming - Techniques and Methods)*

High-density rearing in which organisms are grown in systems such as tanks and raceways, where the support parameters are carefully controlled by the culturist and dependance on the natural environment is minimal.

OBS
Intensive culture relies mostly on artificial feeds and results in high yield per unit area.

See also **extensive culture, semi-intensive culture**

◊ LANAQ*1992***199, 252, PILLA*1990***103, FISFA*1988***391, ENSCI*1991*2**2

**intensive farming**
    see intensive culture

**intensive system**

*(General Terminology)*

A system in which intensive culture is practiced.

See also **intensive culture**

◊ ENSCI*1991*2**1

**inter-moult**
    see intermoult

**interferon**

*(Pathology and Predators)*

A protein produced by intact animal cells when infected with viruses, which acts to inhibit viral reproduction and to induce resistance in host cells.

◊ LASTE*1989***978, LANAQ*1992***118

**intergeneric hybrid**
    interspecific hybrid

*(Reproduction and Genetics)*

Hybrid obtained by crossing individuals from two separate species.

◊ SCITF*1988***475, PILLA*1990***361

**intergeneric hybridisation**
    see interspecific hybridization

**culture intensive**      n. f.
    élevage intensif      n. m.

*(Pisciculture - Techniques et méthodes)*

Méthode d'élevage d'organismes à haute densité qui se pratique dans un milieu contrôlé, tel qu'un bassin, et selon laquelle l'éleveur maîtrise les paramètres d'élevage ; la dépendance du milieu naturel est donc minime.

OBS
La culture intensive repose essentiellement sur des aliments artificiels et donne un rendement élevé par unité de surface.

Voir aussi **culture extensive, culture semi-intensive**

◊ AQUAC*1986*1**16, 46, 483, SOMOL*1992***116, GIRAQ*1991***73

**système d'élevage intensif**      n. m.
*(Terminologie générale)*

Système dans lequel la culture intensive est pratiquée.

Voir aussi **culture intensive**

◊ AQUAC*1986*2**544

**interféron**      n. m.
*(Pathologie et prédateurs)*

Substance protéique, très rapidement synthétisée à l'intérieur d'une cellule infectée par un virus et qui, grâce à sa diffusion, empêche l'entrée et la multiplication du même virus et de virus d'autres espèces dans d'autres cellules.

◊ LAROG*1982*6**5633, PATH*1985***29

**hybride intergénérique**      n. m.
    hybride interspécifique      n. m.

*(Reproduction et génétique)*

Hybride issu du croisement d'organismes appartenant à des espèces différentes.

◊ CAPQ-2*1992***38

**intergeneric hybridization**
see interspecific hybridization

**intermediate host**

*(Pathology and Predators)*

A host which is normally used by a parasite in the course of its life cycle and in which the parasite may multiply asexually but not sexually.

◊ WEBIN*1986***1180, PILLA*1990***209

**intermolt**
see intermoult

**intermoult**
V. s. intermolt
V. s. inter-moult
instar

*(Crustacean Farming - Growth and Nutrition)*

The period between each ecdysis during which the crustacean is hard shelled.

◊ WICRU*1992***374, PILLA*1990***433

**interspecific hybrid**
see intergeneric hybrid

**interspecific hybridisation**
see interspecific hybridization

**interspecific hybridization**
V. s. interspecific hybridisation   [UK]
intergeneric hybridization
V. s. intergeneric hybridisation   [UK]

*(Reproduction and Genetics)*

Hybridization between individuals of different species.

See also **intraspecific hybridization**

◊ PILLA*1990***172

**interstitial cell-stimulating hormone**
see luteinizing hormone

**intertidal**                                   adj.

*(Water)*

Relating to or being the part of the littoral zone that is between the limits of mean high and mean low tide levels.

◊ WEBIN*1986***1183

**hôte intermédiaire**                    n. m.

*(Pathologie et prédateurs)*

Hôte qui héberge une forme larvaire du parasite (il peut y avoir plusieurs hôtes intermédiaires différents) avec multiplication et/ou maturation permettant d'aboutir à la forme infectante.

◊ LAROG*1982*5**5353, PATH*1985***122, 164

**intermue**                                   n. f.

*(Crustaciculture - Croissance et nutrition)*

Intervalle entre deux mues d'un crustacé.

◊ LAROG*1982*6**5636, AQUAC*1986*1**472

**hybridation interspécifique**        n. f.
    hybridation intergénérique        n. f.

*(Reproduction et génétique)*

Croisement entre individus appartenant à des espèces différentes.

Voir aussi **hybridation intraspécifique**

◊ CILFG-32*1991***156, CAPQ-2*1992***38

**intertidal**                                  adj.

*(Eau)*

Se dit de l'espace littoral situé entre le niveau des plus hautes mers et celui des plus basses mers.

◊ CILFO*1989***260

**intertidal zone ***

*(Water)*

The region of shoreline between the limits of mean high and mean low tide levels.

* Term standardized by ISO.

◊ WEBIN*1986***1183

**zone intertidale ***     n. f.

*(Eau)*

Zone littorale située entre les limites de marée haute moyenne et de marée basse moyenne.

* Terme normalisé par l'ISO.

◊ CILFO*1989***260

**intramuscular injection**

*(Fish Farming - Pathology and Predators)*

An injection made into the dorsal musculature.

◊ FISFA*1988***391, PILLA*1990***299

**injection intramusculaire**     n. f.
    Abrév. IM

*(Pisciculture - Pathologie et prédateurs)*

Injection faite dans l'épaisseur du muscle.

◊ PATH*1985***85, 115, 306

**intraperitoneal injection**

*(Fish Farming - Pathology and Predators)*

An injection made into the peritoneal cavity.

◊ FISFA*1988***391, PILLA*1990***201

**injection intrapéritonéale**     n. f.

*(Pisciculture - Pathologie et prédateurs)*

Injection faite dans la cavité péritonéale.

◊ PATH*1985***306, 313, ROBER*1986*5**707

**intraspecific hybridisation**
    see intraspecific hybridization

**intraspecific hybridization**
    V. s. intraspecific hybridisation   [UK]

*(Reproduction and Genetics)*

Hybridization between individuals of the same species.

See also **interspecific hybridization**

◊ PILLA*1990***170

**hybridation intraspécifique**     n. f.
    hybridation intragénérique     n. f.

*(Reproduction et génétique)*

Croisement entre individus appartenant à la même espèce.

Voir aussi **hybridation interspécifique**

◊ CILFG-32*1991***156

**iodophor**

*(Fish Farming - Pathology and Predators)*

Any compound that is a carrier of iodine used for the disinfection of eggs.

◊ LASTE*1989***993, FISFA*1988***391

**iodophore**     n. m.

*(Pisciculture - Pathologie et prédateurs)*

Produit chimique contenant de l'iodine et utilisé pour la désinfection des œufs.

◊ CAPQ-9*1993***12

**IPN**
    see infectious pancreatic necrosis

**Irish moss \***
  carrageen
  V. s. carragheen
  *Chondrus crispus*

**(Algal Culture - Aquaculture Species)**

A dark purple branching cartilaginous seaweed found on the coasts of northern Europe and North America and used especially as an emulsifying agent.

\* Recommended term in Canada.

◊ WEBIN\*1986\*\*\*342, NQ8070\*1995\*\*\*76

**Irish moss extractive**
  carrageenan
  V. s. carrageenin
  V. s. carragheenin

**(Algal Culture)**

A colloidal extractive of red algae (as *Chondrus, Eucheuma, Gigartina, Hypnea, Iridaea,* and *Phyllophora*) obtained from a mixture of sodium, potassium, calcium, and magnesium salts of an acid sulfate produced by a galactose-containing polysaccharide and used chiefly as a suspending agent in foods, pharmaceuticals and cosmetics.

◊ WEBIN\*1986\*\*\*342

| **mousse d'Irlande \*** | n. f. |
| carragahéen | n. m. |
| V. o. carragheen | n. m. |
| chondrus | n. m. |
| *Chondrus crispus* | |

**(Algoculture - Espèces aquacoles)**

Algue rouge floridée des côtes du nord d'Europe et d'Amérique du Nord, d'où l'on extrait un mucilage gélifiant.

\* Terme normalisé au Canada.

◊ NQ8070\*1995\*\*\*76

| **carragéenane** | n. m. |
| V. o. carraghénane | n. m. |
| carragénine | n. f. |
| V. o. carraghénine | n. f. |

**(Algoculture)**

Polymère du galactose sulfate entrant dans la composition de la paroi cellulaire des algues rouges (telles que *Chondrus, Eucheuma, Gigartina, Hypnea, Iridaea* et *Phyllophora*) et dont les capacités gélifiantes sont principalement utilisées dans les industries alimentaire, pharmaceutique et cosmétique.

◊ CILFO\*1989\*\*\*93

**jack**
  see grilse

**Japanese oyster**
  see Pacific oyster

**Japanese shrimp**
  Kuruma prawn
  Kuruma shrimp
  *Penaeus japonicus*

**(Crustacean Farming - Aquaculture Species)**

A large shrimp of warm and tropical waters found in the Indo-west Pacific.

◊ WICRU\*1992\*\*\*359, PILLA\*1990\*\*\*103, 427, LANAQ\*1992\*\*\*189

**Japanese yellowtail**
  see yellowtail

| **crevette kuruma** | n. f. |
| *Penaeus japonicus* | |

**(Crustaciculture - Espèces aquacoles)**

Crevette de grande taille des eaux tempérées, chaudes et tropicales du Pacifique oriental.

◊ CILFO\*1989\*\*\*141

**Java tilapia**
 *Tilapia mossambica*

*(Fish Farming - Aquaculture Species)*

A fish of the family Cichlidae found in freshwater and brackish waters of eastern Africa and distinguished by its gray, brown or blackish color.

**OBS**
During the breeding season, the females turn gray with black spots and the males change to dark black.

◊ LANAQ*1992***247

**Jicon scallop**
 *Chlamys farreri*

*(Mollusc Culture - Aquaculture Species)*

A scallop of northern China.

◊ PILLA*1990***502, SHUSCA*1991***809

**juvenile**

*(Growth and Nutrition - Biology)*

A young individual fundamentally like an adult of its kind except in size and reproductive activity (e.g. juvenile abalone, juvenile shrimp, juvenile fish).

◊ WEBIN*1986***1229, LANAQ*1992***214

**juvenile salmon**

*(Salmonid Farming - Growth and Nutrition)*

A young salmon which has passed the fry stage but has not reached the adult stage.

See also **parr, smolt, grilse**

**juvenile stage**

*(Growth and Nutrition - Biology)*

Stage preceding the adult stage in which the young individual is smaller in size and not capable of reproduction.

◊ LANAQ*1992***214, PILLA*1990***146

---

**tilapia du Mozambique**     n. m.
 *Tilapia mossambica*

*(Pisciculture - Espèces aquacoles)*

Poisson de la famille des cichlidés, qui vit dans les eaux douces et saumâtres d'Afrique orientale et est caractérisé par sa couleur gris argent, parfois teintée de vert ou de bleu.

**OBS**
À la saison de reproduction, la livrée du mâle devient bleu intense ou bleu-noir et celle de la femelle devient grise avec des taches noires.

◊ FRAPOI*1973***453, BOUGOC*1976***290

**pétoncle farreri**     n. m.
 *Chlamys farreri*

*(Conchyliculture - Espèces aquacoles)*

Peigne du nord de la Chine.

**juvénile 2 ***     n. m.

*(Croissance et nutrition - Biologie)*

Jeune individu ressemblant à l'adulte à l'exception de sa capacité de reproduction et de sa grosseur.

* Selon les ouvrages lexicographiques, ce terme est un anglicisme. Cependant, les ouvrages en aquaculture en font un usage répandu.

◊ CAPQ-9*1993***21, BOUGOC*1976***209, AQUAC*1986*2**1004

**saumoneau**     n. m.

*(Salmoniculture - Croissance et nutrition)*

Jeune saumon ayant dépassé le stade d'alevin, mais n'ayant pas atteint le stade adulte.

Voir aussi **tacon, smolt, madeleineau**

**stade juvénile 2**     n. m.
　stade de juvénile     n. m.
　phase juvénile     n. f.
　période juvénile     n. f.
　phase de jeunesse     n. f.

*(Croissance et nutrition - Biologie)*

Stade précédant le stade adulte où le jeune individu ressemble à un adulte, mais est plus petit que ce dernier et n'est pas capable de se reproduire.

◊ BOUGOC*1976***210, AQUAC*1986*2**628

# k

**kelp 1**
  see brown algae

**kelp 2**
  see laminaria

**kelp 3**
  wrack

*(Algal Culture - Aquaculture Species)*
Dried seaweed.
See also **brown algae**
◊ WEBIN*1986***1236

**varech**                                    n. m.
  V. o. varec                                n. m.
  goémon                                     n. m.

*(Algoculture - Espèces aquacoles)*
Ensemble des algues récoltées sur le littoral.
Voir aussi **algues brunes**
◊ LAROG*1982*1**251, NQ8070*1995***77

**kelt**
  see black salmon

**keta**
  see chum salmon

**kidney disease**
  see bacterial kidney disease

**king salmon**
  see chinook salmon

**Kuruma prawn**
  see Japanese shrimp

**Kuruma shrimp**
  see Japanese shrimp

# l

**lab lab**
  V. s. lab-lab
  V. s. lablab

*(Growth and Nutrition - Culture Medium)*
A dense mat of benthic blue-green algae, diatoms and
micro-animals that develops on the bottom of ponds.

◊ WICRU*1992***357, PILLA*1990***123

**lab-lab**                                   n. m.

*(Croissance et nutrition - Milieu de culture)*
Couverture complexe qui comprend une association
de bactéries filamenteuses, des algues bleues et vertes
et de nombreux animacules sur le fond des bassins.

◊ AQUAC*1986*2**971, HUET*1970***374-375

**lab-lab**
see lab lab

**lablab**
see lab lab

**lagoon**

*(Water)*

Body of water, separated from a lake, river or sea by a narrow land barrier, which may completely enclose it or leave a shallow passageway into it.

◊ BT-176*1987***151

**lagune**                                         n. f.

*(Eau)*

Étendue d'eau salée ou saumâtre, isolée de la mer ou d'un grand lac par une formation littorale générale-ment percée d'ouvertures.

◊ BT-176*1987***152

**lagoon farming**
see valliculture

**lake shrimp**
see common shrimp

**lake sturgeon \***
rock sturgeon
*Acipenser fulvescens*

*(Fish Farming - Aquaculture Species)*

A freshwater fish of the family Acipenseridae habiting the Great Lakes and Mississippi River that is usually brownish and heavily armored, with plates on the head, and rows of horny scutes along the spine and both sides of the body; the nose is extremely long and point-ed, but the mouth is set far back and under the head, just behind a set of long barbules.

\* Recommended term in Canada.

◊ NQ8070*1995***16

**esturgeon jaune \***                              n. m.
*Acipenser fulvescens*

*(Pisciculture - Espèces aquacoles)*

Poisson d'eau douce de la famille des acipenséridés, qui habite les Grands Lacs et le bassin du Mississippi et qui est caractérisé par un corps squaliforme recouvert de cinq rangées longitudinales de plaques osseuses, un museau de forme arrondie et une nageoire caudale hétérocerque.

\* Terme normalisé au Canada.

◊ NQ8070*1995***16

**lake trout \***
grey trout
V. s. gray trout
togue
*Salvelinus namaycush*

*(Salmonid Farming - Aquaculture Species)*

A fish of the family Salmonidae distinguished by its deeply forked tail and a body that is whitish below, green or greyish above, with hundreds of pale white or yellow spots.

\* Recommended term in Canada.

◊ NQ8070*1995***45

**touladi \***                                       n. m.
omble                                                 n. m.
truite de lac                                         n. f.
truite grise                                          n. f.
*Salvelinus namaycush*

*(Salmoniculture - Espèces aquacoles)*

Poisson de la famille des salmonidés reconnaissable par sa nageoire caudale très fourchue, un corps vert olive ou gris avec des taches pâles, et un ventre plu-tôt blanc ou jaunâtre.

\* Terme normalisé au Canada.

◊ NQ8070*1995***45

**lamella 1 ***
    gill lamella

*(Fish Farming - Anatomy and Physiology)*

A thin-walled, blood-filled, visibly red filament on a fish's gills which takes up oxygen from the water.

\* Plural: lamellae

◊ LAFRE\*1984\*\*\*513-514, LANAQ\*1992\*\*\*212, PILLA\*1990\*\*\*197, INZOO\*1974\*\*\*473

**lamella 2 ***

*(Mollusc Culture - Anatomy and Physiology)*

One of the thin plates composing the gills of a bivalve mollusc.

\* Plural: lamellae

◊ WEBIN\*1986\*\*\*1266, LAFRE\*1984\*\*\*515

**lamellibranch**
    see bivalve

**Lamellibranchia**
    see Bivalvia

**laminaria**
    kelp 2           colloq.
    *Laminaria*

*(Algal Culture - Aquaculture Species)*

Any kelp of the order Laminariales found in cool waters, comprising chiefly perennial kelps with an unbranched cylindrical or flattened stipe and a smooth or convoluted blade that is either simple or deeply incised into segments.

◊ WEBIN\*1986\*\*\*1267, LANAQ\*1992\*\*\*145

*Laminaria*
    see laminaria

**land-based**           adj.

*(Facilities)*

Relating to an aquaculture facility that is located on solid ground or a culture that is practiced on such an installation.

◊ PILLA\*1990\*\*\*14, 316, 465, LANAQ\*1992\*\*\*180

**largemouth**
    see largemouth bass

**lamelle branchiale**        n. f.

*(Pisciculture - Anatomie et physiologie)*

Partie de la branchie des poissons comportant les capillaires sanguins bordés de deux parois épithéliales minces, et au niveau de laquelle s'effectuent les échanges respiratoires.

◊ LAROG\*1982\*6\*\*6101, PATH\*1985\*\*\*24

**lamelle**           n. f.

*(Conchyliculture - Anatomie et physiologie)*

Une des plaques minces des branchies d'un mollusque bivalve.

◊ ROBER\*1986\*2\*\*155, MUS\*1981\*\*\*434

**laminaire**           n. f.
    *Laminaria*

*(Algoculture - Espèces aquacoles)*

Algue marine brune de l'ordre des laminariales, commune dans les mers froides, constituée d'une fronde en forme de lame, d'une tige cylindrique ou stipe et de crampons qui la fixent au substrat.

◊ CILFO\*1989\*\*\*276, LAROG\*1982\*6\*\*6104

**terrestre**           adj.
    à terre           adj.

*(Installations)*

Se dit d'une installation aquacole établie sur la terre ferme ou d'un élevage ayant lieu à cette installation.

◊ AQUAC\*1986\*1\*\*54, 68

**largemouth bass**
V. s. largemouthed bass
largemouth
*Micropterus salmoides*

*(Fish Farming - Aquaculture Species)*

A fish of the family Centrarchidae that is greenish above and lighter or whitish below the body, with the angle of the jaw falling behind the eye.

See also **smallmouth bass**

◊ WEBIN*1986***1273

**largemouthed bass**
see largemouth bass

**larva ***

*(Biology - Growth and Nutrition)*

An immature form of an animal that, at hatching, is fundamentally unlike its parent and must undergo change of appearance or pass through a metamorphic stage to reach the adult state.

* Plural: larvae

◊ WEBIN*1986***1273, PIPFI*1986***486

**larval culture**
see larval rearing

**larval cycle**
see larval stage

**larval development**

*(Biology - Growth and Nutrition)*

The various stages through which an animal passes at the larval stage.

◊ PILLA*1990***449

**larval fish**
see fish larva

**larval period**
see larval stage

**achigan à grande bouche**    n. m. [CA]
black-bass à grande bouche    n. m. [FR]
*Micropterus salmoides*

*(Pisciculture - Espèces aquacoles)*

Poisson de la famille des centrarchidés, au dos vert foncé à olive pâle, au ventre blanchâtre ou jaunâtre et dont le maxillaire s'étire vers l'arrière plus loin que l'œil.

Voir aussi **achigan à petite bouche**

◊ PENC*1993*5**438

**larve**    n. f.

*(Biologie - Croissance et nutrition)*

Forme immature d'un animal à l'issue de la phase embryonnaire et dont la structure doit subir des transformations profondes pour devenir un adulte.

◊ GPP*1985***G4, CILFO*1989***278

**développement larvaire**    n. m.

*(Biologie - Croissance et nutrition)*

Ensemble des différents stades par lesquels passe un animal à l'état de larve.

◊ AQUAC*1986*1**362, SOMOL*1992***22, 105

**larval rearing**
    larval culture
    larviculture

*(Farming/Culture)*

The culture of larvae of aquatic animals which takes place in tanks.

◊ PILLA*1990***159, 168

**larval stage**
    larval period
    larval cycle

*(Growth and Nutrition - Biology)*

Immature stage of an animal that is markedly different in form from the adult.

◊ HENBI*1989***279, LANAQ*1992***166, 346, 214

**larval tank**
    see larval-rearing tank

**larval-rearing tank**
    larval tank

*(Facilities - Farming/Culture)*

A tank used for the culture of larvae in which the culture parameters (e.g. feeding, water quality and temperature) can be controlled.

◊ PILLA*1990***400, SOMOL*1992***5

**larviculture**
    see larval rearing

**lateral line**

*(Fish Farming - Anatomy and Physiology)*

Longitudinal line on each side of the body in fishes which marks the position of cutaneous sensory cells of the acoustico-lateralis system concerned with the perception of movement and sound waves in water.

◊ HENBI*1989***279

**élevage larvaire**    n. m.

*(Élevage/culture)*

Élevage des larves d'animaux aquatiques pratiqué dans des bacs.

◊ AQUAC*1986*2**589, 919, 944,
    GIRAQ*1991***73, 127, 212

**stade larvaire**    n. m.
    période larvaire    n. f.
    phase larvaire    n. f.
    cycle larvaire    n. m.

*(Croissance et nutrition - Biologie)*

Stade d'un animal immature présentant des différences importantes avec la forme adulte de son espèce.

◊ LAROG*1982*6**6149, SOMOL*1992***9, 97, 102,
    AQUAC*1986*1**499

**bac d'élevage larvaire**    n. m.

*(Installations - Élevage/culture)*

Enceinte utilisée pour l'élevage des larves, dans laquelle le contrôle des paramètres d'élevage (p. ex. le nourrissage, la température, la qualité de l'eau) est possible.

◊ AQUAC*1986*2**589, 650, SOMOL*1992***5

**ligne latérale**    n. f.

*(Pisciculture - Anatomie et physiologie)*

Rangée d'organes sensitifs et microscopiques située sur chaque flanc des poissons, habituellement comprise dans un mince tube intérieur qui communique avec l'extérieur par l'intermédiaire de pores placées entre les écailles ; elle permet à l'animal de percevoir les courants, le mouvement des vagues et les vibrations sonores à basse fréquence.

◊ GPP*1985***G4

laver *
    amanori **
    V. s. amanore
    nori **
    purple laver         [UK]
    *Porphyra*

*(Algal Culture - Aquaculture Species)*

A red alga with thin red or purple fronds found mainly in intertidal environments.

* Recommended term in Canada.

** Term originating from Japan.

**OBS**

The gelatinous seaweeds are dried in the form of sheets which constitute an important food in Japan, China and Korea. The most commonly cultured species are *Porphyra tenera* and *P. yezoensis.*

◊ WEBIN*1986***1767, LANAQ*1992***149, NQ8070*1995***76

| porphyre * | n. f. |
|---|---|
| nori ** | n. m. ou f. |
| V. o. Nori | n. m. ou f. |
| amanori ** | n. m. ou f. |
| *Porphyra* | |

*(Algoculture - Espèces aquacoles)*

Algue rouge à thalle en lames violacées se développant généralement dans la zone intertidale.

* Terme normalisé au Canada.

** Terme originaire du Japon.

**OBS**

Séchée sous forme de feuilles, cette algue constitue un aliment important au Japon, en Chine et en Corée. Les espèces les plus cultivées sont *Porphyra tenera* et *P. yezoensis.*

◊ CUPER*1992***368-370, CILFO*1989***15, 337, NQ8070*1995***76

---

lease
    aquaculture lease

*(General Terminology)*

A site conveyed for a specified period and for a fixed rent for the purpose of aquaculture.

| concession | n. f. |
|---|---|
| concession aquacole | n. f. |
| bail * | n. m. |
| bail aquacole * | n. m. |

*(Terminologie générale)*

Site en milieu aquatique octroyé, à titre temporaire et contre une redevance, à un aquaculteur qui peut y poursuivre ses activités.

* Ce terme est utilisé dans la *Loi sur l'aquaculture du Nouveau-Brunswick.*

◊ CILFO*1989***120

---

leptocephalous larva
    see leptocephalus larva

leptocephalus
    see leptocephalus larva

leptocephalus larva
    V. s. leptocephalous larva
    leptocephalus *

*(Fish Farming - Growth and Nutrition)*

A leaf-shaped transparent larva of various eels that metamorphoses into elvers.

* Plural: leptocephali

◊ SUBIO*1988***418, LANAQ*1992***244

| larve leptocéphale | n. f. |
|---|---|
| leptocéphale | n. m. |

*(Pisciculture - Croissance et nutrition)*

Larve foliacée et transparente des anguilliformes qu'une métamorphose très apparente transforme ensuite en civelle.

◊ LAROG*1982*6**6233

lernaeosis

anchor worm disease

*(Fish Farming - Pathology and Predators)*

A disease in freshwater fish caused by species of the genus *Lernaea* which consist of parasitic copepods.

◊ PILLA*1990***209, WEBIN*1986***1296, LANAQ*1992***125

lesion

*(Pathology and Predators)*

An abnormal change in the structure of an organ or part.

◊ WEBIN*1986***1296, PILLA*1990***202

LH

see luteinizing hormone

LH-RH

see luteinizing hormone-releasing hormone

LHRH

see luteinizing hormone-releasing hormone

LHRH-a

see luteinizing hormone-releasing hormone analog

LHRHa

see luteinizing hormone-releasing hormone analog

lift net

*(Facilities)*

A bag or basket-shaped net designed to be used vertically through the water (as in taking smelts).

◊ WEBIN*1986***1307, PILLA*1990***235, 465

light period

*(Biology)*

Phase of the photoperiod cycle during which an organism is exposed to light.

See also **photoperiod**

lernaeose                    n. f.

lernéose                     n. f.

*(Pisciculture - Pathologie et prédateurs)*

Chez les poissons d'eau douce, maladie causée par les espèces du genre *Lernaea* composées de copépodes parasites.

◊ PATH*1985***142, 144, 223

lésion                       n. f.

*(Pathologie et prédateurs)*

Modification de la structure normale d'une partie de l'organisme.

◊ ROBER*1986*5**1007, PATH*1985***257, 276

carrelet 2                   n. m.

*(Installations)*

Filet en forme de nappe, monté sur deux cerceaux croisés suspendus au bout d'une perche, que l'on immerge puis remonte d'un mouvement rapide et régulier pour pêcher le menu poisson.

◊ LAROG*1982*2**1818, CILFO*1989***94

durée d'éclairement          n. f.

*(Biologie)*

Phase de la photopériode pendant laquelle un organisme est exposé à un éclairement.

Voir aussi **photopériode**

**lime**

*(Water - Treatment and Filtration)*

A product used in ponds which increases the pH of the mud, improves benthic productivity, boosts primary productivity by increasing the availability of carbon dioxide for photosynthesis, and improves the availability of nutrients, particularly phosphates.

◊ WICRU*1992***221

**liming**

*(Water - Treatment and Filtration)*

Treating the soil of a pond with lime to reduce its acidity and to help eradicate it of disease and parasites or treating a mollusc collector with a lime-based mixture to facilitate the separation of the spat.

◊ LASTE*1989***1078

**limivorous animal**
    see deposit feeder

**line 1**

*(Reproduction and Genetics)*

A succession of ancestors or descendants of an individual.

◊ WEBIN*1986***1314

**line 2**
    see pure line

**liner**
    lining
    pond liner

*(Facilities - Farming/Culture)*

A thin sheet of plastic or rubber placed on the bottom or sides of a pond to prevent leakage.

◊ PILLA*1990***27-28, LANAQ*1992***56

**lining**
    see liner

**chaux**                              n. f.

*(Eau - Traitement et filtration)*

Produit qui assure le bon fonctionnement d'un étang en neutralisant l'acidité des matières organiques, en stabilisant le pH de l'eau, en augmentant la productivité en algues et plantes aquatiques et en améliorant le développement et la croissance des invertébrés aquatiques et des poissons.

◊ BAMI*1991***59-60

**chaulage**                          n. m.

*(Eau - Traitement et filtration)*

Opération consistant à répandre de la chaux dans un étang pour en désinfecter le sol et en corriger l'acidité, ou à enduire d'un mélange à base de chaux un collecteur de mollusques en vue de faciliter la séparation du naissain.

◊ CAPQ-11*1992***25

**lignée 1**                          n. f.

*(Reproduction et génétique)*

Groupe de filiation dont tous les membres sont considérés comme descendants d'un ancêtre commun auquel il est possible de remonter par une suite ininterrompue de générations.

◊ CILFG-32*1992***173-174

**membrane synthétique**             n. f.
    membrane imperméable            n. f.

*(Installations - Élevage/culture)*

Mince toile de plastique ou de caoutchouc servant à l'imperméabilisation des parois ou du fond d'un étang.

◊ CAPQ-11*1992***13, 19

**linseed meal**

*(Growth and Nutrition)*

A meal obtained by grinding linseed or linseed cake.

◊ WEBIN*1986***1317, PILLA*1990***143

**lipid**

*(Growth and Nutrition)*

Any of a group of substances that are insoluble in water, but which can be dissolved in nonpolar solvents such as alcohols and ether. Lipids include fatty acids, fats, waxes and other compounds.

◊ LANAQ*1992***134

**liquid wastes**
see waste water

**live feed**

*(Growth and Nutrition)*

Feed consisting of living aquatic organisms.

◊ LANAQ*1992***231, 329

**lobster ***
American lobster
Northern lobster
*Homarus americanus*

*(Crustacean Farming - Aquaculture Species)*

A large marine decapod crustacean of the family Homaridae, of the northeastern coast of North America.

* Recommended term in Canada.

◊ WEBIN*1986***69, 1327, NQ8070*1995***57

**lobster culture**
see lobster farming

**lobster culturist**
see lobster farmer

**lobster farmer**
lobster culturist

*(Crustacean Farming)*

A person who practices lobster farming.

See also **lobster farming**

**farine de lin** n. f.
farine de graines de lin n. f.

*(Croissance et nutrition)*

Farine obtenue en concassant des graines de lin ou le tourteau de lin.

**lipide** n. m.

*(Croissance et nutrition)*

Corps gras renfermant un acide gras ou un dérivé d'acide gras (ester, alcool, aldéhyde gras). Les lipides comprennent les graisses proprement dites, les esters des acides gras et les lipoïdes.

◊ ROBER*1986*6**15, CAPQ-5*1992***20

**nourriture vivante** n. f.
proies vivantes n. f. pl.

*(Croissance et nutrition)*

Nourriture constituée d'organismes aquatiques vivants.

**homard ***  n. m.
homard américain n. m.
*Homarus americanus*

*(Crustaciculture - Espèces aquacoles)*

Crustacé décapode marin de grande taille de la famille des homaridés, vivant dans l'Atlantique nord.

* Terme normalisé au Canada.

◊ LAROG*1982*5**5313, NQ8070*1995***57

**homariculteur** n. m.
homaricultrice n. f.

*(Crustaciculture)*

Celui ou celle qui pratique l'homariculture.

Voir aussi **homariculture**

**lobster farming**
    lobster culture

*(Crustacean Farming)*

The rearing of lobster.

**locus ***

*(Reproduction and Genetics)*

The position on a chromosome occupied by a specified gene.

* Plural: loci

◊ SCITF*1988***531

**long line**
    V. s. longline

*(Facilities - Farming/Culture)*

A long string anchored at both ends and supported by floats on which strings, bags or trays are suspended for the growout of shellfish.

◊ LANAQ*1992***45, PILLA*1990***473, 503

**long-line culture**
    V. s. longline culture
    long-line culture system

*(Techniques and Methods)*

A method of culture of molluscs or algae which uses long lines for the suspension and growout of spat or seed.

◊ CRUH*1985***317, DOSHE*1991***114, LANAQ*1992***148

**long-line culture system**
    see long-line culture

**long-necked clam**
    see soft clam

**longline**
    see long line

**longline culture**
    see long-line culture

**homariculture ***          n. f.

*(Crustaciculture)*

Élevage du homard.

* Terme recommandé par le Comité de normalisation de la terminologie des pêches commerciales du Bureau de normalisation du Québec.

**locus ***          n. m.

*(Reproduction et génétique)*

Position précise d'un gène sur un chromosome.

* Pluriel : loci ou locus (pluriel invariable)

◊ PARSE*1990***318

**filière**          n. f.

*(Installations - Élevage/culture)*

Cordage garni de flotteurs qui supporte, à intervalles réguliers, des structures d'élevage (cordes, paniers, capteurs, etc.).

**OBS**
Le terme *longue ligne* est déconseillé.

◊ CILFO*1989***207, AQUAC*1986*1**446-447

**culture sur filière**     n. f.
    élevage sur filière      n. m.

*(Techniques et méthodes)*

Technique de culture d'algues ou de coquillages, où des filières servent de support pour le grossissement de semis ou de naissain.

◊ AQUAC*1986*1**446-447, BOUGOC*1976***240, AQUAC*1986*2**959, 1009

lucerne pellet
see alfalfa pellet

luteinizing hormone
Abbr. LH
interstitial cell-stimulating
hormone                         obsolete
Abbr. ICSH                      obsolete

*(Fish Farming - Reproduction and Genetics)*

A glycoprotein hormone stimulating ovulation, growth of the corpus luteum and secretion of estrogen.

**OBS**
LH is secreted by the adenohypophysis of vertebrates.
◊ KIGEN*1985***224

hormone lutéinisante          n. f.
Abrév. LH

*(Pisciculture - Reproduction et génétique)*

Glycoprotéine qui stimule la sécrétion folliculaire et développe le corps jaune.

**OBS**
Cette hormone est sécrétée par le lobe antérieur de l'hypophyse des vertébrés.

luteinizing hormone releasing hormone
see luteinizing hormone-releasing hormone

luteinizing hormone-releasing hormone
V. s. luteinizing hormone releasing hormone
Abbr. LHRH
Abbr. LH-RH
gonadotropin-releasing hormone
V. s. gonadotrophin-releasing hormone
Abbr. GnRH

*(Fish Farming - Reproduction and Genetics)*

A hormone that is secreted by the hypothalamus and that controls the release of gonadotropin from the pituitary gland.
◊ FISFA*1988***392, MED-E*1992***654

gonadolibérine                n. f.
hormone de libération de la
gonadotropine             n. f.
V. o. hormone de libération de la
gonadotrophine            n. f.
Abrév. GnRH
Abrév. LH-RH

*(Pisciculture - Reproduction et génétique)*

Hormone sécrétée par l'hypothalamus et qui stimule la libération d'hormones gonadotropes par l'hypophyse.

◊ MED-F*1993***509, LENBI*1994***296

luteinizing hormone-releasing hormone analog
V. s. luteinizing hormone-releasing hormone
analogue
Abbr. LHRH-a
Abbr. LHRHa

*(Fish Farming - Reproduction and Genetics)*

A synthetic hormone that causes the release of gonadotropins.

See also **luteinizing hormone-releasing hormone**
◊ FISFA*1988***392

gonadolibérine de synthèse    n. f.
GnRH de synthèse          n. f.
LH-RH de synthèse         n. f.

*(Pisciculture - Reproduction et génétique)*

Hormone synthétique qui stimule la libération d'hormones gonadotropes.

Voir aussi **gonadolibérine**

luteinizing hormone-releasing hormone analogue
see luteinizing hormone-releasing hormone analog

## lymphocyte

*(Reproduction and Genetics)*

A mononuclear, white blood cell with a round nucleus, present in lymph nodes, spleen, thymus, bone marrow, and blood.

**OBS**
Lymphocytes participate in the immune response.

◊ KIGEN*1985***225

## lymphocyte · n. m.

*(Reproduction et génétique)*

Leucocyte mononucléé de petite taille, à cytoplasme réduit, présent dans le sang, la moëlle osseuse hématopoïétique et les tissus lymphoïdes.

**OBS**
Les lymphocytes jouent un rôle important dans l'immunité.

◊ LAROG*1982*6**6470

# m

## MacDonald jar
chase jar

*(Fish Farming - Facilities)*

A glass incubator for eggs which is cylindrical in shape with a circular bottom in which a tube is fitted for the water supply and flow.

◊ PILLA*1990***297, 83

## mackerel farmer

*(General Terminology)*

A person who practices mackerel farming.

## mackerel farming

*(Aquaculture Types)*

The rearing of mackerel.

## macro-alga
see macroalga

## macroalga *
V. s. macro-alga
seaweed

*(Algal Culture - Aquaculture Species)*

An alga that can be seen with the naked eye. Cultured algae fall into three major phyla: the chlorophytes (green algae), the phaeophytes (brown algae), and the rhodophytes (red algae).

* Plural: macroalgae

See also **microalga, brown algae, green algae, red algae**

◊ LANAQ*1992***329

## bouteille de MacDonald · n. f.
jarre de MacDonald · n. f.

*(Pisciculture - Installations)*

Incubateur d'œufs en verre, de forme cylindrique et à fond arrondi muni d'un tuyau qui assure l'arrivée et la circulation d'eau.

◊ AQUAC*1986*2**587, 723, HUET*1970***245

## scombriculteur · n. m.
scombricultrice · n. f.

*(Terminologie générale)*

Celui ou celle qui pratique la scombriculture.

Voir aussi **scombriculture**

## scombriculture · n. f.

*(Types d'aquaculture)*

Élevage des maquereaux.

## macroalgue · n. f.
V. o. macro-algue · n. f.

*(Algoculture - Espèces aquacoles)*

Algue visible à l'œil nu. Les algues cultivées se classent dans trois phylums : les chlorophytes (algues vertes), les phaéophytes (algues brunes) et les rhodophytes (algues rouges).

Voir aussi **microalgue, algues brunes, algues vertes, algues rouges**

◊ CUPER*1992***521

**macroalgae culture**
    seaweed culture
    seaweed farming

*(Algal Culture)*

The cultivation of macroalgae.

See also **macroalga, algal culture, microalgae culture**

◊ PILLA*1990***512

**culture de macroalgues**          n. f.

*(Algoculture)*

Élevage de macroalgues.

Voir aussi **macroalgue, algoculture, phytoculture**

*Macrobrachium rosenbergii*
    see giant freshwater prawn

**macronutrient**

*(Growth and Nutrition)*

A chemical element of which relatively large quantities are essential to the growth and welfare of an organism.

**OBS**
Nitrogen, phosphorus and silica are considered the macronutrients required for the growth of some algal cells.

See also **micronutrient**

◊ WEBIN*1986***1355, LANAQ*1992***335

**macronutriment**          n. m.

*(Croissance et nutrition)*

Nutriment organique qui possède une valeur énergétique et doit être absorbé en grande quantité.

**OBS**
L'azote, le phosphore et la silice sont les macronutriments nécessaires à la croissance de certaines cellules algales.

Voir aussi **micronutriment**

◊ LAROG*1982*6**6513

**macrophyte**

*(Growth and Nutrition - Culture Medium)*

A large aquatic plant, rooted or floating.

◊ FISFA*1988***392, PILLA*1990***92

**macrophyte**          n. m.

*(Croissance et nutrition - Milieu de culture)*

Grande plante aquatique flottante ou à racine.

**macroplankton**

*(Growth and Nutrition - Culture Medium)*

Macroscopic plankton comprising the larger planktonic organisms.

See also **microplankton**

◊ WEBIN*1986***1355, PILLA*1990***286

**macroplancton**          n. m.

*(Croissance et nutrition - Milieu de culture)*

Plancton dont les éléments ne mesurent pas moins de quelques millimètres.

Voir aussi **microplancton**

◊ ROBER*1986*6**131, CILFO*1989***289

**malachite green**

*(Pathology and Predators)*

A triphenylmethane basic dye (zinc-free) prepared from benzaldehyde and dimethylaniline.

**OBS**
Malachite green is used as an antifungal treatment for eggs and for the removal of some protozoa from fish.

◊ WEBIN*1986***1365, FISFA*1988***392

**vert malachite**          n. m.

*(Pathologie et prédateurs)*

Colorant exempt de zinc, formé à partir du benzaldéhyde et de la diméthylaniline.

**OBS**
Le vert malachite est employé comme traitement contre les mycoses externes (p. ex. les champignons d'œufs) et les ectoparasitoses microparasitaires.

◊ LAROG*1982*6**6566, PATH*1985***309

**malacology**

*(Mollusc Culture - General Terminology)*

A branch of zoology dealing with molluscs.

◊ WEBIN*1986***1365

**Malacostraca**                           n. pl.

*(Crustacean Farming - Biology)*

A major subclass of Crustacea having a thorax of eight segments and an abdomen of no more than six segments such as lobsters, crabs and shrimps.

◊ WEBIN*1986***1365

**malacostracan**

*(Crustacean Farming - Biology)*

A crustacean of the subclass Malacostraca.

See also **Malacostraca**

◊ WEBIN*1986***1365

**Malaysian prawn**
    see giant freshwater prawn

**male : female ratio**
    see sex ratio

**male parthenogenesis**
    see androgenesis

**male/female ratio**
    see sex ratio

*Mallotus villosus*
    see capelin

**mangrove**

*(Water - Culture Medium)*

A tidal salt marsh community dominated by trees and shrubs. If cleared for pond construction, the underlying soil is usually found to be strongly acidic.

◊ WICRU*1992***375

**malacologie**                           n. f.

*(Conchyliculture - Terminologie générale)*

Étude scientifique des mollusques.

◊ LAROG*1982*6**6567, ARECO*1976***302

**malacostracés**                         n. m. pl.
    V. o. Malacostracés                   n. m. pl.

*(Crustaciculture - Biologie)*

Sous-classe de crustacés de grande taille et évolués, caractérisés par un thorax de huit segments et un abdomen de six segments.

**OBS**
La langouste, le homard, la langoustine et la crevette sont des malacostracés.

◊ CILFO*1989***292

**malacostracé**                          n. m.

*(Crustaciculture - Biologie)*

Crustacé de la sous-classe des malacostracés.

Voir aussi **malacostracés**

◊ LAROG*1982*6**6567

**mangrove**                              n. f.

*(Eau - Milieu de culture)*

Ensemble des formations végétales colonisant des atterrissements intertidaux, marins ou fluviaux, périodiquement submergés par la marée saline.

◊ KINEC*1978***82

**mantle**
   pallium

*(Mollusc Culture - Anatomy and Physiology)*

A fold of skin in a mollusc that is found on the dorsal side of the animal and that secretes the calcified shell.

◊ LANAQ*1992***165

**mantle cavity**
   pallial cavity
   pallial chamber

*(Mollusc Culture - Anatomy and Physiology)*

The space between mantle and body proper in bivalve molluscs in which the respiratory organs lie.

◊ LASTE*1989***1145, WEBIN*1986***1378

**mariculture**
   marine culture
   marine farming
   sea farming

*(Aquaculture Types)*

General term relating to the culture of organisms in brackish water or seawater.

See also **freshwater culture**

◊ IVAQU*1992***275, LANAQ*1992***3

**mariculturist**
   see marine farmer

**marigraph**
   see tide gauge 2

**marine borer**
   see shipworm

**marine culture**
   see mariculture

**marine farmer**
   mariculturist

*(Farming/Culture - General Terminology)*

A person that practices marine culture.

See also **mariculture**

◊ COLD*1995***40

---

**manteau**      n. m.
   pallium      n. m.

*(Conchyliculture - Anatomie et physiologie)*

Chez les mollusques, repli différencié du tissu tégumentaire qui recouvre la masse viscérale et synthétise les couches calcaires de la coquille externe.

◊ CILFO*1989***294

**cavité du manteau**      n. f.
   cavité palléale      n. f.

*(Conchyliculture - Anatomie et physiologie)*

Cavité située dans le manteau et contenant les organes respiratoires des bivalves.

◊ GPP*1985***G2

**mariculture**      n. f.

*(Types d'aquaculture)*

Terme général désignant la culture ou l'élevage d'organismes en milieu marin.

Voir aussi **potamoculture**

◊ LAROG*1982*7**6663, CILFG-6*1983***186, AQUAC*1986*2**1013

**mariculteur**      n. m.
   maricultrice      n. f.

*(Élevage/culture - Terminologie générale)*

Celui ou celle qui pratique la mariculture.

Voir aussi **mariculture**

◊ AQUAC*1986*2**600

**marine farming**
see mariculture

**marine species**
*(Biology)*
A species that lives in the sea.
See also **freshwater species**

**espèce marine** n. f.
*(Biologie)*
Espèce qui vit en mer.
Voir aussi **espèce d'eau douce**
◊ LAROG*1982*7**6670

**marine-farming**
see sea-farming

**marker**
see genetic marker

**market size**
see marketable size

**marketable size**
market size
*(General Terminology)*
Minimal individual size of products before sale to the consumer.
◊ PILLA*1990***35, 366, LANAQ*1992***220

**taille commerciale** n. f.
taille marchande n. f. [FR]
*(Terminologie générale)*
Dimension minimale individuelle des produits proposés à la vente.
◊ CILFO*1989***458, SITMO*1995***14, SOMOL*1992***119

**marsh**
*(Water)*
A transitional land-water area, covered at least part of the time by estuarine or coastal waters, and characterized by aquatic and grasslike vegetation.
◊ LASTE*1989***1150

**marais** n. m.
*(Eau)*
Eau stagnante de faible profondeur, envahie par la végétation aquatique.

◊ ARECO*1976***302

**masculinisation**
see masculinization

**masculinization**
V. s. masculinisation [UK]
*(Fish Farming - Reproduction and Genetics)*
The modification of gender of a female fish (at hatching) by hormonal or genetic means.
**OBS**
For example, the administration of androgens produces fish with testes and male sexual characters.

See also **feminization**
◊ FISFA*1988***392

**masculinisation** n. f.

*(Pisciculture - Reproduction et génétique)*
Modification du sexe d'un poisson femelle (à l'éclosion) par des hormones ou des moyens génétiques.
**OBS**
Par exemple, l'administration d'hormones androgéniques provoque le développement de testicules et de caractères sexuels masculins.

Voir aussi **féminisation**
◊ CAPQ-2*1992***47

**mass mortality**

*(Pathology and Predators)*

The death of a considerable number of organisms.

See also **mortality**

◊ PILLA*1990***208

**mortalité massive** n. f.

*(Pathologie et prédateurs)*

Mort d'un nombre considérable d'organismes.

Voir aussi **mortalité**

◊ AQUAC*1986*2**825

**mass selection**
   individual selection
   phenotypic selection

*(Reproduction and Genetics)*

Selection that is based on characteristics of the individuals under selection as opposed to selection based on the performance of their relatives. Individuals exhibiting desirable qualities are chosen for broodstock.

See also **family selection**

◊ PILLA*1990***166, WEBIN*1986***1389

**sélection individuelle** n. f.
   sélection massale n. f.
   sélection phénotypique n. f.

*(Reproduction et génétique)*

Méthode de sélection qui est basée sur la performance de l'individu indépendamment de sa famille. Les meilleurs individus sont retenus comme géniteurs.

Voir aussi **sélection familiale**

◊ CAPQ-2*1992***26

**mating**
   see copulation

**mature female**

*(Reproduction and Genetics)*

A female individual that has the ability to reproduce.

See also **mature male**

**femelle mature** n. f.

*(Reproduction et génétique)*

Femelle capable de se reproduire.

Voir aussi **mâle mature**

**mature male**

*(Reproduction and Genetics)*

A male individual that has the ability to reproduce.

See also **mature female**

**mâle mature** n. m.

*(Reproduction et génétique)*

Individu mâle capable de se reproduire.

Voir aussi **femelle mature**

**ME**
   see metabolizable energy

**mechanical aeration**

*(Water - Treatment and Filtration)*

The aeration of water by mechanical means.

**aération mécanique** n. f.

*(Eau - Traitement et filtration)*

Introduction d'air dans une eau par l'action mécanique d'une palette, d'une turbine ou d'un mécanisme de pulvérisation.

◊ OLFEB*1981***7

**mechanical aerator**

*(Facilities - Water)*

A mechanical device for the introduction of the atmospheric oxygen into a liquid.

◊ IWATE*1981***201

**aérateur mécanique** n. m.

*(Installations - Eau)*

Appareil servant à introduire de l'oxygène atmosphérique dans un liquide.

◊ OLFEB*1981***7

## mechanical filter

### (Facilities - Water)

Part of a water treatment system which mechanically strains or collects suspended particulate material from the water.

◊ LANAQ*1992***85, 97, WICRU*1992***231

## mechanical filtration

### (Water - Treatment and Filtration)

Filtration method particularly suitable for large volumes of water, used to remove very bulky suspended solids.

## mechanical grader

see grader

## medium

see culture medium

## megalopa

see megalops stage

## megalopa stage

see megalops stage

## megalops

see megalops stage

## megalops stage

megalopa stage
megalops
megalopa

### (Crustacean Farming - Growth and Nutrition)

A larva or larval stage following the zoea in the development of most crabs in which all of the appendages have appeared.

See also zoea

◊ WEBIN*1986***1404, MEINV*1991***464

---

## filtre mécanique n. m.

### (Installations - Eau)

Filtre sous pression alimenté par pompage et servant à extraire de l'eau toutes matières, en suspension ou autres.

## filtration mécanique n. f.

### (Eau - Traitement et filtration)

Méthode de filtration utilisée pour les grands débits d'eau et destinée à l'élimination de matières en suspension très volumineuses.

## mégalope n. f.
stade mégalope n. m.

### (Crustaciculture - Croissance et nutrition)

Stade postlarvaire des crabes, succédant au dernier stade zoé, caractérisé par le complet développement des appendices.

Voir aussi stade zoé

◊ LAROG*1982*7**6801, CILFO*1989***306

**meiosis**
meiotic division

*(Reproduction and Genetics)*

A cell division which results in the formation of gametes. In most sexually reproducing organisms, the doubling of the gamete chromosome number which accompanies syngamy is compensated for by a halving of the resulting zygotic chromosome number at some other point during the life cycle. These changes are brought about by a single chromosomal duplication followed by two successive nuclear divisions.

◊ FISFA*1988***392, KIGEN*1985***235

**méiose**     n. f.

*(Reproduction et génétique)*

Processus permettant la production de gamètes : ensemble de deux divisions cellulaires consécutives caractérisées par l'appariement et la ségrégation de chromosomes homologues (deux chromosomes d'une paire de chromosomes) et aboutissant à la production de gamètes haploïdes (qui possèdent chaque chromosome en un exemplaire).

◊ CAPQ-5*1992***58

**meiotic division**
see meiosis

**mended salmon**

*(Salmonid Farming)*

A salmon that regains its health after spawning and is able to return to sea.

**saumon revitalisé**     n. m.

*(Salmoniculture)*

Saumon qui retrouve sa vitalité après avoir frayé et qui retourne à la mer.

**mending**
reconditioning

*(Salmonid Farming)*

The capacity of regaining health after spawning.

**revitalisation**     n. f.
reconditionnement     n. m.

*(Salmoniculture)*

Remise en état d'un saumon qui a frayé.

*Mercenaria mercenaria*
see quahaug

**mesh stocking 1**
see mussel sock

**mesh stocking 2**

*(Mussel Culture - Techniques and Methods)*

The filling of mussel socks with young mussels.

**boudinage**     n. m.

*(Mytiliculture - Techniques et méthodes)*

Opération de remplissage des boudins avec de jeunes moules.

◊ CILFO*1989***68

**mesh tube**
see mussel sock

**mesh-stocked mussel**

*(Mussel Culture)*

A mussel grown by suspended culture in mesh stockings.

**moule de corde**     n. f.

*(Mytiliculture)*

Moule obtenue par la technique de culture en suspension où les individus sont placés dans des boudins.

**metabolic rate**

*(Growth and Nutrition)*

The rate of energy consumption by an organism over a defined period of time, usually 24 hours.

◊ PILLA*1990***93, ACKE*1994***26

**metabolizable energy**
    Abbr. ME

*(Biology)*

The amount of energy that can be extended from a foodstuff and utilized for metabolism.

◊ WAST*1979***354, ACKE*1994***56

**metamorphosis**

*(Biology - Growth and Nutrition)*

The transformation from the larval to the juvenile stage in many marine organisms (e.g. crustaceans, fish).

◊ LANAQ*1992***167, 183

**methyl testosterone**
    see methyltestosterone

**methyltestosterone**
    V. s. methyl testosterone
    17-alpha methyltestosterone
    V. s. 17-∂ methyltestosterone

*(Fish Farming - Reproduction and Genetics)*

A synthetically prepared androgen used for masculinization or sterilization purposes.

◊ FISFA*1988***141, PILLA*1990***318,
    LANAQ*1992***262

**17-∂ methyltestosterone**
    see methyltestosterone

**metric ton**
    Abbr. MT
    ton
    V. s. tonne
    Symb. t

*(Facilities - General Terminology)*

A unit of mass equal to 1,000 kilograms.

◊ WEBIN*1986***1424, LANAQ*1992***196, 197

**taux métabolique**                    n. m.

*(Croissance et nutrition)*

Rythme de consommation d'énergie par un organisme pendant une période déterminée, habituellement 24 heures.

**énergie métabolisable**              n. f.

*(Biologie)*

Énergie qui peut être utilisée par un organisme vivant pour ses besoins.

**métamorphose**                        n. f.

*(Biologie - Croissance et nutrition)*

Passage de l'état larvaire au stade de juvénile chez de nombreux organismes marins (p. ex. les crustacés et les poissons).

◊ CILFO*1989***310

**méthyltestostérone**                  n. m.
    V. o. méthyl-testostérone          n. m.
    17-alpha méthyltestostérone        n. m.
    V. o. 17-∂ méthyltestostérone      n. m.

*(Pisciculture - Reproduction et génétique)*

Androgène de synthèse utilisé à des fins de masculinisation ou de stérilisation.

◊ AQUAC*1986*2**541, CAPQ-2*1992***47

**tonne métrique**                      n. f.
    tonne                               n. f.
    Symb. t

*(Installations - Terminologie générale)*

Unité de mesure de masse équivalent à 1 000 kilogrammes.

◊ LAROG*1982*10**10286

**micro-alga**
see microalga

**micro-encapsulated feed**
see microencapsulated feed

**micro-organism**
see microorganism

**micro-particulate feed**
*(Growth and Nutrition)*
Very small particles of food manufactured for larvae.

◊ WICRU*1992***375

**micro-wire tag**
see coded-wire tag

**microalga**
V. s. micro-alga
*(Algal Culture - Aquaculture Types)*
Any one of thousands of microscopic algae that are single-celled or form small colonies of similar cells.
See also **macroalga**

**microalgae culture**

*(Algal Culture)*
The rearing of microscopic algae.
See also **microalga**

**microencapsulated feed**
V. s. micro-encapsulated feed
*(Growth and Nutrition)*
Very small particles containing compounded ingredients and surrounded by a digestible coat.
◊ WICRU*1992***375, PILLA*1990***470

**microflora**
*(Growth and Nutrition - Culture Medium)*
A small or strictly localized flora: the flora of a micro-habitat (e.g. the intestines of fish).

◊ WEBIN*1986***1427, PILLA*1990***92

**aliment en microparticules**     n. m.
*(Croissance et nutrition)*
Très petites particules de nourriture fabriquées pour l'alimentation des larves.
◊ AQUAC*1986*1**485

**microalgue**     n. f.
V. o. micro-algue     n. f.
*(Algoculture - Espèces aquacoles)*
Une des algues microscopiques unicellulaires qui forment de petites colonies avec des cellules similaires.
Voir aussi **macroalgue**

**phytoculture**     n. f.
phycoculture     n. f.
*(Algoculture)*
Culture des algues microscopiques.
Voir aussi **microalgue**

**aliment en microcapsules**     n. m.

*(Croissance et nutrition)*
Très petites particules de nourriture sous forme de capsules.
◊ AQUAC*1986*1**235, 476

**microflore**     n. f.
*(Croissance et nutrition - Milieu de culture)*
Ensemble des microorganismes qui vivent sur les tissus ou dans les cavités naturelles de l'organisme (p. ex. l'intestin des poissons).
◊ ROBER*1986*6**439, SOMOL*1992***7

**micronutrient**

*(Growth and Nutrition)*

An organic compound (as a vitamin) essential in minute amounts only to the growth and welfare of an organism.

See also **macronutrient**

◊ WEBIN*1986***1428

**micronutriment** n. m.

*(Croissance et nutrition)*

Nutriment sans valeur énergétique (tel que les vitamines), dont l'absorption en petite quantité est nécessaire au fonctionnement enzymatique des cellules.

Voir aussi **macronutriment**

◊ LAROG*1982*7**6926

**microorganism**
    V. s. micro-organism

*(Culture Medium)*

An organism of microscopic or ultramicroscopic size, especially bacteria and protozoa.

◊ WEBIN*1986***1428

**microorganisme** n. m.
    V. o. micro-organisme n. m.

*(Milieu de culture)*

Organisme vivant visible seulement au microscope ou à l'ultramicroscope, p. ex. les microorganismes bactériens (bactéries) ou animaux (protozoaires).

◊ ROBER*1986*6**441

**microplankton**

*(Growth and Nutrition - Culture Medium)*

Microscopic plankton.

See also **macroplankton**

◊ WEBIN*1986***1428

**microplancton** n. m.

*(Croissance et nutrition - Milieu de culture)*

Plancton dont les éléments ne mesurent pas plus de quelques millimètres.

Voir aussi **macroplancton**

◊ ROBER*1986*6**441

*Micropterus dolomieu*
    see smallmouth bass

*Micropterus dolomieui*
    see smallmouth bass

*Micropterus salmoides*
    see largemouth bass

**micropyle**

*(Fish Farming - Reproduction and Genetics)*

The opening in the egg through which the sperm enters to fertilize the egg.

◊ FISFA*1988***123

**micropyle** n. m.

*(Pisciculture - Reproduction et génétique)*

Ouverture dans l'œuf où se fait l'entrée du spermatozoïde pour la fécondation.

◊ HUET*1970***116

**mid-gut gland**
    see hepatopancreas

**MIH**
    see molt-inhibiting hormone

**milkfish ***
    bandeng **
    bandang
    bangus
    *Chanos chanos*

*(Fish Farming - Aquaculture Species)*

A fish of the family Chanidae found in the warm parts of the Pacific and Indian oceans.

* Recommended term in Canada.

** Native name in Indonesia.

◊ WEBIN*1986***1434, NQ8070*1995***12

**milt**

*(Fish Farming - Reproduction and Genetics)*

The secretion produced by the testes of male fish, including the sperm.

◊ LAFRE*1984***516

**mineral mix**
    mineral premix

*(Growth and Nutrition)*

A prepared mixture of minerals which is added to fortify a feed.

See also **vitamin mix**

◊ LANAQ*1992***326

**mineral premix**
    see mineral mix

**mitosis**

*(Reproduction and Genetics)*

The normal process by which a cell nucleus divides into two daughter nuclei, each having an identical complement of chromosomes.

**OBS**
The following stages are recognized: prophase, metaphase, anaphase, and telophase.

◊ ALENV*1983***321, PIPFI*1986***488

---

**chanos ***        n. m.
    *Chanos chanos*

*(Pisciculture - Espèces aquacoles)*

Poisson de la famille des chanidés que l'on trouve dans les eaux chaudes des océans Pacifique et Indien.

* Terme normalisé au Canada.

◊ NQ8070*1995***12

**laitance**        n. f.

*(Pisciculture - Reproduction et génétique)*

Substance blanche et dense, d'aspect laiteux, émise par les poissons mâles lors de la fécondation externe et renfermant les spermatozoïdes.

◊ LAROG*1982*6**6091

**mélange minéral**    n. m.
    mélange de minéraux    n. m.
    prémélange de minéraux    n. m.

*(Croissance et nutrition)*

Mélange préparé de minéraux ajouté aux aliments pour les enrichir.

Voir aussi **mélange vitaminique**

◊ AQUAC*1986*1**232, 499, AQUAC*1986*2**552, CAPQ-5*1992***25

**mitose**        n. f.

*(Reproduction et génétique)*

Division cellulaire de la plupart des cellules eucaryotes aboutissant à la formation de deux cellules génétiquement identiques à la cellule d'origine ; la garniture chromosomique est le plus généralement conservée.

**OBS**
La mitose comprend quatre stades successifs : prophase, métaphase, anaphase et télophase.

◊ CILFG-32*1991***185

**moist pellet**

*(Growth and Nutrition)*

A pellet with a moisture content of around 30%.

See also **dry pellet, semi-moist pellet**

◊ PILLA*1990***132, 330, LANAQ*1992***142

**mollusc**
V. s. mollusk

*(Mollusc Culture - Aquaculture Species)*

An animal of the phylum Mollusca.

**OBS**
In some regions, the term *shellfish* is used to designate molluscs with a shell.

See also **Mollusca, shellfish**

◊ WEBIN*1986***1455

**mollusc culture**
V. s. mollusk culture

*(Aquaculture Types)*

Techniques used for the culture of molluscs (oysters, mussels, clams, scallops, etc.).

See also **mollusc**

◊ PILLA*1990***30

**mollusc farmer**
V. s. mollusk farmer

*(Mollusc Culture)*

A person who practices mollusc culture.

See also **mollusc culture**

**mollusc-culture**
see shellfish-culture

**Mollusca**                                                         n. pl.

*(Mollusc Culture - Biology)*

A large phylum of invertebrate animals that have a soft unsegmented body lacking segmented appendages and commonly protected by a calcareous shell secreted by a mantle which extends from the body

**granulé humide**                                      n. m.

*(Croissance et nutrition)*

Granulé contenant environ 30 pour 100 d'humidité.

Voir aussi **granulé sec, granulé semi-humide**

◊ CAPQ-5*1992***28

**mollusque**                                              n. m.
coquillage 2                                          n. m., spéc.

*(Conchyliculture - Espèces aquacoles)*

Animal de l'embranchement des mollusques.

**OBS**
Le terme *coquillage* est utilisé couramment pour désigner les mollusques revêtus d'une coquille.

Voir aussi **mollusques**

**conchyliculture**                                      n. f.

*(Types d'aquaculture)*

Ensemble des techniques utilisées pour l'élevage des coquillages comestibles (huîtres, moules, palourdes, pétoncles, etc.).

**OBS**
Terme générique, il englobe l'ostréiculture et la mytiliculture, mais il est souvent réservé à l'élevage des coquillages autres que l'huître ou la moule : palourdes, pétoncles, etc.

Voir aussi **mollusque**

◊ LAROG*1982*3**2481, CILFO*1989***120

**conchyliculteur**                                      n. m.
conchylicultrice                                       n. f.

*(Conchyliculture)*

Celui ou celle qui pratique la conchyliculture.

Voir aussi **conchyliculture**

◊ ROBER*1986*2**784

**mollusques**                                            n. m. pl.
V. o. Mollusques                                       n. m. pl.

*(Conchyliculture - Biologie)*

Embranchement d'animaux invertébrés à corps mou composé d'une tête, d'une masse viscérale et d'un pied, le tout recouvert d'une membrane, le manteau, dont le rôle principal est de sécréter une coquille calcaire.

wall usually as an enveloping fold; a muscular foot which is formed from part of the ventral surface of the body and is variously modified for creeping, digging, or swimming.

**OBS**
Mollusca include tooth shells, snails, mussels and other bivalves, octopuses, and related forms.
◊ WEBIN*1986***1455

**OBS**
Le calmar, le poulpe, l'escargot, la moule, l'huître et les autres coquillages sont des mollusques.
◊ LAROG*1982*7**7027

**mollusk**
see mollusc

**mollusk culture**
see mollusc culture

**mollusk farmer**
see mollusc farmer

**mollusk-culture**
see shellfish-culture

| **molt** | | **mue 2** | n. f. |
| V. s. moult | | exuviation | n. f. |
| molting | | ecdysis | n. m. |
| V. s. moulting | | | |
| ecdysis | | | |

*(Crustacean Farming - Growth and Nutrition)*

The periodic shedding of the exoskeleton (carapace) in certain crustaceans to permit an increase in size.
◊ HENBI*1989***327

*(Crustaciculture - Croissance et nutrition)*

Abandon périodique de l'exosquelette (carapace) chez certains crustacés afin de permettre l'augmentation de la taille.

**molt cycle**
see molting cycle

| **molt, to** | v. | **muer** | v. |
| V. s. moult, to | v. | | |

*(Crustacean Farming - Growth and Nutrition)*

To shed the exoskeleton as part of a periodic process of growth.

◊ WEBIN*1986***1456

*(Crustaciculture - Croissance et nutrition)*

Subir une mue.

Voir aussi **mue 2**
◊ LAROG*1982*7**7171

**molt-inhibiting hormone**
Abbr. MIH

*(Crustacean Farming - Growth and Nutrition)*

A hormone found in the eyestalk of certain crustaceans that inhibits the secretion of ecdysone (which is responsible for molting).

◊ INZOO*1974***705, LANAQ*1992***187

**hormone inhibitrice de la mue**  n. f.
V. o. hormone inhibitrice de mue  n. f.
hormone d'inhibition de la mue  n. f.
Abrév. MIH

*(Crustaciculture - Croissance et nutrition)*

Hormone contenue dans le pédoncule oculaire de certains crustacés, qui inhibe la sécrétion de l'ecdysone (cette dernière déterminant les mues).

◊ BIOGAL*1988***146, 149

**molting**
see molt

**molting cycle**
V. s. moulting cycle
molt cycle
V. s. moult cycle

*(Crustacean Farming - Growth and Nutrition)*

The process by which all arthropods shed their outgrown exoskeletal carapace to allow growth.

◊ LANAQ*1992***187, 201, PILLA*1990***433

**cycle de mue**  n. m.

*(Crustaciculture - Croissance et nutrition)*

Phase pendant laquelle tous les arthropodes laissent leur carapace pour permettre la croissance.

◊ CILFO*1989***317, ROBER*1986*6**631

**molting hormone**
V. s. moulting hormone

*(Crustacean Farming - Growth and Nutrition)*

Any of several hormones which activate molting in crustaceans (e.g. ecdysone, crustecdysone).

◊ LASTE*1989***1221

**hormone de mue**  n. f.

*(Crustaciculture - Croissance et nutrition)*

Hormone responsable de la mue chez les crustacés (p. ex. ecdysone, crustecdysone).

◊ BIOGAL*1988***147, 149

**monk**

*(Facilities - Water)*

A device which controls the level of water in ponds, prevents the escape of fish and enables the farmer to draw off bottom water when required.

◊ SWIFA*1985***70

**moine**  n. m.
vide-étang  n. m.

*(Installations - Eau)*

Appareil de vidange favorisant l'évacuation des eaux et la mise à sec progressive d'un plan d'eau et permettant, lorsque l'étang est plein, le réglage du niveau tout en empêchant la fuite des poissons.

◊ LAROG*1982*7**7017

**mono-sex culture**
see monosex culture

**monoculture**

*(Farming/Culture)*

The culture of only one species in the same place.

See also **polyculture**

◊ LAFRE*1984***516

**monoculture**  n. f.

*(Élevage/culture)*

Élevage d'une seule espèce dans un même plan d'eau.

Voir aussi **polyculture**

◊ GIRAQ*1991***53, ROBER*1986*6**544

**monosex culture**
    V. s. mono-sex culture

*(Techniques and Methods - Farming/Culture)*

The rearing of organisms belonging to one sex only.
◊ LANAQ*1992***229, PILLA*1990***320

**monosex population**

*(Farming/Culture)*

A population composed solely of females or males.

◊ LANAQ*1992***225

**monospore**

*(Algal Culture - Reproduction and Genetics)*

In the red algae, a spore produced by the alteration of a single vegetative cell.
◊ PHYT*1970***504

**mooring system**



*(Facilities)*

A system for anchoring cages or long lines.


**Morbicid**
    see formalin

*Morone chrysops*
    see white bass

*Morone saxatilis*
    see striped bass

**mortality**

*(Pathology and Predators)*

The death of a group of organisms resulting from the same cause (e.g. disease, red tide, changes in the environment, overcrowding).

See also **mass mortality**
◊ WEBCO*1987***773

**culture monosexe**                          n. f.


*(Techniques et méthodes - Élevage/culture)*

Élevage d'organismes appartenant tous au même sexe.

**population monosexe**                       n. f.
*(Élevage/culture)*

Population constituée uniquement de femelles ou de mâles.
◊ CAPQ-2*1992***46

**monospore**                                 n. f.

*(Algoculture - Reproduction et génétique)*

Chez les algues rouges, spore produite par des cellules végétatives qui n'en élaborent qu'une à la fois.
◊ GAYR*1975***33, 34

**mouillage**                                 n. m.
    ancrage                                   n. m.
    amarrage                                  n. m.
*(Installations)*

Système qui fixe les cages ou les filières au fond.
◊ AQUAC*1986*2**807

**mortalité**                                 n. f.
*(Pathologie et prédateurs)*

Mort d'un certain nombre d'organismes succombant pour une même raison (p. ex. maladie, marée rouge, altérations du milieu, lutte pour l'espace).

Voir aussi **mortalité massive**
◊ AQUAC*1986*2**825, PEROB*1995***1442

**mortality rate**
rate of mortality

***(Pathology and Predators)***

The number of deaths of individuals of a population during a specified period.

◊ PIPFI*1986***488, SUBIO*1988***419, PILLA*1990***179

**mother of pearl**
see nacre

**mother-of-pearl**
see nacre

**moult**
see molt

**moult cycle**
see molting cycle

**moult, to**
see molt, to

**moulting**
see molt

**moulting cycle**
see molting cycle

**moulting hormone**
see molting hormone

**mouth of a river**
see river mouth

**MSW salmon**
see multi-sea-winter salmon

**MT**
see metric ton

***Mugil cephalus***
see striped mullet

**mullet**
see grey mullet

**taux de mortalité**          n. m.

***(Pathologie et prédateurs)***

Nombre d'individus morts au sein d'une population pendant une période déterminée.

◊ PEROB*1995***1442, CAPQ-2*1992***22, 46

**multi-sea-winter salmon**
    multiple-sea-winter salmon
    MSW salmon

*(Salmonid Farming - Growth and Nutrition)*

A salmon that is mature after several winters at sea.

◊ COLD*1995***43

**saumon pluribermarin**       n. m.
    pluribermarin          n. m.

*(Salmoniculture - Croissance et nutrition)*

Saumon mature après plusieurs hivers en mer.

**multiple-sea-winter salmon**
    see multi-sea-winter salmon

**mussel bed**

*(Mussel Culture)*

A natural bed supporting a heavy growth of mussels.

See also **bed 1**

◊ COLD*1995***208

**moulière**         n. f.

*(Mytiliculture)*

Gisement naturel où se trouve une population de moules sauvages.

Voir aussi **gisement**

◊ AQUAC*1986*1**331

**mussel culture**
    mussel farming

*(Mollusc Culture)*

The rearing of mussels.

◊ LANAQ*1992***166

**mytiliculture**         n. f.

*(Conchyliculture)*

Culture des moules.

◊ CILFO*1989***318

**mussel farmer**

*(Mollusc Culture)*

A person who practices mussel culture.

See also **mussel culture**

**mytiliculteur**         n. m.
    mytilicultrice       n. f.

*(Conchyliculture)*

Celui ou celle qui pratique la mytiliculture.

Voir aussi **mytiliculture**

**mussel farming**
    see mussel culture

**mussel sleeve**
    see mussel sock

**mussel sock**
    sock
    mesh stocking 1
    mesh tube
    mussel sleeve
    sleeve

*(Mussel Culture - Facilities)*

A tubular netting that is filled with mussels and placed in the water column for growout.

**boudin**         n. m.

*(Mytiliculture - Installations)*

Filet tubulaire rempli de moules et placé dans la colonne d'eau pour favoriser leur croissance.

◊ AQUAC*1986*1**304, 308, 309, CILFO*1989***67

**mussel-culture**      adj.
    mussel-farming      adj.

*(Mussel Culture)*

Relating to the culture of mussels.

See also **mussel culture**

**mussel-farming**
    see mussel-culture

*Mya arenaria*
    see soft clam

**mysis**
    mysis stage

*(Crustacean Farming - Growth and Nutrition)*

A larval stage following zoea of certain decapods as the penaeid shrimp.

See also **zoea**

◊ WICRU*1992***376

**mysis stage**
    see mysis

**mytilotoxin**
    see saxitoxin

*Mytilus edulis*
    see blue mussel

**mytilicole**      adj.

*(Mytiliculture)*

Qui relève de la mytiliculture.

Voir aussi **mytiliculture**

**mysis**      n. f.
    stade de mysis      n. m.
    V. o. stade mysis      n. m.

*(Crustaciculture - Croissance et nutrition)*

Stade larvaire succédant au stade zoé chez certains décapodes comme les crevettes pénéides.

Voir aussi **stade zoé**

◊ AQUAC*1986*1**467

# n

**nacre**
    mother-of-pearl
    V. s. mother of pearl

*(Mollusc Culture - Anatomy and Physiology)*

The iridescent inner layer of various mollusc shells consisting chiefly of calcium carbonate deposited in thin overlapping sheets with some organic matter (as conchiolin).

◊ WEBIN*1986***1499

**nannoplankton**
    see nanoplankton

**nacre**      n. f.

*(Conchyliculture - Anatomie et physiologie)*

Substance à reflets irisés qui tapisse l'intérieur de la coquille de certains mollusques ; couche lamelleuse de la coquille.

◊ ROBER*1986*6**676

**nanoplankton**
    V. s. nannoplankton

*(Growth and Nutrition - Culture Medium)*

Extremely small planktonic organisms (as various flagellates, algae, bacteria) that are invisible to the naked eye.

◊ WEBIN*1986***1501, PILLA*1990***124

**nanoplancton**          n. m.

*(Croissance et nutrition - Milieu de culture)*

Catégorie des organismes du plancton composée d'éléments microscopiques (p. ex. flagellés, formes unicellulaires, protozoaires).

◊ CILFO*1989***322

**native oyster**
    see European oyster

**native sea scallop**
    see sea scallop

**natural bed**
    see bed 1

**natural breeding**
    see natural reproduction

**natural diet**

*(Growth and Nutrition)*

A diet consisting of natural feeds.

See also **artificial diet, natural feed**

◊ PILLA*1990***99

**régime naturel**      n. m.
    régime alimentaire naturel    n. m.

*(Croissance et nutrition)*

Régime composé d'aliments naturels.

Voir aussi **régime artificiel, aliment naturel**

◊ AQUAC*1986*1**210

**natural feed**
    natural food

*(Growth and Nutrition)*

Food obtained from the immediate environment or that has not been processed (e.g. algae, zooplankton, minced fish, grains).

See also **artificial feed**

◊ LANAQ*1992***142, PIPFI*1986***233

**aliment naturel**      n. m.
    nourriture naturelle    n. f.

*(Croissance et nutrition)*

Nourriture obtenue dans le milieu de culture ou qui n'a pas subi de traitement (p. ex. algues, zooplancton, poissons broyés, grains).

Voir aussi **aliment artificiel**

◊ CAPQ-5*1992***24, AQUAC*1986*2**1034

**natural feeding**

*(Growth and Nutrition)*

The provision of natural feed to culture organisms.

See also **natural feed, artificial feeding**

**alimentation naturelle**    n. f.

*(Croissance et nutrition)*

Apport d'aliments naturels aux organismes d'élevage.

Voir aussi **aliment naturel, alimentation artificielle**

◊ PISET*1980***19, 400, AQUAC*1986*2**758

**natural food**
    see natural feed

**natural reproduction**
    natural breeding

*(Reproduction and Genetics)*

Reproduction which takes place in natural conditions.

See also **controlled reproduction**

◊ PILLA*1990***156

**natural spawning**

*(Reproduction and Genetics)*

Spawning which takes place in natural conditions.

See also **artificial spawning**

◊ FISFA*1988***103

**naupliar stage**
    nauplius *
    nauplius larva

*(Growth and Nutrition)*

A crustacean larva usually in the first stage after leaving the egg and with three pairs of appendages corresponding to antennules, antennae, and mandibles, a median eye, and little or no segmentation of the body.

* Plural: nauplii

◊ WEBIN*1986***1508, WICRU*1992***368

**nauplius**
    see naupliar stage

**nauplius larva**
    see naupliar stage

**nekton**

*(Growth and Nutrition - Culture Medium)*

Pelagic animals that are powerful enough swimmers to move at will in the water column.

See also **plankton, benthos**

◊ NYMBA*1982***416, SUBIO*1988***419

**nekton organism**
    see nektonic organism

**nektonic organism**
    nekton organism

*(Growth and Nutrition - Culture Medium)*

An organism of the nekton.

See also **nekton**

---

**reproduction naturelle**    n. f.

*(Reproduction et génétique)*

Reproduction qui a lieu de façon naturelle.

Voir aussi **reproduction artificielle**

◊ AQUAC*1986*1**432

**ponte naturelle**    n. f.

*(Reproduction et génétique)*

Ponte qui a lieu de façon naturelle.

Voir aussi **ponte artificielle**

◊ AQUAC*1986*1**463

**nauplius ***    n. m.
    larve nauplius    n. f.

*(Croissance et nutrition)*

Premier stade larvaire typique des crustacés, caractérisé par trois paires d'appendices (antennes, antennules et mandibules) et par un œil médian.

* Pluriel : nauplii

◊ CILFO*1989***324, GIRAQ*1991***127

**necton**    n. m.

*(Croissance et nutrition - Milieu de culture)*

Ensemble des organismes qui se déplacent activement dans la colonne d'eau.

Voir aussi **plancton, benthos**

**nectonte**    n. m.

*(Croissance et nutrition - Milieu de culture)*

Organisme du necton.

Voir aussi **necton**

**Nematoda**
    see nematodes

| **nematodes** | n. pl. | **nématodes** | n. m. pl. |
| --- | --- | --- | --- |
| round worms | n. pl. | V. o. Nématodes | n. m. pl. |
| thread worms | n. pl. | | |
| Nematoda | n. pl. | | |

*(Pathology and Predators)*

A class of worms having long, unsegmented, round bodies that are parasites or free-living dwellers in soil or water.

◊ GACAN*1983***764, WEBIN*1986***1515, LANAQ*1992***125

*(Pathologie et prédateurs)*

Classe de vers cylindriques ou effilés qui vivent libres ou parasites dans le milieu marin.

◊ CILFO*1989***333, LAROG*1982*7**7321

**neomale**

*(Salmonid Farming - Reproduction and Genetics)*

A female that has become a male by the use of a hormonal treatment.

◊ PILLA*1990***163-164

**néomâle**    n. m.

*(Salmoniculture - Reproduction et génétique)*

Femelle transformée en mâle par un traitement hormonal.

◊ CILFG-32*1991***196, AQUAC*1986*2**541

**nest**

*(Fish Farming - Reproduction and Genetics)*

A place used by fish for spawning or depositing eggs.

◊ GACAN*1983***765

**nid**    n. m.

*(Pisciculture - Reproduction et génétique)*

Construction faite par les poissons pour frayer ou déposer leurs œufs.

◊ LAROG*1982*7**7376, HUET*1970***284

**net cage**

*(Fish Farming - Facilities)*

A cage made of nylon netting or other supple material.

◊ LANAQ*1992***258

| **cage en filet** | n. f. |
| --- | --- |
| cage d'élevage en filet | n. f. |

*(Pisciculture - Installations)*

Cage constituée de mailles de nylon ou autre matériel souple.

◊ GESPI*1985***123

**net pen**
    see pen 1

**neurotoxin**

*(Pathology and Predators)*

A poisonous substance acting on the nervous system.

◊ HENBI*1989***345

**neurotoxine**    n. f.

*(Pathologie et prédateurs)*

Toxine agissant sur le système nerveux.

◊ LENBI*1994***437

**Nile tilapia**
*Tilapia nilotica*

*(Fish Farming - Aquaculture Species)*

A fish of the family Cichlidae characterized by its grayish color that turns black with a flushing of red during the breeding season.

◊ LANAQ*1992***248

**nitrate**

*(Water - Culture Medium)*

A salt or ester of nitric acid, most of the salts being soluble in water and some of them (e.g. sodium, potassium, calcium salts) constituting the principal source of nitrogen for higher plants.

◊ WEBIN*1986***1530

**nitrification \***

*(Biology - Water)*

The oxidation by bacteria of ammonium salts to nitrites and the further oxidation of nitrites to nitrates wherever the proper conditions of temperature, air, moisture, and alkalinity allow the nitrobacteria to act.

\* Term standardized by ISO.

See also **denitrification**

◊ WEBIN*1986***1530

**nitrite**

*(Water - Culture Medium)*

Salt or ester of nitrous acid that can be extremely toxic to fish.

◊ WEBIN*1986***1530, SHINT*1988***93

**nitrofuran**

*(Pathology and Predators)*

Any of several derivatives of furan (e.g. nitrofurazone, furazolidone and furanace) used for the treatment of some infectious diseases.

◊ WEBIN*1986***1531, LANAQ*1992***116, FISFA*1988***392

**noble scallop**
see Huagui scallop

**non-adhesive eggs**
see nonadhesive eggs

**tilapia du Nil**          n. m.
*Tilapia nilotica*

*(Pisciculture - Espèces aquacoles)*

Poisson de la famille des cichlidés, qui est caractérisé par sa couleur grise, mais qui devient noir avec une bande rouge pendant la saison de reproduction.

◊ OECD*1990***1015

**nitrate**          n. m.

*(Eau - Milieu de culture)*

Engrais azoté soluble stimulant la flore aquatique et augmentant la productivité d'un cours d'eau.

◊ INDUS*1986***526, ARECO*1976***55

**nitrification \***          n. f.

*(Biologie - Eau)*

Transformation en nitrates de l'ammoniaque et des sels ammoniacaux ; la nitrification se fait en deux temps sous l'influence de bactéries (nitrobactéries).

\* Terme normalisé par l'ISO.

Voir aussi **dénitrification**

◊ ROBER*1986*6**766

**nitrite**          n. m.

*(Eau - Milieu de culture)*

Substance azotée dont la présence dans un milieu aquatique témoigne d'une importante pollution organique.

◊ PARSE*1990***372, ARECO*1976***55

**nitrofurane**          n. m.
   V. o. nitrofuranne          n. m.

*(Pathologie et prédateurs)*

Tous les produits de nitration du furanne et ses dérivés (p. ex. le furazolidone et ses dérivés) utilisés pour le traitement de certaines maladies infectieuses.

◊ PATH*1985***301

non-essential amino acid

(Growth and Nutrition)

An amino acid that the body is capable of synthesizing by itself.

See also **essential amino acid**

◊ PILLA*1990***97

non-essential fatty acid

(Growth and Nutrition)

A fatty acid that the body is capable of synthesizing by itself.

See also **essential fatty acid**

nonadhesive eggs     n. pl.
    V. s. non-adhesive eggs     n. pl.

(Reproduction and Genetics)

Eggs that do not normally stick to anything.

See also **adhesive eggs**

◊ LAICH*1977***273

nongrooved shrimp
    see open thelycum species

nori
    see laver

northern hard clam
    see quahaug

Northern lobster
    see lobster

northern quahaug
    see quahaug

northern white shrimp
    see common shrimp

---

acide aminé non essentiel     n. m.
    amino-acide non essentiel     n. m.
    V. o. aminoacide non essentiel     n. m.

(Croissance et nutrition)

Acide aminé synthétisé par le corps.

Voir aussi **acide aminé essentiel**

◊ CAPQ-5*1992***17

acide gras non essentiel     n. m.

(Croissance et nutrition)

Acide gras synthétisé par le corps.

Voir aussi **acide gras essentiel**

œufs non adhésifs     n. m. pl.

(Reproduction et génétique)

Œufs qui normalement ne sont pas collants.

Voir aussi **œufs adhésifs**

**nucleus**
   pearl nucleus

*(Mollusc Culture)*

A small spherical shell fragment which is wrapped in a piece of mantle tissue from another oyster and that is used to produce pearls.

◊ ENSCI*1991*19**291, LANAQ*1992***350

**nursery**

*(Facilities)*

An infrastructure (e.g. a tank) in which the larvae or young individuals are placed during early growth.

◊ LANAQ*1992***180

**nursery pond**

*(Facilities - Farming/Culture)*

A pond used for early growth of larvae or young individuals.

◊ PILLA*1990***49, 53, 231, 387, LANAQ*1992***193, 257

**nursery stage**

*(Biology - Growth and Nutrition)*

Stage in which young individuals are placed in a culture medium that will allow optimum growout and survival.

◊ AQEX-E*1989***19

**nutrient**

*(Growth and Nutrition - Culture Medium)*

Element or compound (especially a chemical element or inorganic compound taken in by a green plant and used in organic synthesis) essential to the growth and development of plants and animals.

◊ WEBIN*1986***1552

---

**nucleus**                          n. m.
   V. o. nucléus                     n. m.

*(Conchyliculture)*

Petite bille confectionnée à partir d'une coquille et sur laquelle sera disposé un greffon provenant d'une pièce taillée dans le manteau d'une autre huître ; utilisée pour la production de perles.

◊ AQUAC*1986*2**905

**nurserie**                         n. f.
   nourricerie                       n. f.

*(Installations)*

Infrastructure (p. ex. un bassin) dans laquelle des larves ou de jeunes individus sont placés pour l'engraissement.

◊ AQUAC*1986*1**8, 408, AQUAC*1986*2**970, 905, 672, GIRAQ*1991***31, SOMOL*1992***119

**étang nurserie**                   n. m.
   étang d'alevinage *               n. m., spéc.

*(Installations - Élevage/culture)*

Étang dans lequel les larves ou de jeunes individus sont placés pour l'engraissement.

* Terme de pisciculture.

◊ AQUAC*1986*2**594, AQUAC*1986*1**261

**pré-élevage**                      n. m.
   prégrossissement                  n. m.

*(Biologie - Croissance et nutrition)*

Partie du cycle d'élevage où les jeunes individus sont placés dans des conditions favorisant une croissance rapide et une survie maximale.

◊ AQEX-F*1989***18, 21

**nutriment**                        n. m.
   élément nutritif                  n. m.
   substance nutritive               n. f.

*(Croissance et nutrition - Milieu de culture)*

Élément ou composé chimique, de nature minérale ou organique, nécessaire à la synthèse des molécules organiques que les animaux et les végétaux utilisent pour leur croissance.

◊ CILFO*1989***338

**nutrients**

*(Algal Culture - Growth and Nutrition)*

The inorganic chemical substances (silicate, nitrate and phosphate) required by plants for normal growth. These nutrients are the fertilizers of the sea.

◊ SUBIO*1988***419

**nutriants**      n. m. pl.

*(Algoculture - Croissance et nutrition)*

Formes assimilables par les végétaux marins de l'azote (nitrates, nitrites), du phosphore (phosphates) et de la silice (silicates) dissous dans l'eau de mer. Les nutriants représentent un facteur important de la fertilité des océans.

◊ LAROG*1982*7**7495

**O**

**ocean rancher**
    see rancher

**ocean ranching**
    ranching
    sea ranching

*(Fish Farming - Techniques and Methods)*

Extensive culture system of marine animals, in which hatchery systems are used to rear young individuals which are then released to forage and grow in their natural environment before harvesting.

See also **salmon ranching**

◊ PILLA*1990***551, ENSCI*1991*2**2, LANAQ*1992***184

**pacage marin**      n. m.
    pacage en mer      n. m.
    élevage en mer libre      n. m.

*(Pisciculture - Techniques et méthodes)*

Mode d'élevage extensif d'animaux marins, qui consiste à lâcher des juvéniles en milieu marin où ils se nourrissent des ressources naturelles et accomplissent leur croissance avant la capture.

Voir aussi **pacage marin du saumon**

◊ CILFO*1989***355

**oceanic**      adj.

*(Water)*

Relating to, occurring in, living in, or frequenting the ocean.

◊ WEBIN*1986***1561

**océanique**      adj.

*(Eau)*

Relatif à l'océan ; qui appartient à l'océan ou qui vient de l'océan.

◊ ROBER*1986*6**880

**oestrogen**
    see estrogen

**off-bottom culture**
    see suspended culture

**off-flavor**
    see off-flavour

**off-flavour**
  V. s. off-flavor

*(General Terminology)*

Environment-related flavors, like muddy or musty, permeating pond-raised fish.

◊ IVAQU*1992***274, LANAQ*1992***222

**okadaic acid**

*(Mollusc Culture - Pathology and Predators)*

Toxin produced by the dinoflagellate *Dinophysis acuminata*, causing diarrhetic shellfish poisoning.

See also **diarrhetic shellfish poisoning**

**old scallop**
  see Huagui scallop

**omnivorous species**

*(Biology)*

A species which eats everything, both animal and vegetable matter.

◊ LAFRE*1984***516

**on-growing**
  see grow-out

*Oncorhynchus gorbuscha*
  see pink salmon

*Oncorhynchus keta*
  see chum salmon

*Oncorhynchus kisutch*
  see coho salmon

*Oncorhynchus mykiss*
  see rainbow trout

*Oncorhynchus nerka*
  see sockeye salmon

*Oncorhynchus tschawytscha*
  see chinook salmon

*Oncorhynchus tshawytscha*
  see chinook salmon

**mauvais goût**          n. m.
  goût défectueux          n. m.

*(Terminologie générale)*

Goût de moisi, de vase ou autre que la chair des poissons élevés en étang acquiert et qui est causé par le milieu de culture.

**acide okadaïque**          n. m.

*(Conchyliculture - Pathologie et prédateurs)*

Toxine produite dans le dinoflagellé *Dinophysis acuminata*, causant une intoxication diarrhéique.

Voir aussi **intoxication diarrhéique**

◊ AQUAC*1986*1**35

**espèce omnivore**          n. f.

*(Biologie)*

Espèce qui mange de tout, qui se nourrit indifféremment d'aliments d'origine animale ou végétale.

◊ ROBER*1986*6**924

**one-sea-winter salmon**
    see grilse

**ongrowing pond**
    see growout pond

**ongrowing tank**
    see growout tank

**oocyte**

*(Reproduction and Genetics)*

The egg cell, contained in an ovary, which undergoes meiosis to form an ovum and a polar body (a cell with little cytoplasm).

◊ LENBI*1994***460

**ovocyte**               n. f. ou m.

*(Reproduction et génétique)*

Cellule sexuelle femelle en phase d'accroissement qui subit la méiose.

**oogenesis**

*(Reproduction and Genetics)*

Processes involved in the formation and maturation of the egg.

See also **gametogenesis, spermatogenesis**

◊ WEBIN*1986***1578

**oogenèse**            n. f.
    V. o. oogénèse        n. f.
    ovogenèse          n. f.
    V. o. ovogénèse     n. f.

*(Reproduction et génétique)*

Principales étapes dans la formation et la maturation de l'œuf.

Voir aussi **gamétogenèse, spermatogenèse**

◊ CAPQ-5*1992***11, LAROG*1982*7**7706

**oogonium**

*(Algal Culture - Reproduction and Genetics)*

The female sexual organ in certain algae that contains the ova.

◊ LANAQ*1992***148

**oogone**                n. f.

*(Algoculture - Reproduction et génétique)*

Chez certaines algues, organe sexuel femelle qui contient les œufs.

**open system**
    open-water system
    open-culture system
    flow-through system

*(Facilities - Water)*

A water system which consists of the natural environment such as a sea or a lake.

See also **closed system**

◊ LANAQ*1992***39, PILLA*1990***225, COLD*1995***56

**circuit ouvert**         n. m.
    système ouvert     n. m.

*(Installations - Eau)*

Système dans lequel l'élevage est pratiqué dans des cours d'eau naturels tels que la mer ou un lac.

Voir aussi **circuit fermé**

◊ SOMOL*1992***94

**open thelycum species**
nongrooved shrimp

***(Crustacean Farming - Biology)***

A female shrimp (e.g. *Penaeus vannamei*) with a setose thelycum; copulation takes place just before spawning.

See also **closed thelycum species**
◊ LANAQ*1992***189

**open-culture system**
see open system

**open-water system**
see open system

**opercle**
see operculum 1

**operculum 1**
opercle
gill cover

***(Fish Farming - Anatomy and Physiology)***

A bony plate which covers the gills of bony fish.

◊ FISFA*1988***1581

**operculum 2**

***(Mollusc Culture - Anatomy and Physiology)***

The horny or shelly plate that develops on the posterior dorsal surface of the foot in gastropod molluscs and serves to close the shell when the animal is retracted.
◊ WEBIN*1986***1581

**opisthobranch**

***(Mollusc Culture - Biology)***

A gastropod mollusc whose gills, when present, are posterior to the heart and have no operculum.

**OBS**
Opisthobranches are reared primarily to be used in laboratory studies of the nervous system.
◊ WEBIN*1986***1582, LANAQ*1992***354-355

**espèce à thélycum ouvert**          n. f.

***(Crustaciculture - Biologie)***

Crevette femelle (p. ex. *Penaeus vannamei*) à thélycum caractérisé par une simple dépression ; la copulation a lieu quelques heures avant la ponte.

Voir aussi **espèce à thélycum fermé**
◊ AQUAC*1986*1**468

**opercule 1**          n. m.

***(Pisciculture - Anatomie et physiologie)***

Chez les poissons osseux, pièces paires qui recouvrent les branchies.
◊ GPP*1985***G5

**opercule 2**          n. m.
***(Conchyliculture - Anatomie et physiologie)***

Pièce, calcaire ou cornée, sécrétée par le pied des mollusques gastéropodes et qui ferme l'ouverture de la coquille.

◊ CILFO*1989***348

**opisthobranche**          n. m.
***(Conchyliculture - Biologie)***

Mollusque gastéropode à coquille réduite ou absente et dont les branchies se trouvent derrière le cœur.

**OBS**
Les opisthobranches servent principalement à des fins de recherche sur le système nerveux.
◊ ROBER*1986*6**947

**optimum growth**

*(Growth and Nutrition)*

Growth of an organism with the most suitable degree of environmental factors (e.g. salinity, nutrition) for its full development.

◊ HENBI*1989***364

**croissance optimale**          n. f.

*(Croissance et nutrition)*

Croissance d'un organisme qui se fait lorsque les éléments du milieu (p. ex. salinité, nutrition, etc.) sont les plus favorables pour son développement.

◊ AQUAC*1986*1**214

**order**

*(Biology)*

A category of taxonomic classification ranking below the class.

See also **phylum, division**

◊ WEBIN*1986***1588

**ordre**          n. m.

*(Biologie)*

Chacune des divisions d'une classe.

Voir aussi **embranchement 1, embranchement 2**

◊ LAROG*1982*7**7617

**Oregon sockeye disease**
    see infectious hematopoietic necrosis

**organic fertilizer**


*(Growth and Nutrition - Culture Medium)*

A fertilizer containing matter of plant or animal origin, used for fertilizing ponds.


◊ PILLA*1990***124

**engrais organique**          n. m.
    fertilisant organique          n. m.

*(Croissance et nutrition - Milieu de culture)*

Engrais produit par fermentation de déchets d'origine animale ou végétale, utilisé dans la fertilisation des étangs.

◊ PARSE*1990***74

**organic load**

*(Water)*

The amount of dissolved organic material carried in the water.

◊ WICRU*1992***376

**charge organique**          n. f.

*(Eau)*

Quantité totale de matières organiques en solution ou en suspension dans une eau.

◊ OLFEB*1981***82

**organic material**
    see organic matter

**organic matter**
    organic material

*(Water - Culture Medium)*

Material derived from living or dead animals and plants, molecules making up the organisms being based on carbon, the other principle elements being oxygen and hydrogen.

◊ SUBIO*1988***206

**matière organique**          n. f.
    substance organique          n. f.

*(Eau - Milieu de culture)*

Ensemble des produits d'origine biologique provenant des débris végétaux, des déjections et des cadavres d'animaux.

◊ PARSE*1990***332

**orifice flowmeter**
    see orifice meter

**orifice meter**
    orifice flowmeter

*(Facilities - Water)*

A flowmeter consisting of a flat plate with a hole drilled in the center that is perpendicular to the flow inside the pipe.
◊ LANAQ*1992***81

**OSD**
    see infectious hematopoietic necrosis

**osmoregulation**

*(Anatomy and Physiology)*

Physiological activity within an organism that serves to maintain the internal salt and fluid balance within a narrow acceptable range.
◊ NYMBA*1982***417, COLD*1995***51

**osmotic pressure**

*(Water)*

The pressure needed to prevent water from flowing into a more concentrated solution from a less concentrated one across a semipermeable membrane.

◊ PIPFI*1986***490

*Ostrea edulis*
    see European oyster

**Ostreidae**        n. pl.

*(Oyster Culture - Biology)*

A family of marine bivalve molluscs, having a rough irregular shell closed by a single adductor muscle, and living in shallow water along the seacoasts or in brackish water in the mouths of rivers.
See also **European oyster**
◊ WEBIN*1986***1598

**outbreeding**
    see crossbreeding

**débitmètre à diaphragme**        n. m.

*(Installations - Eau)*

Débitmètre à variation de pression utilisant la chute de pression dans un orifice comme indication du débit.

◊ INDUS*1986***227

**osmorégulation**        n. f.
*(Anatomie et physiologie)*

Processus physiologique par lequel la cellule contrôle la concentration de certaines molécules de part et d'autre de sa membrane.

**pression osmotique**        n. f.
*(Eau)*

Pression qu'il faut exercer sur une solution pour empêcher son solvant de traverser une paroi semiperméable, lorsque cette solution et son solvant à l'état pur se trouvent de chaque côté de cette paroi.
◊ INDUS*1986***616

**ostréidés**        n. m. pl.
    V. o. Ostréidés        n. m. pl.
    huître européenne        n. f.

*(Ostréiculture - Biologie)*

Famille de mollusques marins bivalves, à coquille généralement dissymétrique, vivant à faible profondeur dans les eaux côtières des mers.

Voir aussi **huître plate européenne**
◊ CILFO*1989***247

**outlet**
   water outlet

*(Facilities - Water)*

An opening through which water flows out of a tank, pipe, etc.

◊ PILLA*1990***57-58

**ovary**

*(Reproduction and Genetics - Anatomy and Physiology)*

A female gonad; a reproductive gland producing ova.

◊ SCITF*1988***638

**overcrowding**
   crowding

*(Pathology and Predators - Culture Medium)*

The result of stocking the culture medium to excess, thus preventing proper growth of individuals.

◊ LANAQ*1992***171, PILLA*1990***201, ACKE*1994***29

**overfishing**

*(General Terminology)*

Fishing to the detriment of a fishing ground or to the depletion of a kind of fish.

◊ WEBIN*1986***1607, LANAQ*1992***290, AQEX-E*1989***25

**overturn**
   see turnover

**oviduct**

*(Reproduction and Genetics - Anatomy and Physiology)*

The tube carrying eggs from the ovary.

◊ KIGEN*1985***280

**oviparous**
   see egg-laying

**oviposition**
   see spawning 2

**sortie d'eau**                     n. f.

*(Installations - Eau)*

Endroit d'où sort l'eau d'un bassin, d'une conduite, etc.

◊ OLFEB*1981***419

**ovaire**                           n. m.

*(Reproduction et génétique - Anatomie et physiologie)*

Organe génital femelle produisant les gamètes femelles (ovocytes ou ovules).

◊ LAROG*1982*7**7704

**entassement**                      n. m.

*(Pathologie et prédateurs - Milieu de culture)*

Action de peupler le milieu de culture à l'excès, ce qui inhibe la croissance des individus.

◊ ENSEM*1991***175

**surpêche**                         n. f.
   surexploitation des pêcheries    n. f.

*(Terminologie générale)*

Exploitation exagérée des lieux de pêche ou épuisement des bancs de poisson.

◊ CILFO*1989***453, SITMO*1995***1, 9, AQEX-F*1989***23

**oviducte**                         n. m.

*(Reproduction et génétique - Anatomie et physiologie)*

Conduit par lequel l'œuf quitte l'ovaire.

◊ ROBER*1986*6**1041

**ovulation**

*(Reproduction and Genetics)*

The discharge of the ova from the ovary.

◊ LANAQ*1992***214

**ovum**
    see egg

**oxidizing agent**

*(Water - Treatment and Filtration)*

A substance (as ozone) which uses up dissolved oxygen or speeds the process of oxidation.
◊ LAFRE*1984***516

**oxygen concentration**

*(Water)*

The amount of oxygen per unit volume of water.

◊ PIPFI*1986***96

**oxygenation**

*(Water)*

The addition of oxygen to water by aeration or other means.
◊ LAFRE*1984***516

**oyster**
    see Atlantic oyster

**oyster bed 1**
    oyster ground

*(Oyster Culture)*

A natural bed supporting a heavy growth of oysters.

See also **oyster bed 2, bed 1**
◊ WEBIN*1986***1615

---

**ovulation**                          n. f.

*(Reproduction et génétique)*

Fonction exocrine de l'ovaire, aboutissant à la libération des ovules.
◊ LAROG*1982*7**7707

**oxydant**                            n. m.
    agent oxydant                      n. m.

*(Eau - Traitement et filtration)*

Substance (comme l'ozone) ayant la propriété d'oxyder la matière organique et divers sels minéraux.
◊ OLFEB*1981***323

**concentration en oxygène**           n. f.

*(Eau)*

Poids d'oxygène contenu dans une unité de volume d'eau.
◊ CAPQ-11*1992***19

**oxygénation**                        n. f.

*(Eau)*

Action d'ajouter de l'oxygène au milieu aquatique par aération ou autre moyen.
◊ PARSE*1990***392

**gisement d'huîtres**                 n. m.
    gisement huîtrier                  n. m.
    banc d'huîtres                     n. m.
    huîtrière                          n. f., vieilli

*(Ostréiculture)*

Gisement naturel où se trouve une population d'huîtres en nombre suffisant pour en permettre l'exploitation.

Voir aussi **parc à huîtres, gisement**
◊ ROBER*1986*3**920

**oyster bed 2**
    oyster parc
    V. s. oyster park

*(Oyster Culture)*

A protected portion of sea bottom used for the culture of oysters.

See also **oyster bed 1, bed 2**

◊ WEBIN*1986***1615, PILLA*1990***483

**oyster culture**
    oyster farming

*(Mollusc Culture)*

The cultivation of oysters.

◊ WEBIN*1986***1615

**oyster culturist**
    oyster farmer

*(Oyster Culture)*

A person who practices oyster culture.

See also **oyster culture**

◊ LANAQ*1992***173, PILLA*1990***477

**oyster farmer**
    see oyster culturist

**oyster farming**
    see oyster culture

**oyster ground**
    see oyster bed 1

**oyster parc**
    see oyster bed 2

**oyster park**
    see oyster bed 2

**oyster rake**

*(Mollusc Culture - Facilities)*

An implement equipped with prongs often curved and a long handle to gather molluscs (e.g. oysters or clams).

---

**parc à huîtres**      n. m.
    parc ostréicole      n. m.

*(Ostréiculture)*

Anse ou bassin artificiel où l'on pratique la culture des huîtres.

Voir aussi **gisement d'huîtres, parc**

◊ LAROG*1982*8**7819

**ostréiculture**      n. f.

*(Conchyliculture)*

Élevage des huîtres.

◊ CILFO*1989***352, SOMOL*1992***71

**ostréiculteur**      n. m.
    ostréicultrice      n. f.

*(Ostréiculture)*

Celui ou celle qui pratique l'ostréiculture.

Voir aussi **ostréiculture**

◊ LAROG*1982*7**7673, GIRAQ*1991***27, 199

**râteau**      n. m.
    peigne à huîtres      n. m.

*(Conchyliculture - Installations)*

Traverse munie de lames souvent recourbées et d'un long manche servant à récolter des coquillages (p. ex. les huîtres et les palourdes).

◊ BOUGOC*1976***17, PEROB*1995***1871, AQUAC*1986*1**412

**oyster tray**
see pearl net

**oyster-culture** adj.
oyster-farming adj.

*(Oyster Culture - General Terminology)*

Relating to the culture of oysters.

See also **oyster culture**

**oyster-farming**
see oyster-culture

**ozonation\***
ozonization\*
ozone treatment

*(Water - Treatment and Filtration)*

Addition of ozone to water to break down refractory organic molecules, oxidize waste metabolites and disinfect the water.

\* Term standardized by ISO.

See also **disinfection**

◊ WICRU\*1992\*\*\*377

**ozone treatment**
see ozonation

**ozonization**
see ozonation

**ostréicole** adj.

*(Ostréiculture - Terminologie générale)*

Qui relève de l'ostréiculture.

Voir aussi **ostréiculture**

**ozonisation \*** n. f.
ozonation n. f.

*(Eau - Traitement et filtration)*

Traitement d'une eau par l'ozone dans le but de la désinfecter ou d'éliminer les micropolluants par oxydation.

\* Terme normalisé par l'ISO.

Voir aussi **désinfection**

◊ OLFEB\*1981\*\*\*325

# p

**Pacific cupped oyster**
see Pacific oyster

**Pacific oyster \***
Japanese oyster
Pacific cupped oyster
giant Pacific oyster
*Crassostrea gigas*

*(Oyster Culture - Aquaculture Species)*

A large oyster of the family Ostreidae that is native to the coast of Japan and that has been introduced along the Pacific coast of North America.

\* Recommended term in Canada.

◊ WEBIN\*1986\*\*\*1210, NQ8070\*1995\*\*\*62

**huître creuse pacifique \*** n. f
huître creuse japonaise n. f.
*Crassostrea gigas*

*(Ostréiculture - Espèces aquacoles)*

Huître de grande taille de la famille des ostréidés, originaire du Japon, mais que l'on trouve également sur la côte pacifique de l'Amérique du Nord.

\* Terme normalisé au Canada.

◊ CILFO\*1989\*\*247, LAROG\*1982\*5\*\*5375, GIRAQ\*1991\*\*\*60-61, NQ8070\*1995\*\*\*62

**Pacific salmon**

*(Salmonid Farming - Aquaculture Species)*

Any of a small genus *(Oncorhynchus)* of fishes of the family Salmonidae found in the Pacific Ocean.

**OBS**

The six species of Pacific salmon found along the North American coast are sockeye, chum, coho, pink, chinook and steelhead.

◊ GACAN*1983***813

**paddle wheel**
    see paddlewheel

**paddle wheel aeration**
    see paddlewheel aeration

**paddle wheel aerator**
    see paddlewheel

**paddlefish**
    spoonhill catfish        [US]
    *Polyodon spathula*

*(Fish Farming - Aquaculture Species)*

A large freshwater fish of the family Polyodontidae found in the Mississippi River and its tributaries, having a long spatula-shaped snout, smooth skin, heterocercal tail, and long gill rakers, attaining a length of approximately two meters.

◊ WEBIN*1986***1619

**paddlewheel**
    V. s. paddle wheel
    paddlewheel aerator
    V. s. paddle wheel aerator

*(Facilities - Water)*

A surface aerator consisting of an electrically driven, floating device commonly used in ponds to break up or agitate the water and increase the surface area available for oxygen transfer.

◊ PILLA*1990***60, WICRU*1992***377

**saumon du Pacifique**      n. m.
    saumon pacifique      n. m.

*(Salmoniculture - Espèces aquacoles)*

Saumon du genre *Oncorhynchus*, de la famille des salmonidés, que l'on trouve dans l'océan Pacifique.

**OBS**

Les six espèces trouvées le long de la côte pacifique de l'Amérique du Nord sont les saumons rouge, kéta, coho, rose, quinnat et arc-en-ciel.

◊ CILFO*1989***431

**spatule**      n. f.
    *Polyodon spathula*

*(Pisciculture - Espèces aquacoles)*

Poisson d'eau douce du Mississippi, de la famille des polyodontidés, qui mesure deux mètres, est voisin de l'esturgeon, mais est dépourvu de scutelles et dont le rostre se prolonge en une spatule qui représente le tiers de la longueur du corps.

◊ LAROG*1982*9**9743

**aérateur roue à palettes**    n. m.
    aérateur rotatif      n. m.

*(Installations - Eau)*

Aérateur de surface comportant une roue à palettes, permettant d'effectuer une agitation mécanique de l'eau dans le but d'accroître l'oxygène.

◊ OLFEB*1981***8, ROBER*1986*1**136

**paddlewheel aeration**
    V. s. paddle wheel aeration

*(Water - Treatment and Filtration)*

Aeration method consisting of a circular motion in the water by the use of paddlewheels which provide a more even distribution of dissolved oxygen.

◊ WICRU*1992***145

**paddlewheel aerator**
    see paddlewheel

**pallial cavity**
    see mantle cavity

**pallial chamber**
    see mantle cavity

**pallium**
    see mantle

**paralytic shellfish poisoning**
    Abbr. PSP

*(Mollusc Culture - General Terminology)*

Food poisoning by molluscs that carry toxins from the dinoflagellates of the genus *Alexandrium*.

See also **saxitoxin**
◊ DOSHE*1991***36

**paralytic shellfish poisoning toxin**
    PSP toxin

*(Mollusc Culture - Pathology and Predators)*

A toxin causing paralytic shellfish poisoning.

See also **paralytic shellfish poisoning**
◊ DOSHE*1991***36-37

**parasite**

*(Pathology and Predators)*

An organism which lives on or in another organism (called the host) and obtains its food at the expense of that organism.

◊ LAFRE*1984***517

**aération par roues à palettes**    n. f.

*(Eau - Traitement et filtration)*

Méthode d'aération de l'eau comportant une agitation mécanique à l'aide de roues à palettes.

◊ OLFEB*1981***8

**intoxication paralysante**    n. f.
    intoxication paralysante par les
        phycotoxines    n. f.
    intoxication paralysante par les
        mollusques    n. f., vieilli
    Abrév. IPM

*(Conchyliculture - Terminologie générale)*

Empoisonnement alimentaire causé par l'ingestion de coquillages contaminés par des toxines de dinoflagellés du genre *Alexandrium*.

Voir aussi **saxitoxine**
◊ AQUAC*1986*1**35

**phycotoxine paralysante**    n. f.
    toxine paralysante    n. f.

*(Conchyliculture - Pathologie et prédateurs)*

Toxine causant une intoxication paralysante chez les humains.

Voir aussi **intoxication paralysante**
◊ AQUAC*1986*1**35

**parasite**    n. m.

*(Pathologie et prédateurs)*

Organisme vivant en association durable avec un autre (appelé hôte) dont il se nourrit, sans le détruire ni lui apporter aucun avantage.

◊ ROBER*1986*7**81, PATH*1985***122

**parr**

*(Salmonid Farming - Growth and Nutrition)*

A young salmon, between the fry and smolt stage, that remains in fresh water before migrating to sea.

**OBS**

The length of the parr stage varies considerably, depending on the growth conditions.

◊ MILAT*1991***11

**parthenogenesis**
   see parthenogenetic reproduction

**parthenogenetic reproduction**
   parthenogenesis

*(Reproduction and Genetics)*

A modification of sexual reproduction in which an egg develops without entrance of a sperm (common among rotifers).

◊ INZOO*1974***722, LASTE*1989***1374

**pathogenic agent**
   see causal agent

**pathology**

*(Biology)*

The study of diseases, their essential nature, causes, and development, and the structural and functional changes produced by them.

◊ WEBIN*1986***1655, PIPFI*1986***491

**pearl culture**

*(Mollusc Culture)*

Mollusc culture for the production of pearls.

◊ LANAQ*1992***350

**pearl net**
   oyster tray

*(Mollusc Culture - Facilities)*

A pyramid or conical-shaped metallic structure with mesh net used to facilitate the growout and retrieval of oysters and other bivalve molluscs.

◊ SCALHA*1991***211, 212, 213, PILLA*1990***503

| tacon | n. m. |
| parr | n. m. [FR] |

*(Salmoniculture - Croissance et nutrition)*

Jeune saumon, entre la phase d'alevin et celle de saumoneau, qui vit en eau douce avant sa migration en eau de mer.

**OBS**

La durée de cette phase de la vie d'un saumon varie considérablement selon les conditions de croissance.

◊ LAROG*1982*8**7853

| parthénogenèse | n. f. |
| V. o. parthénogénèse | n. f. |
| reproduction parthénogénétique | n. f. |

*(Reproduction et génétique)*

Développement d'un gamète femelle sans fécondation, c'est-à-dire sans l'intervention d'un gamète mâle (commun chez les rotifères).

◊ PARSE*1990***405

| pathologie | n. f. |

*(Biologie)*

Science des causes, des symptômes et de l'évolution des maladies.

| perliculture | n. f. |

*(Conchyliculture)*

Culture des mollusques pour la production de perles.

◊ CILFG-6*1983***225

| panier à huîtres | n. m. |
| panier pyramidal | n. m. |

*(Conchyliculture - Installations)*

Structure composée d'une armature métallique et d'un filet, dans laquelle on place les huîtres (ou autres bivalves) pour favoriser leur grossissement et faciliter leur récupération.

◊ BOUGOC*1976***249

**pearl nucleus**
see nucleus

**pearl oyster**

*(Oyster Culture - Aquaculture Species)*

A bivalve of the tropical waters of Japan, China, and Korea that is used in the production of pearls and that is distinguished from the ordinary oyster in having a byssus.

◊ LANAQ*1992***350, WEBIN*1986***1661

**huître perlière**                    n. f.

*(Ostréiculture - Espèces aquacoles)*

Bivalve des mers tropicales du Japon, de la Chine et de la Corée, qui produit des perles et qui est caractérisé par une coquille très fortement nacrée intérieurement.

◊ AQUAC*1986*2**904, LAROG*1982*8**7991

*Pecten jacobaeus*
see great scallop

*Pecten maximus*
see great scallop

**pectoral fin**

*(Fish Farming - Anatomy and Physiology)*

The paired fins found on either side of a fish's body just behind the gills.

◊ LAFRE*1984***517

**nageoire pectorale**                    n. f.

*(Pisciculture - Anatomie et physiologie)*

Une des deux nageoires de la partie antérieure de la face ventrale des poissons.

◊ ROBER*1986*7**208

**pedigree**

*(Reproduction and Genetics)*

A diagram setting forth the ancestral history of an individual.

◊ KIGEN*1985***288

**pedigree**                    n. m.

*(Reproduction et génétique)*

Représentation graphique de l'ascendance proche d'un individu.

◊ CILFG-32*1991***206

**pediveliger**

*(Mollusc Culture - Growth and Nutrition)*

A veliger whose foot has become functional, and settlement is imminent.

◊ LANAQ*1992***165

**pédivéligère**                    n. f.

*(Conchyliculture - Croissance et nutrition)*

Véligère munie d'un pied, qui perd son aptitude à nager et se fixe à un substrat.

◊ AQUAC*1986*2**429

**peduncle disease**
see cold-water disease

**pelagic**                    adj.

*(Biology)*

Of, pertaining to, or living in water away from the shore and the bottom.

See also **benthic**

**pélagique**                    adj.

*(Biologie)*

Se dit des organismes vivant en pleine eau loin du fond et des rivages.

Voir aussi **benthique**

**pelagic egg**
  floating egg

*(Fish Farming - Reproduction and Genetics)*

A fish egg with a specific gravity similar to that of water, that is buoyant.

See also **demersal egg**

◊ LAICH*1977***286

**pelagos**

*(Growth and Nutrition - Culture Medium)*

Organisms, plants and animals, that live in water away from the shore and the bottom.

See also **benthos**

**pelecypod**
  see bivalve

**Pelecypoda**
  see Bivalvia

**pellet**
  feed pellet

*(Growth and Nutrition)*

A small cylindrical chunk of compressed feeding stuffs used to feed aquaculture animals.

See also **pelleted feed**

◊ WEBIN*1986***1667, LANAQ*1992***180

**pelleted feed**
  pelletized feed

*(Growth and Nutrition)*

Feed composed of pellets obtained by the use of different methods (moisture, heat and pressure).

**OBS**
Dry, semi-moist and moist pellets are processed by varying the water content and by the use of binding ingredients.

See also **dry pellet, semi-moist pellet, moist pellet**

◊ BROFI*1980***221, LANAQ*1992***197, PILLA*1990***95, 371

**pelletized feed**
  see pelleted feed

---

**œuf pélagique**                    n. m.
  œuf flottant                       n. m.

*(Pisciculture - Reproduction et génétique)*

Œuf de poisson d'une densité semblable à celle de l'eau, capable de flotter.

Voir aussi **œuf démersal**

◊ LAROG*1982*8**7944

**pelagos**                          n. m.

*(Croissance et nutrition - Milieu de culture)*

Ensemble des organismes aquatiques, animaux ou végétaux, vivant en pleine eau (mer, lac, etc.), loin du fond et des rivages.

Voir aussi **benthos**

**granulé**                          n. m.

*(Croissance et nutrition)*

Petit morceau d'aliments comprimés en forme de cylindre utilisé dans l'alimentation des animaux aquacoles.

Voir aussi **aliment granulé**

◊ CAPQ-11*1992***13, CAPQ-5*1992***24

**aliment granulé**                  n. m.
  aliment en granulés                n. m.
  nourriture en granulés             n. f.

*(Croissance et nutrition)*

Aliment sous forme de granulés obtenus par diverses méthodes (pressage, vapeur, chaleur).

**OBS**
En faisant varier le contenu en eau et en choisissant des ingrédients ayant une capacité liante, on peut former des granulés secs, humides ou semi-humides.

Voir aussi **granulé sec, granulé semi-humide, granulé humide**

◊ CAPQ-5*1992***28, AQUAC*1986*2**729

**pelvic fin**
> ventral fin

*(Fish Farming - Anatomy and Physiology)*

One of the paired fins of a fish homologous with the hind limbs of a quadruped.

◊ WEBIN*1986***1668

**pen 1**
> sea pen
> net pen

*(Facilities - Farming/Culture)*

A portion of the sea bed with poles driven in the sediment and nets extending above high water used for the enclosure and culture of marine animals.

See also **pen culture**

◊ LANAQ*1992***270, PILLA*1990***78-79

**pen 2**
> see pound

**pen culture**
> sea-pen culture
> V. s. sea pen culture

*(Fish Farming - Techniques and Methods)*

The rearing of fish in sea pen enclosures which protect them from predators and facilitate their capture.

See also **pen, cage culture**

◊ LANAQ*1992***270, PILLA*1990***33,
FAO-255*1984***1

**penaeid**
> V. s. peneid                                   rare
> penaeid shrimp

*(Crustacean Farming - Aquaculture Species)*

A prawn of the family Penaeidae.

See also **Penaeidae**

◊ WEBIN*1986***1669

**penaeid shrimp**
> see penaeid

**nageoire pelvienne**                          n. f.
> nageoire ventrale                             n. f.

*(Pisciculture - Anatomie et physiologie)*

Une des deux nageoires situées sous ou derrière les nageoires pectorales.

◊ GPP*1985***G5

**enclos**                                       n. m.

*(Installations - Élevage/culture)*

Portion de mer limitée par une barrière formée de piquets et de filets, destinée à contenir des animaux marins en élevage.

Voir aussi **élevage en enclos**

◊ AQUAC*1986*2**954, CILFO*1989***185,
BOUGOC*1976***284

**élevage en enclos**                            n. m.

*(Pisciculture - Techniques et méthodes)*

Élevage de poissons dans des enclos afin de les protéger des prédateurs et d'en faciliter la capture.

Voir aussi **enclos, élevage en cages**

◊ AQUAC*1986*2**1039, 954

**crevette pénéide**                             n. f.
> pénéide                                        n. m.

*(Crustaciculture - Espèces aquacoles)*

Crevette de la famille des pénéidés.

Voir aussi **pénéidés**

**Penaeidae**      n. pl.
    V. s. Peneidae      n. pl., rare

*(Crustacean Farming - Biology)*

A family of warm water and tropical prawns including several edible prawns.
◊ WEBIN*1986***1669

**pénéidés**      n. m. pl.
    V. o. Pénéidés      n. m. pl.

*(Crustaciculture - Biologie)*

Famille de crevettes de grande taille des eaux tempérées, chaudes et tropicales.
◊ CILFO*1989***141

*Penaeus aztecus*
    see brown shrimp

*Penaeus japonicus*
    see Japanese shrimp

*Penaeus monodon*
    see tiger shrimp

*Penaeus setiferus*
    see common shrimp

*Penaeus vannamei*
    see white leg shrimp

**pendulum feeder**
    see demand feeder

**peneid**
    see penaeid

**Peneidae**
    see Penaeidae

**percolating filter**
    see biological filter

**pereiopod**
    V. s. pereopod
    walking leg

*(Crustacean Farming - Anatomy and Physiology)*

One of the walking legs of crustaceans.
◊ WICRU*1992***377

**péréiopode**      n. m.

*(Crustaciculture - Anatomie et physiologie)*

Patte marcheuse thoracique des crustacés.
◊ LAROG*1982*8**7978

**pereopod**
    see pereiopod

performance
record

*(Reproduction and Genetics)*

The result obtained from an individual after testing.

performance     n. f.

*(Reproduction et génétique)*

Résultat qu'obtient un individu dans une épreuve.

◊ CILFG-32*1991***206

petasma

*(Crustacean Farming - Anatomy and Physiology)*

A membranous modified endopodite of the first abdominal appendage (pleopods) in a male decapod crustacean.

◊ WEBIN*1986***1689

petasma     n. m.

*(Crustaciculture - Anatomie et physiologie)*

Chez les crustacés mâles décapodes, organe copulateur réalisé par la conjonction des deux rames internes modifiées de la première paire de pattes abdominales (ou pléopodes).

◊ AQUAC*1986*1**468

pH

*(Water)*

The measure of the concentration of hydrogen ions in a solution, represented on a numerical scale ranging from 0 (acid) to 7 (neutral) to 14 (alkaline).

◊ FISFA*1988***393, LAFRE*1984***517

pH     n. m.

*(Eau)*

Indice exprimant la concentration de l'ion hydrogène dans une solution, à l'aide d'une échelle allant de 0 à 14 : entre 0 et 7 (solution acide), 7 (solution neutre), entre 7 et 14 (solution alcaline).

◊ ROBER*1986*7**334

Phaeophyceae
see brown algae

phage
see bacteriophage

phenotype

*(Reproduction and Genetics)*

The observable properties of an organism, produced by the genotype in conjunction with the environment.

See also **genotype**

◊ KIGEN*1985***295

phénotype     n. m.

*(Reproduction et génétique)*

Ensemble des caractères visibles résultant de l'expression du génotype dans un environnement donné.

Voir aussi **génotype**

◊ CILFG-32*1991***209, CAPQ-2*1992***58

phenotypic selection
see mass selection

pheromone

*(Biology)*

A chemical substance released by an organism that influences the behavior of others of the same species.

◊ LAFRE*1984***517, INZOO*1974***982

phéromone     n. f.

*(Biologie)*

Substance chimique émise par un organisme dans le milieu marin et qui agit à distance sur les autres individus de la même espèce.

◊ CILFO*1989***374

**photoperiod**

*(Biology)*

The relative lengths of alternating periods of lightness and darkness as they affect the growth and maturity of an organism.

**OBS**

Some authors use photoperiod and light period as synonyms while others believe that the light period is part of the photoperiod.

See also **light period**

◊ WEBIN*1986***1703

**photosynthesis**

*(Biology)*

Synthesis by green plants or organic compounds from water and carbon dioxide using energy from sunlight.

◊ FISFA*1988***393

**phycocyanin**

*(Algal Culture)*

Any of the bluish-green protein pigments in the cells of blue-green algae.

◊ WEBIN*1986***1705

**phycoerythrin**

*(Algal Culture)*

Any of the red protein pigments in the cells of red algae.

◊ WEBIN*1986***1705

**phycologist**

see algologist

**phycology**

see algology

**phycotoxin**

phytotoxin

*(Mollusc Culture - Pathology and Predators)*

A toxin produced by a microalga consumed by filter feeders and their predators that can be extremely dangerous to humans eating the shellfish.

See also **biotoxin**

◊ LASTE*1989***1424

**photopériode**      n. f.

*(Biologie)*

Durée quotidienne du jour, comprenant une période d'éclairement et une période d'obscurité de durée variable suivant la latitude et la saison, ayant une influence sur la vie animale et végétale.

**OBS**

Certains ouvrages considèrent que photopériode et durée d'éclairement sont synonymes, alors que d'autres considèrent la durée d'éclairement comme faisant partie du cycle de la photopériode.

Voir aussi **durée d'éclairement**

◊ PARSE*1990***423

**photosynthèse**      n. f.

*(Biologie)*

Réaction chimique fondamentale par laquelle, sous l'effet de la lumière, le gaz carbonique est transformé en matière organique par les végétaux chlorophylliens.

◊ CILFO*1989***375

**phycocyanine**      n. f.

*(Algoculture)*

Pigment photosynthétique accessoire des algues bleues.

◊ CILFO*1989***376

**phycoérythrine**      n. f.

*(Algoculture)*

Pigment photosynthétique accessoire des algues rouges.

◊ CILFO*1989***376

**phycotoxine**      n. f.

phytotoxine      n. f.

*(Conchyliculture - Pathologie et prédateurs)*

Toxine produite par une microalgue, qui s'accumule dans les coquillages filtreurs et leurs prédateurs et provoque une intoxication chez les humains qui consomment ces coquillages.

Voir aussi **biotoxine**

◊ ROBER*1986*7**375

phylum

*(Biology)*

A major taxonomic category in classifying animals (and plants in some systems), composed of groups or related classes.

See also **division, class, order, family, genus, species**

◊ LASTE*1989***1422

**phytoplankter**

*(Growth and Nutrition - Culture Medium)*

A phytoplankton organism.

See also **phytoplankton**

**phytoplankton**

*(Growth and Nutrition - Culture Medium)*

Plankton consisting of plant life.

◊ WEBIN*1986***1708

**phytotoxin**
see phycotoxin

**pigmented feed**

*(Growth and Nutrition)*

A feed containing a synthetic pigment used to colour the flesh of fish.

**pike culture**
see pike farming

**pike farmer**

*(Fish Farming)*

A person who practices pike farming.

See also **pike farming**

**pike farming**
pike culture

*(Fish Farming)*

The rearing of pike.

---

| embranchement 2 | n. m. |
| phylum | n. m. |

*(Biologie)*

Une des grandes divisions du monde vivant animal qui se subdivise à son tour en classes, ordres, familles, genres et espèces.

Voir aussi **embranchement 1, classe, ordre, famille, genre, espèce**

◊ GPP*1985***G3

**phytoplanctonte** n. m.

*(Croissance et nutrition - Milieu de culture)*

Organisme du phytoplancton.

Voir aussi **phytoplancton**

**phytoplancton** n. m.

*(Croissance et nutrition - Milieu de culture)*

Ensemble des organismes du plancton qui appartiennent au règne végétal.

◊ CILFO*1989***376

**aliment pigmenté** n. m.

*(Croissance et nutrition)*

Aliment contenant un pigment synthétique destiné à colorer la chair des poissons.

| ésociculteur | n. m. |
| ésocicultrice | n. f. |

*(Pisciculture)*

Celui ou celle qui pratique l'ésociculture.

Voir aussi **ésociculture**

**ésociculture** n. f.

*(Pisciculture)*

Élevage du brochet.

◊ LAROG*1982*4**3886

**pink salmon ***
    humpback salmon
    *Oncorhynchus gorbuscha*

*(Salmonid Farming - Aquaculture Species)*

The smallest of the Pacific salmons that is bluish above and silvery on the sides and that has numerous black spots on the hind part of the back, the adipose fin and the tail.

* Recommended term in Canada.

◊ GACAN*1983***857, NQ8070*1995***38

**piscivorous species**

*(Biology)*

A species that eats fish.

◊ LAFRE*1984***517

**piston pump ***

*(Facilities - Water)*

A pump having a reciprocating piston operating in a cylinder so as to impart motion and pressure to the fluid by direct displacement.

* Term standardized by ISO.

◊ WEBIN*1986***1724

**pituitary extract**
    fish pituitary extract
    pituitary gland extract
    gland extract

*(Fish Farming - Reproduction and Genetics)*

Aqueous, alcoholic or acetone dissolved extract of pituitary gland (of fish) used for the artificial induction of spawning (hypophysation).

See also **hypophysation**

◊ FISFA*1988***393

**pituitary gland**
    hypophysis

*(Fish Farming - Anatomy and Physiology)*

The master endocrine gland which lies beneath the floor of the brain, within the skull, of vertebrates.

◊ KIGEN*1985***300

---

**saumon rose ***           n. m.
    *Oncorhynchus gorbuscha*

*(Salmoniculture - Espèces aquacoles)*

Le plus petit des saumons du Pacifique caractérisé par un dos de couleur bleu sombre, des flancs argentés et des taches ovales noires sur le dos et sur les deux lobes de la nageoire caudale.

* Terme normalisé au Canada.

◊ GPP*1985***3:103, NQ8070*1995***38

**espèce piscivore**         n. f.

*(Biologie)*

Espèce qui se nourrit de poissons.

◊ LAROG*1982*8**8162

**pompe à piston ***       n. f.

*(Installations - Eau)*

Pompe dont le fonctionnement est fondé sur la variation du volume d'une chambre dans laquelle se déplace un piston animé d'un mouvement rectiligne alternatif.

* Terme normalisé par l'ISO.

◊ OLFEB*1981***349

**extrait hypophysaire**    n. m.
    hypophyse 1 *          n. f.
    hormone hypophysaire   n. f.

*(Pisciculture - Reproduction et génétique)*

Extrait de la glande pituitaire (des poissons) auquel a été ajouté un solvant tel que l'eau, l'alcool ou l'acétone, et qui est utilisé pour induire la ponte (hypophysation).

* Terme souvent utilisé au pluriel.

Voir aussi **hypophysation**

◊ LAROG*1982*4**4087, AQUAC*1986*2**585, 941, BAMI*1991***71

**glande pituitaire**       n. f.
    hypophyse 2         n. f.

*(Pisciculture - Anatomie et physiologie)*

Organe glandulaire et nerveux, situé sous la face inférieure du cerveau, et jouant un rôle prédominant dans de nombreux phénomènes physiologiques.

◊ LAROG*1982*5**5423

**pituitary gland extract**
see pituitary extract

**PL**
see postlarva 2

**PL stage**
see postlarva 2

*Placopecten magellanicus*
see sea scallop

**plaice**
V. s. plaise                    [US]
*Pleuronectes platessa*

*(Fish Farming - Aquaculture Species)*

A red and brown European flounder of the family Pleuronectidae.

◊ GACAN*1983***861

**plaise**
see plaice

**plankter**
planktont

*(Growth and Nutrition - Culture Medium)*

A planktonic organism.

See also **plankton**

◊ WEBCO*1987***899, LAFRE*1984***517, WEBIN*1986***1731

**plankton**

*(Growth and Nutrition - Culture Medium)*

Aquatic organisms (plants and animals) suspended in the water column with little or no power of locomotion.

See also **phytoplankton, zooplankton**

◊ LAFRE*1984***517

**plankton net**

*(Facilities)*

A net made of fine-meshed cloth used for the capture of plankton.

**plie 2**                    n. f.
carrelet 1                    n. m.
*Pleuronectes platessa*

*(Pisciculture - Espèces aquacoles)*

Poisson plat d'Europe, de la famille des pleuronectidés, à la peau marquée de taches orange.

◊ LAROG*1982*2**1818, ROBER*1986*2**374

**planctonte**                    n. m.

*(Croissance et nutrition - Milieu de culture)*

Organisme du plancton.

Voir aussi **plancton**

◊ CILFG-6*1983***234

**plancton**                    n. m.

*(Croissance et nutrition - Milieu de culture)*

Ensemble des organismes animaux et végétaux vivant en suspension dans la colonne d'eau.

Voir aussi **phytoplancton, zooplancton**

◊ ROBER*1986*7**461, CILFO*1989***381

**filet à plancton**                    n. m.
*(Installations)*

Filet composé d'une armature de toile à maillage très fin servant à recueillir le plancton.

**planktonic**      adj.

*(Biology)*

Of, or relating to plankton.

**planctonique**      adj.

*(Biologie)*

Qui concerne le plancton.

◊ LAROG*1982*8**8185

**planktont**
    see plankter

**plasmid**

*(Reproduction and Genetics)*

An extrachromosomal genetic element found in a variety of bacterial species that generally confers some evolutionary advantage to the host cell (e.g. resistance to antibiotics). Plasmids are double-stranded, closed DNA molecules.

◊ KIGEN*1985***301, LANAQ*1992***322

**plasmide**      n. m.

*(Reproduction et génétique)*

Structure génétique extrachromosomique pouvant se répliquer de façon autonome dans une bactérie, non indispensable à sa vie mais apportant souvent un avantage sélectif (p. ex. la résistance aux antibiotiques). Le plasmide est constitué de ADN.

◊ CBT-143*1986***226

*Plecoglossus altivelis*
    see ayu

**pleopod**
    swimmeret

*(Crustacean Farming - Anatomy and Physiology)*

An appendage on the abdomen of a crustacean that may be modified for swimming and/or holding fertilized eggs.

◊ LANAQ*1992***187

**pléopode**      n. m.
    patte abdominale      n. f.
    patte natatoire      n. f.

*(Crustaciculture - Anatomie et physiologie)*

Appendice de crustacé, articulé sur l'abdomen et qui sert à la nage ou au portage des œufs chez la femelle.

◊ LAROG*1982*8**8211

*Pleuronectes platessa*
    see plaice

**pneumatocyst**

*(Algal Culture)*

A muscular gas-containing sac of certain brown seaweeds that serves as a float to keep the blades from drooping and receiving less sunlight.

◊ LANAQ*1992***144

**pneumatocyste**      n. m.

*(Algoculture)*

Une des folioles allongées de certaines algues brunes, chacune munie sur son pédicelle d'un renflement ou d'une sorte de flotteur.

**OBS**

Grâce à ces flotteurs, l'algue a un port dressé ; sa partie supérieure s'étale à la surface de la mer formant un radeau végétal.

◊ CUPER*1992***62-63

**poikilotherm**
    poikilothermal animal
    poikilothermic animal
    poikilothermous animal
    cold-blooded animal        colloq.

*(Biology)*

An animal whose internal body temperature varies with and is largely controlled by environmental temperatures.

◊ SUBIO*1988***420, LAICH*1977***164, 216, HENBI*1989***415, LANAQ*1992***33

**poikilothermal animal**
    see poikilotherm

**poikilothermic animal**
    see poikilotherm

**poikilothermous animal**
    see poikilotherm

**pole**
    see stake

**pollutant**

*(Culture Medium - General Terminology)*

Something that pollutes: a polluting substance, medium or agent.

◊ WEBIN*1986***1756, LANAQ*1992***185

**Polychaeta**
    see polychaetes

**polychaete worms**
    see polychaetes

**polychaetes**        n. pl.
    polychaete worms    n. pl.
    Polychaeta        n. pl.

*(Pathology and Predators)*

A class of marine annelid worms with paired, flattened, bristle-tipped organs of locomotion.

◊ IVAQU*1992***275, WEBIN*1986***1757

---

**animal poïkilotherme**    n. m.
    poïkilotherme        n. m.
    animal pœcilotherme    n. m.
    pœcilotherme        n. m.
    animal à sang froid    n. m., cour.

*(Biologie)*

Animal dont la température interne varie en fonction de la température du milieu où il se trouve.

◊ LAROG*1982*8**8236, 8240

**polluant**    n. m.
    agent polluant    n. m.
    matière polluante    n. f.
    substance polluante    n. f.

*(Milieu de culture - Terminologie générale)*

Produit, agent ou substance responsable d'une pollution.

◊ LAROG*1982*8**8270, CILFO*1989***388

**polychètes**    n. m. pl.
    V. o. Polychètes    n. m. pl.

*(Pathologie et prédateurs)*

Classe d'annélides comprenant des vers marins dont le corps est formé d'anneaux similaires qui portent chacun des appendices natatoires aplatis garnis de soie.

◊ CILFO*1989***389, ROBER*1986*7**570

**polyculture**

*(Farming/Culture)*

The culture of more than one species in a single place.

See also **monoculture**

◊ LANAQ*1992***128, FISFA*1988***393

*Polyodon spathula*
    see paddlefish

**polyploid**                                adj.

*(Reproduction and Genetics)*

Designating an individual having more than two sets of chromosomes.

See also **diploid, haploid, triploid**

◊ KIGEN*1985***307, LANAQ*1992***132

**polyploidy**

*(Reproduction and Genetics)*

The state of a cell, a tissue or an organism having a chromosome number that is a multiple of the normal diploid number, resulting from the replication within a nucleus of complete chromosome sets without subsequent nuclear division.

◊ KIGEN*1985***308

**polysaccharide**

*(Growth and Nutrition)*

A carbohydrate (e.g. starch, cellulose, glycogen) that contains a relatively large number of monosaccharide units per molecule.

◊ LANAQ*1992***159, FISFA*1988***393

**polyunsaturated fatty acid**
    Abbr. PUFA

*(Growth and Nutrition)*

A fatty acid having many double (unsaturated) carbon bonds.

◊ FISFA*1988***393, LANAQ*1992***134

*Pomoxis nigromaculatus*
    see black crappie

**polyculture**                                n. f.

*(Élevage/culture)*

Élevage simultané de plusieurs espèces dans le même plan d'eau.

Voir aussi **monoculture**

◊ AQUAC*1986*2**600

**polyploïde**                                adj.

*(Reproduction et génétique)*

Se dit d'un individu possédant plus de deux ensembles de chromosomes.

Voir aussi **diploïde, haploïde, triploïde**

◊ ROBER*1986*7**576

**polyploïdie**                                n. f.

*(Reproduction et génétique)*

État d'une cellule, d'un tissu ou d'un organisme qui possède plus de deux génomes de base, ceux-ci pouvant être homologues ou non selon que la ploïdie provient d'un doublement chromosomique ou d'une hybridation interspécifique naturelle ou artificielle.

◊ CILFG-32*1991***215

**polysaccharide**                                n. m.
    polyoside                                n. m.

*(Croissance et nutrition)*

Polymère à longue chaîne de sucres, comme l'amidon ou la cellulose des plantes, et le gycogène.

◊ ROBER*1986*7**577

**acide gras polyinsaturé**                n. m.

*(Croissance et nutrition)*

Acide gras dont la molécule contient au moins deux liaisons doubles.

◊ LAROG*1982*8**8298

**pond**
    fish pond
    V. s. fishpond
    rearing pond

*(Fish Farming - Facilities)*

The most common structure, natural or artificial, for culturing fish in a semiclosed system. It may be any size or shape, and depending on the stability of the soil, the pond walls may require the use of rocks, cement or blocks.

◊ LANAQ*1992***53, IWATE*1981***145, PILLA*1990***49

**pond liner**
    see liner

*Porphyra*
    see laver

**portion-size fish**

*(Fish Farming - General Terminology)*

A fish of a size suitable for consumption by one person.

See also **portion-size trout**

◊ STFAR*1987***234, PILLA*1990***331

**portion-size trout**

*(Fish Farming - General Terminology)*

A trout of a size suitable for consumption by one person.

See also **portion-size fish**

**post larva**
    see postlarva 2

**post-larva 1**
    V. s. postlarva 1

*(Growth and Nutrition - Biology)*

An immature animal after its larval stage, but before it has attained the appearance of a miniature adult.

◊ WEBIN*1986***1772

**post-larva 2**
    see postlarva 2

---

**étang**      n. m.
    étang piscicole      n. m.
    étang de pisciculture      n. m.
    étang d'élevage      n. m.

*(Pisciculture - Installations)*

En pisciculture, petite étendue d'eau peu profonde, naturelle ou artificielle, utilisée pour l'élevage contrôlé du poisson et aménagée de telle sorte qu'elle puisse être aisément et entièrement mise à sec.

◊ HUET*1970***11, 90, LAROG*1982*4**3944

**poisson-portion**      n. m.

*(Pisciculture - Terminologie générale)*

Poisson d'une grosseur convenable pour une portion.

Voir aussi **truite-portion**

◊ AQUAC*1986*2**527, CAPQ-5*1992***22

**truite-portion**      n. f.

*(Pisciculture - Terminologie générale)*

Truite d'une grosseur convenable pour une portion.

Voir aussi **poisson-portion**

◊ AQEX-F*1989***116

**postlarve 1**      n. f.
    V. o. post-larve 1      n. f.

*(Croissance et nutrition - Biologie)*

Forme immature d'une espèce qui a perdu ses caractères larvaires et qui est en train d'acquérir la morphologie adulte sans avoir encore les caractères de l'espèce.

◊ CILFO*1989***393

**post-larval stage 1**
> see postlarva 2

**post-larval stage 2**
> see postlarval stage 2

**postlarva 1**
> see post-larva 1

**postlarva 2**
> V. s. post-larva 2
> V. s. post larva
> Abbr. PL
> postlarval stage 1
> V. s. post-larval stage 1
> V. s. PL stage

*(Crustacean Farming - Growth and Nutrition)*

The stage following the last planktonic larval stage in crustaceans; frequently the time of transition between planktonic and benthic existence.
◊ WICRU*1992***377

**postlarval stage 1**
> see postlarva 2

**postlarval stage 2**
> V. s. post-larval stage 2

*(Growth and Nutrition - Biology)*

The stage following the larval stage of an animal, but before it attains the appearance of a miniature adult.

**pound**
> tank 2
> pen 2

*(Facilities)*

A container or enclosed body of water used for various purposes such as the conservation and growout of fish and shellfish.

**predation**

*(Pathology and Predators)*

A mode of life in which food is primarily obtained by killing and consuming animals.
◊ WEBIN*1986***1785, LANAQ*1992***115

| | |
|---|---|
| **postlarve 2** | n. f. |
| V. o. post-larve 2 | n. f. |
| Abrév. PL | |
| stade postlarvaire 1 | n. m. |
| phase postlarvaire 1 | n. f. |

*(Crustaciculture - Croissance et nutrition)*

Phase suivant le dernier stade planctonique larvaire des crustacés.

◊ AQUAC*1986*1**467

| | |
|---|---|
| **stade postlarvaire 2** | n. m. |
| phase postlarvaire 2 | n. f. |

*(Croissance et nutrition - Biologie)*

Phase suivant le stade larvaire d'un animal qui est en train d'acquérir la morphologie adulte sans avoir encore les caractères de l'espèce.
◊ LAROG*1982*8**8383

**vivier** n. m.

*(Installations)*

Étang ou bassin où l'eau est constamment renouvelée, aménagé pour la conservation, l'engraissement et l'élevage de poissons ou de crustacés.
◊ PEROB*1995***2403

**prédation** n. f.

*(Pathologie et prédateurs)*

Mode de nutrition très répandu dans le règne animal consistant à s'emparer d'une proie pour se nourrir.
◊ LAROG*1982*8**8430, SOMOL*1992***93,
Q2721*1993***70

**predator**

*(Pathology and Predator)*

An animal that feeds upon another animal.

◊ NYMBA*1982***418

**prepared diet**
   see artificial diet

**pressure shock**

*(Fish Farming - Reproduction and Genetics)*

Application of a hydrostatic shock to eggs after fertilization to change the number of chromosomes contained in the cells.

**OBS**
Pressure shocks are done to obtain triploid animals.

See also **heat shock, triploid**

◊ LANAQ*1992***229, PILLA*1990***171

**primary production**

*(Culture Medium - General Terminology)*

The total amount of new organic matter produced from inorganic materials by photoautotrophic organisms (photosynthesis).

◊ WAST*1979***356, PHYT*1978***508, LASTE*1989***1490

**probe**
   genetic probe

*(Reproduction and Genetics)*

A sample of nucleic acid (usually labelled with radioactive isotopes or tagged in other ways for ease in identification) used in molecular hybridization to detect complementary sequences in the presence of a large amount of non complementary DNA.

◊ KIGEN*1985***313, BT-200*1990***183

**Procambarus acutus**
   see white river crayfish

**prédateur**     n. m.

*(Pathologie et prédateurs)*

Animal qui se nourrit de proies.

◊ LAROG*1982*8**8430, SOMOL*1992***13

**choc de pression**     n. m.

*(Pisciculture - Reproduction et génétique)*

Application d'un choc hydrostatique après la fécondation des œufs pour changer le nombre de chromosomes contenus dans les cellules.

**OBS**
Un choc de pression est appliqué aux œufs pour provoquer l'apparition d'animaux triploïdes.

Voir aussi **choc thermique 1, triploïde**

◊ CAPQ-2*1992***48

**production primaire**     n. f.

*(Milieu de culture -Terminologie générale)*

Quantité de matière organique produite à partir de matière inorganique grâce à une source d'énergie extérieure.

**OBS**
Par définition, la production primaire est une production végétale ; elle est réalisée par des organismes autotrophes, dits producteurs primaires.

◊ CILFO*1989***397

**sonde**     n. f.
   sonde génétique     n. f.

*(Reproduction et génétique)*

Petite séquence d'ADN ou d'ARN marquée (par un composé fluorescent, un radioisotope ou une enzyme) que l'on utilise pour la détection des séquences complémentaires par hybridation *in situ* ou *in vitro*.

◊ BT-200*1990***183, CILFG-32*1991***255

**production**
   aquaculture production

*(General Terminology)*

The gain in weight accomplished by cultured organisms over a given period of time.

◊ LAFRE*1984***517, COLD*1995***6, 7

**productivity**

*(General Terminology)*

Capacity of a culture system to support production.

◊ LAFRE*1984***517

**progeny**

*(Reproduction and Genetics)*

The offspring from a given mating; members of the same biological family with the same mother and father.

◊ KIGEN*1985***314

**progeny test**
   progeny testing

*(Reproduction and Genetics)*

The evaluation of the genotype of a parent by a study of its progeny under controlled conditions.

**OBS**

Progeny testing enables the assessment of the breeding qualities of separate spawners or pairs of spawners and the selection of the best for further selection work.

◊ KIGEN*1985***314, PILLA*1990***168

**progeny testing**
   see progeny test

**progesterone**

*(Fish Farming - Reproduction and Genetics)*

A steroid hormone produced mainly by the ovary.

◊ HENBI*1989***433

**prophylactic treatment**

*(Pathology and Predators)*

A treatment (e.g. chemicals or antibiotics) that prevents or helps to prevent disease.

◊ SWIFA*1985***76, WEBIN*1986***1818, COLD*1995***62

**production**　　　　　　　　n. f.
   production aquacole　　　n. f.

*(Terminologie générale)*

Quantité de biomasse produite pendant une durée donnée.

◊ CILFO*1989***397, GIRAQ*1991***199, CAPQ-2*1992***21

**productivité**　　　　　　n. f.

*(Terminologie générale)*

Capacité de production d'un système de culture.

◊ SOMOL*1992***5

**descendance**　　　　　　n. f.

*(Reproduction et génétique)*

Ensemble des individus issus de géniteurs qui leur ont transmis tout ou une partie de leur génome.

◊ CILFG-32*1991***94

**épreuve de la descendance**　　　n. f.

*(Reproduction et génétique)*

Première évaluation génétique sur la descendance d'un candidat reproducteur en vue de décider de son emploi éventuel.

◊ CILFG-32*1991***95

**progestérone**　　　　　　n. f.

*(Pisciculture - Reproduction et génétique)*

Hormone stéroïde principalement sécrétée par l'ovaire.

◊ LAROG*1982*8**8496

**traitement prophylactique**　　　n. m.

*(Pathologie et prédateurs)*

Traitement, notamment au moyen de produits chimiques ou d'antibiotiques, qui vise à empêcher la propagation des maladies.

◊ CAPQ-9*1993***10, ROBER*1986*7**830

**prophylaxis**

*(General Terminology)*

The measures taken to prevent the occurrence of disease.

◊ DOMED*1994***1364

**protandrous hermaphrodite**

*(Biology)*

An individual that matures first as a male, later as a female.

See also **protogynous hermaphrodite, hermaphrodite**

◊ WICRU*1992***378

**protein**

*(Growth and Nutrition)*

Any of a class of high molecular weight polymer compounds composed of amino acids that are joined by peptide linkages.

◊ LASTE*1989***1510, LANAQ*1992***134

**protogynous hermaphrodite**

*(Biology)*

An individual that matures first as a female, later as a male.

See also **protandrous hermaphrodite, hermaphrodite**

◊ PILLA*1990***416

**protozoea**
    see protozoeal stage

**protozoea stage**
    see protozoeal stage

**protozoeal stage**
    protozoea
    protozoea stage

*(Crustacean Farming - Growth and Nutrition)*

The stage between the nauplius and the mysis in the development of many crustaceans.

See also **naupliar stage, mysis**

◊ WICRU*1992***378

**prophylaxie**     n. f.

*(Terminologie générale)*

Ensemble des mesures visant à prévenir l'apparition ou le développement des maladies.

◊ MAMEA*1992***333

**hermaphrodite protandre**     n. m.

*(Biologie)*

Un individu qui fonctionne d'abord comme mâle, puis comme femelle (p. ex. les annélides et certains gastéropodes).

Voir aussi **hermaphrodite protérogyne, hermaphrodite**

◊ LAROG*1982*8**8521

**protéine**     n. f.

*(Croissance et nutrition)*

Une des grosses molécules, de poids moléculaire très élevé, composées d'acides aminés liés entre eux par des liaisons peptidiques pour former de longues chaînes.

◊ MED-F*1993***815, ROBER*1986*7**851

**hermaphrodite protérogyne**     n. m.
    hermaphrodite protogyne     n. m.

*(Biologie)*

Un individu qui fonctionne d'abord comme femelle, puis comme mâle (p. ex. les échinodermes).

Voir aussi **hermaphrodite protandre, hermaphrodite**

◊ LAROG*1982*8**8522

**stade protozoé**     n. m.

*(Crustaciculture - Croissance et nutrition)*

Stade de développement d'un grand nombre de crustacés, qui suit le stade nauplius et précède le stade mysis.

Voir aussi **nauplius, mysis**

◊ BOUGOC*1976***262-263

*Psetta maxima*
>  see turbot

**PSP**
>  see paralytic shellfish poisoning

**PSP toxin**
>  see paralytic shellfish poisoning toxin

**PUFA**
>  see polyunsaturated fatty acid

**pure line**
>  inbred line
>  V. s. I-line
>  line 2

*(Reproduction and Genetics)*

A strain of an organism that is homozygous because of continued inbreeding.

◊ KIGEN*1985***320, PILLA*1990**170, 171

| | |
|---|---|
| **lignée pure *** | n. f. |
| lignée 2 | n. f. |
| lignée consanguine | n. f. |
| lignée fixée | n. f. |

*(Reproduction et génétique)*

Ensemble d'individus à taux de consanguinité élevé et d'une grande homogénéité génotypique et phénotypique car ils sont homozygotes à tous leurs locus.

* Selon le *Dictionnaire de génétique (avec index anglais-français)* publié par le Conseil international de la langue française, ce terme est une expression redondante destinée à préciser que le terme *lignée* est bien utilisé dans sa deuxième acception.

◊ CILFG-32*1991***174, CAPQ-2*1992***38, 40

**purple laver**
>  see laver

**pyloric caecum ***

*(Fish Farming - Anatomy and Physiology)*

One of the tubular pouches opening into the alimentary canal in the pyloric region of most fishes.

* Plural: pyloric caecae

◊ WEBIN*1986***1852

**cæcum pylorique ***　　　　n. m.

*(Pisciculture - Anatomie et physiologie)*

Une des petites expansions tubulaires de l'intestin situées juste derrière l'estomac chez certains poissons.

* Pluriel : cæca pyloriques ou cæcums pyloriques

◊ GPP*1985***G1

# q

**quahaug**
   V. s. quahog
   V. s. quohog
   northern hard clam
   hard clam
   hardshell clam *
   northern quahaug
   *Mercenaria mercenaria*
   *Venus mercenaria*

*(Mollusc Culture - Aquaculture Species)*

An edible clam of the family Veneridae found on the Atlantic coast of North America and having a thick, rounded shell.

* Recommended term in Canada.

◊ GACAN*1983***918, COLD*1995***345, NQ8070*1995***65

**quahog**
   see quahaug

**quality of water**
   see water quality

**quarantine**

*(Pathology and Predators)*

Enforced isolation of animals which are, or may be infected, to prevent transmission of diseases to other organisms or the environment.

◊ WICRU*1992***378

**quick lime**
   see quicklime

**quicklime**
   V. s. quick lime
   burnt lime

*(Water - Treatment and Filtration)*

Product used as a disinfectant for fish-holding facilities which produces heat and extreme alkaline conditions.

◊ PIPFI*1986***487

**palourde américaine ***     n. f.
   praire     n. f.
   clam **     n. m.
   praire américaine **     n. f.
   *Mercenaria mercenaria*
   *Venus mercenaria*

*(Conchyliculture - Espèces aquacoles)*

Palourde de la famille des vénéridés de la côte atlantique de l'Amérique du Nord, à coquille assez renflée, lourde et épaisse.

* Terme normalisé au Canada.

** En Europe, la palourde américaine est appelée *praire américaine* par les spécialistes, alors qu'elle est commercialisée sous le nom anglais **clam**.

◊ COBAQ*1982***232, NQ8070*1995***65

**quarantaine**     n. f.

*(Pathologie et prédateurs)*

Isolement provisoire imposé aux animaux aquatiques infectés (ou pouvant être infectés) par une maladie contagieuse.

◊ LAROG*1982*8**8636

**chaux vive**     n. f.

*(Eau - Traitement et filtration)*

Amendement servant à relever rapidement le pH de l'eau, à relancer l'activité biologique et à désinfecter les poissons de leurs parasites externes.

◊ BAMI*1991***60

**quimnut salmon**
see chinook salmon

**quohog**
see quahaug

**race-way**
see raceway

**raceway**
V. s. race-way

*(Facilities - Farming/Culture)*

A culture chamber, usually long and narrow, through which the water moves quickly. The water enters one end and exits the other. Used for the culture of aquatic animals.

◊ IVAQU*1992***275

**rack**

*(Mollusc Culture - Facilities)*

A structure that supports bags or trays for the culture of bivalves.

See also **rack culture**

◊ PILLA*1990***473, 483

**rack culture**
rack culture system

*(Mollusc Culture - Techniques and Methods)*

A method of culture in which young bivalves are placed in suspended trays or bags.

◊ PILLA*1990***473, 483

**rack culture system**
see rack culture

**bassin allongé**          n. m.
bassin rectangulaire          n. m.

*(Installations - Élevage/culture)*

Bassin d'élevage rectangulaire, plus long que large. Le courant est établi par l'arrivée d'eau à une extrémité et l'évacuation à l'autre.

◊ CILFO*1989***403

**table de culture**          n. f.
table d'élevage          n. f.
table          n. f.

*(Conchyliculture - Installations)*

Structure qui sert de support à des pochons ou plateaux pour la culture des bivalves.

Voir aussi **culture en surélévation**

◊ AQUAC*1986*1**322-323, BOUGOC*1976***239

**culture en surélévation**          n. f.
élevage en surélévation          n. m.
culture surélevée          n. f.

*(Conchyliculture - Techniques et méthodes)*

Méthode de culture qui consiste à maintenir les bivalves au-dessus du fond au moyen de tables et de supports.

◊ BOUGOC*1976***239, AQUAC*1986*1**378

**raft**

*(Facilities)*

A floating structure made of logs or other material used for suspended cultures.

See also **raft culture**

◊ PILLA*1990***491

**raft culture**
    raft system
    raft system of culture

*(Mollusc Culture - Techniques and Methods)*

A method of culture which uses rafts to which ropes containing young bivalves (mussels, oysters, etc.) or algae seed are attached for their growout.

See also **raft, suspended culture**

◊ PILLA*1990***491, SWIFA*1985***57

**raft system**
    see raft culture

**raft system of culture**
    see raft culture

**rain water**
    see rainwater

**rainbow trout \***
    *Oncorhynchus mykiss* **\*\***

*(Salmonid Farming - Aquaculture Species)*

A large stout-bodied trout of the family Salmonidae of the rivers and streams of western North America that has a large head and small mouth, that in the typical freshwater form is greenish above and white on the belly with a pink, red, or lavender stripe more or less developed along each side of the body and usually profusely sprinkled with black dots.

\* Recommended term in Canada.

\*\* The scientific name of rainbow trout was recently changed from *Salmo gairdneri* to *Oncorhynchus mykiss*.

See also **steelhead salmon**

◊ COLD*1995***109, WEBIN*1986***1876, GACAN*1983***929, NQ8070*1995***45, 52

**radeau**    n. m.

*(Installations)*

Structure flottante formée de rondins ou d'un autre matériau, utilisée dans la culture en suspension.

Voir aussi **culture sur radeau**

◊ BOUGOC*1976***245

**culture sur radeau**    n. f.
    élevage sur radeau    n. m.
    culture en suspension sur radeau  n. f.
    élevage en suspension sur radeau  n. m.

*(Conchyliculture - Techniques et méthodes)*

Méthode de culture qui consiste à suspendre des cordes de captage (de naissain ou de semis) à des radeaux pour permettre la croissance de coquillages (huîtres, moules, etc.) ou d'algues.

Voir aussi **radeau, culture en suspension**

◊ CUPER*1992***358, 361, BOUGOC*1976***245, AQUAC*1986*2**973, 1009

**truite arc-en-ciel \***    n. f.
    *Oncorhynchus mykiss* **\*\***

*(Salmoniculture - Espèces aquacoles)*

Truite de la famille des salmonidés originaire des rivières du nord-ouest de l'Amérique du Nord, caractérisée par une bande longitudinale de couleur pourpre à reflets irisés, une petite tête, une bouche peu fendue et des lignes de taches noires sur la nageoire caudale.

\* Terme normalisé au Canada.

\*\* Longtemps appelée *Salmo gairdneri*, la truite arc-en-ciel a été rebaptisée *Oncorhynchus mykiss* en raison de sa plus grande parenté avec les saumons du Pacifique.

Voir aussi **saumon arc-en-ciel**

◊ LAROG*1982*10**10444, GPP*1985***3:111, CAPQ-2*1992***14, NQ8070*1995***45, 52

**rainwater ***

    V. s. rain water *

*(Water)*

Water that has fallen as rain and has not yet collected soluble matter from the soil, thus being quite soft.

* Term standardized by ISO.

---

**eau de pluie ***          n. f.

    V. o. eaux de pluie      n. f. pl.
    eau pluviale               n. f.
    V. o. eaux pluviales *   n. f. pl.

*(Eau)*

Eau provenant des précipitations atmosphériques et qui ne s'est pas encore chargée de substances solubles provenant de la terre.

* Terme normalisé par l'ISO.

◊ PARSE*1990***173, OLFEB*1981***177

---

**rancher**

    sea rancher
    ocean rancher

*(Fish Farming)*

A person who practices ocean ranching.

See also **ocean ranching**

---

**aquaculteur en mer libre**    n. m.

    aquacultrice en mer libre    n. f.
    éleveur en mer libre        n. m.
    éleveuse en mer libre      n. f.

*(Pisciculture)*

Celui ou celle qui pratique l'aquaculture en mer libre (p. ex. le pacage marin).

Voir aussi **pacage marin**

---

**ranching**

    see ocean ranching

**ranching of salmon**

    see salmon ranching

**rate of flow**

    see flow rate

**rate of growth**

    see growth rate

**rate of mortality**

    see mortality rate

---

**rate of return**

    return rate

*(Salmonid Farming - General Terminology)*

After one or more migration cycles, ratio of the number of animals that have returned to the number of animals released.

◊ LANAQ*1992***268

---

**taux de retour**           n. m.

*(Salmoniculture - Terminologie générale)*

Après un ou plusieurs cycles de migration, rapport du nombre d'animaux recensés au nombre d'éléments inventoriés au début du cycle.

◊ CILFO*1989***460

**razor clam ***

*(Mollusc Culture - Aquaculture Species)*

A marine bivalve mollusc of the family Solenidae having a narrow, elongated shell resembling a straight razor, and a large, muscular foot adapted for burrowing deep in the sand in coastal waters.

* Recommended term in Canada.

◊ GACAN*1983***935

**Re**
> see Reynolds number

**RE**
> see Reynolds number

**re-cycling**
> see recycling

**re-laying**
> see relaying

**rear, to**
> see culture, to

**reared**
> see cultured

**rearing pond**
> see pond

**rearing tank**
> culture tank

*(Facilities - Farming/Culture)*

A tank used for the culture of aquatic plants and animals.

◊ LANAQ*1992***179

**rec DNA**
> see recombinant DNA

**recapture**

*(Salmonid Farming - General Terminology)*

The retrieval of tagged animals after their release.

◊ LANAQ*1992***184

**couteau ***    n. m.
> couteau de l'Atlantique    n. m.

*(Conchyliculture - Espèces aquacoles)*

Mollusque bivalve de la famille des solénidés, caractérisé par une coquille oblongue en forme de manche de couteau, qui vit fiché verticalement dans le sable le long des côtes.

* Terme normalisé au Canada.

◊ CILFO*1989***140

**bassin d'élevage**    n. m.
> bassin de culture    n. m.

*(Installations - Élevage/culture)*

Bassin utilisé pour l'élevage des animaux aquatiques et la culture des plantes aquatiques.

◊ HUET*1970***90

**recapture**    n. f.

*(Salmoniculture - Terminologie générale)*

Reprise d'animaux marins identifiés, après une opération de marquage.

◊ CILFO*1989***408

**recessive allele**

*(Reproduction and Genetics)*

An allele (gene) that is incapable of expression unless it is carried by both members of a pair of homologous chromosomes.

See also **dominant allele**

◊ DOMED*1994***1431, LANAQ*1992***131

**recharge**
    recharge of an aquifer
    ground-water recharge

*(Water)*

Process, natural or artificial, by which water is added from outside to the zone of saturation of an aquifer, either directly into a formation, or indirectly by way of another formation.

◊ LANAQ*1992***25

**recharge of an aquifer**
    see recharge

**reciprocal hybrids**    n. pl.

*(Reproduction and Genetics)*

A pair of hybrids obtained by crossing the same two species: species A female X species B male, and species B female X species A male.

◊ SCITF*1988***747

**reciprocal recurrent selection**
    Abbr. RRS

*(Reproduction and Genetics)*

Selection where the combining capacity of the parents from each of two groups is evaluated by means of a cross with parents from the other group. The individuals thus selected are reproduced without recrossing and their offspring again tested for combining potential.

◊ PILLA*1990***170-171

**recirculation system**
    see closed system

**allèle récessif**    n. m.

*(Reproduction et génétique)*

Allèle (gène) dont l'effet ne se manifeste que s'il est présent sur les deux chromosomes de la paire (état homozygote).

Voir aussi **allèle dominant**

◊ PARSE*1990***487, CAPQ-2*1992***33

**alimentation (en eau)**    n. f.
    alimentation d'une nappe
      souterraine    n. f.

*(Eau)*

Réapprovisionnement en eau de la zone de saturation d'une formation aquifère par des processus naturels ou des méthodes artificielles.

◊ PARSE*1990***22

**hybrides réciproques**    n. m. pl.

*(Reproduction et génétique)*

Paire d'hybrides obtenue par le croisement de deux espèces : espèce A femelle X espèce B mâle, et espèce B femelle X espèce A mâle.

◊ CAPQ-2*1992***58

**sélection récurrente réciproque**    n. f.

*(Reproduction et génétique)*

Type de sélection récurrente dans lequel le choix des individus de deux populations différentes se fait non seulement d'après leur valeur propre, mais aussi d'après leur aptitude à se combiner avec des individus de l'autre population. Les individus choisis dans les deux populations sont ensuite intercroisés indépendamment.

◊ CILFG-32*1991***246

**recombinant DNA**
  Abbr. rec DNA

*(Reproduction and Genetics)*

DNA which contains sequences from different sources, made usually as the result of laboratory procedures *in vitro*.

◊ SCITF*1988***747, LANAQ*1992***322

**reconditioning**
  see mending

**record**
  see performance

**recreational fishing**
  see sport fishing

**recycling**
  V. s. re-cycling
  water recycling

*(Water - Treatment and Filtration)*

Re-use of water in an aquaculture facility.

◊ IVAQU*1992***275

**red algae**                    n. pl.
  Rhodophyceae              n. pl.

*(Algal Culture - Aquaculture Species)*

Algae distinguished by its red color derived from an abundance of the pigment phycoerythrin.

◊ WEBIN*1986***1900, LANAQ*1992***143

**red salmon**
  see sockeye salmon

**red shrimp**
  see brown shrimp

**ADN recombinant**          n. m.
  ADN recombiné             n. m.
  DNA recombinant           n. m.
  ADN hybride               n. m.
  ADN chimère               n. m.

*(Reproduction et génétique)*

Molécule d'ADN issue d'une recombinaison *in vitro* de deux molécules différentes, par greffe d'une séquence d'ADN à l'intérieur de la séquence d'un vecteur.

◊ CILFG-32*1991***16, BIOGAL*1988***138

**recyclage**                    n. m.
  recyclage de l'eau         n. m.

*(Eau - Traitement et filtration)*

Réutilisation de l'eau en sortie de pisciculture, dans l'exploitation aquacole.

◊ AQUAC*1986*1**168

**algues rouges**               n. f. pl.
  rhodophycées              n. f. pl.

*(Algoculture - Espèces aquacoles)*

Algues dont la couleur rouge résulte de l'abondance de phycoérythrine.

◊ LAROG*1982*9**8987, FONS*1992***7

**red tide**

*(Pathology and Predators - Water)*

Seawater, often in coastal regions, discolored to a reddish or reddish-brown color, by the presence of large numbers of dinoflagellates.

See also **dinoflagellates, discolored waters**

◊ LANAQ*1992***124, WEBIN*1986***1905, COLD*1995***16

**redd**

*(Salmonid Farming - Reproduction and Genetics)*

The nest of salmonids where the female releases her eggs which are fertilized by the male and covered with gravel to protect them from predators and ultraviolet rays.

◊ LANAQ*1992***265

**relaying**
  V. s. re-laying

*(Mollusc Culture - Techniques and Methods)*

The transplanting of shellfish from one bed to another (e.g. transplanting contaminated shellfish from a polluted growing area to an uncontaminated area for cleansing).

◊ FAQUA*1989***249, COLD*1995***208, QUAY*1988***232

**release**                                        n.

*(Farming/Culture - Techniques and Methods)*

The act of transferring animals to the wild to accomplish a part of their growth cycle.

See also **ocean ranching**

◊ AQEX-E*1989***39, WICRU*1992***378, LANAQ*1992***268

**release of gametes**

*(Reproduction and Genetics)*

The release of sperm and eggs.

◊ LANAQ*1992***171

**eaux rouges**                        n. f. pl.
  marée rouge                        n. f.
  V. o. marées rouges              n. f. pl.

*(Pathologie et prédateurs - Eau)*

Eaux de surface, le plus souvent dans les régions côtières, colorées en rouge ou en brun rouge par une forte concentration de dinoflagellés.

Voir aussi **dinoflagellés, eaux colorées**

◊ OLFEB*1981***297, CILFO*1989***175, BIOGAL*1988***126

**nid (de salmonidés)**                n. m.
  sillon                                n. m.

*(Salmoniculture - Reproduction et génétique)*

Abri des salmonidés où les œufs sont déposés par la femelle, fécondés par le mâle et recouverts de gravier pour les protéger des prédateurs et des rayons solaires.

◊ LALA*1983***95

**reparcage**                                n. m.

*(Conchyliculture - Techniques et méthodes)*

Le fait de transplanter des coquillages à des fins diverses (p. ex. le grossissement, le dessablage, le verdissement).

**lâcher 1**                                n. m.
  libération                                n. f.

*(Élevage/culture - Techniques et méthodes)*

Action de placer les animaux dans la nature pour accomplir une partie de leur croissance.

Voir aussi **pacage marin**

◊ AQEX-F*1989***42

**émission des gamètes**                n. f.
  émission des produits génitaux    n. f.

*(Reproduction et génétique)*

Libération des ovules et des spermatozoïdes.

◊ AQUAC*1986*1**296-297

**release, to** v.

*(Farming/Culture - Techniques and Methods)*

To transfer animals into the wild.

See also **ocean ranching**

◊ WICRU*1992***378, AQEX-E*1989***39

**releasing hormone**

*(Fish Farming - Reproduction and Genetics)*

Any of a group of peptide hormones which control all aspects of the pituitary gland.

◊ FISFA*1988***394

**reproduction**

*(Biology)*

The mechanisms by which organisms give rise to other organisms of the same kind.

**OBS**

The two fundamental types of reproduction are sexual and asexual.

See also **sexual reproduction, asexual reproduction**

◊ LASTE*1989***1601, INZOO*1974***720

**reproductive cycle**
　　see reproductive season

**reproductive period**
　　see reproductive season

**reproductive season**
　　reproductive cycle
　　reproductive period
　　breeding season *

*(Reproduction and Genetics)*

Period when the reproduction of aquatic animals or algae takes place.

* This term is not used for algae.

◊ LANAQ*1992***205, PILLA*1990***157-158

**return rate**
　　see rate of return

**lâcher 2** v.
　　libérer v.

*(Élevage/culture - Techniques et méthodes)*

Placer les animaux dans la nature.

Voir aussi **pacage marin**

◊ AQUAC*1986*1**9, AQEX-F*1989***42

**hormone de libération** n. f.

*(Pisciculture - Reproduction et génétique)*

Hormone peptidique sécrétée par l'hypophyse.

◊ BIOGAL*1988***136

**reproduction** n. f.

*(Biologie)*

Processus naturel par lequel les organismes vivants produisent des êtres identiques à eux-mêmes.

**OBS**

On distingue la reproduction sexuée et la reproduction asexuée.

Voir aussi **reproduction sexuée, reproduction asexuée**

◊ PARSE*1990***495

**période de reproduction** n. f.
　　saison de reproduction n. f.
　　cycle de reproduction n. m.
　　cycle reproducteur n. m.

*(Reproduction et génétique)*

Période pendant laquelle les animaux aquatiques ou les algues se reproduisent.

◊ AQUAC*1986*1**296, AQUAC*1986*2**557

**reverse transcriptase**

*(Reproduction and Genetics)*

An enzyme that directs the synthesis of DNA from an RNA template.

◊ LANAQ*1992***323, BT-200*1990***200

**transcriptase inverse**     n. f.
    transcriptase reverse *     n. f.
    V. o. transcriptase réverse *     n. f.

*(Reproduction et génétique)*

Enzyme catalysant la synthèse d'un brin d'ADN à partir d'une molécule d'ARN, c'est-à-dire l'inverse de la direction normale de traitement de l'information génétique.

\* On trouve ces termes dans la plupart des ouvrages français. Cependant, l'usage de ces calques anglais est toujours déconseillé.

◊ CILFG-32*1991***269, BT-200*1990***200

**Reynolds number**
    Abbr. Re
    Abbr. RE

*(Facilities - General Terminology)*

A dimensionless parameter expressing the ratio between the inertia and the viscous forces in a liquid.

◊ LANAQ*1992***316

**nombre de Reynolds**     n. m.
    Abrév. Re

*(Installations - Terminologie générale)*

Rapport sans dimension de la force d'inertie à la force de viscosité dans un fluide en mouvement.

**Rhodophyceae**
    see red algae

**rice bran**

*(Growth and Nutrition)*

A product obtained by milling rice, consisting of the seed coat, a fraction of the grain removed in milling, the germ, and broken grains.

◊ WEBIN*1986***1951, LANAQ*1992***217, 238, PILLA*1990***119, 135

**son de riz**     n. m.

*(Croissance et nutrition)*

Résidu de la mouture de riz provenant du péricarpe des grains.

◊ PEROB*1995***2122, AQUAC*1986*1**252, 465

**rip-rap**
    V. s. riprap

*(Facilities - Water)*

A wall of stones or blocks placed on the bank of a body of water to prevent erosion.

◊ LAFRE*1984***518, LANAQ*1992***55

**perré**     n. m.

*(Installations - Eau)*

Mur ou revêtement en pierres sèches qui protège un ouvrage et empêche les eaux de le dégrader.

◊ LAROG*1982*8**8003

**ripe egg**

*(Reproduction and Genetics)*

An egg that is fully developed and is able to be fertilized.

◊ LANAQ*1992***385

**œuf mature**     n. m.
    œuf mûr     n. m.

*(Reproduction et génétique)*

Œuf parvenu à maturité et susceptible d'être fécondé.

◊ HUET*1970***266

**ripe female**

*(Reproduction and Genetics)*

A female individual containing fully developed eggs that is ready to spawn.

See also **ripe male**

◊ LAFRE*1984***518

**femelle mûre**                    n. f.

*(Reproduction et génétique)*

Femelle prête à émettre des œufs parvenus à maturité.

Voir aussi **mâle mûr**

◊ BOUGOC*1976***270, AQUAC*1986*1**471

**ripe male**

*(Reproduction and Genetics)*

A male individual containing fully developed spermatozoa.

See also **ripe female**

◊ WEBIN*1986***1960, PILLA*1990***163

**mâle mûr**                    n. m.

*(Reproduction et génétique)*

Individu mâle contenant des spermatozoïdes parvenus à maturité.

Voir aussi **femelle mûre**

◊ HUET*1970***275

**ripening of gonads**
see gonadal maturation

**riprap**
see rip-rap

**river mouth**
mouth of a river

*(Water)*

The place where a body of water enters a larger stream or body of water.

◊ WEBIN*1986***1479, LASTE*1989***1233

**embouchure**                    n. f.

*(Eau)*

Endroit où un cours d'eau se jette dans la mer, dans un lac ou dans un autre cours d'eau dont il est tributaire.

◊ OLFEB*1981***298

**robustness**
see hardiness

**rock lobster**
see spiny lobster

**rock sturgeon**
see lake sturgeon

**rockfish**
see striped bass

**rosary ponds**

*(Facilities - Farming/Culture)*

Ponds set up in series, so that water passes from one into the next, and so on.

◊ LAFRE*1984***518

**étangs en chapelet**                    n. m. pl.

*(Installations - Élevage/culture)*

Étangs disposés en série, se déversant successivement l'un dans l'autre.

◊ HUET*1970***34

**rostrum**

*(Crustacean Farming - Anatomy and Physiology)*

The spinelike anterior median prolongation of the carapace of a crustacean.

◊ WEBIN*1986***1976

**rotameter**

*(Facilities)*

A flow-rate meter in which the fluid flows upward through a tapered plastic or glass tube, lifting a float to a position where upward fluid force just balances its weight.

**rotary pump \***

*(Facilities - Water)*

A positive displacement device which features a rotating member inside a housing; the fluids are pushed from a low-pressure to a high-pressure environment and are then discharged.

\* Term standardized by ISO.

◊ LANAQ*1992***83

**Rotifera**

    see rotifers

**rotifers**      n. pl.
    wheel animals      n. pl., colloq.
    Rotifera      n. pl.

*(Growth and Nutrition - Culture Medium)*

A phylum of microscopic aquatic animals whose anterior end bears tufts of cilia used for feeding and locomotion. Important living food resource in aquaculture.

◊ WICRU*1992***379

**rough fish**

    see trash fish

**round worms**

    see nematodes

**RRS**

    see reciprocal recurrent selection

**rostre**      n. m.

*(Crustaciculture - Anatomie et physiologie)*

Prolongement de la carapace thoracique chez certains crustacés.

◊ ROBER*1986*8**470

**rotamètre**      n. m.

*(Installations)*

Appareil de mesure du débit d'un fluide, dans lequel un flotteur est mis en mouvement par le passage du fluide à contrôler dans un tube conique gradué en verre ou en plastique.

**pompe rotative \***      n. f.

*(Installations - Eau)*

Pompe où le liquide est entraîné par un dispositif tournant autour de son axe, sans être soumis à la force centrifuge.

\* Terme normalisé par l'ISO.

◊ OLFEB*1981***355

**rotifères**      n. m. pl.
    V. o. Rotifères      n. m. pl.

*(Croissance et nutrition - Milieu de culture)*

Embranchement d'invertébrés aquatiques microscopiques dont la bouche est entourée de cils vibratiles. En raison de leur grande vitesse de reproduction et de leur capacité de résistance à des conditons de vie difficiles, ils sont utilisés dans l'alimentation en aquaculture.

◊ CILFO*1989***419

**run 1**
    spawning migration

*(Fish Farming)*

The migration of certain fish such as salmon, trout, sturgeon, shad, from salt water to fresh water to spawn.

See also **downstream migration**

◊ WEBIN*1986***1988, AQEX-E*1989***39

**run 2**

*(Fish Farming)*

An assemblage or school of fishes (e.g. salmon) that migrate or ascend their river of origin to spawn.

◊ WEBIN*1986***1988

| | |
|---|---|
| **montaison** | n. f. |

*(Pisciculture)*

Migration par laquelle certaines espèces de poissons comme le saumon, la truite, l'esturgeon, l'alose quittent le milieu salé et remontent dans les fleuves pour s'y reproduire.

Voir aussi **avalaison**

◊ LAROG*1982*7**7068

| | |
|---|---|
| **remonte** | n. f. |
| remontée | n. f. |

*(Pisciculture)*

Ensemble des poissons (p. ex. les saumons) qui retournent vers leur lieu de naissance pour frayer.

◊ LAROG*1982*9**8851

**S**

**sac fry**
    see sac-fry

**sac fry stage**
    see alevin stage

**sac-fry**
    V. s. sac fry
    alevin *
    yolk-sac fry    [UK]
    yolk fry    [UK]
    hatchling    [UK]

*(Fish Farming - Growth and Nutrition)*

A very young fish which has not yet fully absorbed its yolk sac.

    * The term *alevin* is used only for salmonids.

◊ STFAR*1987***230, WEBIN*1986***51,
    LANAQ*1992***265

**Sacramento River chinook disease**
    see infectious hematopoietic necrosis

**saddleback disease**
    see columnaris disease

| | |
|---|---|
| **alevin vésiculé** | n. m. |
| alevin à vésicule non résorbée | n. m. |

*(Pisciculture - Croissance et nutrition)*

Très jeune poisson vivant encore des réserves alimentaires de son sac vitellin.

◊ PARSE*1990***22, GESPI*1985***193, 205,
    HUET*1970***165

**Saint Peter's fish**
  see tilapia

**saline water**
  see saltwater

**salinimeter**
  see salinometer

**salinity**

*(Water)*

The measure of the total amount of dissolved salts in 1 kilogram of seawater.

◊ LANAQ*1992***308, SUBIO*1988***421

**salinity reduction**

*(Water - Culture Medium)*

The reduction of salinity in a body of water which can be done by adding fresh water.

◊ AQUAC-E*1994***361, LANAQ*1992***31

**salinometer**
  salinimeter

*(Facilities)*

An instrument for measuring the salinity of water.

◊ WEBIN*1986***2004

*Salmo salar*
  see Atlantic salmon

*Salmo trutta*
  see brown trout

**salmon**

*(Salmonid Farming - Aquaculture Species)*

Any of various saltwater and freshwater fishes of the family Salmonidae, especially the Atlantic salmon or any species of the Pacific salmon.

**OBS**

The stages in the life cycle of a salmon following the hatching of eggs are: sac-fry (called alevins), fry, parr, smolt and adult salmon (see grilse, juvenile salmon, two-sea-winter salmon, multi-sea-winter salmon).

◊ GACAN*1983***991

**salinité**                    n. f.

*(Eau)*

Teneur en sels de l'eau de mer, exprimée en unité abstraite correspondant à environ 1 g de sel par kilogramme d'eau de mer.

◊ CILFO*1989***427

**déssalure**                    n. f.

*(Eau - Milieu de culture)*

Atténuation de la salinité de l'eau, souvent par l'apport d'eau douce.

◊ CILFO*1989***157

**salinomètre**                    n. m.

*(Installations)*

Appareil servant à mesurer la salinité de l'eau.

◊ CILFG-6*1983***267

**saumon**                    n. m.

*(Salmoniculture - Espèces aquacoles)*

Gros poisson migrateur de la famille des salmonidés, p. ex. le saumon atlantique et les différentes espèces de saumon du Pacifique.

**OBS**

Les stades de développement du saumon après l'éclosion des œufs sont les suivants : alevin vésiculé, alevin, tacon, smolt et saumon adulte (voir aussi madeleineau, dibermarin, pluribermarin et saumoneau).

◊ PEROB*1995***2040

**salmon ranching**
    ranching of salmon

*(Salmonid Farming)*

The release of salmon to natural waters, followed by their development at sea, and subsequent return to freshwater at maturity to be harvested.

See also **ocean ranching**

◊ LANAQ*1992***268, 264

**salmon-culture**
    see salmon-farming

**salmon-farming**     adj.
    salmon-culture     adj.
    salmonid-culture     adj.

*(Salmonid Farming - General Terminology)*

Relating to the culture of salmonids.

See also **salmon farming**

**salmonid**

*(Salmonid Farming - Aquaculture Species)*

A fish of the family Salmonidae.

See also **Salmonidae**

◊ WEBIN*1986***2004

**salmonid culture**
    see salmonid farming

**salmonid culturist**
    see salmonid farmer

**salmonid farmer**
    salmonid culturist

*(Salmonid Farming)*

A person who practices salmonid farming.

See also **salmonid farming**

◊ COLD*1995***62

**pacage marin du saumon**     n. m.
    pacage en mer du saumon     n. m.
    salmoniculture marine     n. f.

*(Salmoniculture)*

Mode d'élevage qui consiste à lâcher les saumons pour qu'ils gagnent la mer où ils accomplissent leur croissance et à les capturer à leur retour vers les eaux douces.

Voir aussi **pacage marin**

◊ GIRAQ*1991***74

**salmonicole**     adj.

*(Salmoniculture - Terminologie générale)*

Qui relève de la salmoniculture.

Voir aussi **salmoniculture**

**salmonidé**     n. m.

*(Salmoniculture - Espèces aquacoles)*

Poisson de la famille des salmonidés.

Voir aussi **salmonidés**

◊ ROBER*1986*8**558

**salmoniculteur**     n. m.
    salmonicultrice     n. f.

*(Salmoniculture)*

Celui ou celle qui pratique la salmoniculture.

Voir aussi **salmoniculture**

◊ CILFO*1989***428, GIRAQ*1991***205, LAROG*1982*9**9285

**salmonid farming**
    salmonid culture

*(Fish Farming)*

The rearing of salmonids (salmon, trout, etc.).

See also **salmonid**

◊ LANAQ*1992***264, PILLA*1990***313

**salmonid-culture**
    see salmon-farming

**Salmonidae**      n. pl.

*(Salmonid Farming - Biology)*

A family of soft-finned fishes including as generally understood the salmons, trouts, chars, and white-fishes, all of which are elongate and shapely and have the last vertebrae upturned.

◊ WEBIN*1986***2004

**salt marsh**
    see saltmarsh

**salt water**
    see saltwater

**salt works**      n. s. or pl.
    V. s. saltworks      n. s. or pl.
    brine field

*(Oyster Culture - Culture Medium)*

A facility where salt is made on a commercial scale (as by extraction from seawater or the brine of salt springs).

**OBS**

This facility is sometimes used for the growout of oysters.

◊ WEBIN*1986***2006

**salt-water farming**
    see sea-farming

**salmoniculture**      n. f.

*(Pisciculture)*

Élevage des salmonidés (p. ex. le saumon, la truite, etc.).

Voir aussi **salmonidé**

◊ CILFO*1989***428

**salmonidés**      n. m. pl.
    V. o. Salmonidés      n. m. pl.

*(Salmoniculture - Biologie)*

Famille de poissons téléostéens au corps oblong et écailleux, portant une dorsale adipeuse en arrière de la dorsale principale (p. ex. le saumon, la truite, l'omble et le corégone).

◊ PEROB*1995***2028, LAROG*1982*9**9285

**marais salant**      n. m.
    saline      n. f.

*(Ostréiculture - Milieu de culture)*

Espace littoral aménagé pour la production du sel marin par évaporation naturelle.

**OBS**

Les anciens marais salants servent parfois pour l'affinage des huîtres.

◊ CILFO*1989***295, AQEX-F*1989***22

**saltmarsh**
  V. s. salt marsh
  saltwater marsh
  tidal marsh

*(Water)*

Areas near the sea that are alternatively flooded and drained by tidal action.

◊ IVAQU*1992***277

**saltwater**
  V. s. salt water
  saline water

*(Water)*

Water distinguished by high salinity.

◊ LÀSTE*1989***1684

**saltwater marsh**
  see saltmarsh

**saltworks**
  see salt works

*Salvelinus alpinus*
  see Arctic char

*Salvelinus fontinalis*
  see brook trout

*Salvelinus namaycush*
  see lake trout

**sand**

*(Culture Medium)*

A loose material consisting of small but easily distinguishable grains measuring approximately 0.05 to 2.0 mm in diameter, most commonly of quartz resulting from the disintegration of rocks.

◊ WEBIN*1986***2009

**sand filter**

*(Facilities - Water)*

A filter in which sand is used as a filtering medium.

◊ IWATE*1981***279

**marais salé**                     n. m.
  marais littoral                   n. m.
  marais maritime                   n. m.

*(Eau)*

Terres basses, traversées par des chenaux entrelacés et des dépressions marécageuses, généralement submergées par la marée haute.

◊ OLFEB*1981***295

**eau salée**                       n. f.
  eau saline                        n. f.

*(Eau)*

Eau caractérisée par une salinité plus élevée que celle de l'eau douce.

◊ PARSE*1990***173

**sable**                           n. m.

*(Milieu de culture)*

Sédiment détritique meuble, dont la taille des grains est comprise entre 0,05 et 2,0 mm, essentiellement composé de quartz.

◊ PARSE*1990***509

**filtre à sable**                  n. m.

*(Installations - Eau)*

Filtre pour le traitement de l'eau, utilisant le sable comme matériau filtrant et retenant les matières solides en suspension.

◊ OLFEB*1981***228

saxitoxin
   mytilotoxin

*(Mollusc Culture - Pathology and Predators)*

A toxin produced in molluscs by a number of related planktonic organisms, that attacks the nervous system and in extreme cases can cause paralysis and even death.

See also **paralytic shellfish poisoning**

◊ DOSHE*1991***36

scallop *

*(Mollusc Culture - Aquaculture Species)*

Any of many marine bivalve molluscs of the family Pectinidae that have a single adductor muscle and two deeply grooved, curved shells and an earlike wing on each side of the hinge, that swims by rapidly snapping its shells together.

* Recommended term in Canada.

◊ WEBIN*1986***2024

scallop culture
   scallop farming

*(Mollusc Culture)*

The rearing of scallops.

◊ LANAQ*1992***345

scallop farmer

*(Mollusc Culture)*

A person who practices scallop culture.

See also **scallop culture**

◊ SCALHA*1991***9

scallop farming
   see scallop culture

scallop-culture      adj.
   scallop-farming    adj.

*(Mollusc Culture - General Terminology)*

Relating to the culture of scallops.

See also **scallop culture**

---

saxitoxine      n. f.
   mytilotoxine    n. f.

*(Conchyliculture - Pathologie et prédateurs)*

Toxine entraînant des paralysies chez les humains, se trouvant dans les mollusques contaminés par un dinoflagellé du genre *Alexandrium*.

Voir aussi **intoxication paralysante**

◊ PEROB*1995***1465

pétoncle *      n. m.
   coquille Saint-Jacques 2   n. f.
   peigne      n. m.

*(Conchyliculture - Espèces aquacoles)*

Mollusque bivalve de la famille des pectinidés qui nage dans la mer en refermant brusquement ses valves et qui est caractérisé par un muscle adducteur et une coquille en forme d'éventail.

* Terme normalisé au Canada.

◊ CILFO*1989***129

pectiniculture      n. f.

*(Conchyliculture)*

Culture des pétoncles.

◊ CILFO*1989***369

pectiniculteur      n. m.
   pectinicultrice    n. f.

*(Conchyliculture)*

Celui ou celle qui pratique la pectiniculture.

Voir aussi **pectiniculture**

pectinicole      adj.

*(Conchyliculture - Terminologie générale)*

Qui relève de la pectiniculture.

Voir aussi **pectiniculture**

**scallop-farming**
see scallop-culture

**scoliosis**

*(Fish Farming - Pathology and Predators)*

Abnormal development or bending of the spine caused by diet or disease.

◊ FISFA*1988***394

**scoliose** n. f.

*(Pisciculture - Pathologie et prédateurs)*

Déviation latérale de la colonne vertébrale causée par la maladie ou une carence alimentaire.

◊ LAROG*1982*9**9427

*Scophthalmus maximus*
see turbot

**sea cage**
see cage

**sea farming**
see mariculture

**sea lettuce ***
*Ulva lactuca*

*(Algal Culture - Aquaculture Species)*

A genus of green seaweeds of the family Ulvaceae having a thin flat edible thallus that resembles a lettuce leaf and is two cells thick.

* Recommended term in Canada.

◊ WEBIN*1986***2480, NQ8070*1995***75

**laitue de mer ***  n. f.
*Ulva lactuca*

*(Algoculture - Espèces aquacoles)*

Algue verte comestible de la famille des ulvacées à l'aspect foliacé, à thalle en forme de lame et constitué de deux couches de cellules.

* Terme normalisé au Canada.

◊ LAROG*1982*10**10522, NQ8070*1995***75

**sea pen**
see pen 1

**sea pen culture**
see pen culture

**sea rancher**
see rancher

**sea ranching**
see ocean ranching

**sea scallop ***
    giant scallop
    deep-sea scallop
    native sea scallop
    *Placopecten magellanicus*

*(Mollusc Culture - Aquaculture Species)*

A large scallop of the family Pectinidae found only on the Atlantic coast of North America.

\* Recommended term in Canada.

◊ COLD\*1995\*\*\*299, 300, NQ8070\*1995\*\*\*67, ENSCI\*1991\*10\*\*497

| **pétoncle géant *** | n. m. |
| --- | --- |
|     coquille Saint-Jacques 3 * | n. f. |
|     pecten d'Amérique | n. m. [FR] |
|     *Placopecten magellanicus* | |

*(Conchyliculture - Espèces aquacoles)*

Mollusque bivalve de la famille des pectinidés, trouvé seulement sur la côte atlantique de l'Amérique du Nord.

\* Terme normalisé au Canada.

**OBS**
On peut vendre au Canada ou en France, sous le nom de coquille Saint-Jacques ou noix de Saint-Jacques, le muscle adducteur du pétoncle géant, parfois accompagné de corail.

◊ NQ8070\*1995\*\*\*67

**sea urchin farmer**

*(General Terminology)*

A person who practices sea urchin farming.

See also **sea urchin farming**

| **échinoculteur** | n. m. |
| --- | --- |
|     échinocultrice | n. f. |

*(Terminologie générale)*

Celui ou celle qui pratique l'échinoculture.

Voir aussi **échinoculture**

**sea urchin farming**
*(Aquaculture Types)*
The rearing of sea urchins.

| **échinoculture** | n. f. |
| --- | --- |

*(Types d'aquaculture)*
Élevage de l'oursin.

**sea water**
    see seawater

| **sea-farming** | adj. |
| --- | --- |
|     salt-water farming | adj. |
|     marine-farming | adj. |

*(Farming/Culture - General Terminology)*

Related to marine culture.

See also **mariculture**

| **maricole** | adj. |
| --- | --- |

*(Élevage/culture - Terminologie générale)*

Qui relève de la mariculture.

Voir aussi **mariculture**

**sea-pen culture**
    see pen culture

**sea-water**
    see seawater

**1-sea-winter salmon**
    see grilse

**2-sea-winter salmon**
    see two-sea-winter salmon

**1-sea-year salmon**
    see grilse

**1-sea-year-winter salmon**
    see grilse

**seawater**
    V. s. sea water
    V. s. sea-water
*(Water)*

Water of the seas, distinguished by high salinity.

◊ LASTE*1989***1684

**eau de mer**                                    n. f.

*(Eau)*

Eau des océans et des mers, caractérisée par une salinité et une densité plus élevées que celles de l'eau douce.

◊ PARSE*1990***171

**seaweed**
    see macroalga

**seaweed culture**
    see macroalgae culture

**seaweed farming**
    see macroalgae culture

**Secchi disc**
    see Secchi disk

**Secchi disk**
    V. s. Secchi disc
*(Facilities - Water)*

A circular metal plate with the upper surface divided into four quadrants painted alternately black and white. When lowered into a pond on a graduated rope, the point at which it disappears provides a measure of turbidity or plankton density.

◊ PIPFI*1986***495, WICRU*1992***379

**disque de Secchi**                              n. m.

*(Installations - Eau)*

Disque noir et blanc de 30,5 centimètres ou plus de diamètre, permettant d'évaluer la transparence de l'eau.

◊ PARSE*1990***164

**secondary sex character**
    see secondary sexual characteristic

**secondary sex characteristic**
    see secondary sexual characteristic

**secondary sexual character**
    see secondary sexual characteristic

**secondary sexual characteristic**
  secondary sex characteristic
  secondary sex character
  secondary sexual character

*(Fish Farming - Reproduction and Genetics)*

A characteristic of an individual other than the reproductive organs which differs between the two sexes (e.g. changes in color, breeding behaviour, etc.).

◊ KIGEN*1985***352, PILLA*1990***156

**sediment**

*(Water - Culture Medium)*

Solid matter (clay, silt, decayed animals, aquatic plants, etc.) found on the bottom of a body of water.

**OBS**
The quality will greatly affect the productivity of the pond.
◊ LAFRE*1984***518

**sedimentation basin**
  see sedimentation tank

**sedimentation tank**
  sedimentation basin
  settling tank
  settling basin

*(Facilities - Water)*

A tank in which waste water containing settleable solids is retained to remove by gravity a part of the suspended matter.
◊ IWATE*1981***291

**seed**

*(Farming/Culture)*

Term commonly applied to young stages of marine animals or alga used for stocking farms or to start the production cycle.

See also **seedstock**
◊ SWIFA*1985***66

---

**caractère sexuel secondaire**     n. m.

*(Pisciculture - Reproduction et génétique)*

Caractère d'un individu, autre que les organes de reproduction, différent selon le sexe (p. ex. changement de couleur et/ou de comportement lors de la reproduction, etc.).

◊ LAROG*1982*9**9443, GPP*1985***G16

**sédiment**     n. m.

*(Eau - Milieu de culture)*

Complexe qui se constitue à partir de la roche-mer sous-jacente, ou du sol pré-existant et des dépôts aquatiques : argiles, limons, cadavres végétaux et animaux.

**OBS**
De sa qualité dépendront pour une bonne part les capacités de production de l'étang.
◊ BAMI*1991***7

**bassin de sédimentation**     n. m.
  bassin de décantation     n. m.
  bassin décanteur     n. m.
  décanteur     n. m.

*(Installations - Eau)*

Bassin destiné à recevoir l'eau usée d'élevage dans lequel les matières en suspension sont séparées par sédimentation.
◊ AQUAC*1986*1**121-122, AQUAC*1986*2**805

**semence 1 ***     n. f.
  semis 1     n. m.
  naissain 1     n. m.

*(Élevage/culture)*

Jeunes animaux ou algues stockés dans une ferme dans le but de servir à amorcer le cycle de production.

* Terme utilisé surtout en algoculture.

Voir aussi **cheptel de départ**
◊ PISET*1980***18, BOUGOC*1976***251, AQUAC*1986*1**440

**seed stock**
see seedstock

**seed, to**                    v.

*(Farming/Culture - Techniques and Methods)*

To provide a culture medium, either natural or artificial, with seed.

See also **seed**
◊ LANAQ*1992***184, 123

**seeding 1**

*(Mollusc Culture)*

The building of a population of molluscs on a chosen cultivation or lease.
◊ COLD*1995***208

**seeding 2**
see stocking 1

**seedstock**
V. s. seed stock

*(Farming/Culture)*

A population of eggs, larvae, fry or spat used to start the production cycle.

See also **seed**
◊ COLD*1995***72, ACKE*1994***2, 113,
  AQEX-E*1989***14

**seepage**

*(Water - Culture Medium)*

The escape of water through the bottom of ponds.
◊ WICRU*1992***170

**seine**
seine net
seining net

*(Facilities)*

A long, large, narrow net with floats on the top edge and with weights on the bottom, used by hauling it through the water.

◊ LAFRE*1984***518, LANAQ*1992***196,
  PILLA*1990***230

**ensemencer**              v.
aleviner *              v., spéc.

*(Élevage/culture - Techniques et méthodes)*

Action de peupler un milieu de culture naturel ou artificiel avec des alevins ou de la semence.

* Terme de pisciculture.

Voir aussi **semence 1**
◊ AQUAC*1986*1**278

**semis 2**                    n. m.

*(Conchyliculture)*

Dispersion ou enfouissement du naissain de mollusques.

**cheptel de départ**         n. m.
stock de départ            n. m.

*(Élevage/culture)*

Ensemble des œufs, larves, alevins ou naissains destiné à amorcer le cycle de production.

Voir aussi **semence 1**

**percolation**               n. f.

*(Eau - Milieu de culture)*

Infiltration de l'eau à travers le sol des étangs.
◊ BAMI*1991***9, ELSAQ*1991***233

**senne**                     n. f.
V. o. seine                n. f.

*(Installations)*

Grand filet long et de peu de hauteur que l'on traîne sur des fonds réguliers et peu profonds et qui est garni de balles de plomb à la partie inférieure et de lièges ou flotteurs à la partie supérieure.
◊ LAROG*1982*9**9490

**seine net**
see seine

**seining net**
see seine

**selection**
genetic selection
selective breeding

*(Reproduction and Genetics)*

The choosing by man of the genotypes contributing to the gene pool of succeeding generations of a given organism.

◊ KIGEN*1985***354, PILLA*1990***164, 166, AQEX-E*1989***57

**selective breeding**
see selection

**self feeder**
see demand feeder

**self-thinning**

*(General Terminology)*

In a high density population, density reduction coupled with individual growth (death of smaller or weaker individuals).

**semen**
seminal fluid
sperm

*(Reproduction and Genetics)*

Spermatozoa as released by a male together with any accompanying fluid.

◊ WEBIN*1986***2062

**semi-adhesive eggs**          n. pl.
V. s. semiadhesive eggs     n. pl.

*(Fish Farming - Reproduction and Genetics)*

Eggs that temporarily adhere to things.
◊ LAICH*1977***273

**sélection**                              n. f.
sélection génétique          n. f.

*(Reproduction et génétique)*

Type de sélection orientée dont les objectifs sont définis et mis en œuvre dans des conditions expérimentales précises par un sélectionneur. Elle fait généralement intervenir des croisements contrôlés au sein d'un groupe restreint de génotypes en vue de modifier certaines caractéristiques génotypiques et phénotypiques de ce groupe.

◊ CILFG-32*1991***241, CAPQ-2*1992***18, 38, AQUAC*1986*2**578

**autoréduction**                    n. f.

*(Terminologie générale)*

Pour une population donnée dont la densité est élevée, processus par lequel la densité diminue avec la croissance des individus (mort des plus petits ou des plus faibles).

**sperme**                              n. m
semence 2                      n. f.
liquide séminal              n. m.

*(Reproduction et génétique)*

Substance produite par les organes génitaux des mâles et contenant comme éléments essentiels des spermatozoïdes.

◊ LAROG*1982*9**9752

**œufs semi-adhésifs**              n. m. pl.

*(Pisciculture - Reproduction et génétique)*

Œufs qui adhèrent temporairement aux choses.

**semi-controlled breeding**
see semicontrolled breeding

**semi-controlled reproduction**
see semicontrolled breeding

**semi-intensive aquaculture**

*(Aquaculture Types)*

Aquaculture practiced in a semi-intensive culture system.

See also **semi-intensive culture, semi-intensive system**

| | |
|---|---|
| **aquaculture semi-intensive** | n. f. |
| aquaculture semi-extensive | n. f. |

*(Types d'aquaculture)*

Aquaculture pratiquée à l'intérieur d'un système de culture semi-intensive.

Voir aussi **culture semi-intensive, système d'élevage semi-intensif**

◊ GIRAQ*1991***136

**semi-intensive culture**
semi-intensive farming

*(Fish Farming - Techniques and Methods)*

The rearing of organisms under less crowded conditions than intensive culture but more crowded than extensive culture.

**OBS**
Semi-intensive culture relies on the addition of fertilizers and/or supplemental feeds.

See also **intensive culture, extensive culture**

◊ FAO-255*1984***4, PILLA*1990***11, STFAR*1987***234, LANAQ*1992***196-197

| | |
|---|---|
| **culture semi-intensive** | n. f. |
| élevage semi-intensif | n. m. |
| culture semi-extensive | n. f. |
| élevage semi-extensif | n. m. |

*(Pisciculture - Techniques et méthodes)*

Méthode d'élevage d'organismes à densité moyenne, située entre celles de la culture intensive et de la culture extensive.

**OBS**
La capacité nutritive du système est augmentée par l'apport intentionnel de fertilisants et/ou d'aliments supplémentaires.

Voir aussi **culture intensive, culture extensive**

◊ FAO-248*1985***3, AQUAC*1986*1**46

**semi-intensive farming**
see semi-intensive culture

**semi-intensive system**

*(General Terminology)*

A system in which semi-intensive culture is practiced.

See also **semi-intensive culture**

| | |
|---|---|
| **système d'élevage semi-intensif** | n. m. |
| système d'élevage semi-extensif | n. m. |

*(Terminologie générale)*

Système dans lequel la culture semi-intensive est pratiquée.

Voir aussi **culture semi-intensive**

◊ AQUAC*1986*2**543

**semi-moist pellet**
V. s. semimoist pellet

*(Growth and Nutrition)*

A pellet that has retained some of its water content after processing.

See also **dry pellet, moist pellet**
◊ LANAQ*1992***142, 273, PILLA*1990***337

**granulé semi-humide**          n. m.

*(Croissance et nutrition)*

Granulé détenant encore une certaine quantité d'eau après sa fabrication.

Voir aussi **granulé sec, granulé humide**
◊ CAPQ-5*1992***26, 28

**semiadhesive eggs**
see semi-adhesive eggs

**semicontrolled breeding**
V. s. semi-controlled breeding
semicontrolled reproduction
V. s. semi-controlled reproduction

*(Reproduction and Genetics - Techniques and Methods)*

A method of reproduction in which brood fish are released into spawning ponds for reproduction.
◊ LANAQ*1992***379

**reproduction semi-contrôlée**          n. f.
reproduction naturelle
semi-contrôlée          n. f.
reproduction en milieu
semi-contrôlé          n. f.

*(Reproduction et génétique - Techniques et méthodes)*

Méthode de reproduction selon laquelle des géniteurs sont placés dans des étangs pour s'y reproduire.
◊ PISET*1980***143

**semicontrolled reproduction**
see semicontrolled breeding

**semimoist pellet**
see semi-moist pellet

**seminal fluid**
see semen

**seminal receptacle**
seminal receptor
spermatheca

*(Reproduction and Genetics - Anatomy and Physiology)*

A sac or cavity in the female for receiving and storing sperm in many invertebrates (e.g. Crustacea).

◊ LASTE*1989***1788

**réceptacle séminal**          n. m.
spermathèque          n. f.

*(Reproduction et génétique - Anatomie et physiologie)*

Organe creux afférent aux voies génitales de certains animaux femelles (p. ex. les crustacés) et dans lequel le sperme du mâle est accumulé et conservé vivant pendant une longue période.
◊ LAROG*1982*9**9751

**seminal receptor**
see seminal receptacle

**septicaemia**

V. s. septicemia

*(Pathology and Predators)*

An infection caused by pathogenic bacteria in the blood.

◊ STFAR*1987***234, FISFA*1988***394

**septicemia**

see septicaemia

**series raceways**　　　　n. pl.

*(Facilities - Farming/Culture)*

A cascade of raceways in which the water from one raceway flows into the next. The raceways are built in steps so water is gravity fed down the line of raceways.

◊ LANAQ*1992***50

*Seriola guingueradiata*

see yellowtail

*Seriola quinqueradiata*

see yellowtail

**sessile invertebrate**

*(Mollusc Culture - Biology)*

An invertebrate that is attached to a substrate and that is not free to move about (e.g. mussels, oysters, etc.).

◊ WEBIN*1986***2076

**settlement**

attachment

*(Mollusc Culture - Biology)*

Of a mollusc, the act of attaching itself on a suitable substrate.

◊ PILLA*1990***472, LANAQ*1992***183, 186

**settling basin**

see sedimentation tank

**septicémie**　　　　n. f.

*(Pathologie et prédateurs)*

Infection provoquée par des bactéries pathogènes dans le sang.

◊ LAROG*1982*9**9501, ROBER*1986*8**714, PATH*1985***251

**bassins en série**　　　　n. m. pl.

*(Installations - Élevage/culture)*

Bassins disposés en série, de sorte que l'eau cascade d'un bassin à l'autre et se trouve réoxygénée par des chutes.

◊ AQUAC*1986*2**529

**invertébré sessile**　　　　n. m.

*(Conchyliculture - Biologie)*

Invertébré caractérisé par sa fixation à un substrat (p. ex. huître, moule, etc.).

◊ LAROG*1982*9**9528

**fixation**　　　　n. f.

*(Conchyliculture - Biologie)*

Action de se fixer à un substrat en parlant des mollusques.

◊ LAROG*1982*4**4298, AQUAC*1986*1**299

**settling stage**

*(Mollusc Culture - Growth and Nutrition)*

Period where the larvae of bivalve molluscs (e.g. oysters, mussels) attach themselves to a substrate.

◊ PILLA*1990***484

**settling tank**
see sedimentation tank

**sex cell**
see gamete

**sex change**
sex inversion
sex reversal

*(Reproduction and Genetics - Techniques and Methods)*

Modification of sex using genetic or hormonal manipulations.

◊ FISFA*1988***394

**sex inversion**
see sex change

**sex ratio**
male : female ratio
V. s. male/female ratio

*(Reproduction and Genetics)*

The relative proportion of males and females of a specified age distribution in a population.

◊ KIGEN*1985**358

**sex reversal**
see sex change

**sex steroid**
sex steroid hormone

*(Fish Farming - Reproduction and Genetics)*

A hormone produced in the gonads which is responsible for the formation of gametes, as well as for the regulation of secondary sexual characteristics.

◊ PILLA*1990***156

| | |
|---|---|
| **période de fixation** | n. f. |
| stade de fixation | n. m. |

*(Conchyliculture - Croissance et nutrition)*

Durée pendant laquelle les larves des mollusques bivalves (p. ex. huîtres, moules) se fixent à un substrat.

◊ BOUGOC*1976***248-249, AQUAC*1986*1**361

| | |
|---|---|
| **inversion de sexe** | n. f. |
| V. o. inversion du sexe | n. f. |
| renversement de sexe | n. m. |
| inversion sexuelle | n. f. |

*(Reproduction et génétique - Techniques et méthodes)*

Modification du sexe par des hormones ou des moyens génétiques.

◊ PISET*1980***253

| | |
|---|---|
| **rapport mâles : femelles** | n. m. |
| sexe-ratio | n. m. |
| V. o. sex-ratio | n. m. |

*(Reproduction et génétique)*

Proportion des individus de sexe masculin et féminin, parfois à un âge donné, au sein d'une population appartenant à une espèce à reproduction sexuée.

◊ CILFG-32*1991***252, SOMOL*1992***110

| | |
|---|---|
| **hormone stéroïde sexuelle** | n. f. |
| stéroïde sexuel | n. m. |
| hormone sexuelle stéroïde | n. f. |

*(Pisciculture - Reproduction et génétique)*

Hormone produite dans les gonades et responsable de la formation des gamètes et du bon fonctionnement des caractères sexuels secondaires.

◊ PISET*1980***151, BIOGAL*1988***160

**sex steroid hormone**
see sex steroid

**sex-inverted fish**
sex-reversed fish

*(Fish Farming - Reproduction and Genetics)*

A fish that has undergone a sex reversal.

◊ LANAQ*1992***225

**poisson à sexe inversé** n. m.
poisson à sexe renversé n. m.

*(Pisciculture - Reproduction et génétique)*

Poisson qui a subi une inversion de sexe.

**sex-reversed fish**
see sex-inverted fish

**sexing**

*(Reproduction and Genetics)*

The determination of the sex of an animal.

◊ LAFRE*1984***518

**sexage** n. m.

*(Reproduction et génétique)*

Détermination du sexe d'un animal.

**sexual cell**
see gamete

**sexual maturation**

*(Reproduction and Genetics)*

Phase in which the individual is acquiring the ability to reproduce.

**maturation sexuelle** n. f.

*(Reproduction et génétique)*

Phase pendant laquelle l'individu se transforme pour être capable de se reproduire.

**sexual maturity**

*(Reproduction and Genetics)*

Stage of maturity characterized by the release of gametes and the capacity to reproduce.

◊ WICRU*1992***375

**maturité sexuelle** n. f.

*(Reproduction et génétique)*

Phase de maturité caractérisée par l'émission des gamètes et la capacité de reproduction.

◊ AQUAC*1986*1**19, 296, 395

**sexual reproduction**

*(Reproduction and Genetics)*

Reproduction involving the formation and fusion of two different kinds of gametes (male and female) to form a zygote.

◊ HENBI*1989***498

**reproduction sexuée** n. f.

*(Reproduction et génétique)*

Mode de reproduction qui se réalise par l'intermédiaire de cellules spécialisées, les gamètes mâles et femelles, pour former un zygote.

◊ GPP*1985***G6

**shad**

*(Fish Farming - Aquaculture Species)*

An anadromous fish of the family Clupeidae (genus *Alosa*) that ascends rivers in the spring to spawn.

◊ GACAN*1983***1028

**alose 2** n. f.

*(Pisciculture - Espèces aquacoles)*

Poisson anadrome de la famille des clupéidés (genre *Alosa*), qui remonte les rivières au printemps pour frayer.

◊ ROBER*1986*1**274

**shell bag**
see bag

**shellfish**

*(General Terminology - Aquaculture Species)*

An aquatic invertebrate animal with a shell: a mollusc, crustacean or echinoderm.

See also **crustacean, mollusc**

◊ WEBIN*1986***2093

**shellfish bed**
see bed 1

**shellfish-culture**     adj.
   mollusc-culture     adj.
   V. s. mollusk-culture     adj.

*(General Terminology)*

Relating to the culture of molluscs.

See also **mollusc culture**

**ship worm**
see shipworm

**shipworm**
   V. s. ship worm
   wood borer
   borer
   marine borer

*(Pathology and Predators)*

A mollusc, often of the genus *Teredo*, which bores into wooden marine structures.

◊ FAQUA*1989***181, CILFO*1989***460

---

**invertébré**     n. m.
   fruits de mer *     n. m. pl., cour.
   coquillage 3     n. m.

*(Terminologie générale - Espèces aquacoles)*

Animal aquatique qui ne possède pas de colonne vertébrale : un mollusque, un crustacé ou un échinoderme.

* Nom courant donné aux crustacés, aux coquillages et aux petits invertébrés marins comestibles.

**OBS**
Il n'existe pas de terme unique en français pour rendre la notion de **shellfish**. Les spécialistes en aquaculture utilisent le terme général d'invertébrés pour désigner l'ensemble des animaux autres que les poissons (vertébrés).

Voir aussi **crustacé, mollusque, bivalve fouisseur**

**coquillier**     adj.

*(Terminologie générale)*

Qui relève de la conchyliculture.

Voir aussi **conchyliculture**

**taret**     n. m.

*(Pathologie et prédateurs)*

Mollusque bivalve du genre *Teredo*, forant les bois immergés.

◊ LAROG*1982*10**10054

**shoreline**
    coastal area

*(Water)*

The narrow strip or area along which the land surface meets the water surface of a lake, sea or ocean.

◊ IWATE*1981***338

**shrimp culture**
    see shrimp farming

**shrimp culturist**
    see shrimp farmer

**shrimp farmer**
    shrimp culturist

*(Crustacean Farming)*

A person who practices shrimp farming.

See also **shrimp farming**

◊ LANAQ*1992***192

**shrimp farming**
    shrimp culture

*(Crustacean Farming)*

The farming of shrimps.

◊ PILLA*1990***56, 425, LANAQ*1992***189

**sib mating**
    V. s. sibmating

*(Reproduction and Genetics)*

The intercrossing of siblings, i.e. brother-sister mating.

◊ PILLA*1990***169

**sib-selection**

*(Reproduction and Genetics)*

A selection in which the siblings (brothers and sisters) or half-siblings from the best families are kept for breeding.

◊ PILLA*1990***168

**sibmating**
    see sib mating

**littoral**      n. m.
    côte      n. f.

*(Eau)*

Zone de contact entre la terre et la mer.

◊ PEROB*1996***1294

**crevetticulteur**      n. m.
    crevetticultrice      n. f.

*(Crustaciculture)*

Celui ou celle qui pratique la crevetticulture.

Voir aussi **crevetticulture**

**crevetticulture**      n. f.

*(Crustaciculture)*

Élevage des crevettes.

◊ SITMO*1995***5

**croisement frère-sœur**      n. m.

*(Reproduction et génétique)*

Croisement entre un frère et une sœur.

◊ CAPQ-2*1992***32

**choix sur collatéraux**      n. m.
    sélection sur collatéraux      n. f.

*(Reproduction et génétique)*

Méthode de sélection consistant à choisir les reproducteurs en fonction des caractères et performances de leurs collatéraux (frères et sœurs, demi-frères et demi-sœurs).

◊ LAROG*1982*9**9468, CILFG-32*1991***71

## silo
see silo tank

## silo tank
silo
vertical raceway

**(Facilities - Farming/Culture)**

A deep circular tank in which the water is pumped down a pipe in the center and exits this pipe near the bottom through a screen. The water flows upward and over the sides of the raceway around which there is a trough used to collect it.

◊ LANAQ*1992***52

## bassin vertical
|  | n. m. |
| --- | --- |
| bassin cylindrique | n. m. |
| silo | n. m. |

**(Installations - Élevage/culture)**

Bassin de forme cylindrique dans lequel l'eau circule à partir d'un tuyau situé au centre. L'admission d'eau se fait en haut, pour bénéficier de l'oxygénation due à une chute, et l'échappement en bas, pour évacuer efficacement les déchets.

◊ AQUAC*1986*2**804

## silt

**(Water - Culture Medium)**

A soil separate consisting of particles between 0.05 and 0.002 mm in equivalent diameter.

◊ BT-197*1990***577

## limon    n. m.

**(Eau - Milieu de culture)**

Fraction du sol consistant en particules d'un diamètre équivalent de 0,05 à 0,002 mm.

◊ LAROG*1982*6**6308

## silver carp
*Hypophthalmichthys molitrix*

**(Fish Farming - Aquaculture Species)**

A species of Chinese carps.

◊ PILLA*1990***286

## amour argenté    n. m.
carpe argentée    n. f.
*Hypophthalmichthys molitrix*

**(Pisciculture - Espèces aquacoles)**

Une des espèces de carpes chinoises.

◊ GIRAQ*1991***60

## silver eel

**(Fish Farming - Growth and Nutrition)**

An eel that has just attained sexual maturity, characterized by a silvery color, and is able to return to the ocean to breed.

◊ WEBIN*1986***2119

## anguille argentée    n. f.

**(Pisciculture - Croissance et nutrition)**

Anguille mature, capable de se reproduire en mer, caractérisée par un ventre blanc argenté et un dos plus sombre.

◊ AQUAC*1986*2** 743, 744, 746

## silver salmon
see coho salmon

## single-celled alga
unicellular alga

**(Algal Culture)**

An alga consisting of one cell (e.g. diatoms).

## algue unicellulaire    n. f.

**(Algoculture)**

Algue formée d'une seule cellule (p. ex. les diatomées).

**sinus gland**

*(Crustacean Farming - Reproduction and Genetics)*

A small glandular mass lying in the eyestalks of certain crustaceans, which is the site of storage and release of a molt-inhibiting hormone.

◊ LASTE*1989***1741, WEBIN*1986***2126

**site**
see aquaculture site

**slaked lime**
hydrated lime

*(Water - Treatment and Filtration)*

A dry white powder consisting essentially of calcium hydroxide obtained by treating lime with water, used as a treatment for acidic water in ponds.

◊ WEBIN*1986***1107, PILLA*1990***32

**sleeve**
see mussel sock

**sleeve, to**
see sock, to

**slipper oyster**
*Crassostrea iredalei*

*(Oyster Culture - Aquaculture Species)*

A tropical species of oyster cultivated in the Philippines.

◊ PILLA*1990***470, LANAQ*1992***176

**sluice gate**

*(Facilities - Water)*

A water control structure with vertical grooves that governs pond depth at a pond exit, and water flow rate at a pond entrance. It may be constructed of wood, brick or concrete.

◊ WICRU*1992***379, 213

**smallmouth**
see smallmouth bass

**glande du sinus** n. f.

*(Crustaciculture - Reproduction et génétique)*

Organe neurohémal dans le pédoncule oculaire de certains crustacés, qui a un rôle de stockage et de libération de l'hormone inhibitrice de la mue.

◊ BIOGAL*1988***143-144, 146

**chaux hydratée** n. f.
chaux éteinte n. f.

*(Eau - Traitement et filtration)*

Hydroxyde de calcium produit par hydratation de la chaux vive, servant à neutraliser l'acidité de l'eau des étangs.

◊ OLFEB*1981***84

**huître creuse des Philippines** n. f.
*Crassostrea iredalei*

*(Ostréiculture - Espèces aquacoles)*

Espèce d'huître tropicale cultivée aux Philippines.

**vanne** n. f.
vanne registre n. f.
vanne à glissières n. f.

*(Installations - Eau)*

Dispositif permettant de contrôler le niveau de l'eau d'un étang et d'en régler le débit.

◊ OLFEB*1981***460

**smallmouth bass**
>  V. s. smallmouthed bass
> smallmouth
> *Micropterus dolomieu*
> V. s. *Micropterus dolomieui*

**(Fish Farming - Aquaculture Species)**

A fish of the family Centrarchidae that is bronzy green above and lighter below, and has the angle of the jaw falling below the eye.

See also **largemouth bass**

◊ WEBIN*1986***2149

**smallmouthed bass**
> see smallmouth bass

**smolt**

**(Salmonid Farming - Growth and Nutrition)**

A salmon that is developing the ability to move from a freshwater to a seawater existence and grow.

**OBS**
Some trout species have developed this ability.
See also **smoltification**

◊ GACAN*1983***1061, FISFA*1988***63

**smolt stage**

**(Salmonid Farming - Growth and Nutrition)**

A stage of immature salmon when the fish is physiologically capable of supporting transfer from fresh to salt water.

◊ HISTI*1987***185

**smoltification**

**(Salmonid Farming - Growth and Nutrition)**

A process in which the parr undergoes an assortment of physiological adaptations that allow it to live in seawater.

◊ LANAQ*1992***265

---

**achigan à petite bouche**    n. m. [CA]
> black-bass à petite bouche    n. m. [FR]
> *Micropterus dolomieu*
> V. o. *Micropterus dolomieui*

**(Pisciculture - Espèces aquacoles)**

Poisson de la famille des centrarchidés, caractérisé par une coloration vert bronzé, un ventre plus pâle et un maxillaire dont l'extrémité postérieure ne dépasse pas le milieu de l'orbite de l'œil.

Voir aussi **achigan à grande bouche**

◊ LALA*1983***97

**smolt ***    n. m.

**(Salmoniculture - Croissance et nutrition)**

Saumoneau en phase d'adaptation à la vie marine.

* Terme recommandé par le Comité de normalisation de la terminologie des pêches commerciales du Bureau de normalisation du Québec.

**OBS**
Certaines espèces de truites ont acquis cette capacité.
Voir aussi **smoltification**

◊ CILFO*1989***4, ROBER*1986*9**133

**stade de smolt**    n. m.
> V. o. stade smolt    n. m.

**(Salmoniculture - Croissance et nutrition)**

Stade d'un jeune saumon qui est prêt, au point de vue physiologique, à passer de l'eau douce au milieu marin.

◊ AQUAC*1986*2**619

**smoltification**    n. f.

**(Salmoniculture - Croissance et nutrition)**

Métamorphose dans laquelle le tacon subit des transformations, surtout endocrines, qui lui permettent de passer de la rivière à la mer.

◊ CILFG-6*1983***274

**snail culture**
    snail farming

*(Mollusc Culture)*

The rearing of snails.

**héliciculture**          n. f.

*(Conchyliculture)*

Élevage de l'escargot.

**snail farmer**

*(Mollusc Culture)*

A person that practices snail culture.

See also **snail culture**

**héliciculteur**          n. m.
    hélicicultrice        n. f.

*(Conchyliculture)*

Celui ou celle qui pratique l'héliciculture.

Voir aussi **héliciculture**

**snail farming**
    see snail culture

**sock**
    see mussel sock

**sock, to**          v.
    sleeve, to        v.

*(Mussel Culture - Facilities)*

The action of placing mussels in socks for open water growout.

**boudiner**          v.

*(Mytiliculture - Installations)*

Action de remplir les boudins de jeunes moules pour le grossissement dans l'eau.

**sockeye**
    see sockeye salmon

**sockeye salmon ***
    sockeye
    blueback
    blueback salmon
    red salmon
    *Oncorhynchus nerka*

*(Salmonid Farming - Aquaculture Species)*

A small species of Pacific salmon that is greenish blue and metallic green in color.

* Recommended term in Canada.

◊ GACAN*1983***1067, NQ8070*1995***38

**saumon rouge ***        n. m.
    saumon sockeye *    n. m.
    sockeye          n. m.
    *Oncorhynchus nerka*

*(Salmoniculture - Espèces aquacoles)*

Une petite espèce des saumons du Pacifique, au dos variant du bleu au vert brillant.

* Terme normalisé au Canada.

**OBS**
Le saumon rouge en conserve est appelé **sockeye**.

◊ PENC*1993*3**697, NQ8070*1995***38

**soft clam**
    softshell clam *
    V. s. soft-shell clam
    V. s. soft-shelled clam
    long-necked clam
    *Mya arenaria*

**(Mollusc Culture - Aquaculture Species)**

An elongated clam of the family Myidae having long siphons and a thin shell chalky white in color.

* Recommended term in Canada.

◊ COLD*1995***349, WEBIN*1986***2166, NQ8070*1995***64

**soft-shell clam**
    see soft clam

**soft-shelled clam**
    see soft clam

**softening**
    see water softening

**softshell clam**
    see soft clam

**sole**
    Dover sole *
    bastard sole
    common sole
    *Solea solea*
    *Solea vulgaris*

**(Fish Farming - Aquaculture Species)**

A European flatfish of the family Soleidae.

* Recommended term in Canada.

WEBIN*1986***2168, NQ8070*1995***40

*Solea solea*
    see sole

*Solea vulgaris*
    see sole

**mye ***     n. f.
    *Mya arenaria*

**(Conchyliculture - Espèces aquacoles)**

Mollusque bivalve de la famille des myidés, caractérisé par de longs siphons et une coquille mince de couleur blanchâtre.

* Terme normalisé au Canada.

◊ FONS*1992***76, GPP*1985***3:82, NQ8070*1995***64

**sole ***     n. f
    sole commune     n. f.
    *Solea solea*
    *Solea vulgaris*

**(Pisciculture - Espèces aquacoles)**

Poisson plat d'Europe de la famille des soléidés.

* Terme normalisé au Canada.

◊ CILFO*1989***444, NQ8070*1995***40

**somatic cell**
    body cell

*(Reproduction and Genetics)*

Any cell of the eukaryotic body other than those destined to become sex cells.

◊ KIGEN*1985***363, LANAQ*1992***129, 130, INZOO*1974**723

**somatotrophic hormone**
    see growth hormone

**somatotrophin**
    see growth hormone

**somatotropic hormone**
    see growth hormone

**somatotropin**
    see growth hormone

**soya bean cake**
    see soybean cake

**soya bean meal**
    see soybean meal

**soya cake**
    see soybean cake

**soya meal**
    see soybean meal

**soybean cake**
    V. s. soya bean cake
    soya cake

*(Growth and Nutrition)*

The solid mass rich in protein obtained after the oil has been expressed from soybean grains.

**soybean meal**
    V. s. soya bean meal
    soya meal

*(Growth and Nutrition)*

A meal high in protein, obtained by grinding soybean cake.

◊ WEBIN*1986***2180

---

**cellule du soma**     n. f.
    cellule somatique     n. f.

*(Reproduction et génétique)*

Une des cellules qui constituent la masse du corps, à l'exclusion des cellules sexuelles, ou germen.

◊ LAROG*1982*9**9683, ROBER*1986*8**835

**tourteau de soja**     n. m.
    V. o. tourteau de soya     n. m.

*(Croissance et nutrition)*

Résidu solide riche en protéines, obtenu après l'extraction de l'huile des graines de soja.

◊ AQUAC*1986*1**513

**farine de soja**     n. f.
    V. o. farine de soya     n. f.

*(Croissance et nutrition)*

Farine riche en protéines, obtenue en concassant le tourteau de soja.

◊ AQUAC*1986*2**730

**sp.**
see species

**Sparus aurata**
see gilthead seabream

**spat**

*(Mollusc Culture - Growth and Nutrition)*

The spawn of young bivalve molluscs (e.g. oyster spat).

◊ HENBI*1989***507

**spat collection**
collection of spat

*(Mollusc Culture - Techniques and Methods)*

A method used for the culture of bivalve molluscs (e.g. oysters, mussels, scallops) in which artificial substrates are placed in the water column for the attachment of spat.

◊ PILLA*1990***472, 473, 479

**spat collector**
see cultch

**spat fall**
see spatfall

**spat-fall**
see spatfall

**spatfall**
V. s. spat-fall
V. s. spat fall

*(Mollusc Culture - Biology)*

The settling and attachment of young bivalves (as oysters or mussels) to the substrate.

◊ WEBIN*1986***2184

**naissain 2**                                                  n. m.

*(Conchyliculture - Croissance et nutrition)*

1. Jeune mollusque fixé.

2. Ensemble de jeunes mollusques bivalves peu après leur fixation (p. ex. naissain d'huîtres).

**OBS**
Ce terme est utilisé comme nom comptable quand il désigne les individus, p. ex. *Il y a dix naissains sur ce collecteur.* Il est également utilisé comme nom collectif quand il désigne un ensemble de jeunes mollusques, p. ex. *Le naissain est abondant cette année.*

◊ LAROG*1982*7**7257, CILFO*1989***322

**captage**                                                    n. m.
captage de naissain                              n. m.
collecte de naissain                              n. f.

*(Conchyliculture - Techniques et méthodes)*

Partie du cycle d'élevage des bivalves (moule, pétoncle, huître) qui consiste à placer des collecteurs dans la colonne d'eau afin qu'ils soient colonisés par le naissain.

◊ AQUAC*1986*1**7, 39, 370, 435,
   BOUGOC*1976***232, 236, GIRAQ*1991***14

**fixation de naissain**                                n. f.
chute                                                          n. f.

*(Conchyliculture - Biologie)*

Action de se fixer sur un substrat en parlant de jeunes mollusques bivalves (p. ex. huîtres ou moules).

◊ AQUAC*1986*1**304

**spawn**      n.

*(Reproduction and Genetics)*

The eggs of fishes, oysters, and other aquatic animals that lay many small eggs.

◊ WEBIN*1986***2185

**spawn, to 1**      v.

*(Fish Farming - Reproduction and Genetics)*

To deposit eggs (female) or sperm (male) in the case where fertilization is external (e.g. fish, mussels, oysters).

See also **spawn, to 2**

◊ LAFRE*1984***518

**spawn, to 2**      v., gen.

*(Reproduction and Genetics)*

To deposit eggs (female).

See also **spawn, to 1**

**spawner**
     see brood animal

**spawning 1**      n., gen.

*(Fish Farming - Reproduction and Genetics)*

The process of emitting eggs and sperm for species with external fertilization (e.g. fish, mussels, oysters).

See also **spawning 2**

◊ WEBIN*1986***2185, PIPFI*1986***496

**spawning 2**
     egg laying
     oviposition

*(Reproduction and Genetics)*

The process of emitting eggs.

See also **spawning 1**

◊ WEBIN*1986***2185, PIPFI*1986***496

**frai**      n. m.
     ponte 1      n. f.

*(Reproduction et génétique)*

Produit de la ponte : œufs et larves de poissons et d'animaux aquatiques issus de la reproduction.

◊ CILFO*1989***216

**frayer**      v.

*(Pisciculture - Reproduction et génétique)*

En parlant du poisson femelle, déposer ses œufs et, en parlant du mâle, les arroser de laitance pour les féconder.

Voir aussi **pondre**

◊ LAROG*1982*5**4534

**pondre**      v., spéc.

*(Reproduction et génétique)*

Déposer ses œufs en parlant d'une femelle ovipare.

Voir aussi **frayer**

◊ LAROG*1982*8**8319

**fraye 1**      n. f.
     V. o. fraie 1      n. f.

*(Pisciculture - Reproduction et génétique)*

Rapprochement sexuel chez les espèces à fécondation externe (p. ex. les poissons, les moules, les huîtres).

Voir aussi **ponte 2**

◊ LAROG*1982*5**4452

**ponte 2**      n. f.
     oviposition      n. f.

*(Reproduction et génétique)*

Phase du cycle de la reproduction marquée par l'émission des œufs ou des ovules.

**OBS**

Les ouvrages d'aquaculture utilisent parfois le terme *ponte* pour désigner l'émission des œufs et du sperme dans le cas des espèces à fécondation externe.

Voir aussi **fraye 1**

◊ CILFO*1989***389

**spawning area**
    spawning ground
    spawning site

| | |
|---|---|
| **frayère** | n. f. |
|   aire de fraye | n. f. |
|   V. o. aire de fraie | n. f. |
|   aire de ponte | n. f. |
|   lieu de ponte | n. m. |
|   lieu de fraye | n. m. |
|   V. o. lieu de fraie | n. m. |
|   site de ponte | n. m. |
|   zone de fraye | n. f. |
|   V. o. zone de fraie | n. f. |

*(Fish Farming - Reproduction and Genetics)*

The site where reproduction of fish takes place.

*(Pisciculture - Reproduction et génétique)*

Aire où les poissons se rassemblent au moment de la reproduction.

◊ CILFO*1989***218

**spawning channel**

| | |
|---|---|
| **chenal de ponte** | n. m. |
|   frayère artificielle | n. f. |
|   chenal de fraye | n. m. |
|   V. o. chenal de fraie | n. m. |

*(Fish Farming - Reproduction and Genetics)*

An artificial spawning ground constructed with a particular gravel and a controlled water flow.

◊ LANAQ*1992***266

*(Pisciculture - Reproduction et génétique)*

Frayère construite avec un gravier spécial et munie d'une circulation d'eau.

◊ GESPI*1985***16, 237, FS-94-188F*1975***6

**spawning ground**
    see spawning area

**spawning migration**
    see run 1

**spawning pond**
    spawning tank
    breeding pond

| | |
|---|---|
| **étang de reproduction** | n. m. |
|   bassin de reproduction | n. m. |

*(Fish Farming - Facilities)*

A pond used for the spawning of certain fish (e.g. catfish).

◊ PILLA*1990***49

*(Pisciculture - Installations)*

Étang ou bassin aménagé pour permettre la reproduction de certains poissons (p. ex. le poisson-chat).

◊ AQUAC*1986*2**940

**spawning season**

| | |
|---|---|
| **période de fraye** | n. f. |
| V. o. période de fraie | n. f. |
| période de ponte | n. f. |
| saison de ponte | n. f. |
| fraye 2 | n. f. |
| V. o. fraie 2 | n. f. |

*(Fish Farming - Reproduction and Genetics)*

Period in which spawning of fish takes place or in which female fish lay their eggs.

◊ LANAQ*1992***261, 271

*(Pisciculture - Reproduction et génétique)*

Époque à laquelle les poissons frayent ou à laquelle les femelles déposent leurs œufs.

◊ ROBER*1986*4**481

**spawning site**
　　see spawning area

**spawning tank**
　　see spawning pond

**species**
　　Abbr. sp. *

*(Biology)*

A taxonomic category ranking immediately below a genus and including closely related, morphologically similar individuals which actually or potentially interbreed.

* Plural: spp.

See also **phylum, division, genus**

◊ LASTE*1989***1783

**espèce**　　　　　　　　　　n. f.
　　Abrév. sp. *

*(Biologie)*

Chacune des grandes divisions d'un genre d'êtres vivants, qui se distingue des autres divisions du même genre par des caractères qui lui sont propres.

* Pluriel : spp.

Voir aussi **embranchement 1, embranchement 2, genre**

◊ GPP*1985***G3

**speckled char**
　　see brook trout

**speckled trout**
　　see brook trout

**spent salmon**

*(Salmonid Farming)*

A salmon that is spawned out.

◊ PIPFI*1986***496

| | |
|---|---|
| **saumon vide** | n. m. |
| saumon guai | n. m. |

*(Salmoniculture)*

Saumon qui vient tout juste de frayer, vide de laitance et d'œufs.
◊ PEROB*1995***1055

**sperm**
　　see semen

**sperm case**
　　see spermatophore

**sperm cell**

see spermatozoon

**spermatheca**

see seminal receptacle

**spermatium \***

*(Algal Culture - Reproduction and Genetics)*

A nonmotile male gamete produced by the antheridium of red algae.

\* Plural: spermatia

◊ LANAQ\*1992\*\*\*150, WEBIN\*1986\*\*\*2191

**spermatie**                                    n. f.

*(Algoculture - Reproduction et génétique)*

Gamète mâle libéré par les anthéridies des algues rouges.

◊ ROBER\*1986\*8\*\*921, CUPER\*1992\*\*\*372

**spermatogenesis**

*(Reproduction and Genetics)*

The process of maturation of spermatozoa.

See also **gametogenesis, oogenesis**

◊ LAICH\*1977\*\*\*269, WAST\*1979\*\*\*357

**spermatogenèse**                            n. f.
  V. o. spermatogénèse                       n. f.

*(Reproduction et génétique)*

Principales étapes dans la formation des spermatozoïdes.

Voir aussi **gamétogenèse, oogenèse**

◊ CAPQ-5\*1992\*\*\*11

**spermatophore**
  sperm case

*(Reproduction and Genetics - Anatomy and Physiology)*

A capsule, packet, or mass enclosing spermatozoa extruded by the male of various invertebrates (such as molluscs and certain cephalopods); this mass is attached to the female which then releases the sperm when she lays her eggs.

◊ WEBIN\*1986\*\*\*2191, SWIFA\*1985\*\*\*37

**spermatophore**                             n. m.

*(Reproduction et génétique - Anatomie et physiologie)*

Sac sécrété par le mâle de certains invertébrés (tels que les mollusques et quelques céphalopodes) et qui renferme un lot de spermatozoïdes ; ce sac est capté par la femelle pour la fécondation.

◊ CILFO\*1989\*\*\*447

**spermatozoon \***
  sperm cell

*(Reproduction and Genetics - Anatomy and Physiology)*

A male gamete with a whip-like tail which makes it motile in order to make its way into the egg for fertilization.

\* Plural: spermatozoa

◊ LAICH\*1977\*\*\*269-270, HENBI\*1989\*\*\*509

**spermatozoïde**                             n. m.

*(Reproduction et génétique - Anatomie et physiologie)*

Cellule reproductrice (gamète) mâle capable de nager activement pour féconder un œuf.

◊ LAROG\*1982\*9\*\*9752, PEROB\*1995\*\*\*2134

**spermiation**

*(Reproduction and Genetics)*

The discharge of spermatozoa from the testis.

◊ WEBIN*1986***2191

**spermiation** n. f.

*(Reproduction et génétique)*

Émission des spermatozoïdes dans la lumière testiculaire et les canaux déférents.

◊ PISET*1980***150

**spiny lobster *** 
    rock lobster *

*(Crustacean Farming - Aquaculture Species)*

A decapod crustacean of the family Palinuridae that is distinguished from the true lobster by the simple unenlarged first pair of legs and by the spiny carapace.

* Recommended term in Canada.

◊ WEBIN*1986***2197, NQ8070*1995***57

**langouste *** n. f.

*(Crustaciculture - Espèces aquacoles)*

Crustacé décapode de la famille des palinuridés qui se distingue du homard par sa première paire de pattes dépourvues de pinces et par sa carapace dure et épineuse.

* Terme normalisé au Canada.

◊ LAROG*1982*6**6123, GPP*1985***3:61, NQ8070*1995***57

*Spisula solidissima*
    see surf clam

**spoonhill catfish**
    see paddlefish

**spore**

*(Algal Culture - Reproduction and Genetics)*

An asexual reproductive cell of certain algae that is mostly unicellular and haploid.

◊ PHYT*1978***310

**spore** n. f.

*(Algoculture - Reproduction et génétique)*

Organe de dispersion et de multiplication caractéristique de certaines algues, très souvent unicellulaire, et dont la cellule est généralement haploïde.

◊ LAROG*1982*9**9766

**sporophyll**

*(Algal Culture)*

A leaf, or structure derived from a leaf, on which sporangia are borne.

◊ ALENV*1983***460

**sporophylle** n. f.

*(Algoculture)*

Feuille ou fronde portant un appareil sporifère.

◊ PARSE*1990***542

**sporophyte**

*(Algal Culture)*

The spore-producing organ in algae.

See also **gametophyte**

◊ PHYT*1978***511

**sporophyte** n. m.

*(Algoculture)*

Appareil asexué, producteur de spores.

Voir aussi **gamétophyte**

◊ ROBER*1986*8**937

**sport fishing**
   recreational fishing

*(General Terminology)*

Fishing with a rod and reel for sport fish.

See also **angling**
◊ PILLA*1990***334

**sprat ***
   *Sprattus sprattus*

*(Growth and Nutrition)*

A small fish from the family Clupeidae closely related to the common herring.

* Recommended term in Canada.

**OBS**
Sprat is used for trout and salmon feeding.
◊ NQ8070*1995***41, PILLA*1990***329

*Sprattus sprattus*
   see sprat

**spring salmon**
   see chinook salmon

**square-tail**
   see brook trout

**squaretail**
   see brook trout

**squid ***

*(Mollusc Culture - Aquaculture Species)*

A cephalopod mollusc typically having a long tapered body and a caudal fin on each side.

* Recommended term in Canada.
◊ WEBIN*1986***2216, NQ8070*1995***59

**squid meal**
*(Growth and Nutrition)*

A meal obtained by grinding squid pens.

**SRCD**
   see infectious hematopoietic necrosis

**pêche sportive**                          n. f.
   pêche de loisir                          n. f.

*(Terminologie générale)*

Capture d'animaux aquatiques pour le loisir ou pour le sport.

Voir aussi **pêche à la ligne**
◊ CILFO*1989***367, Q2721*1993***49

**sprat ***                                  n. m.
   *Sprattus sprattus*

*(Croissance et nutrition)*

Poisson de petite taille de la famille des clupéidés, voisin du hareng.

* Terme normalisé au Canada.

**OBS**
Le sprat sert de nourriture aux truites et saumons.
◊ NQ8070*1995***41, SOMOL*1992***158, CILFO*1989***448

**calmar ***                                 n. m.
   encornet *                               n. m.

*(Conchyliculture - Espèces aquacoles)*

Mollusque céphalopode à corps allongé qui possède deux nageoires latérales à la partie postérieure.

* Terme normalisé au Canada.
◊ CILFO*1989***84, NQ8070*1995***59

**farine de plumes**                         n. f.
*(Croissance et nutrition)*

Farine obtenue en concassant les plumes de calmar.
◊ ROBER*1986*7**506

**SS**
    see suspended solids

**stake**
    bouchot 1
    stick
    pole

*(Mollusc Culture - Facilities)*

A pointed piece of wood (teak, pine, bamboo) driven into the sediment and used as a substrate for the culture of molluscs, especially oysters and mussels.

◊ WEBCO*1987***1147, LANAQ*1992***177, PILLA*1990***473, 491

**stake culture**
    see stick culture

**stake/stick culture**
    see stick culture

**starch**

*(Growth and Nutrition)*

A white odorless tasteless granular or powdery complex carbohydrate that is the chief storage form of carbohydrate in plants and is obtained commercially especially from corn and potatoes.

◊ WEBIN*1986***2226

**starfish**

*(Mollusc Culture - Pathology and Predators)*

Any of numerous echinoderms that constitute the class Asteroidea that have a hard, spiny skeleton and five or more arms or rays arranged like the points of a star.

◊ WEBIN*1986***2226

**starter feed**

*(Growth and Nutrition)*

Feed given to fry.

See also **grower feed**

◊ LANAQ*1992***236, PILLA*1990***130

**bouchot 1**    n. m.
    pieu    n. m.
    piquet    n. m.

*(Conchyliculture - Installations)*

Pièce de bois (pin, chêne, bambou) droite et pointue qui est fichée dans les sédiments et sert de substrat pour la culture des coquillages, surtout des moules et des huîtres.

◊ CILFO*1989***67, PEROB*1995***1673

**amidon**    n. m.

*(Croissance et nutrition)*

Principale forme de réserve glucidique des végétaux, surtout abondante dans les racines (manioc, igname), les tubercules (pomme de terre), les fruits et les graines (céréales, légumineuses).

◊ LAROG*1982*1**406

**étoile de mer**    n. f.
    astérie    n. f.

*(Conchyliculture - Pathologie et prédateurs)*

Échinoderme de la classe des Astéries, pourvu de cinq à sept bras effilés, dotés de ventouses ou de piquants.

◊ CILFO*1989***197

**aliment de départ**    n. m.
    aliment de démarrage    n. m.

*(Croissance et nutrition)*

Aliment donné aux alevins.

Voir aussi **aliment de croissance**

◊ CAPQ-5*1992***28

**starvation**
    inanition

*(Techniques and Methods)*

The privation of food for a determined period.

◊ SCITF*1988***457, AQUAC-E*1994***191

**inanition**           n. f.
    jeûne           n. m.

*(Techniques et méthodes)*

Privation d'aliments pour une période déterminée.

◊ LAROG*1982*5**5507

**starve, to**           v.

*(Techniques and Methods)*

To deprive of food for a determined period.

**soumettre au jeûne**      v.
    faire jeûner         v.

*(Techniques et méthodes)*

Priver d'aliments pour une période déterminée.

**steelhead**
    see steelhead salmon

**steelhead salmon**
    steelhead trout
    steelhead

*(Salmonid Farming - Aquaculture Species)*

A variety of rainbow trout which is anadromous and characterized by a silvery sheen.

◊ COLD*1995***113, GACAN*1983***1100, NQ8070*1995***45, 52

**saumon arc-en-ciel \***      n. m.

*(Salmoniculture - Espèces aquacoles)*

Truite arc-en-ciel anadrome à livrée argentée.

\* Terme normalisé au Canada.

◊ NQ8070*1995***45, 52

**steelhead trout**
    see steelhead salmon

**stenohaline species**

*(Biology)*

A species that is able to tolerate only a narrow range of salinity changes.

See also **euryhaline species**

◊ NYMBA*1982***419

**espèce sténohaline**      n. f.

*(Biologie)*

Espèce qui ne tolère que de faibles écarts de salinité.

Voir aussi **espèce euryhaline**

◊ PEROC*1966***189

**sterility**

*(Reproduction and Genetics)*

Failing to reproduce or incapable of producing offspring.

◊ WEBIN*1986***2238

**stérilité**      n. f.

*(Reproduction et génétique)*

Incapacité pour un animal de se reproduire.

◊ PARSE*1990***546, PEROB*1995***2145

**sterilization 1**

*(Reproduction and Genetics - Techniques and Methods)*

A procedure by which an animal is made incapable of reproduction.

◊ WEBIN*1986***2238

**stérilisation 1**      n. f.

*(Reproduction et génétique - Techniques et méthodes)*

Opération qui consiste à rendre un animal inapte à la reproduction.

◊ PARSE*1990***546

**sterilization 2**

*(Water)*

The destruction of all microorganisms in the water by physical or chemical means.

See also **disinfection**

**stérilisation 2**     n. f.

*(Eau)*

Élimination de tous les microorganismes présents dans l'eau de mer par des moyens physiques ou chimiques.

Voir aussi **désinfection**

**steroidogenesis**

*(Fish Farming - Reproduction and Genetics)*

The production of steroids.

**stéroïdogenèse**     n. f.
    V. o. stéroïdogénèse     n. f.

*(Pisciculture - Reproduction et génétique)*

Production de stéroïdes.

◊ CILFG-6*1983***281

**sterol**

*(Growth and Nutrition)*

Any of a class of solid complex cyclic alcohols (e.g. cholesterol, ergosterol) that are widely distributed in the unsaponifiable portion of lipids in animals and plants.

◊ WEBIN*1986***2239, LANAQ*1992***365

**stérol**     n. m.

*(Croissance et nutrition)*

Nom générique d'un groupe d'alcools polycycliques de poids moléculaire élevé, très répandus dans les règnes animal et végétal où ils jouent un rôle important (p. ex. le cholestérol, l'ergostérol).

◊ ROBER*1986*8**967

**STH**
    see growth hormone

**stick**
    see stake

**stick culture**
    stake/stick culture
    stake culture

*(Mollusc Culture - Techniques and Methods)*

A culture method in which sticks of wood or other material are driven into the bottom or set out horizontally on racks to catch spat and to enhance growout.

◊ PILLA*1990***473

**culture sur pieux**     n. f.
    élevage sur pieux     n. m.

*(Conchyliculture - Techniques et méthodes)*

Méthode de culture qui consiste à planter dans le fond des pieux en bois ou d'un autre matériau pour recueillir le naissain et en favoriser la croissance.

◊ BOUGOC*1976***246

**sticky eggs**
    see adhesive eggs

**stipe**

*(Algal Culture)*

A flexible, stemlike structure of the seaweed that serves as a site of attachment for the blades.

◊ LANAQ*1992***144

**stipe**     n. m.

*(Algoculture)*

Organe d'algues benthiques intermédiaire entre le crampon de fixation et le thalle lamellaire.

**OBS**
Le stipe des laminaires ressemble à une tige, mais n'en a pas l'organisation complexe.

◊ CILFO*1989***450

**stock 1**
    aquaculture stock

*(Farming/Culture)*

A group of animals cultured in an aquaculture farm.

**cheptel**      n. m.
    stock d'élevage      n. m.
    stock en élevage      n. m.
    stock cultivé      n. m.

*(Élevage/culture)*

Ensemble des animaux élevés dans une exploitation aquacole.

◊ AQUAC*1986*1**48, 359, 370, 511, BAMI*1991***32

**stock 2**

*(Farming/Culture)*

A group of individuals that share a common environment and gene pool.

◊ PIPFI*1986***497

**stock**      n. m.
    population      n. f.

*(Élevage/culture)*

Groupe d'individus issus d'un environnement et d'un fond génétique commun.

**stock density**
    see stocking density

**stock rebuilding**
    see stock rehabilitation

**stock recovery**
    see stock rehabilitation

**stock rehabilitation**
    stock recovery
    stock rebuilding

*(General Terminology)*

The conservation and management of an overfished or diminishing fisheries stock to increase the potential production.

**OBS**
Stock rehabilitation is often the goal of an aquaculture project.

◊ AQEX-E*1989***12, 15

**reconstitution d'un stock**      n. m.
    rétablissement d'un stock      n. m.

*(Terminologie générale)*

Conservation et aménagement d'un stock de pêche surexploité ou épuisé pour accroître le rendement potentiel.

**OBS**
La reconstitution d'un stock constitue souvent la finalité d'une activité aquacole.

◊ SITMO*1995***6, AQUEX-F*1989***13, 16

**stock, to**      v.

*(Farming/Culture - Techniques and Methods)*

To provide a body of water (tank, pond, etc.) with individuals.

◊ LANAQ*1992***216, 226

**repeupler**      v.
    empoissonner *      v., spéc.

*(Élevage/culture - Techniques et méthodes)*

Regarnir un plan d'eau (étang, bassin, etc.) d'individus.

* Terme de pisciculture.

◊ AQUAC*1986*2**1004, LAROG*1982*9**8881

**stockade**
    see bouchot 2

**stocking 1**
seeding 2 *                           spec.
*(Farming/Culture - Techniques and Methods)*
The act of providing a body of water with seed.

* Term used in algal culture.
See also **seed**
◊ LANAQ*1992***151

**stocking 2**

*(Farming/Culture - Culture Medium)*
The act of providing a body of water with individuals.

◊ LANAQ*1992***184, PILLA*1990***123

**stocking density**
stock density
stocking rate
*(Farming/Culture - Culture Medium)*
The biomass or number of individuals stocked in a unit of water per unit area.

◊ WICRU*1992***380, FISFA*1988***394,
STFAR*1987***235, LANAQ*1992***219, 246, 295,
PILLA*1990***298

**stocking rate**
see stocking density

**stomatopapilloma**
see cauliflower disease

**straight hinge stage**
see " D " stage

**straight-hinge stage**
see " D " stage

**strain**
genetic strain
*(Reproduction and Genetics)*
A selected group of organisms sharing or presumed to share a common ancestry and usually lacking clear-cut morphological distinctions from related forms but having distinguishing physiological qualities.
◊ WEBIN*1986***2255

**ensemencement**                     n. m.
alevinage *                           n. m., spéc.
*(Élevage/culture - Techniques et méthodes)*
Peuplement d'un milieu de culture au moyen d'alevins ou de semis.

* Terme de pisciculture.

◊ ROBER*1986*3**924, CAPQ-2*1992***21

**repeuplement**                      n. f.
empoissonnement *                     n. f., spéc.
*(Élevage/culture - Milieu de culture)*
Action de peupler un milieu aquatique d'individus.
* Terme de pisciculture.
◊ BAMI*1991***56

**densité d'occupation**              n. f.
densité de charge                     n. f.
densité d'empoissonnement *           n. f., spéc.
*(Élevage/culture - Milieu de culture)*
Biomasse ou nombre d'individus par unité de surface ou de volume.
* Terme de pisciculture.
◊ CILFO*1989***155

**souche**                            n. f.

*(Reproduction et génétique)*
Ensemble relativement homogène d'organismes issus d'une sélection continue et dirigée.

◊ PARSE*1990***535

**stream-side incubator**

*(Fish Farming - Facilities)*

A cascade arrangement of trays placed beside a stream which supplies water by gravity feed for the incubation of eggs and yolk fry.

See also **in-stream incubator**

**stress**

*(Pathology and Predators)*

A state manifested by a syndrome or bodily change caused by some force, condition, or circumstance (i.e. by a stressor) in or on an organism or on one of its physiological or anatomical systems. Any condition that forces an organism to expend more energy to maintain stability.

◊ PIPFI*1986***497

**strip, to**                    v.

*(Fish Farming - Reproduction and Genetics)*

To press eggs or milt out of a fish by manual pressure on the abdomen.

◊ WEBIN*1986***2264, SWIFA*1985***94

**striped bass \***
   rockfish
   *Morone saxatilis*

*(Fish Farming - Aquaculture Species)*

A euryhaline species of fish found along the Atlantic coast of Canada and the United States as well as in the Gulf of Mexico.

\* Recommended term in Canada.

◊ COLD*1995***357

**incubateur au fil de l'eau**          n. m.
   incubateur en dérivation          n. m.

*(Pisciculture - Installations)*

Auge équipée de plateaux que l'on place près d'un ruisseau d'où provient une alimentation d'eau par gravité pour l'incubation des œufs et des alevins vésiculés.

Voir aussi **incubateur en eau vive**

**stress**                    n. m.

*(Pathologie et prédateurs)*

Ensemble de réactions non spécifiques de l'organisme déclenchées par l'action d'un agent nocif dit agent stressant.

**OBS**

Des facteurs d'agression présents dans l'environnement (facteurs susceptibles de provoquer l'inconfort, la douleur, etc.) font déclencher un ensemble de réponses appelées réaction d'alarme. Cette réactivité se traduit par l'utilisation de réserves énergétiques qui se répercute sur les performances des animaux.

◊ ARECO*1976***306, PATH*1985***33

**extraire**                    v.
   prélever                    v.

*(Pisciculture - Reproduction et génétique)*

Retirer les œufs ou la laitance d'un poisson par pression manuelle sur l'abdomen.

◊ PISET*1980***328, CAPQ-2*1992***46-47,
   AQEX-F*1989***27

**bar rayé \***                    n. m.
   bar d'Amérique \*          n. m.
   *Morone saxatilis*

*(Pisciculture - Espèces aquacoles)*

Espèce de poisson euryhalin que l'on trouve sur la côte atlantique du Canada et des États-Unis ainsi que dans le golfe du Mexique.

\* Terme normalisé au Canada.

◊ GPP*1985***3:8

striped mullet *
   common mullet
   common grey mullet
   V. s. common gray mullet
   *Mugil cephalus*

   *(Fish Farming - Aquaculture Species)*

   A gray mullet of the family Mugilidae living in the warm waters of the European and American coasts and the Pacific Ocean.

   * Recommended term in Canada.

   ◊ WEBIN*1986***2264, NQ8070*1995***29

stripping
   hand stripping

   *(Fish Farming - Reproduction and Genetics)*

   Process of artificially removing the eggs and milt from mature fish by manual pressure on the abdomen.

   ◊ LAFRE*1984***519

stripping (mussel socks)

   *(Mussel Culture - Techniques and Methods)*

   The action of harvesting by hand mussels attached to mussel socks.

sturgeon

   *(Fish Farming - Aquaculture Species)*

   Any of various large ganoid fishes of the family Acipenseridae (genus *Acipenser*) that have a heterocercal tail, a prolonged head with a toothless protrusile mouth on its undersurface, and an elongate body covered with tough skin protected by five rows of bony plates.

   ◊ WEBIN*1986***2271

sturgeon culture
   see sturgeon farming

sturgeon farmer

   *(Fish Farming)*

   A person who practices sturgeon farming.

mulet cabot *                          n. m.
   *Mugil cephalus*

   *(Pisciculture - Espèces aquacoles)*

   Mulet de la famille des mugilidés qui vit dans les eaux chaudes de l'océan Pacifique et des côtes européenne et américaine.

   * Terme normalisé au Canada.

   ◊ BOUGOC*1976***285, NQ8070*1995***29

extraction par pression
abdominale                             n. f.
   massage abdominal                   n. m.
   pression abdominale                 n. f.
   prélèvement par pression
      abdominale                       n. m.

   *(Pisciculture - Reproduction et génétique)*

   Collecte artificielle des œufs et de la laitance d'un poisson en exerçant une pression manuelle sur l'abdomen.

   ◊ AQUAC*1986*2**647,1011, AQEX-F*1989***57

déboudinage                            n. m.

   *(Mytiliculture - Techniques et méthodes)*

   Action de défaire les boudins en vue de récolter les moules.

esturgeon                              n. m.

   *(Pisciculture - Espèces aquacoles)*

   Poisson ganoïde de grande taille de la famille des acipenséridés (genre *Acipenser*), à bouche infère précédée d'un rostre muni de barbillons sensoriels riches en bourgeons du goût.

   ◊ LAROG*1982*4**3936

acipensériculteur                      n. m.
   acipenséricultrice                  n. f.

   *(Pisciculture)*

   Celui ou celle qui pratique l'acipensériculture.

   Voir aussi **acipensériculture**

   ◊ LAROG*1982*1**83

**sturgeon farming**
    sturgeon culture

*(Fish Farming)*

The rearing of sturgeon.

**acipensériculture**        n. f.

*(Pisciculture)*

Élevage de l'esturgeon.

---

**submersible pump ***

*(Facilities - Water)*

An electrically operated pump designed to operate under water.

\* Term standardized by ISO.

◊ FISFA*1988***69

**pompe submersible ***       n. f.
    pompe immergée       n. f.

*(Installations - Eau)*

Pompe alimentée électriquement et conçue pour fonctionner sous l'eau.

\* Terme normalisé par l'ISO.

◊ OLFEB*1981***354

---

**subsistence aquaculture**

*(General Terminology)*

Aquaculture which is simplified to the extent that individuals or small groups of people can rear aquatic organisms for their own consumption at a rate that provides a relatively continuous supply.

See also **commercial aquaculture**

◊ LAFRE*1984***519, WAST*1979***358

**aquaculture de subsistance**    n. f.

*(Terminologie générale)*

Développement d'une production aquacole dont l'objectif est une production alimentaire destinée à la famille ou à un groupe de familles et dont les produits sont principalement consommés par les producteurs ou échangés avec des voisins proches.

Voir aussi **aquaculture commerciale**

◊ AGEP*1991***100-101, FAO-248*1985***3

---

**subspecies**

*(Biology)*

A subdivision of a species.

See also **species**

◊ WEBCO*1987***1176

**sous-espèce**        n. f.

*(Biologie)*

Subdivision d'une espèce.

Voir aussi **espèce**

◊ PEROB*1995***2126

---

**substrate**

*(Facilities)*

Surface on which an organism lives.

See also **artificial substrate**

◊ SCITF*1988***867

**substrat**        n. m.

*(Installations)*

Surface sur laquelle un organisme vit.

Voir aussi **substrat artificiel**

◊ AQUAC*1986*2**630, GIRAQ*1991***13

---

**sulfonamide**
    V. s. sulphonamide

*(Pathology and Predators)*

Any of widely used antibacterial agents used against infectious diseases, such as sulfadiazine, sulfathiazole, sulfamerazine and sulfamethazine.

◊ DISEA*1989***154

**sulfamide**        n. m.
    sulfamidé       n. m.
    sulfonamide     n. m.

*(Pathologie et prédateurs)*

Un des agents antibactériens employés couramment contre les maladies infectieuses, tels que la sulfadiazine, le sulfathiazol, la sulfamérazine et la sulfaméthazine.

◊ PATH*1985***301, ROBER*1986*9**261

**sulphonamide**
see sulfonamide

**supersaturation**

*(Water)*

Greater than normal solubility of a gas or other chemical (e.g. oxygen in water) as a result of unusual temperatures or pressures.

◊ FISFA*1988***395, PIPFI*1986***498

**supplemental diet**
see supplementary diet

**supplemental feed**
supplementary feed

*(Growth and Nutrition)*

A feed formulated to provide additional protein, energy, and other nutrients to aquaculture animals utilizing natural food.

◊ BEVCA*1987***179, PILLA*1990***131

**supplemental feeding**
supplementary feeding

*(Growth and Nutrition)*

Feeding not to improve a complete diet but to enhance growth by qualitatively improving on the natural diet.

◊ LAFRE*1984***519

**supplementary diet**
supplemental diet

*(Growth and Nutrition)*

A diet including supplemental feed.

See also **supplemental feed**

◊ WAST*1979***358, PIPFI*1986***498, BROFI*1980***207

**supplementary feed**
see supplemental feed

**supplementary feeding**
see supplemental feeding

**sursaturation** n. f.

*(Eau)*

État transitoire d'un gaz dissous (p. ex. l'oxygène dans l'eau) lorsque sa pression ou tension dépasse la pression ambiante.

◊ CILFO*1989***453

**aliment complémentaire** n. m.
nourriture complémentaire n. f.
aliment supplémentaire n. m.
nourriture supplémentaire n. f.

*(Croissance et nutrition)*

Aliment servant de complément au régime des animaux aquatiques en fournissant des protéines ou autres nutriments nécessaires.

◊ AQUAC*1986*1**481, BAMI*1991***45

**alimentation complémentaire** n. f.
alimentation supplémentaire n. f.
complémentation n. f. [FR]

*(Croissance et nutrition)*

Apport d'un complément de nourriture pour assurer un rendement élevé.

◊ CILFO*1989***119, CAPQ-2*1992***49, AQUAC*1986*1**481

**régime complémentaire** n. m.
régime alimentaire
complémentaire n. m.

*(Croissance et nutrition)*

Régime auquel sont ajoutés des aliments complémentaires.

Voir aussi **aliment complémentaire**

◊ GESPI*1985***251

**surf clam**
see surfclam

**surface aeration**

*(Water - Treatment and Filtration)*

A process that increases the surface area of a culture medium by agitating it with a mechanical device.

◊ LANAQ*1992***105

**surface aerator**

*(Facilities - Water)*

A device that injects water into the air and increases the surface area of the culture medium by agitating it with a mechanical device. The dissolved oxygen rises when the surface water is thrown up and mixes with the air above the water, and then falls back down into the pond or tank.

◊ LANAQ*1992***105, 106, 112

**surface water ***

*(Water)*

All waters on the surface of the earth, including streams, lakes and oceans.

* Term standardized by ISO.

◊ LAFRE*1984***519

**surfclam ***
  V. s. surf clam
  bar clam
  *Spisula solidissima*

*(Mollusc Culture - Aquaculture Species)*

A clam of the family Mactridae found along the northwestern Atlantic coast.

* Recommended term in Canada.

◊ COLD*1995***347, NQ8070*1995***63

---

**aération de surface**       n. f.
  aération par surface       n. f.

*(Eau - Traitement et filtration)*

Technique consistant à aérer un liquide par pénétration d'air à travers sa couche superficielle.

◊ PARSE*1990***11, INDUS*1986***13

**aérateur de surface**       n. m.

*(Installations - Eau)*

Appareil qui fait gicler l'eau dans l'air, favorisant les échanges gazeux et augmentant la concentration en oxygène dans l'eau. L'action mécanique de l'aérateur amène un brassage de l'eau sur un certain périmètre.

◊ CAPQ-11*1992***25

**eaux de surface**       n. f. pl.
  V. o. eau de surface *       n. f.
  eaux superficielles       n. f. pl.
  V. o. eau superficielle *       n. f.

*(Eau)*

Ensemble des eaux courantes ou stagnantes à la surface du globe terrestre.

* Terme normalisé par l'ISO.

◊ PARSE*1990***173

**mactre d'Amérique ***      n. f.
  mactre d'Atlantique       n. f.
  mactre solide       n. f.
  *Spisula solidissima*

*(Conchyliculture - Espèces aquacoles)*

Bivalve marin de la famille des mactridés trouvé sur la côte nord-ouest de l'Atlantique.

* Terme normalisé au Canada.

◊ NQ8070*1995***63, LAROG*1982*6**6514

**suspended culture**
off-bottom culture

*(Mollusc Culture - Techniques and Methods)*

A method of culture which uses long lines, rafts or other structures which allow the growout of bivalves without touching the bottom.

See also **bottom culture**

◊ LANAQ*1992***39-40, 181, 175, PILLA*1990***473

**culture en suspension**     n. f.
élevage en suspension     n. m.
culture suspendue     n. f.

*(Conchyliculture - Techniques et méthodes)*

Méthode de culture selon laquelle les bivalves sont cultivés dans des structures suspendues (p. ex. filières, radeaux) dans la colonne d'eau.

Voir aussi **culture sur le fond**

◊ BOUGOC*1976***245, CILFO*1989***144, AQUAC*1986*2**852, 915

**suspended matter**
see suspended solids

**suspended solids \***     n. pl.
Abbr. SS
suspended matter

*(Water)*

Solids maintained in suspension which make water cloudy or opaque; includes organic wastes, inorganic materials, dead animals and plant life.

\* Term standardized by ISO.

◊ FISFA*1988***395

**matières en suspension \***     n. f. pl.
Abrév. MES

*(Eau)*

Matières solides diverses en suspension dans un liquide et susceptibles d'être séparées de celui-ci par décantation, filtration ou centrifugation.

\* Terme normalisé par l'ISO.

◊ PATH*1985*336, ARECO*1976***51

**sweetfish**
see ayu

**swim bladder**
V. s. swimbladder
gas bladder
air bladder

*(Fish Farming - Anatomy and Physiology)*

An air-filled sac lying above the alimentary canal in bony fish that regulates the buoyancy of the animal.

**OBS**
Air enters or leaves the bladder either via a pneumatic duct opening into the oesophagus or stomach or via capillary blood vessels, so that the specific gravity of the fish always matches the depth at which it is swimming. This makes the fish weightless, so less energy is required for locomotion.

◊ DIBI*1986***231, COLD*1995***70

**vessie natatoire**     n. f.
vessie gazeuse     n. f.

*(Pisciculture - Anatomie et physiologie)*

Sac allongé rempli de gaz que possèdent certains poissons et qui leur permet de modifier leur densité et d'assurer le niveau de flottabilité désiré.

**OBS**
L'organe participe parfois à la respiration et joue également un rôle dans l'audition (en tant que résonateur) chez les espèces productrices de sons.

◊ GPP*1985***G6

**swim-up fry**
>first-feeding fry
>free-swimming fry

**(Salmonid Farming - Growth and Nutrition)**

Fry which have almost absorbed their yolk sacs and are ready to take feed.

**OBS**
This term refers to salmonid fry.

◊ STFAR*1987***235, PIPFI*1986***254-255

**swim-up stage**

**(Fish Farming - Growth and Nutrition)**

Critical stage of salmonid fry during which the animal is ready to accept feed on its own.

◊ FISFA*1988***395

**swimbladder**
>see swim bladder

**swimmeret**
>see pleopod

**swimming larva**
>see free-swimming larva

**Synahorin ***

**(Fish Farming - Reproduction and Genetics)**

A commercially available preparation of mammalian pituitary extracts and gonadotropins that is used in the artificial induction of spawning.

* Registered Trademark.

◊ FISFA*1988***395

**system of culture**
>see culture system

---

**alevin nageant**            n. m.
>alevin après résorption        n. m.
>alevin à vésicule résorbée      n. m.

**(Salmoniculture - Croissance et nutrition)**

Alevin qui a résorbé son sac vitellin et qui est prêt à ingérer sa première prise de nourriture.

◊ PISET*1980***309-310

**stade d'alevin nageant**        n. m.
>stade d'alevin après résorption    n. m.

**(Pisciculture - Croissance et nutrition)**

Stade de développement critique des alevins au moment où ils doivent se nourrir seuls.

**Synahorin ***                n. m.
>V. o. synahorine              n. f.

**(Pisciculture - Reproduction et génétique)**

Préparation commerciale d'hypophyses de mammifères et d'hormones gonadotropines utilisée pour l'induction de la ponte artificielle.

* Marque déposée.

◊ BOUGOC*1976***277

# t

**t**
>  see metric ton

**T cell**
> T lymphocyte

### (Reproduction and Genetics)

A lymphocyte that matures within a microenvironment of the thymus gland.

**OBS**

Upon antigenic stimulation, these cells secrete lymphokines that affect the activity of other host cells rather than interacting directly with antigens.

◊ KIGEN*1985***225, LANAQ*1992***319

**T lymphocyte**
> see T cell

**tail fin**
> see caudal fin

**tank 1**

### (Facilities - Farming/Culture)

A relatively small culture chamber which may be round, square, rectangular, or another shape, and made of concrete, fibreglass, wood, metal or other hard substances.

See also **pond**

◊ WAST*1979***358, PILLA*1990***65

**tank 2**
> see pound

**tannic acid**
> tannin

### (Fish Farming - Reproduction and Genetics)

Any of a group of soluble astringent complex phenolic substances including gallotannin that are widely distributed in plants and are obtained commercially from various sources (as powdered gallnuts, shredded tara, quebraco wood, chestnut wood, wattle, sumac, valonia).

**OBS**

Tannin is diluted in a solution and used to eliminate egg stickiness.

◊ WEBIN*1986***2338

**lymphocyte T**   n. m.

### (Reproduction et génétique)

Lymphocyte se différenciant dans le thymus et intervenant dans la réponse immunitaire à médiation cellulaire.

◊ CILFG-32*1991***176, PATH*1985***32

**bassin**   n. m.

### (Installations - Élevage/culture)

Récipient fait en matériaux divers (terre, ciment, fibre de verre ou autre matériau rigide), utilisé à des fins d'élevage d'animaux et de plantes aquatiques.

Voir aussi **étang**

◊ PARSE*1990***68

**tanin**   n. m.
> V. o. tannin   n. m.

### (Pisciculture - Reproduction et génétique)

Substance amorphe très répandue dans le bois, l'écorce, les feuilles et/ou les racines de nombreux végétaux.

**OBS**

Le tanin est dilué dans une solution et utilisé pour supprimer l'adhésivité des œufs.

◊ LAROG*1982*10**10036

**tannin**
see tannic acid

**taxon \***

*(Biology)*

The unit of classification in taxonomy.

\* Plural: taxa

◊ SUBIO\*1988\*\*\*422

**taxon**        n. m.

*(Biologie)*

Unité formelle représentée par un groupe d'organismes à chaque niveau de la classification.

◊ PEROB\*1995\*\*\*2217

**taxonomy**

*(Biology)*

1. The study of the general principles of scientific classification.

2. Orderly classification of plants and animals according to their presumed natural relationships.

◊ WEBCO\*1987\*\*\*1209

**taxinomie**      n. f.
   taxonomie      n. f.

*(Biologie)*

1. Étude théorique des bases, lois, règles, principes d'une classification.

2. Classification d'éléments.

◊ PEROB\*1995\*\*\*2217

**taylorite**
see bentonite

**teleost**
   teleost fish

*(Fish Farming - Biology)*

A fish of the subclass Actinopterygii which is distinguished by paired bracing bones in the supporting skeleton of the caudal fin.

◊ LASTE\*1989\*\*\*1896, WEBIN\*1986\*\*\*2350

**poisson téléostéen**   n. m.
   téléostéen      n. m.

*(Pisciculture - Biologie)*

Poisson de la sous-classe des actinoptérygiens, au squelette entièrement ossifié.

◊ CILFO\*1989\*\*\*461

**teleost fish**
see teleost

**temperature**
   water temperature

*(Water - Culture Medium)*

An important criterion for all aquatic organisms having an effect on oxygenation of water, cultures, reproduction and growth of species.

◊ PILLA\*1990\*\*\*31, 80

**température**      n. f.
   température de l'eau   n. f.

*(Eau - Milieu de culture)*

Un des facteurs environnementaux les plus importants pour tous les organismes aquatiques, agissant sur l'oxygénation de l'eau, la productivité primaire, la reproduction et la croissance des espèces.

◊ AQUAC\*1986\*1\*\*16

**temperature shock**
see heat shock

**testicule**
see testis

**testis ***
testicule

*(Reproduction and Genetics - Anatomy and Physiology)*

A male gonad or reproductive gland producing spermatozoa.

* Plural: testes

◊ HENBI*1989***545

**testosterone**

*(Fish Farming - Reproduction and Genetics)*

An androgenic hormone that is produced chiefly by the testes and that is responsible for the development of male secondary sex characters.

◊ FISFA*1988***395, HENBI*1989***545

**thallus**

*(Algal Culture)*

A plant body lacking differentiation into true stems, roots, and leaves, characteristic of algae.

◊ GACAN*1983***1164

**thelycum**

*(Crustacean Farming - Reproduction and Genetics)*

Part of the copulatory structure of a female shrimp that is a modification of the sternal surface and in which the spermatophores are inserted by the male.

◊ LANAQ*1992***189, 191

**therapeutic bath**

*(Fish Farming - Pathology and Predators)*

The immersion of fish in a solution of therapeutic or prophylactic chemicals for a short duration (short bath) or a long duration (long bath).

◊ PIPFI*1986***473, 478, 487

**therapeutic bathing**

*(Fish Farming - Pathology and Predators)*

The immersion of fish in a therapeutic bath.

See also **therapeutic bath, dip**

**testicule** n. m.

*(Reproduction et génétique - Anatomie et physiologie)*

Glande génitale (ou gonade) mâle produisant les spermatozoïdes.

◊ LAROG*1982*10**10160

**testostérone** n. f.

*(Pisciculture - Reproduction et génétique)*

Hormone androgène sécrétée principalement par les testicules et responsable de la plupart des caractères sexuels secondaires masculins.

◊ LAROG*1982*10**10160

**thalle** n. m.

*(Algoculture)*

Appareil végétatif des végétaux inférieurs où l'on ne peut distinguer ni racine, ni tige, ni feuille.

◊ GPP*1985***G6

**thélycum** n. m.

*(Crustaciculture - Reproduction et génétique)*

Organe propre aux crevettes femelles, situé au niveau de la cinquième paire de pattes thoraciques, et dans lequel le mâle vient déposer ses spermatophores.

◊ AQUAC*1986*1**465

**bain thérapeutique** n. m.

*(Pisciculture - Pathologie et prédateurs)*

Immersion des poissons dans une solution d'agents chimiques, thérapeutique ou prophylactique, pour une courte durée (bain de courte durée) ou une longue durée (bain prolongé, bain de longue durée).

◊ PATH*1985***281, 306, AQUAC*1986*1**235, AQUAC*1986*2**652

**balnéation** n. f.
balnéation thérapeutique n. f.

*(Pisciculture - Pathologie et prédateurs)*

Immersion des poissons dans un bain thérapeutique.

Voir aussi **bain thérapeutique, bain-éclair**

◊ PATH*1985***304

**thermal shock**

*(Pathology and Predators)*

A shock resulting from a sudden change in temperature.

**OBS**

Thermal shock can be fatal and is often observed when animals are transferred from one body of water to another.

◊ LAFRE*1984***519

**choc thermique 2**      n. m.

*(Pathologie et prédateurs)*

Choc résultant d'une variation soudaine de température.

**OBS**

Le choc thermique peut être létal et se produit souvent lors du transfert des animaux d'un bassin à un autre.

◊ PATH*1985***49

**thermocline ***

*(Water)*

The area where the warm water changes quickly to cold water in a vertical profile of a pond or lake.

* Term standardized by ISO.

◊ LANAQ*1992***23

**thermocline ***       n. f.

*(Eau)*

Dans un étang ou un lac, couche d'eau où s'observe une variation rapide de température.

* Terme normalisé par l'ISO.

◊ CILFO*1989***466

**thread worms**
　　see nematodes

**tidal current**

*(Water)*

The alternating horizontal movement of water associated with the rise and fall of the tide caused by the astronomical tide-producing forces.

◊ LASTE*1989***1931

**courant de marée**      n. m.

*(Eau)*

Courant ayant une origine astronomique et étant étroitement lié aux variations du niveau de la mer dues à la marée.

◊ CILFO*1989***136

**tidal flat**
　　see tidal zone

**tidal marsh**
　　see saltmarsh

**tidal zone**
　　tidal flat

*(Water)*

A marshy, sandy, or muddy land that is covered and uncovered by the rise and fall of tides.

◊ WEBIN*1986***2390

**estran**      n. m.

*(Eau)*

Portion du littoral entre les plus hautes et les plus basses mers.

◊ CILFO*1989***158

**tide gage 1**
　　see tide gauge 1

**tide gage 2**
　　see tide gauge 2

**tide gauge 1**
V. s. tide gage 1

*(Facilities - Water)*

A gauge for showing the height of the tide.

◊ WEBIN*1986***2390

**échelle de marée** n. f.

*(Installations - Eau)*

Planche ou perche graduée sur laquelle on peut lire à tout moment la hauteur du niveau de la mer.

◊ CILFO*1989***178

**tide gauge 2**
V. s. tide gage 2
automatic tide gauge
V. s. automatic tide gage
marigraph *

*(Facilities - Water)*

A self-registering tide gauge that records the heights of the tides.

* Less frequent.

◊ LASTE*1989***1932

**marégraphe** n. m.

*(Installations - Eau)*

Appareil enregistrant automatiquement les variations du niveau de la mer en un point donné.

◊ LAROG*1982*7**6653

**tiger prawn**
see tiger shrimp

**tiger shrimp**
black tiger shrimp *
giant tiger prawn
tiger prawn
black tiger prawn
*Penaeus monodon*

*(Crustacean Farming - Aquaculture Species)*

A large tropical shrimp of the family Penaeidae.

* Recommended term in Canada.
◊ CRUH*1985***131, NQ8070*1995***56

**crevette géante tigrée** n. f.
crevette tigrée * n. f.
*Penaeus monodon*

*(Crustaciculture - Espèces aquacoles)*

Crevette tropicale de grande taille de la famille des pénéidés.

* Terme normalisé au Canada.
◊ LAROG*1982*8**7953, NQ8070*1995***56

**tilapia ***
Saint Peter's fish **

*(Fish Farming - Aquaculture Species)*

A tropical freshwater fish of the family Cichlidae (genus *Tilapia*) native to Africa and the Middle East.

* Recommended term in Canada.

** Term originating from Israel.
◊ LANAQ*1992***246-247, NQ8070*1995***44

**tilapia *** n. m.

*(Pisciculture - Espèces aquacoles)*

Poisson tropical d'eau douce de la famille des cichlidés (genre *Tilapia*), originaire de l'Afrique et du Moyen Orient.

* Terme normalisé au Canada.

◊ LAROG*1982*10**10236, NQ8070*1995***44

***Tilapia aurea***
see blue tilapia

*Tilapia mossambica*
    see Java tilapia

*Tilapia nilotica*
    see Nile tilapia

togue
    see lake trout

ton
    see metric ton

tonne
    see metric ton

total hardness
    see hardness

total length

*(Fish Farming)*

The distance from the most anterior point to the most posterior tip of the fish tail.

◊ PIPFI*1986***498

**longueur totale**      n. f.

*(Pisciculture)*

Distance du bout du museau jusqu'à l'extrémité de la queue d'un poisson.

total solids *      n. pl.

*(Water)*

All of the solids in the water, including dissolved, suspended, and settleable components.

* Term standardized by ISO.

◊ PIPFI*1986***499

**matières solides totales ***      n. f. pl.

*(Eau)*

Ensemble des matières solides dissoutes et en suspension dans une eau.

* Terme normalisé par l'ISO.

◊ PARSE*1990***332

toxicity

*(Pathology and Predators)*

A relative measure of the ability of a chemical to be toxic, usually referring to the ability of a substance to kill or cause an adverse effect.

◊ PIPFI*1986***499

**toxicité**      n. f.

*(Pathologie et prédateurs)*

Propriété d'une substance chimique, introduite dans un organisme, d'engendrer temporairement ou non des troubles de certaines fonctions.

◊ PARSE*1990***581

toxin

*(Pathology and Predators)*

A substance produced by some higher plants, certain animals, and pathogenic bacteria, which is highly toxic for other living organisms.

◊ DOMED*1981***1379

**toxine**      n. f.

*(Pathologie et prédateurs)*

Substance toxique élaborée par des animaux, des plantes ou des microorganismes.

◊ LENBI*1994***615

**transfer**      n.

*(Farming/Culture - Techniques and Methods)*

The moving of organisms from one culture medium to another (e.g. from a tank to a pond).

**transfer tank**

*(Facilities - Farming/Culture)*

A container used for the transport of aquatic animals from one location to another.

**transfer, to**      v.

*(Farming/Culture - Techniques and Methods)*

To place organisms from one culture medium to another (e.g. from a tank to a pond).

◊ LANAQ*1992***367

**transgenesis**

*(Reproduction and Genetics)*

The processes leading to the formation of a transgenic organism.

See also **transgenic**

**transgenic**      adj.

*(Reproduction and Genetics)*

Said of an organism into which genetic material from another organism has been experimentally transferred, so that the host acquires the genetic traits of the transferred genes in its chromosomal composition.

◊ LASTE*1989***1954, IVAQU*1992***276,
    LANAQ*1992***324

**transplantation**

*(General Terminology)*

The removal of species from one geographic location to another, often outside the range of natural distribution.

◊ WICRU*1992***381

---

**transfert**      n. m.

*(Élevage/culture - Techniques et méthodes)*

Déplacement d'organismes d'élevage d'un milieu de culture à un autre (p. ex. d'un bassin à un étang).

◊ AQUAC*1986*2**616, 620, 652, 567

**bac de transport**      n. m.
    bassin de transport      n. m.

*(Installations - Élevage/culture)*

Contenant destiné au transport des animaux aquatiques.

◊ CAPQ-9*1993***23-24, GESPI*1985***266,
    AQUAC*1986*2**645, 653

**transférer**      v.

*(Élevage/culture - Techniques et méthodes)*

Déplacer des organismes d'élevage d'un milieu de culture à un autre (p. ex. d'un bassin à un étang).

◊ AQUAC*1986*2**618

**transgenèse**      n. f.
    V. o. transgénèse      n. f.

*(Reproduction et génétique)*

Ensemble des phénomènes ou des techniques aboutissant à la formation d'un organisme transgénique.

Voir aussi **transgénique**

◊ CILFG-32*1991***271

**transgénique**      adj.

*(Reproduction et génétique)*

Se dit d'un organisme dont le génome a été modifié par l'introduction d'un gène étranger et qui manifeste donc un caractère nouveau pour l'individu ou l'espèce.

◊ CILFG-32*1990***271

**transplantation**      n. f.

*(Terminologie générale)*

Transfert d'individus d'une population dans des zones de répartition d'où celle-ci est absente ou en voie de disparition.

◊ CILFO*1989***476

**trash fish**
  rough fish

*(Growth and Nutrition)*

Fish catch which is not used as food for humans but is either fed directly to farmed fish or used in the production of fish meal.

◊ FISFA*1988***395

**Trematoda**
  see trematodes

**trematodes**                    n. pl.
  flukes                          n. pl.
  Trematoda                       n. pl.

*(Pathology and Predators)*

A class of leaflike, unsegmented, parasitic flatworms with a gut.

◊ MEINV*1991***139-140, WEBCO*1987***1258

**trickling biofilter**
  see biological filter

**trickling filter**
  see biological filter

*Tridacna gigas*
  see giant clam

**triploid**                      adj.

*(Reproduction and Genetics)*

Of an individual or cell, having three sets of chromosomes.

See also **diploid, haploid, polyploid**

◊ DOMED*1994***1747

**poisson de rebut**               n. m.
  poisson sans valeur             n. m.
  faux-poisson                    n. m. [FR]

*(Croissance et nutrition)*

Poisson sans valeur commerciale qui sert de nourriture aux poissons d'élevage et à la production de farine de poisson.

◊ CILFO*1989***203

**trématodes**                     n. m. pl.
  V. o. Trématodes                n. m. pl.

*(Pathologie et prédateurs)*

Classe de vers plats parasites munis d'un tube digestif.

◊ PATH*1985***136

**triploïde**                      adj.

*(Reproduction et génétique)*

Se dit d'une cellule ou d'un organisme comportant trois ensembles de chromosomes.

Voir aussi **diploïde, haploïde, polyploïde**

◊ PARSE*1990***587

**trochophore**
   V. s. trocophore
   trochophore larva
   V. s. trocophore larva
   trochophore stage
   V. s. trocophore stage

*(Biology - Growth and Nutrition)*

A free-swimming larva characteristic of various aquatic invertebrates (as molluscs) in typical cases having a bilaterally symmetrical ovoid or pyriform body with an equatorial preoral circlet of cilia, a mouth and an anal opening.

◊ WEBIN*1986***2450

**trochophore larva**
   see trochophore

**trochophore stage**
   see trochophore

**trocophore**
   see trochophore

**trocophore larva**
   see trochophore

**trocophore stage**
   see trochophore

**tropical species**

*(Biology)*

A species that lives in tropical water.

**trough**
   hatchery trough

*(Fish Farming - Facilities)*

An incubator used for hatching fish eggs which are housed in trays with baffles along the front to ensure that a water circulation is maintained between the eggs.

◊ PILLA*1990***320, SWIFA*1985***94

| **larve trochophore** | n. f. |
| V. o. larve trochophore | n. f. |
| trochophore | n. f. |
| V. o. trochophore | n. f. |
| trochosphère | n. f. |
| V. o. trocosphère | n. f. |

*(Biologie - Croissance et nutrition)*

Larve nageuse en forme de toupie de nombreux groupes d'invertébrés (tels que les mollusques), caractérisée par deux couronnes ciliées, une bouche latérale et un anus distal.

◊ CILFO*1989***478

| **espèce tropicale** | n. f. |

*(Biologie)*

Espèce qui vit en eau tropicale.

| **auge** | n. f. |
| auge d'alevinage | n. f. |

*(Pisciculture - Installations)*

Bassin rectangulaire à circulation d'eau, équipé de claies ou de paniers pour supporter les œufs de poissons en incubation.

◊ CILFO*1989***35

**trout**

*(Salmonid Farming - Aquaculture Species)*

Any of various fishes of the family Salmonidae that are on average much smaller than the typical salmons, and mostly restricted to cool clear freshwaters though some are anadromous.

◊ WEBIN*1986***2453

**trout culture**
    see trout farming

**trout farmer**

*(Salmonid Farming)*

A person who practices trout farming.

See also **trout farming**

◊ FISFA*1988***51

**trout farming**
    trout culture

*(Salmonid Farming)*

The rearing of trout.

◊ LANAQ*1992***49, PILLA*1990***313

**turbidity ***

*(Water)*

The condition of reduced visibility in water due to the presence of suspended particles.

* Term standardized by ISO.

◊ LAFRE*1984***520

**turbidostat**

*(Algal Culture - Facilities)*

A device that controls the flow of fresh medium as a function of the density (turbidity) of the algal culture by adjusting the flow rate into the growth tube by means of a photocell and appropriate electrical connections.

See also **chemostat**

◊ LANAQ*1992***333, LASTE*1989***1980

**truite**          n. f.

*(Salmoniculture - Espèces aquacoles)*

Poisson de la famille des salmonidés, en moyenne plus petit que les saumons, habitant principalement les eaux douces claires et froides, à l'exception de quelques espèces anadromes.

◊ CILFO*1989***479

**truiticulteur**          n. m.
    truiticultrice          n. f.

*(Salmoniculture)*

Celui ou celle qui pratique la truiticulture.

Voir aussi **truiticulture**

◊ GIRAQ*1991***89, ROBER*1986*9**543

**truiticulture**          n. f.
    V. o. trutticulture          n. f.

*(Salmoniculture)*

Élevage de la truite.

◊ ROBER*1986*9**542, GIRAQ*1991***72

**turbidité ***          n. f.

*(Eau)*

Caractéristique d'une eau chargée de particules en suspension, d'origine minérale ou organique, qui en modifient les propriétés optiques.

* Terme normalisé par l'ISO.

◊ CILFO*1989***480

**turbidostat**          n. m.

*(Algoculture - Installations)*

Appareil consistant en une cellule photoélectrique qui détecte l'augmentation de la densité cellulaire dans la culture continue d'algues et déclenche l'ouverture d'une valve d'admission de milieu neuf et stérile.

Voir aussi **chémostat**

◊ BIOGAL*1988***169-170

**turbine aerator**

*(Facilities - Water)*

An aerator consisting of a submerged propeller that increases the circulation in the pond or tank, resulting in greater surface aeration.

◊ LANAQ*1992***82, 83

**turbine flowmeter**

*(Facilities - Water)*

Flowmeter consisting of a propeller or turbine that turns as the water goes past the blades. The number of revolutions per unit time increases proportionally with the flow of the water.

◊ LANAQ*1992***82, 83

**turbine pump**
    turbine-type centrifugal pump

*(Facilities - Water)*

A centrifugal pump in which the high velocity of the water is changed to low velocity as it leaves the rim of the impeller, and to high pressure by discharging water into numerous vanes in the diffuser plate.

◊ BCME-1*1982***275

**turbine-type centrifugal pump**
    see turbine pump

**turbot ***
    *Psetta maxima*
    *Scophthalmus maximus*

*(Fish Farming - Aquaculture Species)*

A large European flatfish of the family Scophthalmidae.

* Recommended term in Canada.

◊ WEBIN*1986***2464, NQ8070*1995***45

**turbulence**

*(Water)*

Agitation of liquids by currents, jetting actions, winds, or stirring forces.

◊ PIPFI*1986***499

**turbine**                                      n. f.

*(Installations - Eau)*

Aérateur servant à pousser l'eau vers la surface à l'aide d'une hélice mue par un moteur émergé ou submergé ; l'eau est propulsée dans l'air et forme un jet d'eau.

◊ AMEN*1980***93

**débitmètre à turbine**                         n. m.

*(Installations - Eau)*

Débitmètre dans lequel un rotor animé par le fluide produit un voltage proportionnel au débit.

◊ INDUS*1986***227

**pompe à turbine**                              n. f.
    pompe centrifuge avec diffuseur
        à ailettes                              n. f.

*(Installations - Eau)*

Pompe centrifuge dans laquelle l'énergie cinétique de l'eau est convertie partiellement en pression, par des ailettes fixes, au moment où elle sort de la roue.

◊ INDUS*1986***597

**turbot ***                                     n. m.
    turbot commun                               n. m.
    *Psetta maxima*
    *Scophthalmus maximus*

*(Pisciculture - Espèces aquacoles)*

Poisson plat d'Europe, de grande taille, de la famille des scophthalmidés.

* Terme normalisé au Canada.

◊ CILFO*1989***480, NQ8070*1995***45

**turbulence**                                   n. f.

*(Eau)*

Perturbation de l'écoulement d'un liquide sous l'action de courants contraires ou transversaux.

◊ PARSE*1990***592

**turnover**
    overturn

*(Water)*

In lakes and ponds, vertical mixing taking place during fall and spring throughout the water column due to the increase in density of surface water.

◊ LANAQ*1992***23, WEBIN*1986***1611

**two-sea-winter salmon**
    V. s. 2-sea-winter salmon

*(Salmonid Farming - Growth and Nutrition)*

A salmon that is mature after two winters at sea.

| renversement | n. m. |
| renversement des eaux | n. m. |

*(Eau)*

Phénomène de circulation verticale qui se produit dans les grandes étendues d'eau au printemps et à l'automne, dû à une variation de la densité de l'eau, qui est fonction de sa température.

◊ OLFEB*1981***389, PARSE*1990***494

| saumon dibermarin | n. m. |
| dibermarin | n. m. |

*(Salmoniculture - Croissance et nutrition)*

Saumon mature après deux hivers en mer.

---

# u

**U-tube**
    see U-tube aerator

**U-tube aerator**
    U-tube

*(Facilities - Water)*

U-shaped aerator designed to increase the time that bubbles are in the water, thereby putting gas in the water. The longer the bubbles stay below the water surface, the more time there is for oxygen to pass into the water.

◊ LANAQ*1992***107-108

**ultra-violet**
    see ultraviolet radiation

**ultraviolet**
    see ultraviolet radiation

**tube en U**                          n. m.

*(Installations - Eau)*

Tube en forme de U utilisé pour l'aération de l'eau, se servant de la pression hydrostatique d'une fosse pour augmenter le transfert et d'un courant descendant pour stabiliser les bulles formées par l'émulseur (diffuseur, jet, cascade).

◊ AQUAC*1986*1**147

**ultraviolet radiation \***
   UV radiation
   ultraviolet
   V. s. ultra-violet
   Abbr. UV

   *(Water - Treatment and Filtration)*

   Radiation produced by ultraviolet light which is used in aquaculture to disinfect water and prevent diseases caused by pathogenic microorganisms.

   \* Term standardized by ISO.

   See also **disinfection**

   ◊ IVAQU\*1992\*\*\*277

*Ulva lactuca*
   see sea lettuce

**umbo**

   *(Mollusc Culture - Anatomy and Physiology)*

   A rounded prominence near the hinge of a bivalve mollusc shell.

   ◊ LASTE\*1989\*\*\*1992, INZOO\*1974\*\*\*261

*Undaria pinnatifida*
   see wakame

**under-yearling**
   see fingerling

**under-yearling stage**
   see fingerling stage

**underyearling**
   see fingerling

**underyearling stage**
   see fingerling stage

**unfertilised egg**
   see unfertilized egg

**unfertilised ovum**
   see unfertilized egg

**rayonnement ultraviolet\***     n. m.
   rayons ultraviolets     n. m. pl.
   V. o. rayons ultra-violets     n. m. pl.
   rayons UV     n. m. pl.
   ultraviolet     n. m.
   V. o. ultra-violet     n. m.

   *(Eau - Traitement et filtration)*

   Rayonnement possédant des propriétés germicides, utilisé comme technique de désinfection des eaux d'élevage aquacole.

   \* Terme normalisé par l'ISO.

   Voir aussi **désinfection**

   ◊ AQUAC\*1986\*1\*\*126

**umbo**     n. m.

   *(Conchyliculture - Anatomie et physiologie)*

   Chez les mollusques bivalves, région de la coquille située près de la charnière, là où la courbure est la plus forte.

   ◊ LAROG\*1982\*10\*\*10523

315

**unfertilized egg**
    V. s. unfertilised egg     [UK]
    unfertilized ovum *
    V. s. unfertilised ovum     [UK]

*(Fish Farming - Reproduction and Genetics)*

An egg that is not fertilized.

* Plural: unfertilized ova

See also **fertilized egg**

◊ WEBIN*1986***2495

**œuf non fécondé**      n. m.
    ovule non fécondé      n. m.

*(Pisciculture - Reproduction et génétique)*

Œuf qui n'est pas fécondé.

Voir aussi **œuf fécondé**

---

**unfertilized ovum**
    see unfertilized egg

**unicellular alga**
    see single-celled alga

**unilateral eye-stalk ablation**
    see unilateral eyestalk ablation

**unilateral eyestalk ablation**
    V. s. unilateral eye-stalk ablation

*(Crustacean Farming - Reproduction and Genetics)*

The removal of one eyestalk of crustaceans.

See also **eyestalk ablation**

◊ LANAQ*1992***192

**ablation unilatérale du**
**pédoncule oculaire**      n. f.
    épédonculation unilatérale      n. f.

*(Crustaciculture - Reproduction et génétique)*

Enlèvement d'un pédoncule oculaire chez les crustacés.

Voir aussi **ablation du pédoncule oculaire**

◊ AQUAC*1986*1**472, ROBER*1986*9**585

**upstream**

*(Water)*

The direction nearer the source of a stream.

See also **downstream**

◊ WEBIN*1986***2519

**amont**      n. m.

*(Eau)*

Partie d'un cours d'eau comprise entre un point et la source.

Voir aussi **aval**

◊ OLFEB*1981***17

**upwelling**
    upwelling of cold water

*(Water)*

The rising of cold, heavy subsurface water of the sea toward the surface.

◊ IVAQU*1992***277, LANAQ*1992***68

**remontée d'eau**      n. f.
    remontée d'eau froide      n. f.
    V. o. remontée d'eaux froides      n. f.

*(Eau)*

Venue d'eaux profondes froides vers la surface de la mer.

◊ CILFO*1989***412

**upwelling of cold water**
    see upwelling

**urinary opening**

*(Anatomy and Physiology)*

Opening concerned with the discharge of urine.

◊ WEBIN*1986***2522

**orifice urinaire** n. m.

*(Anatomie et physiologie)*

Orifice qui se rapporte à l'évacuation des urines.

◊ LAROG*1982*10**10549

**urino-genital opening**

see urinogenital opening

**urino-genital papilla**

see urinogenital papilla

**urinogenital opening**

V. s. urino-genital opening
urogenital opening

*(Reproduction and Genetics - Anatomy and Physiology)*

Opening common to the urinary and genital systems.

◊ HENBI*1989***573, PILLA*1990***162,
LANAQ*1992***251

**orifice génito-urinaire** n. m.
orifice urogénital n. m.

*(Reproduction et génétique - Anatomie et physiologie)*

Orifice commun aux appareils génital et urinaire.

◊ MED-F*1993***461, HUET*1970***312,
PATH*1985***25, AQUAC*1986*2**631

**urinogenital papilla**

V. s. urino-genital papilla
urogenital papilla

*(Reproduction and Genetics - Anatomy and Physiology)*

Papilla related to the urinary and genital systems.

**OBS**

When female salmonids are fully ripe, this papilla
extrudes and is visible.

◊ PILLA*1990***366

**papille génito-urinaire** n. f.
papille urogénitale n. f.

*(Reproduction et génétique - Anatomie et physiologie)*

Papille qui se rapporte aux appareils génital et urinaire.

**OBS**

Cette papille est visible lorsque la femelle salmonidée
est mûre.

◊ CAPQ-5*1992***12, AMEN*1980***74

**urogenital opening**

see urinogenital opening

**urogenital papilla**

see urinogenital papilla

**UV**

see ultraviolet radiation

**UV radiation**

see ultraviolet radiation

**vaccination**

*(Pathology and Predators)*

Inoculation of the host with a vaccine which provokes an immune response in order to protect the host from subsequent disease.

◊ FISFA*1988***395

**vaccination** n. f.

*(Pathologie et prédateurs)*

Introduction dans l'organisme d'un vaccin en vue de créer l'immunité contre une maladie.

◊ LAROG*1982*10**10591, PATH*1985***292

**vacuum pump**

*(Facilities - Water)*

A pump which produces a partial vacuum in an enclosed space.

◊ WEBIN*1986***2527

**pompe à vide** n. f.

*(Installations - Eau)*

Pompe permettant de créer une dépression plus ou moins proche du vide absolu.

◊ OLFEB*1981***351

**valli culture**
    see valliculture

**valliculture**
    V. s. valli culture
    lagoon farming

*(Aquaculture Types)*

An extensive culture in lagoons.

◊ PILLA*1990***235, 353

**valliculture** n. f.

*(Types d'aquaculture)*

Technique d'aquaculture extensive dans des lagunes et étangs côtiers qui ont été aménagés et mis en valeur.

◊ CILFO*1989***487, GIRAQ*1991***8

**variation**
    see genetic variation

**veliger**
    veliger larva
    veliger larva stage
    veliger stage

*(Mollusc Culture - Growth and Nutrition)*

A larval mollusc in the stage when it has developed the velum.

**OBS**

Most (gastropod) larvae pass through the trochophore stage before hatching and enter the water as free-swimming veligers.

◊ WEBIN*1986***2538, LANAQ*1992***165-166

**larve véligère** n. f.
    stade véligère n. m.
    véligère n. f.

*(Conchyliculture - Croissance et nutrition)*

Larve des mollusques caractérisée par une coquille dorsale et un voile muni de cils, le velum, et qui succède dans la plupart des cas à la larve trochophore.

◊ ROBER*1986*9**664

**veliger larva**
    see veliger

**veliger larva stage**
see veliger

**veliger stage**
see veliger

**velum**

*(Mollusc Culture - Anatomy and Physiology)*

Two cilia-bearing semicircular folds found in the veliger larva of molluscs and used not only for locomotion but also for feeding.

◊ LANAQ*1992***166

**velum**                    n. m.
V. o. vélum                  n. m.

*(Conchyliculture - Anatomie et physiologie)*

Chez les larves véligères de mollusques, expansion cutanée bordée de cils, placée au-dessus de la bouche et divisée en lobes symétriques, qui sert à la locomotion et l'alimentation.

◊ LAROG*1982*10**10676

**ventral fin**
see pelvic fin

**ventral side**

*(Anatomy and Physiology)*

The lower surface of the body of an animal (e.g. crustacean).

◊ LAFRE*1984***520, PILLA*1990***463

**face ventrale**            n. f.

*(Anatomie et physiologie)*

Face inférieure du corps d'un animal (p. ex. un crustacé).

◊ AQUAC*1986*1**495, PEROB*1995***878

**Venturi meter**

*(Facilities - Water)*

A differential meter for measuring flow of water or other fluid through closed conduits or pipes, consisting of a Venturi tube and one of several proprietary forms of flow-registering devices. The difference in velocity heads between the entrance and the contracted throat is an indication of the rate of flow.

◊ IWATE*1981***414

**débitmètre Venturi**       n. m.

*(Installations - Eau)*

Débitmètre du type à étranglement, monté sur une tuyauterie et constitué par un tronçon cylindrique court (appelé gorge), coaxial avec la tuyauterie à laquelle il est relié en amont par un tronçon conique convergent et en aval par un tronçon divergent de conicité plus faible.

◊ OLFEB*1981***133

*Venus mercenaria*
see quahaug

**vermicide**

*(Algal Culture)*

An agent that destroys worms.

**OBS**

Some seaweeds such as the red algae *Alsidium* are used as vermicides.

◊ WEBIN*1986***2544

**vermicide**                n. m.

*(Algoculture)*

Substance qui détruit les vers.

**OBS**

Certaines algues, telles que l'algue rouge *Alsidium*, sont utilisées comme substance vermicide.

◊ LAROG*1982*10**10712

**vertical raceway**
    see silo tank

**VHS**
    see viral haemorrhagic septicaemia

**viable egg**

*(Fish Farming - Reproduction and Genetics)*

A fish egg that is capable of surviving after fertilization.

◊ HENBI*1989***183, 592, LANAQ*1992***271

**vibriosis**

*(Fish Farming - Pathology and Predators)*

A bacterial disease of marine fish caused by *Vibrio ordali* and *V. anguillarum*.

◊ COLD*1995***62, IVAQU*1992***277

**viral disease**

*(Pathology and Predators)*

A disease resulting from a viral infection.

See also **viral infection**

**viral haemorrhagic septicaemia**
    V. s. viral hemorrhagic septicemia
    Abbr. VHS
    Egtved disease

*(Fish Farming - Pathology and Predators)*

A viral disease caused by the Egtved virus which produces haemorrhages in the skin and organs of fish.

◊ ROTSA*1986***83, 113, ELFI*1985***297

**viral hemorrhagic septicemia**
    see viral haemorrhagic septicaemia

**viral infection**

*(Pathology and Predators)*

Establishment of a virus in a host cell.

See also **virus**

**Virginia oyster**
    see Atlantic oyster

**œuf viable**         n. m.
    ovule viable       n. m.

*(Pisciculture - Reproduction et génétique)*

Œuf de poisson capable de survivre après la fécondation.

◊ AQUAC*1986*2**635, 677, BOUGOC*1976***277

**vibriose**         n. f.

*(Pisciculture - Pathologie et prédateurs)*

Chez les poissons marins, maladie bactérienne causée par *Vibrio ordali* et *V. anguillarum*.

◊ PATH*1985***95

**maladie virale**         n. f.

*(Pathologie et prédateurs)*

Maladie résultant d'une infection virale.

Voir aussi **infection virale**

◊ PATH*1985***117, 243

**septicémie hémorragique virale**     n. f.
    Abrév. SHV

*(Pisciculture - Pathologie et prédateurs)*

Chez les poissons, maladie virale causée par le virus d'Egtved provoquant des hémorragies dans l'épiderme et les organes.

◊ PATH*1985***40, 41, 66, AQUAC*1986*2**567, 615

**infection virale**         n. f.

*(Pathologie et prédateurs)*

Installation dans l'organisme d'un virus.

Voir aussi **virus**

**Virginian oyster**
   see Atlantic oyster

**virus**

*(Pathology and Predators)*

Any of a large group of submicroscopic infective agents capable of growth and multiplication only in living cells, which cause various fish and shellfish diseases.

◊ WEBIN*1986***2556, FISFA*1988***395

**viscosity**

*(Water)*

The resistance of water molecules to external forces which would separate them.

◊ SUBIO*1988***422

**vitamin C**
   see ascorbic acid

**vitamin mix**
   vitamin premix


*(Growth and Nutrition)*

A prepared mixture of synthetic vitamins which is added to fortify a feed.

See also **mineral mix**

◊ LAFRE*1984***520, LANAQ*1992***325, 326, PIPFI*1986***228

**vitamin premix**
   see vitamin mix

**vitellogenesis**


*(Reproduction and Genetics)*

In oviparous animals, the process of yolk deposition in oocytes.

◊ PILLA*1990***158

**virus**                                        n. m.

*(Pathologie et prédateurs)*

Microorganisme invisible ne vivant qu'en parasite dans une cellule hôte, causant une gamme de maladies virales chez les poissons et autres organismes.

◊ LAROG*10***10804

**viscosité**                                    n. f.

*(Eau)*

Résistance opposée par l'eau en mouvement, due au glissement relatif de ses molécules.

◊ INDUS*1986***816

**mélange vitaminique**                          n. m.
   mélange de vitamines                          n. m.
   mélange vitaminé                              n. m.
   prémélange vitaminique                        n. m.

*(Croissance et nutrition)*

Mélange préparé de vitamines synthétiques ajouté aux aliments pour les enrichir.

Voir aussi **mélange minéral**

◊ AQUAC*1986*1**499, 513, CAPQ-5*1992***20, 25, AQUAC*1986*2**552

**vitellogenèse**                                n. f.
   V. o. vitellogénèse                           n. f.

*(Reproduction et génétique)*

Chez les animaux ovipares, accumulation des réserves nutritives (vitellus) dans les ovocytes.

◊ PISET*1980***150

**W**

**wakame \***
    *Undaria pinnatifida*

| | |
|---|---|
| **fougère de mer** | n. f. [FR] |
|   wakamé | n. m. |
|   V. o. wakame | n. m. |
|   ondarie \* | n. f. |
|   *Undaria pinnatifida* | |

*(Algal Culture - Aquaculture Species)*

An edible brown seaweed which is characterized by pinnate blades and a flat stipe.

\* Recommended term in Canada.

**OBS**
Wakame is extensively cultured in Japan, Korea and China.
◊ NQ8070\*1995\*\*\*76

*(Algoculture - Espèces aquacoles)*

Algue brune comestible caractérisée par une lame profondément échancrée et parcourue par une nervure médiane et par un stipe plat plus ou moins long.

\* Terme proposé par le Comité de normalisation de la terminologie des pêches commerciales du Bureau de normalisation du Québec.

**OBS**
Cette algue est l'objet d'un élevage important au Japon, en Corée et en Chine.
◊ NQ8070\*1995\*\*\*76

**walking leg**
    see pereiopod

**warm water species**
    see warm-water species

**warm-water species**
  V. s. warmwater species
  V. s. warm water species

*(Biology)*

A species that lives in warm water (e.g. tilapias, catfish of the *genus Ictaluridae*).

See also **cold-water species**

**espèce d'eau chaude**    n. f.

*(Biologie)*

Espèce qui vit en eau chaude, p. ex. les tilapias et les ictaluridés.

Voir aussi **espèce d'eau froide**

**warmwater species**
    see warm-water species

**waste water \***
  V. s. wastewater
  wastewaters    n. pl.
  liquid wastes    n. pl.

**eaux usées \***    n. f. pl.

*(Water - Treatment and Filtration)*

The spent or used water of aquaculture facilities which contains dissolved and suspended matter.

\* Term standardized by ISO.
◊ IWATE\*1981\*\*\*418

*(Eau - Traitement et filtration)*

Ensemble des eaux et des déchets liquides provenant des installations aquacoles.

\* Terme normalisé par l'ISO.
◊ OLFEB\*1981\*\*\*183

**wastewater**
see waste water

**wastewaters**
see waste water

**water column**

*(Water)*

An imaginary column going from the surface of the water to the bottom which allows a mental representation of physical and biological phenomena within that space.

**colonne d'eau**    n. f.

*(Eau)*

Colonne imaginaire allant de la surface de l'eau jusqu'au fond et permettant de représenter dans l'espace des phénomènes physiques ou biologiques.

**water hardening (of eggs)**

*(Reproduction and Genetics - Techniques and Methods)*

Hardening of eggs by using water.

◊ PILLA*1990***299

**durcissement à l'eau (des œufs)**   n. m.

*(Reproduction et génétique - Techniques et méthodes)*

Technique de durcissement des œufs au moyen de l'eau.

**water hardness**
see hardness

**water inlet**
see inlet

**water outlet**
see outlet

**water purification**

*(Water - Treatment and Filtration)*

Any of several processes in which undesirable impurities in water are removed or neutralized (e.g. chlorination, filtration, treatment).

◊ LASTE*1989***2048

**épuration de l'eau**    n. f.
  épuration des eaux    n. f.
  purification d'eau    n. f.

*(Eau - Traitement et filtration)*

Opérations consistant à éliminer les impuretés de l'eau (p. ex. chloration, filtration, traitement).

◊ PATH*1985***276, AQUAC*1986*1**92

**water quality**
  quality of water

*(Water)*

The chemical, physical, and biological characteristics of water with respect to its suitability for a particular purpose.

◊ IWATE*1981***426

**qualité de l'eau**    n. f.
  V. o. qualité des eaux    n. f.

*(Eau)*

Expression désignant l'ensemble des propriétés chimiques, physiques et biologiques de l'eau, compte tenu de son utilisation.

◊ PARSE*1990***479, OLFEB*1981***377

**water recycling**
see recycling

**water softening**
softening *

*(Water - Treatment and Filtration)*

A water-treatment process by which undesirable cations of calcium and magnesium are removed from hard waters.

* Term standardized by ISO.

**adoucissement ***    n. m.
adoucissement de l'eau    n. m.

*(Eau - Traitement et filtration)*

Opération consistant à éliminer les sels de calcium et de magnésium responsables de la dureté de l'eau.

* Terme normalisé par l'ISO.
◊ OLFEB*1981***5

**water temperature**
see temperature

**water treatment**

*(Water - Treatment and Filtration)*

The treatment of water that aims to provide a near optimal environment for maximum growth of the aquatic plants and animals and to economize on the quantity of water being used.
◊ WICRU*1992***227

**traitement de l'eau**    n. m.
V. o. traitement des eaux    n. m.

*(Eau - Traitement et filtration)*

En aquaculture, opération visant à éliminer les substances inertes indésirables, à détruire les germes pathogènes et à effectuer des transports de gaz entre phases liquide et gazeuse.
◊ AQUAC*1986*1**91

**water-soluble vitamin**

*(Growth and Nutrition)*

A vitamin that is absorbed with water and includes vitamins C, and members of the B complex.
◊ MED-E*1992***1059, PILLA*1990***101

**vitamine hydrosoluble**    n. f.

*(Croissance et nutrition)*

Vitamine soluble dans l'eau. Il s'agit des vitamines C et de celles du complexe vitaminique B.
◊ MED-F*1993***1036, ROBER*1986*9**773

**water-stable pellet**
see expanded pellet

**wean, to**    v.

*(Growth and Nutrition)*

To gradually accustom young fish feeding on live food to accept inert food.
◊ LANAQ*1992***261

**sevrer**    v.

*(Croissance et nutrition)*

Préparer un jeune animal se nourrissant d'aliments vivants à accepter une alimentation inerte.

**weaning**

*(Growth and Nutrition)*

Transition from live to inert food of young animals.

◊ LANAQ*1992***261

**sevrage**    n. m.

*(Croissance et nutrition)*

Passage de la nourriture vivante à la nourriture inerte d'un jeune animal.
◊ ROBER*1986*5**873, AQUAC*1986*2**686

**Weiss jar**
see Zoug jar

**western white shrimp**
see white leg shrimp

**wet feed**

*(Growth and Nutrition)*

Feed composed of whole fish or minced fish as herring or smelts.

◊ PILLA*1990***130, 330

**aliment humide**          n. m.

*(Croissance et nutrition)*

Aliment dont la composition comprend des poissons entiers ou coupés en morceaux (p. ex. le hareng ou le caplan).

◊ CAPQ-5*1992***24

**wet fertilisation**
see wet fertilization

**wet fertilization**
   V. s. wet fertilisation          [UK]
   wet method (of fertilization)

*(Fish Farming - Reproduction and Genetics)*

A method of artificial fertilization in which eggs from the female fish are stripped into a container half filled with water before the milt is added.

See also **dry fertilization**

◊ SETRO*1985***38

**fécondation par méthode humide** n. f.
   fécondation par voie humide     n. f.
   méthode humide                  n. f.

*(Pisciculture - Reproduction et génétique)*

Méthode de fécondation artificielle qui consiste à récolter les œufs dans un bassin à moitié rempli d'eau avant d'ajouter la laitance.

Voir aussi **fécondation par méthode sèche**

◊ HUET*1970***116

**wet method (of fertilization)**
see wet fertilization

**wheat flour**

*(Growth and Nutrition)*

A flour made by grinding wheat grains.

◊ PILLA*1990***371, LANAQ*1992***325

**farine de blé**          n. f.

*(Croissance et nutrition)*

Farine obtenue en concassant des graines de blé.

◊ AQUAC*1986*2**730

**wheel animals**
see rotifers

**white bass ***
   *Morone chrysops*

*(Fish Farming - Aquaculture Species)*

A fish of the family Serranidae that has a deep, narrow body and high, separate dorsal fins, and that is bright silver, usually with six or seven lateral stripes which may be complete or broken.

* Recommended term in Canada.

◊ FRESH*1992***59

**bar blanc ***          n. m.
   *Morone chrysops*

*(Pisciculture - Espèces aquacoles)*

Poisson de la famille des serranidés caractérisé par deux nageoires dorsales séparées et cinq à sept bandes striées sur les flancs.

* Terme normalisé au Canada.

◊ GPP*1985***3:6

**white leg shrimp**
V. s. white-leg shrimp
V. s. whiteleg shrimp
western white shrimp
camaron langostino
*Penaeus vannamei*

**(Crustacean Farming - Aquaculture Species)**

A large shrimp of warm and tropical waters.

◊ WICRU*1992***359, CRUH*1985***130,
PILLA*1990***425, 430, LANAQ*1992***189, 192

**white river crawfish**
see white river crayfish

**white river crayfish**
white river crawfish
*Procambarus acutus*

**(Crustacean Farming - Aquaculture Species)**

A warm-water species of crayfish native to the Atlantic coast.

◊ CRUH*1985***4

**white shrimp**
see common shrimp

**white spot**
see ichthyophthiriasis

**white spot disease**
see ichthyophthiriasis

**white sturgeon ***
*Acipenser transmontanus*

**(Fish Farming - Aquaculture Species)**

A sturgeon of the family Acipenseridae of the Pacific coast of North America that is the largest freshwater fish of North America.

* Recommended term in Canada.

◊ WEBIN*1986***2610, NQ8070*1995***15

**white-leg shrimp**
see white leg shrimp

**crevette à pattes blanches**    n. f.
*Penaeus vannamei*

**(Crustaciculture - Espèces aquacoles)**

Crevette de grande taille des eaux tempérées, chaudes et tropicales.

◊ CILFO*1989***141, AQUAC*1986*2**1029

**écrevisse blanche de rivière ***    n. f.
*Procambarus acutus*

**(Crustaciculture - Espèces aquacoles)**

Espèce d'écrevisse habitant les eaux chaudes de la côte atlantique.

* Terme recommandé par le Comité de normalisation de la terminologie des pêches commerciales du Bureau de normalisation du Québec.

**esturgeon blanc ***    n. m.
*Acipenser transmontanus*

**(Pisciculture - Espèces aquacoles)**

Esturgeon de la famille des acipenséridés, de la côte pacifique de l'Amérique du Nord. Le plus grand poisson d'eau douce de l'Amérique du Nord.

* Terme normalisé au Canada.

◊ NQ8070*1995***15

**whiteleg shrimp**
see white leg shrimp

**wild alga**

*(Algal Culture)*

An alga obtained without human intervention in its life cycle.

See also **cultured alga**

**algue sauvage**                    n. f.

*(Algoculture)*

Algue dont le cycle vital s'est déroulé sans intervention humaine.

Voir aussi **algue de culture**

◊ AQUAC*1986*2**893

**wild fish**

*(Fish Farming - General Terminology)*

A fish obtained without human intervention in its life cycle.

See also **cultured fish**

**poisson sauvage**                    n. m.

*(Pisciculture - Terminologie générale)*

Poisson dont le cycle vital s'est déroulé sans intervention humaine.

Voir aussi **poisson d'élevage**

◊ AQUAC*1986*2**565

**wild larva**

*(Biology - Growth and Nutrition)*

Larva collected from nature.

**larve sauvage**                    n. f.

*(Biologie - Croissance et nutrition)*

Larve prélevée dans la nature.

**wild mussel**

*(Mussel Culture)*

A mussel obtained without human intervention in its life cycle.

See also **cultured mussel**

**moule sauvage**                    n. f.

*(Mytiliculture)*

Moule dont le cycle vital s'est déroulé sans intervention humaine.

Voir aussi **moule cultivée**

◊ AQUAC*1986*1**301

**wild oyster**

*(Oyster Culture)*

An oyster obtained without human intervention in its life cycle.

See also **cultured oyster**

**huître sauvage**                    n. f.

*(Ostréiculture)*

Huître dont le cycle vital s'est déroulé sans intervention humaine.

Voir aussi **huître cultivée**

◊ AQUAC*1986*2**1008

**wild seed**

**semence naturelle**                    n. f.
semence sauvage                    n. f.
semis naturel                    n. m.
semis sauvage                    n. m.

*(Farming/Culture)*

Seed collected from nature.

◊ PILLA*1990***30

*(Élevage/culture)*

Semis prélevé dans la nature.

◊ AQUAC*1986*2**857

**wild spat**

*(Mollusc Culture - Growth and Nutrition)*

Spat collected on natural beds.

◊ PILLA*1990***30

**naissain naturel**     n. m.

*(Conchyliculture - Croissance et nutrition)*

Naissain collecté dans des gisements naturels.

◊ AQUAC*1986*2**920, 966

**wild species**

*(Biology)*

A species obtained without human intervention in its life cycle.

See also **cultured species**

**espèce sauvage**     n. f.

*(Biologie)*

Espèce dont le cycle vital s'est déroulé sans intervention humaine.

Voir aussi **espèce d'élevage**

◊ SITMO*1995***33, AQUAC*1986*1**18, GESPI*1985***247

**wild stock**

*(Farming/Culture)*

Organisms collected from their natural habitat for breeding purposes.

◊ WEBIN*1986***2614, LANAQ*1992***223

**stock naturel**     n. m.
    stock sauvage     n. m.
    population sauvage     n. f.

*(Élevage/culture)*

Organismes prélevés dans leur milieu naturel à des fins d'élevage.

◊ AQUAC*1986*1**498, LAROG*1982*9**9361

**wild strain**
    wild-type strain

*(Reproduction and Genetics)*

A strain used as a standard for a given species or variety or organism, usually presumed to be the type found in nature.

See also **domestic strain**

◊ DOMED*1994***1584

**souche sauvage**     n. f.

*(Reproduction et génétique)*

Souche d'une espèce ou d'un organisme qui est prédominant dans une population vivant dans la nature.

Voir aussi **souche domestique**

◊ LAROG*1982*9**9361

**wild-type strain**
    see wild strain

**winter egg**

*(Reproduction and Genetics)*

Egg of many species (e.g. rotifers, branchiopods) provided with a thick shell which preserves it as it lies quiescent over the winter, and which hatches in spring.

◊ HENBI*1989***589

**œuf de durée**     n. m.
    œuf d'hiver     n. m.

*(Reproduction et génétique)*

Œuf pondu en automne par de nombreuses espèces (p. ex. rotifères, branchiopodes), muni d'une coque protectrice épaisse, qui ne se développe qu'au printemps suivant.

◊ LAROG*1982*7**7545

**wood borer**
    see shipworm

**wrack**
    see kelp 3

**X organ**
    see X-organ

**X-organ**
    V. s. X organ
    V. s. x-organ

*(Crustacean Farming - Reproduction and Genetics)*

A small compact sac-like neurosecretory organ in the eyestalk of some crustaceans.

◊ HENBI*1989***592, LASTE*1989***2075

**organe X**           n. m.

*(Crustaciculture - Reproduction et génétique)*

Petit organe dans le pédoncule oculaire de certains crustacés, où sont localisées les zones de neurosécrétion.

◊ BIOGAL*1988***143

**x-organ**
    see X-organ

**X-organ—sinus gland complex**
    X-organ—sinus gland system

*(Crustacean Farming - Reproduction and Genetics)*

A center of endocrine activity in the eyestalk of certain crustaceans which is responsible for many physiological functions.

◊ LANAQ*1992***188, INZOO*1974***333, SWIFA*1985***37

**complexe organe X-glande du sinus**      n. m.

*(Crustaciculture - Reproduction et génétique)*

Ensemble endocrine dans le pédoncule oculaire de certains crustacés qui renferme un grand nombre de facteurs susceptibles de réguler toute une série de processus physiologiques.

◊ BIOGAL*1988***143, 149

**X-organ—sinus gland system**
    see X-organ—sinus gland complex

**Y-organ**
    V. s. y-organ

*(Crustacean Farming - Reproduction and Genetics)*

A molting gland in the eyestalk of certain crustaceans that secretes the molting hormones ecdysone and crustecdysone.

◊ INZOO*1974***331, LANAQ*1992***187

**organe Y**           n. m.

*(Crustaciculture - Reproduction et génétique)*

Glande de mue de certains crustacés qui sécrète les hormones de mue : ecdysone et crustecdysone.

◊ BIOGAL*1988***147, 149

**y-organ**
    see Y-organ

**yearling**

*(Fish Farming - Growth and Nutrition)*

A fish that is one year old.

◊ WEBIN*1986***2648

**poisson d'un an**          n. m.

*(Pisciculture - Croissance et nutrition)*

Poisson âgé d'un an.

**yellow eel**

*(Fish Farming - Growth and Nutrition)*

An eel whose period of growth varies from about 5 to 20 years, before it matures as a silver eel.

◊ WEBIN*1986***2649

**anguille jaune**          n. f.

*(Pisciculture - Croissance et nutrition)*

Anguille en croissance pendant une période de 5 à 20 ans environ, avant de devenir une anguille argentée.

◊ AQUAC*1986*2**744

**yellowtail**
Japanese yellowtail
*Seriola guingueradiata*
V. s. *Seriola quinqueradiata*

*(Fish Farming - Aquaculture Species)*

A marine fish belonging to the family Carangidae which is common in semitropical waters and which is cultured in Japan.

◊ LANAQ*1992***257

**sériole**          n. f.
sériole japonaise          n. f.
*Seriola guingueradiata*
V. o. *Seriola quinqueradiata*

*(Pisciculture - Espèces aquacoles)*

Poisson pélagique de la famille des carangidés, présent dans les eaux des mers chaudes et objet d'élevage au Japon.

◊ CILFO*1989***439

**yolk**

*(Fish Farming - Anatomy and Physiology)*

The nutrients contained by a fish egg.

◊ STFAR*1987***235, SCITF*1988***979

**vitellus**          n. m.

*(Pisciculture - Anatomie et physiologie)*

Réserves nutritives de l'œuf d'un poisson.

◊ LAROG*1982*10**10731

**yolk fry**
see sac-fry

**yolk sac**
V. s. yolk-sac

*(Fish Farming - Anatomy and Physiology)*

A membranous sac that is attached to the embryo or alevin of a fish and that encloses food yolk.

◊ WEBIN*1986***2653

**sac vitellin**          n. m.

*(Pisciculture - Anatomie et physiologie)*

Sac contenant les réserves nutritives (vitellus) chez l'embryon ou l'alevin de poisson.

◊ GPP*1985***G6

**yolk-sac**
see yolk sac

**yolk-sac fry**
see sac-fry

## young individual

### (Growth and Nutrition - Biology)

An individual being in the first or relatively early stage of growth or development (e.g. young fish, young oyster, young mussel, etc.).

◊ WEBIN*1986***2654

## jeune individu     n. m.

### (Croissance et nutrition - Biologie)

Individu qui n'a pas achevé sa croissance ou qui n'a pas atteint son plein développement (p. ex. jeune poisson, jeune huître, jeune moule, etc.).

◊ LAROG*1982*6**5858

# Z

## zeolite

### (Water - Treatment and Filtration)

Hydrated silicate commonly used in wastewater treatment for water softening, especially for the removal of ammonia.

◊ LANAQ*1992***99-100

## zéolite     n. f.
### V. o. zéolithe     n. f.

### (Eau - Traitement et filtration)

Silicate naturel hydraté utilisé pour l'épuration des eaux, notamment pour le traitement de l'ammoniac.

◊ AQUAC*1986*1**122

## zoea *
### zoeal stage
### zoea stage

### (Crustacean Farming - Growth and Nutrition)

A planktonic larva of certain decapod crustaceans that is distinguished by the relatively large cephalothorax, the conspicuous eyes, and the relatively large and fringed antennae and mouthparts used for swimming.

* Plural: zoeae

◊ WEBIN*1986***2660

## stade zoé     n. m.
### zoé     n. m.

### (Crustaciculture - Croissance et nutrition)

Larve planctonique de certains crustacés décapodes marcheurs, caractérisée par une carapace céphalothoracique distincte, de gros yeux et de longues épines servant à la nage.

◊ LAROG*1982*10**11024

## zoea stage
see zoea

## zoeal stage
see zoea

## zooplankter

### (Growth and Nutrition - Culture Medium)

An organism of the zooplankton.

See also **zooplankton**

## zooplanctonte     n. m.

### (Croissance et nutrition - Milieu de culture)

Organisme du zooplancton.

Voir aussi **zooplancton**

**zooplankton**

*(Growth and Nutrition - Culture Medium)*

Plankton consisting of animal life.

See also **phytoplankton, plankton**

◊ FISFA*1988***395

**zoospore**

*(Algal Culture - Reproduction and Genetics)*

A flagellated asexual reproductive cell of algae.

◊ PHYT*1978***514

**zooxanthellae**      n. pl.
   V. s. Zooxanthellae     n. pl.

*(Growth and Nutrition - Culture Medium)*

One-celled symbiotic dinoflagellates that live within the cells of certain marine invertebrates and which represent a food source.

◊ WEBIN*1986***2661, LANAQ*1992***347

**Zooxanthellae**
   see zooxanthellae

**Zoug jar**
   Zuger jar
   Weiss jar
   Zug-Weiss jar

*(Fish Farming - Facilities)*

A large inverted bottle used for incubating eggs, with an open top and a narrow bottom where the water enters and gently turns the eggs over in a continuous movement and maintains them suspended in the waterflow.

◊ FISFA*1988***395, PILLA*1990***297, 83, 365

**Zug-Weiss jar**
   see Zoug jar

**Zuger jar**
   see Zoug jar

---

**zooplancton**      n. m.

*(Croissance et nutrition - Milieu de culture)*

Ensemble des espèces animales faisant partie du plancton.

Voir aussi **phytoplancton, plancton**

◊ CILFO*1989***507, ROBER*1986*9**879

**zoospore**      n. f.

*(Algoculture - Reproduction et génétique)*

Spore mobile à flagelles des algues (reproduction asexuée).

◊ ROBER*1986*9**879

**zooxanthelles**      n. f. pl.
   V. o. Zooxanthelles     n. f. pl.

*(Croissance et nutrition - Milieu de culture)*

Algues unicellulaires du groupe des dinophycées, qui vivent en symbiose dans les tissus de certains invertébrés marins et qui représentent une source de nourriture.

◊ CILFO*1989***508

**bouteille de Zoug**      n. f.
   V. o. bouteille de Zug     n. f.
   carafe de Zoug     n. f.
   V. o. carafe de Zug     n. f.
   bouteille de Zug-Weiss     n. f.

*(Pisciculture - Installations)*

Bouteille renversée utilisée pour l'incubation des œufs, dans laquelle un brassage lent et régulier des œufs est assuré par un débit d'eau qui arrive par le bas.

◊ AQUAC*1986*2**723, 585, 587, 586, PISET*1980***311, 183, HUET*1970***225, GESPI*1985***249

zygote

*(Reproduction and Genetics)*

Cell formed by the union of two gametes of opposite sex and the individual developing from this cell (fertilized egg).

◊ KIGEN*1985***423

zygote                                    n. m.

*(Reproduction et génétique)*

Cellule résultant immédiatement de la fusion de deux gamètes de sexe opposé et constituant, de ce fait, la première cellule d'un individu nouveau (œuf fécondé).

◊ LAROG*1982*10**11036

# Arbre du domaine

**Aquaculture**
Sous-domaines

**Types d'aquaculture et espèces aquacoles**
- Pisciculture
  - Salmoniculture
- Conchyliculture
  - Ostréiculture
  - Mytiliculture
- Crustaciculture
- Algoculture

**Biologie**
- Anatomie et physiologie
- Reproduction et génétique
- Croissance et nutrition

**Élevage et culture**
- Techniques et méthodes
- Installations
- Terminologie générale

**Pathologie et prédateurs**

**Eau**
- Milieu de culture
- Traitement et filtration

# Field Tree

# a

**à terre**
> voir terrestre

**ablation de la nageoire**       n. f.
> *(Pisciculture - Techniques et méthodes)*

Méthode de marquage des poissons par l'enlèvement d'une nageoire, p. ex. la nageoire adipeuse ou dorsale.

Voir aussi **ablation de la nageoire adipeuse**

**ablation de la nageoire
adipeuse**       n. f.
> *(Pisciculture - Techniques et méthodes)*

Méthode de marquage des poissons, surtout des salmonidés, par l'enlèvement de la nageoire adipeuse.

**OBS**
L'ablation de la nageoire adipeuse est la méthode de marquage la plus répandue.

Voir aussi **ablation de la nageoire**
◊ ENSEM*1991***175

**ablation du pédoncule oculaire**       n. f.
> épédonculation       n. f.

> *(Crustaciculture - Reproduction et génétique)*

Enlèvement d'un ou des deux pédoncules oculaires des crustacés pour accélérer la maturation sexuelle et améliorer le taux de ponte.
◊ AQUAC*1986*1**472, BIOGAL*1988***146

**ablation unilatérale du
pédoncule oculaire**       n. f.
> épédonculation unilatérale       n. f.

> *(Crustaciculture - Reproduction et génétique)*

Enlèvement d'un pédoncule oculaire chez les crustacés.

Voir aussi **ablation du pédoncule oculaire**
◊ AQUAC*1986*1**472, ROBER*1986*9**585

*Abramis brama*
> voir brème

**fin clipping**
> *(Fish Farming - Techniques and Methods)*

The removal of a fin, e.g. adipose fin or dorsal fin, which serves as a marking method of fish.

See also **adipose-fin clipping**

**adipose-fin clipping**
> adipose clipping

> *(Fish Farming - Techniques and Methods)*

The removal of the adipose fin in fish which serves as a marking method.

**OBS**
The clipping of the adipose fin is the most common marking method.

See also **fin clipping**
◊ PILLA*1990***168

**eyestalk ablation**
> V. s. eye-stalk ablation
> ablation of eyestalk

> *(Crustacean Farming - Reproduction and Genetics)*

The removal of one or both eyestalks of crustaceans to accelerate sexual maturation and to improve spawning rates.
◊ WICRU*1992***368, LANAQ*1992***188,
   PILLA*1990***159

**unilateral eyestalk ablation**
> V. s. unilateral eye-stalk ablation

> *(Crustacean Farming - Reproduction and Genetics)*

The removal of one eyestalk of crustaceans.

See also **eyestalk ablation**
◊ LANAQ*1992***192

| acanthocéphales | n. m. pl. |
| V. o. Acanthocéphales | n. m. pl. |

*(Pathologie et prédateurs)*

Groupe de vers accœlomates à trompe protractile hérissée de crochets, parasites de l'intestin des vertébrés tels que le mulet et le saumon.

◊ LAROG*1982*1**47

| acanthocephalids | n. pl. |
| acanthocephalans | n. pl. |
| acanthocephalid worms | n. pl. |
| Acanthocephala | n. pl. |

*(Pathology and Predators)*

A group of spiny-headed worms that, as adults, are intestinal parasites of vertebrates such as mullet and salmon.

◊ LASTE*1989***9, IVAQU*1992***268

**Acanthocéphales**
    voir acanthocéphales

| accouplement | n. m. |
| copulation | n. f. |

*(Crustaciculture - Reproduction et génétique)*

Rapprochement intime des organes sexuels du mâle et de la femelle, destiné à permettre l'introduction des spermatozoïdes dans les organes génitaux de la femelle.

◊ AQUAC*1986*1**465, HADIC*1990***112, CILFG-32*1991***10

**copulation**
    mating

*(Crustacean Farming - Reproduction and Genetics)*

The sexual union of two individuals resulting in insemination or deposition of the male gametes in close proximity to the female gametes.

◊ LASTE*1989***434, LANAQ*1992***202, KIGEN*1985***231

**accumulation biologique**
    voir bioaccumulation

**acéphale**
    voir bivalve

**Acéphales**
    voir bivalves

**acéphales**
    voir bivalves

| achigan à grande bouche | n. m. [CA] |
| black-bass à grande bouche | n. m. [FR] |
| *Micropterus salmoides* | |

*(Pisciculture - Espèces aquacoles)*

Poisson de la famille des centrarchidés, au dos vert foncé à olive pâle, au ventre blanchâtre ou jaunâtre et dont le maxillaire s'étire vers l'arrière plus loin que l'œil.

Voir aussi **achigan à petite bouche**

◊ PENC*1993*5**438

**largemouth bass**
    V. s. largemouthed bass
    largemouth
    *Micropterus salmoides*

*(Fish Farming - Aquaculture Species)*

A fish of the family Centrarchidae that is greenish above and lighter or whitish below the body, with the angle of the jaw falling behind the eye.

See also **smallmouth bass**

◊ WEBIN*1986***1273

**achigan à petite bouche**     n. m. [CA]
    black-bass à petite bouche     n. m. [FR]
    *Micropterus dolomieu*
    V. o. *Micropterus dolomieui*

*(Pisciculture - Espèces aquacoles)*

Poisson de la famille des centrarchidés, caractérisé par une coloration vert bronzé, un ventre plus pâle et un maxillaire dont l'extrémité postérieure ne dépasse pas le milieu de l'orbite de l'œil.

Voir aussi **achigan à grande bouche**

◊ LALA*1983***97

**smallmouth bass**
    V. s. smallmouthed bass
    smallmouth
    *Micropterus dolomieu*
    V. s. *Micropterus dolomieui*

*(Fish Farming - Aquaculture Species)*

A fish of the family Centrarchidae that is bronzy green above and lighter below, and has the angle of the jaw falling below the eye.

See also **largemouth bass**

◊ WEBIN*1986***2149

**acide adénosine-diphosphorique**
    voir adénosine diphosphate

**acide adénosine-triphosphorique**
    voir adénosine triphosphate

**acide alginique**     n. m.

*(Algoculture)*

Acide dont le sel (alginate) se trouve dans les algues brunes marines.

Voir aussi **algine**

◊ ROBER*1986*1**247

**alginic acid**

*(Algal Culture)*

An acid that in the form of salts (alginates) is a constituent of the cell walls of marine brown algae.

**OBS**
Most authors consider algin as a synonym for alginic acid; however, algin is a generic term that can designate not only alginic acid (purified acid), but also its derivatives such as sodium alginate.

See also **algin**

◊ WEBIN*1986***52

**acide aminé**     n. m.
    amino-acide     n. m.
    V. o. aminoacide     n. m.

*(Croissance et nutrition)*

Nom générique des composés renfermant une ou plusieurs fonctions amines et une ou plusieurs fonctions acides, qui constituent les matériaux essentiels de la matière vivante, tels les peptides et les protéines.

◊ LAROG*1982*1**409, PARSE*1990***6,
    CAPQ-5*1992***17

**amino acid**

*(Growth and Nutrition)*

Any of the organic compounds that contain one or more basic amino groups and one or more acidic carboxyl groups and that are polymerized to form peptides and proteins.

◊ LASTE*1989***74

**acide aminé essentiel**     n. m.
    amino-acide essentiel     n. m.
    V. o. aminoacide essentiel     n. m.

*(Croissance et nutrition)*

Acide aminé non synthétisé par le corps ; il doit être fourni par l'alimentation.

Voir aussi **acide aminé non essentiel**

◊ CAPQ-5*1992***17

**essential amino acid**
    Abbr. EAA

*(Growth and Nutrition)*

An amino acid that must be supplied by the diet and cannot be synthesized within the body.

See also **non-essential amino acid**

◊ PIPFI*1986***480, LANAQ*1992***138, 142

**acide aminé non essentiel**     n. m.
    amino-acide non essentiel     n. m.
    V. o. aminoacide non essentiel     n. m.

*(Croissance et nutrition)*

Acide aminé synthétisé par le corps.

Voir aussi **acide aminé essentiel**

◊ CAPQ-5*1992***17

**non-essential amino acid**

*(Growth and Nutrition)*

An amino acid that the body is capable of synthesizing by itself.

See also **essential amino acid**

◊ PILLA*1990***97

**acide ascorbique**     n. m.
    vitamine C     n. f.

*(Croissance et nutrition)*

Cristaux incolores, solubles dans l'eau et très répandus dans la nature, surtout dans les végétaux à chlorophylle et à pigments.

**OBS**

La vitamine C est utilisée comme antioxidant dans la formation des tissus conjonctifs ; une déficience peut entraîner une scoliose et diminuer la capacité de cicatrisation des plaies.

◊ CAPQ-5*1992***19, MED-F*1993***1038

**ascorbic acid**
    vitamin C

*(Growth and Nutrition)*

A white, crystalline, water-soluble vitamin found in many plant materials, especially citrus fruit.

**OBS**

Vitamin C is used as an antioxidant for the production of connective tissue; deficiencies cause spinal abnormalities and reduce wound-healing capabilities.

◊ LASTE*1989***130, PIPFI*1986***472

**acide désoxyribonucléique**     n. m.
    Abrév. ADN
    Abrév. DNA
    Abrév. D.N.A. *

*(Reproduction et génétique)*

Macromolécule formée de désoxyribonucléotides qui constituent le matériel génétique de toutes les cellules eucaryotes (noyau, mitochondries, chloroplastes), des cellules procaryotes (bactéries) et de certains virus ; elle est donc le support essentiel de l'hérédité.

* Dénomination internationale.

◊ CILFG-32*1991***11, PARSE*1990***6

**deoxyribonucleic acid**
    Abbr. DNA

*(Reproduction and Genetics)*

Any of various nucleic acids that yield deoxyribose as one product of hydrolysis, are found in cell nuclei and especially genes, and are associated with the transmission of genetic information.

◊ WEBIN*1986***604, LANAQ*1992***129

acide domoïque      n. m.

*(Conchyliculture - Pathologie et prédateurs)*

Toxine produite par la diatomée du phytoplancton *Nitzschia pungens*, causant une intoxication amnestique.

Voir aussi **intoxication amnestique**

---

domoic acid

*(Mollusc Culture - Pathology and Predators)*

A toxin produced by a phytoplankton diatom called *Nitzschia pungens*, causing amnesiac shellfish poisoning.

See also **amnesiac shellfish poisoning**

◊ DOSHE*1991***36

---

acide gamma-aminobutyrique      n. m.
     Abrév. GABA

*(Anatomie et physiologie)*

Acide aminé présent dans le système nerveux central des vertébrés, où il exerce le rôle de neuromédiateur inhibiteur.

**OBS**
L'acide gamma-aminobutyrique peut être utilisé, notamment pour induire la fixation des ormeaux.

◊ LAROG*1982*5**4658

---

gamma-aminobutyric acid
     Abbr. GABA

*(Anatomy and Physiology)*

Crystals which are either leaflets or needles, thought to be a central nervous system postsynaptic inhibitory transmitter.

**OBS**
Gamma-aminobutyric acid can be used, for instance, to induce the settlement of abalones.

◊ LASTE*1989***74, LANAQ*1992***183

---

acide gras      n. m.

*(Croissance et nutrition)*

Acide organique, saturé ou non, qui joue un rôle essentiel dans le métabolisme animal.

◊ CILFO*1989***5, CAPQ-5*1992***13

---

fatty acid

*(Growth and Nutrition)*

A saturated or unsaturated non-carboxylic acid that occurs naturally in the form of glycerides in fats and fatty oils and which is required in the diet of most animals.

◊ WEBIN*1986***829, LANAQ*1992***136

---

acide gras essentiel      n. m.

*(Croissance et nutrition)*

Acide gras non synthétisé par le corps ; il doit être fourni par l'alimentation.

Voir aussi **acide gras non essentiel**

◊ CAPQ-5*1992***17

---

essential fatty acid
     Abbr. EFA

*(Growth and Nutrition)*

A fatty acid that must be supplied by the diet and cannot be synthesized within the body.

See also **non-essential fatty acid**

◊ FISFA*1988***389, PIPFI*1986***480

---

acide gras non essentiel      n. m.

*(Croissance et nutrition)*

Acide gras synthétisé par le corps.

Voir aussi **acide gras essentiel**

---

non-essential fatty acid

*(Growth and Nutrition)*

A fatty acid that the body is capable of synthesizing by itself.

See also **essential fatty acid**

**acide gras polyinsaturé**      n. m.

*(Croissance et nutrition)*

Acide gras dont la molécule contient au moins deux liaisons doubles.

◊ LAROG*1982*8**8298

**polyunsaturated fatty acid**
     Abbr. PUFA

*(Growth and Nutrition)*

A fatty acid having many double (unsaturated) carbon bonds.

◊ FISFA*1988***393, LANAQ*1992***134

**acide okadaïque**      n. m.

*(Conchyliculture - Pathologie et prédateurs)*

Toxine produite dans le dinoflagellé *Dinophysis acuminata*, causant une intoxication diarrhéique.

Voir aussi **intoxication diarrhéique**

◊ AQUAC*1986*1**35

**okadaic acid**

*(Mollusc Culture - Pathology and Predators)*

Toxin produced by the dinoflagellate *Dinophysis acuminata*, causing diarrhetic shellfish poisoning.

See also **diarrhetic shellfish poisoning**

*Acipenser fulvescens*
     voir esturgeon jaune

*Acipenser oxyrhynchus*
     voir esturgeon noir

*Acipenser transmontanus*
     voir esturgeon blanc

**acipensériculteur**      n. m.
     acipenséricultrice      n. f.

*(Pisciculture)*

Celui ou celle qui pratique l'acipensériculture.

Voir aussi **acipensériculture**

◊ LAROG*1982*1**83

**sturgeon farmer**

*(Fish Farming)*

A person who practices sturgeon farming.

**acipenséricultrice**
     voir acipensériculteur

**acipensériculture**      n. f.

*(Pisciculture)*

Élevage de l'esturgeon.

**sturgeon farming**
     sturgeon culture

*(Fish Farming)*

The rearing of sturgeon.

**acipenséridés**      n. m. pl.
     V. o. Acipenséridés      n. m. pl.

*(Pisciculture - Biologie)*

Famille de poissons actinoptérygiens comprenant le seul type esturgeon (p. ex. *Acipenser, Huso*).

◊ ROBER*1986*1**88, AQUAC*1986*2**714

**Acipenseridae**      n. pl.

*(Fish Farming - Biology)*

A family of actinopterygian fishes in the order Acipenseriformes that includes most sturgeons (e.g. *Acipenser, Huso*).

◊ LASTE*1989***20, LANAQ*1992***382

**Acipenséridés**
voir acipenséridés

**acriflavine**                    n. f.

*(Pathologie et prédateurs)*

Matière colorante jaune, dérivée de l'acridine, douée d'un pouvoir antiseptique.

◊ LAROG*1982*1**87, PATH*1985***295

**adénosine diphosphate**          n. f.
V. o. adénosine-diphosphate       n. f.
acide adénosine-diphosphorique n. m.
Abrév. ADP

*(Croissance et nutrition)*

Dinucléotide constitué par l'association d'adénosine et de deux molécules d'acide phosphorique, qui joue un rôle important en métabolisme cellulaire intermédiaire.

◊ LAROG*1982*1**112

**adénosine triphosphate**         n. f.
V. o. adénosine-triphosphate      n. f.
acide adénosine-triphosphorique n. m.
Abrév. ATP

*(Croissance et nutrition)*

Ribonucléotide de l'adénine comportant trois liaisons phosphates associées et servant de principal composé énergétique à la cellule.

◊ CILFG-32*1991***13

**adénosine-diphosphate**
voir adénosine diphosphate

**adénosine-triphosphate**
voir adénosine triphosphate

**adhésivité des œufs**            n. f.
agglutination des œufs         n. f.
collage des œufs               n. m.
viscosité des œufs             n. f.

*(Pisciculture - Reproduction et génétique)*

État des œufs qui sont collants, causé par l'aspiration de l'eau environnante.

◊ AQUAC*1986*2**586, PISET*1980***175

**acriflavine**

*(Pathology and Predators)*

A yellow acridine dye obtained from proflavine by methylation in the form of red crystals; used as an antiseptic in solution.

◊ LASTE*1989***24, LANAQ*1992***116, PIPFI*1986***469

**adenosine diphosphate**
Abbr. ADP

*(Growth and Nutrition)*

A coenzyme composed of adenosine and two molecules of phosphoric acid that is important in intermediate cellular metabolism.

◊ LASTE*1989***33

**adenosine triphosphate**
Abbr. ATP

*(Growth and Nutrition)*

A complex organic compound composed of adenosine and three phosphates, which serves in short-term energy storage and conversion in all organisms.

◊ SUBIO*1988***413, LANAQ*1992***133

**egg adhesiveness**
egg stickiness

*(Fish Farming - Reproduction and Genetics)*

The state of eggs being sticky caused by the aspiration of the ambiant water.

◊ LAICH*1977***273

**adjuvant**                    n. m.

*(Pathologie et prédateurs)*

Substance introduite dans la composition d'un vaccin, conduisant à une augmentation de l'action immunitaire.

◊ INDUS*1986***12, PATH*1985***43, 310

**ADN**

voir acide désoxyribonucléique

**ADN chimère**

voir ADN recombinant

**ADN complémentaire**          n. m.
ADN copie                       n. m.
Abrév. ADN-c

*(Reproduction et génétique)*

Séquence d'ADN synthétisée *in vitro* par l'enzyme transcriptase inverse.

Voir aussi **transcriptase inverse**

◊ BT-200*1990***24

**ADN copie**

voir ADN complémentaire

**ADN hybride**

voir ADN recombinant

**ADN recombinant**             n. m.
ADN recombiné                   n. m.
DNA recombinant                 n. m.
ADN hybride                     n. m.
ADN chimère                     n. m.

*(Reproduction et génétique)*

Molécule d'ADN issue d'une recombinaison *in vitro* de deux molécules différentes, par greffe d'une séquence d'ADN à l'intérieur de la séquence d'un vecteur.

◊ CILFG-32*1991***16, BIOGAL*1988***138

**ADN recombiné**

voir ADN recombinant

**ADN-c**

voir ADN complémentaire

**adjuvant**

*(Pathology and Predators)*

Material added to a vaccine to enhance the immunological response.

◊ FISFA*1988***387

**complementary deoxyribonucleic acid**
V. s. complementary DNA
copy DNA
Abbr. cDNA

*(Reproduction and Genetics)*

Synthetic DNA transcribed from a specific RNA through the reaction of the enzyme reverse transcriptase.

See also **reverse transcriptase**

◊ DOMED*1994***500, LANAQ*1992***323

**recombinant DNA**
Abbr. rec DNA

*(Reproduction and Genetics)*

DNA which contains sequences from different sources, made usually as the result of laboratory procedures *in vitro*.

◊ SCITF*1988***747, LANAQ*1992***322

**adoucissement \*** n. m.
    adoucissement de l'eau    n. m.
    *(Eau - Traitement et filtration)*

Opération consistant à éliminer les sels de calcium et de magnésium responsables de la dureté de l'eau.

\* Terme normalisé par l'ISO.

◊ OLFEB\*1981\*\*\*5

**adoucissement de l'eau**
    voir adoucissement

**ADP**
    voir adénosine diphosphate

**adsorption** n. f.
    *(Eau - Traitement et filtration)*

Rétention à la surface d'un solide ou d'un liquide des molécules d'un gaz ou d'une substance en solution ou en suspension.

◊ ROBER\*1986\*1\*\*131

**adulte** n. m.
    *(Biologie - Croissance et nutrition)*

Espèce parvenue au terme de sa croissance (p. ex. moule adulte, truite adulte).

Voir aussi **animal adulte, poisson adulte, stade adulte**

◊ PARSE\*1990\*\*\*11, CAPQ-2\*1992\*\*\*21, CUPER\*1992\*\*\*330

*Aequipecten irradians*
    voir pétoncle de baie

**aérateur** n. m.
    *(Installations - Eau)*

Appareil servant à accroître l'oxygénation de l'eau.

◊ LAROG\*1982\*1\*\*129

**aérateur de surface** n. m.
    *(Installations - Eau)*

Appareil qui fait gicler l'eau dans l'air, favorisant les échanges gazeux et augmentant la concentration en oxygène dans l'eau. L'action mécanique de l'aérateur amène un brassage de l'eau sur un certain périmètre.

◊ CAPQ-11\*1992\*\*\*25

**water softening**
    softening \*
    *(Water - Treatment and Filtration)*

A water-treatment process by which undesirable cations of calcium and magnesium are removed from hard waters.

\* Term standardized by ISO.

**adsorption**
    *(Water - Treatment and Filtration)*

The surface retention of solid, liquid, or gas molecules, atoms, or ions by a solid or liquid.

◊ LASTE\*1989\*\*\*37

**adult**
    *(Biology - Growth and Nutrition)*

A fully-grown species (e.g. adult mussel, adult trout).

See also **adult animal, adult fish, adult stage**

◊ GACAN\*1983\*\*\*17, LANAQ\*1992\*\*\*351

**aerator**
    *(Facilities - Water)*

A device which adds air or oxygen to water.

◊ LAFRE\*1984\*\*\*509

**surface aerator**
    *(Facilities - Water)*

A device that injects water into the air and increases the surface area of the culture medium by agitating it with a mechanical device. The dissolved oxygen rises when the surface water is thrown up and mixes with the air above the water, and then falls back down into the pond or tank.

◊ LANAQ\*1992\*\*\*105, 106, 112

**aérateur mécanique**     n. m.

*(Installations - Eau)*

Appareil servant à introduire de l'oxygène atmosphérique dans un liquide.

◊ OLFEB*1981***7

**aérateur rotatif**

voir aérateur roue à palettes

**aérateur roue à palettes**    n. m.
aérateur rotatif    n. m.

*(Installations - Eau)*

Aérateur de surface comportant une roue à palettes, permettant d'effectuer une agitation mécanique de l'eau dans le but d'accroître l'oxygène.

◊ OLFEB*1981***8, ROBER*1986*1**136

**aération**    n. f.

*(Eau - Traitement et filtration)*

Introduction d'air dans une eau pour en améliorer les qualités ou en faciliter le traitement.

◊ ROBER*1986*1**136

**aération de surface**    n. f.
aération par surface    n. f.

*(Eau - Traitement et filtration)*

Technique consistant à aérer un liquide par pénétration d'air à travers sa couche superficielle.

◊ PARSE*1990***11, INDUS*1986***13

**aération mécanique**    n. f.

*(Eau - Traitement et filtration)*

Introduction d'air dans une eau par l'action mécanique d'une palette, d'une turbine ou d'un mécanisme de pulvérisation.

◊ OLFEB*1981***7

**mechanical aerator**

*(Facilities - Water)*

A mechanical device for the introduction of the atmospheric oxygen into a liquid.

◊ IWATE*1981***201

**paddlewheel**

V. s. paddle wheel
paddlewheel aerator
V. s. paddle wheel aerator

*(Facilities - Water)*

A surface aerator consisting of an electrically driven, floating device commonly used in ponds to break up or agitate the water and increase the surface area available for oxygen transfer.

◊ PILLA*1990***60, WICRU*1992***377

**aeration**

*(Water - Treatment and Filtration)*

The addition of oxygen or air to water; used in aquaculture to intensify production by maintaining good water quality.

◊ IVAQU*1992***268

**surface aeration**

*(Water - Treatment and Filtration)*

A process that increases the surface area of a culture medium by agitating it with a mechanical device.

◊ LANAQ*1992***105

**mechanical aeration**

*(Water - Treatment and Filtration)*

The aeration of water by mechanical means.

**aération par diffusion d'air**     n. f.

*(Eau - Traitement et filtration)*

Introduction d'air dans une eau, à l'aide d'un diffuseur, dans le but de l'oxygéner.

◊ OLFEB*1981***8

**aération par roues à palettes**     n. f.

*(Eau - Traitement et filtration)*

Méthode d'aération de l'eau comportant une agitation mécanique à l'aide de roues à palettes.

◊ OLFEB*1981***8

**aération par surface**
    voir aération de surface

**aérobie**     adj.

*(Biologie)*

Se dit des microorganismes qui ne peuvent vivre qu'en présence d'oxygène libre ou dissous et, par extension, se rapporte aux états caractérisés par la présence d'oxygène libre dans l'eau.

Voir aussi **anaérobie**

◊ CILFO*1989***7

**affinage**     n. m.

*(Ostréiculture - Techniques et méthodes)*

Opération par laquelle les huîtres sont engraissées dans des claires dans le but de les faire verdir avant leur mise en marché.

Voir aussi **verdissement (des huîtres), claire**

◊ AQUAC*1986*1**379, BOUGOC*1976***210

**agar**     n. m.
    agar-agar     n. m.

*(Algoculture)*

Substance mucilagineuse de nature glucidique synthétisée par des algues rouges (p. ex. *Gelidium*, *Gracilaria* et *Eucheuma*) ; insoluble dans l'eau froide, mais soluble dans l'eau très chaude, elle donne en refroidissant des gels colloïdaux.

◊ CILFO*1989***10

**diffused air aeration**
    air diffusion aeration

*(Water - Treatment and Filtration)*

Aeration produced in a liquid by air passed through a diffuser.

◊ IWATE*1981***102

**paddlewheel aeration**
    V. s. paddle wheel aeration

*(Water - Treatment and Filtration)*

Aeration method consisting of a circular motion in the water by the use of paddlewheels which provide a more even distribution of dissolved oxygen.

◊ WICRU*1992***145

**aerobic**     adj.

*(Biology)*

Referring to an environment which contains free oxygen, or an organism which requires such an environment.

See also **anaerobic**

◊ LAFRE*1984***509

**growout (of oysters)**
    V. s. grow-out (of oysters)
    fattening (of oysters)

*(Oyster Culture - Techniques and Methods)*

The final growth of oysters in special ponds called claires where they are greened for the market.

See also **greening of oysters, claire**

◊ PILLA*1990***484, LANAQ*1992***173

**agar**
    agar-agar

*(Algal Culture)*

Any of various colloidal extractives of certain red algae as of the genera *Gelidium*, *Gracilaria*, and *Eucheuma* that have the ability to swell in cold water and to dissolve in hot water.

◊ WEBIN*1986***39

**agar-agar**
  voir agar

**agent causal**                     n. m.
  agent pathogène           n. m.
  agent étiologique          n. m.
  agent responsable         n. m.

**causal agent**
  causative agent
  etiologic agent
  pathogenic agent
  disease agent

*(Pathologie et prédateurs)*

Agent physique, chimique ou biologique pouvant causer une maladie.

◊ PEROB*1996***42, 1608, PATH*1985***111, 114, 157

*(Pathology and Predators)*

A physical, chemical or biological factor that causes disease.

◊ PIPFI*1986***478, PILLA*1990***185

**agent étiologique**
  voir agent causal

**agent oxydant**
  voir oxydant

**agent pathogène**
  voir agent causal

**agent polluant**
  voir polluant

**agent responsable**
  voir agent causal

**agglutination des œufs**
  voir adhésivité des œufs

**agitateur**                     n. m.

*(Installations - Eau)*

Appareil destiné à assurer le mélange et l'aération de l'eau, soit par moyen mécanique, soit par insufflation d'air.

◊ OLFEB*1981***11

**agitator**

*(Facilities - Water)*

A mechanical apparatus for mixing or aerating water, commonly used to provide emergency aeration in hatchery ponds.

◊ IWATE*1981***6, FISFA*1988***275

**aire de fraie**
  voir frayère

**aire de fraye**
  voir frayère

**aire de ponte**
  voir frayère

**aire de reproduction**     n. f.
    lieu de reproduction     n. m.
    site de reproduction     n. m.
    zone de reproduction     n. f.

*(Reproduction et génétique)*

Aire où les animaux aquatiques se rassemblent au moment de la reproduction.

◊ AQUAC*1986*2**741, 629, AMEN*1980***124, PISET*1980***23

**breeding ground**
    breeding site

*(Reproduction and Genetics)*

The site where reproduction of aquatic animals takes place.

◊ PILLA*1990***156, 211

---

**alcalinité ***      n. f.

*(Eau - Milieu de culture)*

Capacité d'un milieu aqueux à réagir quantitativement avec des ions hydrogène.

* Terme normalisé par l'ISO.

◊ INDUS*1986***22

**alkalinity ***

*(Water - Culture Medium)*

The capacity of water to neutralize excess hydrogen ions (acidity).

* Term standardized by ISO.

◊ LAFRE*1984***509, WICRU*1992***368

---

**alcalinité carbonatée**     n. f.

*(Eau - Milieu de culture)*

Alcalinité causée par les ions carbonates et bicarbonates.

◊ OLFEB*1981***13

**carbonate alkalinity**

*(Water - Culture Medium)*

The amount of acid that the carbonate and bicarbonate ions in the water can react with.

◊ LANAQ*1992***29

---

**aldrine**     n. f.

*(Milieu de culture - Terminologie générale)*

Produit de synthèse organochloré, très toxique et à forte rémanence, principalement utilisé comme insecticide.

◊ PARSE*1990***21

**aldrin**
    V. s. Aldrin *

*(Culture Medium - General Terminology)*

A water-insoluble, white, crystalline compound used as a pesticide.

* Registered Trademark

◊ LASTE*1989***58

---

**alevin**     n. m.
    fretin     n. m., cour.

*(Pisciculture - Croissance et nutrition)*

1. Jeune poisson n'ayant pas encore acquis les formes de l'adulte.

2. Jeune poisson dont le sac vitellin est résorbé.

◊ CILFO*1989***14, LAROG*1982*1**273

**fry**

*(Fish Farming - Growth and Nutrition)*

1. Young or recently hatched fishes.

2. Young fishes which have mostly absorbed their yolk sac.

◊ WEBIN*1986***917

---

**alevin à vésicule non résorbée**
    voir alevin vésiculé

**alevin à vésicule résorbée**
    voir alevin nageant

**alevin après résorption**
  voir alevin nageant

**alevin nageant**                      n. m.
  alevin après résorption               n. m.
  alevin à vésicule résorbée            n. m.

*(Salmoniculture - Croissance et nutrition)*

Alevin qui a résorbé son sac vitellin et qui est prêt à ingérer sa première prise de nourriture.

◊ PISET*1980***309-310

**alevin vésiculé**                     n. m.
  alevin à vésicule non résorbée        n. m.

*(Pisciculture - Croissance et nutrition)*

Très jeune poisson vivant encore des réserves alimentaires de son sac vitellin.

◊ PARSE*1990***22, GESPI*1985***193, 205, HUET*1970***165

**alevinage**
  voir ensemencement

**aleviner**
  voir ensemencer

**alginate**                            n. m.
  *(Algoculture)*
  Sel de l'acide alginique.
  ◊ LAROG*1982*1**294

**algine**                              n. f.
  *(Algoculture)*

Substance glaireuse et incolore extraite de certaines algues brunes (surtout les laminaires) et composée d'acide alginique (algine purifiée) ou d'alginates, principalement d'alginate de sodium.

**swim-up fry**
  first-feeding fry
  free-swimming fry

*(Salmonid Farming - Growth and Nutrition)*

Fry which have almost absorbed their yolk sacs and are ready to take feed.

**OBS**
This term refers to salmonid fry.
◊ STFAR*1987***235, PIPFI*1986***254-255

**sac-fry**
  V. s. sac fry
  alevin *
  yolk-sac fry                          [UK]
  yolk fry                              [UK]
  hatchling                             [UK]

*(Fish Farming - Growth and Nutrition)*

A very young fish which has not yet fully absorbed its yolk sac.

* The term *alevin* is used only for salmonids.

◊ STFAR*1987***230, WEBIN*1986***51, LANAQ*1992***265

**alginate**
  *(Algal Culture)*
  A salt of alginic acid.
  ◊ WEBIN*1986***52

**algin**
  *(Algal Culture)*

Any of various colloidal substances such as alginic acid (purified algin) or alginates (especially sodium alginate) that are extracted from marine brown algae, especially giant kelp.

**OBS**

Après broyage et traitement au carbonate de sodium, on obtient un phycocolloïde commercialisé sous forme de poudre. Le produit est utilisé pour ses propriétés gélifiantes et épaississantes en agro-alimentaire (laitages, gelées alimentaires), en cosmétique (crèmes et comprimés), en dentisterie (empreintes) et en pharmaceutique.

Voir aussi **acide alginique**

◊ LAROG*1982*1**294, CILFO*1989***14

| | |
|---|---|
| **algoculteur** | n. m. |
| algocultrice | n. f. |

*(Algoculture)*

Celui ou celle qui cultive des algues à des fins diverses.

Voir aussi **algoculture**

◊ CUPER*1992***112, 201, 418

**algocultrice**
   voir algoculteur

| | |
|---|---|
| **algoculture** | n. f. |
| culture d'algues | n. f. |
| culture des algues | n. f. |

*(Types d'aquaculture)*

Production contrôlée d'algues à des fins alimentaires ou industrielles, soit en milieu naturel, soit en milieu artificiel.

**OBS**

Les algues produites en milieu artificiel sont utilisées pour nourrir les espèces animales en stade larvaire élevées en écloserie.

Voir aussi **culture de macroalgues, phytoculture**

◊ CILFO*1989***14, GIRAQ*1991***32, 44

| | |
|---|---|
| **algologie** | n. f. |
| phycologie | n. f. |

*(Algoculture)*

Science qui a pour objet l'étude des algues.

◊ PARSE*1990***22

| | |
|---|---|
| **algologue** | n. |
| phycologue | n. |

*(Algoculture)*

Spécialiste de l'algologie.

Voir aussi **algologie**

◊ CILFO*1989***14, LAROG*1982*1**294

**OBS**

Sodium salt is obtained in the form of a white to brown powder by extraction from kelp with a soda solution and is used chiefly as a stabilizing, emulsifying, thickening, coating, or water-holding agent in foods, pharmaceuticals, cosmetics, and cold-water paints, in sizing textiles, in creaming rubber latex, and as a base for dental-impression materials.

See also **alginic acid**

◊ WEBIN*1986***52

**algal culturist**

*(Algal Culture)*

A person who propagates algae for various purposes.

See also **algal culture**

**algal culture**

*(Aquaculture Types)*

The culture of algae for nutritional or industrial purposes in a natural or artificial medium.

**OBS**

Algae cultured in an artificial medium are used to feed the first larval stages of species cultivated in hatcheries.

See also **macroalgae culture, microalgae culture**

◊ PILLA*1990***108, LANAQ*1992***162

**algology**
   phycology

*(Algal Culture)*

The study or science of algae.

◊ WEBIN*1986***52

**algologist**
   phycologist

*(Algal Culture)*

One that studies algology.

See also **algology**

◊ WEBIN*1986***52

**algue**        n. f.

*(Algoculture)*

Végétal aquatique de l'embranchement des thallo-phytes, de forme unicellulaire ou pluricellulaire.

Voir aussi **macroalgue, microalgue**

◊ CILFO*1989***15, LAROG*1982*1**295

**algue de culture**        n. f.

*(Algoculture)*

Algue obtenue par intervention humaine sur une partie du cycle vital.

Voir aussi **algue sauvage**

◊ CUPER*1992***162, AQUAC*1986*2**893

**algue filamenteuse**        n. f.

*(Biologie)*

Espèce d'algue composée de cellules formant de longs filaments.

◊ AQUAC*1986*2**970, 977, SOMOL*1992***75

**algue sauvage**        n. f.

*(Algoculture)*

Algue dont le cycle vital s'est déroulé sans interven-tion humaine.

Voir aussi **algue de culture**

◊ AQUAC*1986*2**893

**algue unicellulaire**        n. f.

*(Algoculture)*

Algue formée d'une seule cellule, p. ex. les diatomées.

**algues bleues**        n. f. pl.
    cyanophycées        n. f. pl.

*(Algoculture)*

Algues de couleur bleu-vert, dont les cellules n'ont pas de noyau morphologiquement défini, qui se rap-prochent des bactéries.

◊ OLFEB*1981***127, GPP*1985***G2

**alga *** 

*(Algal Culture)*

One of a large group of aquatic plants which have a relatively simple body construction varying from a single cell to a multicellular ribbon-like thallus.

* Plural: algae

See also **macroalga, microalga**

◊ ALENV*1983***16, GACAN*1983***28

**cultured alga**
    cultivated alga

*(Algal Culture)*

An alga produced using human intervention and/or technology at some stage of its life cycle.

See also **wild alga**

**filamentous alga**

*(Biology)*

A species of algae in which individual cells are con-nected in long, hair-like filaments.

◊ LAFRE*1984***513

**wild alga**

*(Algal Culture)*

An alga obtained without human intervention in its life cycle.

See also **cultured alga**

**single-celled alga**
    unicellular alga

*(Algal Culture)*

An alga consisting of one cell, e.g. diatoms.

**blue algae**        n. pl.
    blue-green algae        n. pl.
    Cyanophyceae        n. pl.

*(Algal Culture)*

Algae blue-green in color and distinguished by their algalike biology and bacteriumlike cell organization.

◊ LASTE*1989***423, LANAQ*1992***329

| algues brunes | n. f. pl. |
| phéophycées | n. f. pl. |
| V. o. phaéophycées | n. f. pl. |

*(Algoculture - Espèces aquacoles)*

Algues de l'ordre des fucales ou des laminariales, qui contiennent les chlorophylles *a* et *c*, ainsi que la fucoxanthine qui leur donne leur couleur caractéristique brune ou vert olive.

**OBS**

On trouve des formes microscopiques et des formes géantes d'algues marines telles les laminaires pouvant atteindre 70 m de long.

◊ LAROG*1982*1**251, 295, FONS*1992***7

| algues rouges | n. f. pl. |
| rhodophycées | n. f. pl. |

*(Algoculture - Espèces aquacoles)*

Algues dont la couleur rouge résulte de l'abondance de phycoérythrine.

◊ LAROG*1982*9**8987, FONS*1992***7

| algues vertes | n. f. pl. |
| chlorophycées | n. f. pl. |

*(Algoculture - Espèces aquacoles)*

Algues ne possédant comme pigment que de la chlorophylle et caractérisées par leur couleur verte non masquée par d'autres pigments.

| aliment | n. m. |
| nourriture | n. f. |

*(Croissance et nutrition)*

Mélange ou préparation servant à la nutrition des espèces aquacoles.

◊ AQUAC*1986*2**843, 674, 530

| aliment artificiel | n. m. |
| nourriture artificielle | n. f. |

*(Croissance et nutrition)*

Aliment sous forme de pâtées ou granulés fabriqués industriellement.

Voir aussi **aliment naturel**

◊ AQUAC*1986*1**254, AQUAC*1986*2**590, 747, BOUGOC*1976***213

| brown algae | n. pl. |
| Phaeophyceae | n. pl. |
| kelp 1 | |

*(Algal Culture - Aquaculture Species)*

Algae containing chlorophylls *a* and *c* as well as fucoxanthin, which provides the distinctive brown to brownish green color, of the order Fucales or Laminariales.

**OBS**

Microscopic forms to large kelp more than 70 metres long can be found.

◊ ENSCI*1991*13**251, PILLA*1990***512, PHYT*1978***189

| red algae | n. pl. |
| Rhodophyceae | n. pl. |

*(Algal Culture - Aquaculture Species)*

Algae distinguished by its red color derived from an abundance of the pigment phycoerythrin.

◊ WEBIN*1986***1900, LANAQ*1992***143

| green algae | n. pl. |
| Chlorophyceae | n. pl. |

*(Algal Culture - Aquaculture Species)*

Algae distinguished chiefly by having a clear green color, their chlorophyll being masked or altered little or not at all by other pigments.

feed
  aquaculture feed

*(Growth and Nutrition)*

A mixture or preparation for feeding aquaculture animals.

◊ WEBCO*1987***454, LANAQ*1992***133, PILLA*1990***5

artificial feed

*(Growth and Nutrition)*

A manufactured feed mixture which consists of pellets or moist feed.

See also **natural feed**

◊ LANAQ*1992***142, WAST*1979***356

**aliment complémentaire**     n. m.
    nourriture complémentaire     n. f.
    aliment supplémentaire     n. m.
    nourriture supplémentaire     n. f.

*(Croissance et nutrition)*

Aliment servant de complément au régime des animaux aquatiques en fournissant des protéines ou autres nutriments nécessaires.

◊ AQUAC*1986*1**481, BAMI*1991***45

**supplemental feed**
    supplementary feed

*(Growth and Nutrition)*

A feed formulated to provide additional protein, energy, and other nutrients to aquaculture animals utilizing natural food.

◊ BEVCA*1987***179, PILLA*1990***131

**aliment de croissance**     n. m.
    aliment de grossissement     n. m.

*(Croissance et nutrition)*

Aliment répondant aux besoins nutritionnels des animaux aquatiques dans la phase d'engraissement.

Voir aussi **engraissement, aliment de départ**

◊ CAPQ-5*1992***28, AQUAC*1986*2**1005

**grower feed**
    grow-out feed
    V. s. growout feed

*(Growth and Nutrition)*

Feed that fulfills the nutritional requirements of aquatic animals during grow-out.

See also **grow-out, starter feed**

◊ LANAQ*1992***236, 237, PILLA*1990***130

**aliment de démarrage**
    voir aliment de départ

**aliment de départ**     n. m.
    aliment de démarrage     n. m.

*(Croissance et nutrition)*

Aliment donné aux alevins.

Voir aussi **aliment de croissance**

◊ CAPQ-5*1992***28

**starter feed**

*(Growth and Nutrition)*

Feed given to fry.

See also **grower feed**

◊ LANAQ*1992***236, PILLA*1990***130

**aliment de grossissement**
    voir aliment de croissance

**aliment en granulés**
    voir aliment granulé

**aliment en microcapsules**     n. m.

*(Croissance et nutrition)*

Très petites particules de nourriture sous forme de capsules.

◊ AQUAC*1986*1**235, 476

**microencapsulated feed**
    V. s. micro-encapsulated feed

*(Growth and Nutrition)*

Very small particles containing compounded ingredients and surrounded by a digestible coat.

◊ WICRU*1992***375, PILLA*1990***470

**aliment en microparticules**     n. m.

*(Croissance et nutrition)*

Très petites particules de nourriture fabriquées pour l'alimentation des larves.

◊ AQUAC*1986*1**485

**aliment en miettes**     n. m.
    miettes     n. f. pl.

*(Croissance et nutrition)*

Aliment désagrégé en petits fragments.

◊ CAPQ-5*1992***31, LAROG*1982*7**6935, AQUAC*1986*2**553

**aliment formulé**     n. m.
    mélange alimentaire spécial     n. m.

*(Croissance et nutrition)*

Combinaison d'ingrédients répondant à un besoin spécifique en nutriments.

◊ AQUAC*1986*2**1012, ELSAQ*1991***103

**aliment granulé**     n. m.
    aliment en granulés     n. m.
    nourriture en granulés     n. f.

*(Croissance et nutrition)*

Aliment sous forme de granulés obtenus par diverses méthodes (pressage, vapeur, chaleur).

**OBS**

En faisant varier le contenu en eau et en choisissant des ingrédients ayant une capacité liante, on peut former des granulés secs, humides ou semi-humides.

Voir aussi **granulé sec, granulé semi-humide, granulé humide**

◊ CAPQ-5*1992***28, AQUAC*1986*2**729

**aliment humide**     n. m.

*(Croissance et nutrition)*

Aliment dont la composition comprend des poissons entiers ou coupés en morceaux (p. ex. le hareng ou le caplan).

◊ CAPQ-5*1992***24

**micro-particulate feed**

*(Growth and Nutrition)*

Very small particles of food manufactured for larvae.

◊ WICRU*1992***375

**crumble feed**
    crumbles     n. pl.

*(Growth and Nutrition)*

Feed crushed in small fragments.

◊ WEBIN*1986***546, PILLA*1990***140

**formulated feed**

*(Growth and Nutrition)*

A combination of ingredients that provides specific amounts of nutrients in the diet.

◊ PIPFI*1986***234, 481, PILLA*1990***438

**pelleted feed**
    pelletized feed

*(Growth and Nutrition)*

Feed composed of pellets obtained by the use of different methods (moisture, heat and pressure).

**OBS**

Dry, semi-moist and moist pellets are processed by varying the water content and by the use of binding ingredients.

See also **dry pellet, semi-moist pellet, moist pellet**

◊ BROFI*1980***221, LANAQ*1992***197, PILLA*1990***95, 371

**wet feed**

*(Growth and Nutrition)*

Feed composed of whole fish or minced fish as herring or smelts.

◊ PILLA*1990***130, 330

**aliment naturel**      n. m.
     nourriture naturelle      n. f.

*(Croissance et nutrition)*

Nourriture obtenue dans le milieu de culture ou qui n'a pas subi de traitement (p. ex. algues, zooplancton, poissons broyés, grains).

Voir aussi **aliment artificiel**

◊ CAPQ-5*1992***24, AQUAC*1986*2**1034

**natural feed**
     natural food

*(Growth and Nutrition)*

Food obtained from the immediate environment or that has not been processed (e.g. algae, zooplankton, minced fish, grains).

See also **artificial feed**

◊ LANAQ*1992***142, PIPFI*1986***233

---

**aliment pigmenté**      n. m.

*(Croissance et nutrition)*

Aliment contenant un pigment synthétique destiné à colorer la chair des poissons.

**pigmented feed**

*(Growth and Nutrition)*

A feed containing a synthetic pigment used to colour the flesh of fish.

---

**aliment sec**      n. m.

*(Croissance et nutrition)*

Aliment déshydraté, séché par suite d'un traitement approprié en vue de la conservation.

◊ ROBER*1986*8**654, CAPQ-5*1992***21

**dry feed**
     dry food

*(Growth and Nutrition)*

Feed with most of the water removed from the ingredients to improve storage qualities.

◊ LAFRE*1984***512, LANAQ*1992***221

---

**aliment supplémentaire**
     voir aliment complémentaire

---

**alimentation artificielle**      n. f.

*(Croissance et nutrition)*

Apport de nourriture artificielle aux organismes d'élevage.

Voir aussi **aliment artificiel, alimentation naturelle**

◊ SITMO*1995***31, AQUAC*1986*2**932, PISET*1980***185

**artificial feeding**

*(Growth and Nutrition)*

The provision of artificial feeds to cultured organisms.

See also **artificial feed, natural feeding**

◊ PILLA*1990***30, 291

---

**alimentation complémentaire**      n. f.
     alimentation supplémentaire      n. f.
     complémentation      n. f. [FR]

*(Croissance et nutrition)*

Apport d'un complément de nourriture pour assurer un rendement élevé.

◊ CILFO*1989***119, CAPQ-2*1992***49, AQUAC*1986*1**481

**supplemental feeding**
     supplementary feeding

*(Growth and Nutrition)*

Feeding not to improve a complete diet but to enhance growth by qualitatively improving on the natural diet.

◊ LAFRE*1984***519

---

**alimentation d'une nappe souterraine**
     voir alimentation (en eau)

**alimentation (en eau)** n. f.
    alimentation d'une nappe
        souterraine n. f.

*(Eau)*

Réapprovisionnement en eau de la zone de saturation d'une formation aquifère par des processus naturels ou des méthodes artificielles.

◊ PARSE*1990***22

**alimentation (en nourriture)** n. f.
    nourrissage n. m.

*(Croissance et nutrition)*

Apport de nourriture aux espèces aquacoles en vue
de combler leurs besoins nutritionnels.

◊ CAPQ-5*1992***13

**alimentation manuelle** n. f.
    distribution manuelle de
        nourriture n. f.
    distribution manuelle d'aliments n. f.
    distribution manuelle n. f.

*(Croissance et nutrition)*

Alimentation des animaux d'élevage qui consiste à
distribuer les aliments à la main.

◊ AQUAC*1986*2**551, 810, 930, 658, PATH*1985***284

**alimentation naturelle** n. f.

*(Croissance et nutrition)*

Apport d'aliments naturels aux organismes d'élevage.

Voir aussi **aliment naturel, alimentation artificielle**

◊ PISET*1980***19, 400, AQUAC*1986*2**758

**alimentation supplémentaire**
    voir alimentation complémentaire

**allèle** n. m.
    gène allèle n. m.
    allélomorphe n. m., vieilli

*(Reproduction et génétique)*

Nom donné à deux gènes d'une paire de chromosomes,
formant paire eux-mêmes, ayant des emplacements
(loci) identiques sur chacun de ces deux chromosomes et possédant tous deux la même fonction, mais
chacun l'exerçant d'une manière différente.

◊ GAMED*1992***41, CAPQ-2*1992***58

**recharge**
    recharge of an aquifer
    ground-water recharge

*(Water)*

Process, natural or artificial, by which water is added
from outside to the zone of saturation of an aquifer,
either directly into a formation, or indirectly by way
of another formation.

◊ LANAQ*1992***25

**feeding**

*(Growth and Nutrition)*

The act of giving feed to aquaculture species to fulfill
their nutritional requirements.

◊ PILLA*1990***36

**hand feeding**
    V. s. hand-feeding

*(Growth and Nutrition)*

Feeding the culture animals by hand.

◊ LANAQ*1992***234, FISFA*1988***390

**natural feeding**

*(Growth and Nutrition)*

The provision of natural feed to culture organisms.

See also **natural feed, artificial feeding**

**allele**
    allelic gene
    allelic variant
    allelomorph            obsolete

*(Reproduction and Genetics)*

One of a pair, or series, of genes that are alternative
to each other in heredity and are situated at the same
site (locus) in homologous chromosomes.

◊ INZOO*1974***974, LANAQ*1992***131

**allèle dominant**        n. m.

*(Reproduction et génétique)*

Allèle (gène) dont l'effet se manifeste lorsqu'il est présent sur un seul des deux chromosomes de la paire (état hétérozygote).

Voir aussi **allèle récessif**

◊ PARSE*1990***166, LAROG*1982*4**3345-3346

**allèle récessif**        n. m.

*(Reproduction et génétique)*

Allèle (gène) dont l'effet ne se manifeste que s'il est présent sur les deux chromosomes de la paire (état homozygote).

Voir aussi **allèle dominant**

◊ PARSE*1990***487, CAPQ-2*1992***33

**allélomorphe**
    voir allèle

*Alosa alosa*
    voir alose 1

*Alosa sapidissima*
    voir alose savoureuse

**alose 1 \***        n. f.
    alose vraie        n. f. [FR]
    *Alosa alosa*

*(Pisciculture - Espèces aquacoles)*

Poisson anadrome de la famille des clupéidés, cultivé le long de la côte atlantique d'Europe, qui peut atteindre 70 cm de long et peser jusqu'à 3 kg.

\* Terme normalisé au Canada.

◊ LAROG*1982*1**348, NQ8070*1995***6,
  Q2721*1993***72

**alose 2**        n. f.

*(Pisciculture - Espèces aquacoles)*

Poisson anadrome de la famille des clupéidés (genre *Alosa*), qui remonte les rivières au printemps pour frayer.

◊ ROBER*1986*1**274

**dominant allele**

*(Reproduction and Genetics)*

An allele (gene) which is capable of expression when carried by only one of a pair of homologous chromosomes.

See also **recessive allele**

◊ LANAQ*1992***131, DOMED*1994***502

**recessive allele**

*(Reproduction and Genetics)*

An allele (gene) that is incapable of expression unless it is carried by both members of a pair of homologous chromosomes.

See also **dominant allele**

◊ DOMED*1994***1431, LANAQ*1992***131

**allis shad \***
    European shad
    *Alosa alosa*

*(Fish Farming - Aquaculture Species)*

An anadromous fish of the family Clupeidae cultured along the European Atlantic coast and sometimes reaching a length of 70 cm and weighing up to 3 kg.

\* Recommended term in Canada.

◊ PILLA*1990***381, WEBIN*1986***56,
  NQ8070*1995***6

**shad**

*(Fish Farming - Aquaculture Species)*

An anadromous fish of the family Clupeidae (genus *Alosa*) that ascends rivers in the spring to spawn.

◊ GACAN*1983***1028

**alose savoureuse ***       n. f.
    *Alosa sapidissima*

*(Pisciculture - Espèces aquacoles)*

Poisson anadrome de la famille des clupéidés, des côtes atlantique et pacifique de l'Amérique du Nord, qui est caractérisé par des taches noires derrière un opercule strié.

* Terme normalisé au Canada.

◊ GPP*1985***3:3, NQ8070*1995***6

**alose vraie**
    voir alose 1

**17-alpha méthyltestostérone**
    voir méthyltestostérone

**amanori**
    voir porphyre

**amarrage**
    voir mouillage

**amélioration génétique**      n. f.

*(Reproduction et génétique)*

Ensemble des techniques qui consistent à améliorer le potentiel héréditaire des individus d'une population.

◊ PARSE*1990***27, CAPQ-2*1992***16

**amibe**      n. f.

*(Pathologie et prédateurs)*

Protozoaire dont le corps est formé d'un protoplasme plus ou moins granuleux et transparent ; cette petite masse émet des prolongements ou pseudopodes rétractiles et change continuellement de forme.

**OBS**
Certaines amibes sont des parasites, surtout d'animaux.

◊ QUENC*1977*1**230

**amidon**      n. m.

*(Croissance et nutrition)*

Principale forme de réserve glucidique des végétaux, surtout abondante dans les racines (manioc, igname), les tubercules (pomme de terre), les fruits et les graines (céréales, légumineuses).

◊ LAROG*1982*1**406

**American shad ***
    *Alosa sapidissima*

*(Fish Farming - Aquaculture Species)*

An anadromous fish of the family Clupeidae of the Atlantic and Pacific coasts that is silvery with several dark spots behind the opercle.

* Recommended term in Canada.

◊ WEBIN*1986***2083, NQ8070*1995***6

**breeding**

*(Reproduction and Genetics)*

The application of genetic principles in order to improve individuals of a certain species.

◊ LASTE*1989***254

**amoeba**
    V. s. ameba

*(Pathology and Predators)*

Any of a genus *(Amoeba)* of protozoans found in water or moist soil or living as parasites especially in animals; they move by forming temporary footlike projections which are constantly changing.

◊ GACAN*1983***38, LANAQ*1992***119

**starch**

*(Growth and Nutrition)*

A white odorless tasteless granular or powdery complex carbohydrate that is the chief storage form of carbohydrate in plants and is obtained commercially especially from corn and potatoes.

◊ WEBIN*1986***2226

**amino-acide**
    voir acide aminé

**amino-acide essentiel**
    voir acide aminé essentiel

**amino-acide non essentiel**
    voir acide aminé non essentiel

**aminoacide**
    voir acide aminé

**aminoacide essentiel**
    voir acide aminé essentiel

**aminoacide non essentiel**
    voir acide aminé non essentiel

**amont**                         n. m.

*(Eau)*

Partie d'un cours d'eau comprise entre un point et la source.

Voir aussi **aval**

◊ OLFEB*1981***17

**upstream**

*(Water)*

The direction nearer the source of a stream.

See also **downstream**

◊ WEBIN*1986***2519

**amour argenté**                n. m.
    carpe argentée               n. f.
    *Hypophthalmichthys molitrix*

*(Pisciculture - Espèces aquacoles)*

Une des espèces de carpes chinoises.

◊ GIRAQ*1991***60

**silver carp**
    *Hypophthalmichthys molitrix*

*(Fish Farming - Aquaculture Species)*

A species of Chinese carps.

◊ PILLA*1990***286

**amour blanc**                  n. m.
    carpe de roseau              n. f.
    carpe herbivore              n. f.
    *Ctenopharyngodon idella*

*(Pisciculture - Espèces aquacoles)*

Poisson du genre *Ctenopharyngodon*, originaire d'Asie, utilisé pour contrôler l'efflorescence algale dans les installations aquacoles parce qu'il se nourrit de végétaux supérieurs.

◊ MNC-46*1990***59, PISET*1980***269

**grass carp**
    *Ctenopharyngodon idella*

*(Fish Farming - Aquaculture Species)*

A large carp of the genus *Ctenopharyngodon* of Asia inland waters that is used to control algal bloom in culture situations.

◊ OXFO*1989*6**771

**amphibiotique**      adj.

*(Biologie)*

Se dit des insectes dont les larves sont aquatiques.

Voir aussi **larve de chironome,
poisson amphibiotique**

◊ LAROG*1982*1**422

**amphineure**      n. m.

*(Conchyliculture - Biologie)*

Mollusque de la classe des amphineures.

Voir aussi **amphineures**

◊ LAROG*1982*1**424

**amphineures**      n. m. pl.
    V. o. Amphineures      n. m. pl.

*(Conchyliculture - Biologie)*

Classe de mollusques marins comprenant les chitons, dont le corps, sans tentacules ni yeux, est en général protégé par une coquille formée de plaques articulées.

◊ ROBER*1986*1**333

**Amphineures**
    voir amphineures

**amylase**      n. f.

*(Croissance et nutrition)*

Enzyme qui permet l'hydrolyse de l'amidon en dextrine, puis en maltose.

◊ PARSE*1990***31, CAPQ-5*1992***13

*Anadara granosa*
    voir arche

*Anadora granosa*
    voir arche

**anadromie**      n. f.

*(Pisciculture - Reproduction et génétique)*

Migration des poissons qui remontent de la mer vers les eaux dessalées ou douces pour se reproduire.

Voir aussi **catadromie**

◊ ARECO*1976***244-245

**amphibiotic**      adj.

*(Biology)*

Terrestrial in the adult stage but aquatic as a larva.

See also **chironomid larva, amphidromous fish**

◊ WEBIN*1986***73

**amphineuran**

*(Mollusc Culture - Biology)*

A mollusc of the class Amphineura.

See also **Amphineura**

◊ LANAQ*1992***165

**Amphineura**      n. pl.

*(Mollusc Culture - Biology)*

A class of bilaterally symmetrical marine molluscs such as the chitons, having two lateral and two ventral nerve cords.

◊ WEBIN*1986***73, LASTE*1989***80,
LANAQ*1992***165

**amylase**
    diastase

*(Growth and Nutrition)*

An enzyme that accelerates the hydrolysis of starch to dextrin, then maltose.

◊ PILLA*1990***92, ALENV*1983***24

**anadromy**

*(Fish Farming - Reproduction and Genetics)*

The migration of some fish from the sea into freshwater for breeding.

See also **catadromy**

◊ ALENV*1983***25

**anaérobie**      adj.

*(Biologie)*

Se dit des microorganismes qui se développent en l'absence d'air ou d'oxygène et, par extension, se rapporte aux conditions caractérisées par l'absence d'oxygène libre dans l'environnement aquatique.

Voir aussi **aérobie**

◊ CILFO*1989***19

**ancrage**

voir mouillage

**androgenèse**      n. f.
     V. o. androgénèse      n. f.
     parthénogenèse mâle      n. f.
     V. o. parthénogénèse mâle      n. f.

*(Reproduction et génétique)*

Développement d'un embryon sous l'influence des seuls chromosomes paternels.

Voir aussi **gynogenèse**

◊ ROBER*1986***360, CILFG-32*1991***27

**androgénèse**

voir androgenèse

**anémie**      n. f.

*(Pathologie et prédateurs)*

Diminution du nombre de globules rouges du sang et de leur teneur en hémoglobine.

◊ PEROB*1995***81, PATH*1985***54, 206

*Anguilla anguilla*

voir anguille d'Europe

*Anguilla rostrata*

voir anguille américaine

**anguille**

voir anguille américaine

**anaerobic**      adj.

*(Biology)*

Referring to a process or organism not requiring oxygen. In ponds, an indication of undesirable substrate conditions.

See also **aerobic**

◊ PIPFI*1986***471, WICRU*1992***368

**androgenesis**

male parthenogenesis

*(Reproduction and Genetics)*

Development in which the embryo contains only paternal chromosomes due to failure of the egg nucleus to participate in fertilization.

See also **gynogenesis**

◊ WEBIN*1986***81, SCITF*1988***34, PILLA*1990***344

**anemia**

     V. s. anaemia      [UK]

*(Pathology and Predators)*

A condition marked by significant decreases in hemoglobin concentration and in the number of circulating red blood cells.

◊ LASTE*1989***88, PILLA*1990***175

**anguille américaine**     n. f.
    anguille *     n. f.
    *Anguilla rostrata*

*(Pisciculture - Espèces aquacoles)*

Poisson d'Amérique du Nord, de la famille des anguillidés, qui vit dans l'eau douce de l'Atlantique et se reproduit dans les eaux salées de la mer des Sargasses.

* Terme normalisé au Canada.

**OBS**

Les stades de développement de l'anguille sont les suivants : larve leptocéphale, civelle cristalline, civelle pigmentée, anguille jaune et anguille argentée.

Voir aussi **anguille d'Europe**

◊ LAROG*1982*1**487, AQUAC*1986*2**740, 743, NQ8070*1995***7

**anguille argentée**     n. f.

*(Pisciculture - Croissance et nutrition)*

Anguille mature, capable de se reproduire en mer, caractérisée par un ventre blanc argenté et un dos plus sombre.

◊ AQUAC*1986*2** 743, 744, 746

**anguille d'Europe**     n. f.
    anguille européenne     n. f.
    *Anguilla anguilla*

*(Pisciculture - Espèces aquacoles)*

Anguille d'Europe, de la famille des anguillidés, qui vit en eau douce et se reproduit dans les eaux salées de la mer des Sargasses.

Voir aussi **anguille américaine**

◊ POISEU*1979***60, LAROG*1982*1**487

**anguille européenne**
    voir anguille d'Europe

**anguille jaune**     n. f.

*(Pisciculture - Croissance et nutrition)*

Anguille en croissance pendant une période de 5 à 20 ans environ, avant de devenir une anguille argentée.

◊ AQUAC*1986*2**744

**American eel ***
    *Anguilla rostrata*

*(Fish Farming - Aquaculture Species)*

A North-American fish of the family Anguillidae that lives in the freshwater of the Atlantic and spawns in the saltwater of the Sargasso Sea.

* Recommended term in Canada.

**OBS**

Developmental stages of the eel are: leptocephalus larva, glass eel, elver, yellow eel and silver eel.

See also **European eel**

◊ FRESH*1992***21, NQ8070*1995***7

**silver eel**

*(Fish Farming - Growth and Nutrition)*

An eel that has just attained sexual maturity, characterized by a silvery color, and is able to return to the ocean to breed.

◊ WEBIN*1986***2119

**European eel**
    European freshwater eel
    *Anguilla anguilla*

*(Fish Farming - Aquaculture Species)*

A European eel of the family Anguillidae that lives in freshwater and spawns in the saltwater of the Sargasso Sea.

See also **American eel**

◊ LANAQ*1992***244

**yellow eel**

*(Fish Farming - Growth and Nutrition)*

An eel whose period of growth varies from about 5 to 20 years, before it matures as a silver eel.

◊ WEBIN*1986***2649

**anguilliculteur**       n. m.
    anguillicultrice       n. f.
    éleveur d'anguilles       n. m.
    éleveuse d'anguilles       n. f.

*(Pisciculture)*

Celui ou celle qui pratique l'anguilliculture.

Voir aussi **anguilliculture**

**eel farmer**

*(Fish Farming)*

A person who practices eel farming.

See also **eel farming**

**anguillicultrice**
    voir anguilliculteur

**anguilliculture**       n. f.

*(Pisciculture)*

Élevage de l'anguille.

◊ GIRAQ*1991***146

**eel farming**
    eel culture

*(Fish Farming)*

The rearing of eels.

◊ PILLA*1990***351, LANAQ*1992***244

**anhydride carbonique**
    voir dioxyde de carbone

**animal à sang froid**
    voir animal poïkilotherme

**animal adulte**       n. m.

*(Biologie - Croissance et nutrition)*

Animal parvenu au terme de sa croissance.

◊ PARSE*1990***11

**adult animal**

*(Biology - Growth and Nutrition)*

A fully-grown animal.

◊ GACAN*1983***17, LANAQ*1992***343

**animal filtreur**       n. m.
    filtreur       n. m.

*(Conchyliculture - Biologie)*

Animal (p. ex. l'huître, la moule) qui filtre sélectivement l'eau de mer pour en extraire le phytoplancton végétal ou les particules en suspension dont il se nourrit.

Voir aussi **animal limivore**

◊ AQUAC*1986*1**7, 287, 443, SOMOL*1992***32

**filter feeder**
    filter-feeding animal
    filter-feeding organism

*(Mollusc Culture - Biology)*

An animal (e.g. oyster, mussel) that obtains its food by filtering organic matter or minute organisms suspended in water.

See also **deposit feeder**

◊ WEBIN*1986***850, LANAQ*1992***44, 47, 329, 184

animal limivore     n. m.
    V. o. animal limnivore     n. m.
    limivore     n. m.
    V. o. limnivore     n. m.

*(Conchyliculture - Biologie)*

Animal (p. ex. la palourde) qui se nourrit de divers éléments organiques contenus dans la vase, ce qui l'oblige à ingérer de grandes quantités de vase qu'il rejette ensuite.

Voir aussi **animal filtreur**

◊ LAROG*1982*6**6307, ROBER*1986*6**5

**deposit feeder**
    limivorous animal

*(Mollusc Culture - Biology)*

An animal (e.g. clam) which engulfs masses of sediments and processes them through its digestive tract for the organic matter it contains.

See also **filter feeder**

◊ SUBIO*1988***415

animal limnivore
    voir animal limivore

animal pœcilotherme
    voir animal poïkilotherme

animal poïkilotherme     n. m.
    poïkilotherme     n. m.
    animal pœcilotherme     n. m.
    pœcilotherme     n. m.
    animal à sang froid     n. m., cour.

*(Biologie)*

Animal dont la température interne varie en fonction de la température du milieu où il se trouve.

◊ LAROG*1982*8**8236, 8240

**poikilotherm**
    poikilothermal animal
    poikilothermic animal
    poikilothermous animal
    cold-blooded animal     colloq.

*(Biology)*

An animal whose internal body temperature varies with and is largely controlled by environmental temperatures.

◊ SUBIO*1988***420, LAICH*1977***164, 216, HENBI*1989***415, LANAQ*1992***33

annélides     n. m. pl.
    V. o. Annélides     n. m. pl.

*(Pathologie et prédateurs)*

Embranchement important du règne animal comprenant les vers annelés.

◊ CILFO*1989***22, PATH*1985***142, 170

**annelids**     n. pl.
    Annelida     n. pl.

*(Pathology and Predators)*

A phylum of worms including the earthworms and leeches, with a body made up of joined segments or rings.

◊ WEBIN*1986***87, LAFRE*1984***87

Annélides
    voir annélides

anoxie     n. f.

*(Pathologie et prédateurs)*

Diminution ou suppression de l'oxygène délivré au niveau des tissus, entraînant la mort des animaux aquatiques.

◊ LAROG*1982*1**513

**anoxia**

*(Pathology and Predators)*

A total lack of oxygen or reduced supply of oxygen to the tissues causing mortality among aquatic animals.

◊ DOMED*1994***89, PILLA*1990***308

**anoxique**       adj.

*(Pathologie et prédateurs)*

Se dit de ce qui est caractérisé par l'anoxie ou de ce qui s'y rapporte.

◊ LAROG*1982*1**513

**anthéridie**       n. f.

*(Algoculture - Reproduction et génétique)*

Organe des algues où se forment les gamètes mâles.

◊ LAROG*1982*1**520

**antibiothérapie**       n. f.
   traitement aux antibiotiques     n. m.

*(Pathologie et prédateurs)*

Emploi thérapeutique de substances antibiotiques.

Voir aussi **antibiotique**

◊ GAMED*1992***69, BT-197*1990***22, PATH*1985***300

**antibiotique**       n. m.

*(Pathologie et prédateurs)*

Substance naturelle ou synthétique ayant la propriété d'inhiber la croissance des bactéries et autres micro-organismes (action bactériostatique) et même de les détruire (action bactéricide).

◊ LAROG*1982*1**527-528, CAPQ-5*1992***26

**anticorps**       n. m.

*(Pathologie et prédateurs)*

Protéine du sérum (immunoglobine) sécrétée par certains lymphocytes après l'introduction d'un antigène dans l'organisme.

◊ LAROG*1982*1**532, PATH*1985***25, 268

**antigène**       n. m.

*(Pathologie et prédateurs)*

Substance qui, introduite dans un organisme, est capable d'y provoquer la stimulation des cellules immunocompétentes responsables de la production d'anticorps ou d'une réaction immunitaire à médiation cellulaire.

◊ LAROG*1982*1**535, PATH*1985***248

**anoxic**       adj.

*(Pathology and Predators)*

Pertaining to or characterized by anoxia.

◊ DOMED*1994***89

**antheridium**

*(Algal Culture - Reproduction and Genetics)*

The sex organ that produces male gametes in algae.

◊ LASTE*1989***100

**antibiotic treatment**
   antibiotic therapy

*(Pathology and Predators)*

Use of antibiotics for therapeutic purposes.

See also **antibiotic**

◊ PILLA*1990***180

**antibiotic**

*(Pathology and Predators)*

A chemical substance produced by microorganisms and synthetically, that has the capacity in dilute solutions to inhibit the growth of, and even to destroy, bacteria and other microorganisms.

◊ LASTE*1989***101

**antibody**
   immune body       obsolete

*(Pathology and Predators)*

A protein found principally in blood serum (immunoglobin) originating either normally or in response to an antigen and characterized by a specific reactivity with its complementary antigen.

◊ LASTE*1989***101, PILLA*1990***188

**antigen**

*(Pathology and Predators)*

A substance which reacts with the products of specific humoral or cellular immunity, even those induced by related heterologous immunogens.

◊ LASTE*1989***103, LANAQ*1992***319

**antiseptique**      n. m.

*(Pathologie et prédateurs)*

Produit permettant d'éliminer ou de tuer les micro-organismes et d'inactiver les virus dans les tissus vivants.

◊ INDUS*1986***42

**aquacole ***      adj.
    aquicole      adj.

*(Terminologie générale)*

Se dit des techniques et des produits de l'aquaculture.

* Ce terme est plus répandu que *aquicole*.

◊ CILFO*1989***25

**aquaculteur**      n. m.
    V. o. aquiculteur      n. m.
    aquacultrice      n. f.
    V. o. aquicultrice      n. f.
    éleveur      n. m.
    éleveuse      n. f.

*(Terminologie générale)*

Celui ou celle qui pratique l'aquaculture.

**OBS**

Les termes *aquaculteur* et *aquacultrice* sont plus répandus que les termes *aquiculteur* et *aquicultrice*.

Voir aussi **aquaculture**

◊ GIRAQ*1991***13, CILFO*1989***25

**aquaculteur en mer libre**      n. m.
    aquacultrice en mer libre      n. f.
    éleveur en mer libre      n. m.
    éleveuse en mer libre      n. f.

*(Pisciculture)*

Celui ou celle qui pratique l'aquaculture en mer libre, p. ex. le pacage marin.

Voir aussi **pacage marin**

**aquacultrice**
    voir aquaculteur

**aquacultrice en mer libre**
    voir aquaculteur en mer libre

**antiseptic**

*(Pathology and Predators)*

A substance that kills or inhibits microorganisms, especially those infecting living tissues.

◊ PIPFI*1982***471

**aquacultural**      adj.
    aquicultural      adj.

*(General Terminology)*

Of, or relating to, or involving the methods and products of aquaculture.

◊ WEBIN*1986***108

**aquaculturist**
    farmer 1
    culturist

*(General Terminology)*

A person who practices aquaculture.

See also **aquaculture**

◊ WEBIN*1986***57a, LANAQ*1992***8, 210, PILLA*1990***109

**rancher**
    sea rancher
    ocean rancher

*(Fish Farming)*

A person who practices ocean ranching.

See also **ocean ranching**

**aquaculture**      n. f.
     V. o. aquiculture      n. f. [QC]

*(Terminologie générale)*

Ensemble des activités de culture ou d'élevage d'espèces animales et végétales en milieu aquatique à des fins diverses.

**OBS**

Le terme *aquaculture* est plus répandu que le terme *aquiculture*.

◊ CILFO*1989***25-26, ROBHI*1992*1**98, GIRAQ*1991***9

**aquaculture commerciale**      n. f.
     aquaculture de profit      n. f.

*(Terminologie générale)*

Aquaculture dont l'objectif est de faire des profits.

Voir aussi **aquaculture de subsistance**

◊ AGEP*1991***100-101, AQUAC*1986*2**1018

**aquaculture d'eau saumâtre**
     voir aquaculture en eau saumâtre

**aquaculture d'eaux saumâtres**
     voir aquaculture en eau saumâtre

**aquaculture de profit**
     voir aquaculture commerciale

**aquaculture de subsistance**      n. f.

*(Terminologie générale)*

Développement d'une production aquacole dont l'objectif est une production alimentaire destinée à la famille ou à un groupe de familles et dont les produits sont principalement consommés par les producteurs ou échangés avec des voisins proches.

Voir aussi **aquaculture commerciale**

◊ AGEP*1991***100-101, FAO-248*1985***3

**aquaculture**

*(General Terminology)*

The husbandry or rearing of aquatic animals and plants for various purposes.

◊ LANAQ*1992***3, COLD*1995***xi, xii

**commercial aquaculture**

*(General Terminology)*

Aquaculture practiced with the intent to make a profit.

See also **subsistence aquaculture**

◊ LANAQ*1992***293, PILLA*1990***122

**subsistence aquaculture**

*(General Terminology)*

Aquaculture which is simplified to the extent that individuals or small groups of people can rear aquatic organisms for their own consumption at a rate that provides a relatively continuous supply.

See also **commercial aquaculture**

◊ LAFRE*1984***519, WAST*1979***358

aquaculture en eau saumâtre    n. f.

  V. o. aquaculture en eaux
    saumâtres    n. f.
  aquaculture d'eau saumâtre    n. f.
  V. o. aquaculture d'eaux
    saumâtres    n. f.

**brackish-water aquaculture**

*(Types d'aquaculture)*

*(Aquaculture Types)*

Aquaculture dans une eau issue d'un mélange d'eau douce et d'eau de mer.

Aquaculture in water having a salinity between that of fresh and sea water.

◊ GIRAQ*1991***175, 176

aquaculture en eaux saumâtres

  voir aquaculture en eau saumâtre

aquaculture extensive    n. f.

**extensive aquaculture**

*(Types d'aquaculture)*

*(Aquaculture Types)*

Aquaculture pratiquée à l'intérieur d'un système de culture extensive.

Aquaculture practiced in an extensive culture system.

Voir aussi **culture extensive,
    système d'élevage extensif**

See also **extensive culture, extensive system**

◊ AQUAC*1986*2**1046, GIRAQ*1991***75

aquaculture intensive    n. f.

**intensive aquaculture**

*(Types d'aquaculture)*

*(Aquaculture Types)*

Aquaculture pratiquée à l'intérieur d'un système de culture intensive.

Aquaculture practiced in an intensive culture system.

Voir aussi **culture intensive,
    système d'élevage intensif**

See also **intensive culture, intensive system**

AQUAC*1986*2**1047

◊ GAGUA*1983***97

aquaculture semi-extensive

  voir aquaculture semi-intensive

aquaculture semi-intensive    n. f.
  aquaculture semi-extensive    n. f.

**semi-intensive aquaculture**

*(Types d'aquaculture)*

*(Aquaculture Types)*

Aquaculture pratiquée à l'intérieur d'un système de culture semi-intensive.

Aquaculture practiced in a semi-intensive culture system.

Voir aussi **culture semi-intensive,
    système d'élevage semi-intensif**

See also **semi-intensive culture,
    semi-intensive system**

◊ GIRAQ*1991***136

**aquarium** n. m.

*(Installations)*

Petit réservoir, à parois transparentes, rempli d'eau salée ou douce, dans lequel sont conservés et nourris des plantes et des animaux aquatiques.

◊ LAROG*1982*1**594, CILFO*1989***26

**aquatique** adj.

*(Biologie)*

Se dit d'un être vivant qui croît et vit dans l'eau ou sur les bords d'une étendue d'eau.

◊ LAROG*1982*1**594

**aquicole**
 voir aquacole

**aquiculteur**
 voir aquaculteur

**aquicultrice**
 voir aquaculteur

**aquiculture**
 voir aquaculture

**aquifère *** n. m.
 formation aquifère n. f.

*(Eau)*

Formation géologique suffisamment perméable et conductrice pour emmagasiner et fournir une quantité significative d'eau.

* Terme normalisé par l'ISO.

◊ PARSE*1990***45

**arche** n. f.
 arche granuleuse n. f.
 arche grenue n. f.
 *Anadara granosa*
 V. o. *Anadora granosa*

*(Conchyliculture - Espèces aquacoles)*

Mollusque bivalve de la famille des arcidés, cultivé dans divers pays d'Asie.

◊ LAROG*1982*1**631, BOUGOC*1976***233

**arche granuleuse**
 voir arche

**aquarium**

*(Facilities)*

A glass tank or bowl in which living aquatic animals or plants are kept.

◊ WEBIN*1986***108

**aquatic** adj.

*(Biology)*

Living or growing in, on, or near water, having a water habitat.

◊ LASTE*1989***114

**aquifer ***

*(Water)*

Water-bearing formation (bed or stratum) or permeable rock, sand, or gravel capable of yielding significant quantities of water.

* Term standardized by ISO.

◊ LANAQ*1992***25

**blood clam**
 blood cockle
 *Anadara granosa*
 V. s. *Anadora granosa*

*(Mollusc Culture - Aquaculture Species)*

A clam of the family Arcidae cultivated in several countries of Asia.

◊ WEBIN*1986***237, PILLA*1990***501, 502

**arche grenue**
   voir arche

**archégone**                    n. m.

*(Algoculture - Reproduction et génétique)*

Organe microscopique femelle en forme de bouteille contenant l'oosphère ou gamète femelle chez certaines algues.

◊ LAROG*1982*1**631, GAYR*1975***8

**archegonium**

*(Algal Culture - Reproduction and Genetics)*

The flask-shaped female sex organ in certain algae.

◊ WEBIN*1986***112

**argile**                    n. f.

*(Eau - Milieu de culture)*

Matériau fin plus ou moins plastique possédant, à l'état humide, des propriétés colloïdales et composé de particules inférieures à 0,002 mm de diamètre.

◊ OLFEB*1981***24

**clay**

*(Water - Culture Medium)*

A natural, earthy, fine-grained material which develops plasticity when mixed with a limited amount of water and which is composed of particles less than 0.002 mm in diameter.

◊ LASTE*1989***362

*Argopecten irradians*
   voir pétoncle de baie

**argule**                    n. m.

*(Pisciculture - Pathologie et prédateurs)*

Crustacé branchioure du genre *Argulus* causant une infection externe chez plusieurs espèces de poissons.

◊ PATH*1985***145, 163

**fish louse ***

*(Fish Farming - Pathology and Predators)*

A branchiuran crustacean of the genus *Argulus* that causes an external infection in several species of fish.

* Plural: fish lice

◊ PILLA*1990***208, LANAQ*1992***125

*Aristichthys nobilis*
   voir carpe à grosse tête

**arrivée d'eau**
   voir entrée d'eau

**artémia**
   voir artémie

*Artémia*
   voir artémie

**artémie**      n. f.
     artémia      n. f.
     crevette des salines      n. f.
     *Artemia*

**brine shrimp**
     *Artemia*

*(Croissance et nutrition)*

Petit crustacé branchiopode qui vit dans les étangs salés.

**OBS**

Les artémies pondent des cystes résistants qui peuvent être conservés pendant quelques années. L'éclosion des cystes en larves nauplius se fait lorsqu'ils sont placés dans l'eau de mer. Ces larves servent de nourriture aux larves de poissons et de crustacés.

◊ CILFO*1989***142, ROBER*1986*1**572, BOUGOC*1976***263

*(Growth and Nutrition)*

A branchiopod crustacean found in salt lakes.

**OBS**

Brine shrimps lay drought resistant cysts that can be stored for several years and will hatch when placed in seawater to produce nutritious nauplius larvae – an ideal food for larval fish and crustaceans.

◊ WEBIN*1986***123, LANAQ*1992***341, WICRU*1992***368

**arthropode**      n. m.

*(Biologie)*

Animal de l'embranchement des arthropodes.

Voir aussi **arthropodes**

◊ LAROG*1982*1**709

**arthropod**

*(Biology)*

An animal belonging to the phylum Arthropoda.

See also **Arthropoda**

◊ WEBIN*1986***123

**arthropodes**      n. m. pl.
     V. o. Arthropodes      n. m. pl.

*(Biologie)*

Embranchement d'animaux, généralement libres, à téguments chitineux, dont le corps est composé d'anneaux qui portent des organes locomoteurs articulés pouvant se transformer notamment en organes respiratoires ou en organes préhenseurs, et dont le développement implique des mues et souvent des métamorphoses.

**OBS**

Cet embranchement du règne animal comprend la majorité des espèces animales de la faune actuelle, tant marines (crustacés) que terrestres (insectes, etc.).

◊ LAROG*1982*1**709

**Arthropoda**      n. pl.

*(Biology)*

A phylum of articulate invertebrate animals with jointed limbs, the body divided into metameric segments, the brain dorsal to the alimentary canal and connected with a ventral chain of ganglia, and the body generally covered with a chitinous shell that is molted at intervals and including the crustaceans, insects, etc.

**OBS**

Arthropods make up about three quarters of all the known species of animals on earth.

◊ GACAN*1983***63, WEBIN*1986***123

**Arthropodes**
     voir arthropodes

**ascenseur**
     voir ascenseur à poissons

ascenseur à poissons     n. m.
    ascenseur     n. m.
    élévateur à poissons     n. m. [CA]

*(Pisciculture - Installations)*

Dispositif permettant aux poissons de franchir un barrage et consistant en un bac ou une cage élevés mécaniquement du niveau inférieur au niveau supérieur.

◊ ARECO*1976***314

**fish lift**
    fish elevator

*(Fish Farming - Facilities)*

An arrangement lifting the fish over a hydraulic barrier.

◊ IWATE*1981***145

---

assec     n. m.
    mise à sec     n. f.
    mise en assec     n. f.

*(Terminologie générale)*

Méthode consistant à vider l'étang, afin de minéraliser les matières organiques, de supprimer certains bioagresseurs et de contrôler la végétation qui améliore la production primaire.

◊ BAMI*1991***161, PATH*1985***277

**drying**

*(General Terminology)*

A procedure in which the water is completely drained from the pond to improve the fertility by enabling air to penetrate the sediments and by assisting in the breakdown and mineralization of organic matter which produces inorganic nutrients (nitrate, phosphate, carbonate).

◊ WICRU*1992***221

---

astaciculteur     n. m.
    astacicultrice     n. f.

*(Crustaciculture)*

Celui ou celle qui pratique l'astaciculture.

Voir aussi **astaciculture**

◊ LAROG*1982*1**765

**crayfish farmer**
    crawfish farmer

*(Crustacean Farming)*

A person who practices crayfish farming.

See also **crayfish farming**

---

astacicultrice
    voir astaciculteur

---

astaciculture     n. f.

*(Crustaciculture)*

Élevage de l'écrevisse.

◊ LAROG*1982*1**765, GIRAQ*1991***9, 24

**crayfish farming**
    crayfish culture
    crawfish farming
    crawfish culture

*(Crustacean Farming)*

The rearing of crayfish.

◊ LANAQ*1992***197, 198

---

astacologie     n. f.

*(Biologie)*

Étude scientifique des écrevisses.

**astacology**
    crayfish studies

*(Biology)*

A branch of zoology dealing with crayfish.

◊ CILF-6*1983***27

**astaxanthine**      n. f.

*(Salmoniculture - Croissance et nutrition)*

Pigment caroténoïde trouvé dans la carapace de certains crustacés.

**OBS**

L'astaxanthine est ajoutée au régime des salmonidés pour donner une couleur rosâtre aux tissus musculaires.

◊ BIOGAL\*1988\*\*\*446, CAPQ-5\*1992\*\*\*22

**astérie**

voir étoile de mer

**ATP**

voir adénosine triphosphate

**auge**      n. f.
     auge d'alevinage      n. f.

*(Pisciculture - Installations)*

Bassin rectangulaire à circulation d'eau, équipé de claies ou de paniers pour supporter les œufs de poissons en incubation.

◊ CILFO\*1989\*\*\*35

**auge d'alevinage**

voir auge

**autoréduction**      n. f.

*(Terminologie générale)*

Pour une population donnée dont la densité est élevée, processus par lequel la densité diminue avec la croissance des individus (mort des plus petits ou des plus faibles).

**aval**      n. m.

*(Eau)*

Partie d'un cours d'eau vers laquelle descend le courant.

Voir aussi **amont**

◊ PARSE\*1990\*\*\*59

---

**astaxanthin**

*(Salmonid Farming - Growth and Nutrition)*

A carotenoid pigment found in certain crustacean shells.

**OBS**

Astaxanthin is added to the salmon's diet because it adds a pinkish colour to the muscle tissue.

◊ LANAQ\*1992\*\*\*138

**trough**
     hatchery trough

*(Fish Farming - Facilities)*

An incubator used for hatching fish eggs which are housed in trays with baffles along the front to ensure that a water circulation is maintained between the eggs.

◊ PILLA\*1990\*\*\*320, SWIFA\*1985\*\*\*94

**self-thinning**

*(General Terminology)*

In a high density population, density reduction coupled with individual growth (death of smaller or weaker individuals).

**downstream**

*(Water)*

The direction of the current of a stream.

See also **upstream**

◊ WEBIN\*1986\*\*\*682

**avalaison** n. f.

*(Pisciculture)*

Migration par laquelle certaines espèces de poissons, p. ex. l'anguille, quittent l'eau douce pour atteindre l'eau salée où elles pourront se reproduire.

Voir aussi **montaison**

◊ LAROG*1982*1**886, CILFO*1989***37, AQEX-F*1989***37

**ayu** n. m.
*Plecoglossus altivelis*

*(Pisciculture - Espèces aquacoles)*

Poisson anadrome de la famille des plécoglossidés, trouvé au Japon, en Chine, en Corée et en Formose, et très estimé pour sa chair.

◊ LAROG*1982*1**919

**downstream migration**

*(Fish Farming)*

The migration of certain fish, e.g. eels, from fresh water to salt water to spawn.

See also **run 1**

◊ AQEX-E-*1989***34

**ayu**
sweetfish
*Plecoglossus altivelis*

*(Fish Farming - Aquaculture Species)*

An anadromous fish of the family Plecoglossidae found in Japan, China, Korea and Taiwan that is highly esteemed as food fish.

◊ WEBIN*1986***154, ENSCI*1991*11**441

# b

**bac d'élevage larvaire** n. m.

*(Installations - Élevage/culture)*

Enceinte utilisée pour l'élevage des larves, dans laquelle le contrôle des paramètres d'élevage (p. ex. le nourrissage, la température, la qualité de l'eau) est possible.

◊ AQUAC*1986*2**589, 650, SOMOL*1992***5

**bac de transport** n. m.
bassin de transport n. m.

*(Installations - Élevage/culture)*

Contenant destiné au transport des animaux aquatiques.

◊ CAPQ-9*1993***23-24, GESPI*1985***266, AQUAC*1986*2**645, 653

**larval-rearing tank**
larval tank

*(Facilities - Farming/Culture)*

A tank used for the culture of larvae in which the culture parameters (e.g. feeding, water quality and temperature) can be controlled.

◊ PILLA*1990***400, SOMOL*1992***5

**transfer tank**

*(Facilities - Farming/Culture)*

A container used for the transport of aquatic animals from one location to another.

**bacillariophycées**     n. f. pl.
    V. o. Bacillariophycées     n. f. pl.
    diatomées     n. f. pl.
*(Croissance et nutrition - Milieu de culture)*
Classe d'algues unicellulaires de couleur brune, à squelette externe siliceux, appelé frustule, formé de deux valves emboîtées ; les diatomées constituent l'élément principal du phytoplancton.
◊ CILFO*1989***161, ROBER*1986*3**515

**Bacillariophycées**
    voir bacillariophycées

**bacille**     n. m.
*(Pathologie et prédateurs)*
Nom donné à toutes les bactéries qui ont la forme d'un bâtonnet, soit isolé, soit articulé avec d'autres.

◊ LAROG*1982*1**960, PATH*1985***104, 105, 259

**bactérie**     n. f.
*(Pathologie et prédateurs)*
Nom donné à un groupe de microorganismes unicellulaires procaryotes se reproduisant par scissiparité et n'ayant pas de membrane nucléaire.

◊ LAROG*1982*1**962, GAMED*1992***109

**bactériophage**     n. m.
    phage     n. m.
*(Reproduction et génétique)*
Toute espèce de virus dont l'hôte est une bactérie.
**OBS**
Le terme *bactériophage* tend à être remplacé par *phage*.
◊ BT-200*1990***17, LAROG*1982*1**964

**bail**
    voir concession

**bail aquacole**
    voir concession

**Bacillariophyceae**     n. pl.
    diatoms     n. pl.
*(Growth and Nutrition - Culture Medium)*
Any of numerous algae whose cell walls consist of two valves and which contain silica; diatoms are among the most important components of many aquatic food webs.
◊ LAFRE*1984***512, ENSCI*1991*13**250

**bacillus ***
*(Pathology and Predators)*
Any member of the genus *Bacillus*; broadly, any straight rod-shaped bacterium.
* Plural: bacilli
◊ WEBIN*1986***157, LANAQ*1992***119

**bacterium ***
*(Pathology and Predators)*
Any of the unicellular prokaryotic microorganisms that commonly multiply by cell division (fission) and whose cell is typically contained within a cell wall.
* Plural: bacteria
◊ DOMED*1994***174

**bacteriophage**
    phage
*(Reproduction and Genetics)*
Any virus whose host is a bacterium.

◊ KIGEN*1985***37, LANAQ*1992***118

**bain thérapeutique**                    n. m.

*(Pisciculture - Pathologie et prédateurs)*

Immersion des poissons dans une solution d'agents chimiques, thérapeutique ou prophylactique, pour une courte durée (bain de courte durée) ou une longue durée (bain prolongé, bain de longue durée).

◊ PATH*1985***281, 306, AQUAC*1986*1**235, AQUAC*1986*2**652

**bain-éclair**                    n. m.

*(Pisciculture - Pathologie et prédateurs)*

Trempage des poissons dans une solution thérapeutique concentrée pour une très courte durée, habituellement moins d'une minute.

◊ PATH*1985***281

**balnéation**                    n. f.
    balnéation thérapeutique        n. f.

*(Pisciculture - Pathologie et prédateurs)*

Immersion des poissons dans un bain thérapeutique.

Voir aussi **bain thérapeutique, bain-éclair**

◊ PATH*1985***304

**balnéation thérapeutique**
    voir balnéation

**banc**
    voir gisement

**banc d'huîtres**
    voir gisement d'huîtres

**banc naturel**
    voir gisement

**bar blanc ***                    n. m.
    *Morone chrysops*

*(Pisciculture - Espèces aquacoles)*

Poisson de la famille des serranidés caractérisé par deux nageoires dorsales séparées et cinq à sept bandes striées sur les flancs.

* Terme normalisé au Canada.

◊ GPP*1985***3:6

**therapeutic bath**

*(Fish Farming - Pathology and Predators)*

The immersion of fish in a solution of therapeutic or prophylactic chemicals for a short duration (short bath) or a long duration (long bath).

◊ PIPFI*1986***473, 478, 487

**dip**
    dip bath

*(Fish Farming - Pathology and Predators)*

Brief immersion of fish into a concentrated solution of a treatment, usually for one minute or less.

◊ PILLA*1990***184, PIPFI*1986***478, LANAQ*1992***320

**therapeutic bathing**

*(Fish Farming - Pathology and Predators)*

The immersion of fish in a therapeutic bath.

See also **therapeutic bath, dip**

**white bass ***
    *Morone chrysops*

*(Fish Farming - Aquaculture Species)*

A fish of the family Serranidae that has a deep, narrow body and high, separate dorsal fins, and that is bright silver, usually with six or seven lateral stripes which may be complete or broken.

* Recommended term in Canada.

◊ FRESH*1992***59

**bar d'Amérique**
  voir bar rayé

**bar rayé ***                     n. m.
  bar d'Amérique *                 n. m.
  *Morone saxatilis*

*(Pisciculture - Espèces aquacoles)*

Espèce de poisson euryhalin que l'on trouve sur la côte atlantique du Canada et des États-Unis ainsi que dans le golfe du Mexique.

* Terme normalisé au Canada.

◊ GPP*1985***3:8

**striped bass ***
  rockfish
  *Morone saxatilis*

*(Fish Farming - Aquaculture Species)*

A euryhaline species of fish found along the Atlantic coast of Canada and the United States as well as in the Gulf of Mexico.

* Recommended term in Canada.

◊ COLD*1995***357

**barbue de rivière ***             n. f.
  poisson-chat 2 *                  n. m.
  poisson-chat tacheté              n. m.
  *Ictalurus punctatus*

*(Pisciculture - Espèces aquacoles)*

Poisson de grande taille, de la famille des ictaluridés, des eaux douces intérieures profondes de l'Amérique du Nord.

* Terme normalisé au Canada.

◊ GPP*1985***3:10, NQ8070*1995***8

**channel catfish ***
  channel cat
  catfish 2 *
  *Ictalurus punctatus*

*(Fish Farming - Aquaculture Species)*

A large fish of the family Ictaluridae of deep fresh waters of interior North America.

* Recommended term in Canada.

◊ WEBIN*1986***375, NQ8070*1995***8

**barrage**                         n. m.

*(Installations)*

Obstacle artificiel édifié en travers d'un cours d'eau dans le but de créer une retenue d'eau.

Voir aussi **digue**

◊ PARSE*1990***66

**dam**

*(Facilities)*

A barrier preventing the flow of water as a bank of earth, a wall of masonry or wood built across a watercourse, to confine and keep back flowing water.

See also **dike**

◊ WEBIN*1986***571

**bassin**                          n. m.

*(Installations - Élevage/culture)*

Récipient fait en matériaux divers (terre, ciment, fibre de verre ou autre matériau rigide), utilisé à des fins d'élevage d'animaux et de plantes aquatiques.

Voir aussi **étang**

◊ PARSE*1990***68

**tank 1**

*(Facilities - Farming/Culture)*

A relatively small culture chamber which may be round, square, rectangular, or another shape, and made of concrete, fibreglass, wood, metal or other hard substances.

See also **pond**

◊ WAST*1979***358, PILLA*1990***65

**bassin allongé**  n. m.
  bassin rectangulaire  n. m.

*(Installations - Élevage/culture)*

Bassin d'élevage rectangulaire, plus long que large. Le courant est établi par l'arrivée d'eau à une extrémité et l'évacuation à l'autre.

◊ CILFO*1989***403

**bassin circulaire**  n. m.

*(Installations - Élevage/culture)*

Récipient de forme circulaire utilisé pour faire l'élevage des animaux aquatiques.

◊ HUET*1970***148, 154, 168

**bassin cylindrique**
  voir bassin vertical

**bassin d'élevage**  n. m.
  bassin de culture  n. m.

*(Installations - Élevage/culture)*

Bassin utilisé pour l'élevage des animaux aquatiques et la culture des plantes aquatiques.

◊ HUET*1970***90

**bassin d'engraissement**
  voir bassin de grossissement

**bassin de culture**
  voir bassin d'élevage

**bassin de décantation**
  voir bassin de sédimentation

**bassin de grossissement**  n. m.
  bassin d'engraissement  n. m.

*(Installations - Élevage/culture)*

Bassin utilisé pendant la phase d'engraissement des animaux aquatiques.

Voir aussi **engraissement**

**bassin de reproduction**
  voir étang de reproduction

**raceway**
  V. s. race-way

*(Facilities - Farming/Culture)*

A culture chamber, usually long and narrow, through which the water moves quickly. The water enters one end and exits the other. Used for the culture of aquatic animals.

◊ IVAQU*1992***275

**circular tank**

*(Facilities - Farming/Culture)*

A round-shaped tank used for rearing aquatic animals.

◊ FISFA*1988***388

**rearing tank**
  culture tank

*(Facilities - Farming/Culture)*

A tank used for the culture of aquatic plants and animals.

◊ LANAQ*1992***179

**growout tank**
  V. s. grow-out tank
  ongrowing tank

*(Facilities - Farming/Culture)*

A tank used during the grow-out period of aquatic animals.

See also **grow-out**

◊ AQEX-E*1989***54

**bassin de sédimentation**    n. m.
    bassin de décantation    n. m.
    bassin décanteur    n. m.
    décanteur    n. m.

*(Installations - Eau)*

Bassin destiné à recevoir l'eau usée d'élevage dans lequel les matières en suspension sont séparées par sédimentation.

◊ AQUAC*1986*1**121-122, AQUAC*1986*2**805

**bassin de stabulation**    n. m.

*(Installations - Élevage/culture)*

Bassin dans lequel on entrepose les animaux aquatiques dans le but d'en faire un usage éventuel (p. ex. la reproduction artificielle).

◊ ARECO*1976***306

**bassin de terre**    n. m.
    bassin en terre    n. m.

*(Installations - Élevage/culture)*

Bassin, beaucoup plus long que large, construit par excavation.

◊ BAMI*1991***98

**bassin de transport**
    voir bac de transport

**bassin décanteur**
    voir bassin de sédimentation

**bassin en terre**
    voir bassin de terre

**bassin rectangulaire**
    voir bassin allongé

**bassin vertical**    n. m.
    bassin cylindrique    n. m.
    silo    n. m.

*(Installations - Élevage/culture)*

Bassin de forme cylindrique dans lequel l'eau circule à partir d'un tuyau situé au centre. L'admission d'eau se fait en haut, pour bénéficier de l'oxygénation due à une chute, et l'échappement en bas, pour évacuer efficacement les déchets.

◊ AQUAC*1986*2**804

**sedimentation tank**
    sedimentation basin
    settling tank
    settling basin

*(Facilities - Water)*

A tank in which waste water containing settleable solids is retained to remove by gravity a part of the suspended matter.

◊ IWATE*1981***291

**holding tank**

*(Facilities - Farming/Culture)*

A tank in which aquatic animals are stored for a future use (e.g. artificial reproduction).

◊ LANAQ*1992***239

**earth pond**
    earthen pond

*(Facilities - Farming/Culture)*

Elongated pond made by simple excavation.

◊ FISFA*1988***389

**silo tank**
    silo
    vertical raceway

*(Facilities - Farming/Culture)*

A deep circular tank in which the water is pumped down a pipe in the center and exits this pipe near the bottom through a screen. The water flows upward and over the sides of the raceway around which there is a trough used to collect it.

◊ LANAQ*1992***52

**bassins en série**　　　　　n. m. pl.

*(Installations - Élevage/culture)*

Bassins disposés en série, de sorte que l'eau cascade d'un bassin à l'autre et se trouve réoxygénée par des chutes.

◊ AQUAC*1986*2**529

**belon**

voir huître plate européenne

**benthique**　　　　　adj.

*(Biologie)*

Se dit du milieu constitué par le fond des océans, des mers et des lacs. Se dit également des espèces animales et végétales qui vivent sur ce fond et des processus s'y déroulant.

Voir aussi **pélagique**

◊ LAROG*1982*2**1176

**benthos**　　　　　n. m.

*(Croissance et nutrition - Milieu de culture)*

Ensemble des organismes aquatiques, animaux ou végétaux, vivant directement sur le fond des océans, des mers, des lacs, ou dans le substrat.

Voir aussi **plancton, necton, pelagos**

◊ ROBER*1986*1**935, CILFO*1985***58

**bentonite**　　　　　n. f.
　taylorite　　　　　n. f., vieilli

*(Eau - Milieu de culture)*

Argile smectique de la famille des montmorillonites et provenant généralement de l'altération de cendres volcaniques.

◊ LAROG*1982*2**1176

**bêta-carotène**　　　　　n. m.
　V. o. ß-carotène　　　　　n. m.

*(Algoculture)*

Pigment caroténoïde extrait de certaines microalgues.

**OBS**

Le bêta-carotène est utilisé comme colorant alimentaire et comme supplément vitaminique.

◊ LAROG*1982*2**1809

**series raceways**　　　　　n. pl.

*(Facilities - Farming/Culture)*

A cascade of raceways in which the water from one raceway flows into the next. The raceways are built in steps so water is gravity fed down the line of raceways.

◊ LANAQ*1992***50

**benthic**　　　　　adj.

*(Biology)*

Of, pertaining to, or living on the bottom or at the greatest depths of a large body of water.

See also **pelagic**

◊ LASTE*1989***204

**benthos**

*(Growth and Nutrition - Culture Medium)*

Organisms, plants and animals that live on or in the sediments in aquatic environments.

See also **plankton, nekton, pelagos**

◊ WAST*1979***348, PILLA*1990***92

**bentonite**
　taylorite　　　　　obsolete

*(Water - Culture Medium)*

A clay formed from volcanic ash decomposition and largely composed of montmorillonite and beidellite.

◊ LASTE*1989***204

**beta-carotene**
　V. s. beta carotene
　V. s. ß-carotene

*(Algal Culture)*

A carotenoid hydrocarbon pigment found in certain microalgae.

**OBS**

Beta-carotene is used as a food coloring and as a vitamin supplement.

◊ LASTE*1989***208, LANAQ*1992***337

**bio-accumulation**
    voir bioaccumulation

**bio-essai**
    voir épreuve biologique

| | |
|---|---|
| **bioaccumulation \*** | n. f. |
| V. o. bio-accumulation | n. f. |
| accumulation biologique | n. f. |

*(Biologie)*

Processus d'accumulation d'une substance dans les tissus d'un organisme.

\* Terme normalisé par l'ISO.

◊ CIFG-6\*1983\*\*\*42

**bioessai**
    voir épreuve biologique

| | |
|---|---|
| **biofiltration** | n. f. |

*(Eau - Traitement et filtration)*

Procédé de biodégradation de la matière organique contenue dans l'eau, par filtration de cette eau à travers un filtre biologique.

◊ PARSE\*1990\*\*\*74

| | |
|---|---|
| **biofiltre** | n. m. |
| filtre biologique \* | n. m., vieilli |
| lit bactérien \* | n. m. |
| filtre bactérien | n. m. |
| lit percolateur \* | n. m., vieilli |
| filtre percolateur | n. m., vieilli |

*(Installations - Eau)*

Lit de matériaux inertes à travers lequel une eau percole pour être purifiée par un film biologique actif qui recouvre la matière inerte.

\* Terme normalisé par l'ISO.

◊ INDUS\*1986\*\*\*355

| | |
|---|---|
| **biomasse** | n. f. |

*(Terminologie générale)*

Masse totale de matières vivantes présente à un moment donné, soit dans la totalité du milieu, soit dans une unité de volume ou de surface du milieu.

◊ CILFO\*1989\*\*\*62

**bioaccumulation \***
    biological accumulation

*(Biology)*

The process of accumulation of a substance in living tissues of an organism.

\* Term standardized by ISO.

**biological filtration**
    biofiltration

*(Water - Treatment and Filtration)*

The process of passing a liquid through a biological filter.

◊ IWATE\*1981\*\*\*37

**biological filter \***
    biofilter
    trickling filter \*
    trickling biofilter
    percolating filter \*
    bacteria bed \*
    bacteria filter

*(Facilities - Water)*

Filter consisting of a bed of fragments of inert material through which water is caused to percolate for the purpose of purification by means of an active biological film on the inert material.

\* Term standardized by ISO.

◊ LANAQ\*1992\*\*\*91

**biomass**

*(General Terminology)*

The total weight of living organisms present in a species population and expressed in terms of a given area or volume of the habitat.

◊ LAFRE\*1984\*\*\*510, LASTE\*1989\*\*\*217

**biotoxine**                n. f.

*(Conchyliculture - Pathologie et prédateurs)*

Substance toxique provenant de certaines micro-algues et contaminant les coquillages.

Voir aussi **phycotoxine**

◊ AQUAC*1986*1**35

**bioxyde de carbone**

    voir dioxyde de carbone

**biphasique**               adj.

*(Algoculture)*

Se dit d'une algue qui présente deux phases dans son cycle vital, l'une sporophytique et l'autre gamétophytique.

**bivalve**                n. m.

    lamellibranche         n. m.

    acéphale         n. m., vieilli

    pélécypode       n. m., vieilli

*(Conchyliculture - Biologie)*

Mollusque de la classe des bivalves.

Voir aussi **bivalves**

◊ LAROG*1982*2**1275

**bivalve fouisseur**        n. m.

    coquillage fouisseur    n. m.

    coquillage 1 *       n. m., cour.

*(Conchyliculture - Biologie)*

Mollusque marin, revêtu d'une coquille, vivant dans le sable ou la vase, p. ex. la mye, la palourde, la coque, le couteau, etc.

* Ce terme, très général, suffit parfois pour rendre le terme anglais **clam**.

---

**biotoxin**

*(Mollusc Culture - Pathology and Predators)*

Poison produced by small algal organisms consumed by the shellfish.

See also **phycotoxin**

◊ DOSHE*1991***35

**biphasic**              adj.

*(Algal Culture)*

Said of algae having both a sporophytic and a gametophytic phase in the life cycle.

◊ WEBIN*1986***219, PILLA*1990***513

**bivalve**

    lamellibranch

    pelecypod

*(Mollusc Culture - Biology)*

A mollusc of the class Bivalvia.

See also **Bivalvia**

◊ WEBIN*1986***224, LANAQ*1992***165

**clam**

*(Mollusc Culture - Biology)*

Any of numerous edible marine bivalve molluscs living in sand or mud.

| bivalves | n. m. pl. | Bivalvia | n. pl. |
|---|---|---|---|
| V. o. Bivalves | n. m. pl. | Lamellibranchia | n. pl. |
| lamellibranches | n. m. pl. | Pelecypoda | n. pl. |
| V. o. Lamellibranches | n. m. pl. | | |
| acéphales | n. m. pl., vieilli | | |
| V. o. Acéphales | n. m. pl., vieilli | | |
| pélécypodes | n. m. pl., vieilli | | |
| V. o. Pélécypodes | n. m. pl., vieilli | | |

*(Conchyliculture - Biologie)*

Classe de mollusques à coquille calcaire, à deux valves et à branchies en lamelles couvertes de cils vibratiles (moules, huîtres, myes, etc.).

◊ GPP*1985***G4, ROBER*1986*2**12, LAROG*1982*8**7945

*(Mollusc Culture - Biology)*

A class of Mollusca having gills for respiration and a shell consisting of two hinged sections called valves (clams, oysters, mussels, etc.).

◊ GACAN*1983***117, WEBIN*1986***1266

**Bivalves**
　　voir bivalves

**black-bass à grande bouche**
　　voir achigan à grande bouche

**black-bass à petite bouche**
　　voir achigan à petite bouche

**bloom algal**
　　voir efflorescence algale

**bloom de phytoplancton**
　　voir efflorescence algale

**bloom phytoplanctonique**
　　voir efflorescence algale

| bouchot 1 | n. m. | stake | |
|---|---|---|---|
| pieu | n. m. | bouchot 1 | |
| piquet | n. m. | stick | |
| | | pole | |

*(Conchyliculture - Installations)*

Pièce de bois (pin, chêne, bambou) droite et pointue qui est fichée dans les sédiments et sert de substrat pour la culture des coquillages, surtout des moules et des huîtres.

◊ CILFO*1989***67, PEROB*1995***1673

*(Mollusc Culture - Facilities)*

A pointed piece of wood (teak, pine, bamboo) driven into the sediment and used as a substrate for the culture of molluscs, especially oysters and mussels.

◊ WEBCO*1987***1147, LANAQ*1992***177, PILLA*1990***473, 491

**bouchot 2**                    n. m.

*(Conchyliculture - Installations)*

Ligne de pieux servant à la culture des moules.

Voir aussi **culture sur bouchots**

◊ CILFO*1989***67

**bouchot 2**
stockade

*(Mollusc Culture - Facilities)*

One of a series of rows of wooden poles used for mussel culture.

See also **bouchot culture**

◊ PILLA*1990***491

**bouchot de bambou**
voir pieu de bambou

**boudin**                    n. m.

*(Mytiliculture - Installations)*

Filet tubulaire rempli de moules et placé dans la colonne d'eau pour favoriser leur croissance.

◊ AQUAC*1986*1**304, 308, 309, CILFO*1989***67

**mussel sock**
sock
mesh stocking 1
mesh tube
mussel sleeve
sleeve

*(Mussel Culture - Facilities)*

A tubular netting that is filled with mussels and placed in the water column for growout.

**boudinage**                    n. m.

*(Mytiliculture - Techniques et méthodes)*

Opération de remplissage des boudins avec de jeunes moules.

◊ CILFO*1989***68

**mesh stocking 2**

*(Mussel Culture - Techniques and Methods)*

The filling of mussel socks with young mussels.

**boudiner**                    v.

*(Mytiliculture - Installations)*

Action de remplir les boudins de jeunes moules pour le grossissement dans l'eau.

**sock, to**                    v.
sleeve, to                    v.

*(Mussel Culture - Facilities)*

The action of placing mussels in socks for open water growout.

**bouée**                    n. f.

*(Installations - Élevage/culture)*

Flotteur destiné à signaler l'emplacement d'une structure immergée.

◊ LAROG*1982*2**1389

**buoy**

*(Facilities - Farming/Culture)*

A floating object moored to the bottom to mark a structure lying under the water.

◊ WEBCO*1987***188

**bouquet géant**
voir chevrette

**bouteille d'incubation**      n. f.
    jarre d'incubation      n. f.

*(Pisciculture - Installations)*

Récipient destiné à l'incubation des œufs de poissons, dans lequel se fait une circulation ascendante d'eau qui fournit l'oxygène dissous nécessaire et diminue le risque d'infections fongiques.

◊ GESPI*1985***249, SOMOL*1992***8

**bouteille de MacDonald**      n. f.
    jarre de MacDonald      n. f.

*(Pisciculture - Installations)*

Incubateur d'œufs en verre, de forme cylindrique et à fond arrondi muni d'un tuyau qui assure l'arrivée et la circulation d'eau.

◊ AQUAC*1986*2**587, 723, HUET*1970***245

**bouteille de Zoug**      n. f.
    V. o. bouteille de Zug      n. f.
    carafe de Zoug      n. f.
    V. o. carafe de Zug      n. f.
    bouteille de Zug-Weiss      n. f.

*(Pisciculture - Installations)*

Bouteille renversée utilisée pour l'incubation des œufs, dans laquelle un brassage lent et régulier des œufs est assuré par un débit d'eau qui arrive par le bas.

◊ AQUAC*1986*2**723, 585, 587, 586,
PISET*1980***311, 183, HUET*1970***225,
GESPI*1985***249

**bouteille de Zug**
    voir bouteille de Zoug

**bouteille de Zug-Weiss**
    voir bouteille de Zoug

**hatching jar**
    hatchery jar

*(Fish Farming - Facilities)*

A bottlelike container used to incubate fish eggs, in which an ascending flow of water is supplied to maintain the dissolved oxygen level and reduce fungal infections.

◊ LANAQ*1992***384, 272, 382, PILLA*1990***296,
WAST*1979***352

**MacDonald jar**
    chase jar

*(Fish Farming - Facilities)*

A glass incubator for eggs which is cylindrical in shape with a circular bottom in which a tube is fitted for the water supply and flow.

◊ PILLA*1990***297, 83

**Zoug jar**
    Zuger jar
    Weiss jar
    Zug-Weiss jar

*(Fish Farming - Facilities)*

A large inverted bottle used for incubating eggs, with an open top and a narrow bottom where the water enters and gently turns the eggs over in a continuous movement and maintains them suspended in the waterflow.

◊ FISFA*1988***395, PILLA*1990***297, 83, 365

**branchie** n. f.

*(Anatomie et physiologie)*

Organe de respiration des animaux aquatiques, constitué de touffes ou de lamelles du tégument (mollusques, crustacés) ou de fentes du pharynx (poissons, têtards).

◊ ROBER*1986*2**155, CILFO*1989***71

**branchio-néphrite**
  voir branchionéphrite

**branchiomycose** n. f.
  nécrose des branchies n. f.
  nécrose branchiale n. f.

*(Pisciculture - Pathologie et prédateurs)*

Infection fongique des branchies causée par des espèces du genre *Branchiomyces*.

◊ PATH*1985***119, 120, 220

**branchionéphrite** n. f.
  V. o. branchio-néphrite n. f.

*(Pisciculture - Pathologie et prédateurs)*

Chez l'anguille, maladie dont la cause n'a pas encore été identifiée et qui attaque la lamelle branchiale et les reins.

◊ PATH*1985***79, 187, AQUAC*1986*2**833

**brème** n. f.
  *Abramis brama*

*(Pisciculture - Espèces aquacoles)*

Poisson d'eau douce d'Europe, de la famille des cyprinidés, au corps long et plat.

◊ ROBER*1986*2**169

**brochet maillé** n. m.
  *Esox niger*

*(Pisciculture - Espèces aquacoles)*

Poisson de la famille des ésocidés qui porte sur les côtés, colorés en vert, des dessins noirs en forme de grosses mailles et qui préfère les eaux tranquilles de l'Amérique du Nord.

◊ PENC*1993*1**83

**gill**

*(Anatomy and Physiology)* .

An organ of aquatic animals that enables them to obtain oxygen from the water, as one of the highly vascular lamellar or filamentous processes of the pharynx of fishes or any of various functionally comparable but structurally dissimilar organs of invertebrates (as the ctenidia within the mantle cavity of a bivalve mollusc, or the flat plates of many crustaceans through which blood circulates).

◊ WEBIN*1986***957, MEINV*1991***451

**branchiomycosis**
  gill rot

*(Fish Farming - Pathology and Predators)*

A fungal infection of the gills caused by fungi of the genus *Branchiomyces*.

◊ PILLA*1990***202-203, PIPFI*1986***474

**branchionephritis**

*(Fish Farming - Pathology and Predators)*

An eel disease of which the cause has not yet been determined that affects the gill lamella and the kidneys.

◊ PILLA*1990***357, ELFI*1985***316

**bream**
  *Abramis brama*

*(Fish Farming - Aquaculture Species)*

A European freshwater fish from the family Cyprinidae with a narrow deep body and arched back.

◊ WEBIN*1986***273

**chain pickerel**
  *Esox niger*

*(Fish Farming - Aquaculture Species)*

A large greenish black pickerel of the family Esocidae with dark chainlike markings along the sides that is common in quiet waters of eastern North America.

◊ WEBIN*1986***370, LANAQ*1992***380

| byssus | n. m. | **byssal threads** | n. pl. |
| | | byssus threads | n. pl. |
| | | byssus | |

*(Conchyliculture - Anatomie et physiologie)*

Faisceau de filaments soyeux, sécrétés par une glande située dans le pied de certains mollusques bivalves, leur permettant de se fixer à un support.

◊ ROBER*1986*2**237, LAROG*1982*2**1595, GPP*1985***G1

*(Mollusc Culture - Anatomy and Physiology)*

A tuft of long tough filaments secreted by a gland in a groove of the foot of certain bivalve molluscs, issuing from between the valves, and serving as the means whereby the mollusc attaches to a substrate.

◊ WEBIN*1986***307, LANAQ*1992***167-168, PILLA*1990***491

**cabillaud**
voir morue

**cæcum pylorique ***      n. m.

*(Pisciculture - Anatomie et physiologie)*

Une des petites expansions tubulaires de l'intestin situées juste derrière l'estomac chez certains poissons.

* Pluriel : cæca pyloriques ou cæcums pyloriques

◊ GPP*1985***G1

**pyloric caecum ***

*(Fish Farming - Anatomy and Physiology)*

One of the tubular pouches opening into the alimentary canal in the pyloric region of most fishes.

* Plural: pyloric caecae

◊ WEBIN*1986***1852

**cage**      n. f.
cage d'élevage      n. f.

*(Pisciculture - Installations)*

Enclos limité par une structure maillée, rigide ou souple, flottant ou immergé et destiné à l'élevage des poissons.

Voir aussi **cage flottante, enclos**

◊ LAROG*1982*2**1645, AQUAC*1986*2**807

**cage**
sea cage

*(Fish Farming - Facilities)*

An enclosure of wire or netting for animals with both the top and bottom covered; may be floating or standing on the substrate.

See also **floating cage, pen**

◊ FAO-255*1984***1, IVAQU*1992***269, WAST*1979***348, COLD*1995***59

**cage d'élevage**
voir cage

**cage d'élevage en filet**
voir cage en filet

**cage en filet**      n. f.
cage d'élevage en filet      n. f.

*(Pisciculture - Installations)*

Cage constituée de mailles de nylon ou autre matériel souple.

◊ GESPI*1985***123

**net cage**

*(Fish Farming - Facilities)*

A cage made of nylon netting or other supple material.

◊ LANAQ*1992***258

**cage flottante**     n. f.
*(Pisciculture - Installations)*

Cage à armature flottante de formes variées (quadrangulaire, circulaire, octogonale) destinée à l'élevage de poissons en mer libre.

◊ CILFO*1989***81, GIRAQ*1991***22, AQUAC*1986*2**944, BOUGOC*1976***284, 288, GESPI*1985***261

**calibrage**
voir tri

**calibrage des poissons**
voir tri des poissons

**calmar ***     n. m.
encornet *     n. m.
*(Conchyliculture - Espèces aquacoles)*

Mollusque céphalopode à corps allongé qui possède deux nageoires latérales à la partie postérieure.

* Terme normalisé au Canada.

◊ CILFO*1989***84, NQ8070*1995***59

**candidat**
voir candidat aquacole

**candidat aquacole**     n. m.
candidat     n. m.
*(Terminologie générale)*

Espèce susceptible d'être élevée.

◊ GIRAQ*1991***114, AQUAC*1986*2**856

**capacité de charge**     n. f.
*(Élevage/culture)*

Nombre total d'individus d'une espèce ou d'une population animale (biomasse) pouvant habiter une installation aquacole sans effet sur leur croissance.

Voir aussi **capacité de stabulation**

◊ PARSE*1990***96

**capacité de parcage**
voir capacité de stabulation

**floating cage**
*(Fish Farming - Facilities)*

A cage for the culture of fish with a frame in various shapes (quadrangular, circular, octagonal) which floats in open water.

◊ SWIFA*1985***54, 96, PILLA*1990***395

**squid ***

*(Mollusc Culture - Aquaculture Species)*

A cephalopod mollusc typically having a long tapered body and a caudal fin on each side.

* Recommended term in Canada.

◊ WEBIN*1986***2216, NQ8070*1995***59

**aquaculture candidate**
candidate species
*(General Terminology)*

A species that has potential for culture.

◊ LANAQ*1992***373, PILLA*1990***36, 360

**carrying capacity**
*(Farming/Culture)*

The population of a given species (biomass) that an aquaculture facility will support without effect on the growth rate.

See also **holding capacity**

◊ WICRU*1992***370, COLD*1995***471

**capacité de stabulation** n. f.
    capacité de parcage n. f.

*(Élevage/culture)*

Nombre total d'individus d'une espèce ou d'une population animale (biomasse) qu'un récipient (p. ex. un bassin, un vivier, etc.) peut contenir sans que les animaux ou le milieu de culture ne subissent de détérioration.

Voir aussi **capacité de charge**

**holding capacity**

*(Farming/Culture)*

The population of a given species (biomass) that a culture chamber (e.g. tank, pound, etc.) will support without negative effect on the animal population or the culture medium.

See also **carrying capacity**
  ◊ AQUAC-E-*1994***351

---

**capelan** n. m.
    V. o. caplan n. m.
    *Mallotus villosus*

*(Salmoniculture - Croissance et nutrition)*

Petit poisson marin pélagique vivant dans les eaux tempérées froides de l'Atlantique et du Pacifique nord, utilisé pour nourrir les salmonidés.
  ◊ LAROG*1982*2**1750, OECD*1990***42, GPP*1985***3:18

**capelin**
    V. s. caplin
    *Mallotus villosus*

*(Salmonid Farming - Growth and Nutrition)*

A small marine fish found in North Atlantic and Pacific coastal waters, used for salmon and trout feeding.
  ◊ GACAN*1983***171, PILLA*1990***329

---

**caplan**
    voir capelan

---

**captage** n. m.
    captage de naissain n. m.
    collecte de naissain n. f.

*(Conchyliculture - Techniques et méthodes)*

Partie du cycle d'élevage des bivalves (moule, pétoncle, huître) qui consiste à placer des collecteurs dans la colonne d'eau afin qu'ils soient colonisés par le naissain.
  ◊ AQUAC*1986*1**7, 39, 370, 435, BOUGOC*1976***232, 236, GIRAQ*1991***14

**spat collection**
    collection of spat

*(Mollusc Culture - Techniques and Methods)*

A method used for the culture of bivalve molluscs (e.g. oysters, mussels, scallops) in which artificial substrates are placed in the water column for the attachment of spat.
  ◊ PILLA*1990***472, 473, 479

---

**captage de naissain**
    voir captage

---

**capture** n. f.

*(Élevage/culture - Techniques et méthodes)*

Action de capturer.
  ◊ PISET*1980***146, AQUAC*1986*2**567, HUET*1970***299

**capture** n.

*(Farming/Culture - Techniques and Methods)*

The act of capturing.

**capturer**                                        v.

*(Élevage/culture - Techniques et méthodes)*

S'emparer d'organismes marins (poissons, alevins, juvéniles, etc.) dans le but d'en faire l'élevage.

◊ AQUAC*1986*1**11, PATH*1985***20, LAROG*1982*2**1766

**capture, to**                                        v.

*(Farming/Culture - Techniques and Methods)*

To take captive (fish, fry, juveniles, etc.) for rearing purposes.

◊ LANAQ*1992***257, WEBIN*1986***334

**caractère sexuel secondaire**         n. m.

*(Pisciculture - Reproduction et génétique)*

Caractère d'un individu, autre que les organes de reproduction, différent selon le sexe (p. ex. changement de couleur et/ou de comportement lors de la reproduction, etc.).

◊ LAROG*1982*9**9443, GPP*1985***G16

**secondary sexual characteristic**
      secondary sex characteristic
      secondary sex character
      secondary sexual character

*(Fish Farming - Reproduction and Genetics)*

A characteristic of an individual other than the reproductive organs which differs between the two sexes (e.g. changes in color, breeding behaviour, etc.).

◊ KIGEN*1985***352, PILLA*1990***156

**carafe de Zoug**
      voir bouteille de Zoug

**carafe de Zug**
      voir bouteille de Zoug

**carangidé**                                        n. m.

*(Pisciculture - Biologie)*

Poisson de la famille des carangidés.

Voir aussi **carangidés**

◊ LAROG*1982*2**1774

**carangid**

*(Fish Farming - Biology)*

A fish of the family Carangidae.

See also **Carangidae**

◊ WEBIN*1986***335

**carangidés**                              n. m. pl.
      V. o. Carangidés                     n. m. pl.

*(Pisciculture - Biologie)*

Famille de poissons téléostéens des mers tropicales et tempérées, aux écailles cycloïdes, à la caudale fourchue, au corps souvent élevé et comprimé, pélagique ou littoral (p. ex. les chinchards, la sériole, les carangues, etc.).

◊ LAROG*1982*2**1774

**Carangidae**                                      n. pl.

*(Fish Farming - Biology)*

A large family of marine percoid fishes containing the pompanos, amberfishes, scads, jacks, and a number of other narrow-bodied food fishes with a widely forked tail, found in warm and tropical regions.

◊ WEBIN*1986***335, ENSCI*1991*2***841-842

**Carangidés**
      voir carangidés

**carapace** n. f.

*(Crustaciculture - Anatomie et physiologie)*

Enveloppe tégumentaire rigide qui protège le corps de certains animaux marins (p. ex. les crustacés, les tortues).

◊ CILFO*1989***91, GPP*1985***G2

**carassin** n. m.
    V. o. carrassin n. m.
    *Carassius carassius*

*(Pisciculture - Espèces aquacoles)*

Poisson d'Europe, de la famille des cyprinidés, voisin de la carpe mais sans barbillons.

◊ LAROG*1982*2**1774

**Carassius carassius**
    voir carassin

**carboxyméthyl-cellulose**
    voir carboxyméthylcellulose

**carboxyméthylcellulose** n. f.
    V. o. carboxyméthyl-cellulose n. f.
    CM cellulose n. f.
    Abrév. CMC

*(Croissance et nutrition)*

Nom générique de dérivés de la cellulose qui sont le plus souvent employés sous la forme de leurs sels de sodium.

◊ LAROG*1982*2**1782

**carcinoculteur** n. m.
    carcinocultrice n. f.

*(Crustaciculture)*

Celui ou celle qui pratique la carcinoculture.

Voir aussi **carcinoculture**

**carcinocultrice**
    voir carcinoculteur

**carapace**

*(Crustacean Farming - Anatomy and Physiology)*

A bony or chitinous case or shield covering the back or part of the back of an animal (as the upper shell of a turtle, or the shell of a crustacean).

◊ WEBIN*1986***335, LANAQ*1992***187

**crucian carp**
    *Carassius carassius*

*(Fish Farming - Aquaculture Species)*

A European fish of the family Cyprinidae that resembles the carp but has no barbels.

◊ ENSCI*1991*2**890

**carboxymethyl cellulose**
    V. s. carboxymethylcellulose
    CM cellulose
    Abbr. CMC

*(Growth and Nutrition)*

An acid ether derivative of cellulose best known in the form of its sodium salt.

◊ WEBIN*1986***336, LANAQ*1992***325

**crab farmer**

*(Crustacean Farming)*

A person who practices crab farming.

See also **crab farming**

carcinoculture *　　　　　　n. f.

*(Crustaciculture)*

Élevage du crabe.

* Certains ouvrages étendent le sens de ce terme pour englober l'élevage des crustacés en général. Il est généralement admis cependant que le préfixe *carcino* désigne uniquement le crabe, sauf dans le terme *carcinologie*, lequel désigne l'étude des crustacés.

Voir aussi **crustaciculture**

crab farming
　　crab culture

*(Crustacean Farming)*

The rearing of crab.

See also **crustacean farming**

---

ß-carotène
　　voir bêta-carotène

---

carpe *　　　　　　　　　n. f.
　　carpe commune　　　　n. f.
　　*Cyprinus carpio*

*(Pisciculture - Espèces aquacoles)*

Poisson d'eau douce, de la famille des cyprinidés, à nageoire dorsale longue et à deux paires de barbillons.

* Terme normalisé au Canada.

◊ ROBER*1986*2**371, GIRAQ*1991***60, 61

carp *
　　common carp
　　*Cyprinus carpio*

*(Fish Farming - Aquaculture Species)*

A freshwater fish of the family Cyprinidae having large scales, a long dorsal fin, and two barbels on each side of the upper jaw.

* Recommended term in Canada.

◊ GACAN*1983***176, LANAQ*1992***222, PILLA*1990***283

---

carpe à grosse tête　　　　n. f.
　　*Aristichthys nobilis*

*(Pisciculture - Espèces aquacoles)*

Carpe chinoise souvent élevée avec d'autres poissons parce qu'elle consomme le macroplancton.

Voir aussi **carpes chinoises**

◊ FAOTB-19*1981***3, AQUAC*1986*2**946

bighead
　　V. s. big head
　　bighead carp
　　V. s. big-head carp
　　*Aristichthys nobilis*

*(Fish Farming - Aquaculture Species)*

A Chinese carp often reared with other fish because it consumes the macroplankton.

See also **Chinese carps**

◊ LANAQ*1992***223, PILLA*1990***286

---

carpe argentée
　　voir amour argenté

---

carpe commune
　　voir carpe

---

carpe de roseau
　　voir amour blanc

---

carpe herbivore
　　voir amour blanc

**carpes chinoises**      n. f. pl.

*(Pisciculture - Espèces aquacoles)*

Groupe de carpes, aujourd'hui important en aquaculture, composé de cinq espèces : l'amour blanc *(Ctenopharyngodon idella)*, l'amour argenté *(Hypophthalmichthys molitrix)*, la carpe à grosse tête *(Aristichthys nobilis)*, la carpe noire *(Mylopharyngodon piceus)* et la carpe de vase *(Cirrhina molitorella)*.

◊ PISET*1980***269

**carpiculteur**      n. m.
     carpicultrice      n. f.

*(Pisciculture)*

Celui ou celle qui pratique la carpiculture.

Voir aussi **carpiculture**

◊ ROBER*1986*2**371

**carpicultrice**
     voir carpiculteur

**carpiculture**      n. f.

*(Pisciculture)*

Élevage de la carpe.

◊ LAROG*1982*2**1813, ROBER*1986*2**371

**carpogone**      n. m.

*(Algoculture - Reproduction et génétique)*

Cellule femelle du gamétophyte des algues rouges, remarquable par le trichogyne qui la surmonte, et se développant en carposporophyte.

◊ LAROG*1982*2**1813, CUPER*1992***191, GAYR*1975***35

**carpospore**      n. f.

*(Algoculture - Reproduction et génétique)*

Nom donné à la spore issue du carposporophyte des algues rouges.

◊ LAROG*1982*2**1813

**carragahéen**
     voir mousse d'Irlande

**Chinese carps**      n. pl.

*(Fish Farming - Aquaculture Species)*

A group of carps that has become important in aquaculture and that consists of five species: grass carp *(Ctenopharyngodon idella)*, silver carp *(Hypophthalmichthys molitrix)*, bighead carp *(Aristichthys nobilis)*, black carp *(Mylopharyngodon piceus)* and mud carp *(Cirrhina molitorella)*.

◊ PILLA*1990***286

**carp farmer**

*(Fish Farming)*

A person who practices carp culture.

See also **carp farming**

◊ LANAQ*1992***224, PILLA*1990***286

**carp farming**
     carp culture

*(Fish Farming)*

The rearing of carp.

◊ PILLA*1990***290, 308, LANAQ*1992***4

**carpogonium**

*(Algal Culture - Reproduction and Genetics)*

The flask-shaped egg-bearing portion of the female reproductive branch in red algae in which fertilization occurs and which usually terminates in an elongate receptive trichogyne.

◊ WEBIN*1986***342, LANAQ*1992***150

**carpospore**

*(Algal Culture - Reproduction and Genetics)*

Reproductive cell of red algae produced in the carpogonium sometime after sexual reproduction.

◊ PHYT*1978***496, PILLA*1990***513, LANAQ*1992***150

**carragéenane**      n. m.
    V. o. carraghénane      n. m.
    carragénine      n. f.
    V. o. carraghénine      n. f.

*(Algoculture)*

Polymère du galactose sulfate entrant dans la composition de la paroi cellulaire des algues rouges (telles que *Chondrus, Eucheuma, Gigartina, Hypnea, Iridaea* et *Phyllophora*) et dont les capacités gélifiantes sont principalement utilisées dans les industries alimentaire, pharmaceutique et cosmétique.

◊ CILFO*1989***93

**carragénine**
    voir carragéenane

**carragheen**
    voir mousse d'Irlande

**carraghénane**
    voir carragéenane

**carraghénine**
    voir carragéenane

**carrassin**
    voir carassin

**carrelet 1**
    voir plie 2

**carrelet 2**      n. m.

*(Installations)*

Filet en forme de nappe, monté sur deux cerceaux croisés suspendus au bout d'une perche, que l'on immerge puis remonte d'un mouvement rapide et régulier pour pêcher le menu poisson.

◊ LAROG*1982*2**1818, CILFO*1989***94

**caséine**      n. f.

*(Croissance et nutrition)*

Substance protéique, formée d'un mélange de protéines phosphorées et soufrées, constituant la majeure partie des matières azotées du lait des mammifères et utilisée dans le régime des écrevisses.

◊ LAROG*1982*2**1839

**Irish moss extractive**
    carrageenan
    V. s. carrageenin
    V. s. carrageenin

*(Algal Culture)*

A colloidal extractive of red algae (as *Chondrus, Eucheuma, Gigartina, Hypnea, Iridaea* and *Phyllophora*) obtained from a mixture of sodium, potassium, calcium, and magnesium salts of an acid sulfate produced by a galactose-containing polysaccharide and used chiefly as a suspending agent in foods, pharmaceuticals and cosmetics.

◊ WEBIN*1986***342

**lift net**

*(Facilities)*

A bag or basket-shaped net designed to be used vertically through the water (as in taking smelts).

◊ WEBIN*1986***1307, PILLA*1990***235, 465

**casein**

*(Growth and Nutrition)*

Any of various phosphoproteins characteristic of the milk of mammals, used in crayfish diets.

◊ WEBIN*1986***346, LANAQ*1992***328

**castillon**
　　voir madeleineau

**catadromie** n. f.

*(Pisciculture - Reproduction et génétique)*

Migration des poissons qui vivent en rivières et fraient en mer.

Voir aussi **anadromie**

◊ ARECO*1976***244-245

**catadromy**

*(Fish Farming - Reproduction and Genetics)*

The migration of some fish from freshwater to the sea for spawning.

See also **anadromy**

**cavité buccale** n. f.

*(Anatomie et physiologie)*

Cavité de la bouche.

◊ BIOGAL*1988***140, PATH*1985***24

**buccal cavity**

*(Anatomy and Physiology)*

The cavity of the mouth.

◊ MARLI*1976***45

**cavité cœlomique** n. f.
　　cœlome n. m.

*(Anatomie et physiologie)*

Cavité formée aux dépens du mésoderme et participant à la constitution d'un certain nombre d'organes internes.

◊ LAROG*1982*3**2344, GPP*1985***G2

**coelomic cavity**
　　coelom

*(Anatomy and Physiology)*

The secondary body cavity of animals, which is from its inception surrounded and separated from the primary body cavity by mesoderm.

◊ SCITF*1988***172, PIPFI*1986***476

**cavité du manteau** n. f.
　　cavité palléale n. f.

*(Conchyliculture - Anatomie et physiologie)*

Cavité située dans le manteau et contenant les organes respiratoires des bivalves.

◊ GPP*1985***G2

**mantle cavity**
　　pallial cavity
　　pallial chamber

*(Mollusc Culture - Anatomy and Physiology)*

The space between mantle and body proper in bivalve molluscs in which the respiratory organs lie.

◊ LASTE*1989***1145, WEBIN*1986***1378

**cavité palléale**
　　voir cavité du manteau

**cellule diploïde** n. f.

*(Reproduction et génétique)*

Cellule comportant deux ensembles de chromosomes, p. ex. un œuf fécondé ou un zygote.

Voir aussi **cellule haploïde, diploïde**

◊ CAPQ-2*1992***10

**diploid cell**

*(Reproduction and Genetics)*

A cell having two sets of chromosomes, i.e. a fertilized egg or zygote.

See also **haploid cell, diploid**

◊ LANAQ*1992***130-131

**cellule du soma**   n. f.
   cellule somatique   n. f.

*(Reproduction et génétique)*

Une des cellules qui constituent la masse du corps, à l'exclusion des cellules sexuelles, ou germen.

◊ LAROG*1982*9**9683, ROBER*1986*8**835

**somatic cell**
   body cell

*(Reproduction and Genetics)*

Any cell of the eukaryotic body other than those destined to become sex cells.

◊ KIGEN*1985***363, LANAQ*1992***129, 130, INZOO*1974**723

**cellule haploïde**   n. f.

*(Reproduction et génétique)*

Cellule dont le nombre de chromosomes est réduit à un élément de chaque paire.

Voir aussi **cellule diploïde, haploïde**

◊ ROBER*1986***5**98, CAPQ-2*1992***10

**haploid cell**

*(Reproduction and Genetics)*

A cell containing only one of each type of chromosome characteristic of its species.

See also **diploid cell, haploid**

◊ SUBIO*1988***417, LANAQ*1992***130, 131

**cellule sexuelle**
   voir gamète

**cellule somatique**
   voir cellule du soma

**cellulose**   n. f.

*(Croissance et nutrition)*

Matière constitutive essentielle de la paroi pecto-cellulosique (ou membrane squelettique) des végétaux, polymère du glucose.

◊ ROBER*1986*2**429

**cellulose**

*(Growth and Nutrition)*

A polysaccharide of glucose units that constitutes the chief part of the cell walls of plants.

◊ WEBCO*1987***220, PILLA*1990***92

**centrarchidé**   n. m.

*(Pisciculture - Biologie)*

Poisson de la famille des centrarchidés.

Voir aussi **centrarchidés**

◊ LAROG*1982*2**1923

**centrarchid**

*(Fish Farming - Biology)*

A fish of the family Centrarchidae.

See also **Centrarchidae**

◊ WEBIN*1986***363

**centrarchidés**   n. m. pl.
   V. o. Centrarchidés   n. m. pl.

*(Pisciculture - Biologie)*

Famille de poissons carnivores d'eau douce d'Amérique du Nord comprenant les perches-soleils, les achigans, etc.

◊ LAROG*1982*1**1923

**Centrarchidae**   n. pl.

*(Fish Farming - Biology)*

A family of North American carnivorous percoid freshwater fishes containing the sunfishes, crappies, black basses, and others valuable as food and game.

◊ WEBIN*1986***363

**Centrarchidés**
   voir centrarchidés

**céphalopode** n. m.

*(Conchyliculture - Biologie)*

Mollusque de la classe des céphalopodes.

Voir aussi **céphalopodes**

◊ LAROG*1982*2**1930

**céphalopodes** n. m. pl.
V. o. Céphalopodes n. m. pl.

*(Conchyliculture - Biologie)*

Classe de mollusques supérieurs tels que le nautile, la pieuvre, la seiche et le calmar, caractérisée par un pied à tentacules munis de ventouses, que porte la tête ; par une bouche précédée d'un bec corné ; par des yeux perfectionnés ; par une tête distincte contenant un véritable cerveau ; par un système complexe de locomotion et par la réduction ou l'absence de coquille.

◊ ROBER*1986*2**443, LAROG*1982*2**1930

**Céphalopodes**
voir céphalopodes

**céphalothorax** n. m.

*(Crustaciculture - Anatomie et physiologie)*

Partie antérieure du corps des crustacés protégée par une carapace résultant de la fusion de la tête et du thorax.

◊ CILFO*1989***99, GPP*1985***G2

**céréale**
voir grains de céréale

**chaîne alimentaire** n. f.

*(Croissance et nutrition)*

Suite de maillons reliés par des liens trophiques, dans laquelle les populations constituant un maillon consomment le maillon précédent et servent de nourriture au maillon suivant.

◊ CILFO*1989***100, GIRAQ*1991***9

**cephalopod**

*(Mollusc Culture - Biology)*

A mollusc of the class Cephalopoda.

See also **Cephalopoda**

◊ WEBIN*1986***364

**Cephalopoda** n. pl.

*(Mollusc Culture - Biology)*

The highest class of Mollusca containing the squids, cuttlefishes, octopuses, nautiluses, ammonites, and related forms, all having around the front of the head a group of elongated muscular arms usually furnished with prehensile suckers or hooks, a highly developed head with large well-organized eyes, and a pair of powerful horny jaws shaped like a parrot's beak.

◊ WEBIN*1986***364

**cephalothorax**

*(Crustacean Farming - Anatomy and Physiology)*

The united head and thorax of higher crustaceans.

◊ WEBIN*1986***364, LANAQ*1992***202

**food chain**

*(Growth and Nutrition)*

The scheme of feeding relationships by trophic levels which unites the member species of a biological community.

◊ LASTE*1989***747

**chanos \*** n. m.
*Chanos chanos*

*(Pisciculture - Espèces aquacoles)*

Poisson de la famille des chanidés que l'on trouve dans les eaux chaudes des océans Pacifique et Indien.

\* Terme normalisé au Canada.

◊ NQ8070\*1995\*\*\*12

*Chanos chanos*
voir chanos

**charbon actif** n. m.
charbon activé n. m.

*(Eau - Traitement et filtration)*

Charbon aux propriétés absorbantes, utilisé pour l'adsorption des matières communiquant à l'eau un goût, une odeur ou une couleur.

Voir aussi **filtre à charbon**

◊ PARSE\*1990\*\*\*106, OLFEB\*1981\*\*\*79

**charbon activé**
voir charbon actif

**charge organique** n. f.
*(Eau)*

Quantité totale de matières organiques en solution ou en suspension dans une eau.

◊ OLFEB\*1981\*\*\*82

**charnière** n. f.
*(Conchyliculture - Anatomie et physiologie)*

Partie de la coquille composée d'un ligament élastique et de dents articulées servant à l'articulation des deux valves chez les mollusques bivalves.

◊ LAROG\*1982\*2\*\*2053

**charognard**
voir saumon noir

**milkfish \***
bandeng \*\*
bandang
bangus
*Chanos chanos*

*(Fish Farming - Aquaculture Species)*

A fish of the family Chanidae found in the warm parts of the Pacific and Indian oceans.

\* Recommended term in Canada.

\*\* Native name in Indonesia.

◊ WEBIN\*1986\*\*\*1434, NQ8070\*1995\*\*\*12

**activated carbon**
activated charcoal
active carbon

*(Water - Treatment and Filtration)*

Specially processed carbon characterized by high adsorptivity for gases, vapours and colloidal solids, used in water purification.

See also **carbon filter**

◊ WEBIN\*1986\*\*\*22

**organic load**
*(Water)*

The amount of dissolved organic material carried in the water.

◊ WICRU\*1992\*\*\*376

**hinge**
*(Mollusc Culture - Anatomy and Physiology)*

A flexible ligamentous joint that holds the valves of a bivalve mollusc shell together and causes them to gape ventrally.

◊ WEBIN\*1986\*\*\*1071, INZOO\*1974\*\*\*261

**chaulage**      n. m.

*(Eau - Traitement et filtration)*

Opération consistant à répandre de la chaux dans un étang pour en désinfecter le sol et en corriger l'acidité, ou à enduire d'un mélange à base de chaux un collecteur de mollusques en vue de faciliter la séparation du naissain.

◊ CAPQ-11*1992***25

**chaux**      n. f.

*(Eau - Traitement et filtration)*

Produit qui assure le bon fonctionnement d'un étang en neutralisant l'acidité des matières organiques, en stabilisant le pH de l'eau, en augmentant la productivité en algues et plantes aquatiques et en améliorant le développement et la croissance des invertébrés aquatiques et des poissons.

◊ BAMI*1991***59-60

**chaux agricole**      n. f.

*(Eau - Traitement et filtration)*

Chaux hydratée utilisée pour neutraliser l'acidité de l'eau des étangs.

**chaux éteinte**
     voir chaux hydratée

**chaux hydratée**      n. f.
     chaux éteinte      n. f.

*(Eau - Traitement et filtration)*

Hydroxyde de calcium produit par hydratation de la chaux vive, servant à neutraliser l'acidité de l'eau des étangs.

◊ OLFEB*1981***84

**chaux vive**      n. f.

*(Eau - Traitement et filtration)*

Amendement servant à relever rapidement le pH de l'eau, à relancer l'activité biologique et à désinfecter les poissons de leurs parasites externes.

◊ BAMI*1991***60

**liming**

*(Water - Treatment and Filtration)*

Treating the soil of a pond with lime to reduce its acidity and to help eradicate it of disease and parasites or treating a mollusc collector with a lime-based mixture to facilitate the separation of the spat.

◊ LASTE*1989***1078

**lime**

*(Water - Treatment and Filtration)*

A product used in ponds which increases the pH of the mud, improves benthic productivity, boosts primary productivity by increasing the availability of carbon dioxide for photosynthesis, and improves the availability of nutrients, particularly phosphates.

◊ WICRU*1992***221

**agricultural lime**

*(Water - Treatment and Filtration)*

A hydrated lime used to neutralize water acidity in ponds.

◊ LASTE*1989***49, LANAQ*1992***29

**slaked lime**
     hydrated lime

*(Water - Treatment and Filtration)*

A dry white powder consisting essentially of calcium hydroxide obtained by treating lime with water, used as a treatment for acidic water in ponds.

◊ WEBIN*1986***1107, PILLA*1990***32

**quicklime**
     V. s. quick lime
     burnt lime

*(Water - Treatment and Filtration)*

Product used as a disinfectant for fish-holding facilities which produces heat and extreme alkaline conditions.

◊ PIPFI*1986***487

**chémostat** n. m.

*(Algoculture - Installations)*

Appareil servant à la culture continue d'algues par stabilisation de la croissance de la population, en renouvelant en permanence le milieu dans lequel un élément limitant joue un rôle de régulation.

Voir aussi **turbidostat**

◊ CILFO*1989***107

**chemostat**

*(Algal Culture - Facilities)*

An apparatus using some sort of overflow device in which fresh medium enters the algal culture and displaces some of the old medium containing the algal cells. The chemostat has a pump that adds new medium at a continuous, fixed rate.

See also **turbidostat**

◊ LANAQ*1992***333

**chenal de fraie**
    voir chenal de ponte

**chenal de fraye**
    voir chenal de ponte

**chenal de ponte** n. m.
    frayère artificielle n. f.
    chenal de fraye n. m.
    V. o. chenal de fraie n. m.

*(Pisciculture - Reproduction et génétique)*

Frayère construite avec un gravier spécial et munie d'une circulation d'eau.

◊ GESPI*1985***16, 237, FS-94-188F*1975***6

**spawning channel**

*(Fish Farming - Reproduction and Genetics)*

An artificial spawning ground constructed with a particular gravel and a controlled water flow.

◊ LANAQ*1992***266

**cheptel** n. m.
    stock d'élevage n. m.
    stock en élevage n. m.
    stock cultivé n. m.

*(Élevage/culture)*

Ensemble des animaux élevés dans une exploitation aquacole.

◊ AQUAC*1986*1**48, 359, 370, 511, BAMI*1991***32

**stock 1**
    aquaculture stock

*(Farming/Culture)*

A group of animals cultured in an aquaculture farm.

**cheptel de départ** n. m.
    stock de départ n. m.

*(Élevage/culture)*

Ensemble des œufs, larves, alevins ou naissains destiné à amorcer le cycle de production.

Voir aussi **semence 1**

**seedstock**
    V. s. seed stock

*(Farming/Culture)*

A population of eggs, larvae, fry or spat used to start the production cycle.

See also **seed**

◊ COLD*1995***72, ACKE*1994***2, 113, AQEX-E*1989***14

**cheptel reproducteur**
    voir géniteurs

**chevrette**      n. f.
   crevette géante d'eau douce    n. f.
   écrevisse tropicale      n. f.
   bouquet géant      n. m.
   *Macrobrachium rosenbergii*

*(Crustaciculture - Espèces aquacoles)*

Crevette tropicale d'eau douce.

◊ FAOTB-19*1981***24

**giant freshwater prawn**
   giant river prawn
   Asian prawn
   Malaysian prawn
   *Macrobrachium rosenbergii*

*(Crustacean Farming - Aquaculture Species)*

A freshwater tropical shrimp.

◊ WICRU*1992***158, BIOBL*1982*10**288

**chimiothérapie**      n. f.

*(Pathologie et prédateurs)*

Méthode de traitement des maladies par l'administration de substances chimiques.

◊ LAROG*1982*2**2147

**chemotherapy**

*(Pathology and Predators)*

Treatment of diseases by administration of chemicals which have a damaging effect on the metabolism of microbes.

◊ STFAR*1987***230

**chitine**      n. f.

*(Crustaciculture - Anatomie et physiologie)*

Substance de soutien de la cuticule des arthropodes (crustacés), qui lui donne sa dureté et sa solidité, ainsi que sa forte imperméabilité.

◊ LAROG*1982*2**2183, GPP*1985***G2

**chitin**

*(Crustacean Farming - Anatomy and Physiology)*

A constituent of arthropod cuticle that forms part of the hard outer integument of arthropods (crustaceans).

◊ WEBIN*1986***393, INZOO*1974***976

*Chlamys farreri*
   voir pétoncle farreri

*Chlamys nobilis*
   voir peigne noble

**chloramines ***      n. f. pl.

*(Eau - Traitement et filtration)*

Composés ammoniacaux du chlore ayant un effet stérilisant lent.

* Terme normalisé par l'ISO.

◊ OLFEB*1981***87

**chloramines ***      n. pl.

*(Water - Treatment and Filtration)*

Chlorine ammoniacal compounds with a slower disinfection effect.

* Term standardized by ISO.

◊ LANAQ*1992***104

**chloramphénicol**      n. m.

*(Pathologie et prédateurs)*

Antibiotique préparé synthétiquement ou par le champignon *Streptomyces venezuelae* et utilisé dans le traitement d'infections bactériennes.

◊ MED-F*1993***225, PATH*1985***302

**chloramphenicol**

*(Pathology and Predators)*

An antibiotic that is produced synthetically and from cultures of *Streptomyces venezuelae* and is used as an antibacterial agent.

◊ WEBCO*1987***235, PILLA*1990***201

**chloration \***      n. f.

*(Eau - Traitement et filtration)*

Traitement de l'eau par le chlore dans le but de la désinfecter.

\* Terme normalisé par l'ISO.

Voir aussi **désinfection**

◊ PARSE\*1990\*\*\*111

**chlore**      n. m.

Symb. Cl

*(Eau - Traitement et filtration)*

Gaz toxique jaune verdâtre, plus lourd que l'air, dont la solubilité varie avec la température et qui est corrosif dans les conditions normales d'utilisation.

**OBS**

Le chlore est un puissant agent de désinfection utilisé dans le milieu de culture.

◊ OLFEB\*1981\*\*\*88

**chlorinité**      n. f.

*(Eau - Traitement et filtration)*

Masse, en grammes, des halogènes contenus dans un kilogramme d'eau de mer, les bromures et iodures étant remplacés par leurs équivalents en chlorures.

◊ CILFO\*1989\*\*\*109

**chlorophycées**

voir **algues vertes**

**choc de pression**      n. m.

*(Pisciculture - Reproduction et génétique)*

Application d'un choc hydrostatique après la fécondation des œufs pour changer le nombre de chromosomes contenus dans les cellules.

**OBS**

Un choc de pression est appliqué aux œufs pour provoquer l'apparition d'animaux triploïdes.

Voir aussi **choc thermique 1, triploïde**

◊ CAPQ-2\*1992\*\*\*48

**chlorination \***

*(Water - Treatment and Filtration)*

The application of chlorine to water for the purpose of disinfection.

\* Term standardized by ISO.

See also **disinfection**

◊ LASTE\*1989\*\*\*342, WEBIN\*1986\*\*\*401

**chlorine**

chlorine gas
Symb. Cl

*(Water - Treatment and Filtration)*

A poisonous, greenish-yellow, irritating chemical element that is a gas at normal temperatures.

**OBS**

Chlorine is used for disinfection in the culture medium.

◊ GACAN\*1983\*\*\*203

**chlorinity**

*(Water - Treatment and Filtration)*

The weight of chlorine in grams contained in 1 kg of seawater after the bromides and iodides have been replaced by chloride.

◊ WAST\*1979\*\*\*348

**pressure shock**

*(Fish Farming - Reproduction and Genetics)*

Application of a hydrostatic shock to eggs after fertilization to change the number of chromosomes contained in the cells.

**OBS**

Pressure shocks are done to obtain triploid animals.

See also **heat shock, triploid**

◊ LANAQ\*1992\*\*\*229, PILLA\*1990\*\*\*171

**choc thermique 1**     n. m.

*(Reproduction et génétique - Techniques et méthodes)*

1. Hausse ou baisse de température que l'on fait subir aux œufs fécondés pour changer le nombre de chromosomes contenus dans les cellules.

2. Hausse de température pour provoquer l'émission des produits génitaux (ovules et spermatozoïdes) chez les bivalves.

Voir aussi **choc de pression, triploïde**

◊ 1. CAPQ-2*1992***48, 49
   2. AQUAC*1986*2**910, BOUGOC*1976***255

**heat shock**
temperature shock

*(Reproduction and Genetics - Techniques and Methods)*

1. Treatment of eggs with low and high temperatures after fertilization to change the number of chromosomes in the cells.

2. The application of heat to stimulate the release of gametes (eggs and sperm) in bivalves.

See also **pressure shock, triploid**

◊ 1. PILLA*1990***171
   2. PILLA*1990***481

---

**choc thermique 2**     n. m.

*(Pathologie et prédateurs)*

Choc résultant d'une variation soudaine de température.

**OBS**
Le choc thermique peut être létal et se produit souvent lors du transfert des animaux d'un bassin à un autre.

◊ PATH*1985***49

**thermal shock**

*(Pathology and Predators)*

A shock resulting from a sudden change in temperature.

**OBS**
Thermal shock can be fatal and is often observed when animals are transferred from one body of water to another.

◊ LAFRE*1984***519

---

**choix sur collatéraux**     n. m.
sélection sur collatéraux     n. f.

*(Reproduction et génétique)*

Méthode de sélection consistant à choisir les reproducteurs en fonction des caractères et performances de leurs collatéraux (frères et sœurs, demi-frères et demi-sœurs).

◊ LAROG*1982*9**9468, CILFG-32*1991***71

**sib-selection**

*(Reproduction and Genetics)*

A selection in which the siblings (brothers and sisters) or half-siblings from the best families are kept for breeding.

◊ PILLA*1990***168

---

**chondrus**
voir mousse d'Irlande

*Chondrus crispus*
voir mousse d'Irlande

---

**chromatophore**     n. m.

*(Anatomie et physiologie)*

Cellule du derme de certains animaux, riche en pigment, qui peut se dilater ou se rétracter et qui permet aux animaux de changer de couleur.

**chromatophore**

*(Anatomy and Physiology)*

A pigment-bearing cell in the integument of various animals capable of changing the apparent pigmentation of the skin by expanding or contracting.

**OBS**

Chez les crustacés, les chromatophores sont sous l'influence hormonale de la glande de sinus située dans les pédoncules oculaires.

◊ ROBER*1986*2**598, LAROG*1982*3**2213

**chromosome**                    n. m.

*(Reproduction et génétique)*

Une des structures de gènes située dans le noyau de la cellule et contenant l'information génétique.

◊ CAPQ-5*1992***10, 58

**chute**

voir fixation de naissain

**cichlidé**                    n. m.

*(Pisciculture - Biologie)*

Poisson de la famille des cichlidés.

Voir aussi **cichlidés**

◊ LAROG*1982*3**2230

**cichlidés**                    n. m. pl.
V. o. Cichlidés                    n. m. pl.

*(Pisciculture - Biologie)*

Famille de poissons téléostéens des eaux douces tropicales qui comprend les tilapias et d'autres espèces qui sont des poissons d'aquarium.

◊ LAROG*1982*3**2230

**Cichlidés**

voir cichlidés

**circuit fermé**                    n. m.
système fermé                    n. m.

*(Installations - Eau)*

Système dans lequel l'élevage est pratiqué dans des bassins ou plans d'eau ne recevant pas d'eau de l'extérieur ou très peu, l'eau étant sujette à un traitement extensif.

Voir aussi **circuit ouvert**

◊ AQUAC*1986*2**499, 606, 864, CAPQ-9*1993***18

**OBS**

The chromatophores of crustaceans are under the control of peptide hormones, both stimulatory and inhibitory, that are produced in the eyestalk.

◊ LANAQ*1992***188, WEBIN*1986***401

**chromosome**

*(Reproduction and Genetics)*

Any of the structures of genes situated in the cell nucleus and responsible for the carriage of genetic information.

◊ FISFA*1988***388, STFAR*1987***231

**cichlid**

*(Fish Farming - Biology)*

A fish of the family Cichlidae.

See also **Cichlidae**

◊ WEBIN*1986***406

**Cichlidae**                    n. pl.

*(Fish Farming - Biology)*

A large family of chiefly tropical freshwater percoid fishes including the tilapias and a number of popular aquarium fishes.

◊ LAFRE*1984***511, WEBIN*1986***406

**closed system**
closed-culture system
recirculation system

*(Facilities - Water)*

A water system in which little or no water is exchanged and the water is subject to extensive treatment.

See also **open system**

◊ LANAQ*1992***58, 59, 352

| circuit ouvert | n. m. |
| système ouvert | n. m. |

**(Installations - Eau)**

Système dans lequel l'élevage est pratiqué dans des cours d'eau naturels tels que la mer ou un lac.

Voir aussi **circuit fermé**

◊ SOMOL*1992***94

| civelle | n. f. |
| pibale | n. f. [FR] |
| V. o. piballe | n. f. [FR] |

**(Pisciculture - Croissance et nutrition)**

Jeune anguille qui vient de se métamorphoser et qui envahit en grand nombre les estuaires en vue de la montée vers les eaux douces.

◊ LAROG*1982*3**2275, CILFO*1989***112, 22, Q2721*1993***78

**Cl**

voir chlore

**cladocère** n. m.

**(Crustaciculture - Croissance et nutrition)**

Crustacé de l'ordre des cladocères.

Voir aussi **cladocères**

| cladocères | n. m. pl. |
| V. o. Cladocères | n. m. pl. |

**(Crustaciculture - Croissance et nutrition)**

Ordre de crustacés inférieurs faisant partie des branchiopodes, généralement pourvus d'une carapace bivalve enveloppant le corps et qui laisse toujours la tête libre. Les cladocères qui font le plus souvent l'objet d'un élevage pour l'alimentation des poissons sont les daphnies.

◊ CILFO*1989***112

**Cladocères**

voir cladocères

**open system**
open-water system
open-culture system
flow-through system

**(Facilities - Water)**

A water system which consists of the natural environment such as a sea or a lake.

See also **closed system**

◊ LANAQ*1992***39, PILLA*1990***225, COLD*1995***56

**elver**
glass eel

**(Fish Farming - Growth and Nutrition)**

A small cylindrical young eel that is just past the larval stage and that is found chiefly along shores or about estuaries.

◊ WEBIN*1986***738, LANAQ*1992***244

**cladoceran**

**(Crustacean Farming - Growth and Nutrition)**

A crustacean of the order Cladocera.

See also **Cladocera**

| Cladocera | n. pl. |
| cladocerans | n. pl. |

**(Crustacean Farming - Growth and Nutrition)**

An order of branchiopod crustaceans with a folded upper shell covering the body. The most common cladocerans cultured as food for fish are *Daphnia* species.

◊ LAFRE*1984***511, PILLA*1990***119

claire                                          n. f.

*(Ostréiculture - Installations)*

Bassin peu profond dans lequel se fait l'affinage des huîtres et où elles se nourrissent des organismes microscopiques en suspension dans l'eau, notamment la navicule bleue qui donne à leur manteau la couleur verte.

◊ ROBER\*1986\*2\*\*637

claire

*(Oyster Culture - Facilities)*

A small shallow coastal pond for rearing oysters in order to increase their weight and develop the green coloration.

◊ WEBIN\*1986\*\*\*414, PILLA\*1990\*\*\*237

clam

voir palourde américaine

classe                                          n. f.

*(Biologie)*

Chacune des grandes divisions d'un embranchement d'êtres vivants, subdivisée elle-même en ordres.

Voir aussi **embranchement 1, embranchement 2**

◊ GPP\*1985\*\*\*G2

class

*(Biology)*

A taxonomic category ranking above the order and below the phylum or division.

See also **phylum, division**

◊ LASTE\*1989\*\*\*360

classement

voir tri

classement des poissons

voir tri des poissons

clayonnage                                      n. m.

*(Conchyliculture - Techniques et méthodes)*

Technique qui consiste à installer des claies sur un gisement de myes pour accroître la turbulence, ce qui favorise la fixation des larves sur le fond.

brushing

*(Mollusc Culture - Techniques and Methods)*

A technique in which racks are installed on a bed of clams to increase turbulence, thus facilitating the settling of larvae on the bottom.

◊ COLD\*1995\*\*\*201

CM cellulose

voir carboxyméthylcellulose

CMC

voir carboxyméthylcellulose

coefficient de condition

voir facteur de condition

**coefficient de consanguinité**          n. m.
   Symb. F

*(Reproduction et génétique)*

Probabilité que deux allèles, à un locus donné, soient identiques et issus d'un ancêtre commun.

**OBS**

Le coefficient de consanguinité est une mesure de l'augmentation du degré d'homozygotie, résultant de la consanguinité. Il varie de 0 à 1 (0 % à 100 %).

◊ CAPQ-2*1992***32

**inbreeding coefficient**
   Symb. F

*(Reproduction and Genetics)*

The probability that two alleles at any locus are identical and descended from a common ancestor.

**OBS**

Since the inbreeding coefficient is a probability, it can assume only the values within the range of zero to 1 (0% to 100%). Inbreeding coefficients express the amount of inbreeding that has accumulated starting from a specific point in the ancestry of the population.

◊ GAGUA*1983***216

**coefficient de transformation (de l'aliment)**
   voir taux de conversion

**cœlome**
   voir cavité cœlomique

**coho**
   voir saumon coho

**collage des œufs**
   voir adhésivité des œufs

**collecte de naissain**
   voir captage

**collecteur 1**          n. m.

*(Installations - Élevage/culture)*

Substrat artificiel utilisé pour la fixation du naissain ou la ponte d'œufs de poissons.

Voir aussi **collecteur de naissain, collecteur d'œufs**

◊ ROBER*1986*2**702, AQUAC*1986*2**901, 904, 1047

**collector**

*(Facilities - Farming/Culture)*

An artificial substrate used for the attachment of spat or the spawning of fish eggs.

See also **egg collector, cultch**

◊ PILLA*1990***342, LANAQ*1992***173, 176

**collecteur 2**
   voir collecteur de naissain

**collecteur d'œufs**          n. m.

*(Pisciculture - Installations)*

1. Substrat artificiel utilisé pour la ponte d'œufs chez certaines espèces de poissons, telles que la carpe.

2. Appareil destiné à récupérer la ponte récente de poissons ou de crustacés.

◊ AQUAC*1986*2**677, 679

**egg collector**

*(Fish Farming - Facilities)*

1. An artificial substrate used for the spawning of fish eggs in certain species such as carp.

2. An apparatus used to recuperate recently hatched eggs from fish or crustaceans.

◊ 1. PILLA*1990***294, 342
   2. LANAQ*1992***193

collecteur de naissain     n. m.
    collecteur 2     n. m.

### (Conchyliculture - Installations)

Substrat artificiel (p. ex. coquilles, tuiles) immergé dans l'eau, sur lequel se fixent des jeunes larves de bivalves (huîtres, moules, pétoncles).

Voir aussi **collecteur 1**

◊ AQUAC*1986*2**901, 904, 1047, ROBER*1986*2**702

collier étanche     n. m.

### (Installations - Eau)

Collier en métal, plastique ou fibre de verre utilisé pour empêcher les fuites d'eau au niveau des tuyaux de drainage des étangs.

◊ ELSAQ*1991***18

colloïde     n. m.

### (Eau - Traitement et filtration)

Particules de très petites dimensions qui restent en suspension dans l'eau.

◊ PARSE*1990***119

colmatage     n. m.

### (Eau - Traitement et filtration)

Obturation progressive des filtres produite par les dépôts de particules solides ou liquides qui les traversent.

◊ LAROG*1982*3**2378

colonne d'eau     n. f.

### (Eau)

Colonne imaginaire allant de la surface de l'eau jusqu'au fond et permettant de représenter dans l'espace des phénomènes physiques ou biologiques.

**complément chromosomique**
    voir stock chromosomique

**complément de chromosomes**
    voir stock chromosomique

**complémentation**
    voir alimentation supplémentaire

cultch
    spat collector

### (Mollusc Culture - Facilities)

An artificial substrate (e.g. oyster shells, ceramic tiles) placed in the water for the attachment of spat.

See also **collector**

◊ LANAQ*1992***173, 186, 92, 177, PILLA*1990***473, WEBIN*1986***552

**antiseep collar**
    V. s. anti-seep collar

### (Facilities - Water)

A collar made of metal, fibreglass or plastic used around drainpipes to reduce the risk of leaks from some ponds.

◊ WICRU*1992***170

colloid

### (Water - Treatment and Filtration)

A substance so finely divided that it stays in suspension in water.

◊ PIPFI*1986***476

clogging

### (Water - Treatment and Filtration)

The effect occurring when fine particles fill the voids of a sand filter or biological bed or when growths form surface mats that retard the normal passage of liquid through the filter.

◊ IWATE*1981***126

**water column**

### (Water)

An imaginary column going from the surface of the water to the bottom which allows a mental representation of physical and biological phenomena within that space.

**complexe organe X-glande du sinus** n. m.

*(Crustaciculture - Reproduction et génétique)*

Ensemble endocrine dans le pédoncule oculaire de certains crustacés qui renferme un grand nombre de facteurs susceptibles de réguler toute une série de processus physiologiques.

◊ BIOGAL*1988***143, 149

**X-organ—sinus gland complex**
   X-organ—sinus gland system

*(Crustacean Farming - Reproduction and Genetics)*

A center of endocrine activity in the eyestalk of certain crustaceans which is responsible for many physiological functions.

◊ LANAQ*1992***188, INZOO*1974***333, SWIFA*1985***37


**compost** n. m.
   *(Eau - Traitement et filtration)*

Engrais formé par le mélange fermenté de débris organiques avec des matières minérales.

◊ PEROB*1995***425

**compost**
   *(Water - Treatment and Filtration)*

Fertilizer produced by the more or less controlled decomposition of natural organic materials.

◊ LAFRE*1984***511, PILLA*1990***124


**concentration en oxygène** n. f.
   *(Eau)*

Poids d'oxygène contenu dans une unité de volume d'eau.

◊ CAPQ-11*1992***19

**oxygen concentration**
   *(Water)*

The amount of oxygen per unit volume of water.

◊ PIPFI*1986***96


**concession** n. f.
   concession aquacole n. f.
   bail * n. m.
   bail aquacole * n. m.

*(Terminologie générale)*

Site en milieu aquatique octroyé, à titre temporaire et contre une redevance, à un aquaculteur qui peut y poursuivre ses activités.

* Ce terme est utilisé dans la *Loi sur l'aquaculture du Nouveau-Brunswick.*

◊ CILFO*1989***120

**lease**
   aquaculture lease




*(General Terminology)*

A site conveyed for a specified period and for a fixed rent for the purpose of aquaculture.


**concession aquacole**
   voir concession

**conchyliculteur** n. m.
   conchylicultrice n. f.

*(Conchyliculture)*

Celui ou celle qui pratique la conchyliculture.

Voir aussi **conchyliculture**

◊ ROBER*1986*2**784

**mollusc farmer**
   V. s. mollusk farmer

*(Mollusc Culture)*

A person who practices mollusc culture.

See also **mollusc culture**


**conchylicultrice**
   voir conchyliculteur

conchyliculture                    n. f.

*(Types d'aquaculture)*

Ensemble des techniques utilisées pour l'élevage des coquillages comestibles (huîtres, moules, palourdes, pétoncles, etc.).

**OBS**

Terme générique, il englobe l'ostréiculture et la mytiliculture, mais il est souvent réservé à l'élevage des coquillages autres que l'huître ou la moule : palourdes, pétoncles, etc.

Voir aussi **mollusque**

◊ LAROG*1982*3**2481, CILFO*1989***120

mollusc culture
V. s. mollusk culture

*(Aquaculture Types)*

Techniques used for the culture of molluscs (oysters, mussels, clams, scallops, etc.).

See also **mollusc**

◊ PILLA*1990***30

consanguinité                    n. f.

*(Reproduction et génétique)*

État de deux ou plusieurs individus issus d'un croisement ou d'une série de croisements entre individus apparentés et survenus dans des générations relativement récentes.

Voir aussi **hybridation**

◊ LAROG*1982*3**2526, CAPQ-2*1992***32

inbreeding

*(Reproduction and Genetics)*

The mating of individuals that are more closely related to each other than individuals mating at random within a population.

See also **crossbreeding**

◊ GAGUA*1983***216

conservation des gamètes            n. f.

*(Reproduction et génétique)*

Action de conserver les gamètes *in vitro* en utilisant notamment des cryoprotecteurs et dilueurs.

◊ AQUAC*1986*2**560

gamete preservation

*(Reproduction and Genetics)*

The act of preserving gametes *in vitro* by using cryoprotectants and diluents for example.

◊ PILLA*1990***163

contenant                    n. m.

*(Installations)*

Récipient étanche et isolé destiné au transport d'œufs de poissons.

◊ CAPQ-9*1993***10, 12

container

*(Facilities)*

An insulated and sealed receptacle used for the transport of fish eggs.

◊ LANAQ*1992***225

copépode                    n. m.

*(Croissance et nutrition - Pathologie et prédateurs)*

Crustacé de la sous-classe des copépodes.

Voir aussi **copépodes**

◊ LAROG*1982*3**2605

copepod

*(Growth and Nutrition - Pathology and Predators)*

A crustacean of the subclass Copepoda.

See also **Copepoda**

◊ WEBIN*1986***502

**copépodes**       n. m. pl.
    V. o. Copépodes      n. m. pl.

*(Croissance et nutrition - Pathologie et prédateurs)*

Sous-classe de petits crustacés marins ou d'eau douce constituant un des éléments essentiels du zooplancton ; certains sont parasites des poissons.

◊ CILFO*1989***129, LAROG*1982*2**2605

**Copépodes**
    voir copépodes

**copulation**
    voir accouplement

**coquillage 1**
    voir bivalve fouisseur

**coquillage 2**
    voir mollusque

**coquillage 3**
    voir invertébré

**coquillage fouisseur**
    voir bivalve fouisseur

**coquille Saint-Jacques 1 \***      n. f.
    pétoncle d'Europe      n. m. [CA]
    *Pecten maximus*
    *Pecten jacobaeus*

*(Conchyliculture - Espèces aquacoles)*

Gros mollusque bivalve de la famille des pectinidés, trouvé en Méditerranée et le long de la côte atlantique d'Europe.

\* Terme normalisé au Canada.

**OBS**
L'espèce *Pecten maximus* vient de la région atlantique, tandis que l'espèce *Pecten jacobaeus* vient de la Méditerranée.

◊ NQ8070*1995***60, 69, CILFO*1989***129, BOUGOC*1976***251

**coquille Saint-Jacques 2**
    voir pétoncle

**coquille Saint-Jacques 3**
    voir pétoncle géant

**Copepoda**       n. pl.
    copepods      n. pl.

*(Growth and Nutrition - Pathology and Predators)*

A subclass of Crustacea comprising minute aquatic forms abundant in both fresh and salt waters; some are free-living and important as fish food and others are parasitic on the skin and gills of fish.

◊ WEBIN*1986***502

**great scallop \***
    European scallop
    *Pecten maximus*
    *Pecten jacobaeus*

*(Mollusc Culture - Aquaculture Species)*

A large scallop of the family Pectinidae found in the Mediterranean and the Atlantic coast of Europe.

\* Recommended term in Canada.

**OBS**
*Pecten maximus* is found in the Atlantic region while *Pecten jacobaeus* is found in the Mediterranean.

◊ NQ8070*1995***60, 69, SCALHA*1991***9

**coquillier**     adj.

*(Terminologie générale)*

Qui relève de la conchyliculture.

Voir aussi **conchyliculture**

**shellfish-culture**     adj.
    mollusc-culture     adj.
    V. s. mollusk-culture     adj.

*(General Terminology)*

Relating to the culture of molluscs.

See also **mollusc culture**

---

**corticostéroïde**     n. m.

*(Pisciculture - Reproduction et génétique)*

Hormone produite par le cortex de la glande surrénale ou ses dérivés synthétiques.

◊ ROBER*1986*2**956, PATH*1985***32, 33

**corticosteroid**

*(Fish Farming - Reproduction and Genetics)*

Hormone produced by the adrenal cortex or its synthetic derivatives.

◊ WEBIN*1986***513, PILLA*1990***194

---

**corynébactériose**
    voir maladie bactérienne du rein

**côte**
    voir littoral

---

**courant de marée**     n. m.

*(Eau)*

Courant ayant une origine astronomique et étant étroitement lié aux variations du niveau de la mer dues à la marée.

◊ CILFO*1989***136

**tidal current**

*(Water)*

The alternating horizontal movement of water associated with the rise and fall of the tide caused by the astronomical tide-producing forces.

◊ LASTE*1989***1931

---

**couteau ***     n. m.
    couteau de l'Atlantique     n. m.

*(Conchyliculture - Espèces aquacoles)*

Mollusque bivalve de la famille des solénidés, caractérisé par une coquille oblongue en forme de manche de couteau, qui vit fiché verticalement dans le sable le long des côtes.

* Terme normalisé au Canada.

◊ CILFO*1989***140

**razor clam ***

*(Mollusc Culture - Aquaculture Species)*

A marine bivalve mollusc of the family Solenidae having a narrow, elongated shell resembling a straight razor, and a large, muscular foot adapted for burrowing deep in the sand in coastal waters.

* Recommended term in Canada.

◊ GACAN*1983***935

---

**couteau de l'Atlantique**
    voir couteau

---

**crabe**     n. m.

*(Crustaciculture - Espèces aquacoles)*

Crustacé décapode brachyoure pourvu de pinces et d'un abdomen réduit replié sous le céphalothorax.

◊ CILFO*1989***140

**crab**

*(Crustacean Farming - Aquaculture Species)*

Any decapod crustacean having a short abdomen that is carried tucked up under a short, broad shell and having the first pair of legs modified into pincers.

◊ GACAN*1983***274

*Crassostrea gigas*
　　voir huître creuse pacifique

*Crassostrea iredalei*
　　voir huître creuse des Philippines

*Crassostrea virginica*
　　voir huître de l'Atlantique

**crevette à pattes blanches**　　　n. f.
　　*Penaeus vannamei*

**white leg shrimp**
　　V. s. white-leg shrimp
　　V. s. whiteleg shrimp
　　western white shrimp
　　camaron langostino
　　*Penaeus vannamei*

*(Crustaciculture - Espèces aquacoles)*

Crevette de grande taille des eaux tempérées, chaudes et tropicales.

◊ CILFO*1989***141, AQUAC*1986*2**1029

*(Crustacean Farming - Aquaculture Species)*

A large shrimp of warm and tropical waters.

◊ WICRU*1992***359, CRUH*1985***130,
　　PILLA*1990***425, 430, LANAQ*1992***189, 192

**crevette américaine**
　　voir crevette blanche

**crevette blanche**　　　　　　　n. f.
　　crevette américaine　　　　　n. f.
　　*Penaeus setiferus*

**common shrimp**
　　Gulf coast white shrimp
　　lake shrimp
　　northern white shrimp
　　white shrimp
　　*Penaeus setiferus*

*(Crustaciculture - Espèces aquacoles)*

Crevette de la famille des pénéidés du golfe du Mexique.

◊ FAOTB-19*1981***6, 54

*(Crustacean Farming - Aquaculture Species)*

A shrimp of the family Penaeidae found in the Gulf of Mexico.

◊ BIOBL*1982*10**17-18, WEBIN*1986***1265,
　　CRUH*1985***134

**crevette brune**　　　　　　　　n. f.
　　crevette café　　　　　　　　　n. f.
　　*Penaeus aztecus*

**brown shrimp**
　　Brazilian shrimp
　　Gulf coast brown shrimp
　　red shrimp
　　*Penaeus aztecus*

*(Crustaciculture - Espèces aquacoles)*

Crevette de grande taille des eaux tempérées chaudes et tropicales du golfe du Mexique.

◊ CILFO*1989***141

*(Crustacean Farming - Aquaculture Species)*

A large reddish brown shrimp common in the Gulf of Mexico.

◊ WEBIN*1986***270, WICRU*1992***32,
　　CRUH*1985***134

**crevette café**
   voir crevette brune

**crevette des salines**
   voir artémie

**crevette géante d'eau douce**
   voir chevrette

**crevette géante tigrée**     n. f.
   crevette tigrée *     n. f.
   *Penaeus monodon*

(*Crustaciculture - Espèces aquacoles*)

Crevette tropicale de grande taille de la famille des pénéidés.

* Terme normalisé au Canada.

◊ LAROG*1982*8**7953, NQ8070*1995***56

**tiger shrimp**
   black tiger shrimp *
   giant tiger prawn
   tiger prawn
   black tiger prawn
   *Penaeus monodon*

(*Crustacean Farming - Aquaculture Species*)

A large tropical shrimp of the family Penaeidae.

* Recommended term in Canada.

◊ CRUH*1985***131, NQ8070*1995***56

**crevette kuruma**     n. f.
   *Penaeus japonicus*

(*Crustaciculture - Espèces aquacoles*)

Crevette de grande taille des eaux tempérées, chaudes et tropicales du Pacifique oriental.

◊ CILFO*1989***141

**Japanese shrimp**
   Kuruma prawn
   Kuruma shrimp
   *Penaeus japonicus*

(*Crustacean Farming - Aquaculture Species*)

A large shrimp of warm and tropical waters found in the Indo-west Pacific.

◊ WICRU*1992***359, PILLA*1990***103, 427, LANAQ*1992***189

**crevette pénéide**     n. f.
   pénéide     n. m.

(*Crustaciculture - Espèces aquacoles*)

Crevette de la famille des pénéidés.

Voir aussi **pénéidés**

**penaeid**
   V. s. peneid     rare
   penaeid shrimp

(*Crustacean Farming - Aquaculture Species*)

A prawn of the family Penaeidae.

See also **Penaeidae**

◊ WEBIN*1986***1669

**crevette tigrée**
   voir crevette géante tigrée

**crevetticulteur**     n. m.
    crevetticultrice     n. f.

*(Crustaciculture)*

Celui ou celle qui pratique la crevetticulture.

Voir aussi **crevetticulture**

**shrimp farmer**
    shrimp culturist

*(Crustacean Farming)*

A person who practices shrimp farming.

See also **shrimp farming**

◊ LANAQ*1992***192


**crevetticultrice**
    voir crevetticulteur


**crevetticulture**     n. f.

*(Crustaciculture)*

Élevage des crevettes.

◊ SITMO*1995***5

**shrimp farming**
    shrimp culture

*(Crustacean Farming)*

The farming of shrimps.

◊ PILLA*1990***56, 425, LANAQ*1992***189


**croisement**     n. m.

*(Reproduction et génétique)*

1. Mise en présence de matériels génétiques différents en vue d'une éventuelle recombinaison génétique.

2. Par extension, désigne à tort le produit d'un croisement.

◊ CILFG-32*1991***82

**cross**
    crossing

*(Reproduction and Genetics)*

1. The bringing together of genetic material from different individuals (genotypes) in order to achieve genetic recombination.

2. A crossbred individual: a product of crossing.

◊ BT-200*1990***60, WEBIN*1986***540


**croisement alternatif**     n. m.

*(Reproduction et génétique)*

Technique de croisement faisant alternativement intervenir à chaque génération des reproducteurs de l'une des deux races initiales sur les femelles croisées de la génération précédente.

◊ CILFG-32*1991***82, LAROG*1982*3**2792

**crisscross breeding**
    alternate crossing
    crisscrossing

*(Reproduction and Genetics)*

A system of breeding animals involving the use of purebred sires of two breeds alternately or crossbred females of the same breeds in such an order that the females are always bred to the males with which they have least blood in common.

◊ WEBIN*1986***538, PILLA*1990***170


**croisement diallèle**     n. m.

*(Reproduction et génétique)*

Plan de croisement consistant à effectuer tous les croisements possibles entre plusieurs races, chacune étant utilisée comme parent mâle et comme parent femelle.

◊ LAROG*1982*3**2792

**diallel crossing**

*(Reproduction and Genetics)*

The crossing of each of several individuals with two or more others in order to determine the relative genetic contribution of each parent to specific characters in the offspring.

◊ WEBCO*1987***350, PILLA*1990***168-169

**croisement frère-sœur** n. m.

*(Reproduction et génétique)*

Croisement entre un frère et une sœur.

◊ CAPQ-2*1992***32

**croissance** n. f.

*(Biologie - Croissance et nutrition)*

Augmentation du poids et de la taille d'un organisme.

◊ PISET*1980***223, BOUGOC*1976***125

**croissance optimale** n. f.

*(Croissance et nutrition)*

Croissance d'un organisme qui se fait lorsque les éléments du milieu (p. ex. salinité, nutrition, etc.) sont les plus favorables pour son développement.

◊ AQUAC*1986*1**214

**crustacé** n. m.

*(Crustaciculture - Biologie)*

Animal de la classe des crustacés.

Voir aussi **crustacés, invertébré, mollusque**

◊ LAROG*1982*3**2809

**crustacés** n. m. pl.
 V. o. Crustacés n. m. pl.

*(Crustaciculture - Biologie)*

Classe d'arthropodes en général aquatiques, qui respirent par des branchies ; le corps est divisé en trois parties : la tête, le thorax (parfois soudés en un céphalothorax) et l'abdomen. Les crustacés portent deux paires d'antennes et ont des yeux composés. Leur squelette contient de la chitine, plus ou moins imprégnée de sels calcaires. Les crustacés supérieurs (langoustes, homards, langoustines, crevettes, crabes) font l'objet d'essais d'élevage.

◊ CILFO*1989***143-144

**Crustacés**
 voir crustacés

**sib mating**
 V. s. sibmating

*(Reproduction and Genetics)*

The intercrossing of siblings, i.e. brother-sister mating.

◊ PILLA*1990***169

**growth**

*(Biology - Growth and Nutrition)*

An increase in weight and length of an organism.

◊ PIPFI*1986***238

**optimum growth**

*(Growth and Nutrition)*

Growth of an organism with the most suitable degree of environmental factors (e.g. salinity, nutrition) for its full development.

◊ HENBI*1989***364

**crustacean**

*(Crustacean Farming - Biology)*

An animal of the class Crustacea.

**OBS**
In some regions, the term *shellfish* is used to designate crustaceans.

See also **Crustacea, shellfish, mollusc**

◊ WEBIN*1986***547

**Crustacea** n. pl.

*(Crustacean Farming - Biology)*

A large class of Arthropoda comprising the majority of the marine or freshwater arthropods (as lobsters, shrimps, crabs) all having a body that is divided into segments of head, thorax, and abdomen of which the first two often consolidate into a cephalothorax and that is enclosed in a chitinous integument often hardened with calcareous matter into a firm exoskeleton, having a pair of appendages which are variously differentiated into mouthparts, walking legs, and swimmerets associated with each segment, and having two pairs of antennae.

◊ WEBIN*1986***547

**crustaciculteur**     n. m.
    crustacicultrice     n. f.

*(Crustaciculture)*

Celui ou celle qui pratique la crustaciculture.

Voir aussi **crustaciculture**

**crustacicultrice**
    voir crustaciculteur

**crustaciculture \***     n. f.
    élevage des crustacés     n. m.

*(Types d'aquaculture)*

Ensemble des techniques utilisées pour l'élevage des crustacés.

\* Terme recommandé par le Comité de normalisation de la terminologie des pêches commerciales du Bureau de normalisation du Québec.

◊ AQEX-F\*1989\*\*\*18

**crustecdysone**     n. f.
    20-hydroxyecdysone     n. f.

*(Crustaciculture - Reproduction et génétique)*

Hormone de mue sécrétée par l'organe Y d'un crustacé.

**OBS**

L'ecdysone qui est sécrétée par l'organe Y (ou glande de mue) est transformée au niveau des tissus en une molécule plus active : la 20-hydroxyecdysone (ou crustecdysone).

◊ BIOGAL\*1988\*\*\*147-149

**cryoconservation**     n. f.
    cryopréservation     n. f.

*(Pisciculture - Reproduction et génétique)*

Technique de conservation de gamètes de poissons, à très basse température, qui utilise habituellement l'azote liquide (–196 ˚C) et qui permet une conservation à long terme des ressources génétiques.

◊ CILFG-32\*1991\*\*\*86

**cryopréservation**
    voir cryoconservation

**crustacean farmer**

*(Crustacean Farming)*

A person who practices crustacean farming.

See also **crustacean farming**

**crustacean farming**

*(Aquaculture Types)*

The rearing of crustaceans.

**crustecdysone**
    20-hydroxyecdysone

*(Crustacean Farming - Reproduction and Genetics)*

A molting hormone produced by the Y-organ in crustaceans.

**OBS**

The molt is initiated by the secretion of the hormone ecdysone from an endocrine gland called the Y-organ; ecdysone is rapidly converted to a more active compound, 20-hydroxyecdysone (crustecdysone) which is responsible for the molting events.

◊ LANAQ\*1992\*\*\*187, LASTE\*1989\*\*\*459,
    PILLA\*1990\*\*\*159

**cryopreservation**

*(Fish Farming - Reproduction and Genetics)*

A technique of preservation which consists of cooling and storing fish gametes at subzero temperatures of liquid nitrogen (–196˚C), using dimethyl sulphoxide, glycerine, ethyl glycol or other cryoprotectants and diluents.

◊ PILLA\*1990\*\*\*163, WICRU\*1992\*\*\*371

*Ctenopharyngodon idella*
>  voir amour blanc

**cultivé**
>  voir élevé

**cultiver**
>  voir élever

**culture**
>  voir élevage 1

**culture à plat**
>  voir culture sur le fond

**culture continue**     n. f.

*(Algoculture - Techniques et méthodes)*

Système de culture d'algues microscopiques qui consiste à effectuer un renouvellement automatique du milieu de sorte que la vitesse de croissance des organismes est maintenue constante.

**OBS**

La culture continue d'algues fonctionne selon deux principes : le chémostat et le turbidostat.

Voir aussi **culture discontinue, chémostat, turbidostat**

◊ CILFO*1989***144

**continuous culture 1**

*(Algal Culture - Techniques and Methods)*

A method of algal production (microalgae) in which cells are constantly being removed and replaced with fresh media.

**OBS**

Continuous culture is usually carried out by using devices called chemostats and turbidostats.

See also **batch culture 1, chemostat, turbidostat**

◊ LANAQ*1992***330, 333

**culture d'algues**
>  voir algoculture

**culture de fond**
>  voir culture sur le fond

**culture de macroalgues**     n. f.



*(Algoculture)*

Élevage de macroalgues.

Voir aussi **macroalgue, algoculture, phytoculture**

**macroalgae culture**
>  seaweed culture
>  seaweed farming

*(Algal Culture)*

The cultivation of macroalgae.

See also **macroalga, algal culture, microalgae culture**

◊ PILLA*1990***512

**culture des algues**
>  voir algoculture

**culture discontinue**       n. f.
    culture en batch       n. f.

*(Algoculture - Techniques et méthodes)*

Système de culture d'algues selon lequel se produit l'inoculation du milieu avec des cellules algales et dont la récolte se fait en une seule fois après une certaine reproduction des cellules.

Voir aussi **culture continue**

◊ CUPER*1992***385


**culture en batch**
    voir culture discontinue


**culture en surélévation**       n. f.
    élevage en surélévation       n. m.
    culture surélevée       n. f.

*(Conchyliculture - Techniques et méthodes)*

Méthode de culture qui consiste à maintenir les bivalves au-dessus du fond au moyen de tables et de supports.

◊ BOUGOC*1976***239, AQUAC*1986*1**378


**culture en suspension**       n. f.
    élevage en suspension       n. m.
    culture suspendue       n. f.

*(Conchyliculture - Techniques et méthodes)*

Méthode de culture selon laquelle les bivalves sont cultivés dans des structures suspendues (p. ex. filières, radeaux) dans la colonne d'eau.

Voir aussi **culture sur le fond**

◊ BOUGOC*1976***245, CILFO*1989***144, AQUAC*1986*2**852, 915


**culture en suspension sur radeau**
    voir culture sur radeau


**culture extensive**       n. f.
    élevage extensif       n. m.

*(Pisciculture - Techniques et méthodes)*

Méthode d'élevage d'organismes à faible densité selon laquelle l'éleveur intervient très peu et qui se pratique dans des étangs ou des cours d'eau naturels, tels que la mer.


**batch culture 1**
    batch culture technique

*(Algal Culture - Techniques and Methods)*

A method of algal production in which the medium is inoculated with algal cells, and the culture is harvested all at once after a certain amount of cell reproduction has taken place.

See also **continuous culture 1**

◊ SCITF*1988***80, LANAQ*1992***330, PILLA*1990***482


**rack culture**
    rack culture system

*(Mollusc Culture - Techniques and Methods)*

A method of culture in which young bivalves are placed in suspended trays or bags.

◊ PILLA*1990***473, 483


**suspended culture**
    off-bottom culture

*(Mollusc Culture - Techniques and Methods)*

A method of culture which uses long lines, rafts or other structures which allow the growout of bivalves without touching the bottom.

See also **bottom culture**

◊ LANAQ*1992***39-40, 181, 175, PILLA*1990***473


**extensive culture**
    extensive farming

*(Fish Farming - Techniques and Methods)*

Low density rearing of organisms practiced in ponds or natural bodies of water and controlled to a limited extent by the culturist.

**OBS**

La culture extensive repose entièrement sur la nourriture naturelle disséminée dans le milieu aquatique et donne un rendement faible par unité de surface. Le pacage marin du saumon est un exemple de culture extensive.

Voir aussi **culture intensive, culture semi-intensive, pacage marin**

◊ AQUAC*1986*1**9, 46, 249

**culture intensive**                       n. f.
    élevage intensif                   n. m.

*(Pisciculture - Techniques et méthodes)*

Méthode d'élevage d'organismes à haute densité qui se pratique dans un milieu contrôlé, tel qu'un bassin, et selon laquelle l'éleveur maîtrise les paramètres d'élevage ; la dépendance du milieu naturel est donc minime.

**OBS**

La culture intensive repose essentiellement sur des aliments artificiels et donne un rendement élevé par unité de surface.

Voir aussi **culture extensive, culture semi-intensive**

◊ AQUAC*1986*1**16, 46, 483, SOMOL*1992***116, GIRAQ*1991***73

**culture monosexe**                        n. f.

*(Techniques et méthodes - Élevage/culture)*

Élevage d'organismes appartenant tous au même sexe.

**culture semi-extensive**
    voir culture semi-intensive

**OBS**

Extensive culture relies solely on naturally available foods and results in low yield per unit area. Ocean ranching and salmon ranching are examples of extensive culture.

See also **intensive culture, semi-intensive culture, ocean ranching**

◊ WAST*1979***350, PIPFI*1986***480, ENSCI*1987*2**1

**intensive culture**
    intensive farming

*(Fish Farming - Techniques and Methods)*

High-density rearing in which organisms are grown in systems such as tanks and raceways, where the support parameters are carefully controlled by the culturist and dependance on the natural environment is minimal.

**OBS**

Intensive culture relies mostly on artificial feeds and results in high yield per unit area.

See also **extensive culture, semi-intensive culture**

◊ LANAQ*1992***199, 252, PILLA*1990***103, FISFA*1988***391, ENSCI*1991*2**2

**monosex culture**
    V. s. mono-sex culture

*(Techniques and Methods - Farming/Culture)*

The rearing of organisms belonging to one sex only.

◊ LANAQ*1992***229, PILLA*1990***320

**culture semi-intensive**      n. f.
    élevage semi-intensif      n. m.
    culture semi-extensive      n. f.
    élevage semi-extensif      n. m.

*(Pisciculture - Techniques et méthodes)*

Méthode d'élevage d'organismes à densité moyenne, située entre celles de la culture intensive et de la culture extensive.

**OBS**

La capacité nutritive du système est augmentée par l'apport intentionnel de fertilisants et/ou d'aliments supplémentaires.

Voir aussi **culture intensive, culture extensive**

◊ FAO-248*1985***3, AQUAC*1986*1**46

**culture sur bouchots**      n. f.
    élevage sur bouchots      n. m.
    mytiliculture sur bouchots      n. f.

*(Mytiliculture - Techniques et méthodes)*

Système de culture utilisé principalement en France, selon lequel une série de pieux en bois munis de cordes enroulées en spirales sont plantés côte à côte dans la zone des marées pour faire l'élevage des moules.

◊ CLIFO*1989***67, AQUAC*1986*1**299, 301, 303

**culture sur filière**      n. f.
    élevage sur filière      n. m.

*(Techniques et méthodes)*

Technique de culture d'algues ou de coquillages, où des filières servent de support pour le grossissement de semis ou de naissain.

◊ AQUAC*1986*1**446-447, BOUGOC*1976***240, AQUAC*1986*2**959, 1009

**culture sur le fond**      n. f.
    culture de fond      n. f.
    culture à plat      n. f. [FR]
    élevage à plat      n. m. [FR]
    élevage sur le fond      n. m.

*(Conchyliculture - Techniques et méthodes)*

Méthode de culture des coquillages (p. ex. huîtres, moules) qui se pratique sur des zones protégées du fond de la mer.

Voir aussi **culture en suspension**

◊ AQUAC*1986*1**347, 447, 371, 377, AQUAC*1986*2**975, 916

**semi-intensive culture**
    semi-intensive farming

*(Fish Farming - Techniques and Methods)*

The rearing of organisms under less crowded conditions than intensive culture but more crowded than extensive culture.

**OBS**

Semi-intensive culture relies on the addition of fertilizers and/or supplemental feeds.

See also **intensive culture, extensive culture**

◊ FAO-255*1984***4, PILLA*1990***11, STFAR*1987***234, LANAQ*1992***196-197

**bouchot culture**
    bouchot mussel culture

*(Mussel Culture - Techniques and Methods)*

A culture system used mainly in France in which rows of wooden poles are wrapped with ropes supporting spat in a spiral fashion, and driven into the sediment of intertidal zones for the growout of mussels.

◊ LANAQ*1992***168-169, PILLA*1990***491

**long-line culture**
    V. s. longline culture
    long-line culture system

*(Techniques and Methods)*

A method of culture of molluscs or algae which uses long lines for the suspension and growout of spat or seed.

◊ CRUH*1985***317, DOSHE*1991***114, LANAQ*1992***148

**bottom culture**

*(Mollusc Culture - Techniques and Methods)*

A cultivation method in which a protected area of sea bed is used for the growout of molluscs (e.g. oysters, mussels).

See also **suspended culture**

◊ LANAQ*1992***167, 178, PILLA*1990***237

**culture sur pieux**       n. f.
    élevage sur pieux       n. m.

### (Conchyliculture - Techniques et méthodes)

Méthode de culture qui consiste à planter dans le fond des pieux en bois ou d'un autre matériau pour recueillir le naissain et en favoriser la croissance.

◊ BOUGOC*1976***246

**culture sur radeau**       n. f.
    élevage sur radeau       n. m.
    culture en suspension sur radeau n. f.
    élevage en suspension sur radeau n. m.

### (Conchyliculture - Techniques et méthodes)

Méthode de culture qui consiste à suspendre des cordes de captage (de naissain ou de semis) à des radeaux pour permettre la croissance de coquillages (huîtres, moules, etc.) ou d'algues.

Voir aussi **radeau, culture en suspension**

◊ CUPER*1992***358, 361, BOUGOC*1976***245, AQUAC*1986*2**973, 1009

**culture surélevée**
    voir culture en surélévation

**culture suspendue**
    voir culture en suspension

**cyanophycées**
    voir algues bleues

**cycle de mue**       n. m.

### (Crustaciculture - Croissance et nutrition)

Phase pendant laquelle tous les arthropodes laissent leur carapace pour permettre la croissance.

◊ CILFO*1989***317, ROBER*1986*6**631

**cycle de reproduction**
    voir période de reproduction

**cycle larvaire**
    voir stade larvaire

**stick culture**
    stake/stick culture
    stake culture

### (Mollusc Culture - Techniques and Methods)

A culture method in which sticks of wood or other material are driven into the bottom or set out horizontally on racks to catch spat and to enhance growout.

◊ PILLA*1990***473

**raft culture**
    raft system
    raft system of culture

### (Mollusc Culture - Techniques and Methods)

A method of culture which uses rafts to which ropes containing young bivalves (mussels, oysters, etc.) or algae seed are attached for their growout.

See also **raft, suspended culture**

◊ PILLA*1990***491, SWIFA*1985***57

**molting cycle**
    V. s. moulting cycle
    molt cycle
    V. s. moult cycle

### (Crustacean Farming - Growth and Nutrition)

The process by which all arthropods shed their outgrown exoskeletal carapace to allow growth.

◊ LANAQ*1992***187, 201, PILLA*1990***433

**cycle reproducteur**
  voir période de reproduction

**cyprinidé**  n. m.

*(Pisciculture - Biologie)*

Poisson de la famille des cyprinidés.

Voir aussi **cyprinidés**

◊ LAROG*1982*3**2872

**cyprinid**

*(Fish Farming - Biology)*

A fish of the family Cyprinidae.

See also **Cyprinidae**

◊ LAFRE*1984***511

**cyprinidés**  n. m. pl.
  V. o. Cyprinidés  n. m. pl.

*(Pisciculture - Biologie)*

Famille de poissons physostomes vivant surtout en eau douce (ablette, barbeau, bouvière, brême, carassin, carpe, cyprin, gardon, goujon, ide, tanche, vairon, vandoise).

◊ ROBER*1986*3**131

**Cyprinidae**  n. pl.

*(Fish Farming - Biology)*

A large family of freshwater fishes (as the carps, barbels, tenches, breams, goldfishes, chubs, dace, shiners, and most of the freshwater minnows) that have a single dorsal fin, a somewhat protractile mouth destitute of teeth except for a few on the pharyngeal bones, the body nearly always covered with cycloid scales, and the air bladder large and divided into two parts.

◊ WEBIN*1986***566

**Cyprinidés**
  voir cyprinidés

*Cyprinus carpio*
  voir carpe

**cyste**  n. m.
  kyste  n. m.

*(Croissance et nutrition)*

Stade de l'artémie à l'état d'œuf. Les cystes d'*Artemia* peuvent être séchés et conservés pour plusieurs années.

**OBS**

L'appelation « œufs d'Artemia » est considérée fautive.

Voir aussi **artémie**

◊ BOUGOC*1976***263, BIOGAL*1988***176-177, GIRAQ*1991***15

**cyst**

*(Growth and Nutrition)*

Drought-resistant egg-like stage in the life of the brine shrimp *Artemia*. *Artemia* cysts can be dried and kept for several years.

See also **brine shrimp**

◊ WICRU*1992***371, LANAQ*1992***341

**cyste décapsulé**  n. m.
  kyste décapsulé  n. m.

*(Croissance et nutrition)*

Cyste d'*Artemia* dont la coquille a été séparée par décapsulation.

Voir aussi **décapsulation**

◊ AQUAC*1986*1**240, 244

**decapsulated cyst**

*(Growth and Nutrition)*

An *Artemia* cyst in which the outer shell has been removed by decapsulation.

See also **decapsulation**

◊ LANAQ*1992***342, WICRU*1992***371

**D.C.O.**
   voir demande chimique en oxygène

**D.N.A.**
   voir acide désoxyribonucléique

**dactylogyrose**                    n. f.

*(Pisciculture - Pathologie et prédateurs)*

Maladie causée par les espèces du genre *Dactylogyrus* et affectant les branchies de divers poissons d'eau douce.

◊ PATH*1985***132, LAROG*1982*3**2914, ELSAQ*1991***64

**gill fluke**
   dactylogyrosis

*(Fish Farming - Pathology and Predators)*

A disease caused by species of the genus *Dactylogyrus* which affects the gill filaments of certain freshwater fish.

◊ PILLA*1990***210, LANAQ*1992***125

**DBO**
   voir demande biochimique en oxygène

**DCO**
   voir demande chimique en oxygène

**débit**                    n. m.

*(Eau)*

Volume d'eau s'écoulant dans un cours d'eau, une conduite, etc., par unité de temps.

◊ PARSE*1990***142

**flow rate**
   rate of flow

*(Water)*

The volume of water moving past a given point in a unit of time.

◊ PIPFI*1986***481

**débitmètre à diaphragme**                    n. m.

*(Installations - Eau)*

Débitmètre à variation de pression utilisant la chute de pression dans un orifice comme indication du débit.

◊ INDUS*1986***227

**orifice meter**
   orifice flowmeter

*(Facilities - Water)*

A flowmeter consisting of a flat plate with a hole drilled in the center that is perpendicular to the flow inside the pipe.

◊ LANAQ*1992***81

**débitmètre à turbine**                    n. m.

*(Installations - Eau)*

Débitmètre dans lequel un rotor animé par le fluide produit un voltage proportionnel au débit.

◊ INDUS*1986***227

**turbine flowmeter**

*(Facilities - Water)*

Flowmeter consisting of a propeller or turbine that turns as the water goes past the blades. The number of revolutions per unit time increases proportionally with the flow of the water.

◊ LANAQ*1992***82, 83

**débitmètre Venturi**     n. m.

*(Installations - Eau)*

Débitmètre du type à étranglement, monté sur une tuyauterie et constitué par un tronçon cylindrique court (appelé gorge), coaxial avec la tuyauterie à laquelle il est relié en amont par un tronçon conique convergent et en aval par un tronçon divergent de conicité plus faible.

◊ OLFEB*1981***133

**déboudinage**     n. m.

*(Mytiliculture - Techniques et méthodes)*

Action de défaire les boudins en vue de récolter les moules.

**débysseuse**     n. f.

*(Conchyliculture - Installations)*

Appareil qui sépare le byssus de la coquille d'un coquillage.

**décanteur**
    voir bassin de sédimentation

**décapode**     n. m.

*(Crustaciculture - Biologie)*

Crustacé de l'ordre des décapodes.

Voir aussi **décapodes**

◊ LAROG*1982*3**2986

**décapodes**     n. m. pl.
    V. o. Décapodes     n. m. pl.

*(Crustaciculture - Biologie)*

Ordre de crustacés malacostracés, caractérisés par trois paires de pattes-mâchoires et cinq paires de pattes ambulatoires ; les anneaux de l'abdomen portent en outre deux fausses paires de pattes. Principaux types de décapodes : crabe, crevette, écrevisse, homard, langouste.

◊ ROBER*1986*3**192

**Décapodes**
    voir décapodes

**Venturi meter**

*(Facilities - Water)*

A differential meter for measuring flow of water or other fluid through closed conduits or pipes, consisting of a Venturi tube and one of several proprietary forms of flow-registering devices. The difference in velocity heads between the entrance and the contracted throat is an indication of the rate of flow.

◊ IWATE*1981***414

**stripping (mussel socks)**

*(Mussel Culture - Techniques and Methods)*

The action of harvesting by hand mussels attached to mussel socks.

**debyssing machine**
    debysser

*(Mollusc Culture - Facilities)*

A device that separates the byssal threads of molluscs from the shell.

**decapod**

*(Crustacean Farming - Biology)*

A crustacean of the order Decapoda.

See also **Decapoda**

◊ WEBIN*1986***583

**Decapoda**     n. pl.

*(Crustacean Farming - Biology)*

An order of Crustaceans including the most highly organized crustaceans (as shrimps, lobsters, crabs) having five pairs of thoracic appendages, one or more of which are modified into pincers, a pair of movable stalked eyes, mouthparts consisting of a pair of mandibles, two pairs of maxillae, and three pairs of maxillipeds, and the head and thorax fused into a cephalothorax and covered by a carapace that encloses a gill chamber on each side.

◊ WEBIN*1986***583

**décapsulation** n. f.

*(Croissance et nutrition - Techniques et méthodes)*

Séparation des coquilles de cystes d'*Artemia* par une exposition de courte durée à une solution d'hypochlorite.

◊ AQUAC*1986*1**244

**déchets agricoles** n. m. pl.

*(Terminologie générale)*

Composés organiques résultant de l'exploitation agricole tels que fumier, lisier et résidus de récolte.

◊ LAROG*1982*3**2993

**déchloration \*** n. f.

*(Eau - Traitement et filtration)*

Réduction partielle ou totale du chlore résiduel d'une eau à l'aide d'un procédé physique ou chimique.

\* Terme normalisé par l'ISO.

◊ OLFEB*1981***135

**décomposition anaérobie** n. f.

*(Biologie)*

Décomposition et dégradation des matières organiques dans un milieu ne contenant pas d'oxygène dissous.

◊ OLFEB*1981***137

**dégazage \*** n. m.

*(Eau - Traitement et filtration)*

Élimination rapide des gaz dissous en excès dans l'eau par des méthodes mécaniques ou chimiques.

\* Terme normalisé par l'ISO.

Voir aussi **aération**

◊ OLFEB*1981***138

**dégazeur** n. m.

*(Installations)*

Dispositif servant à extraire les gaz dissous dans une eau.

◊ OLFEB*1981***138

**decapsulation**

*(Growth and Nutrition - Techniques and Methods)*

Removal of the outer shell of Artemia cysts by short exposure to a hypochlorite solution.

◊ WICRU*1992***371, PILLA*1990***116, LANAQ*1992***342

**agricultural wastes**

*(General Terminology)*

Liquid or solid wastes that result from agricultural practices such as cattle manure, crop residue (e.g. corn stalks), pesticides and fertilizers.

◊ LASTE*1989***46, LANAQ*1992***252

**dechlorination \***

*(Water - Treatment and Filtration)*

The partial or complete removal of residual chlorine from water by any chemical or physical process.

\* Term standardized by ISO.

◊ PIPFI*1982***477

**anaerobic decomposition**

*(Biology)*

Organic breakdown of organic matter in the absence of oxygen.

◊ ALENV*1983***25, PILLA*1990***126

**degassing**

*(Water - Treatment and Filtration)*

The rapid removal of excess dissolved gases from water, usually by a physical process.

See also **aeration**

◊ PIPFI*1986***470

**degasser**

*(Facilities)*

A vessel in which dissolved gases are removed from water.

◊ LANAQ*1992***110, 111

**dégrappage**                     n. m.

*(Mytiliculture - Techniques et méthodes)*

Action de briser les grappes de moules pour séparer les individus.

Voir aussi **grappe**

◊ BOUGOC*1976***245, AQUAC*1986*1**326-327

**dégrapper**                     v.

*(Mytiliculture - Techniques et méthodes)*

Briser les grappes de moules.

**dégrappeuse-trieuse**                     n. f.

*(Mytiliculture - Installations)*

Machine utilisée pour briser les grappes de moules et trier les individus en fonction de leur taille.

◊ AQUAC*1986*1**327

**degré jour**
voir degré-jour

**degré-jour**                     n. m.
V. o. degré jour                     n. m.

*(Pisciculture - Reproduction et génétique)*

Nombre de jours après la fécondation multiplié par la température moyenne de l'eau pendant une période déterminée (p. ex. 24 heures).

**OBS**
Cette unité permet de prévoir la durée du développement d'une phase à des températures différentes (p. ex. 5 jours à 10 °C ou 10 jours à 5 °C donne 50 degrés-jours).

◊ HUET*1970***136, GESPI*1985***179, PISET*1980***182-183

**demande biochimique en oxygène**   n. f.
demande biologique en oxygène n. f.
Abrév. DBO

*(Biologie - Eau)*

Quantité d'oxygène dissous consommée par les micro-organismes pour dégrader les polluants organiques introduits dans un cours d'eau.

**OBS**
La DBO s'exprime en mg/l pendant un temps donné, à une température constante, habituellement après

**declumping**

*(Mussel Culture - Techniques and Methods)*

The separation of clumps of mussels.

See also **clump**

◊ LANAQ*1992***167

**declump, to**                     v.

*(Mussel Culture - Techniques and Methods)*

To separate clumps of mussels.

**declumper-grader**

*(Mussel Culture - Facilities)*

A machine that separates clumps of mussels and grades them according to their size.

**degree day**
V. s. degree-day

*(Fish Farming - Reproduction and Genetics)*

The number of days after fertilization multiplied by the average water temperature over a determined period (e.g. 24 hours).

**OBS**
This measure allows assessment of development times for processes at different temperatures (e.g. 50 degree-days is 5 days at 10°C or 10 days at 5°C).

◊ FISFA*1988***389, LANAQ*1992***230

**biochemical oxygen demand**
biological oxygen demand
Abbr. BOD

*(Biology - Water)*

The amount of dissolved oxygen required to meet the metabolic needs of an aerobic microorganism in water rich in organic matter.

**OBS**
The oxygen consumed is measured in mg/l over a specified time and at a specified temperature, usually

une incubation de 5 jours à 20 °C. Cette mesure est utilisée pour détecter un manque d'oxygène dans le milieu de culture.

◊ LAROG*1982*3**3080, CILFO*1989***154

5 days at 20°C. This measurement is used to detect insufficient oxygen in a body of water.

◊ LASTE*1989***215

**demande biologique en oxygène**
    voir demande biochimique en oxygène

**demande chimique d'oxygène**
    voir demande chimique en oxygène

**demande chimique en oxygène ***    n. f.
    demande chimique d'oxygène    n. f.
    Abrév. DCO **
    Abrév. D.C.O.

*(Biologie - Eau)*

Quantité d'oxygène nécessaire à la dégradation chimique de la matière organique contenue dans l'eau.

* Terme normalisé par l'ISO.

** Abréviation normalisée par l'ISO.

Voir aussi **demande biochimique en oxygène**

◊ PARSE*1990**149

**chemical oxygen demand ***
    Abbr. COD **

*(Biology - Water)*

The amount of oxygen required for the chemical oxidation of organic matter in the water.

* Term standardized by ISO.

** Abbreviation standardized by ISO.

See also **biochemical oxygen demand**

**demande de chlore**
    voir demande en chlore

**demande en chlore**    n. f.
    demande de chlore    n. f.

*(Eau - Traitement et filtration)*

Quantité de chlore pouvant être absorbée par l'eau pour sa désinfection et pour la destruction des matières organiques ou inorganiques qu'elle contient.

◊ OLFEB*1981***141

**chlorine demand**

*(Water - Treatment and Filtration)*

The amount of chlorine needed to react with all organic and inorganic dissolved compounds, plus all the microbes in the water.

◊ LANAQ*1992***103

**dénitrification ***    n. f.
*(Biologie - Eau)*

Réduction des nitrates et des nitrites libérant de l'azote ou de l'oxyde nitreux, généralement sous l'action des bactéries.

* Terme normalisé par l'ISO.

Voir aussi **nitrification**

◊ INDUS*1986***239

**denitrification ***
*(Biology - Water)*

The reduction of nitrate or nitrite to liberate nitrogen or nitrous oxide, usually by the action of bacteria.

* Term standardized by ISO.

See also **nitrification**

◊ LANAQ*1992***95

**densité d'empoissonnement**
    voir densité d'occupation

**densité d'occupation** n. f.
    densité de charge n. f.
    densité d'empoissonnement * n. f., spéc.

*(Élevage/culture - Milieu de culture)*

Biomasse ou nombre d'individus par unité de surface ou de volume.

* Terme de pisciculture.

◊ CILFO*1989***155

**stocking density**
    stock density
    stocking rate

*(Farming/Culture - Culture Medium)*

The biomass or number of individuals stocked in a unit of water per unit area.

◊ WICRU*1992***380, FISFA*1988***394, STFAR*1987***235, LANAQ*1992***219, 246, 295, PILLA*1990***298


**densité de charge**
    voir densité d'occupation


**dépression de consanguinité** n. f.

*(Reproduction et génétique)*

Diminution de la moyenne phénotypique des caractères de reproduction ou d'efficacité physiologique (p. ex. croissance, survie, fertilité), consécutive à un mode de reproduction consanguin.

◊ CILFG-32*1991***77

**inbreeding depression**

*(Reproduction and Genetics)*

Decreased vigor in terms of growth, survival or fertility following one or more generations of inbreeding.

◊ KIGEN*1985***198, PILLA*1990***169, 334


**dépuration** n. f.
    épuration n. f.

*(Conchyliculture - Terminologie générale)*

Méthode d'élimination, dans un environnement contrôlé, des microorganismes de coquillages vivants qui peuvent compromettre la santé des humains.

**depuration**

*(Mollusc Culture - General Terminology)*

A cleaning process of bivalves that consists in placing the bivalves in sanitized water to eliminate sand, grit, and some bacteria, viruses and toxins to ensure the safety of the product for the consumer.

◊ LANAQ*1992***185, PILLA*1990***213, 240


**descendance** n. f.

*(Reproduction et génétique)*

Ensemble des individus issus de géniteurs qui leur ont transmis tout ou une partie de leur génome.

◊ CILFG-32*1991***94

**progeny**

*(Reproduction and Genetics)*

The offspring from a given mating; members of the same biological family with the same mother and father.

◊ KIGEN*1985***314


**désinfection** n. f.

*(Eau - Traitement et filtration)*

Inactivation des microorganismes pathogènes se trouvant dans les eaux d'élevage aquacole à l'aide des ultraviolets, de l'ozone ou du chlore.

**disinfection**

*(Water - Treatment and Filtration)*

The killing of most of the small and microscopic organisms that may be entering the culture facility with the water. Ultraviolet radiation, ozone, and chlorination are the best agents for the disinfection of culture water.

**OBS**

La désinfection s'oppose à la stérilisation qui est la destruction de tous les microorganismes, pathogènes ou non, susceptibles de contaminer une espèce que l'on cherche à conserver.

Voir aussi **stérilisation 2**

◊ OLFEB*1981***147, AQUAC*1986*1**125

**dessablage**  n. m.

*(Conchyliculture)*

Processus qui permet aux coquillages, p. ex. les myes, d'éliminer en les régurgitant les sédiments et le sable contenus dans leur coquille.

**déssalure**  n. f.

*(Eau - Milieu de culture)*

Atténuation de la salinité de l'eau, souvent par l'apport d'eau douce.

◊ CILFO*1989***157

**détoxication**
voir détoxification

**détoxification**  n. f.
détoxication  n. f.

*(Pathologie et prédateurs)*

Processus au cours duquel un organisme se débarrasse des toxines accumulées.

**dévasement**  n. m.

*(Conchyliculture - Techniques et méthodes)*

Action de retirer les vases qui obstruent le lit d'un cours d'eau pour exposer le substrat.

◊ LAROG*1982*3**3192

**développement des gonades**
voir maturation des gonades

**développement direct**  n. m.

*(Biologie - Croissance et nutrition)*

Phase pendant laquelle un individu de la nouvelle génération est, au moment où il commence à mener une vie libre, identique à ses géniteurs, sauf en ce qui a trait à la taille.

◊ PRECO*1976***180

**OBS**

Disinfection is not equal to sterilization, which is the elimination of all life in the water and is neither practical nor necessary.

See also **sterilization 2**

◊ LANAQ*1992***100

**cleansing**

*(Mollusc Culture)*

The process in which bivalve molluscs, e.g. clams, eliminate sand and silt within their shell.

◊ QUAY*1988***191

**salinity reduction**

*(Water - Culture Medium)*

The reduction of salinity in a body of water which can be done by adding fresh water.

◊ AQUAC-E*1994***361, LANAQ*1992***31

**detoxification**

*(Pathology and Predators)*

A process used for the removal of toxins from an organism.

◊ FAQUA*1989***244, WEBCO*1987***346

**desilting**

*(Mollusc Culture - Techniques and Methods)*

The removal of silt to expose the cultch.

◊ WEBIN*1986***612, COLD*1995***216

**direct development**

*(Biology - Growth and Nutrition)*

Development in which an individual has eliminated the larval stages completely and emerges into the environment as a small juvenile.

◊ LANAQ*1992***166, WEBIN*1986***640

**développement embryonnaire**    n. m.
    embryogenèse    n. f.
    V. o. embryogénèse    n. f.

### *(Reproduction et génétique)*

Série de transformations successives par lesquelles passent l'œuf et l'embryon jusqu'à l'éclosion.

◊ LAROG*1982*4**3683, AQUAC*1986*1**208, 466

**embryogenesis**
    embryonic development

### *(Reproduction and Genetics)*

The processes leading to the formation of the embryo.

◊ SCITF*1988***299, PILLA*1990***209

**développement larvaire**    n. m.

### *(Biologie - Croissance et nutrition)*

Ensemble des différents stades par lesquels passe un animal à l'état de larve.

◊ AQUAC*1986*1**362, SOMOL*1992***22, 105

**larval development**

### *(Biology - Growth and Nutrition)*

The various stages through which an animal passes at the larval stage.

◊ PILLA*1990***449

**di-n-butyl-laurate d'étain**    n. m.
    oxyde de dibutylétain    n. m.

### *(Pisciculture - Pathologie et prédateurs)*

Produit chimique distribué dans l'alimentation des poissons pour éliminer les cestodes, les nématodes et les acanthocéphalides.

◊ PATH*1985***303, 307, ELSAQ*1991***69

**di-n-butyl tin oxide**
    dibutylin oxide

### *(Fish Farming - Pathology and Predators)*

A chemical product given orally to fish to eliminate tapeworms, nematodes and acanthocephalids in the gut.

◊ ROTSA*1986***198, LANAQ*1992***117

**diatomées**
    voir bacillariophycées

**dibermarin**
    voir saumon dibermarin

**diffuseur**    n. m.

### *(Installations - Eau)*

Plaque ou tube poreux à travers lequel les gaz introduits sous pression sont divisés en fines bulles pour mieux se diffuser dans l'eau.

◊ OLFEB*1981***155

**diffuser**

### *(Facilities - Water)*

A porous plate, tube, or other device through which air or gas is forced and divided into minute bubbles for diffusion in liquids.

◊ IWATE*1981***92

**diffusion**    n. f.

### *(Terminologie générale)*

Phénomène par lequel deux fluides se répandent l'un dans l'autre à travers leur surface de séparation.

◊ OLFEB*1981***156

**diffusion**

### *(General Terminology)*

The transfer of substances along a gradient from regions of higher concentrations to regions of lower concentrations.

◊ SUBIO*1984***371

digue                                    n. f.

*(Installations - Eau)*

Construction de maçonnerie, de charpente, de terre, de fascines ou d'autres matières, destinée à retenir les eaux.

Voir aussi **barrage**

◊ OLFEB*1981***157

dinoflagellés                           n. m. pl.
   V. o. Dinoflagellés        n. m. pl.
   péridiniens               n. m. pl.
   V. o. Péridiniens         n. m. pl.
   dinophycées               n. f. pl.
   V. o. Dinophycées         n. f. pl.

*(Pathologie et prédateurs)*

Classe d'algues microscopiques libres dotées de deux flagelles.

**OBS**

Une prolifération de dinoflagellés peut avoir une incidence grave sur l'élevage d'animaux et la culture de plantes aquatiques.

Voir aussi **eaux rouges, eaux colorées**

◊ CILFO*1989***162, ROBER*1986*7**274

Dinoflagellés
   voir dinoflagellés

dinophycées
   voir dinoflagellés

Dinophycées
   voir dinoflagellés

dinophysistoxine                        n. f.
*(Conchyliculture - Pathologie et prédateurs)*

Toxine composée d'acide okadaïque ainsi que d'autres substances chimiques (provenant surtout du dinoflagellé *Dinophysis*), qui cause des troubles gastro-intestinaux chez les humains après l'ingestion de mollusques contaminés.

dike
   V. s. dyke
*(Facilities - Water)*

A bank usually of earth constructed to control or confine water (sometimes with a lining of bricks, rip-rap, wood, etc.).

See also **dam**

◊ WEBIN*1986***632, PILLA*1990***52

dinoflagellates                         n. pl.
   Dinoflagellata            n. pl.

*(Pathology and Predators)*

An order of microscopic organisms possessing two locomotory flagellae.

**OBS**
A bloom of dinoflagellates can cause severe problems in aquatic and animal cultures.

See also **red tide, discolored waters**

◊ NYMBA*1982***412, IVAQU*1992***270, LANAQ*1992***330

dinophysistoxin

*(Mollusc Culture - Pathology and Predators)*

A toxin in molluscs composed of okadaic acid plus several other chemicals (especially the dinoflagellate *Dinophysis*), that causes gastrointestinal upset when contaminated shellfish are consumed by humans.

**dioxyde de carbone**     n. m.
    anhydride carbonique     n. m.
    gaz carbonique     n. m.
    bioxyde de carbone     n. m.

*(Biologie - Eau)*

Gaz lié à la consommation d'oxygène et émis par la respiration de la flore et de la faune.

Voir aussi **photosynthèse**

◊ BAMI*1991***33, AQUAC*1986*1**64

**diploïde**     adj.

*(Reproduction et génétique)*

Se dit d'un noyau ou d'un organisme comportant deux ensembles de chromosomes.

Voir aussi **haploïde, polyploïde, triploïde**

◊ PARSE*1990***162, CAPQ-2*1992***58

**disque de Secchi**     n. m.

*(Installations - Eau)*

Disque noir et blanc de 30,5 centimètres ou plus de diamètre, permettant d'évaluer la transparence de l'eau.

◊ PARSE*1990***164

**distributeur à la demande**     n. m.
    nourrisseur à la demande     n. m.
    nourrisseur à libre-service     n. m. [FR]
    distributeur libre-service     n. m. [FR]

*(Installations - Croissance et nutrition)*

Nourrisseur qui distribue de petites quantités d'aliments secs lorsqu'il est déclenché par les animaux d'élevage.

◊ CAPQ-5*1992***33, PATH*1985***284-285, AQUAC*1986*2**154

**distributeur automatique**
    voir nourrisseur automatique

**distributeur automatique d'aliments**
    voir nourrisseur automatique

**carbon dioxide**
    carbonic acid gas     rare
    carbonic anhydride     rare

*(Biology - Water)*

A colorless, odorless gas produced by the oxidation of carbon. It acts as an acid in water, so as it is removed during photosynthesis, acidity declines and pH rises.

See also **photosynthesis**

◊ LASTE*1989***294, WICRU*1992***215

**diploid**     adj.

*(Reproduction and Genetics)*

Having two sets of chromosomes, i.e. the number usually carried by all body cells.

See also **haploid, polyploid, triploid**

◊ FISFA*1988***389, PILLA*1990***171

**Secchi disk**
    V. s. Secchi disc

*(Facilities - Water)*

A circular metal plate with the upper surface divided into four quadrants painted alternately black and white. When lowered into a pond on a graduated rope, the point at which it disappears provides a measure of turbidity or plankton density.

◊ PIPFI*1986***495, WICRU*1992***379

**demand feeder**
    pendulum feeder
    self feeder

*(Facilities - Growth and Nutrition)*

A feeder that dispenses small amounts of dry feed when activated by the culture animals.

◊ WAST*1979***349, LANAQ*1992***234, PILLA*1990***151-152

**distributeur automatique de nourriture**
    voir nourrisseur automatique

**distributeur d'aliments**
    voir nourrisseur

**distributeur de nourriture**
    voir nourrisseur

**distributeur libre-service**
    voir distributeur à la demande

**distribution manuelle**
    voir alimentation manuelle

**distribution manuelle d'aliments**
    voir alimentation manuelle

**distribution manuelle de nourriture**
    voir alimentation manuelle

**DNA**
    voir acide désoxyribonucléique

**DNA recombinant**
    voir ADN recombinant

**domestication**        n. f.

*(Reproduction et génétique)*

Transformation génétique des formes sauvages en formes adaptées aux exigences de l'homme.

◊ CILFG-32*1991***101, ENSEM*1991***175

**dorade royale ***        n. f.
    *Sparus aurata*

*(Pisciculture - Espèces aquacoles)*

Poisson de la famille des sparidés, commun en Méditerranée et très estimé pour sa chair.

* Terme normalisé au Canada.

◊ LAROG*1982*4**3363, NQ8070*1995***14

**domestication**

*(Reproduction and Genetics)*

The adaptation of an organism for life in intimate association with man. Purposeful selection away from the wild type is implied.

◊ WICRU*1992***371

**gilthead seabream ***
    V. s. gilthead sea bream
    gilthead bream
    *Sparus aurata*

*(Fish Farming - Aquaculture Types)*

A valuable sparid food fish of the family Sparidae common in the Mediterranean.

* Recommended term in Canada.

◊ WEBIN*1986***957, LANAQ*1992***373,
    PILLA*1990***398, NQ8070*1995***14

**dragage** n. m.

*(Conchyliculture - Techniques et méthodes)*

Opération qui consiste à racler le fond de la mer au moyen d'une drague pour récolter des coquillages (p. ex. moules, pétoncles).

Voir aussi **drague**

◊ AQUAC*1986*2**914, BOUGOC*1976***17-18, AQUAC*1986*1**428, 431, LAROG*1982*4**3390

**drague** n. f.

*(Conchyliculture - Installations)*

Instrument composé d'une armature métallique et d'une poche réceptrice servant à racler le fond de la mer pour récolter des coquillages tels que les moules, les pétoncles ou les huîtres.

◊ AQUAC*1986*1**431, BOUGOC*1976***17, 18, 232

**dulçaquicole**

voir dulcicole

**dulcicole** adj.
   dulçaquicole adj.

*(Biologie)*

Qui vit en eau douce.

◊ LAROG*1982*4**3438

**durcissement à l'eau (des œufs)** n. m.

*(Reproduction et génétique - Techniques et méthodes)*

Technique de durcissement des œufs au moyen de l'eau.

**durcissement (des œufs)** n. m.

*(Pisciculture - Reproduction et génétique)*

Technique utilisée pour durcir l'enveloppe des œufs afin de les rendre plus résistants.

**OBS**

Différentes méthodes peuvent être utilisées : bains, traitements au tanin, etc.

◊ CAPQ-2*1992***48, AQUAC*1986*2**564

**durée d'éclairement** n. f.

*(Biologie)*

Phase de la photopériode pendant laquelle un organisme est exposé à un éclairement.

Voir aussi **photopériode**

**dredging**

*(Mollusc Culture - Techniques and Methods)*

Digging into the sea bed by means of a dredge to harvest shellfish (e.g. mussels, scallops).

See also **dredge**

◊ PILLA*1990***237

**dredge**

*(Mollusc Culture - Facilities)*

An apparatus composed of a metallic frame and a bag net used to dig into the sea bed to harvest shellfish such as mussels, scallops or oysters.

◊ SCALHA*1991***20, WEBCO*1987***382

**freshwater 2** adj.

*(Biology)*

Of a species, that lives in freshwater.

**water hardening (of eggs)**

*(Reproduction and Genetics - Techniques and Methods)*

Hardening of eggs by using water.

◊ PILLA*1990***299

**hardening (of eggs)**

*(Fish Farming - Reproduction and Genetics)*

A process used to harden the envelope of eggs to make them more resistant.

**OBS**

Several methods may be used: baths, treatments with tannic acid, etc.

◊ LANAQ*1992***379

**light period**

*(Biology)*

Phase of the photoperiod cycle during which an organism is exposed to light.

See also **photoperiod**

**dureté**
    voir dureté de l'eau

**dureté de l'eau**           n. f.
    dureté                      n. f.

*(Eau)*

Propriété de l'eau, attribuable principalement à sa teneur globale en sels de calcium et de magnésium.
◊ PARSE*1990***169

**hardness**
    hardness of water
    water hardness
    total hardness

*(Water)*

Total concentration of calcium and magnesium ions present in water.
◊ FISFA*1988***391

# e

**eau acide**           n. f.

*(Eau)*

Eau contenant du dioxyde de carbone.

◊ BAMI*1991***62

**acidic water**
    acid water

*(Water)*

Water containing carbon dioxide that is caused by the decay of organic matter or the absorption from the air and ground of rain water as it falls and then passes through the ground to the water table.
◊ BCME-1*1982***319

**eau de mer**           n. f.

*(Eau)*

Eau des océans et des mers, caractérisée par une salinité et une densité plus élevées que celles de l'eau douce.
◊ PARSE*1990***171

**seawater**
    V. s. sea water
    V. s. sea-water

*(Water)*

Water of the seas, distinguished by high salinity.

◊ LASTE*1989***1684

**eau de mer artificielle**    n. f.

*(Eau)*

Eau contenant les principaux sels de l'eau de mer naturelle et utilisée comme milieu de culture.

◊ CILFO*1989***173

**artificial seawater**
    V. s. artificial sea water

*(Water)*

Water containing a solution of salts, resembling to a greater or lesser extent that of natural seawater, used as a culture medium.
◊ WICRU*1992***368, PILLA*1990***116

**eau de pluie \***                     n. f.
    V. o. eaux de pluie          n. f. pl.
    eau pluviale                 n. f.
    V. o. eaux pluviales \*       n. f. pl.

*(Eau)*

Eau provenant des précipitations atmosphériques et qui ne s'est pas encore chargée de substances solubles provenant de la terre.

\* Terme normalisé par l'ISO.

◊ PARSE\*1990\*\*\*173, OLFEB\*1981\*\*\*177

**rainwater \***
    V. s. rain water \*

*(Water)*

Water that has fallen as rain and has not yet collected soluble matter from the soil, thus being quite soft.

\* Term standardized by ISO.

**eau de surface**
    voir eaux de surface

**eau douce \***                     n. f.

*(Eau)*

Eau contenant une faible concentration en sels (p. ex. l'eau des étangs, des lacs, des ruisseaux ou des rivières).

\* Terme normalisé par l'ISO.

◊ CILFO\*1989\*\*\*173

**fresh water \***
    V. s. freshwater 1
    V. s. fresh-water

*(Water)*

Water containing only small quantities of salts, such as in ponds, lakes, streams or rivers.

\* Term standardized by ISO.

◊ LANAQ\*1992\*\*\*25, LASTE\*1989\*\*\*765

**eau dure**                     n. f.

*(Eau)*

Eau contenant des sels de calcium et de magnésium.

◊ CILFG-6\*1983\*\*\*106

**hard water**

*(Water)*

Water containing certain salts, such as those of calcium and magnesium.

◊ LASTE\*1989\*\*\*857

**eau pluviale**
    voir eau de pluie

**eau salée**                     n. f.
    eau saline                   n. f.

*(Eau)*

Eau caractérisée par une salinité plus élevée que celle de l'eau douce.

◊ PARSE\*1990\*\*\*173

**saltwater**
    V. s. salt water
    saline water

*(Water)*

Water distinguished by high salinity.

◊ LASTE\*1989\*\*\*1684

**eau saline**
    voir eau salée

**eau saumâtre**                    n. f.

*(Eau)*

Eau dont la teneur en sels se situe entre celle de l'eau douce et celle de l'eau de mer.

◊ PARSE*1990***515

**eau souterraine ***                    n. f.
　　nappe d'eau souterraine          n. f.
　　nappe souterraine                n. f.
　　eaux souterraines                n. f. pl.

*(Eau)*

Eau contenue dans les fissures et les pores du sol, s'écoulant dans la zone de saturation et servant à l'alimentation des sources et des puits.

* Terme normalisé par l'ISO.

◊ OLFEB*1981***182

**eau superficielle**
　　voir eaux de surface

**eau verte**                    n. f.

*(Eau - Croissance et nutrition)*

Eau enrichie naturellement ou artificiellement en nutriments, riche en algues unicellulaires et que l'on utilise en aquaculture pour nourrir les larves ou les juvéniles.

◊ CILFO*1989***175

**eaux colorées**                    n. f. pl.

*(Pathologie et prédateurs - Eau)*

Eaux de surface, le plus souvent dans les régions côtières, colorées par une forte concentration de certains microorganismes.

Voir aussi **eaux rouges, dinoflagellés**

◊ OLFEB*1981***297, BIOGAL*1988***126

**eaux de pluie**
　　voir eau de pluie

**brackish water**

*(Water)*

Water having a salinity between that of fresh and sea water.

◊ LAFRE*1984***510

**ground water ***
　　V. s. groundwater
　　V. s. ground-water

*(Water)*

Water in the zone of saturation where all openings in rocks and soil are filled, that supplies wells and springs.

* Term standardized by ISO.

◊ WEBIN*1986***1004

**green water**

*(Water - Growth and Nutrition)*

Water containing a variety of unicellular algae used in aquaculture for feeding larvae or juveniles.

◊ LANAQ*1992***206, PILLA*1990***406

**discolored waters**
　　V. s. discoloured waters

*(Pathology and Predators - Water)*

Seawater, often in coastal regions, discolored by the presence of large numbers of microorganisms.

See also **red tide, dinoflagellates**

◊ LANAQ*1992***124, WEBIN*1986***1905, COLD*1995***16

**eaux de surface**      n. f. pl.
     V. o. eau de surface *      n. f.
     eaux superficielles      n. f. pl.
     V. o. eau superficielle *      n. f.

*(Eau)*

Ensemble des eaux courantes ou stagnantes à la surface du globe terrestre.

\* Terme normalisé par l'ISO.

◊ PARSE*1990***173

**surface water ***

*(Water)*

All waters on the surface of the earth, including streams, lakes and oceans.

\* Term standardized by ISO.

◊ LAFRE*1984***519

**eaux pluviales**
     voir eau de pluie

**eaux rouges**      n. f. pl.
     marée rouge      n. f.
     V. o. marées rouges      n. f. pl.

*(Pathologie et prédateurs - Eau)*

Eaux de surface, le plus souvent dans les régions côtières, colorées en rouge ou en brun rouge par une forte concentration de dinoflagellés.

Voir aussi **dinoflagellés, eaux colorées**

◊ OLFEB*1981***297, CILFO*1989***175,
BIOGAL*1988***126

**red tide**

*(Pathology and Predators - Water)*

Seawater, often in coastal regions, discolored to a reddish or reddish-brown color, by the presence of large numbers of dinoflagellates.

See also **dinoflagellates, discolored waters**

◊ LANAQ*1992***124, WEBIN*1986***1905,
COLD*1995***16

**eaux souterraines**
     voir eau souterraine

**eaux superficielles**
     voir eaux de surface

**eaux usées ***      n. f. pl.

*(Eau - Traitement et filtration)*

Ensemble des eaux et des déchets liquides provenant des installations aquacoles.

\* Terme normalisé par l'ISO.

◊ OLFEB*1981***183

**waste water ***
     V. s. wastewater
     wastewaters      n. pl.
     liquid wastes      n. pl.

*(Water - Treatment and Filtration)*

The spent or used water of aquaculture facilities which contains dissolved and suspended matter.

\* Term standardized by ISO.

◊ IWATE*1981***418

**ecdysis**
     voir mue 2

ecdysone      n. f.

**(Crustaciculture - Reproduction et génétique)**

Hormone stéroïde sécrétée par la glande de mue (organe Y) des crustacés et déterminant les mues.

◊ LAROG*1982*4**3504

ecdysone
  ecdysterone

**(Crustacean Farming - Reproduction and Genetics)**

A steroid hormone produced by the Y-organ of crustaceans, which stimulates growth and moulting.

◊ HENBI*1989***152, LANAQ*1992***187, 360

échangeur de chaleur      n. m.
**(Installations - Eau)**

Appareil assurant l'échange de chaleur entre deux fluides.

◊ OLFEB*1981***184

heat exchanger
**(Facilities - Water)**

A device for the transfer of heat from one fluid to another, used to recover waste heat or to boost the temperature of incoming water.

◊ WICRU*1992***374

échappée      n. f.

**(Salmoniculture)**

Portion de la remonte de saumons qui réussit à frayer après avoir échappé à la pêche et aux prédateurs.

escapement
**(Salmonid Farming)**

Part of the salmon run that spawns successfully after having escaped capture and predators.

échelle
  voir échelle à poissons

échelle à poissons      n. f.
  échelle      n. f.

**(Pisciculture - Installations)**

Passe à poissons constituée par une suite de bassins que les poissons traversent en passant par des ouvertures ménagées dans les parois qui séparent les bassins ou en sautant par-dessus ces parois.

Voir aussi **passe à poissons**

◊ OLFEB*1981***185

fish ladder

**(Fish Farming - Facilities)**

A contrivance, which could be likened to an escalator, that enables river-migrating fishes to get around dams and other obstructions.

See also **fish-pass**

◊ IWATE*1981***145

échelle de marée      n. f.

**(Installations - Eau)**

Planche ou perche graduée sur laquelle on peut lire à tout moment la hauteur du niveau de la mer.

◊ CILFO*1989***178

tide gauge 1
  V. s. tide gage 1
**(Facilities - Water)**

A gauge for showing the height of the tide.

◊ WEBIN*1986***2390

échinoculteur      n. m.
  échinocultrice      n. f.

**(Terminologie générale)**

Celui ou celle qui pratique l'échinoculture.

Voir aussi **échinoculture**

sea urchin farmer

**(General Terminology)**

A person who practices sea urchin farming.

See also **sea urchin farming**

**échinocultrice**
> voir échinoculteur

**échinoculture**                    n. f.

*(Types d'aquaculture)*

Élevage de l'oursin.

**sea urchin farming**

*(Aquaculture Types)*

The rearing of sea urchins.

**éclore**                    v.

*(Reproduction et génétique)*

S'ouvrir, de manière à laisser sortir l'animal, en parlant de l'œuf.

◊ LAROG*1982*4**3526

**hatch, to**                    v.

*(Reproduction and Genetics)*

To produce young from an egg.

◊ WEBIN*1986***1037

**écloserie**                    n. f.

*(Installations - Élevage/culture)*

Installation destinée à la reproduction des géniteurs et à l'obtention des larves d'invertébrés et de poissons.

**OBS**

L'écloserie fournit des larves aux entreprises de grossissement et d'élevage.

◊ GIRAQ*1991***21, 25, LAROG*1982*4**3526, CILFG-6*1983***108, CILFO*1989***179

**hatchery**

*(Facilities - Farming/Culture)*

A facility used for the maintenance and conditioning of broodstock (fish and shellfish) and for the culture of their larvae.

**OBS**

Hatcheries provide seed for the culture and grow-out of organisms.

◊ WICRU*1992***374, LANAQ*1992***173

**écloserie-nourricerie**                    n. f.
> écloserie-nurserie                    n. f.

*(Installations - Élevage/culture)*

Installation dans laquelle les larves sont produites et élevées jusqu'au stade juvénile.

Voir aussi **écloserie, nurserie**

**hatchery-nursery**

*(Facilities - Farming/Culture)*

A facility in which larvae are produced and grown to the juvenile stage.

See also **hatchery, nursery**

◊ COLD*1995***319

**écloserie-nurserie**
> voir écloserie-nourricerie

**écloseur**                    n. m.
> écloseuse                    n. f.

*(Terminologie générale)*

Celui ou celle qui exploite une écloserie.

Voir aussi **écloserie**

◊ SOMOL*1992***127

**hatcheryperson**

*(General Terminology)*

A person that operates a hatchery.

See also **hatchery**

◊ WEBIN*1986***1037

**écloseuse**
> voir écloseur

**éclosion**       n. f.

*(Reproduction et génétique)*

Fait de sortir de l'œuf en parlant d'un animal.

◊ LAROG*1982*4**3526

**écologie**       n. f.

*(Milieu de culture - Terminologie générale)*

Science qui étudie les milieux où vivent et se reproduisent les êtres vivants ainsi que les rapports de ces êtres avec le milieu.

◊ ROBER*1986*3**762

**écrevisse ***       n. f.

*(Crustaciculture - Espèces aquacoles)*

Crustacé d'eau douce de la famille des astacidés, caractérisé par une paire de fortes pinces se terminant par des doigts allongés et une grande queue (abdomen) bien développée.

* Terme normalisé au Canada.

**OBS**

Les écrevisses marchent vers l'avant, mais ne peuvent nager que par de brusques « coups de queue » vers l'arrière.

◊ LAROG*1982*4**3546, GPP*1985***3:37

**écrevisse blanche de rivière ***    n. f.
    *Procambarus acutus*

*(Crustaciculture - Espèces aquacoles)*

Espèce d'écrevisse habitant les eaux chaudes de la côte atlantique.

* Terme recommandé par le Comité de normalisation de la terminologie des pêches commerciales du Bureau de normalisation du Québec.

**écrevisse tropicale**
    voir chevrette

**hatching**

*(Reproduction and Genetics)*

The emergence of young from an egg.

◊ WEBIN*1986***1038

**ecology**

*(Culture Medium - General Terminology)*

The science that deals with the relationships among living organisms as well as their relation to non-living components of the environment.

◊ LAFRE*1984***512

**crayfish ***
    crawfish           [US]
    crawdad         [US]

*(Crustacean Farming - Aquaculture Species)*

Any of numerous freshwater crustaceans of the family Astacidae resembling small lobsters, having a segmented body with a long abdomen ending in a fanlike part, and having one pair of pincers and two pairs of feelers.

* Recommended term in Canada.

**OBS**

Crayfish often move backwards.

◊ WEBIN*1986***531, LANAQ*1992***18

**white river crayfish**
    white river crawfish
    *Procambarus acutus*

*(Crustacean Farming - Aquaculture Species)*

A warm-water species of crayfish native to the Atlantic coast.

◊ CRUH*1985***4

**écumage**                      n. m.

*(Eau - Traitement et filtration)*

Méthode utilisée dans le traitement des eaux d'une station d'élevage, consistant à fabriquer des mousses par bullage, puis à les évacuer.

◊ AQUAC*1986*1**125

**foam fractionation**

*(Water - Treatment and Filtration)*

A water treatment method for the removal of dissolved and colloidal organic material and bacteria from water, usually accomplished by inducing a counter current of water (downwards) and fine air bubbles (upwards) in a vertical cylinder.

◊ WICRU*1992***373

**edwardsiellose**               n. f.

*(Pisciculture - Pathologie et prédateurs)*

Maladie causée par l'agent pathogène *Edwardsiella tarda* qui est responsable de lésions gazeuses dans les tissus musculaires chez certains poissons d'eau douce.

◊ PATH*1985***43

**edwardsiellosis**

*(Fish Farming - Pathology and Predators)*

A disease caused by the pathogenic agent *Edwardsiella tarda* which causes gas-filled lesions in the muscle tissues of certain freshwater fish.

◊ PILLA*1990***198

**effectif des gènes**
     voir pool génétique

**effectif génétique**
     voir pool génétique

**efflorescence algale**              n. f.
     efflorescence planctonique       n. f.
     prolifération algale             n. f.
     prolifération d'algues           n. f.
     bloom algal                      n. m.
     bloom phytoplanctonique          n. m.
     bloom de phytoplancton           n. m.
     poussée planctonique             n. f.

*(Croissance et nutrition - Milieu de culture)*

Forte élévation de la densité du plancton végétal qui se produit dans un milieu artificiel ou naturel, après modification de certains facteurs comme la température, l'éclairement ou la concentration en sels nutritifs.

◊ CILFO*1989***394, CAPQ-11*1992***25

**algal bloom**
     V. s. algae bloom
     bloom

*(Growth and Nutrition - Culture Medium)*

A sudden proliferation of algae in natural or artificial water bodies stimulated by changes in water temperature, lighting or nutrient concentration.

◊ ALENV*1983***17, PILLA*1990***216

**efflorescence planctonique**
     voir efflorescence algale

**effluent \***      n. m.

*(Eau)*

Liquide sortant d'un bassin, d'un réservoir ou d'un émissaire.

\* Terme normalisé par l'ISO.

◊ OLFEB\*1981\*\*\*193

**élément nutritif**
     voir nutriment

**élevage 1**      n. m.
     culture      n. f.

*(Terminologie générale)*

Ensemble des techniques utilisées pour élever des animaux ou plantes aquatiques en les faisant se reproduire et/ou croître dans des conditions propices et en contrôlant leur entretien et leur reproduction.

**OBS**

Le terme *culture* est couramment utilisé dans les domaines de l'algoculture et de la conchyliculture (ostréiculture, mytiliculture, etc.), alors que le terme *élevage* est couramment utilisé dans les domaines de la pisciculture et de la carcinoculture.

◊ AQUAC\*1986\*1\*\*2, ROBER\*1986\*2\*\*852,
CILFO\*1989\*\*\*144

**élevage 2**      n. m.
     zootechnie      n. f.

*(Élevage/culture)*

Science dont l'objet est l'étude des conditions et des méthodes d'élevage et de reproduction des animaux en vue de satisfaire les besoins de l'homme.

◊ LAROG\*1982\*10\*\*11029, BT-197\*1990\*\*\*20

**élevage à plat**
     voir culture sur le fond

**élevage des crustacés**
     voir crustaciculture

**effluent \***

*(Water)*

Water which is discharged from a hatchery, farm or other industrial unit.

\* Term standardized by ISO.

◊ WICRU\*1992\*\*\*371

**culture**
     farming

*(General Terminology)*

Techniques used to rear aquatic animals or plants by monitoring their growth, supplying optimal growth conditions, and controlling their reproduction.

**OBS**

The term *culture* is commonly used for the culture of algae (seaweed culture) and molluscs (oyster culture, scallop culture, mussel culture).

◊ LANAQ\*1992\*\*\*216, WEBIN\*1986\*\*\*552

**husbandry**
     animal husbandry

*(Farming/Culture)*

A branch of agriculture concerned with the production and care of domestic animals; specifically, the scientific study of the problems of animal production (as breeding and feeding).

◊ WEBIN\*1986\*\*\*85

**élevage en cages**      n. m.

*(Pisciculture - Techniques et méthodes)*

Élevage de poissons dans des cages placées en pleine mer.

Voir aussi **cage, élevage en enclos**

◊ AQUAC*1986*2**1039, 928, 657, BAMI*1991***76

**cage farming**
     cage culture

*(Fish Farming - Techniques and Methods)*

The rearing of fish in cages placed in open waters.

See also **cage, pen culture**

◊ FAO-255*1984***1, LANAQ*1992***41, 220, PILLA*1990***33, COLD*1995***38, 40

**élevage en eau douce**
     voir potamoculture

**élevage en enclos**      n. m.

*(Pisciculture - Techniques et méthodes)*

Élevage de poissons dans des enclos afin de les protéger des prédateurs et d'en faciliter la capture.

Voir aussi **enclos, élevage en cages**

◊ AQUAC*1986*2**1039, 954

**pen culture**
     sea-pen culture
     V. s. sea pen culture

*(Fish Farming - Techniques and Methods)*

The rearing of fish in sea pen enclosures which protect them from predators and facilitate their capture.

See also **pen, cage culture**

◊ LANAQ*1992***270, PILLA*1990***33, FAO-255*1984***1

**élevage en mer libre**
     voir pacage marin

**élevage en surélévation**
     voir culture en surélévation

**élevage en suspension**
     voir culture en suspension

**élevage en suspension sur radeau**
     voir culture sur radeau

**élevage extensif**
     voir culture extensive

**élevage intensif**
     voir culture intensive

**élevage larvaire**      n. m.

*(Élevage/culture)*

Élevage des larves d'animaux aquatiques pratiqué dans des bacs.

◊ AQUAC*1986*2**589, 919, 944, GIRAQ*1991***73, 127, 212

**larval rearing**
     larval culture
     larviculture

*(Farming/Culture)*

The culture of larvae of aquatic animals which takes place in tanks.

◊ PILLA*1990***159, 168

**élevage semi-extensif**
> voir culture semi-intensive

**élevage semi-intensif**
> voir culture semi-intensive

**élevage sur bouchots**
> voir culture sur bouchots

**élevage sur filière**
> voir culture sur filière

**élevage sur le fond**
> voir culture sur le fond

**élevage sur pieux**
> voir culture sur pieux

**élevage sur radeau**
> voir culture sur radeau

**élevateur à poissons**
> voir ascenseur à poissons

| | |
|---|---|
| **élevé** | adj. |
| cultivé * | adj. |

*(Élevage/culture)*

Se dit d'un organisme qu'on élève.

* Ce terme est surtout utilisé pour la culture des algues ou des coquillages.

Voir aussi **élever**

| | |
|---|---|
| **élever** | v. |
| cultiver * | v. |

*(Élevage/culture)*

Faire croître ou reproduire des animaux ou plantes aquatiques.

* Ce terme est surtout utilisé pour la culture des algues ou des coquillages.

◊ AQUAC*1986*1**349, PATH*1985***34, AQUAC*1986*2**852, 879

| | |
|---|---|
| **cultured** | adj. |
| farmed | adj. |
| cultivated * | adj. |
| reared | adj. |

*(Farming/Culture)*

Relating to an organism that is raised.

* This term is mostly used in mollusc or algal culture.

See also **culture, to**
◊ LANAQ*1992***149, 257

| | |
|---|---|
| **culture, to** | v. |
| farm, to | v. |
| rear, to | v. |
| cultivate, to * | v. |

*(Farming/Culture)*

To raise or reproduce aquatic plants or animals.

* This term is mostly used in mollusc or algal culture.

◊ WICRU*1992***371, IVAQU*1992***275

**éleveur**
    voir aquaculteur

**éleveur commercial**     n. m.
   éleveuse commerciale     n. f.
  *(Terminologie générale)*
Celui ou celle qui pratique l'aquaculture commerciale.
Voir aussi **aquaculteur, aquaculture commerciale**
◊ CAPQ-2*1992***46

**éleveur d'anguilles**
    voir anguilliculteur

**éleveur en mer libre**
    voir aquaculteur en mer libre

**éleveuse**
    voir aquaculteur

**éleveuse commerciale**
    voir éleveur commercial

**éleveuse d'anguilles**
    voir anguilliculteur

**éleveuse en mer libre**
    voir aquaculteur en mer libre

**embolie gazeuse**     n. f.
   maladie des bulles de gaz     n. f.
   emphysème cutané     n. m.
  *(Pathologie et prédateurs)*
Formation de bulles gazeuses dans le sang et les tissus des poissons et crustacés à la suite d'une sursaturation gazeuse dans le milieu de culture.
◊ PATH*1985***52, AQUAC*1986*1**84

**embouchure**     n. f.

  *(Eau)*
Endroit où un cours d'eau se jette dans la mer, dans un lac ou dans un autre cours d'eau dont il est tributaire.
◊ OLFEB*1981***298

**commercial farmer**
    commercial culturist
  *(General Terminology)*
A person that practices commercial aquaculture.
See also **aquaculturist, commercial aquaculture**
◊ LANAQ*1992***216

**gas bubble disease**
    V. s. gas-bubble disease
  *(Pathology and Predators)*
The formation of bubbles in the blood and tissue of fish and shellfish resulting from supersaturation of gas in the culture medium.
◊ LANAQ*1992***109, 110, PIPFI*1986***482, IVAQU*1992***271

**river mouth**
    mouth of a river
  *(Water)*
The place where a body of water enters a larger stream or body of water.
◊ WEBIN*1986***1479, LASTE*1989***1233

**embranchement 1**  n. m.

*(Biologie)*

Une des grandes divisions du monde vivant végétal qui se subdivise à son tour en classes, ordres, familles, genres et espèces.

Voir aussi **embranchement 2, classe, ordre, famille, genre, espèce**

◊ GPP*1985***G3

**embranchement 2**  n. m.
  phylum  n. m.

*(Biologie)*

Une des grandes divisions du monde vivant animal qui se subdivise à son tour en classes, ordres, familles, genres et espèces.

Voir aussi **embranchement 1, classe, ordre, famille, genre, espèce**

◊ GPP*1985***G3

**embryogenèse**
  voir développement embryonnaire

**embryogénèse**
  voir développement embryonnaire

**embryon**  n. m.

*(Reproduction et génétique)*

Organisme en développement des animaux ; œuf à partir de la segmentation et, spécialement, quand apparaissent des structures reconnaissables, pendant la différenciation des tissus et leur mise en place, jusqu'à la séparation des membranes enveloppantes (éclosion ou naissance).

◊ ROBER*1986*3**889, SOMOL*1992***21

**émission des gamètes**  n. f.
  émission des produits génitaux  n. f.

*(Reproduction et génétique)*

Libération des ovules et des spermatozoïdes.

◊ AQUAC*1986*1**296-297

**émission des produits génitaux**
  voir émission des gamètes

**emphysème cutané**
  voir embolie gazeuse

**division**

*(Biology)*

A taxonomic category of classification used for plants that is equivalent to the term phylum for animals.

See also **phylum, class, order, family, genus, species**

◊ SUBIO*1988***415, WEBIN*1986***664

**phylum**

*(Biology)*

A major taxonomic category in classifying animals (and plants in some systems), composed of groups or related classes.

See also **division, class, order, family, genus, species**

◊ LASTE*1989***1422

**embryo**

*(Reproduction and Genetics)*

An animal organism in the early stages of development and differentiation that are characterized by cleavage, the laying down of fundamental tissues, and the formation of primitive organs and organ systems, and that are terminated prior to birth or hatching.

◊ WEBIN*1986***740, MARLI*1976***110, LANAQ*1992***214, 364

**release of gametes**

*(Reproduction and Genetics)*

The release of sperm and eggs.

◊ LANAQ*1992***171

**empoissonnement**
> voir repeuplement

**empoissonner**
> voir repeupler

**enclos**      n. m.

*(Installations - Élevage/culture)*

Portion de mer limitée par une barrière formée de piquets et de filets, destinée à contenir des animaux marins en élevage.

Voir aussi **élevage en enclos**

◊ AQUAC*1986*2**954, CILFO*1989***185, BOUGOC*1976***284

**pen 1**
> sea pen
> net pen

*(Facilities - Farming/Culture)*

A portion of the sea bed with poles driven in the sediment and nets extending above high water used for the enclosure and culture of marine animals.

See also **pen culture**

◊ LANAQ*1992***270, PILLA*1990***78-79

**encornet**
> voir calmar

**encrassage**      n. m.
> encrassement      n. m.

*(Terminologie générale)*

Formation de dépôts solides nuisibles sur les parois d'une conduite, les filtres, etc., résultant de l'activité biologique des organismes présents dans l'eau.

◊ OLFEB*1981***201, INDUS*1986***305

**fouling**
> biofouling

*(General Terminology)*

The deleterious accumulation of dissolved and particulate material (on cages, nets, filters, etc.) in a body of water or pond bottom.

◊ WICRU*1992***373

**encrassement**
> voir encrassage

**énergie métabolisable**      n. f.

*(Biologie)*

Énergie qui peut être utilisée par un organisme vivant pour ses besoins.

**metabolizable energy**
> Abbr. ME

*(Biology)*

The amount of energy that can be extended from a foodstuff and utilized for metabolism.

◊ WAST*1979***354, ACKE*1994***56

**engrais minéral**      n. m.
> fertilisant minéral      n. m.

*(Croissance et nutrition - Milieu de culture)*

Substance chimique ajoutée à l'eau des étangs dans le but d'accroître la productivité naturelle.

◊ BAMI*1991***162

**inorganic fertilizer**

*(Growth and Nutrition - Culture Medium)*

A chemical material added to the water in ponds for increasing natural productivity.

◊ WICRU*1992***372

**engrais organique**      n. m.
    fertilisant organique      n. m.

*(Croissance et nutrition - Milieu de culture)*

Engrais produit par fermentation de déchets d'origine animale ou végétale, utilisé dans la fertilisation des étangs.

◊ PARSE*1990***74

**engrais vert**      n. m.

*(Croissance et nutrition - Milieu de culture)*

Engrais organique obtenu en semant une légumineuse fourragère ou une plante d'une autre famille.

◊ LAROG*1982*4**3760

**engraissement**      n. m.
    grossissement      n. m.

*(Croissance et nutrition - Biologie)*

Opération au cours de laquelle l'organisme en élevage, qui a déjà sa forme adulte, gagne du poids.

◊ BOUGOC*1976***231, 264, AQUAC*1986*2**697, 730, AQUAC*1986*1**8, 202

**ensemble des gènes**
    voir pool génétique

**ensemble génétique**
    voir pool génétique

**ensemencement**      n. m.
    alevinage *      n. m., spéc.

*(Élevage/culture - Techniques et méthodes)*

Peuplement d'un milieu de culture au moyen d'alevins ou de semis.

* Terme de pisciculture.

◊ ROBER*1986*3**924, CAPQ-2*1992***21

**ensemencer**      v.
    aleviner *      v., spéc.

*(Élevage/culture - Techniques et méthodes)*

Action de peupler un milieu de culture naturel ou artificiel avec des alevins ou de la semence.

* Terme de pisciculture.

Voir aussi **semence 1**

◊ AQUAC*1986*1**278

**organic fertilizer**

*(Growth and Nutrition - Culture Medium)*

A fertilizer containing matter of plant or animal origin, used for fertilizing ponds.

◊ PILLA*1990***124

**green manure**

*(Growth and Nutrition - Culture Medium)*

Fresh plant material used as a fertilizer.

◊ LAFRE*1984***514

**grow-out**
    V. s. growout
    on-growing      [UK]

*(Growth and Nutrition - Biology)*

Operation in which the cultured organism, having its adult form, gains weight.

◊ WICRU*1992***373, 376, LANAQ*1992***152, PILLA*1990***483, 168

**stocking 1**
    seeding 2 *      spec.

*(Farming/Culture - Techniques and Methods)*

The act of providing a body of water with seed.

* Term used in algal culture.

See also **seed**

◊ LANAQ*1992***151

**seed, to**      v.

*(Farming/Culture - Techniques and Methods)*

To provide a culture medium, either natural or artificial, with seed.

See also **seed**

◊ LANAQ*1992***184, 123

**ensilage** n. m.

*(Croissance et nutrition)*

Méthode de conservation des produits aquacoles, tels que les résidus de poissons, par l'ajout d'acides organiques ou inorganiques et l'entreposage dans des silos.

Voir aussi **poisson ensilé**

◊ CAPQ-5*1992***25

**ensilage**

*(Growth and Nutrition)*

The process of preserving fodder such as minced fish by adding organic and inorganic acids and placing the mixture in silos.

See also **fish silage**

◊ BEVCA*1987***175, WEBCO*1987***414, PILLA*1990***131, 132

**entassement** n. m.

*(Pathologie et prédateurs - Milieu de culture)*

Action de peupler le milieu de culture à l'excès, ce qui inhibe la croissance des individus.

◊ ENSEM*1991***175

**overcrowding**
  crowding

*(Pathology and Predators - Culture Medium)*

The result of stocking the culture medium to excess, thus preventing proper growth of individuals.

◊ LANAQ*1992***171, PILLA*1990***201, ACKE*1994***29

**entérosepticémie à *Yersinia ruckeri***
  voir yersiniose

**entrée d'eau** n. f.
  arrivée d'eau n. f.

*(Installations - Eau)*

Endroit par lequel l'eau entre dans un bassin, une conduite, etc.

◊ OLFEB*1981***5

**inlet**
  water inlet

*(Facilities - Water)*

An opening for the supply of water in a tank, pipe, etc.

◊ PILLA*1990***57, 184, 205

**enzyme** n. f. ou m.

*(Biologie)*

Catalyseur qui facilite ou accroît une réaction biochimique.

◊ LAROG*1982*4**3803, ROBER*1986*4**35

**enzyme**

*(Biology)*

An organic catalyst which accelerates the rate of a chemical reaction.

◊ STFAR*1987***231, PILLA*1990***176

**épédonculation**
  voir ablation du pédoncule oculaire

**épédonculation unilatérale**
  voir ablation unilatérale du pédoncule oculaire

**épervier**      n. m.

*(Installations)*

Filet conique, garni de plombs sur son pourtour, que l'on lance à la main pour capturer le poisson.

◊ LAROG*1982*3**3813, CILFO*1989***191

**épibionte**      n. m.

*(Biologie - Pathologie et prédateurs)*

Organisme qui vit fixé sur un support ou un autre organisme.

◊ CILFO*1989***191

**épiderme**      n. m.

*(Anatomie et physiologie)*

Couche superficielle de la peau, qui recouvre le derme.

◊ ROBER*1986*4**57, PATH*1985***31

**épithélium**      n. m.

*(Anatomie et physiologie)*

Tissu formé d'une ou de plusieurs couches de cellules et recouvrant le corps, les cavités internes et les organes.

◊ GPP*1985***G3, AQUAC*1986*1**332

**épizootie**      n. f.

*(Pathologie et prédateurs)*

Maladie, épidémie, atteignant un grand nombre d'animaux.

◊ LAROG*1982*4**3830, GIRAQ*1991***35

**épreuve biologique**      n. f.
    essai biologique *      n. m.
    bioessai      n. m.
    V. o. bio-essai      n. m.

*(Biologie - Eau)*

Technique d'évaluation de l'effet biologique qualitatif ou quantitatif de différentes substances contenues dans l'eau, par l'observation des modifications d'une activité biologique définie.

* Terme normalisé par l'ISO.

◊ PARSE*1990***74

**cast net**
    casting net

*(Facilities)*

A circular or conical weighted net designed to be cast mouth downward by hand and withdrawn by lines attached to its margin.

◊ WEBIN*1986***349, LANAQ*1992***263, PILLA*1990***234

**epibiont**

*(Biology - Pathology and Predators)*

An organism that lives on the body surface of another.

◊ WEBIN*1986***761, PILLA*1990***443

**epidermis**

*(Anatomy and Physiology)*

The outer layer of the skin, situated externally to the dermis.

◊ STFAR*1987***231, LANAQ*1992***188

**epithelium**

*(Anatomy and Physiology)*

The cells, occurring in one or more layers, that cover the body and organs.

◊ SCITF*1988***310

**epizootic**

*(Pathology and Predators)*

Outbreak of disease affecting many individuals of a species at one time; epidemic.

◊ LAFRE*1984***512

**bioassay ***
    biological assay
    bioassay test

*(Biology - Water)*

A technique for evaluating the biological effect, either qualitatively or quantitatively, of various substances in water by means of changes in a specified biological activity.

* Term standardized by ISO.

◊ ALENV*1983***62

**épreuve de la descendance**     n. f.

*(Reproduction et génétique)*

Première évaluation génétique sur la descendance d'un candidat reproducteur en vue de décider de son emploi éventuel.

◊ CILFG-32*1991***95

**épuisette**     n. f.

*(Installations)*

Petit filet en forme de poche, fixé à l'extrémité d'un long manche et servant à sortir de l'eau les poissons pris à la ligne.

◊ LAROG*1982*4**3835, AQUAC*1986*2**645

**épuration**
voir dépuration

**épuration de l'eau**     n. f.
épuration des eaux     n. f.
purification d'eau     n. f.

*(Eau - Traitement et filtration)*

Opérations consistant à éliminer les impuretés de l'eau (p. ex. chloration, filtration, traitement).

◊ PATH*1985***276, AQUAC*1986*1**92

**épuration des eaux**
voir épuration de l'eau

**érosion**     n. f.

*(Eau)*

Désagrégation des roches ou du sol par l'eau, les eaux de ruissellement ou le vent.

◊ OLFEB*1981***210

**érosion des nageoires**
voir nécrose bactérienne des nageoires

**progeny test**
progeny testing

*(Reproduction and Genetics)*

The evaluation of the genotype of a parent by a study of its progeny under controlled conditions.

**OBS**
Progeny testing enables the assessment of the breeding qualities of separate spawners or pairs of spawners and the selection of the best for further selection work.

◊ KIGEN*1985***314, PILLA*1990***168

**dip net**

*(Facilities)*

A small bag net with a rigid support about the mouth and a long handle used to scoop small fishes and other aquatic life from the water.

◊ WEBIN*1986***639, PILLA*1990***384,
LANAQ*1992***238

**water purification**

*(Water - Treatment and Filtration)*

Any of several processes in which undesirable impurities in water are removed or neutralized (e.g. chlorination, filtration, treatment).

◊ LASTE*1989***2048

**erosion**

*(Water)*

Detachment and movement of soil from the land surface by wind or water.

◊ LANAQ*1992***54

**ésociculteur** n. m.
ésocicultrice n. f.

*(Pisciculture)*

Celui ou celle qui pratique l'ésociculture.

Voir aussi **ésociculture**


**pike farmer**

*(Fish Farming)*

A person who practices pike farming.

See also **pike farming**


**ésocicultrice**
voir ésociculteur


**ésociculture** n. f.

*(Pisciculture)*

Élevage du brochet.

◊ LAROG*1982*4**3886


**pike farming**
pike culture

*(Fish Farming)*

The rearing of pike.


**Esox niger**
voir brochet maillé


**espèce** n. f.
Abrév. sp. *

*(Biologie)*

Chacune des grandes divisions d'un genre d'êtres vivants, qui se distingue des autres divisions du même genre par des caractères qui lui sont propres.

* Pluriel : spp.

Voir aussi **embranchement 1, embranchement 2, genre**

◊ GPP*1985***G3


**species**
Abbr. sp. *

*(Biology)*

A taxonomic category ranking immediately below a genus and including closely related, morphologically similar individuals which actually or potentially interbreed.

* Plural: spp.

See also **phylum, division, genus**

◊ LASTE*1989***1783


**espèce à thélycum fermé** n. f.

*(Crustaciculture - Biologie)*

Crevette femelle (p. ex. *Penaeus japonicus*) à poche thélycale où le mâle dépose les spermatophores ; l'accouplement a lieu dans les heures qui suivent une mue.

Voir aussi **espèce à thélycum ouvert**

◊ AQUAC*1986*1**465, 468


**closed thelycum species**
grooved shrimp

*(Crustacean Farming - Biology)*

A female shrimp (e.g. *Penaeus japonicus*) with lateral plates that lead to a pouch, where the spermatophores can be inserted by the male; mating occurs soon after the female has moulted.

See also **open thelycum species**

◊ PILLA*1990***435, LANAQ*1992***189

**espèce à thélycum ouvert** n. f.

*(Crustaciculture - Biologie)*

Crevette femelle (p. ex. *Penaeus vannamei*) à thélycum caractérisé par une simple dépression ; la copulation a lieu quelques heures avant la ponte.

Voir aussi **espèce à thélycum fermé**

◊ AQUAC\*1986\*1\*\*468

**espèce aquacole**
    voir espèce d'élevage

**espèce carnivore** n. f.

*(Biologie)*

Animal qui se nourrit de chair.

◊ LAROG\*1982\*2\*\*1802, SOMOL\*1992\*\*\*114

**espèce cultivée**
    voir espèce d'élevage

**espèce d'aquaculture**
    voir espèce d'élevage

**espèce d'eau chaude** n. f.

*(Biologie)*

Espèce qui vit en eau chaude, p. ex. les tilapias et les ictaluridés.

Voir aussi **espèce d'eau froide**

**espèce d'eau douce** n. f.
    espèce dulçaquicole n. f.
    espèce dulcicole n. f.

*(Biologie)*

Espèce qui vit en eau douce, p. ex. l'achigan et l'esturgeon blanc.

Voir aussi **espèce marine**

◊ ROBER\*1986\*3\*\*689, PATH\*1985\*\*\*177, AQUAC\*1986\*2\*\*1002

**open thelycum species**
    nongrooved shrimp

*(Crustacean Farming - Biology)*

A female shrimp (e.g. *Penaeus vannamei*) with a setose thelycum; copulation takes place just before spawning.

See also **closed thelycum species**

◊ LANAQ\*1992\*\*\*189

**carnivorous species**

*(Biology)*

A flesh-eating animal.

◊ WEBIN\*1986\*\*\*340, PILLA\*1990\*\*\*36

**warm-water species**
    V. s. warmwater species
    V. s. warm water species

*(Biology)*

A species that lives in warm water (e.g. tilapias, catfish of the genus *Ictaluridae*).

See also **cold-water species**

**freshwater species**

*(Biology)*

A species that lives in fresh water, e.g. bass and white sturgeon.

See also **marine species**

**espèce d'eau froide**       n. f.

*(Biologie)*

Espèce qui vit en eau froide, p. ex. les salmonidés.

Voir aussi **espèce d'eau chaude**

◊ PISET*1980***109, PATH*1985***177

**espèce d'eau saumâtre**       n. f.

*(Biologie)*

Espèce qui vit dans les eaux saumâtres.

**espèce d'eau tempérée**       n. f.

*(Biologie)*

Espèce qui vit en eau tempérée, p. ex. l'achigan.

**espèce d'élevage**       n. f.
     espèce cultivée       n. f.
     espèce d'aquaculture       n. f.
     espèce aquacole       n. f.

*(Élevage/culture)*

Espèce obtenue par intervention humaine sur une partie du cycle vital.

Voir aussi **espèce sauvage**

◊ AQUAC*1986*1**362, AQUAC*1986*2**1027, PATH*1985***274

**espèce détritivore**       n. f.

*(Biologie)*

Espèce qui se nourrit de débris animaux et végétaux (détritus).

◊ LAROG*1982*3**3185, AQUAC*1986*2**939

**espèce dulçaquicole**
     voir espèce d'eau douce

**espèce dulcicole**
     voir espèce d'eau douce

**cold-water species**
     V. s. coldwater species
     V. s. cold water species

*(Biology)*

A species that lives in cold water, e.g. salmonids.

See also **warm-water species**

◊ PILLA*1990***100

**brackish-water species**

*(Biology)*

A species that lives in brackish water.

◊ MEINV*1992***462

**cool-water species**
     V. s. coolwater species

*(Biology)*

A species that lives in cool waters (e.g. bass).

**cultured species**
     farmed species
     cultivated species
     aquaculture species

*(Farming/Culture)*

A species produced using human intervention and/or technology at some stage of the life cycle.

See also **wild species**

**detritus feeder**
     detritivore

*(Biology)*

An animal that feeds primarily on organic debris (detritus).

◊ LASTE*1989***519, LANAQ*1992***359, 385

**espèce euryhaline**      n. f.

*(Biologie)*

Espèce qui supporte des variations de salinité importantes du milieu aquatique où elle vit.

Voir aussi **espèce sténohaline**

◊ LAROG*1982*4**4027, CILFO*1989***197

**espèce fouisseuse**      n. f.

*(Biologie)*

Espèce qui vit et se déplace dans les sédiments pour s'y protéger ou même y circuler.

◊ AQUAC*1986*1**30, 467-468, CILFO*1989***215

**espèce herbivore**      n. f.

*(Biologie)*

Espèce qui se nourrit de végétaux.

◊ LAROG*1982*5**5237, GIRAQ*1991***212

**espèce marine**      n. f.

*(Biologie)*

Espèce qui vit en mer.

Voir aussi **espèce d'eau douce**

◊ LAROG*1982*7**6670

**espèce omnivore**      n. f.

*(Biologie)*

Espèce qui mange de tout, qui se nourrit indifféremment d'aliments d'origine animale ou végétale.

◊ ROBER*1986*6**924

**espèce piscivore**      n. f.

*(Biologie)*

Espèce qui se nourrit de poissons.

◊ LAROG*1982*8**8162

**espèce sauvage**      n. f.

*(Biologie)*

Espèce dont le cycle vital s'est déroulé sans intervention humaine.

Voir aussi **espèce d'élevage**

◊ SITMO*1995***33, AQUAC*1986*1**18, GESPI*1985***247

**euryhaline species**

*(Biology)*

A species that is able to live in waters of a wide range of salinity.

See also **stenohaline species**

◊ WEBIN*1986***785, LANAQ*1992***31

**burrowing species**

*(Biology)*

A species that lives in and progresses through the mud or sand to protect itself.

◊ INZOO*1974***250

**herbivorous species**

*(Biology)*

A species which eats plants.

◊ LAFRE*1984***514, PILLA*1990***96

**marine species**

*(Biology)*

A species that lives in the sea.

See also **freshwater species**

**omnivorous species**

*(Biology)*

A species which eats everything, both animal and vegetable matter.

◊ LAFRE*1984***516

**piscivorous species**

*(Biology)*

A species that eats fish.

◊ LAFRE*1984***517

**wild species**

*(Biology)*

A species obtained without human intervention in its life cycle.

See also **cultured species**

**espèce sténohaline**                n. f.

*(Biologie)*

Espèce qui ne tolère que de faibles écarts de salinité.

Voir aussi **espèce euryhaline**

◊ PEROC*1966***189

**espèce tropicale**                 n. f.

*(Biologie)*

Espèce qui vit en eau tropicale.

**essai biologique**

voir épreuve biologique

**estran**                           n. m.

*(Eau)*

Portion du littoral entre les plus hautes et les plus basses mers.

◊ CILFO*1989***158

**estuaire**                         n. m.

*(Eau)*

Zone de transition entre l'eau douce d'un cours d'eau et l'eau de mer.

◊ CILFO*1989***194

**esturgeon**                        n. m.

*(Pisciculture - Espèces aquacoles)*

Poisson ganoïde de grande taille de la famille des acipenséridés (genre *Acipenser*), à bouche infère précédée d'un rostre muni de barbillons sensoriels riches en bourgeons du goût.

◊ LAROG*1982*4**3936

**stenohaline species**

*(Biology)*

A species that is able to tolerate only a narrow range of salinity changes.

See also **euryhaline species**

◊ NYMBA*1982***419

**tropical species**

*(Biology)*

A species that lives in tropical water.

**tidal zone**
tidal flat

*(Water)*

A marshy, sandy, or muddy land that is covered and uncovered by the rise and fall of tides.

◊ WEBIN*1986***2390

**estuary**

*(Water)*

The area of the mouth of a river or bay in which there is appreciable mixing of fresh water and seawater.

◊ SUBIO*1988***416

**sturgeon**

*(Fish Farming - Aquaculture Species)*

Any of various large ganoid fishes of the family Acipenseridae (genus *Acipenser*) that have a heterocercal tail, a prolonged head with a toothless protrusile mouth on its undersurface, and an elongate body covered with tough skin protected by five rows of bony plates.

◊ WEBIN*1986***2271

**esturgeon blanc \***　　　　　　　　n. m.
*Acipenser transmontanus*

**(Pisciculture - Espèces aquacoles)**

Esturgeon de la famille des acipenséridés, de la côte pacifique de l'Amérique du Nord. Le plus grand poisson d'eau douce de l'Amérique du Nord.

\* Terme normalisé au Canada.

◊ NQ8070\*1995\*\*\*15

**esturgeon jaune \***　　　　　　　　n. m.
*Acipenser fulvescens*

**(Pisciculture - Espèces aquacoles)**

Poisson d'eau douce de la famille des acipenséridés, qui habite les Grands Lacs et le bassin du Mississippi et qui est caractérisé par un corps squaliforme recouvert de cinq rangées longitudinales de plaques osseuses, un museau de forme arrondie et une nageoire caudale hétérocerque.

\* Terme normalisé au Canada.

◊ NQ8070\*1995\*\*\*16

**esturgeon noir \***　　　　　　　　n. m.
*Acipenser oxyrhynchus*

**(Pisciculture - Espèces aquacoles)**

Poisson anadrome de la famille des acipenséridés, caractérisé par un corps squaliforme recouvert de rangées longitudinales de plaques osseuses et un museau de forme allongé.

\* Terme normalisé au Canada.

◊ GPP\*1985\*\*\*3:43, NQ8070\*1995\*\*\*16

**étang**　　　　　　　　　　　　　n. m.
　étang piscicole　　　　　　　　n. m.
　étang de pisciculture　　　　　n. m.
　étang d'élevage　　　　　　　　n. m.

**(Pisciculture - Installations)**

En pisciculture, petite étendue d'eau peu profonde, naturelle ou artificielle, utilisée pour l'élevage contrôlé du poisson et aménagée de telle sorte qu'elle puisse être aisément et entièrement mise à sec.

◊ HUET\*1970\*\*\*11, 90, LAROG\*1982\*4\*\*3944

**white sturgeon \***
*Acipenser transmontanus*

**(Fish Farming - Aquaculture Species)**

A sturgeon of the family Acipenseridae of the Pacific coast of North America that is the largest freshwater fish of North America.

\* Recommended term in Canada.

◊ WEBIN\*1986\*\*\*2610, NQ8070\*1995\*\*\*15

**lake sturgeon \***
　rock sturgeon
*Acipenser fulvescens*

**(Fish Farming - Aquaculture Species)**

A freshwater fish of the family Acipenseridae habiting the Great Lakes and Mississippi River that is usually brownish and heavily armored, with plates on the head, and rows of horny scutes along the spine and both sides of the body; the nose is extremely long and pointed, but the mouth is set far back and under the head, just behind a set of long barbules.

\* Recommended term in Canada.

◊ NQ8070\*1995\*\*\*16

**Atlantic sturgeon \***
*Acipenser oxyrhynchus*

**(Fish Farming - Aquaculture Species)**

An anadromous fish of the family Acipenseridae characterized by rows of body scutes and an underslung, sucker mouth.

\* Recommended term in Canada.

◊ FRESH\*1992\*\*\*17, NQ8070\*1995\*\*\*16

**pond**
　fish pond
　V. s. fishpond
　rearing pond

**(Fish Farming - Facilities)**

The most common structure, natural or artificial, for culturing fish in a semiclosed system. It may be any size or shape, and depending on the stability of the soil, the pond walls may require the use of rocks, cement or blocks.

◊ LANAQ\*1992\*\*\*53, IWATE\*1981\*\*\*145, PILLA\*1990\*\*\*49

**étang à géniteurs**     n. m.
    étang à reproducteurs     n. m.

*(Installations - Élevage/culture)*

Étang dans lequel les géniteurs sont stockés, les mâles et les femelles étant parfois séparés.

◊ AQUAC*1986*2**579, 580, 582

**broodstock pond**
    brood pond
    brooder pond     [US]

*(Facilities - Farming/Culture)*

A pond used for stocking broodstock and in which the sexes are sometimes separated.

◊ LANAQ*1992***223, PILLA*1990***291

**étang à reproducteurs**
    voir étang à géniteurs

**étang d'alevinage**
    voir étang nurserie

**étang d'élevage**
    voir étang

**étang d'engraissement**     n. m.
    étang de grossissement     n. m.

*(Installations - Élevage/culture)*

Étang utilisé pendant la phase d'engraissement des animaux aquatiques.

Voir aussi **engraissement**

**growout pond**
    V. s. grow-out pond
    ongrowing pond

*(Facilities - Farming/Culture)*

A pond used during the grow-out period of aquatic animals.

See also **grow-out**

◊ AQUAC-E*1994***343

**étang de barrage**     n. m.
    étang-barrage     n. m.

*(Installations - Élevage/culture)*

Plan d'eau peu profond où le renouvellement de l'eau est rapide, comportant des risques permanents de crues et de pollution. L'aménagement d'une digue et d'un trop-plein doit être prévu pour absorber les plus fortes crues.

◊ BAMI*1991***40

**barrage pond**

*(Facilities - Farming/Culture)*

A pond constructed in a flat or gently sloping valley, or in an abandoned river bed, by putting a low dam at a suitable site.

◊ PILLA*1990***50

**étang de grossissement**
    voir étang d'engraissement

**étang de pisciculture**
    voir étang

**étang de reproduction**      n. m.
   bassin de reproduction      n. m.

*(Pisciculture - Installations)*

Étang ou bassin aménagé pour permettre la reproduction de certains poissons, p. ex. le poisson-chat.

◊ AQUAC*1986*2**940

**étang nurserie**      n. m.
   étang d'alevinage *      n. m., spéc.

*(Installations - Élevage/culture)*

Étang dans lequel les larves ou de jeunes individus sont placés pour l'engraissement.

* Terme de pisciculture.

◊ AQUAC*1986*2**594, AQUAC*1986*1**261

**étang piscicole**
   voir étang

**étang-barrage**
   voir étang de barrage

**étangs en chapelet**      n. m. pl.

*(Installations - Élevage/culture)*

Étangs disposés en série, se déversant successivement l'un dans l'autre.

◊ HUET*1970***34

**étoile de mer**      n. f.
   astérie      n. f.

*(Conchyliculture - Pathologie et prédateurs)*

Échinoderme de la classe des Astéries, pourvu de cinq à sept bras effilés, dotés de ventouses ou de piquants.

◊ CILFO*1989***197

**évadé**      adj. ou n. m.

*(Pisciculture)*

Se dit d'un poisson d'élevage qui s'échappe d'une installation aquacole où il était confiné.

---

**spawning pond**
   spawning tank
   breeding pond

*(Fish Farming - Facilities)*

A pond used for the spawning of certain fish, e.g. catfish.

◊ PILLA*1990***49

**nursery pond**

*(Facilities - Farming/Culture)*

A pond used for early growth of larvae or young individuals.

◊ PILLA*1990***49, 53, 231, 387, LANAQ*1992***193, 257

**rosary ponds**

*(Facilities - Farming/Culture)*

Ponds set up in series, so that water passes from one into the next, and so on.

◊ LAFRE*1984***518

**starfish**

*(Mollusc Culture - Pathology and Predators)*

Any of numerous echinoderms that constitute the class Asteroidea that have a hard, spiny skeleton and five or more arms or rays arranged like the points of a star.

◊ WEBIN*1986***2226

**escapee**      adj. or n.

*(Fish Farming)*

Said of a cultured fish that has escaped from the aquaculture facility where it was confined.

exosquelette — n. m.

*(Anatomie et physiologie)*

Nom général donné aux formations squelettiques animales externes dont la face interne sert de surface d'attache aux muscles.

**OBS**
La coquille des mollusques et la carapace des arthropodes en sont des exemples.

◊ LAROG*1982*4**4061

exoskeleton

*(Anatomy and Physiology)*

A skeleton that lies outside the body tissues of an animal and that protects and supports the internal organs and may provide attachment for muscles.

**OBS**
Examples are the strenghtened cuticle of arthropods and the shell of molluscs.

◊ MARLI*1976***124, LANAQ*1992***196

exploitant
    voir fermier

exploitante
    voir fermier

extraction par pression
  abdominale — n. f.
    massage abdominal — n. m.
    pression abdominale — n. f.
    prélèvement par pression
      abdominale — n. m.

*(Pisciculture - Reproduction et génétique)*

Collecte artificielle des œufs et de la laitance d'un poisson en exerçant une pression manuelle sur l'abdomen.

◊ AQUAC*1986*2**647,1011, AQEX-F*1989***57

stripping
    hand stripping

*(Fish Farming - Reproduction and Genetics)*

Process of artificially removing the eggs and milt from mature fish by manual pressure on the abdomen.

◊ LAFRE*1984***519

extraire — v.
    prélever — v.

*(Pisciculture - Reproduction et génétique)*

Retirer les œufs ou la laitance d'un poisson par pression manuelle sur l'abdomen.

◊ PISET*1980***328, CAPQ-2*1992***46-47, AQEX-F*1989***27

strip, to — v.

*(Fish Farming - Reproduction and Genetics)*

To press eggs or milt out of a fish by manual pressure on the abdomen.

◊ WEBIN*1986***2264, SWIFA*1985***94

**extrait hypophysaire**      n. m.
    hypophyse 1 *      n. f.
    hormone hypophysaire      n. f.

*(Pisciculture - Reproduction et génétique)*

Extrait de la glande pituitaire (des poissons) auquel a été ajouté un solvant tel que l'eau, l'alcool ou
l'acétone, et qui est utilisé pour induire la ponte
(hypophysation).

* Terme souvent utilisé au pluriel.

Voir aussi **hypophysation**

◊ LAROG*1982*4**4087, AQUAC*1986*2**585, 941,
BAMI*1991***71

**pituitary extract**
    fish pituitary extract
    pituitary gland extract
    gland extract

*(Fish Farming - Reproduction and Genetics)*

Aqueous, alcoholic or acetone dissolved extract of
pituitary gland (of fish) used for the artificial induction of spawning (hypophysation).

See also **hypophysation**

◊ FISFA*1988***393

---

**exuviation**
    voir mue 2

---

**exuvie**      n. f.
    mue 1      n. f.

*(Crustaciculture - Anatomie et physiologie)*

Ensemble des parties articulaires (carapace chez les
crustacés décapodes) rejetées comme une dépouille
au moment de la mue des arthropodes.

◊ CILFO*1989***199

**exuvia ***

*(Crustacean Farming - Anatomy and Physiology)*

The layers of the integument (as the carapace in
decapod crustaceans) cast off in ecdysis of Arthropods.

* Plural: exuviae

◊ SCITF*1988***325, HENBI*1988***178

---

F
    voir coefficient de consanguinité

**face ventrale**      n. f.
*(Anatomie et physiologie)*

Face inférieure du corps d'un animal (p. ex. un
crustacé).

◊ AQUAC*1986*1**495, PEROB*1995***878

**ventral side**
*(Anatomy and Physiology)*

The lower surface of the body of an animal (e.g. crustacean).

◊ LAFRE*1984***520, PILLA*1990***463

**facteur de condition**      n. m.
    coefficient de condition      n. m.

*(Terminologie générale)*

Rapport entre le poids et la longueur de l'animal,
élevé au cube.

**condition factor**
    coefficient of condition

*(General Terminology)*

The ratio of fish weight to the length cubed.

◊ PIPFI*1982***60

**faire jeûner**
> voir soumettre au jeûne

**famille**                          n. f.

*(Biologie)*

Division systématique de l'ordre ou du sous-ordre, qui renferme les genres, réunis en raison de leurs nombreux caractères communs.

Voir aussi **embranchement 1, embranchement 2**

◊ LAROG*1982*4**4141

**family**

*(Biology)*

A group of similar genera of taxonomic rank below order and above genus.

See also **phylum, division**

◊ SCITF*1988***330

**farine de blé**                    n. f.

*(Croissance et nutrition)*

Farine obtenue en concassant des graines de blé.

◊ AQUAC*1986*2**730

**wheat flour**

*(Growth and Nutrition)*

A flour made by grinding wheat grains.

◊ PILLA*1990***371, LANAQ*1992***325

**farine de graines de coton**       n. f.

*(Croissance et nutrition)*

Farine riche en protéines, obtenue en concassant le tourteau de coton qui reste après l'extraction de l'huile des graines de coton.

◊ LAROG*1982*10**10328

**cottonseed meal**

*(Growth and Nutrition)*

A meal high in protein obtained in the production of cottonseed oil usually by grinding cottonseed cake.

◊ WEBIN*1986***516, LANAQ*1992***327

**farine de graines de lin**
> voir farine de lin

**farine de lin**                    n. f.
> farine de graines de lin            n. f.

*(Croissance et nutrition)*

Farine obtenue en concassant des graines de lin ou le tourteau de lin.

**linseed meal**

*(Growth and Nutrition)*

A meal obtained by grinding linseed or linseed cake.

◊ WEBIN*1986***1317, PILLA*1990***143

**farine de plumes**                 n. f.

*(Croissance et nutrition)*

Farine obtenue en concassant les plumes de calmar.

◊ ROBER*1986*7**506

**squid meal**

*(Growth and Nutrition)*

A meal obtained by grinding squid pens.

**farine de poisson**      n. f.

*(Croissance et nutrition)*

Produit pulvérulent obtenu à partir de poissons et de déchets de poissons séchés après cuisson, essorés (poisson gras) et broyés en un produit sec, facile à stocker, destiné à la nourriture des animaux.

◊ CAPQ-5*1992***25

**farine de sang**      n. f.

*(Croissance et nutrition)*

Produit obtenu par dessèchement du sang frais récupéré dans les abattoirs, utilisé dans l'alimentation pour sa richesse en matières azotées digestibles.

◊ LAROG*1982*9**9307, CAPQ-5*1992***25

**farine de soja**      n. f.
V. o. farine de soya      n. f.

*(Croissance et nutrition)*

Farine riche en protéines, obtenue en concassant le tourteau de soja.

◊ AQUAC*1986*2**730

**farine de soya**
voir farine de soja

**faux-poisson**
voir poisson de rebut

**fécondation**      n. f.

*(Reproduction et génétique)*

Fusion de deux gamètes aboutissant à la formation d'un zygote.

◊ CILFG-32*1991***125, CAPQ-2*1992***48, GPP*1985***G3

**fécondation artificielle**      n. f.

*(Reproduction et génétique - Techniques et méthodes)*

Technique qui consiste à féconder l'ovule en dehors des conditions naturelles, quel que soit le mode d'intervention utilisé.

**fish meal**
V. s. fishmeal
fish protein concentrate
Abbr. FPC

*(Growth and Nutrition)*

A protein-rich, dried food produced from fishes and inedible portions of fishes by dry or wet rendering.

◊ WAST*1979***351, FISFA*1988***390

**blood meal**

*(Growth and Nutrition)*

The ground dried blood of animals, characterized by a high protein content and used for feeding.

◊ WEBIN*1986***237, LANAQ*1992***326

**soybean meal**
V. s. soya bean meal
soya meal

*(Growth and Nutrition)*

A meal high in protein, obtained by grinding soybean cake.

◊ WEBIN*1986***2180

**fertilization 1**
V. s. fertilisation      [UK]

*(Reproduction and Genetics)*

The union of two gametes to produce a zygote.

◊ KIGEN*1985***139

**artificial fertilization**
V. s. artificial fertilisation      [UK]

*(Reproduction and Genetics - Techniques and Methods)*

Technique in which the eggs are fertilized by other than natural means.

OBS

Par exemple, les pisciculteurs obtiennent des alevins de divers poissons en arrosant avec la laitance d'un mâle des œufs évacués par pression de l'abdomen d'une femelle mûre.

◊ LAROG*1982*4**4178, GIRAQ*1991***8, Q2721*1993***112

**fécondation par méthode humide**    n. f.
  fécondation par voie humide    n. f.
  méthode humide    n. f.

*(Pisciculture - Reproduction et génétique)*

Méthode de fécondation artificielle qui consiste à récolter les œufs dans un bassin à moitié rempli d'eau avant d'ajouter la laitance.

Voir aussi **fécondation par méthode sèche**

◊ HUET*1970***116

**fécondation par méthode sèche**    n. f.
  fécondation par voie sèche    n. f.
  méthode sèche    n. f.

*(Pisciculture - Reproduction et génétique)*

Méthode de fécondation artificielle qui consiste à récolter les ovules des femelles dans un récipient bien sec, à les recouvrir de laitance, à mélanger le tout et à y ajouter de l'eau.

Voir aussi **fécondation par méthode humide**

◊ AQUAC*1986*2**561, HUET*1970***116

**fécondation par voie humide**
  voir fécondation par méthode humide

**fécondation par voie sèche**
  voir fécondation par méthode sèche

**féconder**    v.

*(Reproduction et génétique)*

Transformer un œuf en embryon, commencer le processus de la fécondation.

◊ LAROG*1982*4**4178

OBS

For example, fish farmers strip the sex products from the females and males in order to artificially fertilize them.

◊ PILLA*1990***162, LANAQ*1992***228

**wet fertilization**
  V. s. wet fertilisation    [UK]
  wet method (of fertilization)

*(Fish Farming - Reproduction and Genetics)*

A method of artificial fertilization in which eggs from the female fish are stripped into a container half filled with water before the milt is added.

See also **dry fertilization**

◊ SETRO*1985***38

**dry fertilization**
  V. s. dry fertilisation    [UK]
  dry method (of fertilization)

*(Fish Farming - Reproduction and Genetics)*

A method of artificial fertilization in which the stripped eggs of female fish are collected in a dry bowl and covered by the stripped milt of males, and then mixed well and covered with water.

See also **wet fertilization**

◊ PILLA*1990***320, LANAQ*1992***367, 380

**fertilize, to 1**    v.
  V. s. fertilise, to    v. [UK]

*(Reproduction and Genetics)*

To unite a male reproductive cell, or sperm, with an egg cell.

◊ GACAN*1983***437

**fécondité**      n. f.

*(Reproduction et génétique)*

Nombre d'ovules produit par femelle ou par kilogramme de femelles.

◊ AQUAC*1986*2**558, AQUAC*1986*1**358, BOUGOC*1976***266

**femelle grainée**      n. f.
    raveuse      n. f.
    femelle œuvée      n. f.
    femelle ovigère      n. f.

*(Crustaciculture - Reproduction et génétique)*

Crustacé femelle portant des œufs en incubation, sous la queue.

◊ AQUAC*1986*1**498, LAROG*1982*7**7545

**femelle gravide**      n. f.

*(Reproduction et génétique)*

Femelle qui porte des œufs.

◊ AQUAC*1986*1**471-472, LAROG*1982*5**4948

**femelle mature**      n. f.

*(Reproduction et génétique)*

Femelle capable de se reproduire.

Voir aussi **mâle mature**

**femelle mûre**      n. f.

*(Reproduction et génétique)*

Femelle prête à émettre des œufs parvenus à maturité.

Voir aussi **mâle mûr**

◊ BOUGOC*1976***270, AQUAC*1986*1**471

**femelle œuvée**
    voir femelle grainée

**femelle ovigère**
    voir femelle grainée

**féminisation**      n. f.

*(Pisciculture - Reproduction et génétique)*

Modification du sexe d'un poisson mâle (à l'éclosion) par des hormones ou des moyens génétiques.

---

**fecundity**

*(Reproduction and Genetics)*

The number of eggs produced per female fish, or per unit body weight of female fish.

◊ LAFRE*1984***513, WICRU*1992***372

**berried female**
    egg-bearing female

*(Crustacean Farming - Reproduction and Genetics)*

A female crustacean carrying eggs under her abdomen during a period of incubation.

◊ WICRU*1992***369, PILLA*1990***432

**gravid female**

*(Reproduction and Genetics)*

A female with eggs.

◊ WICRU*1992***373, LANAQ*1992***340, 384

**mature female**

*(Reproduction and Genetics)*

A female individual that has the ability to reproduce.

See also **mature male**

**ripe female**

*(Reproduction and Genetics)*

A female individual containing fully developed eggs that is ready to spawn.

See also **ripe male**

◊ LAFRE*1984***518

**feminization**
    V. s. feminisation      [UK]

*(Fish Farming - Reproduction and Genetics)*

The modification of gender of a male fish (at hatching) by hormonal or genetic means.

**OBS**

Par exemple, l'administration d'œstrogènes provoque le développement d'ovaires et de caractères sexuels femelles.

Voir aussi **masculinisation**

**OBS**

For example, the administration of estrogens produces fish with ovaries and female sex characters.

See also **masculinization**

◊ FISFA*1988***137, 389, PILLA*1990***171, 366

**ferme**

   voir ferme d'aquaculture

**ferme aquacole**

   voir ferme d'aquaculture

| | |
|---|---|
| **ferme d'aquaculture** | n. f. |
| ferme | n. f. |
| ferme aquacole | n. f. |
| station aquacole | n. f. |

*(Installations - Élevage/culture)*

Ensemble d'installations à terre ou en mer (étangs, bassins, écloseries, nourriceries, etc.), où se pratique l'aquaculture et dont les produits sont destinés soit à la vente, soit au peuplement des eaux.

Voir aussi **pisciculture 1**

◊ CILFO*1989***204, GIRAQ*1991***120, CAPQ-2*1992***21, AQUAC*1986*1**41, 91, 498, 504, AQUAC*1986*2**840

**aquaculture farm**
   farm
   aquafarm

*(Facilities - Farming/Culture)*

The facilities (ponds, raceways, tanks, hatcheries, nurseries, etc.) used for the practice of aquaculture and in which the products are either sold or used to stock the farm.

See also **fish farm**

◊ PILLA*1990***49, 150, LANAQ*1992***292

| | |
|---|---|
| **ferme d'élevage en cages** | n. f. |

*(Pisciculture - Installations)*

Ferme où se pratique l'élevage des animaux dans des cages.

Voir aussi **cage**

◊ GIRAQ*1991***23

**cage farm**

*(Fish Farming - Facilities)*

A farm that rears animals by using cages.

See also **cage**

◊ PILLA*1990***71, 72, 319, 364

| | |
|---|---|
| **fermier** | n. m. |
| fermière | n. f. |
| exploitant | n. m. |
| exploitante | n. f. |

*(Terminologie générale)*

Celui ou celle qui exploite une ferme d'aquaculture.

◊ AQUAC*1986*1**519, AQUAC*1986*2**983, CUPER*1992***139, 352, BAMI*1991***5

**farmer 2**
   aquaculture farmer

*(General Terminology)*

A person that operates an aquaculture farm.

**fermière**

   voir fermier

**fertilisant**      n. m.

*(Croissance et nutrition - Milieu de culture)*

Substance organique ou chimique permettant d'améliorer la productivité naturelle du milieu de culture.

◊ PARSE*1990***212, AQUAC*1986*1**46, PATH*1985***58

**fertilisant minéral**

voir engrais minéral

**fertilisant organique**

voir engrais organique

**fertilisation**      n. f.

*(Eau - Milieu de culture)*

Opération consistant à enrichir le milieu aquatique par l'apport de fertilisants.

◊ ARECO*1976***300, OLFEB*1981***223, AQUAC*1986*2**727, AQUAC*1986*1**442

**fertiliser**      v.

*(Eau - Milieu de culture)*

Enrichir le milieu de culture par l'apport de fertilisants pour améliorer la production naturelle.

Voir aussi **fertilisant, fertilisation**

◊ ROBER*1986*4**474

**filet à plancton**      n. m.

*(Installations)*

Filet composé d'une armature de toile à maillage très fin servant à recueillir le plancton.

**filet droit**

voir filet maillant

**filet maillant**      n. m.
filet droit      n. m.

*(Installations)*

Muraille verticale en filet, dont la largeur des mailles dépend de la grosseur de la tête du poisson pêché.

◊ LAROG*1982*4**4268, AQUAC*1986*2**787

**fertilizer**

*(Growth and Nutrition - Culture Medium)*

A natural or chemical material added to water or soil to increase natural productivity.

◊ WICRU*1992***372

**fertilization 2**

*(Water - Culture Medium)*

Addition of a fertilizer to the culture medium to increase natural productivity.

◊ PIPFI*1986***480, LANAQ*1992***47

**fertilize, to 2**      v.

*(Water - Culture Medium)*

The act of applying a fertilizer to a culture medium in order to increase natural productivity.

See also **fertilizer, fertilization 2**

◊ LANAQ*1992***272, WEBIN*1986***840

**plankton net**

*(Facilities)*

A net made of fine-meshed cloth used for the capture of plankton.

**gill net**

*(Facilities)*

A flat net suspended vertically in the water with meshes that allow the head of a fish to pass but entangle its gill covers as it seeks to withdraw.

◊ WEBIN*1986***957, LANAQ*1992***263

**filière**  n. f.

*(Installations - Élevage/culture)*

Cordage garni de flotteurs qui supporte, à intervalles réguliers, des structures d'élevage (cordes, paniers, capteurs, etc.).

**OBS**

Le terme *longue ligne* est déconseillé.

◊ CILFO*1989***207, AQUAC*1986*1**446-447

**filtration**  n. f.

*(Eau - Traitement et filtration)*

Opération consistant à séparer, à l'aide d'un filtre, les matières solides contenues dans un liquide.

◊ PARSE*1990***215

**filtration mécanique**  n. f.

*(Eau - Traitement et filtration)*

Méthode de filtration utilisée pour les grands débits d'eau et destinée à l'élimination de matières en suspension très volumineuses.

**filtre à charbon**  n. m.

*(Installations - Eau)*

Filtre contenant une couche de charbon actif granulé qui adsorbe certains gaz.

Voir aussi **charbon actif**

**filtre à diatomées**  n. m.
　　filtre à diatomite  n. m.

*(Installations - Eau)*

Filtre consistant en un support qui soutient une couche de diatomées à travers laquelle passe l'eau.

◊ OLFEB*1981***225

**filtre à diatomite**
　　voir filtre à diatomées

**long line**
　　V. s. longline

*(Facilities - Farming/Culture)*

A long string anchored at both ends and supported by floats on which strings, bags or trays are suspended for the growout of shellfish.

◊ LANAQ*1992***45, PILLA*1990***473, 503

**filtration**

*(Water - Treatment and Filtration)*

A procedure for removing both particulates and dissolved materials from the water, including unwanted nutrients, pollutants, living organisms, and debris.

◊ LANAQ*1992***85

**mechanical filtration**

*(Water - Treatment and Filtration)*

Filtration method particularly suitable for large volumes of water, used to remove very bulky suspended solids.

**carbon filter**

*(Facilities - Water)*

A filter using a layer of granulated activated carbon to adsorb certain gases.

See also **activated carbon**

◊ LANAQ*1992**97-98

**diatomaceous-earth filter**
　　V. s. diatomaceous earth filter
　　diatomite filter

*(Facilities - Water)*

A filter in which a built-up layer of diatomaceous earth serves as the filtering medium, used for the removal of very small particles and bacteria.

◊ LANAQ*1992***88

**filtre à gravité**      n. m.

*(Installations -Eau)*

Filtre ouvert où le passage de l'eau s'effectue sous la seule influence de la gravité.

◊ OLFEB\*1981\*\*\*227

**gravitational filter**
   gravity filter

*(Facilities - Water)*

Filter in which culture water and suspended particles that are denser than the water are separated by gravity.

◊ LANAQ\*1992\*\*\*89

**filtre à sable**      n. m.

*(Installations - Eau)*

Filtre pour le traitement de l'eau, utilisant le sable comme matériau filtrant et retenant les matières solides en suspension.

◊ OLFEB\*1981\*\*\*228

**sand filter**

*(Facilities - Water)*

A filter in which sand is used as a filtering medium.

◊ IWATE\*1981\*\*\*279

**filtre bactérien**
   voir biofiltre

**filtre biologique**
   voir biofiltre

**filtre mécanique**      n. m.

*(Installations - Eau)*

Filtre sous pression alimenté par pompage et servant à extraire de l'eau toutes matières, en suspension ou autres.

**mechanical filter**

*(Facilities - Water)*

Part of a water treatment system which mechanically strains or collects suspended particulate material from the water.

◊ LANAQ\*1992\*\*\*85, 97, WICRU\*1992\*\*\*231

**filtre percolateur**
   voir biofiltre

**filtreur**
   voir animal filtreur

**fine de claire**      n. f.

*(Ostréiculture)*

Huître affinée en claire.

Voir aussi **claire, verdissement (des huîtres)**

◊ AQUAC\*1986\*1\*\*379, BOUGOC\*1976\*\*\*241

**greened oyster**

*(Oyster Culture)*

An oyster grown in a claire.

See also **claire, greening of oysters**

◊ PILLA\*1990\*\*\*237, OXFO\*1989\*6\*\*811

**fixation**      n. f.

*(Conchyliculture - Biologie)*

Action de se fixer à un substrat en parlant des mollusques.

◊ LAROG\*1982\*4\*\*4298, AQUAC\*1986\*1\*\*299

**settlement**
   attachment

*(Mollusc Culture - Biology)*

Of a mollusc, the act of attaching itself on a suitable substrate.

◊ PILLA\*1990\*\*\*472, LANAQ\*1992\*\*\*183, 186

**fixation de naissain**     n. f.
    chute     n. f.

*(Conchyliculture - Biologie)*

Action de se fixer sur un substrat en parlant de jeunes mollusques bivalves (p. ex. huîtres ou moules).

◊ AQUAC*1986*1**304

**flacon**     n. m.

*(Installations - Élevage/culture)*

Petite bouteille de forme variable, généralement fermée par un bouchon.

◊ AQUAC*1986*2**584

**flagelle \***     n. f.

*(Biologie)*

Organe spécialisé, en forme de fouet, dont sont dotées certaines cellules animales ou végétales et qui sert à leur locomotion.

\* Terme souvent utilisé au pluriel.

◊ CILFO*1989***209

**flagellés**     n. m. pl.

*(Croissance et nutrition)*

Organismes unicellulaires (protozoaire, algue) pourvus d'une ou de plusieurs flagelles qui assurent la locomotion.

◊ CILFO*1989***209, ROBER*1986*3**541

**flétan \***     n. m.
    flétan blanc     n. m.
    flétan de l'Atlantique     n. m.
    *Hippoglossus hippoglossus*

*(Pisciculture - Espèces aquacoles)*

Le plus grand des poissons plats de la famille des pleuronectidés de l'Atlantique nord ; il peut atteindre deux mètres de longueur et peser jusqu'à 300 kilogrammes.

\* Terme normalisé au Canada.

◊ CILFO*1989***209, BELNO*1979***393, NQ8070*1995***16

**flétan blanc**
    voir flétan

**spatfall**
    V. s. spat-fall
    V. s. spat fall

*(Mollusc Culture - Biology)*

The settling and attachment of young bivalves (as oysters or mussels) to the substrate.

◊ WEBIN*1986***2184

**flask**

*(Facilities - Farming/Culture)*

A small bottle often somewhat narrowed toward the outlet and fitted with a closure.

◊ WEBCO*1987***470, LANAQ*1992***355, PILLA*1990***117

**flagellum \***

*(Biology)*

A whip-like organ of locomotion of flagellated protozoans and many algae, bacteria and zoospores.

\* Plural: flagella.

◊ INZOO*1974***978, WEBIN*1986***862

**flagellates**     n. pl.
    Flagellata     n. pl.

*(Growth and Nutrition)*

Single-celled organisms (protozoan, alga) which swim by means of a whip-like flagellum.

◊ WEBIN*1986***862, WICRU*1992***373

**Atlantic halibut \***
    halibut
    *Hippoglossus hippoglossus*

*(Fish Farming - Aquaculture Species)*

The largest North Atlantic flatfish of the family Pleuronectidae, sometimes reaching a length of two metres and a mass of over 300 kilograms.

\* Recommended term in Canada.

◊ GACAN*1983***528, NQ8070*1995***16

**flétan de l'Atlantique**
voir flétan

**fleur d'eau** n. f.

*(Croissance et nutrition - Milieu de culture)*

Efflorescence algale en eau douce.

Voir aussi **efflorescence algale**

◊ GESPI*1985***39, 48, 54, BAMI*1991***22

**freshwater algal bloom**

*(Growth and Nutrition - Culture Medium)*

An algal bloom that proliferates in fresh water.

See also **algal bloom**

**flotteur** n. m.

*(Installations - Élevage/culture)*

Objet capable de rester à la surface ou de maintenir d'autres objets dans une position contrôlée par rapport à la surface ou au fond.

◊ CILFO*1989***211

**float**

*(Facilities - Farming/Culture)*

Anything that stays up or holds up something else in water.

◊ GACAN*1983***453, LANAQ*1992***42

**folliculo-stimuline**
voir folliculostimuline

**folliculostimuline** n. f.
V. o. **folliculo-stimuline** n. f.
hormone folliculostimulante n. f.
Abrév. FSH

*(Pisciculture - Reproduction et génétique)*

Hormone glycoprotéique sécrétée par l'hypophyse antérieure sous l'influence d'un neurosécrétat diencéphalique et qui provoque la maturation des follicules ovariens.

◊ LAROG*1982*4**4360, BIOGAL*1988***160

**follicle-stimulating hormone**
Abbr. FSH

*(Fish Farming - Reproduction and Genetics)*

A glycoprotein hormone that stimulates the growth of ovarian follicles and that is produced by the adenohypophysis of vertebrates.

◊ KIGEN*1985***144, LANAQ*1992***213

**fond génétique**
voir pool génétique

**fond génétique commun**
voir pool génétique

**formaldéhyde**
voir formol

**Formalin**
voir formol

**Formaline**
voir formol

**formation aquifère**
voir aquifère

**formol**     n. m.
    formaldéhyde     n. m.
    Formalin *     n. m.
    Formaline *     n. f.

*(Pisciculture - Pathologie et prédateurs)*

Solution aqueuse de l'aldéhyde formique, utilisée dans le traitement des parasitoses externes et des infections fongiques chez les poissons et les œufs.

* Marque de commerce.

**OBS**
Le formol est aussi utilisé dans les solutions de conservation des tissus vivants.

◊ PATH*1985***307, ROBER*1986*4**624, 635


**formulation d'aliments**
    voir formulation d'un régime

**formulation d'un régime**     n. f.
    formulation d'aliments     n. f.

*(Croissance et nutrition)*

Processus selon lequel les ingrédients et leurs quantités respectives sont choisis afin de créer un mélange en fonction du type d'aliment désiré, du goût, de sa valeur nutritive, de son coût et de sa facilité d'entreposage et de manipulation.

◊ CAPQ-5*1992***26, GIRAQ*1991***146


**fougère de mer**     n. f. [FR]
    wakamé     n. m.
    V. o. wakame     n. m.
    ondarie *     n. f.
    *Undaria pinnatifida*

*(Algoculture - Espèces aquacoles)*

Algue brune comestible caractérisée par une lame profondément échancrée et parcourue par une nervure médiane et par un stipe plat plus ou moins long.

* Terme proposé par le Comité de normalisation de la terminologie des pêches commerciales du Bureau de normalisation du Québec.

**OBS**
Cette algue est l'objet d'un élevage important au Japon, en Corée et en Chine.

◊ NQ8070*1995***76


**formalin**
    formaldehyde
    formaldehyde solution
    Formalin *
    Formol *
    Morbicid *

*(Fish Farming - Pathology and Predators)*

An aqueous solution of formic aldehyde used to control external parasites and fungal infections on fish and eggs.

* Trademark.

**OBS**
Formalin is also used as a tissue fixative.

◊ PIPFI*1986***481, WEBIN*1986***893, DISEA*1989***151


**diet formulation**
    feed formulation

*(Growth and Nutrition)*

A process in which ingredients and their respective quantities are selected and which takes into account the desired feed, its taste, its nutritional value, its cost-effectiveness, as well as its storage and manipulation qualities.

◊ PILLA*1990***132, BEVCA*1987***172


**wakame ***
    *Undaria pinnatifida*

*(Algal Culture - Aquaculture Species)*

An edible brown seaweed which is characterized by pinnate blades and a flat stipe.

* Recommended term in Canada.

**OBS**
Wakame is extensively cultured in Japan, Korea and China.

◊ NQ8070*1995***76

**fouir** v.

*(Biologie)*

Creuser le sable ou la vase en parlant d'un animal qui veut s'y cacher, s'y abriter ou même y circuler.

◊ LAROG*1982*5**4428

**burrow, to** v.

*(Biology)*

To progress through the mud or sand by means of digging movements.

◊ WEBIN*1986***300, LANAQ*1992***358, PILLA*1990***357

**frai** n. m.
   ponte 1 n. f.

*(Reproduction et génétique)*

Produit de la ponte : œufs et larves de poissons et d'animaux aquatiques issus de la reproduction.

◊ CILFO*1989***216

**spawn** n.

*(Reproduction and Genetics)*

The eggs of fishes, oysters, and other aquatic animals that lay many small eggs.

◊ WEBIN*1986***2185

**fraie 1**
   voir fraye 1

**fraie 2**
   voir période de fraye

**fraye 1** n. f.
   V. o. fraie 1 n. f.

*(Pisciculture - Reproduction et génétique)*

Rapprochement sexuel chez les espèces à fécondation externe, p. ex. les poissons, les moules, les huîtres.

Voir aussi **ponte 2**

◊ LAROG*1982*5**4452

**spawning 1** n., gen.

*(Fish Farming - Reproduction and Genetics)*

The process of emitting eggs and sperm for species with external fertilization, e.g. fish, mussels, oysters.

See also **spawning 2**

◊ WEBIN*1986***2185, PIPFI*1986***496

**fraye 2**
   voir période de fraye

**frayer** v.

*(Pisciculture - Reproduction et génétique)*

En parlant du poisson femelle, déposer ses œufs et, en parlant du mâle, les arroser de laitance pour les féconder.

Voir aussi **pondre**

◊ LAROG*1982*5**4534

**spawn, to 1** v.

*(Fish Farming - Reproduction and Genetics)*

To deposit eggs (female) or sperm (male) in the case where fertilization is external (e.g. fish, mussels, oysters).

See also **spawn, to 2**

◊ LAFRE*1984***518

**frayère**     n. f.
    aire de fraye     n. f.
    V. o. aire de fraie     n. f.
    aire de ponte     n. f.
    lieu de ponte     n. m.
    lieu de fraye     n. m.
    V. o. lieu de fraie     n. m.
    site de ponte     n. m.
    zone de fraye     n. f.
    V. o. zone de fraie     n. f.

*(Pisciculture - Reproduction et génétique)*

Aire où les poissons se rassemblent au moment de la reproduction.

◊ CILFO*1989***218

**spawning area**
    spawning ground
    spawning site

*(Fish Farming - Reproduction and Genetics)*

The site where reproduction of fish takes place.

**frayère artificielle**
    voir chenal de ponte

**fretin**
    voir alevin

**fronde**     n. f.

*(Algoculture)*

Feuille d'une algue marine.

◊ LAROG*1982*5**4566

**frond**

*(Algal Culture)*

A leaflike part of a seaweed.

◊ GACAN*1983***474

**fruits de mer**
    voir invertébré

**FSH**
    voir folliculostimuline

**furoncle**     n. m.

*(Pisciculture - Pathologie et prédateurs)*

Inflammation cutanée avec pus.

◊ MED-F*1993***452, VET*1991***314

**furuncle**

*(Fish Farming - Pathology and Predators)*

A bacterial infection of the skin or subcutaneous tissue which develops a solitary abscess.

◊ PIPFI*1986***482

**furonculose**     n. f.

*(Pisciculture - Pathologie et prédateurs)*

Maladie bactérienne chez le poisson causée par *Aeromonas salmonicida* et caractérisée par des lésions vésiculaires rougeâtres.

◊ PATH*1985***106, AQUAC*1986*2**565

**furunculosis**

*(Fish Farming - Pathology and Predators)*

A bacterial disease of fish caused by *Aeromonas salmonicida* and characterized by boils and skin abscesses.

◊ PIPFI*1986***482, IVAQU*1992***271

**GABA**
  voir acide gamma-aminobutyrique

*Gadus morhua*
  voir morue

*Gadus morrhua*
  voir morue

**gain génétique**                    n. m.
  progrès génétique                   n. m.

  *(Reproduction et génétique)*

  Amélioration de la valeur génotypique d'un caractère sélectionné.

  ◊ PARSE*1990***233, CAPQ-2*1992***18

**gamète**                            n. m.
  cellule sexuelle                    n. f.


  *(Reproduction et génétique)*

  Cellule reproductrice mature, telle qu'un œuf ou un
  spermatozoïde, capable de fusionner avec une cellule d'origine semblable, mais du sexe opposé, pour
  produire un zygote.

  ◊ LAROG*1982*5**4657, CAPQ-2*1992***58,
  SOMOL*1992***22

**gamétogenèse**                      n. f.
  ' V. o. gamétogénèse                n. f.

  *(Reproduction et génétique)*

  Mécanisme de formation des gamètes.

  **OBS**

  La gamétogenèse correspond à la spermatogenèse
  chez le mâle et à l'oogenèse chez la femelle.

  Voir aussi **spermatogenèse, oogenèse**

  ◊ LAROG*1982*5**4657, SOMOL*1992***22,
  CAPQ-2*1992***38

**gamétogénèse**
  voir gamétogenèse

**genetic gain**

  *(Reproduction and Genetics)*

  An improvement in the main genotypic value of a
  selected character.

  ◊ PILLA*1990***166

**gamete**
  germ cell
  sex cell
  sexual cell

  *(Reproduction and Genetics)*

  A mature germ cell (as a sperm or egg) capable of
  initiating formation of a zygote by fusion with
  another gamete of the opposite sex.

  ◊ WEBIN*1986***933

**gametogenesis**

  *(Reproduction and Genetics)*

  The series of transformations that result in the formation of mature gametes.

  **OBS**

  Gametogenesis in the testes is called spermatogenesis
  and in the ovary it is called oogenesis.

  See also **spermatogenesis, oogenesis**

  ◊ INZOO*1974***726, LANAQ*1992***171

gamétophyte                              n. m.

*(Algoculture - Reproduction et génétique)*

Dans le cycle de développement des végétaux (où il existe une alternance des générations), organisme en haplophase dans lequel se différencient les gamètes.

Voir aussi **sporophyte**

◊ CILFG-32*1991***132, CUPER*1992***93

gametophyte

*(Algal Culture - Reproduction and Genetics)*

The haploid phase (of the life cycle of plants undergoing an alternation of generations) during which gametes are produced by mitosis.

See also **sporophyte**

◊ KIGEN*1985***150, LANAQ*1992***148

garniture chromosomique
   voir stock chromosomique

gastéropode                              n. m.
   gastropode                            n. m.

*(Conchyliculture - Biologie)*

Mollusque de la classe des gastéropodes.

Voir aussi **gastéropodes**

◊ LAROG*1982*5**4690

gastropod

*(Mollusc Culture - Biology)*

A mollusc of the class Gastropoda.

See also **Gastropoda**

◊ WEBIN*1986***939,LANAQ*1992***165

gastéropodes                            n. m. pl.
   V. o. Gastéropodes                   n. m. pl.
   gastropodes                          n. m. pl.
   V. o. Gastropodes                    n. m. pl.

*(Conchyliculture - Biologie)*

Classe de mollusques (p. ex. escargots, haliotides) qui rampent sur un pied élargi et musclé et qui possèdent souvent une coquille univalve spiralée.

◊ GPP*1985***G3, CILFO*1989***224

Gastropoda                              n. pl.

*(Mollusc Culture - Biology)*

A large and varied class of molluscs (e.g. snails, abalones) often with a twisting shell or a shell that is greatly reduced or absent, and most of which move by means of a single, broad, disklike foot attached to the undersurface of their bodies.

◊ WEBIN*1986***939, LANAQ*1992***165

Gastéropodes
   voir gastéropodes

gastropode
   voir gastéropode

Gastropodes
   voir gastéropodes

gastropodes
   voir gastéropodes

gaz carbonique
   voir dioxyde de carbone

GCH
   voir gonadotrophine chorionique humaine

**GCh**
voir gonadotrophine chorionique humaine

**gène**      n. m.

*(Reproduction et génétique)*

Unité définie localisée sur un chromosome et responsable de la production des caractères héréditaires.

◊ ROBER*1986*4**866, CAPQ-2*1992***58, 10

**gène allèle**
voir allèle

**génétique**      n. f.

*(Reproduction et génétique)*

Science de l'hérédité et de la variation chez les êtres vivants. Par extension, application de ses lois et étude de ses résultats.

◊ CILFG-32*1991***137, GIRAQ*1991***200

**génie génétique**      n. m.

*(Reproduction et génétique)*

Ensemble des concepts, méthodes et techniques permettant de modifier le matériel génétique d'une cellule ou d'un organisme.

◊ CILFG-32*1991***138

**géniteur**      n. m.
reproducteur      n. m.

*(Reproduction et génétique - Élevage/culture)*

Individu servant à la reproduction (p. ex. géniteur mâle, géniteur femelle, etc.).

◊ ROBER*1986*4**879, AQUAC*1986*2**557-558, CILFG-32*1991***232, ROBER*1986*8**258

**gene**

*(Reproduction and Genetics)*

The part of the chromosome concerned with the development of hereditary characters.

◊ STFAR*1987***232

**genetics**

*(Reproduction and Genetics)*

A branch of biology that deals with the heredity and variation of organisms and with the mechanisms by which these are effected.

◊ WEBIN*1986***946, LANAQ*1992***129

**genetic engineering**

*(Reproduction and Genetics)*

The experimental or industrial technologies used to alter the genome of a living cell so that it can produce more or different chemicals or perform new functions.

◊ KIGEN*1985***155, LANAQ*1992***133

**brood animal**
bood fish
V. s. broodfish
brooder      [US]
spawner

*(Reproduction and Genetics - Farming/Culture)*

An individual selected and conditioned for breeding (e.g. brood male, brood female, brood turbot, brood shrimp, etc.).

◊ PILLA*1990***298, LANAQ*1992***216, LASTE*1989***260, LANAQ*1990***200

**géniteurs**  n. m. pl.
  reproducteurs  n. m. pl.
  stock de géniteurs  n. m.
  stock de reproducteurs  n. m.
  cheptel reproducteur  n. m.

*(Reproduction et génétique - Élevage/culture)*

1. Dans une population, individus adultes en cours de maturation sexuelle qui participent à la reproduction.

2. Individus sélectionnés pour la reproduction.

◊ CILFO*1989***225, SITMO*1995***2, AQUAC*1986*2**577

**génome**  n. m.

*(Reproduction et génétique)*

Lot haploïde des chromosomes propres à l'espèce, ou encore ensemble des gènes de l'espèce.

◊ LAROG*1982*5**4743

**génotype**  n. m.

*(Reproduction et génétique)*

Constitution héréditaire d'un organisme, formée par la totalité du stock chromosomique caractéristique de l'espèce.

◊ LAROG*1982*5**4743

**génotypique**  adj.

*(Reproduction et génétique)*

Relatif au génotype.

◊ PARSE*1990***238

**genre**  n. m.

*(Biologie)*

Chacune des grandes divisions d'une famille d'êtres vivants, subdivisée elle-même en espèces.

Voir aussi **embranchement 1, embranchement 2**

◊ GPP*1985***G3

**broodstock**
  V. s. brood stock

*(Reproduction and Genetics - Farming/Culture)*

1. Populations of mature and breeding animals.

2. Individuals selected for breeding.

◊ WICRU*1992***369, PILLA*1990***298, LANAQ*1992***164, 192

**genome**
  V. s. genom

*(Reproduction and Genetics)*

One haploid set of chromosomes with the genes they contain.

◊ WEBIN*1986***947

**genotype**

*(Reproduction and Genetics)*

The genetic constitution of an organism, usually in respect to one gene or a few genes relevant in a particular context.

◊ LASTE*1989***799, PILLA*1990***170

**genotypic**  adj.

*(Reproduction and Genetics)*

Of, or relating to, the genotype.

**genus ***

*(Biology)*

A unit of scientific classification that includes one or several closely related species.

* Plural: genera

See also **phylum, division**

◊ PIPFI*1986***482

**gisement** n. m.
    gisement naturel n. m.
    gisement coquillier n. m.
    banc n. m.
    banc naturel n. m.

*(Conchyliculture)*

Portion du fond de la mer où vivent des coquillages (huîtres, moules) en nombre suffisant pour permettre une exploitation coquillère.

Voir aussi **parc, gisement d'huîtres, moulière**

◊ ROBER*1986*3**920, BOUGOC*1976***231, AQUAC*1986*1**322, 346

**gisement coquillier**
    voir gisement

**gisement d'huîtres** n. m.
    gisement huîtrier n. m.
    banc d'huîtres n. m.
    huîtrière n. f., vieilli

*(Ostréiculture)*

Gisement naturel où se trouve une population d'huîtres en nombre suffisant pour en permettre l'exploitation.

Voir aussi **parc à huîtres, gisement**

◊ ROBER*1986*3**920

**gisement huîtrier**
    voir gisement d'huîtres

**gisement naturel**
    voir gisement

**glande à gaz** n. f.

*(Pisciculture - Anatomie et physiologie)*

Glande de la paroi de la vessie natatoire chez certaines espèces de poissons.

**glande du sinus** n. f.

*(Crustaciculture - Reproduction et génétique)*

Organe neurohémal dans le pédoncule oculaire de certains crustacés, qui a un rôle de stockage et de libération de l'hormone inhibitrice de la mue.

◊ BIOGAL*1988***143-144, 146

**bed 1**
    natural bed
    shellfish bed

*(Mollusc Culture)*

A portion of the sea bottom supporting a heavy growth of a particular kind of organism (e.g. oysters, mussels).

See also **bed 2, oyster bed 1, mussel bed**

◊ WEBIN*1986***195, PILLA*1990***502, LANAQ*1992***186

**oyster bed 1**
    oyster ground

*(Oyster Culture)*

A natural bed supporting a heavy growth of oysters.

See also **oyster bed 2, bed 1**

◊ WEBIN*1986***1615

**gas gland**

*(Fish Farming - Anatomy and Physiology)*

A glandular structure in the wall of the air (swim) bladder in certain species of fish.

◊ SCITF*1988***380, LANAQ*1992***210

**sinus gland**

*(Crustacean Farming - Reproduction and Genetics)*

A small glandular mass lying in the eyestalks of certain crustaceans, which is the site of storage and release of a molt-inhibiting hormone.

◊ LASTE*1989***1741, WEBIN*1986***2126

**glande pituitaire**      n. f.
    hypophyse 2      n. f.

*(Pisciculture - Anatomie et physiologie)*

Organe glandulaire et nerveux, situé sous la face inférieure du cerveau, et jouant un rôle prédominant dans de nombreux phénomènes physiologiques.

◊ LAROG*1982*5**5423

**glochidie**      n. f.
    glochidium      n. m.

*(Conchyliculture - Croissance et nutrition)*

Larve des mollusques bivalves du genre *Unio*, qui vit pendant deux ou trois mois fixée sur les branchies ou d'autres parties du corps des poissons.

◊ LAROG*1982*5**4825

**glochidium**
    voir glochidie

**glucide**      n. m.
    hydrate de carbone      n. m.
    saccharide      n. m., vieilli

*(Croissance et nutrition)*

Groupe de substances composées de carbone, d'hydrogène et d'oxygène, apportant aux animaux l'une des principales sources d'énergie.

◊ MED-F*1993***513, ROBER*1986*4**944, CAPQ-5*1992***13

**GnRH**
    voir gonadolibérine

**GnRH de synthèse**
    voir gonadolibérine de synthèse

**goémon**
    voir varech

**gonade**      n. f.

*(Reproduction et génétique)*

Organe reproducteur des animaux : testicule chez le mâle, ovaire chez la femelle.

◊ GPP*1985***G4, MAMEA*1992***176

**pituitary gland**
    hypophysis

*(Fish Farming - Anatomy and Physiology)*

The master endocrine gland which lies beneath the floor of the brain, within the skull, of vertebrates.

◊ KIGEN*1985***300

**glochidium ***
    glochidium larva

*(Mollusc Culture - Growth and Nutrition)*

A larval freshwater mussel of the family Unionidae that hatches in the gill cavity of the parent mussel, is subsequently discharged into the water, and attaches itself to the gills or other parts of fish.

\* Plural: glochidia

◊ WEBIN*1986***966, LANAQ*1992***351

**carbohydrate**

*(Growth and Nutrition)*

Any of the various neutral compounds of carbon, hydrogen and oxygen such as sugars, starches and celluloses, most of which can be utilized as an energy source by animals.

◊ WEBIN*1986***335, PILLA*1990***95

**gonad**

*(Reproduction and Genetics)*

A primary sex gland: an ovary (female) or a testis (male).

◊ LASTE*1989***818, FISFA*1988***390

**gonadolibérine** n. f.
    hormone de libération de la
      gonadotropine n. f.
    V. o. hormone de libération de
      la gonadotrophine n. f.
    Abrév. GnRH
    Abrév. LH-RH

*(Pisciculture - Reproduction et génétique)*

Hormone sécrétée par l'hypothalamus et qui stimule la libération d'hormones gonadotropes par l'hypophyse.

◊ MED-F*1993***509, LENBI*1994***296

**gonadolibérine de synthèse** n. f.
    GnRH de synthèse n. f.
    LH-RH de synthèse n. f.

*(Pisciculture - Reproduction et génétique)*

Hormone synthétique qui stimule la libération d'hormones gonadotropes.

Voir aussi **gonadolibérine**

**gonadotrophine**
    voir gonadotropine

**gonadotrophine chorionique humaine** n. f.
    V. o. gonadotropine chorionique
      humaine n. f.
    Abrév. GCH
    Abrév. HCG
    Abrév. GCh

*(Pisciculture - Reproduction et génétique)*

Hormone placentaire utilisée pour induire l'ovulation et la spermiation.

◊ BOUGOC*1976***277, AQUAC*1986*2**1003

**gonadotropine** n. f.
    V. o. gonadotrophine n. f.
    hormone gonadotrope n. f.

*(Pisciculture - Reproduction et génétique)*

Hormone qui intervient dans le développement et le fonctionnement des gonades (ovaires ou testicules) des deux sexes.

◊ LENBI*1994***296, BIOGAL*1988***159, 160, AQUAC*1986*1**255, AQUAC*1986*2**1003

**luteinizing hormone-releasing hormone**
    V. s. luteinizing hormone releasing hormone
    Abbr. LHRH
    Abbr. LH-RH
    gonadotropin-releasing hormone
    V. s. gonadotrophin-releasing hormone
    Abbr. GnRH

*(Fish Farming - Reproduction and Genetics)*

A hormone that is secreted by the hypothalamus and that controls the release of gonadotropin from the pituitary gland.

◊ FISFA*1988***392, MED-E*1992***654

**luteinizing hormone-releasing hormone analog**
    V. s. luteinizing hormone-releasing hormone
      analogue
    Abbr. LHRH-a
    Abbr. LHRHa

*(Fish Farming - Reproduction and Genetics)*

A synthetic hormone that causes the release of gonadotropins.

See also **luteinizing hormone-releasing hormone**

◊ FISFA*1988***392

**human chorionic gonadotropin**
    V. s. human chorionic gonadotrophin
    Abbr. hCG
    Abbr. HCG

*(Fish Farming - Reproduction and Genetics)*

A placental hormone which is used to induce ovulation and spermiation.

◊ FISFA*1988***390, LANAQ*1992***214

**gonadotropin**
    V. s. gonadotrophin
    gonadotropic hormone
    V. s. gonadotrophic hormone

*(Fish Farming - Reproduction and Genetics)*

A pituitary hormone which controls the production by the gonads (testis and ovary) of sperm and eggs.

◊ FISFA*1988***390, PILLA*1990***158, PIPFI*1986***483

**gonadotropine chorionique humaine**
voir gonadotrophine chorionique humaine

**gonopode** n. m.

*(Crustaciculture - Reproduction et génétique)*

Appendice modifié en organe copulateur chez certains arthropodes (p. ex. les crustacés décapodes).
◊ LAROG*1982*5**4858

**gonopore** n. m.

*(Reproduction et génétique - Anatomie et physiologie)*

Orifice externe du conduit génital chez de nombreux invertébrés.
◊ PATH*1985***336

**goût défectueux**
voir mauvais goût

**grains de céréale** n. m. pl.
céréale n. f.

*(Croissance et nutrition)*

Plante, telle que le blé, le maïs et le sorgho, dont les grains sont ajoutés à l'alimentation des animaux aquatiques.
◊ AQUAC*1986*2**600, PEROB*1995***331

**grand bénitier**
voir tridacne géant

**granulé** n. m.

*(Croissance et nutrition)*

Petit morceau d'aliments comprimés en forme de cylindre utilisé dans l'alimentation des animaux aquacoles.
Voir aussi **aliment granulé**
◊ CAPQ-11*1992***13, CAPQ-5*1992***24

**granulé de luzerne** n. m.

*(Croissance et nutrition)*

Granulé composé de luzerne, une légumineuse largement cultivée pour la qualité de son fourrage.
◊ LAROG*1982*6**6466, ELSAQ*1991***10

**gonopod**

*(Crustacean Farming - Reproduction and Genetics)*

An appendage in many Arthropods (e.g. decapod crustaceans) modified to serve as a copulatory organ.
◊ WEBIN*1986***977, LANAQ*1992***198

**gonopore**

*(Reproduction and Genetics - Anatomy and Physiology)*

The gonadal opening from which the eggs or sperm are released.
◊ SCITF*1988***395

**cereal grains** n. pl.
cereal

*(Growth and Nutrition)*

A plant yielding farinaceous grain, (e.g. corn, wheat, and sorghum) which is used in animal feeds.

◊ PILLA*1990***134, WEBCO*1987***222

**pellet**
feed pellet

*(Growth and Nutrition)*

A small cylindrical chunk of compressed feeding stuffs used to feed aquaculture animals.

See also **pelleted feed**
◊ WEBIN*1986***1667, LANAQ*1992***180

**alfalfa pellet**
lucerne pellet [UK]

*(Growth and Nutrition)*

A pellet made with alfalfa, a leguminous forage plant.
◊ WEBIN*1986***52, ELSAQ*1991***10

**granulé expansé**  n. m.
    granulé extrudé  n. m.
    granulé flottant  n. m.

*(Croissance et nutrition)*

Granulé obtenu par une technique de cuisson à pression et à température élevées, lui conférant une aptitude à la réhydratation et à la flottabilité dans l'eau.

◊ AQUAC*1986*2**1005, 674, 686, 954,
    CAPQ-5*1992***24, 30

**expanded pellet**
    extruded pellet
    floating pellet
    water-stable pellet

*(Growth and Nutrition)*

A pellet made under conditions of high pressure and temperature which give it a low density and allow it to float at the water surface.

◊ LANAQ*1992***140, 142, PILLA*1990***337, 239, 441,
    BROFI*1980***220, 221, BEVCA*1987***173,
    WAST*1979***351, 350

**granulé extrudé**
    voir granulé expansé

**granulé flottant**
    voir granulé expansé

**granulé humide**  n. m.

*(Croissance et nutrition)*

Granulé contenant environ 30 pour 100 d'humidité.

Voir aussi **granulé sec, granulé semi-humide**

◊ CAPQ-5*1992***28

**moist pellet**

*(Growth and Nutrition)*

A pellet with a moisture content of around 30%.

See also **dry pellet, semi-moist pellet**

◊ PILLA*1990***132, 330, LANAQ*1992***142

**granulé sec**  n. m.

*(Croissance et nutrition)*

Granulé préparé en éliminant le contenu d'eau.

Voir aussi **granulé semi-humide, granulé humide**

◊ CAPQ-5*1992***26, 28

**dry pellet**

*(Growth and Nutrition)*

A pellet processed by extracting its water content.

See also **semi-moist pellet, moist pellet**

◊ PILLA*1990***330

**granulé semi-humide**  n. m.

*(Croissance et nutrition)*

Granulé détenant encore une certaine quantité d'eau après sa fabrication.

Voir aussi **granulé sec, granulé humide**

◊ CAPQ-5*1992***26, 28

**semi-moist pellet**
    V. s. semimoist pellet

*(Growth and Nutrition)*

A pellet that has retained some of its water content after processing.

See also **dry pellet, moist pellet**

◊ LANAQ*1992***142, 273, PILLA*1990***337

**grappe**  n. f.

*(Mytiliculture)*

Masse de moules.

Voir aussi **dégrappage, dégrapper**

**clump**

*(Mussel Culture)*

A dense mass of mussels.

See also **declump (to), declumping**

◊ LANAQ*1992***167

**grossissement**
    voir engraissement

**gynogenèse**                                   n. f.
    V. o. gynogénèse                             n. f.

*(Reproduction et génétique)*

Développement parthénogénétique d'un œuf activé
par la pénétration d'un spermatozoïde, mais non
fécondé.

Voir aussi **androgenèse**

◊ LAROG*1982*5**5078

**gynogénèse**
    voir gynogenèse

**gynogenesis**

*(Reproduction and Genetics)*

The stimulation, by a genetically inactive spermatozoan, of the parthenogenetic development of an
egg.

See also **androgenesis**

◊ GAGUA*1983***288, PILLA*1990***171

**H₂O₂**

$H_2O_2$
    voir peroxyde d'hydrogène

**ha**
    voir hectare

**haploïde**                                     adj.

*(Reproduction et génétique)*

Se dit des cellules dont le noyau ne contient qu'un
seul chromosome de chaque paire.

Voir aussi **diploïde, polyploïde, triploïde**

◊ LAROG*1982*5**5149, CAPQ-2*1992***58

**haploid**                                      adj.

*(Reproduction and Genetics)*

Having only one member of each pair of homologous
chromosomes.

See also **diploid, polyploid, triploid**

◊ PILLA*1990***171

**HCG**
    voir gonadotrophine chorionique humaine

**hectare**                                      n. m.
    Abrév. ha

*(Installations - Terminologie générale)*

Mesure de superficie égale à cent ares, à un hectomètre carré ou à dix mille mètres carrés (équivalent
à environ 2,5 acres).

◊ LAROG*1982*5**5193, CAPQ-11*1992***13

**hectare**
    Abbr. ha

*(Facilities - General Terminology)*

A metric unit of area equal to 100 ares or 10,000
square meters (approximately 2.5 acres).

◊ WEBIN*1986***1048, LANAQ*1992***226

**héliciculteur**                                n. m.
    hélicicultrice                               n. f.

*(Conchyliculture)*

Celui ou celle qui pratique l'héliciculture.

Voir aussi **héliciculture**

**snail farmer**

*(Mollusc Culture)*

A person that practices snail culture.

See also **snail culture**

**hélicicultrice**
voir héliciculteur

**héliciculture**                    n. f.

*(Conchyliculture)*
Élevage de l'escargot.

**snail culture**
snail farming

*(Mollusc Culture)*
The rearing of snails.

**hémolymphe**                    n. f.

*(Anatomie et physiologie)*
Liquide physiologique présent dans le système circulatoire non clos de certains invertébrés : crustacés ou mollusques.

**OBS**
L'hémolymphe contient des cellules sanguines et, en solution, diverses protéines et des sels.

◊ CILFO*1989***243, BIOGAL*1988***146

**hemolymph**
V. s. haemolymph

*(Anatomy and Physiology)*
The circulatory fluid of various invertebrate animals (crustaceans, molluscs) that is functionally comparable to the blood and lymph of vertebrates.

◊ WEBIN*1986***1055, LANAQ*1992***187, 188

**hépato pancréas**
voir hépatopancréas

**hépato-pancréas**
voir hépatopancréas

**hépatopancréas**                    n. m.
V. o. hépato-pancréas                    n. m.
V. o. hépato pancréas                    n. m.

*(Anatomie et physiologie)*
Important organe digestif des mollusques et des crustacés, jouant simultanément le rôle du foie et celui du pancréas.

◊ LAROG*1982*5**5229, GPP*1985***1:15, BIOGAL*1988***145

**hepatopancreas**
digestive gland
mid-gut gland

*(Anatomy and Physiology)*
The major digestive gland in molluscs and crustaceans believed to carry out the functions proper to the liver and pancreas.

◊ WICRU*1992***374, SCITF*1988***424, MEINV*1991***246, 247

**héritabilité**                    n. f.

*(Reproduction et génétique)*
Aptitude plus ou moins marquée d'un caractère génétique à se transmettre aux générations suivantes, qui s'exprime par le rapport de la variance génétique additive à la variance phénotypique totale.

◊ CILFG-32*1991***148, CAPQ-2*1992***58

**heritability**

*(Reproduction and Genetics)*
The degree to which a trait is transmitted from parents to offspring (i.e. breeding value), and which is expressed as the ratio of the additive genetic variance to the total phenotypic variance.

◊ KIGEN*1985***175

**hermaphrodite**                    n. m.
   individu hermaphrodite          n. m.

*(Biologie)*

Individu possédant des organes génitaux mâles et femelles et pouvant produire les gamètes des deux sexes.

◊ LAROG*1982*5**5243, MUS*1981***434, AQUAC*1986*2**542

**hermaphrodite protandre**          n. m.

*(Biologie)*

Un individu qui fonctionne d'abord comme mâle, puis comme femelle (p. ex. les annélides et certains gastéropodes).

Voir aussi **hermaphrodite protérogyne, hermaphrodite**

◊ LAROG*1982*8**8521

**hermaphrodite protérogyne**        n. m.
   hermaphrodite protogyne         n. m.

*(Biologie)*

Un individu qui fonctionne d'abord comme femelle, puis comme mâle (p. ex. les échinodermes).

Voir aussi **hermaphrodite protandre, hermaphrodite**

◊ LAROG*1982*8**8522

**hermaphrodite protogyne**
   voir hermaphrodite protérogyne

**hétérosis**                        n. f.
   vigueur hybride                 n. f.


*(Reproduction et génétique)*

Accroissement de vigueur générale (croissance, survie, fertilité) observé chez les individus issus d'un croisement.

◊ LAROG*1982*5**5257, CILFG-32*1991***151, CAPQ-2*1992***40, 41

**hétérozygote**                     adj.

*(Reproduction et génétique)*

Qui a deux allèles différents à un locus donné.

Voir aussi **homozygote**

◊ CAPQ-5*1992***58

**hermaphrodite**
   hermaphroditic individual

*(Biology)*

An individual that has both male and female reproductive organs and that is capable of forming gametes of both sexes.

◊ WAST*1979***352, SCITF*1988***425, PILLA*1990***507

**protandrous hermaphrodite**

*(Biology)*

An individual that matures first as a male, later as a female.

See also **protogynous hermaphrodite, hermaphrodite**

◊ WICRU*1992***378

**protogynous hermaphrodite**


*(Biology)*

An individual that matures first as a female, later as a male.

See also **protandrous hermaphrodite, hermaphrodite**

◊ PILLA*1990***416

**hybrid vigor**
   V. s. hybrid vigour
   heterosis

*(Reproduction and Genetics)*

A greater vigor in terms of growth, survival and fertility of hybrids, usually from crosses between highly inbred lines.

◊ KIGEN*1985***178, LANAQ*1992***132

**heterozygous**                     adj.

*(Reproduction and Genetics)*

Having one or more pairs of dissimilar alleles.

See also **homozygous**

◊ LANAQ*1992***131, KIGEN*1985***178

**hétérozygotie**      n. f.

*(Reproduction et génétique)*

État d'une cellule ou d'un individu dont les allèles à un locus donné sont différents.

Voir aussi **homozygotie**

◊ CILFG-32*1991***152

**heterozygosity**

*(Reproduction and Genetics)*

The condition of having one or more pairs of dissimilar alleles.

See also **homozygosity**

◊ KIGEN*1985***178, PILLA*1990***171

*Hippoglossus hippoglossus*
     voir flétan

**homard ***      n. m.
     homard américain      n. m.
     *Homarus americanus*

*(Crustaciculture - Espèces aquacoles)*

Crustacé décapode marin de grande taille de la famille des homaridés, vivant dans l'Atlantique nord.

* Terme normalisé au Canada.

◊ LAROG*1982*5**5313, NQ8070*1995***57

**lobster ***
     American lobster
     Northern lobster
     *Homarus americanus*

*(Crustacean Farming - Aquaculture Species)*

A large marine decapod crustacean of the family Homaridae, of the northeastern coast of North America.

* Recommended term in Canada.

◊ WEBIN*1986***69, 1327, NQ8070*1995***57

**homard américain**
     voir homard

**homariculteur**      n. m.
     homaricultrice      n. f.

*(Crustaciculture)*

Celui ou celle qui pratique l'homariculture.

Voir aussi **homariculture**

**lobster farmer**
     lobster culturist

*(Crustacean Farming)*

A person who practices lobster farming.

See also **lobster farming**

**homaricultrice**
     voir homariculteur

**homariculture ***      n. f.

*(Crustaciculture)*

Élevage et multiplication du homard.

* Terme recommandé par le Comité de normalisation de la terminologie des pêches commerciales du Bureau de normalisation du Québec.

**lobster farming**
     lobster culture

*(Crustacean Farming)*

The rearing of lobster.

*Homarus americanus*
     voir homard

homozygote      adj.

*(Reproduction et génétique)*

Qui a deux allèles identiques à un locus donné.

Voir aussi **hétérozygote**

◊ CAPQ-5*1992***58

homozygotie      n. f.

*(Reproduction et génétique)*

État d'une cellule ou d'un individu dont les allèles à un locus donné sont identiques.

Voir aussi **hétérozygotie**

◊ CILFG-32*1991***155, CAPQ-2*1992***32

hormone androgène      n. f.
hormone androgénique      n. f.

*(Pisciculture - Reproduction et génétique)*

1. Ensemble des hormones sexuelles mâles d'origine testiculaire et cortico-surrénalienne qui provoquent l'apparition de caractères sexuels masculins.

2. Substance de synthèse (telle que la méthyltestostérone) qui provoque la masculinisation d'un individu.

◊ PARSE*1990***34, CILFG-32*1991***27, LENBI*1994***37

hormone androgénique

voir hormone androgène

hormone d'inhibition de la mue

voir hormone inhibitrice de la mue

hormone de croissance      n. f.
somatotrophine      n. f.
V. o. somatotropine      n. f.
hormone somatotrope      n. f.
Abrév. STH

*(Reproduction et génétique - Croissance et nutrition)*

Hormone polypeptidique du lobe antérieur de l'hypophyse agissant sur la croissance.

◊ LAROG*1982*9**9685, LENBI*1994***329

homozygous      adj.

*(Reproduction and Genetics)*

Having identical rather than different alleles in the corresponding loci of homologous chromosomes.

See also **heterozygous**

◊ KIGEN*1985***185, LANAQ*1992***131

homozygosity

*(Reproduction and Genetics)*

The condition of having identical alleles at one or more loci in homologous chromosome segments.

See also **heterozygosity**

◊ KIGEN*1985***185, PILLA*1990***169

androgen
androgenic hormone

*(Fish Farming - Reproduction and Genetics)*

1. A class of male sex hormones produced in the testis and adrenal cortex and characterized by its ability to stimulate the development of male sex characteristics.

2. A synthetic compound (as methyltestosterone) used for masculinization of individuals.

◊ LASTE*1989***87, WEBIN*1986***81

growth hormone
Abbr. GH
somatotropin
V. s. somatotrophin
somatotropic hormone
V. s. somatotrophic hormone
Abbr. STH

*(Reproduction and Genetics - Growth and Nutrition)*

A polypeptide hormone that is secreted by the anterior lobe of the pituitary and that regulates growth.

◊ WEBIN*1986***1005, INZOO*1974***707

# h

**hormone de libération** n. f.

*(Pisciculture - Reproduction et génétique)*

Hormone peptidique sécrétée par l'hypophyse.

◊ BIOGAL*1988***136

**hormone de libération de la gonadotrophine**
voir gonadolibérine

**hormone de libération de la gonadotropine**
voir gonadolibérine

**hormone de mue** n. f.

*(Crustaciculture - Croissance et nutrition)*

Hormone responsable de la mue chez les crustacés (p. ex. ecdysone, crustecdysone).

◊ BIOGAL*1988***147, 149

**hormone folliculostimulante**
voir folliculostimuline

**hormone gonadotrope**
voir gonadotropine

**hormone hypophysaire**
voir extrait hypophysaire

**hormone inhibitrice de la gonade** n. f.

*(Crustaciculture - Reproduction et génétique)*

Hormone contenue dans le pédoncule oculaire de certains crustacés et qui inhibe le développement de la gonade.

◊ AQUAC*1986*1**472

**hormone inhibitrice de la mue** n. f.
V. o. hormone inhibitrice de mue n. f.
hormone d'inhibition de la mue n. f.
Abrév. MIH

*(Crustaciculture - Croissance et nutrition)*

Hormone contenue dans le pédoncule oculaire de certains crustacés, qui inhibe la sécrétion de l'ecdysone (cette dernière déterminant les mues).

◊ BIOGAL*1988***146, 149

**releasing hormone**

*(Fish Farming - Reproduction and Genetics)*

Any of a group of peptide hormones which control all aspects of the pituitary gland.

◊ FISFA*1988***394

**molting hormone**
V. s. moulting hormone

*(Crustacean Farming - Growth and Nutrition)*

Any of several hormones which activate molting in crustaceans (e.g. ecdysone, crustecdysone).

◊ LASTE*1989***1221

**gonad-inhibiting hormone**
Abbr. GIH

*(Crustacean Farming - Reproduction and Genetics)*

A hormone found in the eyestalk of certain crustaceans and which inhibits ripening of the gonads.

◊ SWIFA*1985***37, LANAQ*1992***188, PILLA*1990***159

**molt-inhibiting hormone**
Abbr. MIH

*(Crustacean Farming - Growth and Nutrition)*

A hormone found in the eyestalk of certain crustaceans that inhibits the secretion of ecdysone (which is responsible for molting).

◊ INZOO*1974***705, LANAQ*1992***187

**hormone inhibitrice de mue**
   voir hormone inhibitrice de la mue

**hormone lutéinisante**   n. f.
   Abrév. LH

*(Pisciculture - Reproduction et génétique)*

Glycoprotéine qui stimule la sécrétion folliculaire et développe le corps jaune.

**OBS**
Cette hormone est sécrétée par le lobe antérieur de l'hypophyse des vertébrés.

**luteinizing hormone**
   Abbr. LH
   interstitial cell-stimulating
      hormone   obsolete
   Abbr. ICSH   obsolete

*(Fish Farming - Reproduction and Genetics)*

A glycoprotein hormone stimulating ovulation, growth of the corpus luteum and secretion of estrogen.

**OBS**
LH is secreted by the adenohypophysis of vertebrates.
◊ KIGEN*1985***224

**hormone œstrogène**   n. f.
   œstrogène   n. m.

*(Pisciculture - Reproduction et génétique)*

Hormone stéroïde des vertébrés, la principale hormone sexuelle femelle.
◊ HADIC*1990***303

**estrogen**
   V. s. oestrogen   [UK]

*(Fish Farming - Reproduction and Genetics)*

Any of a group of vertebrate steroid hormones, the principal female sex hormones.
◊ HENBI*1989***358

**hormone sexuelle stéroïde**
   voir hormone stéroïde sexuelle

**hormone somatotrope**
   voir hormone de croissance

**hormone stéroïde sexuelle**   n. f.
   stéroïde sexuel   n. m.
   hormone sexuelle stéroïde   n. f.

*(Pisciculture - Reproduction et génétique)*

Hormone produite dans les gonades et responsable de la formation des gamètes et du bon fonctionnement des caractères sexuels secondaires.
◊ PISET*1980***151, BIOGAL*1988***160

**sex steroid**
   sex steroid hormone

*(Fish Farming - Reproduction and Genetics)*

A hormone produced in the gonads which is responsible for the formation of gametes, as well as for the regulation of secondary sexual characteristics.
◊ PILLA*1990***156

**hôte**   n. m.

*(Pathologie et prédateurs)*

Être vivant qui héberge un parasite.
◊ LAROG*1982*5**5353

**host**

*(Pathology and Predators)*

An organism on or in which a parasite lives.
◊ LASTE*1989***906, FISFA*1988***391

**hôte intermédiaire**      n. m.

*(Pathologie et prédateurs)*

Hôte qui héberge une forme larvaire du parasite (il peut y avoir plusieurs hôtes intermédiaires différents) avec multiplication et/ou maturation permettant d'aboutir à la forme infectante.

◊ LAROG*1982*5**5353, PATH*1985***122, 164

**huile de coton**

voir huile de graines de coton

**huile de foie de morue**      n. f.

*(Croissance et nutrition)*

Huile extraite des foies de morue et parfois de certains autres gadidés tels que l'églefin.

◊ OECD*1990***57, CAPQ-5*1992***25

**huile de graines de coton**      n. f.
huile de coton      n. f.

*(Croissance et nutrition)*

Huile grasse extraite des graines de coton.

◊ LAROG*1982*10**10328

**huître**

voir huître de l'Atlantique

**huître américaine**

voir huître de l'Atlantique

**huître creuse**      n. f.

*(Ostréiculture)*

Huître appartenant au genre *Crassostrea*.

**huître creuse des Philippines**      n. f.
*Crassostrea iredalei*

*(Ostréiculture - Espèces aquacoles)*

Espèce d'huître tropicale cultivée aux Philippines.

**huître creuse japonaise**

voir huître creuse pacifique

**intermediate host**

*(Pathology and Predators)*

A host which is normally used by a parasite in the course of its life cycle and in which the parasite may multiply asexually but not sexually.

◊ WEBIN*1986***1180, PILLA*1990***209

**cod liver oil**
V. s. cod-liver oil

*(Growth and Nutrition)*

Oil extracted from livers of cod and sometimes other suitable gadoids such as haddock.

◊ OECD*1990***57

**cottonseed oil**

*(Growth and Nutrition)*

A semidrying fatty oil obtained from the extraction of cottonseeds.

◊ WEBIN*1986***516, LANAQ*1992***339

**cupped oyster**

*(Oyster Culture)*

Oyster belonging to the genus *Crassostrea*.

**slipper oyster**
*Crassostrea iredalei*

*(Oyster Culture - Aquaculture Species)*

A tropical species of oyster cultivated in the Philippines.

◊ PILLA*1990***470, LANAQ*1992***176

| huître creuse pacifique * | n. f |
| huître creuse japonaise | n. f. |
| *Crassostrea gigas* | |

### (Ostréiculture - Espèces aquacoles)

Huître de grande taille de la famille des ostréidés, originaire du Japon, mais que l'on trouve également sur la côte pacifique de l'Amérique du Nord.

* Terme normalisé au Canada.

◊ CILFO*1989**247, LAROG*1982*5**5375, GIRAQ*1991***60-61, NQ8070*1995***62

| huître cultivée | n. f. |
| huître de culture | n. f. |
| huître d'élevage | n. f. |
| huître d'aquaculture | n. f. |

### (Ostréiculture)

Huître obtenue par intervention humaine sur une partie du cycle vital.

Voir aussi **huître sauvage**

◊ AQUAC*1986*2**901, 1008

**huître d'aquaculture**
   voir huître cultivée

**huître d'élevage**
   voir huître cultivée

**huître de culture**
   voir huître cultivée

| huître de l'Atlantique | n. f. |
| huître * | n. f. |
| huître américaine | n. f. |
| *Crassostrea virginica* ** | |

### (Ostréiculture - Espèces aquacoles)

Mollusque bivalve de la famille des ostréidés, de la côte atlantique de l'Amérique du Nord.

* Terme normalisé au Canada.

** Anciennement connu sous le nom de *Ostrea virginica*.

◊ GPP*1985***3:56, NQ8070*1995***62

---

**Pacific oyster ***
   Japanese oyster
   Pacific cupped oyster
   giant Pacific oyster
   *Crassostrea gigas*

### (Oyster Culture - Aquaculture Species)

A large oyster of the family Ostreidae that is native to the coast of Japan and that has been introduced along the Pacific coast of North America.

* Recommended term in Canada.

◊ WEBIN*1986***1210, NQ8070*1995***62

**cultured oyster**
   cultivated oyster

### (Oyster Culture)

An oyster produced using human intervention and/or technology at some stage of its life cycle.

See also **wild oyster**

**Atlantic oyster ***
   oyster *
   American oyster
   eastern oyster
   Virginian oyster
   V. s. Virginia oyster
   *Crassostrea virginica* **

### (Oyster Culture - Aquaculture Species)

A bivalve mollusc of the family Ostreidae of the Atlantic coast of North America.

* Recommended term in Canada.

** Formerly known as *Ostrea virginica*.

◊ COLD*1995***191, WEBIN*1986***2555 NQ8070*1995***62

**huître européenne**
voir ostréidés

**huître perlière** n. f.

*(Ostréiculture - Espèces aquacoles)*

Bivalve des mers tropicales du Japon, de la Chine et de la Corée, qui produit des perles et qui est caractérisé par une coquille très fortement nacrée intérieurement.

◊ AQUAC*1986*2**904, LAROG*1982*8**7991

**huître plate** n. f.

*(Ostréiculture)*

Huître appartenant au genre *Ostrea*.

**huître plate européenne \*** n. f.
belon \*\* n. f.
*Ostrea edulis*

*(Ostréiculture - Espèces aquacoles)*

Huître comestible, originaire du nord et de l'ouest de l'Europe.

\* Terme normalisé au Canada.

\*\* Nom commercial de l'huître plate à chaire blanche.

◊ LAROG*1982*2**1161, CILFO*1989***247,
NQ8070*1995***62

**huître sauvage** n. f.

*(Ostréiculture)*

Huître dont le cycle vital s'est déroulé sans intervention humaine.

Voir aussi **huître cultivée**

◊ AQUAC*1986*2**1008

**huîtrière**
voir gisement d'huîtres

**pearl oyster**

*(Oyster Culture - Aquaculture Species)*

A bivalve of the tropical waters of Japan, China, and Korea that is used in the production of pearls and that is distinguished from the ordinary oyster in having a byssus.

◊ LANAQ*1992***350, WEBIN*1986***1661

**flat oyster**

*(Oyster Culture)*

Oyster belonging to the genus *Ostrea*.

**European oyster**
Belon oyster
European flat oyster \*
native oyster \*\* [UK]
*Ostrea edulis*

*(Oyster Culture - Aquaculture Species)*

The common edible oyster of northern and western Europe.

\* Recommended term in Canada.

\*\* Trade name in the United Kingdom for *Ostrea edulis*.

◊ WEBIN*1986***785, COLD*1995***228,
NQ8070*1995***62

**wild oyster**

*(Oyster Culture)*

An oyster obtained without human intervention in its life cycle.

See also **cultured oyster**

**hybridation**                          n. f.

*(Reproduction et génétique)*

Croisement entre deux individus génétiquement différents. Lorsque les individus appartiennent à la même espèce, on parle d'hybridation intraspécifique, sinon on parle d'hybridation interspécifique.

Voir aussi **consanguinité, hybridation terspécifique et intraspécifique**

◊ CILFG-32*1991***156, CAPQ-2*1992***38

**hybridation intergénérique**
   voir hybridation interspécifique

**hybridation interspécifique**          n. f.
   hybridation intergénérique            n. f.

*(Reproduction et génétique)*

Croisement entre individus appartenant à des espèces différentes.

Voir aussi **hybridation intraspécifique**

◊ CILFG-32*1991***156, CAPQ-2*1992***38

**hybridation intragénérique**
   voir hybridation intraspécifique

**hybridation intraspécifique**          n. f.
   hybridation intragénérique            n. f.

*(Reproduction et génétique)*

Croisement entre individus appartenant à la même espèce.

Voir aussi **hybridation interspécifique**

◊ CILFG-32*1991***156

**hybride**                              n. m.

*(Reproduction et génétique)*

Chez les animaux, se dit du produit de l'accouplement de reproducteurs appartenant à deux espèces différentes. Par extension, le terme est appliqué aux produits de reproducteurs appartenant à des lignées fortement consanguines distinctes à l'intérieur d'une même espèce.

◊ CILFG-32*1991***157, CAPQ-2*1992***58

**crossbreeding**
   hybridization
   V. s. hybridisation                   [UK]
   outbreeding

*(Reproduction and Genetics)*

The mating of individuals belonging to genetically disparate populations or to different species.

See also **inbreeding, interspecific hybridization, intraspecific hybridization**

◊ KIGEN*1985***189, PILLA*1990***169, 171

**interspecific hybridization**
   V. s. interspecific hybridisation     [UK]
   intergeneric hybridization
   V. s. intergeneric hybridisation      [UK]

*(Reproduction and Genetics)*

Hybridization between individuals of different species.

See also **intraspecific hybridization**

◊ PILLA*1990***172

**intraspecific hybridization**
   V. s. intraspecific hybridisation     [UK]

*(Reproduction and Genetics)*

Hybridization between individuals of the same species.

See also **interspecific hybridization**

◊ PILLA*1990***170

**hybrid**

*(Reproduction and Genetics)*

An organism produced by crossing parents of different species or varieties; or an organism produced by crossing parents of different genotypes.

◊ ALENV*1983***257, LANAQ*1992***129, 131, PILLA*1990***164

**hybride intergénérique**      n. m.
    hybride interspécifique      n. m.

*(Reproduction et génétique)*

Hybride issu du croisement d'organismes appartenant à des espèces différentes.

◊ CAPQ-2*1992***38

**intergeneric hybrid**
    interspecific hybrid

*(Reproduction and Genetics)*

Hybrid obtained by crossing individuals from two separate species.

◊ SCITF*1988***475, PILLA*1990***361

**hybride interspécifique**
    voir hybride intergénérique

**hybrides réciproques**      n. m. pl.

*(Reproduction et génétique)*

Paire d'hybrides obtenue par le croisement de deux espèces : espèce A femelle X espèce B mâle, et espèce B femelle X espèce A mâle.

◊ CAPQ-2*1992***58

**reciprocal hybrids**      **n. pl.**

*(Reproduction and Genetics)*

A pair of hybrids obtained by crossing the same two species: species A female X species B male, and species B female X species A male.

◊ SCITF*1988***747

**hydrate de carbone**
    voir glucide

**20-hydroxyecdysone**
    voir crustecdysone

**hypergonadisme**      n. m.

*(Pathologie et prédateurs)*

Développement exagéré des caractères sexuels secondaires, dû à une sécrétion excessive d'hormones sexuelles.

◊ ROBER*1986*5**310

**hypergonadism**

*(Pathology and Predators)*

A condition caused by excessive secretion of gonadal hormones.

◊ DOMED*1994***794

**hyperplasie**      n. f.

*(Pathologie et prédateurs)*

Augmentation du volume d'un tissu ou d'un organe due à une multiplication cellulaire.

◊ LAROG*1982*5**5416

**hyperplasia**

*(Pathology and Predators)*

Enlargement of an organ or tissue due to an increase in the number of its constituent cells.

◊ MED-E*1992***553

**hypervitaminose**      n. f.

*(Pathologie et prédateurs)*

Troubles provoqués par un excès de vitamines dans l'organisme.

◊ LAROG*1982*5**5419, ROBER*1986*5**316

**hypervitaminosis**

*(Pathology and Predators)*

A disorder resulting from an excess of one or more vitamins.

◊ LAFRE*1984***514

**hypogonadisme** n. m.

*(Pathologie et prédateurs)*

Insuffisance du fonctionnement des gonades ou glandes sexuelles.

◊ LAROG*1982*5**5422

**hypolimnion \*** n. m.

*(Eau - Milieu de culture)*

Couche profonde et épaisse de l'eau des lacs, pauvre en oxygène en été et marquée par une température inférieure à celle de l'eau de surface.

\* Terme normalisé par l'ISO.

◊ PARSE*1990***275

**Hypophthalmichthys molitrix**
  voir amour argenté

**hypophysation** n. f.

*(Pisciculture - Reproduction et génétique)*

Technique d'induction de ponte qui consiste en un apport exogène d'hormone gonadotrope par injection d'hypophyses pour provoquer le déroulement de phases du cycle sexuel (p. ex. l'ovulation) qui ne se produisent pas naturellement.

Voir aussi **extrait hypophysaire**

◊ BAMI*1991***71

**hypophyse 1**
  voir extrait hypophysaire

**hypophyse 2**
  voir glande pituitaire

**hypothalamus** n. m.

*(Pisciculture - Anatomie et physiologie)*

Chez les poissons, partie du cerveau responsable des comportements reproducteurs de l'hypophyse et de la sécrétion des hormones de libération.

◊ HADIC*1990***222, LANAQ*1992***213, PILLA*1990***158

**hypogonadism**

*(Pathology and Predators)*

A condition resulting from or characterized by abnormally decreased gonadal function, with retardation of growth and sexual development.

◊ DOMED*1994***807

**hypolimnion \***

*(Water - Culture Medium)*

The lowermost layer of water in a lake, characterized by an essentially uniform temperature generally colder than elsewhere in the lake, and by relatively stagnant or oxygen-poor water.

\* Term standardized by ISO.

◊ WEBIN*1986***1115, WAST*1979***353

**hypophysation**

*(Fish Farming - Reproduction and Genetics)*

The practice of injecting fish with substances derived from the pituitary gland for the purpose of inducing reproduction (such as ovulation) when conditions are not favourable for successful natural spawning in ponds.

See also **pituitary extract**

◊ LAFRE*1984***517, FISFA*1988***391, PILLA*1990***296

**hypothalamus**

*(Fish Farming - Anatomy and Physiology)*

In fish, part of the brain that regulates the reproductive functions of the pituitary gland and produces releasing hormones.

◊ FISFA*1988***391, LANAQ*1992***213, PILLA*1990***158

hypovitaminose                    n. f.
   *(Pathologie et prédateurs)*
   Carence d'une ou plusieurs vitamines associées.
   ◊ ROBER*1986*5**328

hypovitaminosis
   *(Pathology and Predators)*
   A condition due to a deficiency of one or more vitamins.
   ◊ LASTE*1989***931, LANAQ*1992***137

IAM
   voir intoxication amnestique

IC
   voir taux de conversion

ICA
   voir taux de conversion

ichthyopathologie
   voir ichtyopathologie

ichtyologie                       n. f.
   *(Pisciculture - Terminologie générale)*
   Étude scientifique des poissons.
   ◊ Q2721*1993***111

ichthyology
   *(Fish Farming - General Terminology)*
   A branch of zoology that deals with fishes.
   ◊ WEBIN*1986***1121

ichtyopathologie                  n. f.
   V. o. ichthyopathologie          n. f.
   *(Pisciculture - Pathologie et prédateurs)*
   Science des causes, des symptômes et de l'évolution des maladies des poissons.

   ◊ LAROG*1982*5**5447, PATH*1985***20, 110, 116

fish pathology
   ichthyopathology
   *(Fish Farming - Pathology and Predators)*
   The study of fish diseases, their essential nature, causes, and development, and the structural and functional changes produced by them.
   ◊ PIPFI*1986***491, WEBIN*1986***1655

ichtyophtiriose | n. f.
   maladie des taches blanches | n. f.

*(Pisciculture - Pathologie et prédateurs)*

Infection des poissons d'eau douce due à un protiste cilié *(Ichtyophthirius multifiliis)*, qui peut être grave, voire fatale, dans des conditions de stabulation non optimales.

**OBS**

L'ichtyophtiriose peut provoquer des pertes considérables dans les bassins d'élevage.

◊ PATH*1985***Planche XI, n° 2, AQUAC*1986*2**832, BAMI*1991***85-86

*Ictalurus punctatus*
   voir barbue de rivière

**IDM**
   voir intoxication diarrhéique

**IM**
   voir injection intramusculaire

immunisation | n. f.

*(Pathologie et prédateurs)*

Processus par lequel un individu acquiert une immunité spécifique, c'est-à-dire devient résistant à un agent pathogène, à une maladie infectieuse.

◊ ROBER*1986*5**397, LAROG*1982*5**5486

inanition | n. f.
   jeûne | n. m.

*(Techniques et méthodes)*

Privation d'aliments pour une période déterminée.

◊ LAROG*1982*5**5507

ichthyophthiriasis
   ich
   V. s. ick
   white spot disease
   white spot

*(Fish Farming - Pathology and Predators)*

An infection of freshwater fish by the ciliate protistan *(Ichthyophthirius multifiliis)* which can become severe and even fatal under confined holding conditions.

◊ PIPFI*1986***484, ROTSA*1986***50, PILLA*1990***204

immunization

*(Pathology and Predators)*

The process or procedure by which an individual is made resistant to disease, specifically infectious disease.

◊ PIPFI*1986***485

starvation
   inanition

*(Techniques and Methods)*

The privation of food for a determined period.

◊ SCITF*1988***457, AQUAC-E*1994***191

**incubateur**                     n. m.

*(Pisciculture - Installations)*

Enceinte (p. ex. auge, bouteille) dans laquelle s'effectue le développement de l'œuf et de l'alevin, depuis sa fécondation jusqu'à la résorption de la vésicule vitelline.

**OBS**

Les incubateurs sont aménagés de façon à profiter d'une circulation d'eau à température réglée pour assurer le développement et l'éclosion d'œufs fertilisés et pour diminuer le risque d'infection.

◊ CILFO*1989***256, ARECO*1976***301,
  LAROG*1982*5**5519

**incubateur au fil de l'eau**          n. m.
  **incubateur en dérivation**          n. m.

*(Pisciculture - Installations)*

Auge équipée de plateaux que l'on place près d'un ruisseau d'où provient une alimentation d'eau par gravité pour l'incubation des œufs et des alevins vésiculés.

Voir aussi **incubateur en eau vive**

**incubateur en dérivation**
  voir incubateur au fil de l'eau

**incubateur en eau vive**            n. m.

*(Pisciculture - Installations)*

Auge équipée de plateaux à fonds maillés permettant une circulation d'eau dans un ruisseau et utilisée pour l'incubation des œufs.

Voir aussi **incubateur au fil de l'eau**

**incubation**                     n. f.
  **incubation des œufs**              n. f.

*(Reproduction et génétique)*

Action de couver des œufs et développement de l'embryon lequel résulte de la formation d'un organisme viable.

◊ GPP*1985***G4, ROBER*1986*5**500

**incubation des œufs**
  voir incubation

**indice de conversion**
  voir taux de conversion

**incubator**

*(Fish Farming - Facilities)*

An apparatus (e.g. a trough or jar) in which the artificial rearing of fertilized fish eggs and newly-hatched fry takes place.

**OBS**

Incubators provide a regulated flow of water of the required temperature for the development and hatching of fertilized eggs and prevention of infections.

◊ WEBIN*1986***1146, PILLA*1990***83,
  PIPFI*1986***485

**stream-side incubator**

*(Fish Farming - Facilities)*

A cascade arrangement of trays placed beside a stream which supplies water by gravity feed for the incubation of eggs and yolk fry.

See also **in-stream incubator**

**in-stream incubator**

*(Fish Farming - Facilities)*

A cascade arrangement of trays with mesh bottom that permits flow-through of water in a stream and is used for the incubation of eggs.

See also **stream-side incubator**

**egg incubation**
  incubation
  incubation of eggs

*(Reproduction and Genetics)*

The maintenance of eggs under conditions favourable for hatching.

◊ LANAQ*1992***381, PILLA*1990***168

**indice de conversion alimentaire**
  voir taux de conversion

**indice de transformation (de l'aliment)**
  voir taux de conversion

**individu hermaphrodite**
  voir hermaphrodite

**induction de la ponte**      n. f.
  ponte induite      n. f.

*(Reproduction et génétique - Techniques et méthodes)*

Ponte qui est provoquée par l'administration d'hormones et le contrôle des facteurs de l'environnement.

◊ AQUAC*1986*2**646, AQUAC*1986*1**395

**induction de la reproduction**      n. f.
  reproduction induite      n. f.
  reproduction provoquée      n. f.

*(Reproduction et génétique - Techniques et méthodes)*

Reproduction provoquée par le contrôle des facteurs de l'environnement ou le contrôle physiologique de l'animal.

◊ BOUGOC*1976***275-276, AQUAC*1986*2**692, PISET*1980***163-164

**induire**      v.

*(Reproduction et génétique - Techniques et méthodes)*

Agir pour qu'un phénomène se passe au moment voulu soit par l'utilisation d'hormones, soit par d'autres moyens (p. ex. induire la ponte, l'ovulation, la maturité sexuelle, etc.).

◊ AQUAC*1986*2**721, AQUAC*1986*1**395

**induire la ponte**      v.

*(Pisciculture - Reproduction et génétique)*

Provoquer la ponte par l'administration d'hormones et le contrôle des facteurs de l'environnement.

◊ BOUGOC*1976***276, AQUAC*1986*1**3

**induced spawning**

*(Reproduction and Genetics - Techniques and Methods)*

Spawning which is brought about by hormone administration and/or environmental manipulation, such as changes in water temperature.

◊ FISFA*1988***107

**induced breeding**
  induced reproduction

*(Reproduction and Genetics - Techniques and Methods)*

Breeding brought about through manipulation of the environment or treatment of the animal by the culturist.

◊ LAFRE*1984***514, PILLA*1990***292, 298

**induce, to**      v.

*(Reproduction and Genetics - Techniques and Methods)*

To bring on or bring about by the use of hormones or other means (e.g. induce spawning, ovulation, sterility, etc.).

◊ WEBIN*1986***1154, PILLA*1990***171, LANAQ*1992***257, 262

**induce spawning, to**      v.

*(Fish Farming - Reproduction and Genetics)*

To bring about spawning by hormone administration and environmental manipulation.

◊ FISFA*1988***111

**infection bactérienne**     n. f.

*(Pathologie et prédateurs)*

Installation dans l'organisme d'une colonie de bactéries pathogènes.

Voir aussi **maladie bactérienne**

◊ MED-F*1993***547

**infection virale**     n. f.

*(Pathologie et prédateurs)*

Installation dans l'organisme d'un virus.

Voir aussi **virus**

**ingestion alimentaire**
    voir prise alimentaire

**injection d'hormone**     n. f.
    V. o. injection hormonale     n. f.

*(Pisciculture - Reproduction et génétique)*

Injection par seringue d'une hormone (p. ex. gonadotrophine chorionique humaine) pour induire la ponte chez certaines espèces comme la carpe.

◊ AQUAC*1986*2**580, 646, PISET*1980***293, 170

**injection hormonale**
    voir injection d'hormone

**injection intra-cœlomique**     n. f.

*(Techniques et méthodes)*

Injection faite dans la cavité cœlomique.

Voir aussi **cavité cœlomique**

◊ SOMOL*1992***100

**injection intramusculaire**     n. f.
    Abrév. IM

*(Pisciculture - Pathologie et prédateurs)*

Injection faite dans l'épaisseur du muscle.

◊ PATH*1985***85, 115, 306

**injection intrapéritonéale**     n. f.

*(Pisciculture - Pathologie et prédateurs)*

Injection faite dans la cavité péritonéale.

◊ PATH*1985***306, 313, ROBER*1986*5**707

**bacterial infection**

*(Pathology and Predators)*

Establishment of an infective bacterial agent in or on the body of a host.

See also **bacterial disease**

◊ LASTE*1989***170

**viral infection**

*(Pathology and Predators)*

Establishment of a virus in a host cell.

See also **virus**

**hormonal injection**
    V. s. hormone injection

*(Fish Farming - Reproduction and Genetics)*

Injection of a hormone with a syringe (e.g. human chorionic gonadotropin) to induce breeding in certain species such as carp.

◊ PILLA*1990***298, LANAQ*1992***224

**coelomic injection**

*(Techniques and Methods)*

An injection made into the coelomic cavity.

See also **coelomic cavity**

◊ PILLA*1990***299

**intramuscular injection**

*(Fish Farming - Pathology and Predators)*

An injection made into the dorsal musculature.

◊ FISFA*1988***391, PILLA*1990***299

**intraperitoneal injection**

*(Fish Farming - Pathology and Predators)*

An injection made into the peritoneal cavity.

◊ FISFA*1988***391, PILLA*1990***201

**installation aquacole**     n. f.
    V. o. installation aquicole     n. f.
    installation d'aquaculture     n. f.

*(Terminologie générale)*

Ensemble des dispositifs et des bâtiments installés en vue de faire un élevage aquacole.

◊ AQUAC*1986*1**38, AQUAC*1986*2**798, 799, 828, GIRAQ*1991***90

**installation aquicole**
    voir installation aquacole

**installation d'aquaculture**
    voir installation aquacole

**installation d'élevage**
    voir station d'élevage

**installation de culture**
    voir station d'élevage

**instinct de retour**     n. m.

*(Pisciculture - Biologie)*

Chez les poissons, comportement héréditaire qui les fait retourner à leur frayère natale pour s'y reproduire.

**interféron**     n. m.

*(Pathologie et prédateurs)*

Substance protéique, très rapidement synthétisée à l'intérieur d'une cellule infectée par un virus et qui, grâce à sa diffusion, empêche l'entrée et la multiplication du même virus et de virus d'autres espèces dans d'autres cellules.

◊ LAROG*1982*6**5633, PATH*1985***29

**intermue**     n. f.

*(Crustaciculture - Croissance et nutrition)*

Intervalle entre deux mues d'un crustacé.

◊ LAROG*1982*6**5636, AQUAC*1986*1**472

**aquaculture facility**

*(General Terminology)*

A physical installation (as a farm) used for the culture of aquatic species.

◊ LANAQ*1992***248, 292, PILLA*1990***157

**homing instinct**

*(Fish Farming - Biology)*

The faculty possessed by fish of returning to their stream or lake of origin to spawn.

◊ AQEX-E*1989***61

**interferon**

*(Pathology and Predators)*

A protein produced by intact animal cells when infected with viruses, which acts to inhibit viral reproduction and to induce resistance in host cells.

◊ LASTE*1989***978, LANAQ*1992***118

**intermoult**
    V. s. intermolt
    V. s. inter-moult
    instar

*(Crustacean Farming - Growth and Nutrition)*

The period between each ecdysis during which the crustacean is hard shelled.

◊ WICRU*1992***374, PILLA*1990***433

**intertidal**      adj.

*(Eau)*

Se dit de l'espace littoral situé entre le niveau des plus hautes mers et celui des plus basses mers.

◊ CILFO*1989***260

**intoxication amnestique**      n. f.
     intoxication amnestique par
       les phycotoxines      n. f.
     intoxication amnestique par
       les mollusques      n. f., vieilli
     Abrév. IAM

*(Conchyliculture - Terminologie générale)*

Empoisonnement alimentaire causé par l'ingestion de coquillages contaminés par l'acide domoïque produit par la diatomée du phytoplancton *Nitzschia pungens*.

Voir aussi **acide domoïque**

**intoxication amnestique par les mollusques**
     voir intoxication amnestique

**intoxication amnestique par les phycotoxines**
     voir intoxication amnestique

**intoxication diarrhéique**      n. f.
     intoxication diarrhéique par
       les phycotoxines      n. f.
     intoxication diarrhéique par
       les mollusques      n. f., vieilli
     Abrév. IDM

*(Conchyliculture - Terminologie générale)*

Empoisonnement alimentaire causé par l'ingestion de coquillages contaminés par des toxines de dinoflagellés du genre *Dinophysis*.

Voir aussi **acide okadaïque**

◊ AQUAC*1986*1**34, 35

**intoxication diarrhéique par les mollusques**
     voir intoxication diarrhéique

**intoxication diarrhéique par les phycotoxines**
     voir intoxication diarrhéique

**intertidal**      adj.

*(Water)*

Relating to or being the part of the littoral zone that is between the limits of mean high and mean low tide levels.

◊ WEBIN*1986***1183

**amnesiac shellfish poisoning**
     Abbr. ASP

*(Mollusc Culture - General Terminology)*

Food poisoning by molluscs that carry the toxin identified as domoic acid produced by a phytoplankton diatom called *Nitzschia pungens*.

See also **domoic acid**

◊ DOSHE*1991***36

**diarrhetic shellfish poisoning**
     Abbr. DSP

*(Mollusc Culture - General Terminology)*

Food poisoning by molluscs that carry toxins from the dinoflagellates of the genus *Dinophysis*.

See also **okadaic acid**

◊ LANAQ*1992***18

intoxication paralysante — n. f.
    intoxication paralysante par
       les phycotoxines — n. f.
    intoxication paralysante par
       les mollusques — n. f., vieilli
    Abrév. IPM

*(Conchyliculture - Terminologie générale)*

Empoisonnement alimentaire causé par l'ingestion de coquillages contaminés par des toxines de dinoflagellés du genre *Alexandrium*.

Voir aussi **saxitoxine**

◊ AQUAC*1986*1**35

**paralytic shellfish poisoning**
    Abbr. PSP

*(Mollusc Culture - General Terminology)*

Food poisoning by molluscs that carry toxins from the dinoflagellates of the genus *Alexandrium*.

See also **saxitoxin**

◊ DOSHE*1991***36

intoxication paralysante par les mollusques
    voir intoxication paralysante

intoxication paralysante par les phycotoxines
    voir intoxication paralysante

inversion de sexe — n. f.
    V. o. inversion du sexe — n. f.
    renversement de sexe — n. m.
    inversion sexuelle — n. f.

*(Reproduction et génétique - Techniques et méthodes)*

Modification du sexe par des hormones ou des moyens génétiques.

◊ PISET*1980***253

**sex change**
    sex inversion
    sex reversal

*(Reproduction and Genetics - Techniques and Methods)*

Modification of sex using genetic or hormonal manipulations.

◊ FISFA*1988***394

inversion du sexe
    voir inversion de sexe

inversion sexuelle
    voir inversion de sexe

invertébré      n. m.
     fruits de mer *      n. m. pl., cour.
     coquillage 3      n. m.

*(Terminologie générale - Espèces aquacoles)*

Animal aquatique qui ne possède pas de colonne vertébrale : un mollusque, un crustacé ou un échinoderme.

* Nom courant donné aux crustacés, aux coquillages et aux petits invertébrés marins comestibles.

**OBS**

Il n'existe pas de terme unique en français pour rendre la notion de **shellfish**. Les spécialistes en aquaculture utilisent le terme général d'invertébrés pour désigner l'ensemble des animaux autres que les poissons (vertébrés).

Voir aussi **crustacé, mollusque, bivalve fouisseur**

**shellfish**

*(General Terminology - Aquaculture Species)*

An aquatic invertebrate animal with a shell: a mollusc, crustacean or echinoderm.

See also **crustacean, mollusc**
◊ WEBIN*1986***2093

---

invertébré sessile      n. m.

*(Conchyliculture - Biologie)*

Invertébré caractérisé par sa fixation à un substrat (p. ex. huître, moule, etc.).

◊ LAROG*1982*9**9528

**sessile invertebrate**

*(Mollusc Culture - Biology)*

An invertebrate that is attached to a substrate and that is not free to move about (e.g. mussels, oysters, etc.).

◊ WEBIN*1986***2076

---

iodophore      n. m.

*(Pisciculture - Pathologie et prédateurs)*

Produit chimique contenant de l'iodine et utilisé pour la désinfection des œufs.

◊ CAPQ-9*1993***12

**iodophor**

*(Fish Farming - Pathology and Predators)*

Any compound that is a carrier of iodine used for the disinfection of eggs.

◊ LASTE*1989***993, FISFA*1988***391

---

**IPM**

     voir intoxication paralysante

**IPN**

     voir nécrose pancréatique infectieuse

---

# j

jachère      n. f.

*(Terminologie générale)*

Méthode de culture qui consiste à ne pas exploiter un gisement ou un milieu aquacole pendant un certain temps.

**fallow**

*(General Terminology)*

A culture method where a bed or an aquaculture medium is not exploited for a certain period.

**jarre d'incubation**
voir bouteille d'incubation

**jarre de MacDonald**
voir bouteille de MacDonald

**jeûne**
voir inanition

**jeune individu** n. m.

*(Croissance et nutrition - Biologie)*

Individu qui n'a pas achevé sa croissance ou qui n'a pas atteint son plein développement (p. ex. jeune poisson, jeune huître, jeune moule, etc.).

◊ LAROG*1982*6**5858

**young individual**

*(Growth and Nutrition - Biology)*

An individual being in the first or relatively early stage of growth or development (e.g. young fish, young oyster, young mussel, etc.).

◊ WEBIN*1986***2654

**juvénile 1** n. m.
truitelle * n. f., spéc.

*(Salmoniculture - Croissance et nutrition)*

Jeune poisson qui a résorbé son sac vitellin, habituellement âgé de moins d'un an.

* Terme désignant une jeune truite âgée de moins d'un an.

**fingerling**
underyearling
V. s. under-yearling

*(Salmonid Farming - Growth and Nutrition)*

A fish larger than a fry, usually less than one year old.

◊ WAST*1979***351, WEBIN*1986***853

**juvénile 2 *** n. m.

*(Croissance et nutrition - Biologie)*

Jeune individu ressemblant à l'adulte à l'exception de sa capacité de reproduction et de sa grosseur.

* Selon les ouvrages lexicographiques, ce terme est un anglicisme. Cependant, les ouvrages en aquaculture en font un usage répandu.

◊ CAPQ-9*1993***21, BOUGOC*1976***209, AQUAC*1986*2**1004

**juvenile**

*(Growth and Nutrition - Biology)*

A young individual fundamentally like an adult of its kind except in size and reproductive activity (e.g. juvenile abalone, juvenile shrimp, juvenile fish).

◊ WEBIN*1986***1229, LANAQ*1992***214

**kéta**
voir saumon kéta

**kyste**
voir cyste

**kyste décapsulé**
voir cyste décapsulé

**lab-lab**      n. m.

*(Croissance et nutrition - Milieu de culture)*

Couverture complexe qui comprend une association de bactéries filamenteuses, des algues bleues et vertes et de nombreux animacules sur le fond des bassins.

◊ AQUAC\*1986\*2\*\*971, HUET\*1970\*\*\*374-375

**lâcher 1**      n. m.
    libération      n. f.

*(Élevage/culture - Techniques et méthodes)*

Action de placer les animaux dans la nature pour accomplir une partie de leur croissance.

Voir aussi **pacage marin**

◊ AQEX-F\*1989\*\*\*42

**lâcher 2**      v.
    libérer      v.

*(Élevage/culture - Techniques et méthodes)*

Placer les animaux dans la nature.

Voir aussi **pacage marin**

◊ AQUAC\*1986\*1\*\*9, AQEX-F\*1989\*\*\*42

**lagune**      n. f.

*(Eau)*

Étendue d'eau salée ou saumâtre, isolée de la mer ou d'un grand lac par une formation littorale généralement percée d'ouvertures.

◊ BT-176\*1987\*\*\*152

**laitance**      n. f.

*(Pisciculture - Reproduction et génétique)*

Substance blanche et dense, d'aspect laiteux, émise par les poissons mâles lors de la fécondation externe et renfermant les spermatozoïdes.

◊ LAROG\*1982\*6\*\*6091

**lab lab**
    V. s. lab-lab
    V. s. lablab

*(Growth and Nutrition - Culture Medium)*

A dense mat of benthic blue-green algae, diatoms and micro-animals that develops on the bottom of ponds.

◊ WICRU\*1992\*\*\*357, PILLA\*1990\*\*\*123

**release**      n.

*(Farming/Culture - Techniques and Methods)*

The act of transferring animals to the wild to accomplish a part of their growth cycle.

See also **ocean ranching**

◊ AQEX-E\*1989\*\*\*39, WICRU\*1992\*\*\*378, LANAQ\*1992\*\*\*268

**release, to**      v.

*(Farming/Culture - Techniques and Methods)*

To transfer animals into the wild.

See also **ocean ranching**

◊ WICRU\*1992\*\*\*378, AQEX-E\*1989\*\*\*39

**lagoon**

*(Water)*

Body of water, separated from a lake, river or sea by a narrow land barrier, which may completely enclose it or leave a shallow passageway into it.

◊ BT-176\*1987\*\*\*151

**milt**

*(Fish Farming - Reproduction and Genetics)*

The secretion produced by the testes of male fish, including the sperm.

◊ LAFRE\*1984\*\*\*516

**laitue de mer ***      n. f.
*Ulva lactuca*

*(Algoculture - Espèces aquacoles)*

Algue verte comestible de la famille des ulvacées à l'aspect foliacé, à thalle en forme de lame et constitué de deux couches de cellules.

\* Terme normalisé au Canada.

◊ LAROG*1982*10**10522, NQ8070*1995***75

**lame**      n. f.

*(Algoculture)*

Thalle mince et allongé de certaines algues rouges, brunes et vertes.

◊ GAYR*1975***13, ROBER*1986*5**928

**lamelle**      n. f.

*(Conchyliculture - Anatomie et physiologie)*

Une des plaques minces des branchies d'un mollusque bivalve.

◊ ROBER*1986*2**155, MUS*1981***434

**lamelle branchiale**      n. f.

*(Pisciculture - Anatomie et physiologie)*

Partie de la branchie des poissons comportant les capillaires sanguins bordés de deux parois épithéliales minces, et au niveau de laquelle s'effectuent les échanges respiratoires.

◊ LAROG*1982*6**6101, PATH*1985***24

**lamellibranche**
voir bivalve

**Lamellibranches**
voir bivalves

**lamellibranches**
voir bivalves

**sea lettuce ***
*Ulva lactuca*

*(Algal Culture - Aquaculture Species)*

A genus of green seaweeds of the family Ulvaceae having a thin flat edible thallus that resembles a lettuce leaf and is two cells thick.

\* Recommended term in Canada.

◊ WEBIN*1986***2480, NQ8070*1995***75

**blade**

*(Algal Culture)*

Flattened, elongate thallus found in some red, brown and green algae.

◊ PHYT*1978***495

**lamella 2 ***

*(Mollusc Culture - Anatomy and Physiology)*

One of the thin plates composing the gills of a bivalve mollusc.

\* Plural: lamellae

◊ WEBIN*1986***1266, LAFRE*1984***515

**lamella 1 ***
gill lamella

*(Fish Farming - Anatomy and Physiology)*

A thin-walled, blood-filled, visibly red filament on a fish's gills which takes up oxygen from the water.

\* Plural: lamellae

◊ LAFRE*1984***513-514, LANAQ*1992***212, PILLA*1990***197, INZOO*1974***473

**laminaire**                      n. f.
  *Laminaria*

*(Algoculture - Espèces aquacoles)*

Algue marine brune de l'ordre des laminariales, commune dans les mers froides, constituée d'une fronde en forme de lame, d'une tige cylindrique ou stipe et de crampons qui la fixent au substrat.

◊ CILFO*1989***276, LAROG*1982*6**6104

*Laminaria*
  voir laminaire

**langouste \***                 n. f.

*(Crustaciculture - Espèces aquacoles)*

Crustacé décapode de la famille des palinuridés qui se distingue du homard par sa première paire de pattes dépourvues de pinces et par sa carapace dure et épineuse.

\* Terme normalisé au Canada.

◊ LAROG*1982*6**6123, GPP*1985***3:61, NQ8070*1995***57

**larve**                          n. f.

*(Biologie - Croissance et nutrition)*

Forme immature d'un animal à l'issue de la phase embryonnaire et dont la structure doit subir des transformations profondes pour devenir un adulte.

◊ GPP*1985***G4, CILFO*1989***278

**larve « D »**                 n. f.

*(Conchyliculture - Croissance et nutrition)*

Stade pendant lequel la véligère d'un mollusque bivalve est caractérisée par une coquille redressée d'un côté.

**laminaria**
  kelp 2                     colloq.
  *Laminaria*

*(Algal Culture - Aquaculture Species)*

Any kelp of the order Laminariales found in cool waters, comprising chiefly perennial kelps with an unbranched cylindrical or flattened stipe and a smooth or convoluted blade that is either simple or deeply incised into segments.

◊ WEBIN*1986***1267, LANAQ*1992***145

**spiny lobster \***
  rock lobster \*

*(Crustacean Farming - Aquaculture Species)*

A decapod crustacean of the family Palinuridae that is distinguished from the true lobster by the simple unenlarged first pair of legs and by the spiny carapace.

\* Recommended term in Canada.

◊ WEBIN*1986***2197, NQ8070*1995***57

**larva \***

*(Biology - Growth and Nutrition)*

An immature form of an animal that, at hatching, is fundamentally unlike its parent and must undergo change of appearance or pass through a metamorphic stage to reach the adult state.

\* Plural: larvae

◊ WEBIN*1986***1273, PIPFI*1986***486

**" D " stage**
  straight-hinge stage
  V. s. straight hinge stage

*(Mollusc Culture - Growth and Nutrition)*

Stage in which the veliger of a bivalve mollusc develops with one of the shell sides straightened.

◊ LANAQ*1992***165

**larve de chironome**     n. f.
    larve de chironomide     n. f.

*(Croissance et nutrition)*

Larve d'un insecte ressemblant à un moustique. Elle est aquatique et sert de nourriture à certaines espèces de poissons, telles que la carpe.

Voir aussi **amphibiotique, poisson amphibiotique**

◊ LAROG*1982*2**574, AQUAC*1986*2**574

**larve de chironomide**
    voir larve de chironome

**larve de poisson**     n. f.

*(Pisciculture - Croissance et nutrition)*

Poisson à l'état de larve.

◊ AQUAC*1986*1**202, 204

**larve leptocéphale**     n. f.
    leptocéphale     n. m.

*(Pisciculture - Croissance et nutrition)*

Larve foliacée et transparente des anguilliformes qu'une métamorphose très apparente transforme ensuite en civelle.

◊ LAROG*1982*6**6233

**larve nageuse**     n. f.

*(Biologie - Croissance et nutrition)*

Larve d'un animal aquatique, capable de nager (p. ex. larve véligère d'un mollusque).

◊ AQUAC*1986*1**297, BOUGOC*1976***257

**larve nauplius**
    voir nauplius

**larve sauvage**     n. f.
*(Biologie - Croissance et nutrition)*

Larve prélevée dans la nature.

---

**chironomid larva**

*(Growth and Nutrition)*

The larva of a small two-winged insect, which is aquatic and serves as food for certain species of fish, such as carp.

See also **amphibiotic**

◊ PILLA*1990***225, WEBIN*1986***392

**fish larva**
    larval fish

*(Fish Farming - Growth and Nutrition)*

Fish in its larval stage.

◊ SETRO*1985***40, PILLA*1990***119, LANAQ*1992***260

**leptocephalus larva**
    V. s. leptocephalous larva
    leptocephalus *

*(Fish Farming - Growth and Nutrition)*

A leaf-shaped transparent larva of various eels that metamorphoses into elvers.

* Plural: leptocephali

◊ SUBIO*1988***418, LANAQ*1992***244

**free-swimming larva**
    swimming larva

*(Biology - Growth and Nutrition)*

Larva of an aquatic animal that is not attached and is able to swim about (e.g. the veliger larva of a mollusc).

◊ WEBIN*1986***907, MEINV*1991***245

**wild larva**
*(Biology - Growth and Nutrition)*

Larva collected from nature.

| larve trochophore | n. f. |
| V. o. larve trocophore | n. f. |
| trochophore | n. f. |
| V. o. trocophore | n. f. |
| trochosphère | n. f. |
| V. o. trocosphère | n. f. |

*(Biologie - Croissance et nutrition)*

Larve nageuse en forme de toupie de nombreux groupes d'invertébrés (tels que les mollusques), caractérisée par deux couronnes ciliées, une bouche latérale et un anus distal.

◊ CILFO*1989***478

**larve trocophore**
voir larve trochophore

| larve véligère | n. f. |
| stade véligère | n. m. |
| véligère | n. f. |

*(Conchyliculture - Croissance et nutrition)*

Larve des mollusques caractérisée par une coquille dorsale et un voile muni de cils, le velum, et qui succède dans la plupart des cas à la larve trochophore.

◊ ROBER*1986*9**664

**larves nauplius d'*Artemia***
voir nauplii d'*Artemia*

**lavage à contre-courant**
voir lavage d'un filtre

| lavage d'un filtre | n. m. |
| lavage à contre-courant * | n. m. |

*(Eau - Traitement et filtration)*

Opération de lavage d'un filtre avec de l'eau, ou de l'air et de l'eau, qui consiste à inverser le sens du courant.

* Terme normalisé par l'ISO.

◊ AQUAC*1986*1**92

**leptocéphale**
voir larve leptocéphale

**trochophore**
V. s. trocophore
trochophore larva
V. s. trocophore larva
trochophore stage
V. s. trocophore stage

*(Biology - Growth and Nutrition)*

A free-swimming larva characteristic of various aquatic invertebrates (as molluscs) in typical cases having a bilaterally symmetrical ovoid or pyriform body with an equatorial preoral circlet of cilia, a mouth and an anal opening.

◊ WEBIN*1986***2450

**veliger**
veliger larva
veliger larva stage
veliger stage

*(Mollusc Culture - Growth and Nutrition)*

A larval mollusc in the stage when it has developed the velum.

**OBS**

Most (gastropod) larvae pass through the trochophore stage before hatching and enter the water as free-swimming veligers.

◊ WEBIN*1986***2538, LANAQ*1992***165-166

**backwashing ***

*(Water - Treatment and Filtration)*

The operation of cleaning a filter with water, or with air and water, by reversing the direction of flow.

* Term standardized by ISO.

◊ LANAQ*1992***87-88

**lernaeose** n. f.
    lernéose     n. f.

*(Pisciculture - Pathologie et prédateurs)*

Chez les poissons d'eau douce, maladie causée par les espèces du genre *Lernaea* composées de copépodes parasites.

◊ PATH*1985***142, 144, 223

**lernaeosis**
    anchor worm disease

*(Fish Farming - Pathology and Predators)*

A disease in freshwater fish caused by species of the genus *Lernaea* which consist of parasitic copepods.

◊ PILLA*1990***209, WEBIN*1986***1296, LANAQ*1992***125

**lernéose**
    voir lernaeose

**lésion** n. f.

*(Pathologie et prédateurs)*

Modification de la structure normale d'une partie de l'organisme.

◊ ROBER*1986*5**1007, PATH*1985***257, 276

**lesion**

*(Pathology and Predators)*

An abnormal change in the structure of an organ or part.

◊ WEBIN*1986***1296, PILLA*1990***202

**LH**
    voir hormone lutéinisante

**LH-RH**
    voir gonadolibérine

**LH-RH de synthèse**
    voir gonadolibérine de synthèse

**libération**
    voir lâcher 1

**libérer**
    voir lâcher 2

**lieu de fraie**
    voir frayère

**lieu de fraye**
    voir frayère

**lieu de ponte**
    voir frayère

**lieu de reproduction**
    voir aire de reproduction

**ligne latérale**                         n. f.

*(Pisciculture - Anatomie et physiologie)*

Rangée d'organes sensitifs et microscopiques située sur chaque flanc des poissons, habituellement comprise dans un mince tube intérieur qui communique avec l'extérieur par l'intermédiaire de pores placées entre les écailles ; elle permet à l'animal de percevoir les courants, le mouvement des vagues et les vibrations sonores à basse fréquence.

◊ GPP*1985***G4

**lignée 1**                              n. f.

*(Reproduction et génétique)*

Groupe de filiation dont tous les membres sont considérés comme descendants d'un ancêtre commun auquel il est possible de remonter par une suite ininterrompue de générations.

◊ CILFG-32*1992***173-174

**lignée 2**
  voir lignée pure

**lignée consanguine**
  voir lignée pure

**lignée fixée**
  voir lignée pure

**lignée pure ***                         n. f.
  lignée 2                                 n. f.
  lignée consanguine                       n. f.
  lignée fixée                             n. f.

*(Reproduction et génétique)*

Ensemble d'individus à taux de consanguinité élevé et d'une grande homogénéité génotypique et phénotypique car ils sont homozygotes à tous leurs locus.

* Selon le *Dictionnaire de génétique (avec index anglais-français)* publié par le Conseil international de la langue française, ce terme est une expression redondante destinée à préciser que le terme *lignée* est bien utilisé dans sa deuxième acception.

◊ CILFG-32*1991***174, CAPQ-2*1992***38, 40

**limivore**
  voir animal limivore

**lateral line**

*(Fish Farming - Anatomy and Physiology)*

Longitudinal line on each side of the body in fishes which marks the position of cutaneous sensory cells of the acoustico-lateralis system concerned with the perception of movement and sound waves in water.

◊ HENBI*1989***279

**line 1**

*(Reproduction and Genetics)*

A succession of ancestors or descendants of an individual.

◊ WEBIN*1986***1314

**pure line**
  inbred line
  V. s. I-line
  line 2

*(Reproduction and Genetics)*

A strain of an organism that is homozygous because of continued inbreeding.

◊ KIGEN*1985***320, PILLA*1990**170, 171

**limnivore**
> voir *animal limivore*

**limon** n. m.

*(Eau - Milieu de culture)*

Fraction du sol consistant en particules d'un diamètre équivalent de 0,05 à 0,002 mm.
◊ LAROG*1982*6**6308

**lipide** n. m.

*(Croissance et nutrition)*

Corps gras renfermant un acide gras ou un dérivé d'acide gras (ester, alcool, aldéhyde gras). Les lipides comprennent les graisses proprement dites, les esters des acides gras et les lipoïdes.
◊ ROBER*1986*6**15, CAPQ-5*1992***20

**liquide séminal**
> voir *sperme*

**lit bactérien**
> voir *biofiltre*

**lit de gravier** n. m.

*(Pisciculture - Reproduction et génétique)*

Portion du fond d'un plan d'eau (p. ex. une rivière) couverte de gravier et susceptible d'être utilisée par certains poissons pour frayer.

Voir aussi **frayère, nid (de salmonidés)**
◊ GESPI*1985***178, Q2721*1993***113

**lit fluidisé *** n. m.

*(Eau - Traitement et filtration)*

Lit de petites particules maintenues en suspension par un courant ascendant de liquide, de gaz ou de liquide et de gaz.

* Terme normalisé par l'ISO.

**lit percolateur**
> voir *biofiltre*

**silt**

*(Water - Culture Medium)*

A soil separate consisting of particles between 0.05 and 0.002 mm in equivalent diameter.
◊ BT-197*1990***577

**lipid**

*(Growth and Nutrition)*

Any of a group of substances that are insoluble in water, but which can be dissolved in nonpolar solvents such as alcohols and ether. Lipids include fatty acids, fats, waxes and other compounds.
◊ LANAQ*1992***134

**gravel bed**

*(Fish Farming - Reproduction and Genetics)*

A gravel area at the bottom of a body of water (e.g. river) that may be used by certain fish for spawning.

See also **spawning area, redd**
◊ LANAQ*1992***240, WEBCO*1987***139

**fluidized bed ***
> Abbr. FB

*(Water - Treatment and Filtration)*

A bed of small particles freely suspended by an upward flow of liquid, gas or combined liquid and gas.

* Term standardized by ISO.

**littoral** n. m.
 côte n. f.

*(Eau)*

Zone de contact entre la terre et la mer.

◊ PEROB*1996***1294

**locus *** n. m.

*(Reproduction et génétique)*

Position précise d'un gène sur un chromosome.

* Pluriel : loci ou locus (pluriel invariable)
◊ PARSE*1990***318

**longueur à la fourche** n. f.

*(Pisciculture)*

Distance entre le bout du museau et l'extrémité du rayon central de la nageoire caudale.

◊ AMEN*1980***178

**longueur totale** n. f.

*(Pisciculture)*

Distance du bout du museau jusqu'à l'extrémité de la queue d'un poisson.

**lymphocyte** n. m.

*(Reproduction et génétique)*

Leucocyte mononucléé de petite taille, à cytoplasme réduit, présent dans le sang, la moëlle osseuse hématopoïétique et les tissus lymphoïdes.

**OBS**

Les lymphocytes jouent un rôle important dans l'immunité.

◊ LAROG*1982*6**6470

**lymphocyte B** n. m.

*(Reproduction et génétique)*

Lymphocyte se différenciant dans les tissus lymphoïdes périphériques et la moëlle osseuse.

**shoreline**
 coastal area

*(Water)*

The narrow strip or area along which the land surface meets the water surface of a lake, sea or ocean.

◊ IWATE*1981***338

**locus ***

*(Reproduction and Genetics)*

The position on a chromosome occupied by a specified gene.

* Plural: loci
◊ SCITF*1988***531

**fork length**

*(Fish Farming)*

Length of fish measured from the tip of snout to the fork of the caudal fin.

◊ PIPFI*1986***481

**total length**

*(Fish Farming)*

The distance from the most anterior point to the most posterior tip of the fish tail.

◊ PIPFI*1986***498

**lymphocyte**

*(Reproduction and Genetics)*

A mononuclear, white blood cell with a round nucleus, present in lymph nodes, spleen, thymus, bone marrow, and blood.

**OBS**

Lymphocytes participate in the immune response.

◊ KIGEN*1985***225

**B cell**
 B lymphocyte
 V. s. B-lymphocyte

*(Reproduction and Genetics)*

A lymphocyte that matures within a microenvironment of the bone marrow in mammals.

**OBS**

Les lymphocytes B fabriquent des anticorps ; ils sont donc responsables de la réponse immunitaire à médiation humorale.

◊ CILFG-32*1991***176, PATH*1985***32

**lymphocyte T**　　　　　　　　n. m.

*(Reproduction et génétique)*

Lymphocyte se différenciant dans le thymus et intervenant dans la réponse immunitaire à médiation cellulaire.

◊ CILFG-32*1991***176, PATH*1985***32

**OBS**

After contact with antigen, B cells proliferate and differentiate into antibody-secreting plasma cells.

◊ KIGEN*1985***225, LANAQ*1992***319

**T cell**
　　T lymphocyte

*(Reproduction and Genetics)*

A lymphocyte that matures within a microenvironment of the thymus gland.

**OBS**

Upon antigenic stimulation, these cells secrete lymphokines that affect the activity of other host cells rather than interacting directly with antigens.

◊ KIGEN*1985***225, LANAQ*1992***319

**macro-algue**
　　voir macroalgue

**macroalgue**　　　　　　　　n. f.
　　V. o. macro-algue　　　　n. f.

*(Algoculture - Espèces aquacoles)*

Algue visible à l'œil nu. Les algues cultivées se classent dans trois phylums : les chlorophytes (algues vertes), les phaéophytes (algues brunes) et les rhodophytes (algues rouges).

Voir aussi **microalgue, algues brunes, algues vertes, algues rouges**

◊ CUPER*1992***521

*Macrobrachium rosenbergii*
　　voir chevrette

**macroalga ***
　　V. s. macro-alga
　　seaweed

*(Algal Culture - Aquaculture Species)*

An alga that can be seen with the naked eye. Cultured algae fall into three major phyla: the chlorophytes (green algae), the phaeophytes (brown algae), and the rhodophytes (red algae).

* Plural: macroalgae

See also **microalga, brown algae, green algae, red algae**

◊ LANAQ*1992***329

**macronutriment**      n. m.

*(Croissance et nutrition)*

Nutriment organique qui possède une valeur énergétique et doit être absorbé en grande quantité.

**OBS**

L'azote, le phosphore et la silice sont les macronutriments nécessaires à la croissance de certaines cellules algales.

Voir aussi **micronutriment**

◊ LAROG*1982*6**6513

**macrophyte**      n. m.

*(Croissance et nutrition - Milieu de culture)*

Grande plante aquatique flottante ou à racine.

**macroplancton**      n. m.

*(Croissance et nutrition - Milieu de culture)*

Plancton dont les éléments ne mesurent pas moins de quelques millimètres.

Voir aussi **microplancton**

◊ ROBER*1986*6**131, CILFO*1989***289

**mactre d'Amérique ***      n. f.
     mactre d'Atlantique      n. f.
     mactre solide      n. f.
     *Spisula solidissima*

*(Conchyliculture - Espèces aquacoles)*

Bivalve marin de la famille des mactridés trouvé sur la côte nord-ouest de l'Atlantique.

* Terme normalisé au Canada.

◊ NQ8070*1995***63, LAROG*1982*6**6514

**mactre d'Atlantique**
     voir mactre d'Amérique

**mactre solide**
     voir mactre d'Amérique

**macronutrient**

*(Growth and Nutrition)*

A chemical element of which relatively large quantities are essential to the growth and welfare of an organism.

**OBS**

Nitrogen, phosphorus and silica are considered the macronutrients required for the growth of some algal cells.

See also **micronutrient**

◊ WEBIN*1986***1355, LANAQ*1992***335

**macrophyte**

*(Growth and Nutrition - Culture Medium)*

A large aquatic plant, rooted or floating.

◊ FISFA*1988***392, PILLA*1990***92

**macroplankton**

*(Growth and Nutrition - Culture Medium)*

Macroscopic plankton comprising the larger planktonic organisms.

See also **microplankton**

◊ WEBIN*1986***1355, PILLA*1990***286

**surfclam ***
     V. s. surf clam
     bar clam
     *Spisula solidissima*

*(Mollusc Culture - Aquaculture Species)*

A clam of the family Mactridae found along the north-western Atlantic coast.

* Recommended term in Canada.

◊ COLD*1995***347, NQ8070*1995***63

| madeleineau * | n. m. |
|---|---|
| unibermarin | n. m. |
| saumon unibermarin | n. m. |
| castillon | n. m. [FR] |

*(Salmoniculture - Croissance et nutrition)*

Saumon mature qui a passé un hiver en mer.

* Terme utilisé pour le saumon atlantique.

◊ AQUAC*1986*2**621, LAROG*1982*9**9356

**grilse**

one-sea-winter salmon
V. s. 1-sea-winter salmon
first-sea-year salmon
V. s. 1-sea-year salmon
1-sea-year winter salmon
first-sea-winter salmon
jack *

*(Salmonid Farming - Growth and Nutrition)*

A salmon that is mature after one winter at sea.

* Term used for a one-sea winter Pacific salmon.

◊ FISFA*1988***390, LANAQ*1992***265-266

**malacologie** n. f.

*(Conchyliculture - Terminologie générale)*

Étude scientifique des mollusques.

◊ LAROG*1982*6**6567, ARECO*1976***302

**malacology**

*(Mollusc Culture - General Terminology)*

A branch of zoology dealing with molluscs.

◊ WEBIN*1986***1365

**malacostracé** n. m.

*(Crustaciculture - Biologie)*

Crustacé de la sous-classe des malacostracés.

Voir aussi **malacostracés**

◊ LAROG*1982*6**6567

**malacostracan**

*(Crustacean Farming - Biology)*

A crustacean of the subclass Malacostraca.

See also **Malacostraca**

◊ WEBIN*1986***1365

| **malacostracés** | n. m. pl. |
|---|---|
| V. o. Malacostracés | n. m. pl. |

*(Crustaciculture - Biologie)*

Sous-classe de crustacés de grande taille et évolués, caractérisés par un thorax de huit segments et un abdomen de six segments.

**OBS**

La langouste, le homard, la langoustine et la crevette sont des malacostracés.

◊ CILFO*1989***292

**Malacostraca** n. pl.

*(Crustacean Farming - Biology)*

A major subclass of Crustacea having a thorax of eight segments and an abdomen of no more than six segments such as lobsters, crabs and shrimps.

◊ WEBIN*1986***1365

**Malacostracés**

voir malacostracés

**maladie bactérienne** n. f.

*(Pathologie et prédateurs)*

Maladie résultant d'une infection bactérienne.

Voir aussi **infection bactérienne**

**bacterial disease**

*(Pathology and Predators)*

A disease resulting from a bacterial infection.

See also **bacterial infection**

**maladie bactérienne du rein**     n. f.
    corynébactériose     n. f.

*(Salmoniculture - Pathologie et prédateurs)*

Chez les salmonidés, maladie causée par *Renibacterium salmoninarum*, provoquant la mortalité et se manifestant par une altération prononcée du rein, caractérisée par des lésions granuleuses.

◊ PATH*1985***107

**maladie branchiale**     n. f.

*(Pisciculture - Pathologie et prédateurs)*

Chez les poissons, infection des branchies provoquée par des bactéries de différentes espèces (p. ex. des souches apparentées au genre *Flavobacterium*) et qui semble être conditionnée par des facteurs d'environnement assez importants.

◊ PATH*1985***103, 97, 107

**maladie contagieuse**     n. f.
*(Pathologie et prédateurs)*

Maladie transmissible entre hôtes.

**maladie d'Hitra**
    voir vibriose en eau froide

**maladie de l'eau froide**     n. f.
    maladie du pédoncule     n. f.
*(Pisciculture - Pathologie et prédateurs)*

Maladie causée par une myxobactérie *(Cytophaga psychrophila)* et caractérisée par des altérations de la nageoire adipeuse et du pédoncule caudal.

◊ PATH*1985***22, 116

**maladie des bulles de gaz**
    voir embolie gazeuse

**maladie des taches blanches**
    voir ichtyophtiriose

**bacterial kidney disease**
    Abbr. BKD
    corynebacterial kidney disease
    Dee's disease
    kidney disease

*(Salmonid Farming - Pathology and Predators)*

A disease of salmonids caused by *Renibacterium salmoninarum* which causes mortality and manifests itself as a chronic systemic condition with characteristic granulomatous foci in the kidney.

◊ PIPFI*1986***472, JOUAQ*1991*3**23

**bacterial gill disease**
    Abbr. BGD
*(Fish Farming - Pathology and Predators)*

An infection of the gills of fish caused by one or more species of filamentous bacteria, including *Flavobacterium* species, and which is usually associated with unfavorable environmental conditions.

◊ PILLA*1990***197, ROTSA*1986***107

**contagious disease**
*(Pathology and Predators)*

A disease that can be transmitted between hosts.

◊ PIPFI*1986***485

**cold-water disease**
    peduncle disease
*(Fish Farming - Pathology and Predators)*

A chronic, necrotic disease of the fins, primarily the caudal fin, caused by a myxobacteria (commonly *Cytophaga psychrophila*) into fin and caudal peduncle tissue of an unhealthy fish.

◊ PIPFI*1986***491, ROTSA*1986***80

**maladie du chou-fleur**    n. f.
    stomatopapillome    n. f.

*(Pisciculture - Pathologie et prédateurs)*

Chez les anguilles, maladie provoquant l'apparition d'une tumeur dans la cavité buccale et d'autres parties de la tête et causant une perte de poids et, à la longue, la mort.

◊ PATH*1985***84, 85

**maladie du pédoncule**
    voir maladie de l'eau froide

**maladie du sac bleu**    n. f.

*(Pisciculture - Pathologie et prédateurs)*

Forme d'hydropsie qui se caractérise par la coloration bleu-gris du sac vitellin due au contact des œufs ou des alevins avec des eaux contenant un excès d'azote gazeux (pouvant être attribuable à un mauvais fonctionnement des pompes).

◊ AQEX-F*1989***42

**maladie virale**    n. f.

*(Pathologie et prédateurs)*

Maladie résultant d'une infection virale.

Voir aussi **infection virale**

◊ PATH*1985***117, 243

**mâle mature**    n. m.

*(Reproduction et génétique)*

Individu mâle capable de se reproduire.

Voir aussi **femelle mature**

**mâle mûr**    n. m.

*(Reproduction et génétique)*

Individu mâle contenant des spermatozoïdes parvenus à maturité.

Voir aussi **femelle mûre**

◊ HUET*1970***275

*Mallotus villosus*
    voir capelan

**cauliflower disease**
    stomatopapilloma

*(Fish Farming - Pathology and Predators)*

A disease which occurs in eels and results in a tumor overgrowing the mouth and parts of the head, eventually leading to loss of weight and death.

◊ LANAQ*1992***118

**blue-sac disease**

*(Fish Farming - Pathology and Predators)*

A form of dropsy in which the yolk sac is visible as a blue-grey coloration caused by exposure of developing eggs or fry to waters containing too much nitrogen gas (which can be due to pump malfunction).

◊ AQEX-E*1989***38-39, ROTSA*1986***98

**viral disease**

*(Pathology and Predators)*

A disease resulting from a viral infection.

See also **viral infection**

**mature male**

*(Reproduction and Genetics)*

A male individual that has the ability to reproduce.

See also **mature female**

**ripe male**

*(Reproduction and Genetics)*

A male individual containing fully developed spermatozoa.

See also **ripe female**

◊ WEBIN*1986***1960, PILLA*1990***163

mangrove                          n. f.

*(Eau - Milieu de culture)*

Ensemble des formations végétales colonisant des atterrissements intertidaux, marins ou fluviaux, périodiquement submergés par la marée saline.

◊ KINEC*1978***82

manomètre différentiel            n. m.

*(Installations - Eau)*

Manomètre permettant de mesurer deux pressions (p. ex. l'accroissement de la perte de charge à travers les filtres).

◊ INDUS*1986***227

manteau                           n. m.
  pallium                         n. m.

*(Conchyliculture - Anatomie et physiologie)*

Chez les mollusques, repli différencié du tissu tégumentaire qui recouvre la masse viscérale et synthétise les couches calcaires de la coquille externe.

◊ CILFO*1989***294

marais                            n. m.
  *(Eau)*

Eau stagnante de faible profondeur, envahie par la végétation aquatique.

◊ ARECO*1976***302

marais littoral
  voir marais salé

marais maritime
  voir marais salé

marais salant                     n. m.
  saline                          n. f.

*(Ostréiculture - Milieu de culture)*

Espace littoral aménagé pour la production du sel marin par évaporation naturelle.

mangrove

*(Water - Culture Medium)*

A tidal salt marsh community dominated by trees and shrubs. If cleared for pond construction, the underlying soil is usually found to be strongly acidic.

◊ WICRU*1992***375

differential manometer
  differential-pressure gauge
  V. s. differential pressure gauge

*(Facilities - Water)*

A pressure-measuring device that relates the difference in the pressure before and after the restriction (e.g. pump, filter).

◊ LANAQ*1992***81

mantle
  pallium

*(Mollusc Culture - Anatomy and Physiology)*

A fold of skin in a mollusc that is found on the dorsal side of the animal and that secretes the calcified shell.

◊ LANAQ*1992***165

marsh
  *(Water)*

A transitional land-water area, covered at least part of the time by estuarine or coastal waters, and characterized by aquatic and grasslike vegetation.

◊ LASTE*1989***1150

salt works                        n. s. or pl.
  V. s. saltworks                 n. s. or pl.
  brine field

*(Oyster Culture - Culture Medium)*

A facility where salt is made on a commercial scale (as by extraction from seawater or the brine of salt springs).

**OBS**

Les anciens marais salants servent parfois pour l'affinage des huîtres.

◊ CILFO*1989***295, AQEX-F*1989***22

**marais salé** n. m.
    marais littoral n. m.
    marais maritime n. m.

*(Eau)*

Terres basses, traversées par des chenaux entrelacés et des dépressions marécageuses, généralement submergées par la marée haute.

◊ OLFEB*1981***295

**marée rouge**
    voir eaux rouges

**marées rouges**
    voir eaux rouges

**marégraphe** n. m.

*(Installations - Eau)*

Appareil enregistrant automatiquement les variations du niveau de la mer en un point donné.

◊ LAROG*1982*7**6653

**maricole** adj.

*(Élevage/culture - Terminologie générale)*

Qui relève de la mariculture.

Voir aussi **mariculture**

**mariculteur** n. m.
    maricultrice n. f.

*(Élevage/culture - Terminologie générale)*

Celui ou celle qui pratique la mariculture.

Voir aussi **mariculture**

◊ AQUAC*1986*2**600

**OBS**

This facility is sometimes used for the growout of oysters.

◊ WEBIN*1986***2006

**saltmarsh**
    V. s. salt marsh
    saltwater marsh
    tidal marsh

*(Water)*

Areas near the sea that are alternatively flooded and drained by tidal action.

◊ IVAQU*1992***277

**tide gauge 2**
    V. s. tide gage 2
    automatic tide gauge
    V. s. automatic tide gage
    marigraph *

*(Facilities - Water)*

A self-registering tide gauge that records the heights of the tides.

* Less frequent.

◊ LASTE*1989***1932

**sea-farming** adj.
    salt-water farming adj.
    marine-farming adj.

*(Farming/Culture - General Terminology)*

Related to marine culture.

See also **mariculture**

**marine farmer**
    mariculturist

*(Farming/Culture - General Terminology)*

A person that practices marine culture.

See also *mariculture*

◊ COLD*1995***40

**maricultrice**
voir mariculteur

**mariculture**      n. f.

*(Types d'aquaculture)*

Terme général désignant la culture ou l'élevage d'organismes en milieu marin.

Voir aussi **potamoculture**

◊ LAROG*1982*7**6663, CILFG-6*1983***186, AQUAC*1986*2**1013

**mariculture**
marine culture
marine farming
sea farming

*(Aquaculture Types)*

General term relating to the culture of organisms in brackish water or seawater.

See also **freshwater culture**

◊ IVAQU*1992***275, LANAQ*1992***3

**marigane noire ***      n. f.
perche argentée      n. f.
*Pomoxis nigromaculatus*

*(Pisciculture - Espèces aquacoles)*

Poisson de la famille des centrarchidés, trouvé presque partout dans les eaux tempérées de l'Amérique du Nord.

* Terme normalisé au Canada.

◊ GPP*1985***3:70, NQ8070*1995***24

**black crappie ***
calico      colloq.
calico bass      colloq.
*Pomoxis nigromaculatus*

*(Fish Farming - Aquaculture Species)*

A fish of the family Centrarchidae found in almost every part of temperate North America.

* Recommended term in Canada.

◊ FRESH*1992***71, NQ8070*1995***24

**marqueur**
voir marqueur génétique

**marqueur génétique**      n. m.
marqueur      n. m.

*(Reproduction et génétique)*

Caractère phénotypique facilement détectable et à déterminisme génétique simple.

◊ CILFG-32*1991***180

**genetic marker**
marker

*(Reproduction and Genetics)*

A gene, whose phenotypic expression is usually easily discerned, used to identify an individual or a cell that carries it, or as a probe to mark a nucleus, chromosome, or locus.

◊ KIGEN*1985***155

**masculinisation**      n. f.

*(Pisciculture - Reproduction et génétique)*

Modification du sexe d'un poisson femelle (à l'éclosion) par des hormones ou des moyens génétiques.

**masculinization**
V. s. masculinisation      [UK]

*(Fish Farming - Reproduction and Genetics)*

The modification of gender of a female fish (at hatching) by hormonal or genetic means.

OBS

Par exemple, l'administration d'hormones androgéniques provoque le développement de testicules et de caractères sexuels masculins.

Voir aussi **féminisation**

◊ CAPQ-2*1992***47

**massage abdominal**
  voir extraction par pression abdominale

**matière organique**          n. f.
  substance organique          n. f.

*(Eau - Milieu de culture)*

Ensemble des produits d'origine biologique provenant des débris végétaux, des déjections et des cadavres d'animaux.

◊ PARSE*1990***332

**matière polluante**
  voir polluant

**matières en suspension ***          n. f. pl.
  Abrév. MES

*(Eau)*

Matières solides diverses en suspension dans un liquide et susceptibles d'être séparées de celui-ci par décantation, filtration ou centrifugation.

* Terme normalisé par l'ISO.

◊ PATH*1985*336, ARECO*1976***51

**matières solides totales ***          n. f. pl.
  *(Eau)*

Ensemble des matières solides dissoutes et en suspension dans une eau.

* Terme normalisé par l'ISO.

◊ PARSE*1990***332

OBS

For example, the administration of androgens produces fish with testes and male sexual characters.

See also **feminization**

◊ FISFA*1988***392

**organic matter**
  organic material

*(Water - Culture Medium)*

Material derived from living or dead animals and plants, molecules making up the organisms being based on carbon, the other principle elements being oxygen and hydrogen.

◊ SUBIO*1988***206

**suspended solids ***          n. pl.
  Abbr. SS
  suspended matter

*(Water)*

Solids maintained in suspension which make water cloudy or opaque; includes organic wastes, inorganic materials, dead animals and plant life.

* Term standardized by ISO.

◊ FISFA*1988***395

**total solids ***          n. pl.
  *(Water)*

All of the solids in the water, including dissolved, suspended, and settleable components.

* Term standardized by ISO.

◊ PIPFI*1986***499

**maturation des gonades**     n. f.
    développement des gonades     n. m.

*(Reproduction et génétique)*

Phase pendant laquelle les gonades se transforment pour devenir matures.

◊ AQUAC*1986*1**473, SOMOL*1992***83

**gonadal maturation**
    gonad maturation
    ripening of gonads
    gonad ripening

*(Reproduction and Genetics)*

Phase in which the gonads are in the process of maturing.

◊ LANAQ*1992***350, 366, PILLA*1990***404, COLD*1995***46

---

**maturation sexuelle**     n. f.

*(Reproduction et génétique)*

Phase pendant laquelle l'individu se transforme pour être capable de se reproduire.

**sexual maturation**

*(Reproduction and Genetics)*

Phase in which the individual is acquiring the ability to reproduce.

---

**maturité des gonades**     n. f.

*(Reproduction et génétique)*

État des gonades matures.

Voir aussi **gonade**

**gonadal maturity**

*(Reproduction and Genetics)*

The state of mature gonads.

See also **gonad**

---

**maturité sexuelle**     n. f.

*(Reproduction et génétique)*

Phase de maturité caractérisée par l'émission des gamètes et la capacité de reproduction.

◊ AQUAC*1986*1**19, 296, 395

**sexual maturity**

*(Reproduction and Genetics)*

Stage of maturity characterized by the release of gametes and the capacity to reproduce.

◊ WICRU*1992***375

---

**mauvais goût**     n. m.
    goût défectueux     n. m.

*(Terminologie générale)*

Goût de moisi, de vase ou autre que la chair des poissons élevés en étang acquiert et qui est causé par le milieu de culture.

**off-flavour**
    V. s. off-flavor

*(General Terminology)*

Environment-related flavors, like muddy or musty, permeating pond-raised fish.

◊ IVAQU*1992***274, LANAQ*1992***222

---

**mégalope**     n. f.
    stade mégalope     n. m.

*(Crustaciculture - Croissance et nutrition)*

Stade postlarvaire des crabes, succédant au dernier stade zoé, caractérisé par le complet développement des appendices.

Voir aussi **stade zoé**

◊ LAROG*1982*7**6801, CILFO*1989***306

**megalops stage**
    megalopa stage
    megalops
    megalopa

*(Crustacean Farming - Growth and Nutrition)*

A larva or larval stage following the zoea in the development of most crabs in which all of the appendages have appeared.

See also **zoea**

◊ WEBIN*1986***1404, MEINV*1991***464

**méiose** n. f.

*(Reproduction et génétique)*

Processus permettant la production de gamètes : ensemble de deux divisions cellulaires consécutives caractérisées par l'appariement et la ségrégation de chromosomes homologues (deux chromosomes d'une paire de chromosomes) et aboutissant à la production de gamètes haploïdes (qui possèdent chaque chromosome en un exemplaire).

◊ CAPQ-5*1992***58

**meiosis**
meiotic division

*(Reproduction and Genetics)*

A cell division which results in the formation of gametes. In most sexually reproducing organisms, the doubling of the gamete chromosome number which accompanies syngamy is compensated for by a halving of the resulting zygotic chromosome number at some other point during the life cycle. These changes are brought about by a single chromosomal duplication followed by two successive nuclear divisions.

◊ FISFA*1988***392, KIGEN*1985***235

**mélange alimentaire spécial**
voir aliment formulé

**mélange de minéraux**
voir mélange minéral

**mélange de vitamines**
voir mélange vitaminique

**mélange minéral** n. m.
mélange de minéraux n. m.
prémélange de minéraux n. m.

*(Croissance et nutrition)*

Mélange préparé de minéraux ajouté aux aliments pour les enrichir.

Voir aussi **mélange vitaminique**

◊ AQUAC*1986*1**232, 499, AQUAC*1986*2**552, CAPQ-5*1992***25

**mineral mix**
mineral premix

*(Growth and Nutrition)*

A prepared mixture of minerals which is added to fortify a feed.

See also **vitamin mix**

◊ LANAQ*1992***326

**mélange vitaminé**
voir mélange vitaminique

**mélange vitaminique** n. m.
mélange de vitamines n. m.
mélange vitaminé n. m.
prémélange vitaminique n. m.

*(Croissance et nutrition)*

Mélange préparé de vitamines synthétiques ajouté aux aliments pour les enrichir.

Voir aussi **mélange minéral**

◊ AQUAC*1986*1**499, 513, CAPQ-5*1992***20, 25, AQUAC*1986*2**552

**vitamin mix**
vitamin premix

*(Growth and Nutrition)*

A prepared mixture of synthetic vitamins which is added to fortify a feed.

See also **mineral mix**

◊ LAFRE*1984***520, LANAQ*1992***325, 326, PIPFI*1986***228

**membrane imperméable**
voir membrane synthétique

**membrane synthétique** n. f.
membrane imperméable n. f.

*(Installations - Élevage/culture)*

Mince toile de plastique ou de caoutchouc servant à l'imperméabilisation des parois ou du fond d'un étang.

◊ CAPQ-11*1992***13, 19

*Mercenaria mercenaria*
voir palourde américaine

**mérou** n. m.

*(Pisciculture - Espèces aquacoles)*

Poisson de la famille des serranidés du genre *Epinephelus* des eaux tropicales et tempérées chaudes.

◊ CILFO*1989***309

**MES**
voir matières en suspension

**métabolisme basal** n. m.

*(Anatomie et physiologie)*

Énergie minimale dépensée par un organisme au repos pour assurer ses fonctions vitales, p. ex. la respiration et les échanges ioniques.

**métamorphose** n. f.

*(Biologie - Croissance et nutrition)*

Passage de l'état larvaire au stade de juvénile chez de nombreux organismes marins (p. ex. les crustacés et les poissons).

◊ CILFO*1989***310

**méthode à boucles d'oreilles**
voir technique à boucles d'oreilles

**méthode humide**
voir fécondation par méthode humide

**méthode sèche**
voir fécondation par méthode sèche

**liner**
lining
pond liner

*(Facilities - Farming/Culture)*

A thin sheet of plastic or rubber placed on the bottom or sides of a pond to prevent leakage.

◊ PILLA*1990***27-28, LANAQ*1992***56

**grouper**

*(Fish Farming - Aquaculture Species)*

A fish of the family Serranidae of the genera *Epinephelus* found in warm seas.

◊ WEBIN*1986***1004, GACAN*1983***517

**basal metabolism**

*(Anatomy and Physiology)*

The minimum energy required by organisms at rest for vital functions, e.g. cellular exchanges, respiration, circulation, maintenance of osmotic pressure.

◊ AQUAC-E*1994***252

**metamorphosis**

*(Biology - Growth and Nutrition)*

The transformation from the larval to the juvenile stage in many marine organisms (e.g. crustaceans, fish).

◊ LANAQ*1992***167, 183

**méthyl-testostérone**
    voir méthyltestostérone

**méthyltestostérone**      n. m.
    V. o. méthyl-testostérone      n. m.
    17-alpha méthyltestostérone      n. m.
    V. o. 17-∂ méthyltestostérone      n. m.

*(Pisciculture - Reproduction et génétique)*

Androgène de synthèse utilisé à des fins de masculinisation ou de stérilisation.

◊ AQUAC*1986*2**541, CAPQ-2*1992***47

**methyltestosterone**
    V. s. methyl testosterone
    17-alpha methyltestosterone
    V. s. 17-∂ methyltestosterone

*(Fish Farming - Reproduction and Genetics)*

A synthetically prepared androgen used for masculinization or sterilization purposes.

◊ FISFA*1988***141, PILLA*1990***318,
    LANAQ*1992***262

**17-∂ méthyltestostérone**
    voir méthyltestostérone

**micro-algue**
    voir microalgue

**micro-organisme**
    voir microorganisme

**microalgue**      n. f.
    V. o. micro-algue      n. f.

*(Algoculture - Espèces aquacoles)*

Une des algues microscopiques unicellulaires qui forment de petites colonies avec des cellules similaires.

Voir aussi **macroalgue**

**microalga**
    V. s. micro-alga

*(Algal Culture - Aquaculture Types)*

Any one of thousands of microscopic algae that are single-celled or form small colonies of similar cells.

See also **macroalga**

**microflore**      n. f.

*(Croissance et nutrition - Milieu de culture)*

Ensemble des microorganismes qui vivent sur les tissus ou dans les cavités naturelles de l'organisme (p. ex. l'intestin des poissons).

◊ ROBER*1986*6**439, SOMOL*1992***7

**microflora**

*(Growth and Nutrition - Culture Medium)*

A small or strictly localized flora: the flora of a microhabitat (e.g. the intestines of fish).

◊ WEBIN*1986***1427, PILLA*1990***92

**micromarque codée**      n. f.

*(Installations - Élevage/culture)*

Petite marque métallique portant un code, implantée dans le cartilage nasal des salmonidés ou le tissu musculaire des crustacés.

**coded-wire tag**
    micro-wire tag

*(Facilities - Farming/Culture)*

A small length of magnetized steel wire, etched with a binary code and injected into the nasal cartilage of salmonids or the muscle tissue of crustaceans.

◊ WICRU*1992***376

**micronutriment** n. m.

*(Croissance et nutrition)*

Nutriment sans valeur énergétique (tel que les vitamines), dont l'absorption en petite quantité est nécessaire au fonctionnement enzymatique des cellules.

Voir aussi **macronutriment**

◊ LAROG*1982*7**6926

**micronutrient**

*(Growth and Nutrition)*

An organic compound (as a vitamin) essential in minute amounts only to the growth and welfare of an organism.

See also **macronutrient**

◊ WEBIN*1986***1428

**microorganisme** n. m.
   V. o. micro-organisme n. m.

*(Milieu de culture)*

Organisme vivant visible seulement au microscope ou à l'ultramicroscope, p. ex. les microorganismes bactériens (bactéries) ou animaux (protozoaires).

◊ ROBER*1986*6**441

**microorganism**
   V. s. micro-organism

*(Culture Medium)*

An organism of microscopic or ultramicroscopic size, especially bacteria and protozoa.

◊ WEBIN*1986***1428

**microplancton** n. m.

*(Croissance et nutrition - Milieu de culture)*

Plancton dont les éléments ne mesurent pas plus de quelques millimètres.

Voir aussi **macroplancton**

◊ ROBER*1986*6**441

**microplankton**

*(Growth and Nutrition - Culture Medium)*

Microscopic plankton.

See also **macroplankton**

◊ WEBIN*1986***1428

*Micropterus dolomieu*
   voir achigan à petite bouche

*Micropterus dolomieui*
   voir achigan à petite bouche

*Micropterus salmoides*
   voir achigan à grande bouche

**micropyle** n. m.

*(Pisciculture - Reproduction et génétique)*

Ouverture dans l'œuf où se fait l'entrée du spermatozoïde pour la fécondation.

◊ HUET*1970***116

**micropyle**

*(Fish Farming - Reproduction and Genetics)*

The opening in the egg through which the sperm enters to fertilize the egg.

◊ FISFA*1988***123

**miettes**
   voir aliment en miettes

**MIH**
   voir hormone inhibitrice de la mue

**milieu d'élevage**
   voir milieu de culture

milieu de culture      n. m.
    milieu d'élevage      n. m.

*(Terminologie générale)*

Environnement dans lequel est pratiqué l'élevage des animaux et plantes aquatiques.

◊ AQUAC*1986*1**6, 16, AQUAC*1986*2**650, 794, 1047, BOUGOC*1976***280, CUPER*1992***118

mise à sec
    voir assec

mise en assec
    voir assec

mise en valeur      n. f.

*(Terminologie générale)*

Ensemble des activités menées par les pouvoirs publics pour élever des poissons (généralement des salmonidés) en vue du repeuplement ou pour améliorer leur habitat de façon à augmenter la productivité d'un bassin versant.

◊ AQUAC*1986*2**963, AQEX-F*1989***13

mitose      n. f.

*(Reproduction et génétique)*

Division cellulaire de la plupart des cellules eucaryotes aboutissant à la formation de deux cellules génétiquement identiques à la cellule d'origine ; la garniture chromosomique est le plus généralement conservée.

**OBS**

La mitose comprend quatre stades successifs : prophase, métaphase, anaphase et télophase.

◊ CILFG-32*1991***185

moine      n. m.
    vide-étang      n. m.

*(Installations - Eau)*

Appareil de vidange favorisant l'évacuation des eaux et la mise à sec progressive d'un plan d'eau et permettant, lorsque l'étang est plein, le réglage du niveau tout en empêchant la fuite des poissons.

◊ LAROG*1982*7**7017

culture medium
    medium

*(General Terminology)*

The environment in which aquatic plants and animals are cultured.

◊ PILLA*1990***109-110, LANAQ*1992***334

enhancement 1

*(General Terminology)*

Actions taken by a public authority for restocking fish (mostly salmon) or for improving the productivity of a pond by modifying their environment.

◊ AQEX-E*1989***12

mitosis

*(Reproduction and Genetics)*

The normal process by which a cell nucleus divides into two daughter nuclei, each having an identical complement of chromosomes.

**OBS**

The following stages are recognized: prophase, metaphase, anaphase, and telophase.

◊ ALENV*1983***321, PIPFI*1986***488

monk

*(Facilities - Water)*

A device which controls the level of water in ponds, prevents the escape of fish and enables the farmer to draw off bottom water when required.

◊ SWIFA*1985***70

**mollusque**      n. m.
     coquillage 2      n. m., spéc.

*(Conchyliculture - Espèces aquacoles)*

Animal de l'embranchement des mollusques.

**OBS**

Le terme *coquillage* est utilisé couramment pour désigner les mollusques revêtus d'une coquille.

Voir aussi **mollusques**

**mollusc**
     V. s. mollusk

*(Mollusc Culture - Aquaculture Species)*

An animal of the phylum Mollusca.

**OBS**

In some regions, the term *shellfish* is used to designate molluscs with a shell.

See also **Mollusca, shellfish**

◊ WEBIN*1986***1455

**mollusque bivalve**      n. m.

*(Conchyliculture - Biologie)*

Mollusque revêtu d'une coquille à deux valves.

◊ ROBER*1986*2**12, SOMOL*1992***22, GIRAQ*1991***62

**bivalve mollusc**
     V. s. bivalve mollusk

*(Mollusc Culture - Biology)*

A mollusc with a two-valved shell.

◊ WEBIN*1986***224

**mollusques**      n. m. pl.
     V. o. Mollusques      n. m. pl.

*(Conchyliculture - Biologie)*

Embranchement d'animaux invertébrés à corps mou composé d'une tête, d'une masse viscérale et d'un pied, le tout recouvert d'une membrane, le manteau, dont le rôle principal est de sécréter une coquille calcaire.

**OBS**

Le calmar, le poulpe, l'escargot, la moule, l'huître et les autres coquillages sont des mollusques.

◊ LAROG*1982*7**7027

**Mollusca**      n. pl.

*(Mollusc Culture - Biology)*

A large phylum of invertebrate animals that have a soft unsegmented body lacking segmented appendages and commonly protected by a calcareous shell secreted by a mantle which extends from the body wall usually as an enveloping fold; a muscular foot which is formed from part of the ventral surface of the body and is variously modified for creeping, digging, or swimming.

**OBS**

Mollusca include tooth shells, snails, mussels and other bivalves, octopuses, and related forms.

◊ WEBIN*1986***1455

**Mollusques**
     voir mollusques

**monoculture**      n. f.

*(Élevage/culture)*

Élevage d'une seule espèce dans un même plan d'eau.

Voir aussi **polyculture**

◊ GIRAQ*1991***53, ROBER*1986*6**544

**monoculture**

*(Farming/Culture)*

The culture of only one species in the same place.

See also **polyculture**

◊ LAFRE*1984***516

**monospore** n. f.

*(Algoculture - Reproduction et génétique)*

Chez les algues rouges, spore produite par des cellules végétatives qui n'en élaborent qu'une à la fois.

◊ GAYR*1975***33, 34

**montaison** n. f.

*(Pisciculture)*

Migration par laquelle certaines espèces de poissons comme le saumon, la truite, l'esturgeon, l'alose quittent le milieu salé et remontent dans les fleuves pour s'y reproduire.

Voir aussi **avalaison**

◊ LAROG*1982*7**7068

*Morone chrysops*
voir bar blanc

*Morone saxatilis*
voir bar rayé

**mortalité** n. f.

*(Pathologie et prédateurs)*

Mort d'un certain nombre d'organismes succombant pour une même raison (p. ex. maladie, marée rouge, altérations du milieu, lutte pour l'espace).

Voir aussi **mortalité massive**

◊ AQUAC*1986*2**825, PEROB*1995***1442

**mortalité massive** n. f.

*(Pathologie et prédateurs)*

Mort d'un nombre considérable d'organismes.

Voir aussi **mortalité**

◊ AQUAC*1986*2**825

**monospore**

*(Algal Culture - Reproduction and Genetics)*

In the red algae, a spore produced by the alteration of a single vegetative cell.

◊ PHYT*1970***504

**run 1**
spawning migration

*(Fish Farming)*

The migration of certain fish such as salmon, trout, sturgeon, shad, from salt water to fresh water to spawn.

See also **downstream migration**

◊ WEBIN*1986***1988, AQEX-E*1989***39

**mortality**

*(Pathology and Predators)*

The death of a group of organisms resulting from the same cause (e.g. disease, red tide, changes in the environment, overcrowding).

See also **mass mortality**

◊ WEBCO*1987***773

**mass mortality**

*(Pathology and Predators)*

The death of a considerable number of organisms.

See also **mortality**

◊ PILLA*1990***208

**morue \***     n. f.
    cabillaud     n. m. [FR]
    *Gadus morhua*
    V. o. *Gadus morrhua*

**(Pisciculture - Espèces aquacoles)**

Poisson de la famille des gadidés qui vit dans les eaux froides de l'Atlantique nord et qui est caractérisé par une ligne latérale claire et une nageoire caudale presque carrée.

\* Terme normalisé au Canada.

◊ ROBER\*1986\*6\*\*589, GPP\*1985\*\*\*3:77, NQ8070\*1995\*\*\*27

**cod \***
    Atlantic cod
    *Gadus morhua*
    V. s. *Gadus morrhua*

**(Fish Farming - Aquaculture Species)**

A soft-finned fish of the family Gadidae of the colder parts of the North Atlantic, having soft fins, a barbel on the chin and a small, square tail.

\* Recommended term in Canada.

◊ GACAN\*1983\*\*\*224, NQ8070\*1995\*\*\*27

**mouillage**     n. m.
    ancrage     n. m.
    amarrage     n. m.

**(Installations)**

Système qui fixe les cages ou les filières au fond.

◊ AQUAC\*1986\*2\*\*807

**mooring system**

**(Facilities)**

A system for anchoring cages or long lines.

**moule bleue \***     n. f.
    moule commune     n. f. [FR]
    *Mytilus edulis*

**(Mytiliculture - Espèces aquacoles)**

Mollusque bivalve de couleur noir bleuâtre, de la famille des mytilidés, qui vit dans les eaux tempérées des côtes atlantique et pacifique.

\* Terme normalisé au Canada.

◊ GPP\*1985\*\*\*3:78, FONS\*1992\*\*\*70, NQ8070\*1995\*\*\*64

**blue mussel \***
    edible mussel
    *Mytilus edulis*

**(Mussel Culture - Aquaculture Species)**

A marine bivalve mollusc bluish-black in color, from the family Mytilidae that lives in temperate waters of both sides of the Pacific and Atlantic oceans.

\* Recommended term in Canada.

◊ LANAQ\*1992\*\*\*166, NQ8070\*1995\*\*\*64

**moule commune**
    voir moule bleue

**moule cultivée**     n. f.
    moule d'élevage     n. f.
    moule de culture     n. f.
    moule d'aquaculture     n. f.

**(Mytiliculture)**

Moule obtenue par intervention humaine sur une partie du cycle vital.

Voir aussi **moule sauvage**

◊ AQUAC\*1986\*1\*\*337

**cultured mussel**
    cultivated mussel

**(Mussel Culture)**

A mussel produced using human intervention and/or technology at some stage of its life cycle.

See also **wild mussel**

**moule d'aquaculture**
    voir moule cultivée

**moule d'élevage**
  voir moule cultivée

**moule de bouchot**　　　　　n. f.
  *(Mytiliculture - Techniques et méthodes)*
  Moule obtenue par la technique d'élevage sur bouchots.
  Voir aussi **culture sur bouchots**
  ◊ AQUAC*1986*1**338

**bouchot-cultured mussel**
  *(Mussel Culture - Techniques and Methods)*
  A mussel produced by a culture method on bouchots.
  See also **bouchot culture**

**moule de corde**　　　　　n. f.
  *(Mytiliculture)*
  Moule obtenue par la technique de culture en suspension où les individus sont placés dans des boudins.

**mesh-stocked mussel**
  *(Mussel Culture)*
  A mussel grown by suspended culture in mesh stockings.

**moule de culture**
  voir moule cultivée

**moule sauvage**　　　　　n. f.
  *(Mytiliculture)*
  Moule dont le cycle vital s'est déroulé sans intervention humaine.
  Voir aussi **moule cultivée**
  ◊ AQUAC*1986*1**301

**wild mussel**
  *(Mussel Culture)*
  A mussel obtained without human intervention in its life cycle.
  See also **cultured mussel**

**moulière**　　　　　n. f.
  *(Mytiliculture)*
  Gisement naturel où se trouve une population de moules sauvages.
  Voir aussi **gisement**
  ◊ AQUAC*1986*1**331

**mussel bed**
  *(Mussel Culture)*
  A natural bed supporting a heavy growth of mussels.
  See also **bed 1**
  ◊ COLD*1995***208

**moulin gastrique**　　　　　n. m.
  moulinet gastrique　　　　　n. m.
  *(Crustaciculture - Anatomie et physiologie)*
  Partie de l'appareil digestif des crustacés décapodes qui s'occupe du broyage des aliments et qui est composée d'un gésier comprenant des dents calcifiées et des plaques calcaires.
  ◊ GPP*1985***1:9, AQUAC*1986*1**496, 461

**gastric mill**

  *(Crustacean Farming - Anatomy and Physiology)*
  In decapod crustaceans, foregut grinding chambers which grind food and consist of one to several plates equipped with bristles or teeth.
  ◊ MEINV*1991***450, LANAQ*1992***188

**moulinet gastrique**
  voir moulin gastrique

| | |
|---|---|
| **mousse d'Irlande *** | n. f. |
| carragahéen | n. m. |
| V. o. carragheen | n. m. |
| chondrus | n. m. |
| *Chondrus crispus* | |

**(Algoculture - Espèces aquacoles)**

Algue rouge floridée des côtes du nord d'Europe et d'Amérique du Nord, d'où l'on extrait un mucilage gélifiant.

* Terme normalisé au Canada.

◊ NQ8070*1995***76

| | |
|---|---|
| **Irish moss *** | |
| carrageen | |
| V. s. carragheen | |
| *Chondrus crispus* | |

**(Algal Culture - Aquaculture Species)**

A dark purple branching cartilaginous seaweed found on the coasts of northern Europe and North America and used especially as an emulsifying agent.

* Recommended term in Canada.

◊ WEBIN*1986***342, NQ8070*1995***76

**mue 1**

voir exuvie

| | |
|---|---|
| **mue 2** | n. f. |
| exuviation | n. f. |
| ecdysis | n. m. |

**(Crustaciculture - Croissance et nutrition)**

Abandon périodique de l'exosquelette (carapace) chez certains crustacés afin de permettre l'augmentation de la taille.

| | |
|---|---|
| **molt** | |
| V. s. moult | |
| molting | |
| V. s. moulting | |
| ecdysis | |

**(Crustacean Farming - Growth and Nutrition)**

The periodic shedding of the exoskeleton (carapace) in certain crustaceans to permit an increase in size.

◊ HENBI*1989***327

| | |
|---|---|
| **muer** | v. |

**(Crustaciculture - Croissance et nutrition)**

Subir une mue.

Voir aussi **mue 2**

◊ LAROG*1982*7**7171

| | |
|---|---|
| **molt, to** | v. |
| V. s. moult, to | v. |

**(Crustacean Farming - Growth and Nutrition)**

To shed the exoskeleton as part of a periodic process of growth.

◊ WEBIN*1986***1456

**muge**

voir mulet

**Mugil cephalus**

voir mulet cabot

| | |
|---|---|
| **mulet *** | n. m. |
| muge | n. m. |
| mulet gris | n. m. |

**(Pisciculture - Espèces aquacoles)**

Poisson des mers tempérées et chaudes de la famille des mugilidés.

* Terme normalisé au Canada.

◊ ROBER*1986*6**633, GPP*1985***3:80

| | |
|---|---|
| **grey mullet** | |
| V. s. gray mullet | |
| mullet | |

**(Fish Farming - Aquaculture Species)**

A fish of the family Mugilidae found in tropical and temperate regions.

◊ GACAN*1983***750

**mulet cabot ***      n. m.
     *Mugil cephalus*

*(Pisciculture - Espèces aquacoles)*

Mulet de la famille des mugilidés qui vit dans les eaux chaudes de l'océan Pacifique et des côtes européenne et américaine.

* Terme normalisé au Canada.

◊ BOUGOC*1976***285, NQ8070*1995***29

**mulet gris**
     voir mulet

**muscle adducteur**      n. m.

*(Conchyliculture - Anatomie et physiologie)*

Muscle qui rapproche les deux valves de la coquille d'un mollusque bivalve.

◊ GPP*1985***G1, LAROG*1982*1**109

***Mya arenaria***
     voir mye

**mye ***      n. f.
     *Mya arenaria*

*(Conchyliculture - Espèces aquacoles)*

Mollusque bivalve de la famille des myidés, caractérisé par de longs siphons et une coquille mince de couleur blanchâtre.

* Terme normalisé au Canada.

◊ FONS*1992***76, GPP*1985***3:82, NQ8070*1995***64

**mysis**      n. f.
     stade de mysis      n. m.
     V. o. stade mysis      n. m.

*(Crustaciculture - Croissance et nutrition)*

Stade larvaire succédant au stade zoé chez certains décapodes comme les crevettes pénéides.

Voir aussi **stade zoé**

◊ AQUAC*1986*1**467

**striped mullet ***
     common mullet
     common grey mullet
     V. s. common gray mullet
     *Mugil cephalus*

*(Fish Farming - Aquaculture Species)*

A gray mullet of the family Mugilidae living in the warm waters of the European and American coasts and the Pacific Ocean.

* Recommended term in Canada.

◊ WEBIN*1986***2264, NQ8070*1995***29

**adductor muscle**

*(Mollusc Culture - Anatomy and Physiology)*

A muscle that draws the two valves of a mollusc shell together.

◊ INZOO*1974***974

**soft clam**
     softshell clam *
     V. s. soft-shell clam
     V. s. soft-shelled clam
     long-necked clam
     *Mya arenaria*

*(Mollusc Culture - Aquaculture Species)*

An elongated clam of the family Myidae having long siphons and a thin shell chalky white in color.

* Recommended term in Canada.

◊ COLD*1995***349, WEBIN*1986***2166, NQ8070*1995***64

**mysis**
     mysis stage

*(Crustacean Farming - Growth and Nutrition)*

A larval stage following zoea of certain decapods as the penaeid shrimp.

See also **zoea**

◊ WICRU*1992***376

**mytilicole** adj.

*(Mytiliculture)*

Qui relève de la mytiliculture.

Voir aussi **mytiliculture**

**mytiliculteur** n. m.
mytilicultrice n. f.

*(Conchyliculture)*

Celui ou celle qui pratique la mytiliculture.

Voir aussi **mytiliculture**

**mytilicultrice**
voir mytiliculteur

**mytiliculture** n. f.

*(Conchyliculture)*

Culture des moules.

◊ CILFO*1989***318

**mytiliculture sur bouchots**
voir culture sur bouchots

**mytilotoxine**
voir saxitoxine

*Mytilus edulis*
voir moule bleue

**myxobactériose à *Flexibacter***
***columnaris*** n. f.

*(Pisciculture - Pathologie et prédateurs)*

Infection causée par la myxobactérie *Flexibacter columnaris*, atteignant la peau et les branchies des poissons.

◊ PATH*1985***22, 108

**mussel-culture** adj.
mussel-farming adj.

*(Mussel Culture)*

Relating to the culture of mussels.

See also **mussel culture**

**mussel farmer**

*(Mollusc Culture)*

A person who practices mussel culture.

See also **mussel culture**

**mussel culture**
mussel farming

*(Mollusc Culture)*

The rearing of mussels.

◊ LANAQ*1992***166

**columnaris disease**
saddleback disease

*(Fish Farming - Pathology and Predators)*

An infection of fish, usually of the skin and gills, caused by the myxobacterium *Flexibacter columnaris*.

◊ PIPFI*1986***476, PILLA*1990***195

# n

**nacre**      n. f.

*(Conchyliculture - Anatomie et physiologie)*

Substance à reflets irisés qui tapisse l'intérieur de la coquille de certains mollusques ; couche lamelleuse de la coquille.

◊ ROBER*1986*6**676

**nageoire adipeuse**      n. f.

*(Pisciculture - Anatomie et physiologie)*

Petite nageoire dorsale arrondie et charnue, dépourvue de rayons et d'épines, présente chez certains poissons devant leur nageoire caudale (p. ex. les salmonidés).

◊ GPP*1985***G4

**nageoire anale**      n. f.

*(Pisciculture - Anatomie et physiologie)*

Nageoire impaire ventrale des poissons, située en arrière de l'anus ; elle peut être simple ou double, comporter ou non des rayons antérieurs épineux.

◊ LAROG*1982*1**434

**nageoire caudale**      n. f.

*(Pisciculture - Anatomie et physiologie)*

Nageoire impaire d'un poisson, orientée verticalement à l'extrémité de la queue.

◊ LAROG*1982*7**7254, GPP*1985***G5

**nageoire dorsale**      n. f.

*(Pisciculture - Anatomie et physiologie)*

Une ou plusieurs nageoires situées sur la ligne médiane du dos d'un poisson.

◊ GPP*1985***G5, ROBER*1986*3**639

**nacre**
  mother-of-pearl
  V. s. mother of pearl

*(Mollusc Culture - Anatomy and Physiology)*

The iridescent inner layer of various mollusc shells consisting chiefly of calcium carbonate deposited in thin overlapping sheets with some organic matter (as conchiolin).

◊ WEBIN*1986***1499

**adipose fin**

*(Fish Farming - Anatomy and Physiology)*

A soft fleshy rayless modification of the posterior dorsal fin found in certain fish (e.g. salmonids).

◊ WEBIN*1986***26

**anal fin**

*(Fish Farming - Anatomy and Physiology)*

A median unpaired fin on the lower posterior part of the body of fishes, behind the vent and sometimes confluent with the caudal fin.

◊ WEBIN*1986***76, PIPFI*1986***471

**caudal fin**
  tail fin

*(Fish Farming - Anatomy and Physiology)*

An enlarged fin at the posterior end of a fish.

◊ SUBIO*1988***414, LANAQ*1992***210, 212

**dorsal fin**

*(Fish Farming - Anatomy and Physiology)*

One or more median longitudinal vertical fins on the back of a fish.

◊ WEBIN*1986***675, LAFRE*1984***512

**nageoire pectorale**        n. f.

*(Pisciculture - Anatomie et physiologie)*

Une des deux nageoires de la partie antérieure de la face ventrale des poissons.

◊ ROBER*1986*7**208

**nageoire pelvienne**       n. f.
   nageoire ventrale       n. f.

*(Pisciculture - Anatomie et physiologie)*

Une des deux nageoires situées sous ou derrière les nageoires pectorales.

◊ GPP*1985***G5

**nageoire ventrale**
   voir nageoire pelvienne

**naissain 1**
   voir semence 1

**naissain 2**        n. m.

*(Conchyliculture - Croissance et nutrition)*

1. Jeune mollusque fixé.

2. Ensemble de jeunes mollusques bivalves peu après leur fixation (p. ex. naissain d'huîtres).

**OBS**

Ce terme est utilisé comme nom comptable quand il désigne les individus, p. ex. *Il y a dix naissains sur ce collecteur.* Il est également utilisé comme nom collectif quand il désigne un ensemble de jeunes mollusques, p. ex. *Le naissain est abondant cette année.*

◊ LAROG*1982*7**7257, CILFO*1989***322

**naissain naturel**       n. m.

*(Conchyliculture - Croissance et nutrition)*

Naissain collecté dans des gisements naturels.

◊ AQUAC*1986*2**920, 966

**nanoplancton**       n. m.

*(Croissance et nutrition - Milieu de culture)*

Catégorie des organismes du plancton composée d'éléments microscopiques (p. ex. flagellés, formes unicellulaires, protozoaires).

◊ CILFO*1989***322

---

**pectoral fin**

*(Fish Farming - Anatomy and Physiology)*

The paired fins found on either side of a fish's body just behind the gills.

◊ LAFRE*1984***517

**pelvic fin**
   ventral fin

*(Fish Farming - Anatomy and Physiology)*

One of the paired fins of a fish homologous with the hind limbs of a quadruped.

◊ WEBIN*1986***1668

**spat**

*(Mollusc Culture - Growth and Nutrition)*

The spawn of young bivalve molluscs (e.g. oyster spat).

◊ HENBI*1989***507

**wild spat**

*(Mollusc Culture - Growth and Nutrition)*

Spat collected on natural beds.

◊ PILLA*1990***30

**nanoplankton**
   V. s. nannoplankton

*(Growth and Nutrition - Culture Medium)*

Extremely small planktonic organisms (as various flagellates, algae, bacteria) that are invisible to the naked eye.

◊ WEBIN*1986***1501, PILLA*1990***124

**nappe d'eau souterraine**
  voir eau souterraine

**nappe souterraine**
  voir eau souterraine

**nauplii d'***Artemia***                  n. m. pl.**
  larves nauplius d'*Artemia*        n. f. pl.
  *(Croissance et nutrition)*
  Larves des artémies.
  Voir aussi **artémie, nauplius**
  ◊ BIOGAL*1988***177, GIRAQ*1991***127,
  AQUAC*1986*2**1011

**nauplius ***                             **n. m.**
  larve nauplius                       n. f.

  *(Croissance et nutrition)*
  Premier stade larvaire typique des crustacés, caractérisé par trois paires d'appendices (antennes, antennules et mandibules) et par un œil médian.

  * Pluriel : nauplii
  ◊ CILFO*1989***324, GIRAQ*1991***127

**nécrose bactérienne des nageoires**   n. f.
  nécrose des nageoires                n. f.
  érosion des nageoires                n. f.
  pourriture des nageoires             n. f., vieilli
  pourriture des nageoires et
    de la queue                        n. f., vieilli

  *(Pisciculture - Pathologie et prédateurs)*
  Chez les poissons, maladie causée par une infection bactérienne, se traduisant par des lésions nécrotiques des nageoires due à une érosion épidermique.
  ◊ PATH*1985***106, 148

**nécrose branchiale**
  voir branchiomycose

**nécrose des branchies**
  voir branchiomycose

**nécrose des nageoires**
  voir nécrose bactérienne des nageoires

**brine shrimp nauplii**                   n. pl.
  *Artemia* nauplii                     n. pl.
  *(Growth and Nutrition)*
  Larvae of brine shrimps.
  See also **brine shrimp, naupliar stage**
  ◊ LANAQ*1992***206, 261, 343

**naupliar stage**
  nauplius *
  nauplius larva

  *(Growth and Nutrition)*
  A crustacean larva usually in the first stage after leaving the egg and with three pairs of appendages corresponding to antennules, antennae, and mandibles, a median eye, and little or no segmentation of the body.

  * Plural: nauplii
  ◊ WEBIN*1986***1508, WICRU*1992***368

**fin rot**
  fin and tail rot
  fin rot disease
  fin erosion

  *(Fish Farming - Pathology and Predators)*
  A disease of fish caused by a bacterial infection and in which the fin tissues become eroded and necrotic.

  ◊ WEBIN*1986***854, IVAQU*1992***271,
  PILLA*1990***201

**nécrose hématopoïétique infectieuse**  n. f.
Abrév. NHI

*(Salmoniculture - Pathologie et prédateurs)*

Chez les salmonidés, maladie virale aiguë causée par un virus de la famille des *Rhabdoviridae* affectant le rein, la rate et le tissu pancréatique.

◊ PATH*1985***70, 80, AQUAC*1986*2**564

**nécrose pancréatique infectieuse**  n. f.
Abrév. NPI
Abrév. IPN

*(Salmoniculture - Pathologie et prédateurs)*

Chez les salmonidés, infection virale qui se propage dans les cellules du système digestif, détruisant ainsi la paroi abdominale et le pancréas.

◊ PATH*1985***80, 66, AQUAC*1986*2**845

**necton**  n. m.

*(Croissance et nutrition - Milieu de culture)*

Ensemble des organismes qui se déplacent activement dans la colonne d'eau.

Voir aussi **plancton, benthos**

**nectonte**  n. m.

*(Croissance et nutrition - Milieu de culture)*

Organisme du necton.

Voir aussi **necton**

**nématodes**  n. m. pl.
V. o. Nématodes  n. m. pl.

*(Pathologie et prédateurs)*

Classe de vers cylindriques ou effilés qui vivent libres ou parasites dans le milieu marin.

◊ CILFO*1989***333, LAROG*1982*7**7321

**infectious hematopoietic necrosis**
V. s. infectious haematopoietic necrosis
Abbr. IHN
Oregon sockeye disease
Abbr. OSD
Sacramento River chinook disease
Abbr. SRCD

*(Salmonid Farming - Pathology and Predators)*

An acute viral disease in salmonids caused by a virus of the *Rhabdovirus* group that affects the kidney, spleen and pancreatic tissue.

◊ PIPFI*1986***485, ROTSA*1986***82, 116

**infectious pancreatic necrosis**
Abbr. IPN

*(Salmonid Farming - Pathology and Predators)*

A viral infection of salmonids that attacks the cells of the digestive system so that both the gut lining and the pancreas are destroyed.

◊ PILLA*1990***188, ROTSA*1986***104, COLD*1995***469

**nekton**

*(Growth and Nutrition - Culture Medium)*

Pelagic animals that are powerful enough swimmers to move at will in the water column.

See also **plankton, benthos**

◊ NYMBA*1982***416, SUBIO*1988***419

**nektonic organism**
nekton organism

*(Growth and Nutrition - Culture Medium)*

An organism of the nekton.

See also **nekton**

**nematodes**  n. pl.
round worms  n. pl.
thread worms  n. pl.
Nematoda  n. pl.

*(Pathology and Predators)*

A class of worms having long, unsegmented, round bodies that are parasites or free-living dwellers in soil or water.

◊ GACAN*1983***764, WEBIN*1986***1515, LANAQ*1992***125

**Nématodes**
voir nématodes

**néomâle** n. m.

*(Salmoniculture - Reproduction et génétique)*

Femelle transformée en mâle par un traitement hormonal.

◊ CILFG-32*1991***196, AQUAC*1986*2**541

**neomale**

*(Salmonid Farming - Reproduction and Genetics)*

A female that has become a male by the use of a hormonal treatment.

◊ PILLA*1990***163-164

**neurotoxine** n. f.

*(Pathologie et prédateurs)*

Toxine agissant sur le système nerveux.

◊ LENBI*1994***437

**neurotoxin**

*(Pathology and Predators)*

A poisonous substance acting on the nervous system.

◊ HENBI*1989***345

**NHI**
voir nécrose hématopoïétique infectieuse

**niche écologique** n. f.

*(Milieu de culture)*

Place occupée par un organisme dans un écosystème en fonction de ses relations avec son environnement.

◊ AQUAC*1986*2**848, 947

**ecological niche**

*(Culture Medium)*

The status of an organism in a community with reference to its responses and behavior patterns.

◊ INZOO*1974***977, LANAQ*1992***128, 386

**nid** n. m.

*(Pisciculture - Reproduction et génétique)*

Construction faite par les poissons pour frayer ou déposer leurs œufs.

◊ LAROG*1982*7**7376, HUET*1970***284

**nest**

*(Fish Farming - Reproduction and Genetics)*

A place used by fish for spawning or depositing eggs.

◊ GACAN*1983***765

**nid artificiel** n. m.

*(Pisciculture - Reproduction et génétique)*

Abri que l'aquaculteur aménage à même le substrat dans le but de favoriser la ponte.

◊ HUET*1970***220

**artificial nest**

*(Fish Farming - Reproduction and Genetics)*

A shelter or substrate alteration made by an aquaculturist to enhance spawning.

◊ LANAQ*1992***218

**nid (de salmonidés)** n. m.
sillon n. m.

*(Salmoniculture - Reproduction et génétique)*

Abri des salmonidés où les œufs sont déposés par la femelle, fécondés par le mâle et recouverts de gravier pour les protéger des prédateurs et des rayons solaires.

◊ LALA*1983***95

**redd**

*(Salmonid Farming - Reproduction and Genetics)*

The nest of salmonids where the female releases her eggs which are fertilized by the male and covered with gravel to protect them from predators and ultraviolet rays.

◊ LANAQ*1992***265

**nitrate** n. m.

*(Eau - Milieu de culture)*

Engrais azoté soluble stimulant la flore aquatique et augmentant la productivité d'un cours d'eau.

◊ INDUS*1986***526, ARECO*1976***55

**nitrification \*** n. f.

*(Biologie - Eau)*

Transformation en nitrates de l'ammoniaque et des sels ammoniacaux ; la nitrification se fait en deux temps sous l'influence de bactéries (nitrobactéries).

\* Terme normalisé par l'ISO.

Voir aussi **dénitrification**

◊ ROBER*1986*6**766

**nitrite** n. m.

*(Eau - Milieu de culture)*

Substance azotée dont la présence dans un milieu aquatique témoigne d'une importante pollution organique.

◊ PARSE*1990***372, ARECO*1976***55

**nitrofurane** n. m.
V. o. nitrofuranne n. m.

*(Pathologie et prédateurs)*

Tous les produits de nitration du furanne et ses dérivés (p. ex. le furazolidone et ses dérivés) utilisés pour le traitement de certaines maladies infectieuses.

◊ PATH*1985***301

**nitrofuranne**
voir nitrofurane

**nombre de Reynolds** n. m.
Abrév. Re

*(Installations - Terminologie générale)*

Rapport sans dimension de la force d'inertie à la force de viscosité dans un fluide en mouvement.

**nitrate**

*(Water - Culture Medium)*

A salt or ester of nitric acid, most of the salts being soluble in water and some of them (e.g. sodium, potassium, calcium salts) constituting the principal source of nitrogen for higher plants.

◊ WEBIN*1986***1530

**nitrification \***

*(Biology - Water)*

The oxidation by bacteria of ammonium salts to nitrites and the further oxidation of nitrites to nitrates wherever the proper conditions of temperature, air, moisture, and alkalinity allow the nitrobacteria to act.

\* Term standardized by ISO.

See also **denitrification**

◊ WEBIN*1986***1530

**nitrite**

*(Water - Culture Medium)*

Salt or ester of nitrous acid that can be extremely toxic to fish.

◊ WEBIN*1986***1530, SHINT*1988***93

**nitrofuran**

*(Pathology and Predators)*

Any of several derivatives of furan (e.g. nitrofurazone, furazolidone and furanace) used for the treatment of some infectious diseases.

◊ WEBIN*1986***1531, LANAQ*1992***116, FISFA*1988***392

**Reynolds number**
Abbr. Re
Abbr. RE

*(Facilities - General Terminology)*

A dimensionless parameter expressing the ratio between the inertia and the viscous forces in a liquid.

◊ LANAQ*1992***316

**nori**
>   voir porphyre

**Nori**
>   voir porphyre

**nourricerie**
>   voir nurserie

**nourrissage**
>   voir alimentation (en nourriture)

| | | |
|---|---|---|
| **nourrisseur** | n. m. | **feeder** |
| distributeur d'aliments | n. m. | |
| distributeur de nourriture | n. m. | |

*(Installations - Croissance et nutrition)*

*(Facilities - Growth and Nutrition)*

Appareil conçu pour permettre l'alimentation des animaux.

A device or apparatus for supplying food to animals.

◊ LAROG*1982*7**7461, AQUAC*1986*2**1053

◊ WEBIN*1986***834, LANAQ*1992***254

**nourrisseur à la demande**
>   voir distributeur à la demande

**nourrisseur à libre-service**
>   voir distributeur à la demande

| | | |
|---|---|---|
| **nourrisseur automatique** | n. m. | **automatic feeder** |
| distributeur automatique | n. m. | automatic feed distributor |
| distributeur automatique | | automatic feed dispenser |
| d'aliments | n. m. | |
| distributeur automatique | | |
| de nourriture | n. m. | |

*(Installations - Croissance et nutrition)*

*(Facilities - Growth and Nutrition)*

Appareil conçu pour permettre l'alimentation automatique en distribuant un poids fixe d'aliments secs à des intervalles réguliers.

A device that dispenses a fixed weight of dry feed at regular intervals.

◊ LAROG*1982*7**7461, CAPQ-5*1992***33, AQUAC*1986*2**653, 691

◊ FISFA*1988***387, LANAQ*1992***234

**nourriture**
>   voir aliment

**nourriture artificielle**
>   voir aliment artificiel

**nourriture complémentaire**
>   voir aliment complémentaire

**nourriture en granulés**
   voir aliment granulé

**nourriture naturelle**
   voir aliment naturel

**nourriture supplémentaire**
   voir aliment complémentaire

**nourriture vivante**               n. f.
   proies vivantes                   n. f. pl.

*(Croissance et nutrition)*

Nourriture constituée d'organismes aquatiques vivants.

**live feed**

*(Growth and Nutrition)*

Feed consisting of living aquatic organisms.
   ◊ LANAQ*1992***231, 329

**NPI**
   voir nécrose pancréatique infectieuse

**nucleus**                          n. m.
   V. o. nucléus                     n. m.

*(Conchyliculture)*

Petite bille confectionnée à partir d'une coquille et sur laquelle sera disposé un greffon provenant d'une pièce taillée dans le manteau d'une autre huître ; utilisée pour la production de perles.
   ◊ AQUAC*1986*2**905

**nucleus**
   pearl nucleus

*(Mollusc Culture)*

A small spherical shell fragment which is wrapped in a piece of mantle tissue from another oyster and that is used to produce pearls.

   ◊ ENSCI*1991*19**291, LANAQ*1992***350

**nucléus**
   voir nucleus

**nurserie**                         n. f.
   nourricerie                       n. f.

*(Installations)*

Infrastructure (p. ex. un bassin) dans laquelle des larves ou de jeunes individus sont placés pour l'engraissement.
   ◊ AQUAC*1986*1**8, 408, AQUAC*1986*2**970, 905, 672, GIRAQ*1991***31, SOMOL*1992***119

**nursery**

*(Facilities)*

An infrastructure (e.g. a tank) in which the larvae or young individuals are placed during early growth.

   ◊ LANAQ*1992***180

**nutriants**                        n. m. pl.

*(Algoculture - Croissance et nutrition)*

Formes assimilables par les végétaux marins de l'azote (nitrates, nitrites), du phosphore (phosphates) et de la silice (silicates) dissous dans l'eau de mer. Les nutriants représentent un facteur important de la fertilité des océans.
   ◊ LAROG*1982*7**7495

**nutrients**

*(Algal Culture - Growth and Nutrition)*

The inorganic chemical substances (silicate, nitrate and phosphate) required by plants for normal growth. These nutrients are the fertilizers of the sea.

   ◊ SUBIO*1988***419

**nutriment**      n. m.
   élément nutritif      n. m.
   substance nutritive      n. f.

*(Croissance et nutrition - Milieu de culture)*

Élément ou composé chimique, de nature minérale ou organique, nécessaire à la synthèse des molécules organiques que les animaux et les végétaux utilisent pour leur croissance.

◊ CILFO*1989***338

**nutrient**

*(Growth and Nutrition - Culture Medium)*

Element or compound (especially a chemical element or inorganic compound taken in by a green plant and used in organic synthesis) essential to the growth and development of plants and animals.

◊ WEBIN*1986***1552

# O

**O.D.**
   voir oxygène dissous

**océanique**      adj.

*(Eau)*

Relatif à l'océan ; qui appartient à l'océan ou qui vient de l'océan.

◊ ROBER*1986*6**880

**oceanic**      adj.

*(Water)*

Relating to, occurring in, living in, or frequenting the ocean.

◊ WEBIN*1986***1561

**œstrogène**
   voir hormone œstrogène

**œuf**      n. m.
   ovule      n. m.

*(Reproduction et génétique)*

Corps produit par la femelle et destiné, après fécondation, à la reproduction de l'espèce ; la forme sphérique de l'œuf est la plus répandue, mais l'élément reproducteur et ses réserves peuvent être protégés par une forte coque au dessin caractéristique de l'espèce ou bien enfermés isolément ou en nombre dans une petite outre.

◊ CILFO*1989***345

**egg**
   ovum *

*(Reproduction and Genetics)*

A mature egg that has undergone reduction, is ready for fertilization, and takes the form of a relatively large inactive gamete providing a comparatively great amount of reserve material and contributing most of the cytoplasm of the zygote.

* Plural: ova

◊ WEBIN*1986***1612

**œuf d'hiver**
   voir œuf de durée

**œuf de durée**      n. m.
     œuf d'hiver      n. m.

*(Reproduction et génétique)*

Œuf pondu en automne par de nombreuses espèces (p. ex. rotifères, branchiopodes), muni d'une coque protectrice épaisse, qui ne se développe qu'au printemps suivant.

◊ LAROG*1982*7**7545

**œuf de poisson**      n. m.

*(Pisciculture - Reproduction et génétique)*

Œuf composé d'une coque épaisse, d'un embryon et d'un vitellus sur lequel le poisson dépend pour ses réserves alimentaires.

◊ LAROG*1982*8**8251, Q2721*1993***81

**œuf démersal**      n. m.

*(Pisciculture - Reproduction et génétique)*

Œuf de poisson à densité supérieure à celle de l'eau, qui tombe vers le fond.

Voir aussi **œuf pélagique**

◊ LAROG*1982*3**3084

**œuf embryonné**      n. m.
     œuf œillé      n. m.

*(Pisciculture - Reproduction et génétique)*

Œuf dans lequel l'embryon est bien visible : on aperçoit surtout très nettement ses yeux sous l'aspect de deux points noirs.

◊ ROBER*1986*3**889, CAPQ-9*1993***12,
PATH*1985***294

**œuf fécondé**      n. m.

*(Reproduction et génétique)*

Œuf qui a été fécondé par un gamète mâle.

Voir aussi **œuf non fécondé**

◊ AQUAC*1986*2**876, CAPQ-2*1992***48

**œuf flottant**
     voir œuf pélagique

---

**winter egg**

*(Reproduction and Genetics)*

Egg of many species (e.g. rotifers, branchiopods) provided with a thick shell which preserves it as it lies quiescent over the winter, and which hatches in spring.

◊ HENBI*1989***589

**fish egg**

*(Fish Farming - Reproduction and Genetics)*

An egg composed of a tough outer shell, an embryo and a yolk store for the nutrition of the developing fish.

◊ SWIFA*1985***32

**demersal egg**

*(Fish Farming - Reproduction and Genetics)*

A fish egg with a specific gravity greater than that of water, that sinks to the bottom.

See also **pelagic egg**

◊ LAICH*1977***273

**eyed egg**
     eyed ovum *

*(Fish Farming - Reproduction and Genetics)*

An egg in which two black spots, which are the retina of the developing embryo, can be seen.

* Plural: eyed ova

◊ STFAR*1987***231, PILLA*1990***318-319

**fertilized egg**
     V. s. fertilised egg      [UK]

*(Reproduction and Genetics)*

An egg that has been fertilized by a male gamete.

See also **unfertilized egg**

◊ PILLA*1990***387, FISFA*1988***136

**œuf mature** n. m.
  œuf mûr n. m.

*(Reproduction et génétique)*

Œuf parvenu à maturité et susceptible d'être fécondé.

◊ HUET*1970***266

**ripe egg**

*(Reproduction and Genetics)*

An egg that is fully developed and is able to be fertilized.

◊ LANAQ*1992***385

**œuf mort** n. m.

*(Pisciculture - Reproduction et génétique)*

Œuf de poisson, immature et infertile, qui se distingue par sa couleur d'un blanc opaque.

◊ AQUAC*1986*2**562, 588, HUET*1970***137

**dead egg**

*(Fish Farming - Reproduction and Genetics)*

An underdeveloped and infertile fish egg that is distinguished by its whitish color.

◊ LANAQ*1992***267, PILLA*1990***321

**œuf mûr**
  voir œuf mature

**œuf non fécondé** n. m.
  ovule non fécondé n. m.

*(Pisciculture - Reproduction et génétique)*

Œuf qui n'est pas fécondé.

Voir aussi œuf fécondé

**unfertilized egg**
  V. s. unfertilised egg [UK]
  unfertilized ovum * 
  V. s. unfertilised ovum [UK]

*(Fish Farming - Reproduction and Genetics)*

An egg that is not fertilized.

* Plural: unfertilized ova

See also **fertilized egg**

◊ WEBIN*1986***2495

**œuf œillé**
  voir œuf embryonné

**œuf pélagique** n. m.
  œuf flottant n. m.

*(Pisciculture - Reproduction et génétique)*

Œuf de poisson d'une densité semblable à celle de l'eau, capable de flotter.

Voir aussi œuf démersal

◊ LAROG*1982*8**7944

**pelagic egg**
  floating egg

*(Fish Farming - Reproduction and Genetics)*

A fish egg with a specific gravity similar to that of water, that is buoyant.

See also **demersal egg**

◊ LAICH*1977***286

**œuf viable** n. m.
  ovule viable n. m.

*(Pisciculture - Reproduction et génétique)*

Œuf de poisson capable de survivre après la fécondation.

◊ AQUAC*1986*2**635, 677, BOUGOC*1976***277

**viable egg**

*(Fish Farming - Reproduction and Genetics)*

A fish egg that is capable of surviving after fertilization.

◊ HENBI*1989***183, 592, LANAQ*1992***271

**œufs adhérents**
    voir œufs adhésifs

**œufs adhésifs**          n. m. pl.
    œufs adhérents         n. m. pl.
    œufs collants          n. m. pl.

*(Pisciculture - Reproduction et génétique)*

Œufs qui adhèrent facilement aux choses ou qui se lient entre eux.

Voir aussi **œufs non-adhésifs**

◊ FAOTB-19*1981***13, HUET*1970***202, BAMI*1991***51

**œufs collants**
    voir œufs adhésifs

**œufs non adhésifs**       n. m. pl.

*(Reproduction et génétique)*

Œufs qui normalement ne sont pas collants.

Voir aussi **œufs adhésifs**

**œufs semi-adhésifs**       n. m. pl.

*(Pisciculture - Reproduction et génétique)*

Œufs qui adhèrent temporairement aux choses.

**œufs verts**            n. m. pl.

*(Salmoniculture - Reproduction et génétique)*

Œufs de salmonidés capables d'être transportés, habituellement pendant les 24 heures qui suivent la fécondation.

Voir aussi **œuf embryonné**

◊ CAPQ-9*1993***12

**omble**
    voir touladi

**adhesive eggs**         n. pl.
    adhering eggs        n. pl.
    sticky eggs          n. pl.

*(Fish Farming - Reproduction and Genetics)*

Eggs that adhere easily to things or to one another.

See also **nonadhesive eggs**

◊ LAICH*1977***273, 487, PILLA*1990***293, 342

**nonadhesive eggs**       n. pl.
    V. s. non-adhesive eggs    n. pl.

*(Reproduction and Genetics)*

Eggs that do not normally stick to anything.

See also **adhesive eggs**

◊ LAICH*1977***273

**semi-adhesive eggs**      n. pl.
    V. s. semiadhesive eggs    n. pl.

*(Fish Farming - Reproduction and Genetics)*

Eggs that temporarily adhere to things.

◊ LAICH*1977***273

**green eggs**            n. pl.

*(Salmonid Farming - Reproduction and Genetics)*

A stage of development of salmonid eggs during which the eggs may be moved, usually from fertilization to 24 hours after.

See also **eyed egg**

◊ FISFA*1988***55, EDSA*1978***39

**omble chevalier ***      n. m.
    *Salvelinus alpinus*

*(Pisciculture - Espèces aquacoles)*

Omble de la famille des salmonidés, de l'Arctique et du nord-ouest de la côte atlantique.

* Terme normalisé au Canada.

◊ NQ8070*1995***29

**omble de fontaine ***      n. m.
    truite mouchetée      n. f.
    truite de ruisseau      n. f.
    *Salvelinus fontinalis*

*(Salmoniculture - Espèces aquacoles)*

Poisson d'eau douce originaire de l'Amérique du Nord, de couleur brunâtre à verdâtre, à corps très allongé, à bouche largement fendue et à queue presque carrée.

* Terme normalisé au Canada.

◊ PENC*1993*8**696, NQ*8070*1995***30

**ombre**      n. m.

*(Salmoniculture - Espèces aquacoles)*

Poisson du genre *Thymallus*, de la famille des salmonidés, facile à reconnaître grâce à sa nageoire dorsale très développée présentant l'apparence d'une voile et qui habite les eaux froides de l'Amérique du Nord, de l'Europe et de l'Asie.

◊ PENC*1993*1**7

*Oncorhynchus gorbuscha*
    voir saumon rose

*Oncorhynchus keta*
    voir saumon kéta

*Oncorhynchus kisutch*
    voir saumon coho

*Oncorhynchus mykiss*
    voir truite arc-en-ciel

*Oncorhynchus nerka*
    voir saumon rouge

**Arctic char ***
    *Salvelinus alpinus*

*(Fish Farming - Aquaculture Species)*

A char of the family Salmonidae of arctic North America.

* Recommended term in Canada.

◊ WEBIN*1986***113, NQ8070*1995***29

**brook trout ***
    brook char
    speckled char
    speckled trout
    squaretail
    V. s. square-tail
    *Salvelinus fontinalis*

*(Salmonid Farming - Aquaculture Species)*

A freshwater fish originally of North America that varies in color from olive green to dark brown and that has a long narrow body, a large head, and a square tail.

* Recommended term in Canada.

◊ GACAN*1983***146, NQ8070*1995***30

**grayling**

*(Salmonid Farming - Aquaculture Species)*

Any of several salmonoid fishes of the genus *Thymallus* related to the trouts but having a broad high dorsal fin, and inhabiting cold swift streams of northern America, Europe, and Asia.

◊ WEBIN*1986***993, GACAN*1983***512

*Oncorhynchus tschawytscha*
   voir saumon quinnat

*Oncorhynchus tshawytscha*
   voir saumon quinnat

**ondarie**
   voir fougère de mer

**oogenèse**                                      n. f.          **oogenesis**
   V. o. oogénèse                                 n. f.
   ovogenèse                                      n. f.
   V. o. ovogénèse                                n. f.

*(Reproduction et génétique)*                               *(Reproduction and Genetics)*

Principales étapes dans la formation et la matura-         Processes involved in the formation and maturation
tion de l'œuf.                                             of the egg.

Voir aussi **gamétogenèse, spermatogenèse**               See also **gametogenesis, spermatogenesis**

◊ CAPQ-5*1992***11, LAROG*1982*7**7706                    ◊ WEBIN*1986***1578

**oogénèse**
   voir oogenèse

**oogone**                                        n. f.        **oogonium**

*(Algoculture - Reproduction et génétique)*                 *(Algal Culture - Reproduction and Genetics)*

Chez certaines algues, organe sexuel femelle qui con-       The female sexual organ in certain algae that contient les œufs.                                            tains the ova.

                                                            ◊ LANAQ*1992***148

**opercule 1**                                    n. m.        **operculum 1**
                                                                 opercle
                                                                 gill cover

*(Pisciculture - Anatomie et physiologie)*                  *(Fish Farming - Anatomy and Physiology)*

Chez les poissons osseux, pièces paires qui recouvrent      A bony plate which covers the gills of bony fish.
les branchies.

◊ GPP*1985***G5                                             ◊ FISFA*1988***1581

**opercule 2**                                    n. m.        **operculum 2**

*(Conchyliculture - Anatomie et physiologie)*               *(Mollusc Culture - Anatomy and Physiology)*

Pièce, calcaire ou cornée, sécrétée par le pied des         The horny or shelly plate that develops on the
mollusques gastéropodes et qui ferme l'ouverture de         posterior dorsal surface of the foot in gastropod
la coquille.                                                molluscs and serves to close the shell when the ani-
                                                            mal is retracted.

◊ CILFO*1989***348                                         ◊ WEBIN*1986***1581

**opisthobranche**      n. m.

*(Conchyliculture - Biologie)*

Mollusque gastéropode à coquille réduite ou absente et dont les branchies se trouvent derrière le cœur.

**OBS**

Les opisthobranches servent principalement à des fins de recherche sur le système nerveux.

◊ ROBER*1986*6**947

**ordre**      n. m.

*(Biologie)*

Chacune des divisions d'une classe.

Voir aussi **embranchement 1, embranchement 2**

◊ LAROG*1982*7**7617

**organe X**      n. m.

*(Crustaciculture - Reproduction et génétique)*

Petit organe dans le pédoncule oculaire de certains crustacés, où sont localisées les zones de neurosécrétion.

◊ BIOGAL*1988***143

**organe Y**      n. m.

*(Crustaciculture - Reproduction et génétique)*

Glande de mue de certains crustacés qui sécrète les hormones de mue : ecdysone et crustecdysone.

◊ BIOGAL*1988***147, 149

**organisme benthique**      n. m.

*(Biologie)*

Organisme aquatique qui vit en relation étroite avec le fond.

◊ ROBER*1986*1**935, CILFO*1989***58

**orifice génital**      n. m.

*(Reproduction et génétique - Anatomie et physiologie)*

Ouverture reliée à la reproduction de certains animaux aquatiques et faisant communiquer une cavité avec l'extérieur.

◊ PATH*1985***24, HUET*1970***312, AQUAC*1986*1***495

**opisthobranch**

*(Mollusc Culture - Biology)*

A gastropod mollusc whose gills, when present, are posterior to the heart and have no operculum.

**OBS**

Opisthobranches are reared primarily to be used in laboratory studies of the nervous system.

◊ WEBIN*1986***1582, LANAQ*1992***354-355

**order**

*(Biology)*

A category of taxonomic classification ranking below the class.

See also **phylum, division**

◊ WEBIN*1986***1588

**X-organ**
     V. s. X organ
     V. s. x-organ

*(Crustacean Farming - Reproduction and Genetics)*

A small compact sac-like neurosecretory organ in the eyestalk of some crustaceans.

◊ HENBI*1989***592, LASTE*1989***2075

**Y-organ**
     V. s. y-organ

*(Crustacean Farming - Reproduction and Genetics)*

A molting gland in the eyestalk of certain crustaceans that secretes the molting hormones ecdysone and crustecdysone.

◊ INZOO*1974***331, LANAQ*1992***187

**benthic organism**

*(Biology)*

An aquatic organism that lives on or in the bottom of a body of water.

◊ LANAQ*1992***247, PILLA*1990***218, 285

**genital opening**
     genital pore

*(Reproduction and Genetics - Anatomy and Physiology)*

An orifice through which something may pass and that is related to the reproduction of certain aquatic animals.

◊ LANAQ*1992***217, PILLA*1900***325

**orifice génito-urinaire**     n. m.
    orifice urogénital     n. m.

*(Reproduction et génétique - Anatomie et physiologie)*

Orifice commun aux appareils génital et urinaire.

◊ MED-F*1993***461, HUET*1970***312, PATH*1985***25, AQUAC*1986*2**631

**orifice urinaire**     n. m.

*(Anatomie et physiologie)*

Orifice qui se rapporte à l'évacuation des urines.

◊ LAROG*1982*10**10549

**orifice urogénital**
    voir orifice génito-urinaire

**ormeau \***     n. m.

*(Conchyliculture - Espèces aquacoles)*

Mollusque gastéropode du genre *Haliotis*, muni d'un muscle de pied très développé lui permettant de vivre appliqué contre les rochers et d'une coquille aplatie, en forme d'oreille nacrée intérieurement, possédant une rangée de perforations servant d'orifices de sortie à l'eau.

\* Terme normalisé au Canada.

◊ LAROG*1982*5**5125, CILFO*1989***352, ROBER*1986*5**87, NQ8070*1995***65

**osmorégulation**     n. f.

*(Anatomie et physiologie)*

Processus physiologique par lequel la cellule contrôle la concentration de certaines molécules de part et d'autre de sa membrane.

**Ostrea edulis**
    voir huître plate européenne

**ostréicole**     adj.

*(Ostréiculture - Terminologie générale)*

Qui relève de l'ostréiculture.

Voir aussi **ostréiculture**

**urinogenital opening**
    V. s. urino-genital opening
    urogenital opening

*(Reproduction and Genetics - Anatomy and Physiology)*

Opening common to the urinary and genital systems.

◊ HENBI*1989***573, PILLA*1990***162, LANAQ*1992***251

**urinary opening**

*(Anatomy and Physiology)*

Opening concerned with the discharge of urine.

◊ WEBIN*1986***2522

**abalone \***

*(Mollusc Culture - Aquaculture Species)*

A gastropod mollusc of the genus *Haliotis* that clings to rocks tenaciously with a broad muscular foot and that has a nacre-lined shell of a flattened, oval, slightly spiral form perforated with a row of apertures for the escape of the water from the gills and covering the animal.

\* Recommended term in Canada.

◊ WEBIN*1986***2, NQ8070*1995***65

**osmoregulation**

*(Anatomy and Physiology)*

Physiological activity within an organism that serves to maintain the internal salt and fluid balance within a narrow acceptable range.

◊ NYMBA*1982***417, COLD*1995***51

**oyster-culture**     adj.
    oyster-farming     adj.

*(Oyster Culture - General Terminology)*

Relating to the culture of oysters.

See also **oyster culture**

**ostréiculteur**      n. m.
    ostréicultrice      n. f.

*(Ostréiculture)*

Celui ou celle qui pratique l'ostréiculture.

Voir aussi **ostréiculture**

◊ LAROG*1982*7**7673, GIRAQ*1991***27, 199

**ostréicultrice**
    voir ostréiculteur

**ostréiculture**      n. f.

*(Conchyliculture)*

Élevage des huîtres.

◊ CILFO*1989***352, SOMOL*1992***71

**ostréidés**      n. m. pl.
    V. o. Ostréidés      n. m. pl.
    huître européenne      n. f.

*(Ostréiculture - Biologie)*

Famille de mollusques marins bivalves, à coquille généralement dissymétrique, vivant à faible profondeur dans les eaux côtières des mers.

Voir aussi **huître plate européenne**

◊ CILFO*1989***247

**Ostréidés**
    voir ostréidés

**ovaire**      n. m.

*(Reproduction et génétique - Anatomie et physiologie)*

Organe génital femelle produisant les gamètes femelles (ovocytes ou ovules).

◊ LAROG*1982*7**7704

**oviducte**      n. m.

*(Reproduction et génétique - Anatomie et physiologie)*

Conduit par lequel l'œuf quitte l'ovaire.

◊ ROBER*1986*6**1041

**oyster culturist**
    oyster farmer

*(Oyster Culture)*

A person who practices oyster culture.

See also **oyster culture**

◊ LANAQ*1992***173, PILLA*1990***477

**oyster culture**
    oyster farming

*(Mollusc Culture)*

The cultivation of oysters.

◊ WEBIN*1986***1615

**Ostreidae**      n. pl.

*(Oyster Culture - Biology)*

A family of marine bivalve molluscs, having a rough irregular shell closed by a single adductor muscle, and living in shallow water along the seacoasts or in brackish water in the mouths of rivers.

See also **European oyster**

◊ WEBIN*1986***1598

**ovary**

*(Reproduction and Genetics - Anatomy and Physiology)*

A female gonad; a reproductive gland producing ova.

◊ SCITF*1988***638

**oviduct**

*(Reproduction and Genetics - Anatomy and Physiology)*

The tube carrying eggs from the ovary.

◊ KIGEN*1985***280

**ovipare** adj.

*(Reproduction et génétique)*

Se dit des animaux qui se reproduisent par des œufs et dont l'embryon ne se développe pas aux dépens des tissus maternels, mais d'une réserve nutritive contenue dans une enveloppe (l'ensemble constituant l'œuf).

◊ ROBER*1986*6**1041, BOUGOC*1976***234

**egg-laying** adj.
oviparous adj.

*(Reproduction and Genetics)*

Producing eggs that develop and hatch outside the maternal body.

◊ WEBCO*1987***843, LANAQ*1992***372

**oviposition**
voir ponte 2

**ovocyte** n. f. ou m.

*(Reproduction et génétique)*

Cellule sexuelle femelle en phase d'accroissement qui subit la méiose.

**oocyte**

*(Reproduction and Genetics)*

The egg cell, contained in an ovary, which undergoes meiosis to form an ovum and a polar body (a cell with little cytoplasm).

◊ LENBI*1994***460

**ovogenèse**
voir oogenèse

**ovogénèse**
voir oogenèse

**ovulation** n. f.

*(Reproduction et génétique)*

Fonction exocrine de l'ovaire, aboutissant à la libération des ovules.

◊ LAROG*1982*7**7707

**ovulation**

*(Reproduction and Genetics)*

The discharge of the ova from the ovary.

◊ LANAQ*1992***214

**ovule**
voir œuf

**ovule non fécondé**
voir œuf non fécondé

**ovule viable**
voir œuf viable

**oxydant**                    n. m.
    agent oxydant          n. m.
   *(Eau - Traitement et filtration)*

Substance (comme l'ozone) ayant la propriété d'oxyder la matière organique et divers sels minéraux.

◊ OLFEB*1981***323

**oxyde de dibutylétain**
    voir di-n-butyl-laurate d'étain

**oxygénation**                n. f.
   *(Eau)*

Action d'ajouter de l'oxygène au milieu aquatique par aération ou autre moyen.

◊ PARSE*1990***392

**oxygène dissous**            n. m.
    Abrév. O.D.
   *(Eau)*

Quantité d'oxygène dissous dans l'eau à une température donnée, généralement exprimée en milligrammes par litre ou en pourcentage de saturation.

◊ OLFEB*1981***324

**ozonation**
    voir ozonisation

**ozonisation \***              n. f.
    ozonation              n. f.

   *(Eau - Traitement et filtration)*

Traitement d'une eau par l'ozone dans le but de la désinfecter ou d'éliminer les micropolluants par oxydation.

\* Terme normalisé par l'ISO.

Voir aussi **désinfection**

◊ OLFEB*1981***325

**oxidizing agent**

*(Water - Treatment and Filtration)*

A substance (as ozone) which uses up dissolved oxygen or speeds the process of oxidation.

◊ LAFRE*1984***516

**oxygenation**
*(Water)*

The addition of oxygen to water by aeration or other means.

◊ LAFRE*1984***516

**dissolved oxygen**
    Abbr. DO
   *(Water)*

The amount of oxygen, in parts per million by weight, dissolved in water, now generally expressed in mg/l.

◊ PIPFI*1986***478

**ozonation\***
    ozonization\*
    ozone treatment
*(Water - Treatment and Filtration)*

Addition of ozone to water to break down refractory organic molecules, oxidize waste metabolites and disinfect the water.

\* Term standardized by ISO.

See also **disinfection**

◊ WICRU*1992***377

**pacage en mer**
    voir pacage marin

**pacage en mer du saumon**
    voir pacage marin du saumon

| | |
|---|---|
| **pacage marin** | n. m. |
| pacage en mer | n. m. |
| élevage en mer libre | n. m. |

*(Pisciculture - Techniques et méthodes)*

Mode d'élevage extensif d'animaux marins, qui consiste à lâcher des juvéniles en milieu marin où ils se nourrissent des ressources naturelles et accomplissent leur croissance avant la capture.

Voir aussi **pacage marin du saumon**

◊ CILFO*1989***355

| | |
|---|---|
| **pacage marin du saumon** | n. m. |
| pacage en mer du saumon | n. m. |
| salmoniculture marine | n. f. |

*(Salmoniculture)*

Mode d'élevage qui consiste à lâcher les saumons pour qu'ils gagnent la mer où ils accomplissent leur croissance et à les capturer à leur retour vers les eaux douces.

Voir aussi **pacage marin**

◊ GIRAQ*1991***74

**pallium**
    voir manteau

**ocean ranching**
    ranching
    sea ranching

*(Fish Farming - Techniques and Methods)*

Extensive culture system of marine animals, in which hatchery systems are used to rear young individuals which are then released to forage and grow in their natural environment before harvesting.

See also **salmon ranching**

◊ PILLA*1990***551, ENSCI*1991*2**2, LANAQ*1992***184

**salmon ranching**
    ranching of salmon

*(Salmonid Farming)*

The release of salmon to natural waters, followed by their development at sea, and subsequent return to freshwater at maturity to be harvested.

See also **ocean ranching**

◊ LANAQ*1992***268, 264

| palourde américaine * | n. f. |
| prairie | n. f. |
| clam ** | n. m. |
| praire américaine ** | n. f. |
| *Mercenaria mercenaria* | |
| *Venus mercenaria* | |

*(Conchyliculture - Espèces aquacoles)*

Palourde de la famille des vénéridés de la côte atlantique de l'Amérique du Nord, à coquille assez renflée, lourde et épaisse.

* Terme normalisé au Canada.

** En Europe, la palourde américaine est appelée *praire américaine* par les spécialistes, alors qu'elle est commercialisée sous le nom anglais **clam**.

◊ COBAQ*1982***232, NQ8070*1995***65

| panier | n. m. |
| panier d'élevage | n. m. |
| panier de culture | n. m. |

*(Installations - Élevage/culture)*

Réceptacle servant à contenir des choses (p. ex. la nourriture des civelles) ou au grossissement des coquillages, tels que les huîtres.

◊ AQUAC*1986*2**913, 1003

| panier à huîtres | n. m. |
| panier pyramidal | n. m. |

*(Conchyliculture - Installations)*

Structure composée d'une armature métallique et d'un filet, dans laquelle on place les huîtres (ou autres bivalves) pour favoriser leur grossissement et faciliter leur récupération.

◊ BOUGOC*1976***249

**panier d'élevage**
  voir panier

**panier de culture**
  voir panier

**panier pyramidal**
  voir panier à huîtres

**quahaug**
  V. s. quahog
  V. s. quohog
  northern hard clam
  hard clam
  hardshell clam *
  northern quahaug
  *Mercenaria mercenaria*
  *Venus mercenaria*

*(Mollusc Culture - Aquaculture Species)*

An edible clam of the family Veneridae found on the Atlantic coast of North America and having a thick, rounded shell.

* Recommended term in Canada.

◊ GACAN*1983***918, COLD*1995***345, NQ8070*1995***65

**basket**

*(Facilities - Farming/Culture)*

A receptacle used to contain things (e.g. food for elvers) or for the growout of shellfish such as oysters.

◊ LANAQ*1992***245

**pearl net**
  oyster tray

*(Mollusc Culture - Facilities)*

A pyramid or conical-shaped metallic structure with mesh net used to facilitate the growout and retrieval of oysters and other bivalve molluscs.

◊ SCALHA*1991***211, 212, 213, PILLA*1990***503

papille génitale       n. f.

*(Reproduction et génétique - Anatomie et physiologie)*

Petite saillie en forme de mamelon chez certains poissons et mollusques.

◊ AQUAC*1986*1**295, AQUAC*1986*2**714

genital papilla

*(Reproduction and Genetics - Anatomy and Physiology)*

A small nipplelike projection on certain fish and molluscs.

◊ LANAQ*1992***217, 250, INZOO*1974***981

papille génito-urinaire       n. f.
   papille urogénitale       n. f.

*(Reproduction et génétique - Anatomie et physiologie)*

Papille qui se rapporte aux appareils génital et urinaire.

**OBS**

Cette papille est visible lorsque la femelle salmonidée est mûre.

◊ CAPQ-5*1992***12, AMEN*1980***74

urinogenital papilla
   V. s. urino-genital papilla
   urogenital papilla

*(Reproduction and Genetics - Anatomy and Physiology)*

Papilla related to the urinary and genital systems.

**OBS**

When female salmonids are fully ripe, this papilla extrudes and is visible.

◊ PILLA*1990***366

papille urogénitale
   voir papille génito-urinaire

parasite       n. m.

*(Pathologie et prédateurs)*

Organisme vivant en association durable avec un autre (appelé hôte) dont il se nourrit, sans le détruire ni lui apporter aucun avantage.

◊ ROBER*1986*7**81, PATH*1985***122

parasite

*(Pathology and Predators)*

An organism which lives on or in another organism (called the host) and obtains its food at the expense of that organism.

◊ LAFRE*1984***517

parc       n. m.

*(Conchyliculture)*

Bassin ou portion du littoral où sont engraissés les coquillages (huîtres, moules, etc.).

Voir aussi **gisement, parc à huîtres**

◊ ROBER*1986*7**84, BOUGOC*1976***239

bed 2

*(Mollusc Culture)*

A place where a particular kind of organism (oysters, mussels, etc.) is cultivated.

See also **bed 1, oyster bed 2**

◊ WEBIN*1986***195, LANAQ*1992***167

parc à huîtres       n. m.
   parc ostréicole       n. m.

*(Ostréiculture)*

Anse ou bassin artificiel où l'on pratique la culture des huîtres.

Voir aussi **gisement d'huîtres, parc**

◊ LAROG*1982*8**7819

oyster bed 2
   oyster parc
   V. s. oyster park

*(Oyster Culture)*

A protected portion of sea bottom used for the culture of oysters.

See also **oyster bed 1, bed 2**

◊ WEBIN*1986***1615, PILLA*1990***483

parc ostréicole
   voir parc à huîtres

**parcage**
 voir stabulation

**parr**
 voir tacon

**parthénogenèse** n. f.
 V. o. parthénogénèse n. f.
 reproduction parthénogénétique n. f.

*(Reproduction et génétique)*

Développement d'un gamète femelle sans fécondation, c'est-à-dire sans l'intervention d'un gamète mâle (commun chez les rotifères).

◊ PARSE*1990***405

**parthénogénèse**
 voir parthénogenèse

**parthénogenèse mâle**
 voir androgenèse

**parthénogénèse mâle**
 voir androgenèse

**passe**
 voir passe à poissons

**passe à poissons** n. f.
 passe n. f.
 passe migratoire n. f. [CA]

*(Pisciculture - Installations)*

Ouvrage annexe d'un barrage, destiné à faciliter la migration des poissons.

Voir aussi **échelle à poissons**
 ◊ OLFEB*1981***327

**passe migratoire**
 voir passe à poissons

**pâtée de poisson fermentée**
 voir poisson ensilé

**parthenogenetic reproduction**
 parthenogenesis

*(Reproduction and Genetics)*

A modification of sexual reproduction in which an egg develops without entrance of a sperm (common among rotifers).

◊ INZOO*1974***722, LASTE*1989***1374

**fish-pass**
 V. s. fish pass
 fishway [US]
 V. s. fish way [US]

*(Fish Farming - Facilities)*

A device constructed in connection with a dam and usually consisting of a series of pools one above the other with low falls between, and allowing fish to pass upstream and downstream over the dam.

See also **fish ladder**
 ◊ IWATE*1981***145

**pathologie**      n. f.

*(Biologie)*

Science des causes, des symptômes et de l'évolution des maladies.

**pathology**

*(Biology)*

The study of diseases, their essential nature, causes, and development, and the structural and functional changes produced by them.

◊ WEBIN*1986***1655, PIPFI*1986***491

**patrimoine génétique**
    voir pool génétique

**patte abdominale**
    voir pléopode

**patte natatoire**
    voir pléopode

**pêche à l'électricité**
    voir pêche électrique

**pêche à l'hameçon**
    voir pêche à la ligne

**pêche à la ligne**      n. f.
    pêche à l'hameçon      n. f.

*(Terminologie générale)*

Pêche de poissons avec ligne et hameçon.

Voir aussi **pêche sportive**

◊ CAPQ-11*1992***12

**angling**

*(General Terminology)*

Fishing with hook and line.

See also **sport fishing**

◊ LAFRE*1984***509

**pêche de loisir**
    voir pêche sportive

**pêche électrique**      n. f.
    pêche à l'électricité      n. f.

*(Pisciculture - Techniques et méthodes)*

Technique de pêche consistant à capturer le poisson après l'avoir commotionné par le passage d'un courant électrique.

◊ LAROG*1982*8**7928, Q2721*1993***37

**electric fishing**
    electrofishing

*(Fish Farming - Techniques and Methods)*

Fishing by means of passing an electrical field through the water so that fish are stunned.

◊ LAFRE*1984***512, LANAQ*1992***271, PILLA*1990***444

**pêche sportive** n. f.
    pêche de loisir n. f.

*(Terminologie générale)*

Capture d'animaux aquatiques pour le loisir ou pour le sport.

Voir aussi **pêche à la ligne**

◊ CILFO*1989***367, Q2721*1993***49

**pecten d'Amérique**
    voir pétoncle géant

*Pecten jacobaeus*
    voir coquille Saint-Jacques 1

*Pecten maximus*
    voir coquille Saint-Jacques 1

**pectinicole** adj.

*(Conchyliculture - Terminologie générale)*

Qui relève de la pectiniculture.

Voir aussi **pectiniculture**

**pectiniculteur** n. m.
    pectinicultrice n. f.

*(Conchyliculture)*

Celui ou celle qui pratique la pectiniculture.

Voir aussi **pectiniculture**

**pectinicultrice**
    voir pectiniculteur

**pectiniculture** n. f.

*(Conchyliculture)*

Culture des pétoncles.

◊ CILFO*1989***369

**pedigree** n. m.

*(Reproduction et génétique)*

Représentation graphique de l'ascendance proche d'un individu.

◊ CILFG-32*1991***206

**sport fishing**
    recreational fishing

*(General Terminology)*

Fishing with a rod and reel for sport fish.

See also **angling**

◊ PILLA*1990***334

**scallop-culture** adj.
    scallop-farming adj.

*(Mollusc Culture - General Terminology)*

Relating to the culture of scallops.

See also **scallop culture**

**scallop farmer**

*(Mollusc Culture)*

A person who practices scallop culture.

See also **scallop culture**

◊ SCALHA*1991***9

**scallop culture**
    scallop farming

*(Mollusc Culture)*

The rearing of scallops.

◊ LANAQ*1992***345

**pedigree**

*(Reproduction and Genetics)*

A diagram setting forth the ancestral history of an individual.

◊ KIGEN*1985***288

**pédivéligère**      n. f.

*(Conchyliculture - Croissance et nutrition)*

Véligère munie d'un pied, qui perd son aptitude à nager et se fixe à un substrat.

◊ AQUAC*1986*2**429

**pédoncule oculaire**      n. m.

*(Crustaciculture - Anatomie et physiologie)*

Une des deux tiges munies d'un œil qui se trouvent sur la surface dorsale de la tête d'un grand nombre de crustacés.

◊ BIOGAL*1988***146

**peigne**
     voir pétoncle

**peigne à huîtres**
     voir râteau

**peigne baie de l'Atlantique**
     voir pétoncle de baie

**peigne noble**      n. m.
     peigne sénateur      n. m.
     *Chlamys nobilis*

*(Conchyliculture - Espèces aquacoles)*

Peigne du sud de la Chine, à coquille fortement striée de côtes et aux valves égales.

**peigne sénateur**
     voir peigne noble

**pélagique**      adj.
*(Biologie)*

Se dit des organismes vivant en pleine eau loin du fond et des rivages.

Voir aussi **benthique**

**pediveliger**

*(Mollusc Culture - Growth and Nutrition)*

A veliger whose foot has become functional, and settlement is imminent.

◊ LANAQ*1992***165

**eyestalk**
     V. s. eye-stalk
     V. s. eye stalk

*(Crustacean Farming - Anatomy and Physiology)*

One of the two movable stalks bearing an eye arising close to the median line on the dorsal surface of the head of many crustaceans.

◊ SCITF*1988***326, WEBCO*1987***442

**Huagui scallop**
     noble scallop
     old scallop
     *Chlamys nobilis*

*(Mollusc Culture - Aquaculture Species)*

A scallop of southern China Seas.

◊ SHUSCA*1991***811, 527

**pelagic**      adj.
*(Biology)*

Of, pertaining to, or living in water away from the shore and the bottom.

See also **benthic**

pelagos                           n. m.

*(Croissance et nutrition - Milieu de culture)*

Ensemble des organismes aquatiques, animaux ou végétaux, vivant en pleine eau (mer, lac, etc.), loin du fond et des rivages.

Voir aussi **benthos**

pélécypode
  voir bivalve

Pélécypodes
  voir bivalves

pélécypodes
  voir bivalves

*Penaeus aztecus*
  voir crevette brune

*Penaeus japonicus*
  voir crevette kuruma

*Penaeus monodon*
  voir crevette géante tigrée

*Penaeus setiferus*
  voir crevette blanche

*Penaeus vannamei*
  voir crevette à pattes blanches

pénéide
  voir crevette pénéide

pénéidés                          n. m. pl.
  V. o. Pénéidés                  n. m. pl.

*(Crustaciculture - Biologie)*

Famille de crevettes de grande taille des eaux tempérées, chaudes et tropicales.
◊ CILFO*1989***141

Pénéidés
  voir pénéidés

perche argentée
  voir marigane noire

pelagos

*(Growth and Nutrition - Culture Medium)*

Organisms, plants and animals, that live in water away from the shore and the bottom.

See also **benthos**

Penaeidae                         n. pl.
  V. s. Peneidae                  n. pl., rare

*(Crustacean Farming - Biology)*

A family of warm water and tropical prawns including several edible prawns.
◊ WEBIN*1986***1669

percolation                    n. f.

*(Eau - Milieu de culture)*

Infiltration de l'eau à travers le sol des étangs.

◊ BAMI*1991***9, ELSAQ*1991***233

seepage

*(Water - Culture Medium)*

The escape of water through the bottom of ponds.

◊ WICRU*1992***170

péréiopode                     n. m.

*(Crustaciculture - Anatomie et physiologie)*

Patte marcheuse thoracique des crustacés.

◊ LAROG*1982*8**7978

pereiopod
  V. s. pereopod
  walking leg

*(Crustacean Farming - Anatomy and Physiology)*

One of the walking legs of crustaceans.

◊ WICRU*1992***377

performance                    n. f.

*(Reproduction et génétique)*

Résultat qu'obtient un individu dans une épreuve.

◊ CILFG-32*1991***206

performance
  record

*(Reproduction and Genetics)*

The result obtained from an individual after testing.

péridiniens
  voir dinoflagellés

Péridiniens
  voir dinoflagellés

période d'incubation           n. f.

*(Reproduction et génétique)*

Période de développement de l'œuf, s'étendant de la fécondation à l'éclosion.

◊ AQUAC*1986*1**241, AQUAC*1986*2**562, 576, BOUGOC*1976***278

incubation period

*(Reproduction and Genetics)*

The period required to bring an egg to hatching.

◊ LASTE*1989***949, LANAQ*1992***228, PILLA*1990***158, 175, 177

période de croissance          n. f.
  période de grossissement     n. f.
  saison de croissance         n. f.

*(Croissance et nutrition - Biologie)*

Période pendant laquelle les jeunes animaux grossissent (parfois jusqu'à la taille marchande).

◊ AQUAC*1986*1**249, 464, HUET*1970***179, 248, CUPER*1992***134

growing season
  growout season

*(Growth and Nutrition - Biology)*

Period in which young animals are growing (sometimes till they reach harvest size).

◊ LANAQ*1992***293, 298

**période de fixation**     n. f.
    stade de fixation     n. m.

*(Conchyliculture - Croissance et nutrition)*

Durée pendant laquelle les larves des mollusques bivalves (p. ex. huîtres, moules) se fixent à un substrat.

◊ BOUGOC*1976***248-249, AQUAC*1986*1**361

**période de fraie**
    voir période de fraye

**période de fraye**     n. f.
    V. o. période de fraie     n. f.
    période de ponte     n. f.
    saison de ponte     n. f.
    fraye 2     n. f.
    V. o. fraie 2     n. f.

*(Pisciculture - Reproduction et génétique)*

Époque à laquelle les poissons frayent ou à laquelle les femelles déposent leurs œufs.

◊ ROBER*1986*4**481

**période de grossissement**
    voir période de croissance

**période de ponte**
    voir période de fraye

**période de reproduction**     n. f.
    saison de reproduction     n. f.
    cycle de reproduction     n. m.
    cycle reproducteur     n. m.

*(Reproduction et génétique)*

Période pendant laquelle les animaux aquatiques ou les algues se reproduisent.

◊ AQUAC*1986*1**296, AQUAC*1986*2**557

**période juvénile**
    voir stade juvénile

**période larvaire**
    voir stade larvaire

**settling stage**

*(Mollusc Culture - Growth and Nutrition)*

Period where the larvae of bivalve molluscs (e.g. oysters, mussels) attach themselves to a substrate.

◊ PILLA*1990***484

**spawning season**

*(Fish Farming - Reproduction and Genetics)*

Period in which spawning of fish takes place or in which female fish lay their eggs.

◊ LANAQ*1992***261, 271

**reproductive season**
    reproductive cycle
    reproductive period
    breeding season *

*(Reproduction and Genetics)*

Period when the reproduction of aquatic animals or algae takes place.

* This term is not used for algae.

◊ LANAQ*1992***205, PILLA*1990***157-158

**perliculture**      n. f.

*(Conchyliculture)*

Culture des mollusques pour la production de perles.

◊ CILFG-6*1983***225

**pearl culture**

*(Mollusc Culture)*

Mollusc culture for the production of pearls.

◊ LANAQ*1992***350

**peroxyde d'hydrogène**      n. m.
     Symb. $H_2O_2$

*(Reproduction et génétique)*

Espèce chimique qui se présente sous la forme d'un liquide sirupeux dense et qui est souvent mélangée avec de l'eau (eau oxygénée).

**OBS**

Utilisé notamment pour induire la ponte des ormeaux.

◊ AQUAC*1986*2**918, AQUAC*1986*1**132

**hydrogen peroxide**
     Symb. $H_2O_2$

*(Reproduction and Genetics)*

A colorless, syrupy, heavy liquid that is used chiefly in dilute form.

**OBS**

Used, for instance, to induce spawning of abalones.

◊ WEBIN*1986***1108, LANAQ*1992***108, PILLA*1990***508

**perré**      n. m.

*(Installations - Eau)*

Mur ou revêtement en pierres sèches qui protège un ouvrage et empêche les eaux de le dégrader.

◊ LAROG*1982*8**8003

**rip-rap**
     V. s. riprap

*(Facilities - Water)*

A wall of stones or blocks placed on the bank of a body of water to prevent erosion.

◊ LAFRE*1984***518, LANAQ*1992***55

**petasma**      n. m.

*(Crustaciculture - Anatomie et physiologie)*

Chez les crustacés mâles décapodes, organe copulateur réalisé par la conjonction des deux rames internes modifiées de la première paire de pattes abdominales (ou pléopodes).

◊ AQUAC*1986*1**468

**petasma**

*(Crustacean Farming - Anatomy and Physiology)*

A membranous modified endopodite of the first abdominal appendage (pleopods) in a male decapod crustacean.

◊ WEBIN*1986***1689

**pétoncle ***      n. m.
     coquille Saint-Jacques 2      n. f.
     peigne      n. m.

*(Conchyliculture - Espèces aquacoles)*

Mollusque bivalve de la famille des pectinidés qui nage dans la mer en refermant brusquement ses valves et qui est caractérisé par un muscle adducteur et une coquille en forme d'éventail.

\* Terme normalisé au Canada.

◊ CILFO*1989***129

**scallop ***

*(Mollusc Culture - Aquaculture Species)*

Any of many marine bivalve molluscs of the family Pectinidae that have a single adductor muscle and two deeply grooved, curved shells and an earlike wing on each side of the hinge, that swims by rapidly snapping its shells together.

\* Recommended term in Canada.

◊ WEBIN*1986***2024

**pétoncle d'Europe**
     voir coquille Saint-Jacques 1

pétoncle de baie *        n. m.
   peigne baie de l'Atlantique     n. m.
   *Aequipecten irradians* *
   *Argopecten irradians*

**(Conchyliculture - Espèces aquacoles)**

Pétoncle de la famille des pectinidés trouvé sur la partie nord-ouest de la côte atlantique.

* Terme normalisé au Canada.

◊ NQ8070*1995***66

pétoncle farreri        n. m.
   *Chlamys farreri*

**(Conchyliculture - Espèces aquacoles)**

Peigne du nord de la Chine.

pétoncle géant *        n. m.
   coquille Saint-Jacques 3 *     n. f.
   pecten d'Amérique     n. m. [FR]
   *Placopecten magellanicus*

**(Conchyliculture - Espèces aquacoles)**

Mollusque bivalve de la famille des pectinidés, trouvé seulement sur la côte atlantique de l'Amérique du Nord.

* Terme normalisé au Canada.

**OBS**
On peut vendre au Canada ou en France, sous le nom de coquille Saint-Jacques ou noix de Saint-Jacques, le muscle adducteur du pétoncle géant, parfois accompagné de corail.

◊ NQ8070*1995***67

pH        n. m.
   *(Eau)*

Indice exprimant la concentration de l'ion hydrogène dans une solution, à l'aide d'une échelle allant de 0 à 14 : entre 0 et 7 (solution acide), 7 (solution neutre), entre 7 et 14 (solution alcaline).

◊ ROBER*1986*7**334

phaéophycées
   voir algues brunes

---

bay scallop *
   *Aequipecten irradians* *
   *Argopecten irradians*

**(Mollusc Culture - Aquaculture Species)**

A scallop of the family Pectinidae found along the north-western Atlantic coast.

* Recommended term in Canada.

◊ NQ8070*1995***66, COLD*1995***299

Jicon scallop
   *Chlamys farreri*

**(Mollusc Culture - Aquaculture Species)**

A scallop of northern China.

◊ PILLA*1990***502, SHUSCA*1991***809

sea scallop *
   giant scallop
   deep-sea scallop
   native sea scallop
   *Placopecten magellanicus*

**(Mollusc Culture - Aquaculture Species)**

A large scallop of the family Pectinidae found only on the Atlantic coast of North America.

* Recommended term in Canada.

◊ COLD*1995***299, 300, NQ8070*1995***67, ENSCI*1991*10**497

pH
   *(Water)*

The measure of the concentration of hydrogen ions in a solution, represented on a numerical scale ranging from 0 (acid) to 7 (neutral) to 14 (alkaline).

◊ FISFA*1988***393, LAFRE*1984***517

**phage**
  voir bactériophage

**phase adulte**
  voir stade adulte

**phase Conchocelis**      n. f.
  stade Conchocelis      n. m.
  *(Algoculture - Reproduction et génétique)*

Stade microscopique filamenteux du cycle de reproduction de *Porphyra* où se produit la perforation des coquilles de mollusques qui servent de substrat. Ce stade correspond à la phase sporophytique.

◊ CUPER*1992***370, GAYR*1975***57

**conchocelis phase**
  conchocelis stage
  *(Algal Culture - Reproduction and Genetics)*

A microscopic filamentous phase in the reproductive cycle of *Porphyra* in which filaments burrow and grow beneath the surface of the shell substrate and which corresponds to the sporophyte.

◊ LANAQ*1992***150, PILLA*1990***513, 515

**phase de jeunesse**
  voir stade juvénile

**phase juvénile**
  voir stade juvénile

**phase larvaire**
  voir stade larvaire

**phase postlarvaire 1**
  voir postlarve 2

**phase postlarvaire 2**
  voir stade postlarvaire 2

**phénotype**      n. m.
  *(Reproduction et génétique)*

Ensemble des caractères visibles résultant de l'expression du génotype dans un environnement donné.

Voir aussi **génotype**

◊ CILFG-32*1991***209, CAPQ-2*1992***58

**phenotype**
  *(Reproduction and Genetics)*

The observable properties of an organism, produced by the genotype in conjunction with the environment.

See also **genotype**

◊ KIGEN*1985***295

**phéophycées**
  voir algues brunes

**phéromone**      n. f.
  *(Biologie)*

Substance chimique émise par un organisme dans le milieu marin et qui agit à distance sur les autres individus de la même espèce.

◊ CILFO*1989***374

**pheromone**
  *(Biology)*

A chemical substance released by an organism that influences the behavior of others of the same species.

◊ LAFRE*1984***517, INZOO*1974***982

**photopériode**       n. f.

*(Biologie)*

Durée quotidienne du jour, comprenant une période d'éclairement et une période d'obscurité de durée variable suivant la latitude et la saison, ayant une influence sur la vie animale et végétale.

**OBS**

Certains ouvrages considèrent que photopériode et durée d'éclairement sont synonymes, alors que d'autres considèrent la durée d'éclairement comme faisant partie du cycle de la photopériode.

Voir aussi **durée d'éclairement**

◊ PARSE*1990***423

**photosynthèse**       n. f.

*(Biologie)*

Réaction chimique fondamentale par laquelle, sous l'effet de la lumière, le gaz carbonique est transformé en matière organique par les végétaux chlorophylliens.

◊ CILFO*1989***375

**phycoculture**

voir phytoculture

**phycocyanine**       n. f.

*(Algoculture)*

Pigment photosynthétique accessoire des algues bleues.

◊ CILFO*1989***376

**phycoérythrine**       n. f.

*(Algoculture)*

Pigment photosynthétique accessoire des algues rouges.

◊ CILFO*1989***376

**phycologie**

voir algologie

**phycologue**

voir algologue

**photoperiod**

*(Biology)*

The relative lengths of alternating periods of lightness and darkness as they affect the growth and maturity of an organism.

**OBS**

Some authors use photoperiod and light period as synonyms while others believe that the light period is part of the photoperiod.

See also **light period**

◊ WEBIN*1986***1703

**photosynthesis**

*(Biology)*

Synthesis by green plants or organic compounds from water and carbon dioxide using energy from sunlight.

◊ FISFA*1988***393

**phycocyanin**

*(Algal Culture)*

Any of the bluish-green protein pigments in the cells of blue-green algae.

◊ WEBIN*1986***1705

**phycoerythrin**

*(Algal Culture)*

Any of the red protein pigments in the cells of red algae.

◊ WEBIN*1986***1705

phycotoxine      n. f.
    phytotoxine      n. f.

*(Conchyliculture - Pathologie et prédateurs)*

Toxine produite par une microalgue, qui s'accumule dans les coquillages filtreurs et leurs prédateurs et provoque une intoxication chez les humains qui consomment ces coquillages.

Voir aussi **biotoxine**

◊ ROBER*1986*7**375

phycotoxin
    phytotoxin

*(Mollusc Culture - Pathology and Predators)*

A toxin produced by a microalga consumed by filter feeders and their predators that can be extremely dangerous to humans eating the shellfish.

See also **biotoxin**

◊ LASTE*1989***1424

---

phycotoxine amnestique      n. f.
    toxine amnestique      n. f.

*(Conchyliculture - Pathologie et prédateurs)*

Toxine causant une intoxication amnestique chez les humains.

Voir aussi **intoxication amnestique**

amnesiac shellfish poisoning toxin
    ASP toxin

*(Mollusc Culture - Pathology and Predators)*

A toxin causing amnesiac shellfish poisoning.

See also **amnesiac shellfish poisoning**

---

phycotoxine diarrhéique      n. f.
    toxine diarrhéique      n. f.

*(Conchyliculture - Pathologie et prédateurs)*

Toxine causant une intoxication diarrhéique chez les humains.

Voir aussi **intoxication diarrhéique**

◊ AQUAC*1986*1**35

diarrhetic shellfish poisoning toxin
    DSP toxin

*(Mollusc Culture - Pathology and Predators)*

A toxin causing diarrhetic shellfish poisoning.

See also **diarrhetic shellfish poisoning**

◊ DOSHE*1991***38

---

phycotoxine paralysante      n. f.
    toxine paralysante      n. f.

*(Conchyliculture - Pathologie et prédateurs)*

Toxine causant une intoxication paralysante chez les humains.

Voir aussi **intoxication paralysante**

◊ AQUAC*1986*1**35

paralytic shellfish poisoning toxin
    PSP toxin

*(Mollusc Culture - Pathology and Predators)*

A toxin causing paralytic shellfish poisoning.

See also **paralytic shellfish poisoning**

◊ DOSHE*1991***36-37

---

phylum
    voir embranchement 2

---

phytoculture      n. f.
    phycoculture      n. f.

*(Algoculture)*

Culture des algues microscopiques.

Voir aussi **microalgue**

microalgae culture

*(Algal Culture)*

The rearing of microscopic algae.

See also **microalga**

phytoplancton      n. m.

*(Croissance et nutrition - Milieu de culture)*

Ensemble des organismes du plancton qui appartiennent au règne végétal.

◊ CILFO*1989***376

phytoplanctonte      n. m.

*(Croissance et nutrition - Milieu de culture)*

Organisme du phytoplancton.

Voir aussi **phytoplancton**

phytotoxine

voir phycotoxine

pibale

voir civelle

piballe

voir civelle

pied      n. m.

*(Conchyliculture - Anatomie et physiologie)*

Expansion ventrale des mollusques servant aux déplacements.

◊ LAROG*1982*8**8123, GPP*1985***G5

pieu

voir bouchot 1

pieu de bambou      n. m.
bouchot de bambou      n. m.
piquet de bambou      n. m.

*(Installations)*

Pieu fait de bois de bambou.

Voir aussi **bouchot 1**

◊ AGEP*1991***138, BOUGOC*1976***218

piquet

voir bouchot 1

piquet de bambou

voir pieu de bambou

phytoplankton

*(Growth and Nutrition - Culture Medium)*

Plankton consisting of plant life.

◊ WEBIN*1986***1708

phytoplankter

*(Growth and Nutrition - Culture Medium)*

A phytoplankton organism.

See also **phytoplankton**

foot

*(Mollusc Culture - Anatomy and Physiology)*

The ventral muscular surface or a ventral muscular process of a mollusc used for locomotion.

◊ WEBIN*1986***885, LANAQ*1992***165

bamboo pole
bamboo stake

*(Facilities)*

A stake made from bamboo.

See also **stake**

◊ LANAQ*1992***176, PILLA*1990***513

piscicole     adj.

*(Pisciculture - Terminologie générale)*

Qui relève de la pisciculture.

Voir aussi **pisciculture 2**

fish-farming     adj.
fish-culture     adj.

*(Fish Farming - General Terminology)*

Relating to the culture of fish.

See also **fish farming**

---

pisciculteur     n. m.
    piscicultrice     n. f.

*(Pisciculture)*

Celui ou celle qui pratique la pisciculture.

Voir aussi **pisciculture 2**

◊ CAPQ-5*1992***14, LAROG*1982*8**8162

fish farmer
    fish culturist
    finfish farmer

*(Fish Farming)*

A person who practices fish farming.

See also **fish farming**

◊ WEBIN*1986***1723

---

piscicultrice
    voir pisciculteur

---

pisciculture 1     n. f.
    station piscicole     n. f.

*(Pisciculture - Installations)*

Exploitation où se pratique l'élevage des poissons et dont les produits sont destinés soit à la vente, soit au peuplement des eaux.

Voir aussi **ferme d'aquaculture**

◊ CILFO*1989***204, GIRAQ*1991***89, 91, Q2721*1993***26-27

fish farm
    finfish farm

*(Fish Farming - Facilities)*

An enterprise where fish are raised for the market or used for restocking.

See also **aquaculture farm**

◊ GACAN*1983***446, ROTSA*1986***34

---

pisciculture 2     n. f.

*(Types d'aquaculture)*

Élevage du poisson.

◊ CILFO*1989***379

fish farming
    fish culture
    finfish farming
    finfish culture

*(Aquaculture Types)*

The rearing of fish.

◊ WEBIN*1986***858, ACKE*1994***6

---

PL
    voir postlarve 2

---

*Placopecten magellanicus*
    voir pétoncle géant

**plancton**　　　　　　　　n. m.

*(Croissance et nutrition - Milieu de culture)*

Ensemble des organismes animaux et végétaux vivant en suspension dans la colonne d'eau.

Voir aussi **phytoplancton, zooplancton**
◊ ROBER*1986*7**461, CILFO*1989***381

**planctonique**　　　　　　　　adj.

*(Biologie)*

Qui concerne le plancton.
◊ LAROG*1982*8**8185

**planctonte**　　　　　　　　n. m.

*(Croissance et nutrition - Milieu de culture)*

Organisme du plancton.

Voir aussi **plancton**
◊ CILFG-6*1983***234

**plante aquatique**　　　　　　　　n. f.

*(Biologie)*

Plante qui croît et qui vit dans l'eau ou sur les bords d'une étendue d'eau.
◊ LAROG*1982*1**594, GIRAQ*1991***60

**plante flottante**　　　　　　　　n. f.
　　plante nageante　　　　　　　　n. f.

*(Biologie)*

Plante étalée à la surface des eaux calmes avec une face immergée et l'autre à l'air libre.

◊ LAROG*1982*7**7254, BAMI*1991***5

**plante nageante**
　　voir plante flottante

**plankton**

*(Growth and Nutrition - Culture Medium)*

Aquatic organisms (plants and animals) suspended in the water column with little or no power of locomotion.

See also **phytoplankton, zooplankton**
◊ LAFRE*1984***517

**planktonic**　　　　　　　　adj.

*(Biology)*

Of, or relating to plankton.

**plankter**
　　planktont

*(Growth and Nutrition - Culture Medium)*

A planktonic organism.

See also **plankton**
◊ WEBCO*1987***899, LAFRE*1984***517,
　　WEBIN*1986***1731

**aquatic plant**

*(Biology)*

A plant that grows in water whether rooted in the mud or floating without anchorage.
◊ WEBIN*1986***108

**floating plant**

*(Biology)*

A plant supported on the surface of the water, usually but not always by its leaves, with the roots not in contact with the bottom.
◊ LAFRE*1984***513

**plasmide** n. m.

*(Reproduction et génétique)*

Structure génétique extrachromosomique pouvant se répliquer de façon autonome dans une bactérie, non indispensable à sa vie mais apportant souvent un avantage sélectif (p. ex. la résistance aux antibiotiques). Le plasmide est constitué de ADN.

◊ CBT-143*1986***226

**plasmid**

*(Reproduction and Genetics)*

An extrachromosomal genetic element found in a variety of bacterial species that generally confers some evolutionary advantage to the host cell (e.g. resistance to antibiotics). Plasmids are double-stranded, closed DNA molecules.

◊ KIGEN*1985***301, LANAQ*1992***322

**Plecoglossus altivelis**
    voir ayu

**pléopode** n. m.
    patte abdominale n. f.
    patte natatoire n. f.

*(Crustaciculture - Anatomie et physiologie)*

Appendice de crustacé, articulé sur l'abdomen et qui sert à la nage ou au portage des œufs chez la femelle.

◊ LAROG*1982*8**8211

**pleopod**
    swimmeret

*(Crustacean Farming - Anatomy and Physiology)*

An appendage on the abdomen of a crustacean that may be modified for swimming and/or holding fertilized eggs.

◊ LANAQ*1992***187

**Pleuronectes platessa**
    voir plie 2

**plie 1** n. f.

*(Pisciculture - Espèces aquacoles)*

Nom commun des petits poissons plats.

**flounder**

*(Fish Farming - Aquaculture Species)*

Any of a number of flatfishes.

**plie 2** n. f.
    carrelet 1 n. m.
    *Pleuronectes platessa*

*(Pisciculture - Espèces aquacoles)*

Poisson plat d'Europe, de la famille des pleuronectidés, à la peau marquée de taches orange.

◊ LAROG*1982*2**1818, ROBER*1986*2**374

**plaice**
    V. s. plaise                    [US]
    *Pleuronectes platessa*

*(Fish Farming - Aquaculture Species)*

A red and brown European flounder of the family Pleuronectidae.

◊ GACAN*1983***861

**pluie acide** n. f.

*(Eau - Milieu de culture)*

Eau dont le pH est inférieur à 5 et qui tombe de l'atmosphère sous forme de gouttes de pluie.

◊ PARSE*1990***460

**acid rain**
    acidic rain

*(Water - Culture Medium)*

Rain containing strong acids resulting in pH values of 3 to 4.

◊ LANAQ*1992***26

**pluribermarin**
    voir saumon pluribermarin

**pneumatocyste**                    n. m.

*(Algoculture)*

Une des folioles allongées de certaines algues brunes, chacune munie sur son pédicelle d'un renflement ou d'une sorte de flotteur.

**OBS**

Grâce à ces flotteurs, l'algue a un port dressé ; sa partie supérieure s'étale à la surface de la mer formant un radeau végétal.

◊ CUPER*1992***62-63

**poche**                    n. f.

*(Conchyliculture - Installations)*

Sac dans lequel on place des coquillages sur une table pour le grossissement.

◊ AQUAC*1986*2**876

**pœcilotherme**
voir animal poïkilotherme

**poïkilotherme**
voir animal poïkilotherme

**poisson**                    n. m.

*(Pisciculture)*

Vertébré aquatique, respirant toute sa vie au moyen de branchies et pourvu de nageoires.

Voir aussi **invertébré**

◊ LAROG*1982*8**8250

**poisson à sexe inversé**            n. m.
poisson à sexe renversé            n. m.

*(Pisciculture - Reproduction et génétique)*

Poisson qui a subi une inversion de sexe.

**poisson à sexe renversé**
voir poisson à sexe inversé

**pneumatocyst**

*(Algal Culture)*

A muscular gas-containing sac of certain brown seaweeds that serves as a float to keep the blades from drooping and receiving less sunlight.

◊ LANAQ*1992***144

**bag**
shell bag

*(Mollusc Culture - Facilities)*

A container of flexible material in which shelled molluscs are placed on a table for growout.

◊ FAQUA*1989***72, COLD*1995***209, 218

**fish**
finfish

*(Fish Farming)*

An aquatic vertebrate possessing fins and usually scales.

**OBS**

The term *finfish* is mostly used in opposition to *shellfish*.

See also **shellfish**

◊ IVAQU*1992***271

**sex-inverted fish**
sex-reversed fish

*(Fish Farming - Reproduction and Genetics)*

A fish that has undergone a sex reversal.

◊ LANAQ*1992***225

**poisson adulte**      n. m.

*(Pisciculture - Croissance et nutrition)*

Poisson qui possède les caractéristiques d'un spécimen adulte (maturité sexuelle, taille, poids, etc.).

◊ PARSE*1990***590

**poisson amphibiotique**      n. m.

*(Pisciculture - Biologie)*

Poisson qui migre de la mer en eaux douces ou qui passe des eaux douces à la mer au cours de son cycle vital (p. ex. le saumon, l'anguille).

Voir aussi **poisson anadrome, poisson catadrome**

◊ PARSE*1990***30

**poisson anadrome**      n. m.
     poisson potamotoque      n. m. [FR]

*(Pisciculture - Biologie)*

Poisson migrateur qui, au cours de son cycle vital, remonte de la mer vers les eaux dessalées ou douces pour se reproduire (p. ex. le saumon, l'esturgeon).

Voir aussi **poisson amphibiotique, poisson catadrome**

◊ CILFO*1989***19, LAROG*1982*1**433

**poisson appât**
     voir poisson d'appât

**poisson catadrome**      n. m.

*(Pisciculture - Biologie)*

Poisson qui vit en eau douce et qui va se reproduire en mer (p. ex. l'anguille, le mulet).

Voir aussi **poisson amphibiotique, poisson anadrome**

◊ GPP*1985***G2, GIRAQ*1991***9, 24, 73

**poisson d'appât**      n. m.
     V. o. poisson appât      n. m.

*(Croissance et nutrition)*

Petit poisson d'élevage qui sert d'appât vivant et de nourriture.

◊ LAROG*1982*1**578, CILFO*1989***25

**poisson d'aquaculture**
     voir poisson d'élevage

**adult fish**

*(Fish Farming - Growth and Nutrition)*

A fish with adult characteristics (sexual maturity, length, weight, etc.).

◊ LANAQ*1992***214

**amphidromous fish**

*(Fish Farming - Biology)*

A fish that migrates from fresh to salt water or from salt to fresh water at some stage of the life cycle (e.g. salmon, eel).

See also **anadromous fish, catadromous fish**

◊ WEBIN*1986***73

**anadromous fish**

*(Fish Farming - Biology)*

A fish that leaves the sea and migrates up freshwater rivers to spawn at some stage of the life cycle (e.g. salmon, shad).

See also **amphidromous fish, catadromous fish**

◊ PIPFI*1986***471, LAFRE*1984***509

**catadromous fish**

*(Fish Farming - Biology)*

A fish which lives in fresh water but goes into the ocean to spawn (e.g. eel, mullet).

See also **amphidromous fish, anadromous fish**

◊ LAFRE*1984***510

**bait fish**

*(Growth and Nutrition)*

A small fish cultured for use as live bait and food for cultured animals.

◊ FISFA*1988***388

**poisson d'élevage**     n. m.
   poisson d'aquaculture     n. m.

*(Pisciculture)*

Poisson obtenu par intervention humaine sur une partie du cycle vital.

Voir aussi **poisson sauvage**

◊ SITMO*1995***44, Q2721*1993***78

**poisson d'un an**     n. m.

*(Pisciculture - Croissance et nutrition)*

Poisson âgé d'un an.

**poisson de fond**     n. m.
   poisson démersal     n. m.

*(Pisciculture - Biologie)*

Poisson que l'on trouve normalement sur ou près des fonds marins, tel que la morue et la plie.

◊ OECD*1990***417, SITMO*1995***2

**poisson de rebut**     n. m.
   poisson sans valeur     n. m.
   faux-poisson     n. m. [FR]

*(Croissance et nutrition)*

Poisson sans valeur commerciale qui sert de nourriture aux poissons d'élevage et à la production de farine de poisson.

◊ CILFO*1989***203

**poisson démersal**
   voir poisson de fond

**poisson ensilé**     n. m.
   pâtée de poisson fermentée     n. f.

*(Croissance et nutrition)*

Mélange de résidus de poissons hachés et d'acides qui se conserve quelques mois dans des silos.

Voir aussi **ensilage**

◊ CAPQ-5*1992***25, ROBER*1986*3**1024

**poisson potamotoque**
   voir poisson anadrome

**cultured fish**
   farmed fish

*(Fish Farming)*

A fish produced using human intervention and/or technology at some stage of its life cycle.

See also **wild fish**

◊ LANAQ*1992***257

**yearling**

*(Fish Farming - Growth and Nutrition)*

A fish that is one year old.

◊ WEBIN*1986***2648

**bottom fish**
   V. s. bottomfish
   demersal fish
   ground fish
   V. s. groundfish

*(Fish Farming - Biology)*

A fish that lives at or near the bottom of the sea, such as cod or plaice.

◊ GACAN*1983***517, LANAQ*1992***274

**trash fish**
   rough fish

*(Growth and Nutrition)*

Fish catch which is not used as food for humans but is either fed directly to farmed fish or used in the production of fish meal.

◊ FISFA*1988***395

**fish silage**

*(Growth and Nutrition)*

A mixture of minced fish offal and acids that can be stored in silos for several months.

See also **ensilage**

◊ PILLA*1990***131-132, BEVCA*1987***175

**poisson sans valeur**
    voir poisson de rebut

**poisson sauvage**                    n. m.
*(Pisciculture - Terminologie générale)*
Poisson dont le cycle vital s'est déroulé sans intervention humaine.
Voir aussi **poisson d'élevage**
◊ AQUAC*1986*2**565

**wild fish**
*(Fish Farming - General Terminology)*
A fish obtained without human intervention in its life cycle.
See also **cultured fish**

**poisson téléostéen**                 n. m.
    téléostéen                         n. m.
*(Pisciculture - Biologie)*
Poisson de la sous-classe des actinoptérygiens, au squelette entièrement ossifié.

◊ CILFO*1989***461

**teleost**
    teleost fish
*(Fish Farming - Biology)*
A fish of the subclass Actinopterygii which is distinguished by paired bracing bones in the supporting skeleton of the caudal fin.
◊ LASTE*1989***1896, WEBIN*1986***2350

**poisson-chat 1**                     n. m.
    silure                             n. m.
    siluroïde                          n. m.
*(Pisciculture - Espèces aquacoles)*
Poisson de l'ordre des siluriformes, surtout dulcicole, possédant un appareil de Weber, toujours pourvu de barbillons péribuccaux riches en terminaisons tactiles et en bourgeons du goût.
◊ LAROG*1982*9**9596

**catfish 1**

*(Fish Farming - Aquaculture Species)*
Any of an order (Siluriformes) of mostly freshwater fishes, being mostly stout-bodied, large-headed, and voracious with long, whiskerlike barbels about the mouth.
◊ GACAN*1983***183

**poisson-chat 2**
    voir barbue de rivière

**poisson-chat tacheté**
    voir barbue de rivière

**poisson-portion**                    n. m.
*(Pisciculture - Terminologie générale)*
Poisson d'une grosseur convenable pour une portion.

Voir aussi **truite-portion**
◊ AQUAC*1986*2**527, CAPQ-5*1992***22

**portion-size fish**
*(Fish Farming - General Terminology)*
A fish of a size suitable for consumption by one person.
See also **portion-size trout**
◊ STFAR*1987***234, PILLA*1990***331

**polluant** n. m.
    agent polluant    n. m.
    matière polluante    n. f.
    substance polluante    n. f.
*(Milieu de culture - Terminologie générale)*
Produit, agent ou substance responsable d'une pollution.
◊ LAROG*1982*8**8270, CILFO*1989***388

**polychètes** n. m. pl.
    V. o. Polychètes    n. m. pl.

*(Pathologie et prédateurs)*
Classe d'annélides comprenant des vers marins dont le corps est formé d'anneaux similaires qui portent chacun des appendices natatoires aplatis garnis de soie.
◊ CILFO*1989***389, ROBER*1986*7**570

**Polychètes**
    voir polychètes

**polyculture** n. f.
*(Élevage/culture)*
Élevage simultané de plusieurs espèces dans le même plan d'eau.
Voir aussi **monoculture**
◊ AQUAC*1986*2**600

*Polyodon spathula*
    voir spatule

**polyoside**
    voir polysaccharide

**polyploïde** adj.
*(Reproduction et génétique)*
Se dit d'un individu possédant plus de deux ensembles de chromosomes.
Voir aussi **diploïde, haploïde, triploïde**
◊ ROBER*1986*7**576

**pollutant**

*(Culture Medium - General Terminology)*
Something that pollutes: a polluting substance, medium or agent.
◊ WEBIN*1986***1756, LANAQ*1992***185

**polychaetes** n. pl.
    polychaete worms    n. pl.
    Polychaeta    n. pl.
*(Pathology and Predators)*
A class of marine annelid worms with paired, flattened, bristle-tipped organs of locomotion.

◊ IVAQU*1992***275, WEBIN*1986***1757

**polyculture**
*(Farming/Culture)*
The culture of more than one species in a single place.

See also **monoculture**
◊ LANAQ*1992***128, FISFA*1988***393

**polyploid** adj.
*(Reproduction and Genetics)*
Designating an individual having more than two sets of chromosomes.
See also **diploid, haploid, triploid**
◊ KIGEN*1985***307, LANAQ*1992***132

**polyploïdie** n. f.

*(Reproduction et génétique)*

État d'une cellule, d'un tissu ou d'un organisme qui possède plus de deux génomes de base, ceux-ci pouvant être homologues ou non selon que la ploïdie provient d'un doublement chromosomique ou d'une hybridation interspécifique naturelle ou artificielle.

◊ CILFG-32*1991***215

**polyploidy**

*(Reproduction and Genetics)*

The state of a cell, a tissue or an organism having a chromosome number that is a multiple of the normal diploid number, resulting from the replication within a nucleus of complete chromosome sets without subsequent nuclear division.

◊ KIGEN*1985***308

**polysaccharide** n. m.
   polyoside n. m.

*(Croissance et nutrition)*

Polymère à longue chaîne de sucres, comme l'amidon ou la cellulose des plantes, et le gycogène.

◊ ROBER*1986*7**577

**polysaccharide**

*(Growth and Nutrition)*

A carbohydrate (e.g. starch, cellulose, glycogen) that contains a relatively large number of monosaccharide units per molecule.

◊ LANAQ*1992***159, FISFA*1988***393

*Pomoxis nigromaculatus*
   voir marigane noire

**pompe à chaleur** n. f.

*(Installations - Eau)*

Dispositif formé d'un ou de plusieurs échangeurs, capable d'emprunter de l'énergie thermique à un milieu extérieur et de la transporter au moyen d'un fluide (air, eau) vers l'enceinte à chauffer.

◊ ROBER*1986*7**584

**heat pump**

*(Facilities - Water)*

Electrically driven device used to transfer heat from one area or body of water to another.

◊ WICRU*1992***374

**pompe à émulsion d'air** n. f.

*(Installations - Eau)*

Pompe dans laquelle de l'air sous pression est injecté dans l'eau sous forme de très petites bulles qui se mélangent à l'eau et réduisent la densité apparente du mélange air-eau. L'eau environnante fait monter ce mélange air-eau dans le tuyau de refoulement vers la sortie.

◊ INDUS*1986***302

**airlift pump**
   V. s. air-lift pump

*(Facilities - Water)*

A pump which functions by making a water-air mixture that is lighter than the water and that will float out the pump tube through an exit above the surface of the water.

◊ LANAQ*1992***84

**pompe à piston** *           n. f.**

*(Installations - Eau)*

Pompe dont le fonctionnement est fondé sur la variation du volume d'une chambre dans laquelle se déplace un piston animé d'un mouvement rectiligne alternatif.

\* Terme normalisé par l'ISO.

◊ OLFEB\*1981\*\*\*349

**pompe à poisson** *           n. f.*
    V. o. pompe à poissons *    n. f.*

*(Installations - Eau)*

Pompe servant au transfert ou au déchargement du poisson.

**pompe à poissons**
    voir pompe à poisson

**pompe à turbine** *           n. f.*
    pompe centrifuge avec diffuseur
        à ailettes *           n. f.*

*(Installations - Eau)*

Pompe centrifuge dans laquelle l'énergie cinétique de l'eau est convertie partiellement en pression, par des ailettes fixes, au moment où elle sort de la roue.

◊ INDUS\*1986\*\*\*597

**pompe à vide** *           n. f.*

*(Installations - Eau)*

Pompe permettant de créer une dépression plus ou moins proche du vide absolu.

◊ OLFEB\*1981\*\*\*351

**pompe centrifuge** *           n. f.*

*(Installations - Eau)*

Pompe consistant en un impulseur fixé sur un arbre tournant et enfermé dans un bâti ; l'impulseur, en tournant, crée une pression dans le liquide grâce à la vitesse provenant de la force centrifuge.

◊ OLFEB\*1981\*\*\*352

**piston pump** *

*(Facilities - Water)*

A pump having a reciprocating piston operating in a cylinder so as to impart motion and pressure to the fluid by direct displacement.

\* Term standardized by ISO.

◊ WEBIN\*1986\*\*\*1724

**fish pump**

*(Facilities - Water)*

A mechanical device which is used to transport fish around farms through wide-bore tubes; causes less physical damage than netting.

◊ FISFA\*1988\*\*\*390

**turbine pump**
    turbine-type centrifugal pump

*(Facilities - Water)*

A centrifugal pump in which the high velocity of the water is changed to low velocity as it leaves the rim of the impeller, and to high pressure by discharging water into numerous vanes in the diffuser plate.

◊ BCME-1\*1982\*\*\*275

**vacuum pump**

*(Facilities - Water)*

A pump which produces a partial vacuum in an enclosed space.

◊ WEBIN\*1986\*\*\*2527

**centrifugal pump**

*(Facilities - Water)*

A pump in which the pressure is imparted to the fluid by centrifugal force produced by a rotating impeller.

◊ LANAQ\*1992\*\*\*75

**pompe centrifuge avec diffuseur à ailettes**
   voir pompe à turbine

**pompe de grande profondeur**
   voir pompe pour puits profond

**pompe immergée**
   voir pompe submersible

**pompe pour puits profond**    n. f.
   pompe de grande profondeur    n. f.
   *(Installations - Eau)*

   Pompe servant à élever l'eau des puits profonds. Le mécanisme de pompage est ordinairement installé à l'intérieur du puits, à une grande profondeur.

   ◊ OLFEB*1981***354

**pompe rotative ***    n. f.
   *(Installations - Eau)*

   Pompe où le liquide est entraîné par un dispositif tournant autour de son axe, sans être soumis à la force centrifuge.

   * Terme normalisé par l'ISO.
   ◊ OLFEB*1981***355

**pompe submersible ***    n. f.
   pompe immergée    n. f.
   *(Installations - Eau)*

   Pompe alimentée électriquement et conçue pour fonctionner sous l'eau.

   * Terme normalisé par l'ISO.
   ◊ OLFEB*1981***354

**pondre**    v., spéc.
   *(Reproduction et génétique)*

   Déposer ses œufs en parlant d'une femelle ovipare.
   Voir aussi **frayer**
   ◊ LAROG*1982*8**8319

**ponte 1**
   voir frai

**deep-well pump**
   V. s. deep well pump
   *(Facilities - Water)*

   A pump used for lifting water from deep wells. The pumping mechanism is usually installed within the well at a considerable distance below the surface.

   ◊ IWATE*1981***93

**rotary pump ***
   *(Facilities - Water)*

   A positive displacement device which features a rotating member inside a housing; the fluids are pushed from a low-pressure to a high-pressure environment and are then discharged.

   * Term standardized by ISO.
   ◊ LANAQ*1992***83

**submersible pump ***

   *(Facilities - Water)*

   An electrically operated pump designed to operate under water.

   * Term standardized by ISO.
   ◊ FISFA*1988***69

**spawn, to 2**    v., gen.
   *(Reproduction and Genetics)*

   To deposit eggs (female).
   See also **spawn, to 1**

ponte 2              n. f.
   oviposition          n. f.

*(Reproduction et génétique)*

Phase du cycle de la reproduction marquée par l'émission des œufs ou des ovules.

**OBS**

Les ouvrages d'aquaculture utilisent parfois le terme *ponte* pour désigner l'émission des œufs et du sperme dans le cas des espèces à fécondation externe.

Voir aussi **fraye 1**

◊ CILFO*1989***389

**ponte artificielle**     n. f.

*(Reproduction et génétique - Techniques et méthodes)*

Ponte provoquée par le contrôle des facteurs de l'environnement ou le contrôle physiologique de l'animal.

Voir aussi **ponte naturelle**

◊ HUET*1970***70, 160, AQUAC*1986*2**1028

**ponte induite**

   voir induction de la ponte

**ponte naturelle**     n. f.

*(Reproduction et génétique)*

Ponte qui a lieu de façon naturelle.

Voir aussi **ponte artificielle**

◊ AQUAC*1986*1**463

**pool de gènes**

   voir pool génétique

**pool des gènes**

   voir pool génétique

**spawning 2**

   egg laying
   oviposition

*(Reproduction and Genetics)*

The process of emitting eggs.

See also **spawning 1**

◊ WEBIN*1986***2185, PIPFI*1986***496

**artificial spawning**

   controlled spawning

*(Reproduction and Genetics - Techniques and Methods)*

Spawning brought about through manipulation of the environment or treatment of the animal by the farmer.

See also **natural spawning**

◊ PILLA*1990***418, LANAQ*1992***224

**natural spawning**

*(Reproduction and Genetics)*

Spawning which takes place in natural conditions.

See also **artificial spawning**

◊ FISFA*1988***103

| pool génétique | n. m. | gene pool |
|---|---|---|
| patrimoine génétique | n. m. | |
| effectif génétique | n. m. | |
| fond génétique | n. m. | |
| ensemble génétique | n. m. | |
| fond génétique commun | n. m. | |
| pool de gènes | n. m. | |
| V. o. pool des gènes | n. m. | |
| effectif des gènes | n. m. | |
| ensemble des gènes | n. m. | |

*(Reproduction et génétique)*

Tous les gènes et leurs allèles existant chez les individus d'une population capable de se reproduire.

Voir aussi **consanguinité**

◊ AQUAC*1986*2**746, BOUGOQ*1976***242, BT-200*1990***104

*(Reproduction and Genetics)*

The genetic diversity available in an interbreeding population.

See also **inbreeding**

◊ HENBI*1989***200, INZOO*1974***831

**population**
voir stock

| population monosexe | n. f. | monosex population |
|---|---|---|

*(Élevage/culture)*

Population constituée uniquement de femelles ou de mâles.

◊ CAPQ-2*1992***46

*(Farming/Culture)*

A population composed solely of females or males.

◊ LANAQ*1992***225

**population sauvage**
voir stock naturel

*Porphyra*
voir porphyre

| porphyre * | n. f. | laver * | |
|---|---|---|---|
| nori ** | n. m. ou f. | amanori ** | |
| V. o. Nori | n. m. ou f. | V. s. amanore | |
| amanori ** | n. m. ou f. | nori ** | |
| *Porphyra* | | purple laver | [UK] |
| | | *Porphyra* | |

*(Algoculture - Espèces aquacoles)*

Algue rouge à thalle en lames violacées se développant généralement dans la zone intertidale.

* Terme normalisé au Canada.

** Terme originaire du Japon.

**OBS**
Séchée sous forme de feuilles, cette algue constitue un aliment important au Japon, en Chine et en Corée.

*(Algal Culture - Aquaculture Species)*

A red alga with thin red or purple fronds found mainly in intertidal environments.

* Recommended term in Canada.

** Term originating from Japan.

**OBS**
The gelatinous seaweeds are dried in the form of sheets which constitute an important food in Japan,

Les espèces les plus cultivées sont *Porphyra tenera* et *P. yezoensis*.

◊ CUPER*1992***368-370, CILFO*1989***15, 337, NQ8070*1995***76

China and Korea. The most commonly cultured species are *Porphyra tenera* and *P. yezoensis*.

◊ WEBIN*1986***1767, LANAQ*1992***149, NQ8070*1995***76

## porteur asymptomatique   n. m.
### (Pathologie et prédateurs)

Individu porteur d'une maladie, qui ne présente aucun symptôme clinique, mais qui la transmet aux autres.

Voir aussi **sujet porteur**

◊ PATH*1985***42, LAROG*1982*1**777

## asymptomatic carrier
### (Pathology and Predators)

An individual that shows no signs of a disease but harbors and transmits it to others.

See also **carrier**

◊ PIPFI*1986***472, PILLA*1990***190, 198

## porteur d'agents pathogènes
voir sujet porteur

## post-larve 1
voir postlarve 1

## post-larve 2
voir postlarve 2

## postlarve 1   n. f.
V. o. post-larve 1   n. f.
### (Croissance et nutrition - Biologie)

Forme immature d'une espèce qui a perdu ses caractères larvaires et qui est en train d'acquérir la morphologie adulte sans avoir encore les caractères de l'espèce.

◊ CILFO*1989***393

## post-larva 1
V. s. postlarva 1
### (Growth and Nutrition - Biology)

An immature animal after its larval stage, but before it has attained the appearance of a miniature adult.

◊ WEBIN*1986***1772

## postlarve 2   n. f.
V. o. post-larve 2   n. f.
Abrév. PL
stade postlarvaire 1   n. m.
phase postlarvaire 1   n. f.

### (Crustaciculture - Croissance et nutrition)

Phase suivant le dernier stade planctonique larvaire des crustacés.

◊ AQUAC*1986*1**467

## postlarva 2
V. s. post-larva 2
V. s. post larva
Abbr. PL
postlarval stage 1
V. s. post-larval stage 1
V. s. PL stage

### (Crustacean Farming - Growth and Nutrition)

The stage following the last planktonic larval stage in crustaceans; frequently the time of transition between planktonic and benthic existence.

◊ WICRU*1992***377

**potamoculture**      n. f.
     élevage en eau douce      n. m.

*(Types d'aquaculture)*

Culture ou élevage d'organismes en eau douce.

Voir aussi **mariculture**

◊ BOUGOC*1976***208, AQUAC*1986*2**619

**freshwater culture**
     freshwater farming

*(Aquaculture Types)*

Culture or farming of organisms in fresh water.

See also **mariculture**

---

**poudre de derris**      n. f.

*(Pathologie et prédateurs)*

Poudre insecticide extraite des racines d'une légumineuse tropicale et utilisée pour supprimer les prédateurs.

◊ BT-197*1990***158, PATH*1985***308

**derris powder**

*(Pathology and Predators)*

An insecticide powder that is extracted from the roots of derris, a tropical legume shrub, and that is used to eradicate predators.

◊ BT-197*1990***158, PILLA*1990***226

---

**pourcentage après éviscération**      n. m.

*(Pisciculture - Terminologie générale)*

Poids du poisson vidé et préparé pour le marché, divisé par le poids du poisson vivant.

**dress-out percentage**
     V. s. dressout percentage
     dressed-out percentage

*(Fish Farming - General Terminology)*

Weight of fish after evisceration, divided by the live weight of the fish.

◊ LANAQ*1992***219

---

**pourriture des nageoires**
     voir nécrose bactérienne des nageoires

**pourriture des nageoires et de la queue**
     voir nécrose bactérienne des nageoires

**poussée planctonique**
     voir efflorescence algale

**praire**
     voir palourde américaine

**praire américaine**
     voir palourde américaine

---

**pré-élevage**      n. m.
     prégrossissement      n. m.

*(Biologie - Croissance et nutrition)*

Partie du cycle d'élevage où les jeunes individus sont placés dans des conditions favorisant une croissance rapide et une survie maximale.

◊ AQEX-F*1989***18, 21

**nursery stage**

*(Biology - Growth and Nutrition)*

Stage in which young individuals are placed in a culture medium that will allow optimum growout and survival.

◊ AQEX-E*1989***19

**prédateur**          n. m.

*(Pathologie et prédateurs)*

Animal qui se nourrit de proies.

◊ LAROG*1982*8**8430, SOMOL*1992***13

**prédation**          n. f.

*(Pathologie et prédateurs)*

Mode de nutrition très répandu dans le règne animal consistant à s'emparer d'une proie pour se nourrir.

◊ LAROG*1982*8**8430, SOMOL*1992***93, Q2721*1993***70

**prégrossissement**

voir pré-élevage

**prélèvement par pression abdominale**

voir extraction par pression abdominale

**prélever**

voir extraire

**prémélange de minéraux**

voir mélange minéral

**prémélange vitaminique**

voir mélange vitaminique

**pression abdominale**

voir extraction par pression abdominale

**pression osmotique**          n. f.

*(Eau)*

Pression qu'il faut exercer sur une solution pour empêcher son solvant de traverser une paroi semi-perméable, lorsque cette solution et son solvant à l'état pur se trouvent de chaque côté de cette paroi.

◊ INDUS*1986***616

**prise alimentaire**          n. f.
    prise de nourriture          n. f.
    ingestion alimentaire          n. f.

*(Croissance et nutrition)*

Quantité d'aliments ingérés par une espèce aquacole.

◊ AQUAC*1986*1**40, 67, CAPQ-5*1992***14, BT-197*1990***219

**predator**

*(Pathology and Predator)*

An animal that feeds upon another animal.

◊ NYMBA*1982***418

**predation**

*(Pathology and Predators)*

A mode of life in which food is primarily obtained by killing and consuming animals.

◊ WEBIN*1986***1785, LANAQ*1992***115

**osmotic pressure**

*(Water)*

The pressure needed to prevent water from flowing into a more concentrated solution from a less concentrated one across a semipermeable membrane.

◊ PIPFI*1986***490

**food intake**
    feed intake

*(Growth and Nutrition)*

Quantity of food ingested by an aquaculture species.

◊ PILLA*1990***96, PIPFI*1986***225

**prise de nourriture**
voir prise alimentaire

*Procambarus acutus*
voir écrevisse blanche de rivère

**production** n. f.
production aquacole n. f.
*(Terminologie générale)*
Quantité de biomasse produite pendant une durée donnée.
◊ CILFO\*1989\*\*\*397, GIRAQ\*1991\*\*\*199, CAPQ-2\*1992\*\*\*21

**production aquacole**
voir production

**production primaire** n. f.
*(Milieu de culture -Terminologie générale)*
Quantité de matière organique produite à partir de matière inorganique grâce à une source d'énergie extérieure.
**OBS**
Par définition, la production primaire est une production végétale ; elle est réalisée par des organismes autotrophes, dits producteurs primaires.
◊ CILFO\*1989\*\*\*397

**productivité** n. f.
*(Terminologie générale)*
Capacité de production d'un système de culture.
◊ SOMOL\*1992\*\*\*5

**progestérone** n. f.
*(Pisciculture - Reproduction et génétique)*
Hormone stéroïde principalement sécrétée par l'ovaire.
◊ LAROG\*1982\*8\*\*8496

**progrès génétique**
voir gain génétique

**proies vivantes**
voir nourriture vivante

**production**
aquaculture production
*(General Terminology)*
The gain in weight accomplished by cultured organisms over a given period of time.
◊ LAFRE\*1984\*\*\*517, COLD\*1995\*\*\*6, 7

**primary production**
*(Culture Medium - General Terminology)*
The total amount of new organic matter produced from inorganic materials by photoautotrophic organisms (photosynthesis).
◊ WAST\*1979\*\*\*356, PHYT\*1978\*\*\*508, LASTE\*1989\*\*\*1490

**productivity**
*(General Terminology)*
Capacity of a culture system to support production.
◊ LAFRE\*1984\*\*\*517

**progesterone**
*(Fish Farming - Reproduction and Genetics)*
A steroid hormone produced mainly by the ovary.
◊ HENBI\*1989\*\*\*433

**prolifération algale**
    voir efflorescence algale

**prolifération d'algues**
    voir efflorescence algale

**prophylaxie**                              n. f.
*(Terminologie générale)*

Ensemble des mesures visant à prévenir l'apparition ou le développement des maladies.
◊ MAMEA*1992***333

**prophylaxis**
*(General Terminology)*

The measures taken to prevent the occurrence of disease.
◊ DOMED*1994***1364

**protéine**                                 n. f.
*(Croissance et nutrition)*

Une des grosses molécules, de poids moléculaire très élevé, composées d'acides aminés liés entre eux par des liaisons peptidiques pour former de longues chaînes.
◊ MED-F*1993***815, ROBER*1986*7**851

**protein**
*(Growth and Nutrition)*

Any of a class of high molecular weight polymer compounds composed of amino acids that are joined by peptide linkages.
◊ LASTE*1989***1510, LANAQ*1992***134

*Psetta maxima*
    voir turbot

**puits artésien ***                         n. m.
*(Eau)*

Puits alimenté par une nappe captive sous pression, sous une couche de terrains imperméables, où le niveau hydrostatique peut être supérieur au niveau du sol.

* Terme normalisé par l'OLF.
◊ OLFEB*1981***373

**artesian well**
*(Water)*

A well bored into a confined aquifer which overflows the well-head, i.e. the piezometric level of the aquifer is above the level of the well-head.


◊ ALENV*1983***40

**purification d'eau**
    voir épuration de l'eau


**q**

**qualité de l'eau**                         n. f.
    V. o. qualité des eaux                    n. f.
*(Eau)*

Expression désignant l'ensemble des propriétés chimiques, physiques et biologiques de l'eau, compte tenu de son utilisation.
◊ PARSE*1990***479, OLFEB*1981***377

**water quality**
    quality of water
*(Water)*

The chemical, physical, and biological characteristics of water with respect to its suitability for a particular purpose.
◊ IWATE*1981***426

**qualité des eaux**
   voir qualité de l'eau

**quarantaine**                              n. f.
   *(Pathologie et prédateurs)*
   Isolement provisoire imposé aux animaux aquati-
   ques infectés (ou pouvant être infectés) par une ma-
   ladie contagieuse.
   ◊ LAROG*1982*8**8636

**quinnat**
   voir saumon quinnat

**quarantine**
   *(Pathology and Predators)*
   Enforced isolation of animals which are, or may be
   infected, to prevent transmission of diseases to other
   organisms or the environment.
   ◊ WICRU*1992***378


# r

**radeau**                                   n. m.
   *(Installations)*
   Structure flottante formée de rondins ou d'un autre
   matériau, utilisée dans la culture en suspension.
   Voir aussi **culture sur radeau**
   ◊ BOUGOC*1976***245

**raft**
   *(Facilities)*
   A floating structure made of logs or other material
   used for suspended cultures.
   See also **raft culture**
   ◊ PILLA*1990***491

**ranicole**                                 adj.
   *(Terminologie générale)*
   Qui relève de la raniculture.
   Voir aussi **raniculture**

**frog-farming**                             adj.
   *(General Terminology)*
   Relating to the culture of frogs.
   See also **frog farming**

**raniculteur**                              n. m.
   ranicultrice                              n. f.
   *(Terminologie générale)*
   Celui ou celle qui pratique la raniculture.
   Voir aussi **raniculture**

**frog farmer**
   *(General Terminology)*
   A person who practices frog farming.
   See also **frog farming**

**ranicultrice**
   voir raniculteur

**raniculture**                              n. f.
   *(Types d'aquaculture)*
   Élevage des grenouilles.

**frog farming**
   *(Aquaculture Types)*
   The rearing of frogs.

**rapport mâles : femelles**    n. m.
    sexe-ratio    n. m.
    V. o. sex-ratio    n. m.

*(Reproduction et génétique)*

Proportion des individus de sexe masculin et féminin, parfois à un âge donné, au sein d'une population appartenant à une espèce à reproduction sexuée.

◊ CILFG-32*1991***252, SOMOL*1992***110

**râteau**    n. m.
    peigne à huîtres    n. m.

*(Conchyliculture - Installations)*

Traverse munie de lames souvent recourbées et d'un long manche servant à récolter des coquillages, p. ex. les huîtres et les palourdes.

◊ BOUGOC*1976***17, PEROB*1995***1871, AQUAC*1986*1**412

**raveuse**
    voir femelle grainée

**rayonnement ultraviolet***    n. m.
    rayons ultraviolets    n. m. pl.
    V. o. rayons ultra-violets    n. m. pl.
    rayons UV    n. m. pl.
    ultraviolet    n. m.
    V. o. ultra-violet    n. m.

*(Eau - Traitement et filtration)*

Rayonnement possédant des propriétés germicides, utilisé comme technique de désinfection des eaux d'élevage aquacole.

* Terme normalisé par l'ISO.

Voir aussi **désinfection**

◊ AQUAC*1986*1**126

**rayons ultra-violets**
    voir rayonnement ultraviolet

**rayons ultraviolets**
    voir rayonnement ultraviolet

**rayons UV**
    voir rayonnement ultraviolet

**Re**
    voir nombre de Reynolds

**sex ratio**
    male : female ratio
    V. s. male/female ratio

*(Reproduction and Genetics)*

The relative proportion of males and females of a specified age distribution in a population.

◊ KIGEN*1985**358

**oyster rake**

*(Mollusc Culture - Facilities)*

An implement equipped with prongs often curved and a long handle to gather molluscs, e.g. oysters or clams.

**ultraviolet radiation ***
    UV radiation
    ultraviolet
    V. s. ultra-violet
    Abbr. UV

*(Water - Treatment and Filtration)*

Radiation produced by ultraviolet light which is used in aquaculture to disinfect water and prevent diseases caused by pathogenic microorganisms.

* Term standardized by ISO.

See also **disinfection**

◊ IVAQU*1992***277

**recapture**      n. f.

*(Salmoniculture - Terminologie générale)*

Reprise d'animaux marins identifiés, après une opération de marquage.

◊ CILFO*1989***408

**réceptacle séminal**      n. m.
   spermathèque      n. f.

*(Reproduction et génétique - Anatomie et physiologie)*

Organe creux afférent aux voies génitales de certains animaux femelles (p. ex. les crustacés) et dans lequel le sperme du mâle est accumulé et conservé vivant pendant une longue période.

◊ LAROG*1982*9**9751

**récolte**      n. m.

*(Élevage/culture - Techniques et méthodes)*

Action de recueillir les plantes ou animaux aquatiques pour en faire un usage éventuel (p. ex. la vente au marché).

◊ ROBER*1986*8**102, AQUAC*1986*1**266, 309, 312, GESPI*1985***219

**récolte par vidange**      n. f.

*(Crustaciculture - Techniques et méthodes)*

Méthode qui consiste à recueillir l'ensemble des crustacés (p. ex. les chevrettes) en évacuant le bassin et en répartissant les crustacés dans les bassins de grossissement.

Voir aussi **récolte sélective**

◊ AQUAC*1986*1**512

**récolte sélective**      n. f.

*(Crustaciculture - Techniques et méthodes)*

Méthode d'élevage de crustacés (p. ex. l'espèce *Macrobrachium rosenbergii*) qui consiste à récolter les plus gros crustacés à intervalles réguliers afin d'éviter l'inhibition de croissance exercée sur les plus petits.

Voir aussi **récolte par vidange**

◊ AQUAC*1986*1**517, 512

**recapture**

*(Salmonid Farming - General Terminology)*

The retrieval of tagged animals after their release.

◊ LANAQ*1992***184

**seminal receptacle**
   seminal receptor
   spermatheca

*(Reproduction and Genetics - Anatomy and Physiology)*

A sac or cavity in the female for receiving and storing sperm in many invertebrates (e.g. Crustacea).

◊ LASTE*1989***1788

**harvest**
   harvesting

*(Farming/Culture - Techniques and Methods)*

The process of gathering cultured plants or animals for a future use (e.g. before they are marketed).

◊ LANAQ*1992***149, PILLA*1990***230

**batch culture 2**

*(Crustacean Farming - Techniques and Methods)*

Method of harvest in which crustaceans (e.g. prawns) are stocked and grown without grading until they attain marketable size, after which the whole stock is harvested and the pond is drained.

See also **continuous culture 2**

◊ LANAQ*1992***207, PILLA*1990***454, WICRU*1992***369

**continuous culture 2**

*(Crustacean Farming - Techniques and Methods)*

On-growing method used for farming crustaceans such as *Macrobrachium rosenbergii* in which the fastest growing animals are selectively harvested from the main population at intervals and replaced with new juveniles.

See also **batch culture 2**

◊ WICRU*1992***370, PILLA*1990***454, LANAQ*1992***208

**récolter** v.

*(Élevage/culture - Techniques et méthodes)*

Recueillir des plantes ou animaux aquatiques dans le but d'en faire un usage éventuel (p. ex. la vente au marché).

◊ SOMOL*1992***142, AQUAC*1986*1**346, 452

**reconditionnement**
  voir revitalisation

**reconstitution d'un stock** n. m.
  rétablissement d'un stock n. m.

*(Terminologie générale)*

Conservation et aménagement d'un stock de pêche surexploité ou épuisé pour accroître le rendement potentiel.

**OBS**

La reconstitution d'un stock constitue souvent la finalité d'une activité aquacole.

◊ SITMO*1995***6, AQUEX-F*1989***13, 16

**recyclage** n. m.
  recyclage de l'eau n. m.

*(Eau - Traitement et filtration)*

Réutilisation de l'eau en sortie de pisciculture, dans l'exploitation aquacole.

◊ AQUAC*1986*1**168

**recyclage de l'eau**
  voir recyclage

**régime** n. m.
  régime alimentaire n. m.

*(Croissance et nutrition)*

Alimentation fournie par l'éleveur et consommée par les espèces aquacoles.

◊ AQUAC*1986*2**544, 718, BOUGOC*1976***210, 270

**régime alimentaire**
  voir régime

**régime alimentaire complémentaire**
  voir régime complémentaire

**harvest, to** v.

*(Farming/Culture - Techniques and Methods)*

To gather aquatic plants or animals for a future use (e.g. before they are marketed).

◊ LANAQ*1992***149, 176, PILLA*1990***118

**stock rehabilitation**
  stock recovery
  stock rebuilding

*(General Terminology)*

The conservation and management of an overfished or diminishing fisheries stock to increase the potential production.

**OBS**

Stock rehabilitation is often the goal of an aquaculture project.

◊ AQEX-E*1989***12, 15

**recycling**
  V. s. re-cycling
  water recycling

*(Water - Treatment and Filtration)*

Re-use of water in an aquaculture facility.

◊ IVAQU*1992***275

**diet**

*(Growth and Nutrition)*

Food provided by the culturist and consumed by aquaculture species.

◊ PIPFI*1986***478

**régime alimentaire naturel**
    voir régime naturel

**régime artificiel**      n. m.

*(Croissance et nutrition)*

Régime composé d'aliments artificiels.

Voir aussi **aliment artificiel, régime naturel**

◊ CAPQ-5*1992***10, AQUAC*1986*1**354

**régime complémentaire**      n. m.
    régime alimentaire
        complémentaire      n. m.

*(Croissance et nutrition)*

Régime auquel sont ajoutés des aliments complémentaires.

Voir aussi **aliment complémentaire**

◊ GESPI*1985***251

**régime naturel**      n. m.
    régime alimentaire naturel      n. m.

*(Croissance et nutrition)*

Régime composé d'aliments naturels.

Voir aussi **régime artificiel, aliment naturel**

◊ AQUAC*1986*1**210

**remonte**      n. f.
    remontée      n. f.

*(Pisciculture)*

Ensemble des poissons (p. ex. les saumons) qui retournent vers leur lieu de naissance pour frayer.

◊ LAROG*1982*9**8851

**remontée**
    voir remonte

**remontée d'eau**      n. f.
    remontée d'eau froide      n. f.
    V. o. remontée d'eaux froides      n. f.

*(Eau)*

Venue d'eaux profondes froides vers la surface de la mer.

◊ CILFO*1989***412

**remontée d'eau froide**
    voir remontée d'eau

**artificial diet**
    prepared diet

*(Growth and Nutrition)*

A diet consisting of artificial feed.

See also **artificial feed, natural diet**

◊ PILLA*1990***95, LANAQ*1992***140, 142

**supplementary diet**
    supplemental diet

*(Growth and Nutrition)*

A diet including supplemental feed.

See also **supplemental feed**

◊ WAST*1979***358, PIPFI*1986***498, BROFI*1980***207

**natural diet**

*(Growth and Nutrition)*

A diet consisting of natural feeds.

See also **artificial diet, natural feed**

◊ PILLA*1990***99

**run 2**

*(Fish Farming)*

An assemblage or school of fishes (e.g. salmon) that migrate or ascend their river of origin to spawn.

◊ WEBIN*1986***1988

**upwelling**
    upwelling of cold water

*(Water)*

The rising of cold, heavy subsurface water of the sea toward the surface.

◊ IVAQU*1992***277, LANAQ*1992***68

**remontée d'eaux froides**
   voir remontée d'eau

| | |
|---|---|
| **renversement** | n. m. |
|    renversement des eaux | n. m. |

*(Eau)*

Phénomène de circulation verticale qui se produit dans les grandes étendues d'eau au printemps et à l'automne, dû à une variation de la densité de l'eau, qui est fonction de sa température.

◊ OLFEB*1981***389, PARSE*1990***494

**renversement de sexe**
   voir inversion de sexe

**renversement des eaux**
   voir renversement

**reparcage**                                    n. m.

*(Conchyliculture - Techniques et méthodes)*

Le fait de transplanter des coquillages à des fins diverses, p. ex. le grossissement, le dessablage, le verdissement.

| | |
|---|---|
| **repeuplement** | n. f. |
|    empoissonnement * | n. f., spéc. |

*(Élevage/culture - Milieu de culture)*

Action de peupler un milieu aquatique d'individus.

* Terme de pisciculture.

◊ BAMI*1991***56

| | |
|---|---|
| **repeupler** | v. |
|    empoissonner * | v., spéc. |

*(Élevage/culture - Techniques et méthodes)*

Regarnir un plan d'eau (étang, bassin, etc.) d'individus.

* Terme de pisciculture.

◊ AQUAC*1986*2**1004, LAROG*1982*9**8881

**reproducteur**
   voir géniteur

**turnover**
   overturn

*(Water)*

In lakes and ponds, vertical mixing taking place during fall and spring throughout the water column due to the increase in density of surface water.

◊ LANAQ*1992***23, WEBIN*1986***1611

**relaying**
   V. s. re-laying

*(Mollusc Culture - Techniques and Methods)*

The transplanting of shellfish from one bed to another, e.g. transplanting contaminated shellfish from a polluted growing area to an uncontaminated area for cleansing.

◊ FAQUA*1989***249, COLD*1995***208, QUAY*1988***232

**stocking 2**

*(Farming/Culture - Culture Medium)*

The act of providing a body of water with individuals.

◊ LANAQ*1992***184, PILLA*1990***123

| | |
|---|---|
| **stock, to** | v. |

*(Farming/Culture - Techniques and Methods)*

To provide a body of water (tank, pond, etc.) with individuals.

◊ LANAQ*1992***216, 226

**reproducteurs**
 voir géniteurs

**reproduction** n. f.

*(Biologie)*

Processus naturel par lequel les organismes vivants produisent des êtres identiques à eux-mêmes.

**OBS**
On distingue la reproduction sexuée et la reproduction asexuée.

Voir aussi **reproduction sexuée, reproduction asexuée**

◊ PARSE*1990***495

**reproduction artificielle** n. f.
 reproduction contrôlée n. f.

*(Reproduction et génétique - Techniques et méthodes)*

Technique qui consiste à contrôler le cycle de reproduction de l'espèce cultivée.

Voir aussi **reproduction naturelle**

◊ GESPI*1985***248, AQUAC*1986*2**878,
 GIRAQ*1991***199

**reproduction asexuée** n. f.

*(Reproduction et génétique)*

Mode de reproduction assurant l'obtention d'un individu génétiquement identique sans intervention de gamètes.

◊ CILFG-32*1991***233, LAROG*1982*7**7181,
 GAYR*1975***31, GPP*1985***1:20

**reproduction contrôlée**
 voir reproduction artificielle

**reproduction en milieu semi-contrôlé**
 voir reproduction semi-contrôlée

**reproductin induite**
 voir induction de la reproduction

**reproduction naturelle** n. f.

*(Reproduction et génétique)*

Reproduction qui a lieu de façon naturelle.

Voir aussi **reproduction artificielle**

◊ AQUAC*1986*1**432

**reproduction**

*(Biology)*

The mechanisms by which organisms give rise to other organisms of the same kind.

**OBS**
The two fundamental types of reproduction are sexual and asexual.

See also **sexual reproduction, asexual reproduction**

◊ LASTE*1989***1601, INZOO*1974***720

**controlled reproduction**
 controlled breeding

*(Reproduction and Genetics - Techniques and Methods)*

Reproduction which involves the control of the reproductive cycle of the species under cultivation.

See also **natural reproduction**

◊ PILLA*1990***156, LANAQ*1992***379,
 FISFA*1988***103

**asexual reproduction**

*(Reproduction and Genetics)*

A process of reproduction that does not involve or directly follow the union of individuals or germ cells of two different sexes.

◊ WEBIN*1986***127

**natural reproduction**
 natural breeding

*(Reproduction and Genetics)*

Reproduction which takes place in natural conditions.

See also **controlled reproduction**

◊ PILLA*1990***156

**reproduction naturelle semi-contrôlée**
  voir reproduction semi-contrôlée

**reproduction parthénogénétique**
  voir parthénogenèse

**reproduction provoquée**
  voir induction de la reproduction

**reproduction semi-contrôlée**    n. f.
  reproduction naturelle
    semi-contrôlée    n. f.
  reproduction en milieu
    semi-contrôlé    n. f.

  *(Reproduction et génétique - Techniques et méthodes)*

  Méthode de reproduction selon laquelle des géniteurs sont placés dans des étangs pour s'y reproduire.
  ◊ PISET*1980***143

**semicontrolled breeding**
  V. s. semi-controlled breeding
  semicontrolled reproduction
  V. s. semi-controlled reproduction

  *(Reproduction and Genetics - Techniques and Methods)*

  A method of reproduction in which brood fish are released into spawning ponds for reproduction.
  ◊ LANAQ*1992***379

**reproduction sexuée**    n. f.

  *(Reproduction et génétique)*

  Mode de reproduction qui se réalise par l'intermédiaire de cellules spécialisées, les gamètes mâles et femelles, pour former un zygote.
  ◊ GPP*1985***G6

**sexual reproduction**

  *(Reproduction and Genetics)*

  Reproduction involving the formation and fusion of two different kinds of gametes (male and female) to form a zygote.
  ◊ HENBI*1989***498

**réseau trophique**    n. m.

  *(Croissance et nutrition - Terminologie générale)*

  Ensemble des relations trophiques et des chaînes alimentaires interconnectées qui existent dans un groupe multispécifique d'êtres vivants.
  ◊ CILFO*1989***415

**food web**

  *(Growth and Nutrition - General Terminology)*

  The totality of interacting chains in an ecological community.

  ◊ WEBIN*1986***884, LANAQ*1992***128

**résistance à la maladie**    n. f.

  *(Pathologie et prédateurs)*

  Capacité pour un organisme d'empêcher la manifestation d'une maladie.
  ◊ CAPQ-2*1992***22, PATH*1985***273

**disease resistance**

  *(Pathology and Predators)*

  The ability of an organism to ward off disease.

  ◊ PIPFI*1986***494, IVAQU*1992***215

**rétablissement d'un stock**
  voir reconstitution d'un stock

**retour (aux frayères natales)**    n. m.

*(Pisciculture - Biologie)*

Phase du cycle de migration d'un poisson au cours de laquelle il revient au fleuve ou au cours d'eau d'origine pour se reproduire.

**OBS**

Les salmonidés, lâchés dans les fleuves, migrent en mer où ils s'engraissent ; puis, guidés par leur mémoire olfactive, retournent vers le fleuve pour s'y reproduire.

◊ GESPI*1985***118, AQEX-F*1989***66, AQUAC*1986*1**9, CILFO*1989***431

**revanche**    n. f.

*(Eau)*

Différence de niveau entre la retenue normale de l'eau et la crête d'un barrage ou d'un réservoir.

◊ OLFEB*1981***398

**revitalisation**    n. f.
  reconditionnement    n. m.

*(Salmoniculture)*

Remise en état d'un saumon qui a frayé.

**rhodophycées**
  voir algues rouges

**rostre**    n. m.

*(Crustaciculture - Anatomie et physiologie)*

Prolongement de la carapace thoracique chez certains crustacés.

◊ ROBER*1986*8**470

**rotamètre**    n. m.

*(Installations)*

Appareil de mesure du débit d'un fluide, dans lequel un flotteur est mis en mouvement par le passage du fluide à contrôler dans un tube conique gradué en verre ou en plastique.

**homing**

*(Fish Farming - Biology)*

Return of fish to their stream or lake of origin to spawn.

**OBS**

Salmonids which have grown to full size in the sea return to their river of origin by recognizing its smell.

◊ AQUAC-E*1994**346, PIPFI*1986***484

**freeboard**

*(Water)*

The vertical distance between the normal maximum level of the surface of the water and the top of a tank, pond or dam, which is provided so that waves and other movements of the water will not overflow the confining structure.

◊ IWATE*1981***158

**mending**
  reconditioning

*(Salmonid Farming)*

The capacity of regaining health after spawning.

**rostrum**

*(Crustacean Farming - Anatomy and Physiology)*

The spinelike anterior median prolongation of the carapace of a crustacean.

◊ WEBIN*1986***1976

**rotameter**

*(Facilities)*

A flow-rate meter in which the fluid flows upward through a tapered plastic or glass tube, lifting a float to a position where upward fluid force just balances its weight.

**rotifères** n. m. pl.
    V. o. Rotifères n. m. pl.

*(Croissance et nutrition - Milieu de culture)*

Embranchement d'invertébrés aquatiques microscopiques dont la bouche est entourée de cils vibratiles. En raison de leur grande vitesse de reproduction et de leur capacité de résistance à des conditons de vie difficiles, ils sont utilisés dans l'alimentation en aquaculture.

◊ CILFO*1989***419

**Rotifères**
    voir rotifères

**rusticité** n. f.

*(Biologie)*

Capacité d'une espèce de survivre et de croître dans des conditions physico-chimiques variables, de supporter des opérations de manipulation (tri et traitements), ainsi que des changements dans les conditions d'élevage.

◊ BAMI*1994***46

**rotifers** n. pl.
    wheel animals n. pl., colloq.
    Rotifera n. pl.

*(Growth and Nutrition - Culture Medium)*

A phylum of microscopic aquatic animals whose anterior end bears tufts of cilia used for feeding and locomotion. Important living food resource in aquaculture.

◊ WICRU*1992***379

**hardiness**
    robustness

*(Biology)*

The capacity for a species to survive and grow in different and variable physico-chemical conditions, and to survive handling operations (grading, treatments) and various changes in rearing conditions.

◊ AQUAC-E*1994***242, 243

# S

**sable** n. m.
*(Milieu de culture)*

Sédiment détritique meuble, dont la taille des grains est comprise entre 0,05 et 2,0 mm, essentiellement composé de quartz.

◊ PARSE*1990***509

**sac vitellin** n. m.

*(Pisciculture - Anatomie et physiologie)*

Sac contenant les réserves nutritives (vitellus) chez l'embryon ou l'alevin de poisson.

◊ GPP*1985***G6

**saccharide**
    voir glucide

**sand**
*(Culture Medium)*

A loose material consisting of small but easily distinguishable grains measuring approximately 0.05 to 2.0 mm in diameter, most commonly of quartz resulting from the disintegration of rocks.

◊ WEBIN*1986***2009

**yolk sac**
    V. s. yolk-sac

*(Fish Farming - Anatomy and Physiology)*

A membranous sac that is attached to the embryo or alevin of a fish and that encloses food yolk.

◊ WEBIN*1986***2653

**saison de croissance**
voir période de croissance

**saison de ponte**
voir période de fraye

**saison de reproduction**
voir période de reproduction

**saline**
voir marais salant

**salinité**                     n. f.

*(Eau)*

Teneur en sels de l'eau de mer, exprimée en unité abstraite correspondant à environ 1 g de sel par kilogramme d'eau de mer.
◊ CILFO*1989***427

**salinity**

*(Water)*

The measure of the total amount of dissolved salts in 1 kilogram of seawater.

◊ LANAQ*1992***308, SUBIO*1988***421

**salinomètre**                  n. m.

*(Installations)*

Appareil servant à mesurer la salinité de l'eau.
◊ CILFG-6*1983***267

**salinometer**
salinimeter

*(Facilities)*

An instrument for measuring the salinity of water.
◊ WEBIN*1986***2004

**salissures**                   n. f. pl.

*(Terminologie générale)*

Ensemble des dépôts minéraux et des organismes vivants qui se développent sur tout objet immergé ou atteint par les vagues.
◊ CILFO*1989***428

**fouling organisms**

*(General Terminology)*

Various aquatic organisms that attach to and grow on underwater objects.

*Salmo salar*
voir saumon atlantique

*Salmo trutta*
voir truite brune

**salmonicole**                  adj.

*(Salmoniculture - Terminologie générale)*
Qui relève de la salmoniculture.
Voir aussi **salmoniculture**

**salmon-farming**               adj.
salmon-culture                   adj.
salmonid-culture                 adj.

*(Salmonid Farming - General Terminology)*
Relating to the culture of salmonids.
See also **salmon farming**

**salmoniculteur**      n. m.
    salmonicultrice      n. f.

*(Salmoniculture)*

Celui ou celle qui pratique la salmoniculture.

Voir aussi **salmoniculture**

◊ CILFO*1989***428, GIRAQ*1991***205,
LAROG*1982*9**9285

**salmonicultrice**
    voir salmoniculteur

**salmoniculture**      n. f.

*(Pisciculture)*

Élevage des salmonidés (p. ex. le saumon, la truite, etc.).

Voir aussi **salmonidé**

◊ CILFO*1989***428

**salmoniculture marine**
    voir pacage marin du saumon

**salmonidé**      n. m.

*(Salmoniculture - Espèces aquacoles)*

Poisson de la famille des salmonidés.

Voir aussi **salmonidés**

◊ ROBER*1986*8**558

**salmonidés**      n. m. pl.
    V. o. Salmonidés      n. m. pl.

*(Salmoniculture - Biologie)*

Famille de poissons téléostéens au corps oblong et écailleux, portant une dorsale adipeuse en arrière de la dorsale principale (p. ex. le saumon, la truite, l'omble et le corégone).

◊ PEROB*1995***2028, LAROG*1982*9**9285

**Salmonidés**
    voir salmonidés

*Salvelinus alpinus*
    voir omble chevalier

*Salvelinus fontinalis*
    voir omble de fontaine

*Salvelinus namaycush*
    voir touladi

**salmonid farmer**
    salmonid culturist

*(Salmonid Farming)*

A person who practices salmonid farming.

See also **salmonid farming**

◊ COLD*1995***62

**salmonid farming**
    salmonid culture

*(Fish Farming)*

The rearing of salmonids (salmon, trout, etc.).

See also **salmonid**

◊ LANAQ*1992***264, PILLA*1990***313

**salmonid**

*(Salmonid Farming - Aquaculture Species)*

A fish of the family Salmonidae.

See also **Salmonidae**

◊ WEBIN*1986***2004

**Salmonidae**      n. pl.

*(Salmonid Farming - Biology)*

A family of soft-finned fishes including as generally understood the salmons, trouts, chars, and whitefishes, all of which are elongate and shapely and have the last vertebrae upturned.

◊ WEBIN*1986***2004

**saumon**       n. m.

*(Salmoniculture - Espèces aquacoles)*

Gros poisson migrateur de la famille des salmonidés, p. ex. le saumon atlantique et les différentes espèces de saumon du Pacifique.

**OBS**

Les stades de développement du saumon après l'éclosion des œufs sont les suivants : alevin vésiculé, alevin, tacon, smolt et saumon adulte (voir aussi madeleineau, dibermarin, pluribermarin et saumoneau).

◊ PEROB*1995***2040

**saumon arc-en-ciel ***       n. m.

*(Salmoniculture - Espèces aquacoles)*

Truite arc-en-ciel anadrome à livrée argentée.

* Terme normalisé au Canada.

◊ NQ8070*1995***45, 52

**saumon atlantique ***       n. m.
   saumon de l'Atlantique       n. m.
   *Salmo salar*

*(Salmoniculture - Espèces aquacoles)*

Poisson anadrome de la famille des salmonidés, trouvé le long de la côte atlantique de l'Amérique du Nord et de l'Europe, qui change d'apparence selon son âge et ses différents stades de développement.

* Terme normalisé au Canada.

◊ LAROG*1982*9**9356, NQ8070*1995***36

**saumon coho ***       n. m.
   coho       n. m.
   *Oncorhynchus kisutch*

*(Salmoniculture - Espèces aquacoles)*

Une des espèces de saumons du Pacifique, de la famille des salmonidés, qui est caractérisée par un corps presque entièrement argenté et un dos de couleur bleu métallique.

* Terme normalisé au Canada.

◊ GPP*1985***3:99, NQ8070*1995***37

**salmon**

*(Salmonid Farming - Aquaculture Species)*

Any of various saltwater and freshwater fishes of the family Salmonidae, especially the Atlantic salmon or any species of the Pacific salmon.

**OBS**

The stages in the life cycle of a salmon following the hatching of eggs are: sac-fry (called alevins), fry, parr, smolt and adult salmon (see grilse, juvenile salmon, two-sea-winter salmon, multi-sea-winter salmon).

◊ GACAN*1983***991

**steelhead salmon**
   steelhead trout
   steelhead

*(Salmonid Farming - Aquaculture Species)*

A variety of rainbow trout which is anadromous and characterized by a silvery sheen.

◊ COLD*1995***113, GACAN*1983***1100,
  NQ8070*1995***45, 52

**Atlantic salmon ***
   *Salmo salar*

*(Salmonid Farming - Aquaculture Species)*

An anadromous fish of the family Salmonidae that is found along the Atlantic coasts of North America and Europe and is extremely variable in appearance especially at different ages and under different conditions of life.

* Recommended term in Canada.

◊ WEBIN*1986***2004, NQ8070*1995***36

**coho salmon ***
   coho
   silver salmon
   *Oncorhynchus kisutch*

*(Salmonid Farming - Aquaculture Species)*

A species of Pacific salmon belonging to the family Salmonidae that is dark blue-black above shading to the color of burnished metal on its glittering sides.

* Recommended term in Canada.

◊ FRESH*1992***26, NQ8070*1995***37

**saumon de l'Atlantique**
   voir saumon atlantique

**saumon dibermarin**                     n. m.
   dibermarin                              n. m.

*(Salmoniculture - Croissance et nutrition)*

Saumon mature après deux hivers en mer.

**saumon du Pacifique**                    n. m.
   saumon pacifique                        n. m.

*(Salmoniculture - Espèces aquacoles)*

Saumon du genre *Oncorhynchus*, de la famille des salmonidés, que l'on trouve dans l'océan Pacifique.

**OBS**

Les six espèces trouvées le long de la côte pacifique de l'Amérique du Nord sont les saumons rouge, kéta, coho, rose, quinnat et arc-en-ciel.

◊ CILFO*1989***431

**saumon guai**
   voir saumon vide

**saumon kéta ***                          n. m.
   kéta                                    n. m.
   *Oncorhynchus keta*

*(Salmoniculture - Espèces aquacoles)*

Une des espèces de saumons du Pacifique appartenant à la famille des salmonidés et caractérisée par une grande bouche à dents très développées.

* Terme normalisé au Canada.

◊ GPP*1985***3:101, NQ8070*1995***37

**saumon noir**                            n. m.
   charognard                              n. m.

*(Salmoniculture)*

Saumon amaigri après s'être reproduit en eau douce.

◊ LAROG*1982*2**2054

**saumon pacifique**
   voir saumon du Pacifique

**two-sea-winter salmon**
   V. s. 2-sea-winter salmon

*(Salmonid Farming - Growth and Nutrition)*

A salmon that is mature after two winters at sea.

**Pacific salmon**

*(Salmonid Farming - Aquaculture Species)*

Any of a small genus *(Oncorhynchus)* of fishes of the family Salmonidae found in the Pacific Ocean.

**OBS**

The six species of Pacific salmon found along the North American coast are sockeye, chum, coho, pink, chinook and steelhead.

◊ GACAN*1983***813

**chum salmon ***
   chum
   dog salmon
   keta
   *Oncorhynchus keta*

*(Salmonid Farming - Aquaculture Species)*

A species of Pacific salmon belonging to the family Salmonidae that is known for its overgrown canine teeth.

* Recommended term in Canada.

◊ FRESH*1992***25, NQ8070*1995***37

**black salmon**                           [CA]
   kelt

*(Salmonid Farming)*

A salmon that is weak and emaciated after spawning in fresh water.

◊ WEBIN*1986***1236, LANAQ*1992***266

**saumon pluribermarin**      n. m.
     pluribermarin      n. m.

*(Salmoniculture - Croissance et nutrition)*

Saumon mature après plusieurs hivers en mer.

**multi-sea-winter salmon**
     multiple-sea-winter salmon
     MSW salmon

*(Salmonid Farming - Growth and Nutrition)*

A salmon that is mature after several winters at sea.

◊ COLD*1995***43

**saumon quinnat ***      n. m.
     quinnat      n. m
     saumon royal *      n. m.
     *Oncorhynchus tschawytscha*
     V. o. *Oncorhynchus tshawytscha*

*(Salmoniculture - Espèces aquacoles)*

Poisson anadrome de la famille des salmonidés qui se distingue par de nombreuses petites taches noires sur le haut du corps, le dos et les deux lobes de la queue, des dents implantées dans des gencives noires et une chair rouge, rose ou blanche.

* Terme normalisé au Canada.

**OBS**

Le saumon quinnat est la plus grande des six espèces de saumons du Pacifique.

◊ PENC*1993*8**697, NQ8070*1995***37

**chinook salmon ***
     chinook
     king salmon
     quimnut salmon
     spring salmon
     *Oncorhynchus tschawytscha*
     V. s. *Oncorhynchus tshawytscha*

*(Salmonid Farming - Aquaculture Species)*

An anadromous fish of the family Salmonidae characterized by small dark spots on the back, dorsal fin and tail, black gums at the base of the teeth, and red, pink or white flesh.

* Recommended term in Canada.

**OBS**

Chinook salmon is the largest of the six main species of Pacific salmon.

◊ PILLA*1990***324, FRESH*1992***27,
     NQ8070*1995***37

**saumon revitalisé**      n. m.
*(Salmoniculture)*

Saumon qui retrouve sa vitalité après avoir frayé et qui retourne à la mer.

**mended salmon**
*(Salmonid Farming)*

A salmon that regains its health after spawning and is able to return to sea.

**saumon rose ***      n. m.
     *Oncorhynchus gorbuscha*

*(Salmoniculture - Espèces aquacoles)*

Le plus petit des saumons du Pacifique caractérisé par un dos de couleur bleu sombre, des flancs argentés et des taches ovales noires sur le dos et sur les deux lobes de la nageoire caudale.

* Terme normalisé au Canada.

◊ GPP*1985***3:103, NQ8070*1995***38

**pink salmon ***
     humpback salmon
     *Oncorhynchus gorbuscha*

*(Salmonid Farming - Aquaculture Species)*

The smallest of the Pacific salmons that is bluish above and silvery on the sides and that has numerous black spots on the hind part of the back, the adipose fin and the tail.

* Recommended term in Canada.

◊ GACAN*1983***857, NQ8070*1995***38

**saumon rouge ***     n. m.
    saumon sockeye *     n. m.
    sockeye     n. m.
    *Oncorhynchus nerka*

*(Salmoniculture - Espèces aquacoles)*

Une petite espèce des saumons du Pacifique, au dos variant du bleu au vert brillant.

* Terme normalisé au Canada.

**OBS**

Le saumon rouge en conserve est appelé **sockeye**.

◊ PENC*1993*3**697, NQ8070*1995***38

**saumon royal**
    voir saumon quinnat

**saumon sockeye**
    voir saumon rouge

**saumon unibermarin**
    voir madeleineau

**saumon vide**     n. m.
    saumon guai     n. m.

*(Salmoniculture)*

Saumon qui vient tout juste de frayer, vide de laitance et d'œufs.

◊ PEROB*1995***1055

**saumoneau**     n. m.

*(Salmoniculture - Croissance et nutrition)*

Jeune saumon ayant dépassé le stade d'alevin, mais n'ayant pas atteint le stade adulte.

Voir aussi **tacon, smolt, madeleineau**

**saxitoxine**     n. f.
    mytilotoxine     n. f.

*(Conchyliculture - Pathologie et prédateurs)*

Toxine entraînant des paralysies chez les humains, se trouvant dans les mollusques contaminés par un dinoflagellé du genre *Alexandrium*.

Voir aussi **intoxication paralysante**

◊ PEROB*1995***1465

---

**sockeye salmon ***
    sockeye
    blueback
    blueback salmon
    red salmon
    *Oncorhynchus nerka*

*(Salmonid Farming - Aquaculture Species)*

A small species of Pacific salmon that is greenish blue and metallic green in color.

* Recommended term in Canada.

◊ GACAN*1983***1067, NQ8070*1995***38

**spent salmon**

*(Salmonid Farming)*

A salmon that is spawned out.

◊ PIPFI*1986***496

**juvenile salmon**

*(Salmonid Farming - Growth and Nutrition)*

A young salmon which has passed the fry stage but has not reached the adult stage.

See also **parr, smolt, grilse**

**saxitoxin**
    mytilotoxin

*(Mollusc Culture - Pathology and Predators)*

A toxin produced in molluscs by a number of related planktonic organisms, that attacks the nervous system and in extreme cases can cause paralysis and even death.

See also **paralytic shellfish poisoning**

◊ DOSHE*1991***36

**scoliose**      n. f.

*(Pisciculture - Pathologie et prédateurs)*

Déviation latérale de la colonne vertébrale causée par la maladie ou une carence alimentaire.

◊ LAROG*1982*9**9427

**scombriculteur**      n. m.
    scombricultrice      n. f.

*(Terminologie générale)*

Celui ou celle qui pratique la scombriculture.

Voir aussi **scombriculture**

**scombricultrice**
    voir scombriculteur

**scombriculture**

*(Types d'aquaculture)*

Élevage des maquereaux.

*Scophthalmus maximus*
    voir turbot

**sédiment**      n. m.

*(Eau - Milieu de culture)*

Complexe qui se constitue à partir de la roche-mer sous-jacente, ou du sol pré-existant et des dépôts aquatiques : argiles, limons, cadavres végétaux et animaux.

**OBS**

De sa qualité dépendront pour une bonne part les capacités de production de l'étang.

◊ BAMI*1991***7

**seine**
    voir senne

**scoliosis**

*(Fish Farming - Pathology and Predators)*

Abnormal development or bending of the spine caused by diet or disease.

◊ FISFA*1988***394

**mackerel farmer**

*(General Terminology)*

A person who practices mackerel farming.

**mackerel farming**

*(Aquaculture Types)*

The rearing of mackerel.

**sediment**

*(Water - Culture Medium)*

Solid matter (clay, silt, decayed animals, aquatic plants, etc.) found on the bottom of a body of water.

**OBS**

The quality will greatly affect the productivity of the pond.

◊ LAFRE*1984***518

**sélection**      n. f.
    sélection génétique      n. f.

*(Reproduction et génétique)*

Type de sélection orientée dont les objectifs sont définis et mis en œuvre dans des conditions expérimentales précises par un sélectionneur. Elle fait généralement intervenir des croisements contrôlés au sein d'un groupe restreint de génotypes en vue de modifier certaines caractéristiques génotypiques et phénotypiques de ce groupe.

◊ CILFG-32*1991***241, CAPQ-2*1992***18, 38, AQUAC*1986*2**578

**sélection combinée**      n. f.

*(Reproduction et génétique)*

Méthode de sélection utilisant plusieurs types d'information pour aboutir à un choix quant à une évaluation génétique unique, ou index, pour chaque candidat.

◊ CILFG-32*1991***242, CAPQ-2*1992***27

**sélection familiale**      n. f.

*(Reproduction et génétique)*

Mode de sélection reposant sur l'évaluation génétique des candidats-reproducteurs à partir soit de groupes d'apparentés de même type (père et mère, collatéraux, descendants), soit d'une combinaison des informations en provenance de ces différents groupes.

Voir aussi **sélection individuelle**

◊ CILFG-32*1991***244, CAPQ-2*1992***22

**sélection génétique**
    voir sélection

**sélection individuelle**      n. f.
    sélection massale      n. f.
    sélection phénotypique      n. f.

*(Reproduction et génétique)*

Méthode de sélection qui est basée sur la performance de l'individu indépendamment de sa famille. Les meilleurs individus sont retenus comme géniteurs.

Voir aussi **sélection familiale**

◊ CAPQ-2*1992***26

**selection**
    genetic selection
    selective breeding

*(Reproduction and Genetics)*

The choosing by man of the genotypes contributing to the gene pool of succeeding generations of a given organism.

◊ KIGEN*1985***354, PILLA*1990***164, 166, AQEX-E*1989***57

**combined selection**
    index selection

*(Reproduction and Genetics)*

Selection which is based on a combination of selection methods.

◊ PILLA*1990***169

**family selection**

*(Reproduction and Genetics)*

A selection which is based on the merits of collateral relatives, such as full sibs or half-sibs, and which is used mainly as an aid to individual selection.

See also **mass selection**

◊ ENSCI*1991*19**121, PILLA*1990***168

**mass selection**
    individual selection
    phenotypic selection

*(Reproduction and Genetics)*

Selection that is based on characteristics of the individuals under selection as opposed to selection based on the performance of their relatives. Individuals exhibiting desirable qualities are chosen for broodstock.

See also **family selection**

◊ PILLA*1990***166, WEBIN*1986***1389

**sélection massale**
> voir sélection individuelle

**sélection phénotypique**
> voir sélection individuelle

**sélection récurrente réciproque**     n. f.

*(Reproduction et génétique)*

Type de sélection récurrente dans lequel le choix des individus de deux populations différentes se fait non seulement d'après leur valeur propre, mais aussi d'après leur aptitude à se combiner avec des individus de l'autre population. Les individus choisis dans les deux populations sont ensuite intercroisés indépendamment.

◊ CILFG-32*1991***246

**reciprocal recurrent selection**
> Abbr. RRS

*(Reproduction and Genetics)*

Selection where the combining capacity of the parents from each of two groups is evaluated by means of a cross with parents from the other group. The individuals thus selected are reproduced without recrossing and their offspring again tested for combining potential.

◊ PILLA*1990***170-171

**sélection sur collatéraux**
> voir choix sur collatéraux

**semence 1 \***     n. f.
> semis 1     n. m.
> naissain 1     n. m.

*(Élevage/culture)*

Jeunes animaux ou algues stockés dans une ferme dans le but de servir à amorcer le cycle de production.

\* Terme utilisé surtout en algoculture.

Voir aussi **cheptel de départ**

◊ PISET*1980***18, BOUGOC*1976***251, AQUAC*1986*1**440

**seed**

*(Farming/Culture)*

Term commonly applied to young stages of marine animals or alga used for stocking farms or to start the production cycle.

See also **seedstock**

◊ SWIFA*1985***66

**semence 2**
> voir sperme

**semence naturelle**     n. f.
> semence sauvage     n. f.
> semis naturel     n. m.
> semis sauvage     n. m.

*(Élevage/culture)*

Semis prélevé dans la nature.

◊ AQUAC*1986*2**857

**wild seed**

*(Farming/Culture)*

Seed collected from nature.

◊ PILLA*1990***30

**semence sauvage**
> voir semence naturelle

**semis 1**
> voir semence 1

**semis 2**     n. m.

*(Conchyliculture)*

Dispersion ou enfouissement du naissain de mollusques.

**seeding 1**

*(Mollusc Culture)*

The building of a population of molluscs on a chosen cultivation or lease.

◊ COLD*1995***208

**semis à la volée**     n. m.

*(Ostréiculture - Techniques et méthodes)*

Méthode de culture qui consiste à placer des substrats, p. ex. des coquillages ou des rondins, sur un fond dur d'une portion de la mer pour faciliter la fixation des huîtres.

**broadcast seeding**

*(Oyster Culture - Techniques and Methods)*

A culture method which consists of placing substrates (e.g. shells, logs) on a hard bottom of the sea bed to allow the settlement of oysters.

◊ LANAQ*1992***176-177

**semis naturel**
> voir semence naturelle

**semis sauvage**
> voir semence naturelle

**semoule de maïs**     n. f.

*(Croissance et nutrition)*

Farine obtenue par le concassage de grains de maïs de couleur jaune ou blanchâtre.

◊ ROBER*1986*6**163, ROBER*1986*8**693

**corn meal**
> V. s. cornmeal

*(Growth and Nutrition)*

Meal made from white or yellow corn.

◊ WEBIN*1986***508, PILLA*1990***136

**senne**     n. f.
> V. o. seine     n. f.

*(Installations)*

Grand filet long et de peu de hauteur que l'on traîne sur des fonds réguliers et peu profonds et qui est garni de balles de plomb à la partie inférieure et de lièges ou flotteurs à la partie supérieure.

◊ LAROG*1982*9**9490

**seine**
> seine net
> seining net

*(Facilities)*

A long, large, narrow net with floats on the top edge and with weights on the bottom, used by hauling it through the water.

◊ LAFRE*1984***518, LANAQ*1992***196, PILLA*1990***230

**septicémie**     n. f.

*(Pathologie et prédateurs)*

Infection provoquée par des bactéries pathogènes dans le sang.

◊ LAROG*1982*9**9501, ROBER*1986*8**714, PATH*1985***251

**septicaemia**
> V. s. septicemia

*(Pathology and Predators)*

An infection caused by pathogenic bacteria in the blood.

◊ STFAR*1987***234, FISFA*1988***394

**septicémie bactérienne**     n. f.
    septicémie hémorragique
      bactérienne     n. f.

*(Pisciculture - Pathologie et prédateurs)*

Chez les poissons, maladie causée par des bactéries (surtout des genres *Aeromonas* ou *Pseudomonas*), affectant tous les tissus et le sang.

◊ PATH*1985***Planche VIII, 5, PATH*1985***207, 212

**bacterial haemorrhagic septicaemia**
    V. s. bacterial hemorrhagic septicemia

*(Fish Farming - Pathology and Predators)*

A disease caused by bacteria (usually of the genera *Aeromonas* or *Pseudomonas*) that invades all tissues and blood of fish.

◊ PIPFI*1986***472, ROTSA*1986***76, 110, AUBA*1987***171

**septicémie hémorragique bactérienne**
    voir septicémie bactérienne

**septicémie hémorragique virale**     n. f.
    Abrév. SHV

*(Pisciculture - Pathologie et prédateurs)*

Chez les poissons, maladie virale causée par le virus d'Egtved provoquant des hémorragies dans l'épiderme et les organes.

◊ PATH*1985***40, 41, 66, AQUAC*1986*2**567, 615

**viral haemorrhagic septicaemia**
    V. s. viral hemorrhagic septicemia
    Abbr. VHS
    Egtved disease

*(Fish Farming - Pathology and Predators)*

A viral disease caused by the Egtved virus which produces haemorrhages in the skin and organs of fish.

◊ ROTSA*1986***83, 113, ELFI*1985***297

*Seriola guingueradiata*
    voir sériole

*Seriola quinqueradiata*
    voir sériole

**sériole**     n. f.
    sériole japonaise     n. f.
    *Seriola guingueradiata*
    V. o. *Seriola quinqueradiata*

*(Pisciculture - Espèces aquacoles)*

Poisson pélagique de la famille des carangidés, présent dans les eaux des mers chaudes et objet d'élevage au Japon.

◊ CILFO*1989***439

**yellowtail**
    Japanese yellowtail
    *Seriola guingueradiata*
    V. s. *Seriola quinqueradiata*

*(Fish Farming - Aquaculture Species)*

A marine fish belonging to the family Carangidae which is common in semitropical waters and which is cultured in Japan.

◊ LANAQ*1992***257

**sériole japonaise**
    voir sériole

**sevrage**     n. m.

*(Croissance et nutrition)*

Passage de la nourriture vivante à la nourriture inerte d'un jeune animal.

◊ ROBER*1986*5**873, AQUAC*1986*2**686

**weaning**

*(Growth and Nutrition)*

Transition from live to inert food of young animals.

◊ LANAQ*1992***261

**sevrer** v.

*(Croissance et nutrition)*

Préparer un jeune animal se nourrissant d'aliments vivants à accepter une alimentation inerte.

**wean, to** v.

*(Growth and Nutrition)*

To gradually accustom young fish feeding on live food to accept inert food.

◊ LANAQ*1992***261

**sex-ratio**

voir rapport mâles : femelles

**sexage** n. m.

*(Reproduction et génétique)*

Détermination du sexe d'un animal.

**sexing**

*(Reproduction and Genetics)*

The determination of the sex of an animal.

◊ LAFRE*1984***518

**sexe-ratio**

voir rapport mâles : femelles

**SHV**

voir septicémie hémorragique virale

**sillon**

voir nid (de salmonidés)

**silo**

voir bassin vertical

**silure**

voir poisson-chat 1

**siluroïde**

voir poisson-chat 1

**site**

voir site aquacole

**site aquacole** n. m.
site n. m.

*(Installations)*

Emplacement choisi par l'aquaculteur ou l'aquacultrice pour faire l'élevage d'animaux ou de plantes aquatiques.

◊ AQEX-F*1989***15

**aquaculture site**
site

*(Facilities)*

A location chosen by the aquaculturist for the culture of aquatic plants or animals.

◊ AQEX-E*1989***14

**site de ponte**

voir frayère

**site de reproduction**

voir aire de reproduction

**smolt \***      n. m.

*(Salmoniculture - Croissance et nutrition)*

Saumoneau en phase d'adaptation à la vie marine.

\* Terme recommandé par le Comité de normalisation de la terminologie des pêches commerciales du Bureau de normalisation du Québec.

**OBS**

Certaines espèces de truites ont acquis cette capacité.

Voir aussi **smoltification**

◊ CILFO\*1989\*\*\*4, ROBER\*1986\*9\*\*133

**smoltification**      n. f.

*(Salmoniculture - Croissance et nutrition)*

Métamorphose dans laquelle le tacon subit des transformations, surtout endocrines, qui lui permettent de passer de la rivière à la mer.

◊ CILFG-6\*1983\*\*\*274

**sockeye**

     voir saumon rouge

**sol argileux**      n. m.

*(Eau - Milieu de culture)*

Sol composé de particules inférieures à 2 microns, plus ou moins plastique, et possédant des propriétés colloïdales à l'état humide.

◊ ROBER\*1986\*1\*\*532

**sole \***      n. f

     sole commune      n. f.
     *Solea solea*
     *Solea vulgaris*

*(Pisciculture - Espèces aquacoles)*

Poisson plat d'Europe de la famille des soléidés.

\* Terme normalisé au Canada.

◊ CILFO\*1989\*\*\*444, NQ8070\*1995\*\*\*40

**sole commune**

     voir sole

*Solea solea*

     voir sole

---

**smolt**

*(Salmonid Farming - Growth and Nutrition)*

A salmon that is developing the ability to move from a freshwater to a seawater existence and grow.

**OBS**

Some trout species have developed this ability.

See also **smoltification**

◊ GACAN\*1983\*\*\*1061, FISFA\*1988\*\*\*63

**smoltification**

*(Salmonid Farming - Growth and Nutrition)*

A process in which the parr undergoes an assortment of physiological adaptations that allow it to live in seawater.

◊ LANAQ\*1992\*\*\*265

**clay soil**

*(Water - Culture Medium)*

A soil that contains a high percentage of fine particles and colloidal substance and that becomes sticky when wet.

◊ WEBIN\*1986\*\*\*418

**sole**

     Dover sole \*
     bastard sole
     common sole
     *Solea solea*
     *Solea vulgaris*

*(Fish Farming - Aquaculture Species)*

A European flatfish of the family Soleidae.

\* Recommended term in Canada.

WEBIN\*1986\*\*\*2168, NQ8070\*1995\*\*\*40

*Solea vulgaris*
    voir sole

somatotrophine
    voir hormone de croissance

somatotropine
    voir hormone de croissance

son de riz                          n. m.

**(Croissance et nutrition)**

Résidu de la mouture de riz provenant du péricarpe des grains.

◊ PEROB*1995***2122, AQUAC*1986*1**252, 465

sonde                               n. f.
    sonde génétique                 n. f.

**(Reproduction et génétique)**

Petite séquence d'ADN ou d'ARN marquée (par un composé fluorescent, un radioisotope ou une enzyme) que l'on utilise pour la détection des séquences complémentaires par hybridation *in situ* ou *in vitro*.

◊ BT-200*1990***183, CILFG-32*1991***255

sonde génétique
    voir sonde

sortie d'eau                        n. f.

**(Installations - Eau)**

Endroit d'où sort l'eau d'un bassin, d'une conduite, etc.
◊ OLFEB*1981***419

souche                              n. f.

**(Reproduction et génétique)**

Ensemble relativement homogène d'organismes issus d'une sélection continue et dirigée.

◊ PARSE*1990***535

rice bran

**(Growth and Nutrition)**

A product obtained by milling rice, consisting of the seed coat, a fraction of the grain removed in milling, the germ, and broken grains.

◊ WEBIN*1986***1951, LANAQ*1992***217, 238, PILLA*1990***119, 135

probe
    genetic probe

**(Reproduction and Genetics)**

A sample of nucleic acid (usually labelled with radioactive isotopes or tagged in other ways for ease in identification) used in molecular hybridization to detect complementary sequences in the presence of a large amount of non complementary DNA.

◊ KIGEN*1985***313, BT-200*1990***183

outlet
    water outlet

**(Facilities - Water)**

An opening through which water flows out of a tank, pipe, etc.
◊ PILLA*1990***57-58

strain
    genetic strain

**(Reproduction and Genetics)**

A selected group of organisms sharing or presumed to share a common ancestry and usually lacking clear-cut morphological distinctions from related forms but having distinguishing physiological qualities.

◊ WEBIN*1986***2255

**souche domestique**      n. f.

*(Reproduction et génétique)*

Souche d'un organisme dont les caractéristiques génétiques ont été fortement influencées par la sélection.

Voir aussi **souche sauvage**

◊ ENSEM*1991***175

**souche sauvage**      n. f.

*(Reproduction et génétique)*

Souche d'une espèce ou d'un organisme qui est prédominant dans une population vivant dans la nature.

Voir aussi **souche domestique**

◊ LAROG*1982*9**9361

**soumettre au jeûne**      v.
   faire jeûner      v.

*(Techniques et méthodes)*

Priver d'aliments pour une période déterminée.

**sous-espèce**      n. f.

*(Biologie)*

Subdivision d'une espèce.

Voir aussi **espèce**

◊ PEROB*1995***2126

**sp.**

   voir espèce

*Sparus aurata*

   voir dorade royale

**spatule**      n. f.
   *Polyodon spathula*

*(Pisciculture - Espèces aquacoles)*

Poisson d'eau douce du Mississippi, de la famille des polyodontidés, qui mesure deux mètres, est voisin de l'esturgeon, mais est dépourvu de scutelles et dont le rostre se prolonge en une spatule qui représente le tiers de la longueur du corps.

◊ LAROG*1982*9**9743

**domestic strain**

*(Reproduction and Genetics)*

A strain of organisms with genetic characteristics influenced by breeding.

See also **wild strain**

**wild strain**
   wild-type strain

*(Reproduction and Genetics)*

A strain used as a standard for a given species or variety or organism, usually presumed to be the type found in nature.

See also **domestic strain**

◊ DOMED*1994***1584

**starve, to**      v.

*(Techniques and Methods)*

To deprive of food for a determined period.

**subspecies**

*(Biology)*

A subdivision of a species.

See also **species**

◊ WEBCO*1987***1176

**paddlefish**
   spoonhill catfish      [US]
   *Polyodon spathula*

*(Fish Farming - Aquaculture Species)*

A large freshwater fish of the family Polyodontidae found in the Mississippi River and its tributaries, having a long spatula-shaped snout, smooth skin, heterocercal tail, and long gill rakers, attaining a length of approximately two meters.

◊ WEBIN*1986***1619

**spermathèque**
   voir réceptacle séminal

**spermatie**                          n. f.

*(Algoculture - Reproduction et génétique)*

Gamète mâle libéré par les anthéridies des algues rouges.

◊ ROBER*1986*8**921, CUPER*1992***372

**spermatogenèse**                     n. f.
   V. o. spermatogénèse                n. f.

*(Reproduction et génétique)*

Principales étapes dans la formation des spermatozoïdes.

Voir aussi **gamétogenèse, oogenèse**

◊ CAPQ-5*1992***11

**spermatogénèse**
   voir spermatogenèse

**spermatophore**                      n. m.

*(Reproduction et génétique - Anatomie et physiologie)*

Sac sécrété par le mâle de certains invertébrés (tels que les mollusques et quelques céphalopodes) et qui renferme un lot de spermatozoïdes ; ce sac est capté par la femelle pour la fécondation.

◊ CILFO*1989***447

**spermatozoïde**                      n. m.

*(Reproduction et génétique - Anatomie et physiologie)*

Cellule reproductrice (gamète) mâle capable de nager activement pour féconder un œuf.

◊ LAROG*1982*9**9752, PEROB*1995***2134

**spermatium \***

*(Algal Culture - Reproduction and Genetics)*

A nonmotile male gamete produced by the antheridium of red algae.

\* Plural: spermatia

◊ LANAQ*1992***150, WEBIN*1986***2191

**spermatogenesis**

*(Reproduction and Genetics)*

The process of maturation of spermatozoa.

See also **gametogenesis, oogenesis**

◊ LAICH*1977***269, WAST*1979***357

**spermatophore**
   sperm case

*(Reproduction and Genetics - Anatomy and Physiology)*

A capsule, packet, or mass enclosing spermatozoa extruded by the male of various invertebrates (such as molluscs and certain cephalopods); this mass is attached to the female which then releases the sperm when she lays her eggs.

◊ WEBIN*1986***2191, SWIFA*1985***37

**spermatozoon \***
   sperm cell

*(Reproduction and Genetics - Anatomy and Physiology)*

A male gamete with a whip-like tail which makes it motile in order to make its way into the egg for fertilization.

\* Plural: spermatozoa

◊ LAICH*1977***269-270, HENBI*1989***509

**sperme**      n. m
  semence 2      n. f.
  liquide séminal      n. m.

*(Reproduction et génétique)*

Substance produite par les organes génitaux des mâles et contenant comme éléments essentiels des spermatozoïdes.

◊ LAROG*1982*9**9752

**semen**
  seminal fluid
  sperm

*(Reproduction and Genetics)*

Spermatozoa as released by a male together with any accompanying fluid.

◊ WEBIN*1986***2062

**spermiation**      n. f.

*(Reproduction et génétique)*

Émission des spermatozoïdes dans la lumière testiculaire et les canaux déférents.

◊ PISET*1980***150

**spermiation**

*(Reproduction and Genetics)*

The discharge of spermatozoa from the testis.

◊ WEBIN*1986***2191

*Spisula solidissima*
  voir mactre d'Amérique

**spore**      n. f.

*(Algoculture - Reproduction et génétique)*

Organe de dispersion et de multiplication caractéristique de certaines algues, très souvent unicellulaire, et dont la cellule est généralement haploïde.

◊ LAROG*1982*9**9766

**spore**

*(Algal Culture - Reproduction and Genetics)*

An asexual reproductive cell of certain algae that is mostly unicellular and haploid.

◊ PHYT*1978***310

**sporophylle**      n. f.

*(Algoculture)*

Feuille ou fronde portant un appareil sporifère.

◊ PARSE*1990***542

**sporophyll**

*(Algal Culture)*

A leaf, or structure derived from a leaf, on which sporangia are borne.

◊ ALENV*1983***460

**sporophyte**      n. m.

*(Algoculture)*

Appareil asexué, producteur de spores.

Voir aussi **gamétophyte**

◊ ROBER*1986*8**937

**sporophyte**

*(Algal Culture)*

The spore-producing organ in algae.

See also **gametophyte**

◊ PHYT*1978***511

**sprat \***      n. m.
  *Sprattus sprattus*

*(Croissance et nutrition)*

Poisson de petite taille de la famille des clupéidés, voisin du hareng.

\* Terme normalisé au Canada.

**sprat \***
  *Sprattus sprattus*

*(Growth and Nutrition)*

A small fish from the family Clupeidae closely related to the common herring.

\* Recommended term in Canada.

OBS

Le sprat sert de nourriture aux truites et saumons.

◊ NQ8070*1995***41, SOMOL*1992***158, CILFO*1989***448

*Sprattus sprattus*
   voir sprat

**stabulation**                     n. f.
   parcage                          n. m.
   *(Élevage/culture - Techniques et méthodes)*

Entreposage de poissons ou d'autres animaux aquatiques dans des bassins dans le but d'en faire un usage éventuel (p. ex. la reproduction artificielle).

◊ LAROG*1982*9**9780, ARECO*1976***306

**stabuler**                          v.
   *(Élevage/culture - Techniques et méthodes)*

Entreposer des animaux aquatiques dans des bassins dans le but d'en faire un usage éventuel.

◊ BAMI*1991***15

**stade adulte**                     n. m.
   phase adulte                     n. f.
   *(Croissance et nutrition - Biologie)*

Période pendant laquelle une espèce devient adulte.

◊ AQUAC*1986*1**204, 249, SOMOL*1992***111

**stade alevin**                     n. m.
   V. o. stade d'alevin             n. m.
   *(Pisciculture - Croissance et nutrition)*

Stade du poisson suivant la résorption de son sac vitellin.

◊ HUET*1970***86

**stade alevin vésiculé**            n. m.
   stade d'alevin vésiculé          n. m.
   *(Pisciculture - Croissance et nutrition)*

Stade de croissance du poisson allant de l'éclosion jusqu'à la fin de sa dépendance des réserves alimentaires de son sac vitellin.

◊ GESPI*1985***206

**stade Conchocelis**
   voir phase Conchocelis

OBS

Sprat is used for trout and salmon feeding.

◊ NQ8070*1995***41, PILLA*1990***329

**holding**

*(Farming/Culture - Techniques and Methods)*

The storage of fish or other aquatic animals in tanks for a future use (e.g. artificial reproduction).

◊ LANAQ*1992***239

**hold, to**                          v.
*(Farming/Culture - Techniques and Methods)*

To store aquatic animals in tanks for a future use.

**adult stage**

*(Growth and Nutrition - Biology)*

Period in which a species is developing into an adult.

◊ PILLA*1990***113, 157, LAICH*1977***303

**fry stage**

*(Fish Farming - Growth and Nutrition)*

Stage of fish following the absorption of the yolk sac before becoming fingerlings.

◊ PILLA*1990***49

**alevin stage**
   sac fry stage
*(Fish Farming - Growth and Nutrition)*

Stage of fish from hatching to end of dependence on yolk sac as primary source of nutrition.

◊ MILAT*1991***10, PILLA*1990***189

**stade d'alevin**
   voir stade alevin

**stade d'alevin après résorption**
   voir stade d'alevin nageant

**stade d'alevin nageant**          n. m.
   stade d'alevin après résorption     n. m.

*(Pisciculture - Croissance et nutrition)*

Stade de développement critique des alevins au moment où ils doivent se nourrir seuls.

**swim-up stage**

*(Fish Farming - Growth and Nutrition)*

Critical stage of salmonid fry during which the animal is ready to accept feed on its own.

◊ FISFA*1988***395

**stade d'alevin vésiculé**
   voir stade alevin vésiculé

**stade de développement**          n. m.

*(Croissance et nutrition - Biologie)*

Une des étapes de développement ou de l'évolution d'un organisme.

◊ PARSE*1990***543, AQUAC*1986*1**469, CAPQ-9*1993***12

**developmental stage**

*(Growth and Nutrition - Biology)*

One of several periods in the development of an organism.

◊ WEBIN*1986***2219, LANAQ*1992***191-192

**stade de fixation**
   voir période de fixation

**stade de juvénile**
   voir stade juvénile 2

**stade de mysis**
   voir mysis

**stade de smolt**          n. m.
   V. o. stade smolt          n. m.

*(Salmoniculture - Croissance et nutrition)*

Stade d'un jeune saumon qui est prêt, au point de vue physiologique, à passer de l'eau douce au milieu marin.

◊ AQUAC*1986*2**619

**smolt stage**

*(Salmonid Farming - Growth and Nutrition)*

A stage of immature salmon when the fish is physiologically capable of supporting transfer from fresh to salt water.

◊ HISTI*1987***185

**stade embryonné**      n. m.
   stade œillé      n. m.

*(Pisciculture - Reproduction et génétique)*

Stade suivant la fécondation des œufs de poisson, caractérisé par la présence d'yeux (deux points noirs) dans l'œuf.

◊ CAPQ-9*1993***12, PISET*1980***177, AQUAC*1986*2**541, 561

**stade juvénile 1**      n. m.

*(Pisciculture - Croissance et nutrition)*

Stade d'un poisson qui a résorbé son sac vitellin, mais qui n'a pas encore atteint la taille marchande.

**stade juvénile 2**      n. m.
   stade de juvénile      n. m.
   phase juvénile      n. f.
   période juvénile      n. f.
   phase de jeunesse      n. f.

*(Croissance et nutrition - Biologie)*

Stade précédant le stade adulte où le jeune individu ressemble à un adulte, mais est plus petit que ce dernier et n'est pas capable de se reproduire.

◊ BOUGOC*1976***210, AQUAC*1986*2**628

**stade larvaire**      n. m.
   période larvaire      n. f.
   phase larvaire      n. f.
   cycle larvaire      n. m.

*(Croissance et nutrition - Biologie)*

Stade d'un animal immature présentant des différences importantes avec la forme adulte de son espèce.

◊ LAROG*1982*6**6149, SOMOL*1992***9, 97, 102, AQUAC*1986*1**499

**stade mégalope**
   voir mégalope

**stade mysis**
   voir mysis

**stade œillé**
   voir stade embryonné

**eyed stage**

*(Fish Farming - Reproduction and Genetics)*

Stage following fertilization of fish eggs in which the eyes (two black spots) can be seen through the egg shell.

◊ PILLA*1990***321, LANAQ*1992***233

**fingerling stage**
   underyearling stage
   V. s. under-yearling stage

*(Fish Farming - Growth and Nutrition)*

Stage of fish which has absorbed its yolk sac but has not yet reached marketable size.

◊ PILLA*1990***49, 190, 304

**juvenile stage**

*(Growth and Nutrition - Biology)*

Stage preceding the adult stage in which the young individual is smaller in size and not capable of reproduction.

◊ LANAQ*1992***214, PILLA*1990***146

**larval stage**
   larval period
   larval cycle

*(Growth and Nutrition - Biology)*

Immature stage of an animal that is markedly different in form from the adult.

◊ HENBI*1989***279, LANAQ*1992***166, 346, 214

**stade postlarvaire 1**
  voir postlarve 2

**stade postlarvaire 2**                     n. m.
  phase postlarvaire 2                       n. f.
  *(Croissance et nutrition - Biologie)*

Phase suivant le stade larvaire d'un animal qui est
en train d'acquérir la morphologie adulte sans avoir
encore les caractères de l'espèce.

◊ LAROG*1982*8**8383

**postlarval stage 2**
  V. s. post-larval stage 2
  *(Growth and Nutrition - Biology)*

The stage following the larval stage of an animal,
but before it attains the appearance of a miniature
adult.

**stade protozoé**                          n. m.

*(Crustaciculture - Croissance et nutrition)*

Stade de développement d'un grand nombre de crustacés, qui suit le stade nauplius et précède le stade
mysis.

Voir aussi **nauplius, mysis**

◊ BOUGOC*1976***262-263

**protozoeal stage**
  protozoea
  protozoea stage
  *(Crustacean Farming - Growth and Nutrition)*

The stage between the nauplius and the mysis in the
development of many crustaceans.

See also **naupliar stage, mysis**

◊ WICRU*1992***378

**stade smolt**
  voir stade de smolt

**stade véligère**
  voir larve véligère

**stade zoé**                                n. m.
  zoé                                        n. m.

*(Crustaciculture - Croissance et nutrition)*

Larve planctonique de certains crustacés décapodes
marcheurs, caractérisée par une carapace céphalothoracique distincte, de gros yeux et de longues épines servant à la nage.

◊ LAROG*1982*10**11024

**zoea ***
  zoeal stage
  zoea stage
  *(Crustacean Farming - Growth and Nutrition)*

A planktonic larva of certain decapod crustaceans
that is distinguished by the relatively large cephalothorax, the conspicuous eyes, and the relatively
large and fringed antennae and mouthparts used for
swimming.

* Plural: zoeae

◊ WEBIN*1986***2660

**station aquacole**
  voir ferme d'aquaculture

**station d'élevage** n. f.
    installation d'élevage n. f.
    installation de culture n. f.
*(Installations)*
Installation aménagée pour l'élevage de plantes ou d'animaux aquatiques.
Voir aussi **installation aquacole**
◊ CAPQ-11*1992***13, AQUAC*1986*2**675, 866, PATH*1985***304

**station piscicole**
    voir pisciculture 1

**stérilisation 1** n. f.
*(Reproduction et génétique - Techniques et méthodes)*
Opération qui consiste à rendre un animal inapte à la reproduction.
◊ PARSE*1990***546

**stérilisation 2** n. f.
*(Eau)*
Élimination de tous les microorganismes présents dans l'eau de mer par des moyens physiques ou chimiques.
Voir aussi **désinfection**

**stérilité** n. f.
*(Reproduction et génétique)*
Incapacité pour un animal de se reproduire.

◊ PARSE*1990***546, PEROB*1995***2145

**stéroïde sexuel**
    voir hormone stéroïde sexuelle

**stéroïdogenèse** n. f.
    V. o. stéroïdogénèse n. f.
*(Pisciculture - Reproduction et génétique)*
Production de stéroïdes.
◊ CILFG-6*1983***281

**stéroïdogénèse**
    voir stéroïdogenèse

**culture facility**

*(Facilities)*
A facility where the culture of aquatic plants or animals takes place.
See also **aquaculture facility**
◊ LANAQ*1992***259, 354

**sterilization 1**
*(Reproduction and Genetics - Techniques and Methods)*
A procedure by which an animal is made incapable of reproduction.
◊ WEBIN*1986***2238

**sterilization 2**
*(Water)*
The destruction of all microorganisms in the water by physical or chemical means.

See also **disinfection**

**sterility**
*(Reproduction and Genetics)*
Failing to reproduce or incapable of producing offspring.
◊ WEBIN*1986***2238

**steroidogenesis**

*(Fish Farming - Reproduction and Genetics)*
The production of steroids.

**stérol**      n. m.

*(Croissance et nutrition)*

Nom générique d'un groupe d'alcools polycycliques de poids moléculaire élevé, très répandus dans les règnes animal et végétal où ils jouent un rôle important (p. ex. le cholestérol, l'ergostérol).

◊ ROBER*1986*8**967

**STH**

voir hormone de croissance

**stipe**      n. m.

*(Algoculture)*

Organe d'algues benthiques intermédiaire entre le crampon de fixation et le thalle lamellaire.

**OBS**

Le stipe des laminaires ressemble à une tige, mais n'en a pas l'organisation complexe.

◊ CILFO*1989***450

**stock**      n. m.
population      n. f.

*(Élevage/culture)*

Groupe d'individus issus d'un environnement et d'un fond génétique commun.

**stock chromosomique**      n. m.
complément chromosomique      n. m.
complément de chromosomes      n. m.
garniture chromosomique      n. f.

*(Reproduction et génétique)*

Ensemble des chromosomes présents dans le noyau d'une cellule eucaryote.

◊ CILFG-32*1991***132-133, BT-200*1990***37

**stock cultivé**

voir cheptel

**stock d'élevage**

voir cheptel

**stock de départ**

voir cheptel de départ

**stock de géniteurs**

voir géniteurs

**sterol**

*(Growth and Nutrition)*

Any of a class of solid complex cyclic alcohols (e.g. cholesterol, ergosterol) that are widely distributed in the unsaponifiable portion of lipids in animals and plants.

◊ WEBIN*1986***2239, LANAQ*1992***365

**stipe**

*(Algal Culture)*

A flexible, stemlike structure of the seaweed that serves as a site of attachment for the blades.

◊ LANAQ*1992***144

**stock 2**

*(Farming/Culture)*

A group of individuals that share a common environment and gene pool.

◊ PIPFI*1986***497

**chromosome complement**

*(Reproduction and Genetics)*

The entire group of chromosomes in a nucleus.

◊ WEBIN*1986***402, BT-200*1991***37

**stock de reproducteurs**
 voir géniteurs

**stock en élevage**
 voir cheptel

**stock naturel** n. m.
 stock sauvage n. m.
 population sauvage n. f.

*(Élevage/culture)*

Organismes prélevés dans leur milieu naturel à des fins d'élevage.

◊ AQUAC*1986*1**498, LAROG*1982*9**9361

**wild stock**

*(Farming/Culture)*

Organisms collected from their natural habitat for breeding purposes.

◊ WEBIN*1986***2614, LANAQ*1992***223

**stock sauvage**
 voir stock naturel

**stomatopapillome**
 voir maladie du chou-fleur

**stress** n. m.

*(Pathologie et prédateurs)*

Ensemble de réactions non spécifiques de l'organisme déclenchées par l'action d'un agent nocif dit agent stressant.

**OBS**

Des facteurs d'agression présents dans l'environnement (facteurs susceptibles de provoquer l'inconfort, la douleur, etc.) font déclencher un ensemble de réponses appelées réaction d'alarme. Cette réactivité se traduit par l'utilisation de réserves énergétiques qui se répercute sur les performances des animaux.

◊ ARECO*1976***306, PATH*1985***33

**stress**

*(Pathology and Predators)*

A state manifested by a syndrome or bodily change caused by some force, condition, or circumstance (i.e. by a stressor) in or on an organism or on one of its physiological or anatomical systems. Any condition that forces an organism to expend more energy to maintain stability.

◊ PIPFI*1986***497

**substance nutritive**
 voir nutriment

**substance organique**
 voir matière organique

**substance polluante**
 voir polluant

substrat                                  n. m.

*(Installations)*

Surface sur laquelle un organisme vit.

Voir aussi **substrat artificiel**

◊ AQUAC*1986*2**630, GIRAQ*1991***13

substrat artificiel                       n. m.
  substrat de fixation *                  n. m.

*(Installations - Techniques et méthodes)*

Substrat que l'éleveur place dans le milieu de culture pour favoriser la capture, la croissance et la survie d'une espèce aquacole.

* Dans le cas des mollusques, le français précise la fonction du substrat.

◊ BOUGOC*1976***218, CUPER*1992***107, GESPI*1985***170

substrat de fixation
  voir substrat artificiel

sujet porteur                             n. m.
  porteur d'agents pathogènes             n. m.

*(Pathologie et prédateurs)*

Hôte atteint d'une infection apparente ou latente, qui porte les agents pathogènes de la maladie et peut les transmettre aux autres.

Voir aussi **porteur asymptomatique**

◊ PATH*1985***85, 115, LAROG*1982*8**8359

sulfamide                                 n. m.
  sulfamidé                               n. m.
  sulfonamide                             n. m.

*(Pathologie et prédateurs)*

Un des agents antibactériens employés couramment contre les maladies infectieuses, tels que la sulfa-diazine, le sulfathiazol, la sulfamérazine et la sulfa-méthazine.

◊ PATH*1985***301, ROBER*1986*9**261

sulfamidé
  voir sulfamide

substrate

*(Facilities)*

Surface on which an organism lives.

See also **artificial substrate**

◊ SCITF*1988***867

artificial substrate

*(Facilities - Techniques and Methods)*

Any substrate used to enhance capture, growth and survival of an aquaculture species.

◊ PILLA*1990***157

carrier

*(Pathology and Predators)*

A host that harbors a disease from which it has recovered or to which it is immune and that may therefore transmit it to others.

See also **asymptomatic carrier**

◊ WEBIN*1986***343, PILLA*1990***175

sulfonamide
  V. s. sulphonamide

*(Pathology and Predators)*

Any of widely used antibacterial agents used against infectious diseases, such as sulfadiazine, sulfa-thiazole, sulfamerazine and sulfamethazine.

◊ DISEA*1989***154

**sulfate de cuivre**      n. m.

*(Pathologie et prédateurs)*

Antibactérien d'usage externe à propriétés antiseptiques, employé contre les champignons ainsi que les maladies bactériennes et les protozoaires parasites externes.

◊ PATH*1985***199, 308

**sulfonamide**
     voir sulfamide

**surexploitation des pêcheries**
     voir surpêche

**surpêche**      n. f.
     surexploitation des pêcheries      n. f.

*(Terminologie générale)*

Exploitation exagérée des lieux de pêche ou épuisement des bancs de poisson.

◊ CILFO*1989***453, SITMO*1995***1, 9, AQEX-F*1989***23

**sursaturation**      n. f.

*(Eau)*

État transitoire d'un gaz dissous (p. ex. l'oxygène dans l'eau) lorsque sa pression ou tension dépasse la pression ambiante.

◊ CILFO*1989***453

**Synahorin ***      n. m.
     V. o. synahorine      n. f.

*(Pisciculture - Reproduction et génétique)*

Préparation commerciale d'hypophyses de mammifères et d'hormones gonadotropines utilisée pour l'induction de la ponte artificielle.

* Marque déposée.

◊ BOUGOC*1976***277

**synahorine**
     voir Synahorin

**copper sulfate**
     V. s. copper sulphate

*(Pathology and Predators)*

An antibacterial agent with antiseptic properties used in the prevention and control of fungal infections, external bacterial diseases and protozoan parasites.

◊ PIPFI*1986***477, LANAQ*1992***116, PILLA*1990***197, 202

**overfishing**

*(General Terminology)*

Fishing to the detriment of a fishing ground or to the depletion of a kind of fish.

◊ WEBIN*1986***1607, LANAQ*1992***290, AQEX-E*1989***25

**supersaturation**

*(Water)*

Greater than normal solubility of a gas or other chemical (e.g. oxygen in water) as a result of unusual temperatures or pressures.

◊ FISFA*1988***395, PIPFI*1986***498

**Synahorin ***

*(Fish Farming - Reproduction and Genetics)*

A commercially available preparation of mammalian pituitary extracts and gonadotropins that is used in the artificial induction of spawning.

* Registered Trademark.

◊ FISFA*1988***395

**système d'élevage** n. m.
  système de culture n. m.

*(Terminologie générale)*

Ensemble des installations ou type d'aménagement utilisé pour obtenir des plantes ou des animaux aquatiques (p. ex. bassins, filières, cages).

◊ AQUAC*1986*1**252, 449, AQUAC*1986*2**789, 866, 919, BOUGOC*1976***228

**système d'élevage extensif** n. m.

*(Terminologie générale)*

Système dans lequel la culture extensive est pratiquée.

Voir aussi **culture extensive**

◊ AQUAC*1986*1**9

**système d'élevage intensif** n. m.

*(Terminologie générale)*

Système dans lequel la culture intensive est pratiquée.

Voir aussi **culture intensive**

◊ AQUAC*1986*2**544

**système d'élevage semi-extensif**
  voir système d'élevage semi-intensif

**système d'élevage semi-intensif** n. m.
  système d'élevage semi-extensif n. m.

*(Terminologie générale)*

Système dans lequel la culture semi-intensive est pratiquée.

Voir aussi **culture semi-intensive**

◊ AQUAC*1986*2**543

**système de culture**
  voir système d'élevage

**système fermé**
  voir circuit fermé

**système ouvert**
  voir circuit ouvert


**culture system**
  system of culture

*(General Terminology)*

The infrastructure used to culture aquatic plants or animals (e.g. cages, long lines, tanks).

◊ PILLA*1990***290, 308, AQEX-E*1989***17

**extensive system**

*(General Terminology)*

A system in which extensive culture is practiced.

See also **extensive culture**

◊ PILLA*1990***11, LANAQ*1992***195-196

**intensive system**

*(General Terminology)*

A system in which intensive culture is practiced.

See also **intensive culture**

◊ ENSCI*1991*2**1

**semi-intensive system**

*(General Terminology)*

A system in which semi-intensive culture is practiced.

See also **semi-intensive culture**

t
  voir tonne métrique

**table**
  voir table de culture

**table d'élevage**
  voir table de culture

**table de culture**  n. f.
  table d'élevage  n. f.
  table  n. f.

*(Conchyliculture - Installations)*

Structure qui sert de support à des pochons ou plateaux pour la culture des bivalves.

Voir aussi **culture en surélévation**

◊ AQUAC*1986*1**322-323, BOUGOC*1976***239

**rack**

*(Mollusc Culture - Facilities)*

A structure that supports bags or trays for the culture of bivalves.

See also **rack culture**

◊ PILLA*1990***473, 483

**tacon**  n. m.
  parr  n. m. [FR]

*(Salmoniculture - Croissance et nutrition)*

Jeune saumon, entre la phase d'alevin et celle de saumoneau, qui vit en eau douce avant sa migration en eau de mer.

**OBS**
La durée de cette phase de la vie d'un saumon varie considérablement selon les conditions de croissance.

◊ LAROG*1982*8**7853

**parr**

*(Salmonid Farming - Growth and Nutrition)*

A young salmon, between the fry and smolt stage, that remains in fresh water before migrating to sea.

**OBS**
The length of the parr stage varies considerably, depending on the growth conditions.

◊ MILAT*1991***11

**taille commerciale**  n. f.
  taille marchande  n. f. [FR]

*(Terminologie générale)*

Dimension minimale individuelle des produits proposés à la vente.

◊ CILFO*1989***458, SITMO*1995***14, SOMOL*1992***119

**marketable size**
  market size

*(General Terminology)*

Minimal individual size of products before sale to the consumer.

◊ PILLA*1990***35, 366, LANAQ*1992***220

**taille marchande**
  voir taille commerciale

**tanin** n. m.
    V. o. tannin n. m.

*(Pisciculture - Reproduction et génétique)*

Substance amorphe très répandue dans le bois, l'écorce, les feuilles et/ou les racines de nombreux végétaux.

**OBS**

Le tanin est dilué dans une solution et utilisé pour supprimer l'adhésivité des œufs.

◊ LAROG*1982*10**10036

**tannin**
    voir tanin

**taret** n. m.

*(Pathologie et prédateurs)*

Mollusque bivalve du genre *Teredo*, forant les bois immergés.

◊ LAROG*1982*10**10054

**taux d'alimentation**
    voir taux de nourrissage

**taux d'éclosion** n. m.

*(Reproduction et génétique)*

Pourcentage des œufs qui ont éclos.

◊ BOUGOC*1976***279, AQUAC*1986*1**471

**tannic acid**
    tannin

*(Fish Farming - Reproduction and Genetics)*

Any of a group of soluble astringent complex phenolic substances including gallotannin that are widely distributed in plants and are obtained commercially from various sources (as powdered gallnuts, shredded tara, quebraco wood, chestnut wood, wattle, sumac, valonia).

**OBS**

Tannin is diluted in a solution and used to eliminate egg stickiness.

◊ WEBIN*1986***2338

**shipworm**
    V. s. ship worm
    wood borer
    borer
    marine borer

*(Pathology and Predators)*

A mollusc, often of the genus *Teredo*, which bores into wooden marine structures.

◊ FAQUA*1989***181, CILFO*1989***460

**hatching rate**
    hatching efficiency

*(Reproduction and Genetics)*

Percentage of eggs that have hatched.

◊ PILLA*1990***114, LANAQ*1992***393, 342

taux de conversion     n. m.
    taux de conversion alimentaire     n. m.
    indice de conversion     n. m.
    Abrév. IC
    indice de conversion alimentaire     n. m.
    Abrév. ICA
    taux de transformation     n. m.
    indice de transformation
       (de l'aliment)     n. m.
    coefficient de transformation
       (de l'aliment)     n. m.

*(Croissance et nutrition)*

Indice de transformation d'un aliment par un animal (poids sec de l'aliment distribué/poids humide produit).

◊ PARSE*1990***564, AQUAC*1986*2**655

**feed conversion ratio**
    food conversion ratio
    food conversion rate
    Abbr. FCR
    conversion ratio
    conversion rate
    food conversion

*(Growth and Nutrition)*

Ratio of dry weight of food fed to wet weight of animal gain.

◊ FISFA*1988***390

---

**taux de conversion alimentaire**
    voir taux de conversion

---

**taux de croissance**     n. m.
    vitesse de croissance     n. f.

*(Croissance et nutrition)*

Augmentation de la croissance d'un organisme pendant une période donnée.

◊ AQUAC*1986*2**873, GIRAQ*1991***125, SOMOL*1992***8, 68

**growth rate**
    rate of growth

*(Growth and Nutrition)*

An increase in the growth of an organism in a given period of time.

◊ LANAQ*1992***196, PILLA*1990***117

---

**taux de fécondation**     n. m.

*(Reproduction et génétique)*

Pourcentage des œufs qui ont été fécondés.

◊ AQUAC*1986*2*677, GIRAQ*1991***127

**fertilization rate**
    V. s. fertilisation rate     [UK]

*(Reproduction and Genetics)*

Percentage of eggs that were fertilized.

◊ LANAQ*1992***262

---

**taux de mortalité**     n. m.

*(Pathologie et prédateurs)*

Nombre d'individus morts au sein d'une population pendant une période déterminée.

◊ PEROB*1995***1442, CAPQ-2*1992***22, 46

**mortality rate**
    rate of mortality

*(Pathology and Predators)*

The number of deaths of individuals of a population during a specified period.

◊ PIPFI*1986***488, SUBIO*1988***419, PILLA*1990***179

**taux de nourrissage**        n. m.
    taux d'alimentation        n. m.

*(Croissance et nutrition)*

Quantité d'aliments distribuée aux animaux d'élevage dans une période déterminée, habituellement donnée en fonction du pourcentage du poids de l'animal par jour.

◊ AQUAC*1986*2**655, 538, 539

**taux de retour**        n. m.

*(Salmoniculture - Terminologie générale)*

Après un ou plusieurs cycles de migration, rapport du nombre d'animaux recensés au nombre d'éléments inventoriés au début du cycle.

◊ CILFO*1989***460

**taux de transformation**
    voir taux de conversion

**taux métabolique**        n. m.

*(Croissance et nutrition)*

Rythme de consommation d'énergie par un organisme pendant une période déterminée, habituellement 24 heures.

**taxinomie**        n. f.
    taxonomie        n. f.

*(Biologie)*

1. Étude théorique des bases, lois, règles, principes d'une classification.

2. Classification d'éléments.

◊ PEROB*1995***2217

**taxon**        n. m.

*(Biologie)*

Unité formelle représentée par un groupe d'organismes à chaque niveau de la classification.

◊ PEROB*1995***2217

**taxonomie**
    voir taxinomie

**taylorite**
    voir bentonite

**feeding rate**
    feed rate

*(Growth and Nutrition)*

The amount of feed offered to culture animals over a unit time, usually given as percent of body weight per day.

◊ PIPFI*1986***480, PILLA*1990***147

**rate of return**
    return rate

*(Salmonid Farming - General Terminology)*

After one or more migration cycles, ratio of the number of animals that have returned to the number of animals released.

◊ LANAQ*1992***268

**metabolic rate**

*(Growth and Nutrition)*

The rate of energy consumption by an organism over a defined period of time, usually 24 hours.

◊ PILLA*1990***93, ACKE*1994***26

**taxonomy**

*(Biology)*

1. The study of the general principles of scientific classification.

2. Orderly classification of plants and animals according to their presumed natural relationships.

◊ WEBCO*1987***1209

**taxon ***

*(Biology)*

The unit of classification in taxonomy.

* Plural: taxa

◊ SUBIO*1988***422

**technique à boucles d'oreilles**      n. f.
    méthode à boucles d'oreilles      n. f.

*(Conchyliculture - Techniques et méthodes)*

Technique de grossissement des pétoncles qui consiste à perforer les coquilles et à les fixer sur des filières.

◊ AQUAC*1986*2**915

**technique d'élevage**      n. f.
    technique de culture      n. f.

*(Terminologie générale)*

Méthode utilisée dans la production d'un organisme d'élevage.

◊ AQUAC*1986*1**9, 279, 346, AQUAC*1986*2**900, 610, 924, BOUGOC*1976***237, 269

**technique de culture**
    voir technique d'élevage

**téléostéen**
    voir poisson téléostéen

**température**      n. f.
    température de l'eau      n. f.

*(Eau - Milieu de culture)*

Un des facteurs environnementaux les plus importants pour tous les organismes aquatiques, agissant sur l'oxygénation de l'eau, la productivité primaire, la reproduction et la croissance des espèces.

◊ AQUAC*1986*1**16

**température de l'eau**
    voir température

**terrestre**      adj.
    à terre      adj.

*(Installations)*

Se dit d'une installation aquacole établie sur la terre ferme ou d'un élevage ayant lieu à cette installation.

◊ AQUAC*1986*1**54, 68

**ear hanging method**
    ear hanging technique

*(Mollusc Culture - Techniques and Methods)*

A growout method for scallops which consists of drilling small holes through their shell and attaching them to long lines.

◊ PILLA*1990***503-504, SCALHA*1991***66, 68

**culture technique**

*(General Terminology)*

A method used in the production of a cultured organism.

◊ PILLA*1990***5, WEBCO*1987***1211

**temperature**
    water temperature

*(Water - Culture Medium)*

An important criterion for all aquatic organisms having an effect on oxygenation of water, cultures, reproduction and growth of species.

◊ PILLA*1990***31, 80

**land-based**      adj.

*(Facilities)*

Relating to an aquaculture facility that is located on solid ground or a culture that is practiced on such an installation.

◊ PILLA*1990***14, 316, 465, LANAQ*1992***180

**testicule** n. m.

*(Reproduction et génétique - Anatomie et physiologie)*

Glande génitale (ou gonade) mâle produisant les spermatozoïdes.

◊ LAROG*1982*10**10160

**testostérone** n. f.

*(Pisciculture - Reproduction et génétique)*

Hormone androgène sécrétée principalement par les testicules et responsable de la plupart des caractères sexuels secondaires masculins.

◊ LAROG*1982*10**10160

**tête (mollusque)** n. f.

*(Conchyliculture - Anatomie et physiologie)*

Partie antérieure d'un mollusque qui contient les organes sensoriels et la bouche.

◊ LAROG*1982*10**10162

**thalle** n. m.

*(Algoculture)*

Appareil végétatif des végétaux inférieurs où l'on ne peut distinguer ni racine, ni tige, ni feuille.

◊ GPP*1985***G6

**thélycum** n. m.

*(Crustaciculture - Reproduction et génétique)*

Organe propre aux crevettes femelles, situé au niveau de la cinquième paire de pattes thoraciques, et dans lequel le mâle vient déposer ses spermatophores.

◊ AQUAC*1986*1**465

**thermocline \*** n. f.

*(Eau)*

Dans un étang ou un lac, couche d'eau où s'observe une variation rapide de température.

\* Terme normalisé par l'ISO.

◊ CILFO*1989***466

**testis \***
testicule

*(Reproduction and Genetics - Anatomy and Physiology)*

A male gonad or reproductive gland producing spermatozoa.

\* Plural: testes

◊ HENBI*1989***545

**testosterone**

*(Fish Farming - Reproduction and Genetics)*

An androgenic hormone that is produced chiefly by the testes and that is responsible for the development of male secondary sex characters.

◊ FISFA*1988***395, HENBI*1989***545

**head (mollusc)**

*(Mollusc Culture - Anatomy and Physiology)*

The anterior portion of a mollusc containing the sense organs and the mouth.

◊ LANAQ*1992***165

**thallus**

*(Algal Culture)*

A plant body lacking differentiation into true stems, roots, and leaves, characteristic of algae.

◊ GACAN*1983***1164

**thelycum**

*(Crustacean Farming - Reproduction and Genetics)*

Part of the copulatory structure of a female shrimp that is a modification of the sternal surface and in which the spermatophores are inserted by the male.

◊ LANAQ*1992***189, 191

**thermocline \***

*(Water)*

The area where the warm water changes quickly to cold water in a vertical profile of a pond or lake.

\* Term standardized by ISO.

◊ LANAQ*1992***23

**tilapia \*** n. m.

*(Pisciculture - Espèces aquacoles)*

Poisson tropical d'eau douce de la famille des cichlidés (genre *Tilapia*), originaire de l'Afrique et du Moyen Orient.

\* Terme normalisé au Canada.

◊ LAROG\*1982\*10\*\*10236, NQ8070\*1995\*\*\*44

**tilapia \***
Saint Peter's fish \*\*

*(Fish Farming - Aquaculture Species)*

A tropical freshwater fish of the family Cichlidae (genus *Tilapia*) native to Africa and the Middle East.

\* Recommended term in Canada.

\*\* Term originating from Israel.

◊ LANAQ\*1992\*\*\*246-247, NQ8070\*1995\*\*\*44

*Tilapia aurea*
voir tilapia bleu

**tilapia bleu** n. m.
*Tilapia aurea*

*(Pisciculture - Espèces aquacoles)*

Poisson de la famille des cichlidés, qui devient bleu avec une bande rouge sur ses nageoires caudale et dorsale lorsqu'il approche l'âge de reproduction.

◊ LAROG\*1982\*10\*\*10236, ELSAQ\*1991\*\*\*34

**blue tilapia**
*Tilapea aurea*

*(Fish Farming - Aquaculture Species)*

A fish of the family Cichlidae that turns blue with a red margin on the caudal and dorsal fins as it approaches breeding age.

◊ LANAQ\*1992\*\*\*247

**tilapia du Mozambique** n. m.
*Tilapia mossambica*

*(Pisciculture - Espèces aquacoles)*

Poisson de la famille des cichlidés, qui vit dans les eaux douces et saumâtres d'Afrique orientale et est caractérisé par sa couleur gris argent, parfois teintée de vert ou de bleu.

**OBS**
À la saison de reproduction, la livrée du mâle devient bleu intense ou bleu-noir et celle de la femelle devient grise avec des taches noires.

◊ FRAPOI\*1973\*\*\*453, BOUGOC\*1976\*\*\*290

**Java tilapia**
*Tilapia mossambica*

*(Fish Farming - Aquaculture Species)*

A fish of the family Cichlidae found in freshwater and brackish waters of eastern Africa and distinguished by its gray, brown or blackish color.

**OBS**
During the breeding season, the females turn gray with black spots and the males change to dark black.

◊ LANAQ\*1992\*\*\*247

**tilapia du Nil** n. m.
*Tilapia nilotica*

*(Pisciculture - Espèces aquacoles)*

Poisson de la famille des cichlidés, qui est caractérisé par sa couleur grise, mais qui devient noir avec une bande rouge pendant la saison de reproduction.

◊ OECD\*1990\*\*\*1015

**Nile tilapia**
*Tilapia nilotica*

*(Fish Farming - Aquaculture Species)*

A fish of the family Cichlidae characterized by its grayish color that turns black with a flushing of red during the breeding season.

◊ LANAQ\*1992\*\*\*248

*Tilapia mossambica*
voir tilapia du Mozambique

*Tilapia nilotica*
voir tilapia du Nil

**tonne**
  voir tonne métrique

| | |
|---|---|
| **tonne métrique** | n. f. |
| tonne | n. f. |
| Symb. t | |

*(Installations - Terminologie générale)*

Unité de mesure de masse équivalent à 1 000 kilogrammes.

◊ LAROG*1982*10**10286

| | |
|---|---|
| **touladi *** | n. m. |
| omble | n. m. |
| truite de lac | n. f. |
| truite grise | n. f. |
| *Salvelinus namaycush* | |

*(Salmoniculture - Espèces aquacoles)*

Poisson de la famille des salmonidés reconnaissable par sa nageoire caudale très fourchue, un corps vert olive ou gris avec des taches pâles, et un ventre plutôt blanc ou jaunâtre.

* Terme normalisé au Canada.

◊ NQ8070*1995***45

**tourteau de coton**
  voir tourteau de graines de coton

| | |
|---|---|
| **tourteau de graines de coton** | n. m. |
| tourteau de coton | n. m. |

*(Croissance et nutrition)*

Résidu solide riche en protéines, obtenu après l'extraction de l'huile des graines de coton.

◊ LAROG*1982*10**10328, AQUAC*1986*2**552

| | |
|---|---|
| **tourteau de soja** | n. m. |
| V. o. tourteau de soya | n. m. |

*(Croissance et nutrition)*

Résidu solide riche en protéines, obtenu après l'extraction de l'huile des graines de soja.

◊ AQUAC*1986*1**513

**tourteau de soya**
  voir tourteau de soja

---

**metric ton**
  Abbr. MT
  ton
  V. s. tonne
  Symb. t

*(Facilities - General Terminology)*

A unit of mass equal to 1,000 kilograms.

◊ WEBIN*1986***1424, LANAQ*1992***196, 197

**lake trout ***
  grey trout
  V. s. gray trout
  togue
  *Salvelinus namaycush*

*(Salmonid Farming - Aquaculture Species)*

A fish of the family Salmonidae distinguished by its deeply forked tail and a body that is whitish below, green or greyish above, with hundreds of pale white or yellow spots.

* Recommended term in Canada.

◊ NQ8070*1995***45

**cottonseed cake**
  cotton cake

*(Growth and Nutrition)*

The solid mass rich in protein obtained after the oil has been expressed from the cottonseeds.

◊ WEBIN*1986***516, PILLA*1990***371

**soybean cake**
  V. s. soya bean cake
  soya cake

*(Growth and Nutrition)*

The solid mass rich in protein obtained after the oil has been expressed from soybean grains.

**toxicité**      n. f.

*(Pathologie et prédateurs)*

Propriété d'une substance chimique, introduite dans un organisme, d'engendrer temporairement ou non des troubles de certaines fonctions.

◊ PARSE*1990***581

**toxine**      n. f.

*(Pathologie et prédateurs)*

Substance toxique élaborée par des animaux, des plantes ou des microorganismes.

◊ LENBI*1994***615

**toxine amnestique**

voir phycotoxine amnestique

**toxine diarrhéique**

voir phycotoxine diarrhéique

**toxine paralysante**

voir phycotoxine paralysante

**traitement aux antibiotiques**

voir antibiothérapie

**traitement de l'eau**      n. m.
     V. o. traitement des eaux      n. m.

*(Eau - Traitement et filtration)*

En aquaculture, opération visant à éliminer les substances inertes indésirables, à détruire les germes pathogènes et à effectuer des transports de gaz entre phases liquide et gazeuse.

◊ AQUAC*1986*1**91

**traitement des eaux**

voir traitement de l'eau

**traitement prophylactique**      n. m.

*(Pathologie et prédateurs)*

Traitement, notamment au moyen de produits chimiques ou d'antibiotiques, qui vise à empêcher la propagation des maladies.

◊ CAPQ-9*1993***10, ROBER*1986*7**830

**toxicity**

*(Pathology and Predators)*

A relative measure of the ability of a chemical to be toxic, usually referring to the ability of a substance to kill or cause an adverse effect.

◊ PIPFI*1986***499

**toxin**

*(Pathology and Predators)*

A substance produced by some higher plants, certain animals, and pathogenic bacteria, which is highly toxic for other living organisms.

◊ DOMED*1981***1379

**water treatment**

*(Water - Treatment and Filtration)*

The treatment of water that aims to provide a near optimal environment for maximum growth of the aquatic plants and animals and to economize on the quantity of water being used.

◊ WICRU*1992***227

**prophylactic treatment**

*(Pathology and Predators)*

A treatment (e.g. chemicals or antibiotics) that prevents or helps to prevent disease.

◊ SWIFA*1985***76, WEBIN*1986***1818, COLD*1995***62

**transcriptase inverse**    n. f.
    transcriptase reverse *    n. f.
    V. o. transcriptase réverse *    n. f.

*(Reproduction et génétique)*

Enzyme catalysant la synthèse d'un brin d'ADN à partir d'une molécule d'ARN, c'est-à-dire l'inverse de la direction normale de traitement de l'information génétique.

* On trouve ces termes dans la plupart des ouvrages français. Cependant, l'usage de ces calques anglais est toujours déconseillé.

◊ CILFG-32*1991***269, BT-200*1990***200

**transcriptase reverse**
    voir transcriptase inverse

**transcriptase réverse**
    voir transcriptase inverse

**transférer**    v.
*(Élevage/culture - Techniques et méthodes)*

Déplacer des organismes d'élevage d'un milieu de culture à un autre (p. ex. d'un bassin à un étang).

◊ AQUAC*1986*2**618

**transfert**    n. m.
*(Élevage/culture - Techniques et méthodes)*

Déplacement d'organismes d'élevage d'un milieu de culture à un autre (p. ex. d'un bassin à un étang).

◊ AQUAC*1986*2**616, 620, 652, 567

**transgenèse**    n. f.
    V. o. transgénèse    n. f.

*(Reproduction et génétique)*

Ensemble des phénomènes ou des techniques aboutissant à la formation d'un organisme transgénique.

Voir aussi **transgénique**

◊ CILFG-32*1991***271

**transgénèse**
    voir transgenèse

---

**reverse transcriptase**

*(Reproduction and Genetics)*

An enzyme that directs the synthesis of DNA from an RNA template.

◊ LANAQ*1992***323, BT-200*1990***200

**transfer, to**    v.
*(Farming/Culture - Techniques and Methods)*

To place organisms from one culture medium to another (e.g. from a tank to a pond).

◊ LANAQ*1992***367

**transfer**    n.
*(Farming/Culture - Techniques and Methods)*

The moving of organisms from one culture medium to another (e.g. from a tank to a pond).

**transgenesis**

*(Reproduction and Genetics)*

The processes leading to the formation of a transgenic organism.

See also **transgenic**

**transgénique**  adj.

*(Reproduction et génétique)*

Se dit d'un organisme dont le génome a été modifié par l'introduction d'un gène étranger et qui manifeste donc un caractère nouveau pour l'individu ou l'espèce.

◊ CILFG-32*1990***271

**transplantation**  n. f.

*(Terminologie générale)*

Transfert d'individus d'une population dans des zones de répartition d'où celle-ci est absente ou en voie de disparition.

◊ CILFO*1989***476

**trématodes**  n. m. pl.
V. o. Trématodes  n. m. pl.

*(Pathologie et prédateurs)*

Classe de vers plats parasites munis d'un tube digestif.

◊ PATH*1985***136

**Trématodes**
voir trématodes

**tri**  n. m.
triage  n. m.
classement  n. m.
calibrage  n. m.

*(Élevage/culture - Techniques et méthodes)*

Répartition de poissons et de crustacés en des classes de poids et de tailles comparables.

Voir aussi **trieur**

◊ AQUAC*1986*2**764

**tri des poissons**  n. m.
triage des poissons  n. m.
classement des poissons  n. m.
calibrage des poissons  n. m.

*(Élevage/culture - Techniques et méthodes)*

Répartition des poissons en des classes de tailles et de poids comparables.

Voir aussi **tri**

◊ AQUAC*1986*2**764

**transgenic**  adj.

*(Reproduction and Genetics)*

Said of an organism into which genetic material from another organism has been experimentally transferred, so that the host acquires the genetic traits of the transferred genes in its chromosomal composition.

◊ LASTE*1989***1954, IVAQU*1992***276, LANAQ*1992***324

**transplantation**

*(General Terminology)*

The removal of species from one geographic location to another, often outside the range of natural distribution.

◊ WICRU*1992***381

**trematodes**  n. pl.
flukes  n. pl.
Trematoda  n. pl.

*(Pathology and Predators)*

A class of leaflike, unsegmented, parasitic flatworms with a gut.

◊ MEINV*1991***139-140, WEBCO*1987***1258

**grading**

*(Farming/Culture - Techniques and Methods)*

The separation of different-sized fish or shellfish into groups or grades of similar weight and size.

See also **grader**

◊ FISFA*1988***390

**fish grading**
grading of fish

*(Farming/Culture - Techniques and Methods)*

The grading of fish according to size and weight.

See also **grading**

◊ PIPFI*1986***483, PILLA*1990***238

**triage**
> voir tri

**triage des poissons**
> voir tri des poissons

***Tridacna gigas***
> voir tridacne géant

**tridacne géant**      n. m.
> tridacne gigantesque      n. m.
> grand bénitier      n. m.
> *Tridacna gigas*

*(Conchyliculture - Espèces aquacoles)*

Mollusque bivalve remarquable par sa forte taille et ses coquilles profondes, indentées de larges côtes, présent dans les eaux chaudes des océans Indien et Pacifique.

◊ CILFO*1989***58, ROBER*1986*9**491, ROBER*1986*1**934, 935

**giant clam**
> *Tridacna gigas*

*(Mollusc Culture - Aquaculture Species)*

A very large clam found on the coral reefs of the Indian and Pacific oceans.

◊ WEBIN*1986***955, LANAQ*1992***347

**tridacne gigantesque**
> voir tridacne géant

**trieur**      n. m.

*(Installations - Élevage/culture)*

Appareil servant à répartir les poissons ou autres animaux aquatiques en des classes de tailles comparables.

**OBS**

Certains trieurs sont munis de barres qui permettent le passage des poissons de petite taille seulement, d'autres sont munis de grilles perforées ou de rouleaux.

Voir aussi **tri**

◊ AQUAC*1986*2**765, PATH*1985***278

**grader**
> grading device
> mechanical grader

*(Facilities - Farming/Culture)*

A device for the mechanical separation of different-sized fish or other aquatic animals.

**OBS**

Some graders have adjustable bars in which only smaller fish can pass, others are made of revolving rollers or screens.

See also **grading**

◊ LAFRE*1984***514, PILLA*1990***238, LANAQ*1992***296

**triploïde**      adj.

*(Reproduction et génétique)*

Se dit d'une cellule ou d'un organisme comportant trois ensembles de chromosomes.

Voir aussi **diploïde, haploïde, polyploïde**

◊ PARSE*1990***587

**triploid**      adj.

*(Reproduction and Genetics)*

Of an individual or cell, having three sets of chromosomes.

See also **diploid, haploid, polyploid**

◊ DOMED*1994***1747

**trochophore**

  voir larve trochophore

**trochosphère**

  voir larve trochophore

**trocophore**

  voir larve trochophore

**trocosphère**

  voir larve trochophore

**trompage**                               n. m.

  *(Ostréiculture - Techniques et méthodes)*

  Dernier stade de l'ostréiculture, avant l'expédition vers les marchés, au cours duquel, en bassin, on soumet les huîtres à une alternance d'immersions et d'émersions pour les entraîner à tenir la coquille fermée et garder leur eau durant le transport.

**truite**                                  n. f.

  *(Salmoniculture - Espèces aquacoles)*

  Poisson de la famille des salmonidés, en moyenne plus petit que les saumons, habitant principalement les eaux douces claires et froides, à l'exception de quelques espèces anadromes.

  ◊ CILFO*1989***479

**truite arc-en-ciel ***                    n. f.
  *Oncorhynchus mykiss ***

  *(Salmoniculture - Espèces aquacoles)*

  Truite de la famille des salmonidés originaire des rivières du nord-ouest de l'Amérique du Nord, caractérisée par une bande longitudinale de couleur pourpre à reflets irisés, une petite tête, une bouche peu fendue et des lignes de taches noires sur la nageoire caudale.

  * Terme normalisé au Canada.

  ** Longtemps appelée *Salmo gairdneri*, la truite arc-en-ciel a été rebaptisée *Oncorhynchus mykiss* en raison de sa plus grande parenté avec les saumons du Pacifique.

  Voir aussi **saumon arc-en-ciel**

  ◊ LAROG*1982*10**10444, GPP*1985***3:111, CAPQ-2*1992***14, NQ8070*1995***45, 52

**cheating**

  *(Oyster Culture - Techniques and Methods)*

  Last operation in oyster culture before expedition to market in which oysters are submitted to a series of immersions and emersions in a tank to help them keep their shell closed and to hold their water content during transport.

**trout**

  *(Salmonid Farming - Aquaculture Species)*

  Any of various fishes of the family Salmonidae that are on average much smaller than the typical salmons, and mostly restricted to cool clear freshwaters though some are anadromous.

  ◊ WEBIN*1986***2453

**rainbow trout ***
  *Oncorhynchus mykiss ***

  *(Salmonid Farming - Aquaculture Species)*

  A large stout-bodied trout of the family Salmonidae of the rivers and streams of western North America that has a large head and small mouth, that in the typical freshwater form is greenish above and white on the belly with a pink, red, or lavender stripe more or less developed along each side of the body and usually profusely sprinkled with black dots.

  * Recommended term in Canada.

  ** The scientific name of rainbow trout was recently changed from *Salmo gairdneri* to *Oncorhynchus mykiss*.

  See also **steelhead salmon**

  ◊ COLD*1995***109, WEBIN*1986***1876, GACAN*1983***929, NQ8070*1995***45, 52

**truite brune**           n. f.
    truite commune         n. f.
    *Salmo trutta*

**brown trout**
    *Salmo trutta*

*(Salmoniculture - Espèces aquacoles)*

*(Salmonid Farming - Aquaculture Species)*

Poisson originaire d'Europe mais que l'on trouve dans plusieurs parties du monde et dont les côtés sont jaunâtres ou brunâtres avec des points noirs et, habituellement, quelques points rouges ou orangé. Les taches sont souvent entourées d'un halo blanchâtre ou bleuâtre.

A common trout native to European streams but found in many parts of the world, that is dark olive to purplish black above with yellow or brown sides speckled with various colors and pale white, gray, yellow, or pinkish below.

◊ PENC\*1993\*1\*\*8, AMEN\*1980\*\*\*69-70

◊ WEBIN\*1986\*\*\*285, LANAQ\*1992\*\*\*227, PILLA\*1990\*\*\*314

**truite commune**
    voir truite brune

**truite de lac**
    voir touladi

**truite de ruisseau**
    voir omble de fontaine

**truite grise**
    voir touladi

**truite mouchetée**
    voir omble de fontaine

**truite-portion**         n. f.

**portion-size trout**

*(Pisciculture - Terminologie générale)*

*(Fish Farming - General Terminology)*

Truite d'une grosseur convenable pour une portion.

A trout of a size suitable for consumption by one person.

Voir aussi **poisson-portion**

See also **portion-size fish**

◊ AQEX-F\*1989\*\*\*116

**truitelle**
    voir juvénile 1

**truiticulteur**         n. m.
    truiticultrice        n. f.

**trout farmer**

*(Salmoniculture)*

*(Salmonid Farming)*

Celui ou celle qui pratique la truiticulture.

A person who practices trout farming.

Voir aussi **truiticulture**

See also **trout farming**

◊ GIRAQ\*1991\*\*\*89, ROBER\*1986\*9\*\*543

◊ FISFA\*1988\*\*\*51

**truiticultrice**
    voir truiticulteur

**truiticulture**      n. f.
   V. o. trutticulture      n. f.
*(Salmoniculture)*
Élevage de la truite.
◊ ROBER*1986*9**542, GIRAQ*1991***72

**trutticulture**
   voir truiticulture

**tube digestif**      n. m.
*(Anatomie et physiologie)*
Canal qui sert à la digestion.
◊ LAROG*1982*10**10450, CAPQ-5*1992***12,
   AQUAC*1986*1**297, AQUAC*1986*2**685

**tube en U**      n. m.

*(Installations - Eau)*
Tube en forme de U utilisé pour l'aération de l'eau,
se servant de la pression hydrostatique d'une fosse
pour augmenter le transfert et d'un courant descendant pour stabiliser les bulles formées par l'émulseur
(diffuseur, jet, cascade).
◊ AQUAC*1986*1**147

**turbidité ***      n. f
*(Eau)*
Caractéristique d'une eau chargée de particules en
suspension, d'origine minérale ou organique, qui en
modifient les propriétés optiques.
* Terme normalisé par l'ISO.
◊ CILFO*1989***480

**turbidostat**      n. m.
*(Algoculture - Installations)*
Appareil consistant en une cellule photoélectrique
qui détecte l'augmentation de la densité cellulaire
dans la culture continue d'algues et déclenche
l'ouverture d'une valve d'admission de milieu neuf
et stérile.
Voir aussi **chémostat**
◊ BIOGAL*1988***169-170

**trout farming**
   trout culture
*(Salmonid Farming)*
The rearing of trout.
◊ LANAQ*1992***49, PILLA*1990***313

**digestive tract**
*(Anatomy and Physiology)*
The alimentary canal.
◊ LASTE*1989***539, PILLA*1990***176

**U-tube aerator**
   U-tube
*(Facilities - Water)*
U-shaped aerator designed to increase the time that
bubbles are in the water, thereby putting gas in the
water. The longer the bubbles stay below the water
surface, the more time there is for oxygen to pass
into the water.
◊ LANAQ*1992***107-108

**turbidity ***
*(Water)*
The condition of reduced visibility in water due to
the presence of suspended particles.

* Term standardized by ISO.
◊ LAFRE*1984***520

**turbidostat**
*(Algal Culture - Facilities)*
A device that controls the flow of fresh medium as a
function of the density (turbidity) of the algal culture by adjusting the flow rate into the growth tube
by means of a photocell and appropriate electrical
connections.
See also **chemostat**
◊ LANAQ*1992***333, LASTE*1989***1980

**turbine** n. f.

*(Installations - Eau)*

Aérateur servant à pousser l'eau vers la surface à l'aide d'une hélice mue par un moteur émergé ou submergé ; l'eau est propulsée dans l'air et forme un jet d'eau.

◊ AMEN*1980***93

**turbot *** n. m.
　turbot commun n. m.
　*Psetta maxima*
　*Scophthalmus maximus*

*(Pisciculture - Espèces aquacoles)*

Poisson plat d'Europe, de grande taille, de la famille des scophthalmidés.

* Terme normalisé au Canada.

◊ CILFO*1989***480, NQ8070*1995***45

**turbot commun**
　voir turbot

**turbulence** n. f.

*(Eau)*

Perturbation de l'écoulement d'un liquide sous l'action de courants contraires ou transversaux.

◊ PARSE*1990***592

**turbine aerator**

*(Facilities - Water)*

An aerator consisting of a submerged propeller that increases the circulation in the pond or tank, resulting in greater surface aeration.

◊ LANAQ*1992***82, 83

**turbot ***
　*Psetta maxima*
　*Scophthalmus maximus*

*(Fish Farming - Aquaculture Species)*

A large European flatfish of the family Scophthalmidae.

* Recommended term in Canada.

◊ WEBIN*1986***2464, NQ8070*1995***45

**turbulence**

*(Water)*

Agitation of liquids by currents, jetting actions, winds, or stirring forces.

◊ PIPFI*1986***499

**ultra-violet**
　voir rayonnement ultraviolet

**ultraviolet**
　voir rayonnement ultraviolet

*Ulva lactuca*
　voir laitue de mer

**umbo** n. m.

*(Conchyliculture - Anatomie et physiologie)*

Chez les mollusques bivalves, région de la coquille située près de la charnière, là où la courbure est la plus forte.

◊ LAROG*1982*10**10523

**umbo**

*(Mollusc Culture - Anatomy and Physiology)*

A rounded prominence near the hinge of a bivalve mollusc shell.

◊ LASTE*1989***1992, INZOO*1974***261

*Undaria pinnatifida*
    voir fougère de mer

unibermarin
    voir madeleineau

# V

vaccination                     n. f.
*(Pathologie et prédateurs)*
Introduction dans l'organisme d'un vaccin en vue de créer l'immunité contre une maladie.

◊ LAROG*1982*10**10591, PATH*1985***292

valliculture                    n. f.


*(Types d'aquaculture)*
Technique d'aquaculture extensive dans des lagunes et étangs côtiers qui ont été aménagés et mis en valeur.
◊ CILFO*1989***487, GIRAQ*1991***8

valorisation                    n. f.
*(Terminologie générale)*
Ensemble des activités visant à améliorer la qualité d'un produit, à en accroître la production et à en stimuler la commercialisation.

vanne                           n. f.
    vanne registre              n. f.
    vanne à glissières          n. f.
*(Installations - Eau)*
Dispositif permettant de contrôler le niveau de l'eau d'un étang et d'en régler le débit.


◊ OLFEB*1981***460


vanne à glissières
    voir vanne

vanne registre
    voir vanne

vaccination
*(Pathology and Predators)*
Inoculation of the host with a vaccine which provokes an immune response in order to protect the host from subsequent disease.
◊ FISFA*1988***395

valliculture
    V. s. valli culture
    lagoon farming
*(Aquaculture Types)*
An extensive culture in lagoons.


◊ PILLA*1990***235, 353

enhancement 2
*(General Terminology)*
Actions taken to improve the quality of a product, to increase its production and market potential.
◊ WICRU*1992***372, 380


sluice gate


*(Facilities - Water)*
A water control structure with vertical grooves that governs pond depth at a pond exit, and water flow rate at a pond entrance. It may be constructed of wood, brick or concrete.
◊ WICRU*1992***379, 213

**varec**
  voir varech

**varech** n. m.
  V. o. varec n. m.
  goémon n. m.
  *(Algoculture - Espèces aquacoles)*
  Ensemble des algues récoltées sur le littoral.
  Voir aussi **algues brunes**
  ◊ LAROG*1982*1**251, NQ8070*1995***77

**variabilité génétique** n. f.
  *(Reproduction et génétique)*
  Aptitude que présente une population ou un groupe d'individus à subir des variations d'origine génétique.

  Voir aussi **variation**
  ◊ CAPQ-2*1992***34, 35, 38, PARSE*1990***600

**variation** n. f.
  variation génétique n. f.
  *(Reproduction et génétique)*
  Ensemble des différences d'origine génétique que présentent les individus d'une population.
  ◊ PARSE*1990***601

**variation génétique**
  voir variation

**véligère**
  voir larve véligère

**velum** n. m.
  V. o. vélum n. m.
  *(Conchyliculture - Anatomie et physiologie)*
  Chez les larves véligères de mollusques, expansion cutanée bordée de cils, placée au-dessus de la bouche et divisée en lobes symétriques, qui sert à la locomotion et l'alimentation.
  ◊ LAROG*1982*10**10676

**vélum**
  voir velum

**Venus mercenaria**
  voir palourde américaine

**kelp 3**
  wrack
  *(Algal Culture - Aquaculture Species)*
  Dried seaweed.
  See also **brown algae**
  ◊ WEBIN*1986***1236

**genetic variability**
  *(Reproduction and Genetics)*
  The quality or attribute of a population or group of individuals that causes them to exhibit genetic variation.
  See also **genetic variation**
  ◊ PILLA*1990***167, 170

**genetic variation**
  variation
  *(Reproduction and Genetics)*
  Measure of the variation between individuals of a population due to differences between their genotypes.
  ◊ SCITF*1988***385, PILLA*1990***167

**velum**
  *(Mollusc Culture - Anatomy and Physiology)*
  Two cilia-bearing semicircular folds found in the veliger larva of molluscs and used not only for locomotion but also for feeding.
  ◊ LANAQ*1992***166

**verdissement (des huîtres)**　　　n. m.

*(Ostréiculture - Techniques et méthodes)*

Opération pratiquée en France qui consiste à placer les huîtres dans de petits étangs salés (claires) où l'abondance de certaines algues (p. ex. les diatomées du genre *Navicula*) leur confère une couleur verte et un goût apprécié.

◊ AQUAC*1986*1**346, BOUGOC*1976***241, 210

**greening of oysters**

*(Oyster Culture - Techniques and Methods)*

A method used in France in which oysters are reared in small, shallow coastal ponds rich in certain algae such as the bluish-green diatoms *(Navicula)* that impart a green colour to the meat.

◊ PILLA*1990***237, 484, OXFO*1989*6**814, 811

---

**vermicide**　　　n. m.

*(Algoculture)*

Substance qui détruit les vers.

**OBS**

Certaines algues, telles que l'algue rouge *Alsidium*, sont utilisées comme substance vermicide.

◊ LAROG*1982*10**10712

**vermicide**

*(Algal Culture)*

An agent that destroys worms.

**OBS**

Some seaweeds such as the red algae *Alsidium* are used as vermicides.

◊ WEBIN*1986***2544

---

**vert malachite**　　　n. m.

*(Pathologie et prédateurs)*

Colorant exempt de zinc, formé à partir du benzaldéhyde et de la diméthylaniline.

**OBS**

Le vert malachite est employé comme traitement contre les mycoses externes (p. ex. les champignons d'œufs) et les ectoparasitoses microparasitaires.

◊ LAROG*1982*6**6566, PATH*1985***309

**malachite green**

*(Pathology and Predators)*

A triphenylmethane basic dye (zinc-free) prepared from benzaldehyde and dimethylaniline.

**OBS**

Malachite green is used as an antifungal treatment for eggs and for the removal of some protozoa from fish.

◊ WEBIN*1986***1365, FISFA*1988***392

---

**vessie gazeuse**
　　　voir vessie natatoire

---

**vessie natatoire**　　　n. f.
　　　vessie gazeuse　　　n. f.

*(Pisciculture - Anatomie et physiologie)*

Sac allongé rempli de gaz que possèdent certains poissons et qui leur permet de modifier leur densité et d'assurer le niveau de flottabilité désiré.

**OBS**

L'organe participe parfois à la respiration et joue également un rôle dans l'audition (en tant que résonateur) chez les espèces productrices de sons.

◊ GPP*1985***G6

**swim bladder**
　　　V. s. swimbladder
　　　gas bladder
　　　air bladder

*(Fish Farming - Anatomy and Physiology)*

An air-filled sac lying above the alimentary canal in bony fish that regulates the buoyancy of the animal.

**OBS**

Air enters or leaves the bladder either via a pneumatic duct opening into the oesophagus or stomach or via capillary blood vessels, so that the specific gravity of the fish always matches the depth at which it is swimming. This makes the fish weightless, so less energy is required for locomotion.

◊ DIBI*1986***231, COLD*1995***70

**vibriose** n. f.

*(Pisciculture - Pathologie et prédateurs)*

Chez les poissons marins, maladie bactérienne causée par *Vibrio ordali* et *V. anguillarum*.

◊ PATH*1985***95

**vibriose en eau froide** n. f.
maladie d'Hitra n. f.

*(Pisciculture - Pathologie et prédateurs)*

Chez les poissons marins, maladie bactérienne causée par *Vibrio salmonicida* qui se manifeste souvent en hiver et au printemps et qui provoque l'anémie, l'érosion des branchies, ainsi que des ulcères.

◊ AQEX-F*1989***81

**vide-étang**
voir moine

**vigueur hybride**
voir hétérosis

**virus** n. m.

*(Pathologie et prédateurs)*

Microorganisme invisible ne vivant qu'en parasite dans une cellule hôte, causant une gamme de maladies virales chez les poissons et autres organismes.

◊ LAROG*10***10804

**viscosité** n. f.

*(Eau)*

Résistance opposée par l'eau en mouvement, due au glissement relatif de ses molécules.

◊ INDUS*1986***816

**viscosité des œufs**
voir adhésivité des œufs

**vitamin C**
voir acide ascorbique

**vitamine hydrosoluble** n. f.

*(Croissance et nutrition)*

Vitamine soluble dans l'eau. Il s'agit des vitamines C et de celles du complexe vitaminique B.

◊ MED-F*1993***1036, ROBER*1986*9**773

**vibriosis**

*(Fish Farming - Pathology and Predators)*

A bacterial disease of marine fish caused by *Vibrio ordali* and *V. anguillarum*.

◊ COLD*1995***62, IVAQU*1992***277

**Hitra disease**
cold-water vibriosis

*(Fish Farming - Pathology and Predators)*

A bacterial disease of marine fish caused by *Vibrio salmonicida* which is most likely to strike during winter-spring and in which the fish become anaemic with ragged fins, scale and skin ulcers.

◊ ROTSA*1986***148, COLD*1995***52-53, 62-63

**virus**

*(Pathology and Predators)*

Any of a large group of submicroscopic infective agents capable of growth and multiplication only in living cells, which cause various fish and shellfish diseases.

◊ WEBIN*1986***2556, FISFA*1988***395

**viscosity**

*(Water)*

The resistance of water molecules to external forces which would separate them.

◊ SUBIO*1988***422

**water-soluble vitamin**

*(Growth and Nutrition)*

A vitamin that is absorbed with water and includes vitamins C, and members of the B complex.

◊ MED-E*1992***1059, PILLA*1990***101

**vitamine liposoluble**　　　　n. f.

*(Croissance et nutrition)*

Vitamine soluble dans les graisses. Il s'agit des vitamines A, D, E et K.

Voir aussi **vitamine hydrosoluble**

◊ MED-F*1983***1036, AQUAC*1986*2**545

**vitellogenèse**　　　　n. f.
　　V. o. vitellogénèse　　　　n. f.

*(Reproduction et génétique)*

Chez les animaux ovipares, accumulation des réserves nutritives (vitellus) dans les ovocytes.

◊ PISET*1980***150

**vitellogénèse**
　　voir vitellogenèse

**vitellus**　　　　n. m.

*(Pisciculture - Anatomie et physiologie)*

Réserves nutritives de l'œuf d'un poisson.

◊ LAROG*1982*10**10731

**vitesse de croissance**
　　voir taux de croissance

**vivier**　　　　n. m.

*(Installations)*

Étang ou bassin où l'eau est constamment renouvelée, aménagé pour la conservation, l'engraissement et l'élevage de poissons ou de crustacés.

◊ PEROB*1995***2403

**fat-soluble vitamin**

*(Growth and Nutrition)*

A vitamin that is absorbed with fats and includes vitamins A, D, E and K.

See also **water-soluble vitamin**

◊ MED-E*1992***1059, PIPFI*1986***227

**vitellogenesis**

*(Reproduction and Genetics)*

In oviparous animals, the process of yolk deposition in oocytes.

◊ PILLA*1990***158

**yolk**

*(Fish Farming - Anatomy and Physiology)*

The nutrients contained by a fish egg.

◊ STFAR*1987***235, SCITF*1988***979

**pound**
　　tank 2
　　pen 2

*(Facilities)*

A container or enclosed body of water used for various purposes such as the conservation and growout of fish and shellfish.

**W**

**wakamé**
　　voir fougère de mer

**wakame**
　　voir fougère de mer

## y

**yersiniose** n. f.
    entérosepticémie à *Yersinia ruckeri* n. f.

*(Salmoniculture - Pathologie et prédateurs)*

Chez les salmonidés, maladie bactérienne provoquée par l'agent pathogène *Yersinia ruckeri* et caractérisée par des hémorragies dans la région buccale.

◊ PATH*1985***95, 106

**enteric redmouth disease**
    V. s. enteric red-mouth disease
    enteric redmouth
    Abbr. ERM
    Hagerman redmouth disease
    Abbr. HRM

*(Salmonid Farming - Pathology and Predators)*

A bacterial disease caused by the pathogenic agent *Yersinia ruckeri* and characterized by hemorrhages in the buccal region of salmonids.

◊ PILLA*1990***198, PIPFI*1986***479

## z

**zéolite** n. f.
    V. o. zéolithe n. f.

*(Eau - Traitement et filtration)*

Silicate naturel hydraté utilisé pour l'épuration des eaux, notamment pour le traitement de l'ammoniac.

◊ AQUAC*1986*1**122

**zéolithe**
    voir zéolite

**zoé**
    voir stade zoé

**zone de fraie**
    voir frayère

**zone de fraye**
    voir frayère

**zone de reproduction**
    voir aire de reproduction

**zeolite**

*(Water - Treatment and Filtration)*

Hydrated silicate commonly used in wastewater treatment for water softening, especially for the removal of ammonia.

◊ LANAQ*1992***99-100

**zone intertidale ***  n. f.

*(Eau)*

Zone littorale située entre les limites de marée haute moyenne et de marée basse moyenne.

* Terme normalisé par l'ISO.

◊ CILFO*1989***260

**zooplancton**  n. m.

*(Croissance et nutrition - Milieu de culture)*

Ensemble des espèces animales faisant partie du plancton.

Voir aussi **phytoplancton, plancton**

◊ CILFO*1989***507, ROBER*1986*9**879

**zooplanctonte**  n. m.

*(Croissance et nutrition - Milieu de culture)*

Organisme du zooplancton.

Voir aussi **zooplancton**

**zoospore**  n. f.

*(Algoculture - Reproduction et génétique)*

Spore mobile à flagelles des algues (reproduction asexuée).

◊ ROBER*1986*9**879

**zootechnie**
    voir élevage 2

**zooxanthelles**  n. f. pl.
    V. o. Zooxanthelles  n. f. pl.

*(Croissance et nutrition - Milieu de culture)*

Algues unicellulaires du groupe des dinophycées, qui vivent en symbiose dans les tissus de certains invertébrés marins et qui représentent une source de nourriture.

◊ CILFO*1989***508

**Zooxanthelles**
    voir zooxanthelles

**intertidal zone ***

*(Water)*

The region of shoreline between the limits of mean high and mean low tide levels.

* Term standardized by ISO.

◊ WEBIN*1986***1183

**zooplankton**

*(Growth and Nutrition - Culture Medium)*

Plankton consisting of animal life.

See also **phytoplankton, plankton**

◊ FISFA*1988***395

**zooplankter**

*(Growth and Nutrition - Culture Medium)*

An organism of the zooplankton.

See also **zooplankton**

**zoospore**

*(Algal Culture - Reproduction and Genetics)*

A flagellated asexual reproductive cell of algae.

◊ PHYT*1978***514

**zooxanthellae**  n. pl.
    V. s. Zooxanthellae  n. pl.

*(Growth and Nutrition - Culture Medium)*

One-celled symbiotic dinoflagellates that live within the cells of certain marine invertebrates and which represent a food source.

◊ WEBIN*1986***2661, LANAQ*1992***347

zygote        n. m.

*(Reproduction et génétique)*

Cellule résultant immédiatement de la fusion de deux gamètes de sexe opposé et constituant, de ce fait, la première cellule d'un individu nouveau (œuf fécondé).

◊ LAROG*1982*10**11036

zygote

*(Reproduction and Genetics)*

Cell formed by the union of two gametes of opposite sex and the individual developing from this cell (fertilized egg).

◊ KIGEN*1985***423

# Bibliographie / Bibliography

ACCTO    CONSEIL INTERNATIONAL DE LA LANGUE FRANÇAISE (1976). *Vocabulaire de l'océanographie.* Paris : Hachette, 431 pages.

ACKE    ACKEFORS Hans ; HUNER Jay V. ; KONIKOFF Mark (1994). *Introduction to the General Principles of Aquaculture.* New York: Food Products Press, an Imprint of the Haworth Press, 172 pages.

AGEP    AGENCE DE COOPÉRATION CULTURELLE ET TECHNIQUE (1991). *Planification de l'aquaculture et développement (Synthèse de la session d'échange tenue à Caraquet, Nouveau-Brunswick, du 20 au 31 mai 1991).* Talence : École internationale de Bordeaux, 196 pages.

ALENV    ALLABY Michael (1983). *A Dictionary of the Environment.* New York: New York University Press, 2nd edition, 529 pages.

AMEN    LANDRY Pierre L. (1980). *Aménagement d'eaux à truites par des pêcheurs.* Sainte-Foy (Québec) : La Liberté, 241 pages.

AQEX-E    ORGANIZATION FOR ECONOMIC CO-OPERATION AND DEVELOPMENT (1989). *Aquaculture: A Review of Recent Experience.* Paris: OECD, 331 pages.

AQEX-F    ORGANISATION DE COOPÉRATION ET DE DÉVELOPPEMENT ÉCONOMIQUES (1989). *Aquaculture : examen des données d'expériences récentes.* Paris : OCDE, 354 pages.

AQUAC    BARNABÉ Gilbert (coord.) (1986). *Aquaculture.* Paris : Lavoisier - Technique et Documentation, 2 volumes.

AQUAC-E    BARNABÉ Gilbert (ed.) (1994). *Aquaculture; Biology and Ecology of Cultured Species.* New York: Ellis Horwood, Aquaculture and Fisheries Support Series, 403 pages.

ARECO    ARRIGNON Jacques (1976). *Aménagement écologique et piscicole des eaux douces.* Paris : Gauthier-Villars, coll. « Écologie fondamentale et appliquée », 320 pages.

AUBA    AUSTIN B. ; AUSTIN D. A. (1987). *Bacterial Fish Pathogens: Disease in Farmed and Wild Fish.* Chichester: Ellis Horwood, Aquaculture and Fisheries Support Series, 364 pages.

BAMI    BACHASSON Bernard (1991). *Mise en valeur des étangs.* Paris : Lavoisier - Technique et Documentation, coll. « Agriculture d'aujourd'hui, Sciences, Techniques, Applications », 166 pages.

BCME-1    MINISTRY OF EDUCATION (1982). *Plumbing; Manual of Instruction for the Plumbing Trade.* Victoria: Province of British Columbia, 483 pages.

BELNO      BÉLISLE Louis-Alexandre (1979). *Dictionnaire nord-américain de la langue française.* Montréal : Beauchemin, édition entièrement refondue, 1196 pages.

BEVCA     BEVERIDGE Malcolm C. M. (1987). *Cage Aquaculture.* Farnham (England): Fishing News Books, 352 pages.

BIOBL     BLISS Dorothy E. (ed.) (1982-1985). *The Biology of Crustacea.* New York: Academic Press, 10 volumes.

BIOGAL    GAL Yves Le (1988). *Biochimie marine.* Paris : Masson, 285 pages.

BOUGOC   BOUGIS Paul *et al.* (1976). *Océanographie biologique appliquée ; l'exploitation de la vie marine.* Paris : Masson, coll. « Maîtrises de Biologie », 320 pages.

BROFI     BROWN Evan E. ; GRATZEK John B. (1980). *Fish Farming Handbook; Food, Bait, Tropicals and Goldfish.* Westport (Connecticut): AVI Publishing Company, 391 pages.

BT-176    APPROVISIONNEMENTS ET SERVICES CANADA (1987). *Génériques en usage dans les noms géographiques du Canada = Generic Terms in Canada's Geographical Names.* Ottawa : ministre des Approvisionnements et Services Canada, coll. « Bulletin de terminologie », 311 pages.

BT-197    DERMINE Pierre ; PARADIS Line (coll.) (1990). *Vocabulaire de l'agriculture anglais-français / français-anglais = Vocabulary of Agriculture English-French / French-English.* Ottawa : Secrétariat d'État du Canada, coll. « Bulletin de terminologie », 1213 pages.

BT-200    CONSEIL DE RECHERCHES MÉDICALES DU CANADA ; SECRÉTARIAT D'ÉTAT DU CANADA (1990). *Vocabulaire du génie génétique.* Ottawa : coll. « Bulletin de terminologie », 328 pages.

BT-211    CONSEIL DE RECHERCHES MÉDICALES DU CANADA ; SECRÉTARIAT D'ÉTAT DU CANADA (1992). *Vocabulaire du génie cellulaire ; volume I : structure cellulaire.* Ottawa : coll. « Bulletin de terminologie », 315 pages.

CAPQ-11   LANDRY Pierre-Louis (1992). *Guide : élevage des salmonidés ; fascicule II ; l'étang de pêche, aménagement et gestion.* Québec : Conseil de l'aquiculture et des pêches du Québec, 30 pages.

CAPQ-2   DUBÉ Pierre ; BLANC Jean-Marie (1992). *Guide : élevage des salmonidés ; fascicule 2 ; amélioration génétique.* Québec : ministère de l'Agriculture, des Pêcheries et de l'Alimentation du Québec ; Sainte-Pée-sur-Nivelle (France) : Institut national de la recherche agronomique, 58 pages.

CAPQ-5   NOÜE Joël de la ; OUELLET, Guy (1992). *Guide : élevage des salmonidés ; fascicule 5 ; nutrition.* Québec : ministère de l'Agriculture, des Pêcheries et de l'Alimentation, 38 pages.

CAPQ-9   CHOUINARD Michel (1993). *Guide : élevage des salmonidés ; fascicule 9 ; transport des œufs et des poissons vivants.* Québec : ministère de l'Agriculture, des Pêcheries et de l'Alimentation, 28 pages.

CBT-143   SECRÉTARIAT D'ÉTAT DU CANADA ; CONSEIL DE RECHERCHES MÉDICALES DU CANADA (1986). *Vocabulaire de génie génétique anglais-français / français-anglais = Genetic Engineering Vocabulary English-French / French-English.* Édition provisoire, coll. « Les cahiers de terminologie », 440 pages.

CILFG-32    SOURNIA Jean-Charles (dir.) (1991). *Dictionnaire de génétique*. Paris : Conseil international de la langue française, Fondation postuniversitaire interculturelle, 351 pages.

CILFG-6    QUEMADA Gabrielle (dir.) (1983). *Dictionnaire de termes nouveaux des sciences et des techniques*. Paris : Conseil international de la langue française, Agence de coopération culturelle et technique, 605 pages.

CILFO    CONSEIL INTERNATIONAL DE LA LANGUE FRANÇAISE (1989). *Dictionnaire de l'océan (Index anglais-français, allemand-français, espagnol-français)*. Paris : CILF, 757 pages.

COBAQ    ABBOTT R. Tucker (1982). *Guide des coquillages de l'Amérique du Nord ; guide d'identification sur le terrain*. LaPrairie (Québec) : Broquet, traduction par Irène et Serge Galarneau, 288 pages.

COLD    BOGHEN Andrew D. (ed.) (1995). *Cold-Water Aquaculture in Atlantic Canada*. The Canadian Institute for Research on Regional Development, 2nd edition, 672 pages.

CORVI    CORBEIL Jean-Claude ; ARCHAMBAULT Ariane (1992). *Le visuel, dictionnaire thématique français-anglais*. Montréal : Québec/Amérique, 896 pages.

CRUH    HUNER Jay V. ; BROWN Evan E. (eds) (1995). *Crustacean and Mollusk Aquaculture in the United States*. Westport (Connecticut): AVI Publishing Company, 476 pages.

CUPER    PEREZ René *et al.* (1992). *La culture des algues marines dans le monde*. Brest : Institut français de recherche pour l'exploitation de la mer (IFREMER), 601 pages.

DANAQ    DANEAU Marcel (1996). *Dossier n° 1, l'aquaculture commerciale au Québec ; quelques réflexions économiques sur les politiques de l'État*. Québec : Université Laval, 142 pages.

DIBI    *Dictionary of Biology (derived from the Concise Science Dictionary)* (1986). New York: Warner Books, 256 pages.

DIDI    SINDERMANN Carl J. ; LIGHTNER Donald V. (eds) (1988). *Disease Diagnosis and Control in North American Marine Aquaculture*. New York: Elsevier, 2nd edition, Developments in Aquaculture and Fisheries Science Series, volume 17, 431 pages.

DISAM    FISHER William S. (ed.) (1988). *Disease Processes in Marine Bivalve Molluscs*. Bethesda (Maryland): American Fisheries Society, American Fisheries Society Special Publication Series, 315 pages.

DISEA    UNTERGASSER Dieter (1989). *Handbook of Fish Diseases*. Neptune City (New Jersey): T. F. H. Publications, translated by Howard H. Hirschhorn, 160 pages.

DOMED    FRIEL John P. (ed.) (1994). *Dorland's Illustrated Medical Dictionary*. Philadelphia: W.B. Saunders Company, 26th edition, 1485 pages.

DOSHE    DORE Ian (1991). *Shellfish: A Guide to Oyster, Mussels, Scallops, Clams and Similar Products for the Commercial User*. New York: Van Nostrand Reinhold, 240 pages.

EC-22-98F    SCOTT Anthony ; NEHER Philip A. (1981). *La réglementation des pêches commerciales au Canada*. Textes réunis pour une étude par le Conseil économique du Canada, Ottawa, ministre des Approvisionnements et Services Canada, 93 pages.

EDSA    EDWARDS David J. (1978). *Salmon and Trout Farming in Norway*. Farnham (England): Fishing News Books, 195 pages.

ELFI ELLIS Anthony E. (ed.) (1985). *Fish and Shellfish Pathology*. London: Academic Press, 412 pages.

ELSAQ MARX Cheryl E. (compiled by) (1991). *Elsevier's Dictionary of Aquaculture in Six Languages (English, French, Spanish, German, Italian and Latin)*. Amsterdam: Elsevier Science Publishers B.V., 454 pages.

ENSCI GOETZ Philip W. (ed.) (1991). *The New Encyclopaedia Britannica*. Chicago: Encyclopaedia Britannica, 15th edition, 33 volumes.

ENSEM CONSEIL DE L'AQUICULTURE ET DES PÊCHES DU QUÉBEC (1991). *Colloque sur l'ensemencement tenu à Sainte-Foy, Québec, les 1-2-3 mars 1991*. Québec : CAPQ, 201 pages.

FAO-248 ORGANISATION DES NATIONS UNIES POUR L'ALIMENTATION ET L'AGRICULTURE (1985). *Étude de méthodologies pour la prévision du développement de l'aquaculture*. Rome : Services des ressources des eaux intérieures et de l'aquaculture, Division des ressources halieutiques et de l'environnement, FAO, document technique sur les pêches n° 248, 55 pages.

FAO-255 BEVERIDGE Malcolm C. M. (1984). *Cage and Pen Fish Farming; Carrying Capacity Models and Environmental Impact*. Rome: Food and Agriculture Organization of the United Nations, FAO Fisheries Technical Paper 255, 131 pages.

FAOTB-19 ORGANISATION DES NATIONS UNIES POUR L'ALIMENTATION ET L'AGRICULTURE (1981). *Choix de termes de pisciculture en quatre langues (anglais-français-espagnol-arabe) = Selected Terms in Fish Culture*. Rome : FAO, Bulletin de terminologie n° 19, 151 pages.

FAQUA QUAYLE D. B. ; NEWKIRK G. F. (1989). *Farming Bivalve Molluscs: Methods for Study and Development*. Baton Rouge (Louisiana): The World Aquaculture Society, Advances in World Aquaculture Series, 294 pages.

FISFA SHEPHERD C. Jonathan ; BROMAGE Niall R. (eds) (1988). *Intensive Fish Farming*. Oxford: BSP Professional Books, 404 pages.

FISHFA REINERTSEN Helge *et al.* (eds) (1993). *Fish Farming Technology (Proceedings of the First International Conference on Fish Farming Technology Held in Trondheim, Norway on August 9-12, 1993)*. Rotterdam (Netherlands): A. A. Balkema, 482 pages.

FONS FONTAINE Pierre-Henry (1992). *Sous les eaux du Saint-Laurent*. Vanier (Québec) : Les Éditions du plongeur, 194 pages.

FRAPOI FRANK Stanislav (1973). *Encyclopédie illustrée des poissons*. Paris : Gründ, traduction par Suzanne Audebert, 552 pages.

FRESH WEIDENSAUL Scott (1992). *The Freshwater Fish Identifier*. London: New Burlington Books, 80 pages.

FS-94-188F BULLETIN DE L'OFFICE DES RECHERCHES SUR LES PÊCHERIES DU CANADA (1975). *L'aquiculture au Canada*. Ottawa : Bulletin 188F, 88 pages.

GACAN AVIS Walter S. *et al.* (1983). *Gage Canadian Dictionary*. Toronto: Gage Educational Publishing Company, 1313 pages.

| | |
|---|---|
| GAGUA | WILKINS N. P. ; GOSLING E. M. (eds) (1983). *Genetics in Aquaculture (Proceedings of an International Symposium Held in University College, Galway, Ireland, March 29 to April 2 1982)*. Amsterdam: Elsevier Science Publishers B.V., Developments in Aquaculture and Fisheries Science Series, 425 pages. |
| GAMED | GARNIER Marcel *et al.* (1992). *Dictionnaire des termes de médecine*. Paris : Maloine, 23ᵉ édition, 1058 pages. |
| GAYR | GAYRAL P. (1975). *Les algues : morphologie, cytologie, reproduction, écologie*. Paris : Doin, 166 pages. |
| GES-A | FRÉCHETTE M. ; PAGÉ L. ; BERGERON P. (1994). *Toward a New Management Tool for Aquaculture*. Mont-Joli (Québec): Department of Fisheries and Oceans, Canadian Industry Report of Fisheries and Aquatic Sciences Series, 18 pages. |
| GES-F | FRÉCHETTE M. ; PAGÉ L. ; BERGERON P. (1994). *Vers un nouvel outil de gestion en aquiculture*. Mont-Joli (Québec) : ministère des Pêches et des Océans, coll. « Rapport canadien à l'industrie sur les sciences halieutiques et aquatiques 221 », 19 pages. |
| GESPI | GERDEAUX D. ; BILLARD R. (éd.) (1985). *Gestion piscicole des lacs et retenues artificielles (Actes du Colloque national tenu au Château de Bauduen, 83630 Aups, les 15 et 16 novembre 1983)*. Paris : Institut national de la recherche agronomique, coll. « Hydrobiologie et Aquaculture », 274 pages. |
| GIRAQ | GIRIN Michel (1991). *L'aquaculture adulte*. Bordeaux : Éditions Aqua Presse, 221 pages. |
| GPP | MINISTÈRE DE L'AGRICULTURE, DES PÊCHERIES ET DE L'ALIMENTATION DU QUÉBEC (1985). *Guide 1 : produits de la pêche*. Québec : Gouvernement du Québec , pagination diverse. |
| HADIC | SALEM Lionel (dir.) (1990). *Le dictionnaire des sciences*. Ligugé : Hachette, 482 pages. |
| HENBI | LAWRENCE Eleanor (1989). *Henderson's Dictionary of Biological Terms*. New York: John Wiley & Sons, 10ᵗʰ edition, 637 pages. |
| HISTI | KIRK R. (1987). *A History of Marine Fish Culture in Europe and North America*. Farnham (England): Fishing News Books, 192 pages. |
| HUET | HUET Marcel ; TIMMERMANS J. A. (coll.) (1970). *Traité de pisciculture*. Bruxelles : Éditions Ch. de Wyngaert, 4ᵉ édition entièrement revue et complétée, 718 pages. |
| HUN | HUNER Jay V. ; BROWN E. Evan (eds) (1985). *Crustacean and Mollusk Aquaculture in the United States*. Westport (Connecticut): AVI Publishing Company, 476 pages. |
| INDUS | JOLY Hubert (réd.) (1986). *Dictionnaire des industries*. Paris : Conseil international de la langue française, 1082 pages. |
| INZOO | HICKMAN Cleveland P. Sr. ; HICKMAN Cleveland P. Jr. ; HICKMAN, Frances M. (1974). *Integrated Principles of Zoology*. Saint Louis: The C.V. Mosby Company, 5ᵗʰ edition, 1025 pages. |
| IVAQU | IVERSEN Edwin S. ; HALE Kay K. (1992). *Aquaculture Sourcebook; A Guide to North American Species*. New York: Van Nostrand Reinhold, 308 pages. |
| IWATE | ROGERS Bob G. (1981). *Water and Wastewater Control Engineering*. Washington (D.C.): American Public Health Association, 3ʳᵈ edition, 398 pages. |

JOUAQ     ROCKEY D. D. *et al.* (1991). " Monoclonal Antibody-Based Analysis of the *Renibacterium salmoninarum* p57 Protein in Spawning Chinook and Coho Salmon ". *Journal of Aquatic Animal Health*, volume 3, pages 23-30.

KIGEN     KING Robert C. ; STANSFIELD William D. (1985). *Dictionary of Genetics.* New York: Oxford University Press, 3rd edition, 480 pages.

KINEC     KIENER André (1978). *Écologie, physiologie et économie des eaux saumâtres.* Paris : Masson, coll. « Biologie des milieux marins », 220 pages.

LAFRE     McLARNEY William (1984). *The Freshwater Aquaculture Book; A Handbook for Small Scale Fish Culture in North America.* Vancouver (British Columbia): Hartley & Marks, 583 pages.

LAICH     LAGLER Karl F. ; BARDACH John E. ; MILLER Robert R. (1977). *Ichthyology.* New York: John Wiley & Sons, 545 pages.

LALA     LANDRY Pierre L. (1983). *Lacs et étangs artificiels.* Sainte-Foy (Québec) : La Liberté, 209 pages.

LANAQ     LANDAU Matthew (1992). *Introduction to Aquaculture.* New York: John Wiley & Sons, 440 pages.

LANLA     LANDRY Pierre L. (1972). *Les lacs artificiels ; aménagement et exploitation piscicole.* Sainte-Foy (Québec) : La Liberté, 2e édition, 241 pages.

LAREN     COLLIN Peter ; SCHUWER Martine (1992). *Environnement et écologie ; dictionnaire français-anglais = English-French Dictionary.* Paris : Peter Collin Publishing et Larousse, coll. « Larousse », pagination diverse.

LAROG     DUBOIS Claude *et al.* (dir.) (1982-1985). *Grand dictionnaire encyclopédique Larousse.* Paris : Librairie Larousse, 10 tomes.

LASTE     PARKER Sybil P. (ed.) (1989). *McGraw-Hill Dictionary of Scientific and Technical Terms.* Montréal: McGraw-Hill Book Company, 4th edition, 2088 pages.

LENBI     LENDER Théodore ; DELAVAULT Robert ; MOIGNE Albert Le (1994). *Dictionnaire de biologie.* Paris : Presses universitaires de France, 3e édition, 655 pages.

LHGEN     L'HÉRITIER Ph. (1979). *Dictionnaire de génétique.* New York : Masson, 259 pages.

MAMEA     MANUILA L. A. ; MANUILA A. ; NICOULIN M. (1992). *Dictionnaire médical.* Paris : Masson & Cie, 5e édition complétée, 470 pages.

MARLI     MARTIN E. A. (ed.) (1976). *A Dictionary of Life Sciences.* London: The Macmillan Press, 374 pages.

MED-E     MORGAN Peter (ed.) (1992). *The Canadian Medical Association Home Medical Encyclopedia.* Montréal : The Reader's Digest Association (Canada), 1184 pages.

MED-F     BIRON Dr Pierre (1993). *Association Médicale Canadienne : Encyclopédie médicale de la famille.* Montréal : Sélection du Reader's Digest (Canada), 1re édition, 1152 pages.

MEINV     MEGLITSCH Paul A. ; SCHRAM Frederick R. (1991). *Invertebrate Zoology.* New York: Oxford University Press, 3rd edition, 623 pages.

MELPOI     MÉLANÇON Claude (1973). *Les poissons de nos eaux.* Montréal : Le Jour, 4e édition, 455 pages.

| | |
|---|---|
| MILAT | MILLS Derek (1991). *Ecology and Management of Atlantic Salmon*. London: Chapman & Hall, 351 pages. |
| MNC-46 | McALLISTER Don E. (1990). *A List of the Fishes of Canada = Liste des poissons du Canada*. Ottawa: National Museum of Natural Sciences, Syllogens Series, 310 pages. |
| MOKA | KAFUKU Takeichiro ; IKENOUE Hiromu (eds) (1983). *Modern Methods of Aquaculture in Japan*. Tokyo: Kodansha Ltd. ; Amsterdam: Elsevier Scientific Publishing Company, Developments in Aquaculture and Fisheries Science Series, 216 pages. |
| MOLEL | ELSTON Ralph A. (1990). *Mollusc Diseases; Guide for the Shellfish Farmer*. Seattle: University of Washington Press, Washington Sea Grant Program, 73 pages. |
| MONBA | INSTITUT FRANÇAIS DE RECHERCHE POUR L'EXPLOITATION DE LA MER (1985). *Bases biologiques de l'aquaculture (Actes du colloque tenu à l'Université des Sciences et techniques du Languedoc, Montpellier, du 12 au 16 décembre 1983)*. Brest : IFREMER, 537 pages. |
| MORBI | MORÈRE Jean-Louis ; MIQUEL Guy (1991). *Dictionnaire de sciences biologiques*. Paris : Ellipses, 320 pages. |
| MUS | CLARKE Arthur H. (1981). *Les mollusques d'eau douce du Canada*. Ottawa : Musée national des sciences naturelles, Musées nationaux du Canada, traduction de *The Freshwater Molluscs of Canada* par Aurèle La Rocque, 447 pages. |
| NIGEN | NICOLAS Didier (1990). *Lexique de génie génétique et de biologie moléculaire (anglais-français et français-anglais)*. Paris : La Maison du Dictionnaire, 98 pages. |
| NQ8070 | BUREAU DE NORMALISATION DU QUÉBEC (1995). *Norme : pêches - terminologie - noms des espèces halieutiques à potentiel commercial au Québec (NQ 8070-005)*. Québec : BNQ, 2e édition, 109 pages. |
| NYMBA | NYBAKKEN James W. (1982). *Marine Biology; An Ecological Approach*. New York: Harper & Row Publishers, 446 pages. |
| OECD | ORGANISATION DE COOPÉRATION ET DE DÉVELOPPEMENT ÉCONOMIQUES (1990). *Dictionnaire multilingue des poissons et produits de la pêche = Multilingual Dictionary of Fish and Fish Products*. Farnham (England) : Fishing News Books, 442 pages. |
| OGENE | OLIVER Stephen G. ; WARD, John M. (1985). *A Dictionary of Genetic Engineering*. New York: Cambridge University Press, 153 pages. |
| OLFEB | OFFICE DE LA LANGUE FRANÇAISE (1981). *Dictionnaire de l'eau*. Québec : Éditeur officiel du Québec, 544 pages. |
| OXFO | SIMPSON J. A. ; WEINER E. S. C. (Prepared by) (1989). *The Oxford English Dictionary*. Oxford: Clarendon Press, 2nd edition, 19 volumes. |
| PARSE | PARENT Sylvain (1990). *Dictionnaire des sciences de l'environnement*. Ottawa : Broquet, 748 pages. |
| PATH | KINKELIN Pierre de ; MICHEL Christian ; GHITTINO Pietro (1985). *Précis de pathologie des poissons*. Paris : Institut national de la recherche agronomique (INRA) et Office international des épizooties, Lavoisier - Technique et Documentation, 348 pages. |

PENC            *La Grande Encyclopédie de la pêche* (1993). Québec : Le Groupe Polygone Éditeurs, 24 volumes.

PEPPER-A        PEPPER V. A. (1984). *Deep-Substrate Incubators: A Field Guide for Atlantic Salmon Enhancement.* Ottawa: Department of Fisheries and Oceans, Canadian Special Publication of Fisheries and Aquatic Sciences 71, 25 pages.

PEPPER-F        PEPPER V. A. (1985). *Incubateurs à substrat profond : guide pour la mise en valeur du saumon de l'Atlantique.* Ottawa : ministère des Pêches et des Océans, Publication spéciale canadienne des sciences halieutiques et aquatiques 71, traduction de l'anglais *Deep-Substrate Incubators - A Field Guide for Atlantic Salmon Enhancement,* 27 pages.

PEROB           ROBERT Paul (1995). *Le Petit Robert 1 ; dictionnaire alphabétique et analogique de la langue française.* Paris : Dictionnaires Le Robert, 2e édition, 2171 pages.

PEROC           PÉRÈS Jean-Marie (1966). *La vie dans l'océan.* Paris : Seuil, coll. « Microcosme : Le Rayon de la Science », 190 pages.

PHYT            TRAINOR F. R. (1978). *Introductory Phycology.* New York: John Wiley & Sons, 525 pages.

PILLA           PILLAY T. V. R. (1990). *Aquaculture Principles and Practices.* Cambridge (Maine): Fishing News Book, 575 pages.

PIPFI           PIPER Robert G. *et al.* (1986). *Fish Hatchery Management.* Washington (D.C.): Fish and Wildlife Service, United States Department of the Interior, 517 pages.

PISET           BILLARD R. (éd.) (1980). *La pisciculture en étang* (Actes du Congrès sur la pisciculture en étang, tenu les 11, 12 et 13 mars 1980 à Arbonne-la-Forêt, France). Paris : Institut national de la recherche agronomique, 434 pages.

POISEU          TEROFAL Dr Fritz (1979). *Poissons d'Europe.* Paris : Fernand Nathan, coll. « Un Guide Nathan/Nature », 144 pages.

POTEX           POST Dr George W. (1983). *Textbook of Fish Health.* Neptune City (New Jersey): TFH Publications, 256 pages.

PRECO           PÉRÈS Jean-Marie (1976). *Précis d'océanographie biologique.* Paris : Presses universitaires de France, coll. « Sup », 246 pages.

PROD-1          OFFICE DE LA LANGUE FRANÇAISE (1980). *Lexique anglais-français des produits de la pêche ; poissons, crustacés et mollusques, fascicule I.* Québec : Gouvernement du Québec, 36 pages.

PROD-2          OFFICE DE LA LANGUE FRANÇAISE (1980). *Lexique des produits de la pêche, fascicule II.* Québec : Gouvernement du Québec, 34 pages.

Q2721           BRETON Bernard (1993). *La pêche en France.* Paris : Presses universitaires de France, coll. « Que sais-je ? », 128 pages.

Q617            VIVIER Paul (1972). *La pisciculture.* Paris : Presses universitaires de France, coll. « Que sais-je ? », 126 pages.

QUAY            QUAYLE D. B. (1988). *Pacific Oyster Culture in British Columbia.* Ottawa: Department of Fisheries and Oceans, Canadian Bulletin of Fisheries and Aquatic Sciences Series, 241 pages.

QUENC     *Dictionnaire encyclopédique Quillet* (1977-1983). Paris : Librairie Aristide Quillet, 10 volumes.

QUICO     ARGUE A. W. *et al.* (1985). *Pêches du quinnat et du coho dans le détroit de Géorgie.* Ottawa : ministère des Pêches et des Océans, coll. « Bulletin canadien des sciences halieutiques et aquatiques », traduction de l'anglais par Y. Desautels, 97 pages.

REMUI     MUIR James F. ; ROBERTS Ronald J. (eds) (1985). *Recent Advances in Aquaculture.* Boulder (Colorado): Westview Press, 2 volumes.

ROBER     REY Alain (dir.) (1986). *Le Grand Robert de la langue française.* Paris : Dictionnaires Le Robert, 2e édition, 9 volumes.

ROBHI     REY, Alain (1992). *Dictionnaire historique de la langue française.* Paris : Dictionnaires Le Robert, 2 volumes.

ROTSA     ROBERTS Ronald J. ; SHEPHERD C. Jonathan (1986). *Handbook of Trout and Salmon Diseases.* Farnham (England): Fishing News Books, 2nd edition, 222 pages.

SACCTO     CONSEIL INTERNATIONAL DE LA LANGUE FRANÇAISE (1976). *Vocabulaire de l'océanographie.* Paris : Hachette, 431 pages.

SCALHA     HARDY David (1991). *Scallop Farming.* Oxford: Fishing News Books, 237 pages.

SCCR     SCHRAM Frederick R. (1986). *Crustacea.* New York: Oxford University Press, 606 pages.

SCITF     WALKER Peter M. B. (ed.) (1988). *Chambers Science and Technology Dictionary.* Edinburgh: W & R Chambers; Cambridge: The Press of the Syndicate of the University of Cambridge, 1008 pages.

SETRO     SEDGWICK Stephen Drummond (1985). *Trout Farming Handbook.* Farnham (England): Fishing News Books, 4th edition, 160 pages.

SHUSCA     SHUMWAY Sandra E. (ed.) (1991). *Scallops: Biology, Ecology and Aquaculture.* Amsterdam: Elsevier, Developments in Aquaculture and Fisheries Science Series, Volume 21, 1095 pages.

SINFI     SINDERMANN Carl J. (1990). *Principle Diseases of Marine Fish and Shellfish.* San Diego (California): Academic Press, 2nd edition, 2 volumes.

SITMO     ORGANISATION DES NATIONS UNIES POUR L'ALIMENTATION ET L'AGRICULTURE (1995). *La situation mondiale des pêches et de l'aquaculture.* Rome : FAO, 57 pages.

SOIL     FOOD AND AGRICULTURE ORGANIZATION OF THE UNITED NATIONS (1985). *Simple Methods for Aquaculture, Soil and Freshwater Fish Culture.* Rome: FAO Training Series, 174 pages.

SOMOL     PENNEC Marcel Le (dir.) (1992). *Les mollusques marins ; biologie et aquaculture (Symposium international tenu à Brest le 9 novembre 1990).* Paris : Société française de malacologie ; Brest : IFREMER, 172 pages.

STFAR     STEVENSON Dr John P. (1987). *Trout Farming Manual.* Farnham (England): Fishing News Books, 2nd edition, 259 pages.

STRAT     MINISTÈRE DES PÊCHES ET DES OCÉANS (1989). *Stratégie pour les années 1990. Aquiculture : la culture de l'avenir.* Ottawa : Direction générale des communications, 40 pages.

| | |
|---|---|
| SUBIO | SUMICH James L. (1988). *Biology of Marine Life*. Dubuque (Iowa): Wm. C. Brown Publishers, 4th edition, 434 pages. |
| SWIFA | SWIFT Donald R. (1985). *Aquaculture Training Manual*. Farnham (England): Fishing News Books Ltd., 133 pages. |
| VET | MACK Roy ; MEISSONNIER Étienne (1991). *Dictionnaire des termes vétérinaires et animaliers, français-anglais / anglais-français = Veterinary and Animal Science Dictionary, French-English / English-French*. Maisons-Alfort : Éditions du Point Vétérinaire, 576 pages. |
| WAST | STICKNEY Robert R. (1979). *Principles of Warmwater Aquaculture*. New York: John Wiley & Sons, 375 pages. |
| WATAQ | WATSON A. Shaw (1979). *Aquaculture and Algae Culture; Process and Products*. Park Ridge (New Jersey): Noyes Data Corporation, 310 pages. |
| WEBCO | MISH Frederick C. (ed.) (1987). *Webster's Ninth New Collegiate Dictionary*. Markham, Ontario: Thomas Allen & Son, 1563 pages. |
| WEBIN | GOVE Philip Babcock (ed.) (1986). *Webster's Third New International Dictionary*. Springfield (Massachusetts): Merriam-Webster, 2662 pages. |
| WICRU | LEE D. O'C. ; WICKINS J. F. (1992). *Crustacean Farming*. New York: Halsted Press, an Imprint of John Wiley & Sons, 392 pages. |

Achevé d'imprimer en novembre 1997 chez

VEILLEUX
IMPRESSION À DEMANDE INC.

à Boucherville, Québec